Echtermeyer · Deutsche Gedichte

Echtermeyer

Deutsche Gedichte

Von den Anfängen

bis zur Gegenwart

Neugestaltet

von Benno von Wiese

August Bagel Verlag Düsseldorf

Ausgabe für Schulen

Neubearbeitung
Alle Rechte vorbehalten · Printed in Germany 1968-3
Herstellung Mohndruck Reinhard Mohn OHG, Gütersloh

VORWORT

Fast 120 Jahre sind seit der ersten Auflage der »Auswahl deutscher Gedichte« von Dr. Theodor Echtermeyer vergangen, und die seit dieser Zeit in immer neuen Tausenden aufgelegte Gedichtsammlung ist zu einem festen Begriff für Schule und Haus in Deutschland geworden. Auch noch heute wird man der pädagogischen Absicht Echtermeyers zustimmen dürfen, »in die geistige Welt« des eigenen Volkes »einzuführen und den ideellen Reichtum desselben... nach und nach zum Bewußtsein zu bringen. Die Beschäftigung mit vaterländischer Poesie wird aber hierzu das geeignetste Mittel sein, wenn man anders die Kunst als diejenige Form und Weise zu betrachten hat, in der sich das innere Leben der Völker am unmittelbarsten und vernehmlichsten dem jugendlichen Gemüte offenbart.« Echtermeyer dachte hierbei in erster Linie an die Aufgaben der höheren Schulen, aber seine Gedichtsammlung hat weit darüber hinaus universale Bedeutung gewonnen. Nicht eine wissenschaftliche Aufgabe war ihr gestellt, sondern die Pflege des unbefangenen Umganges mit lyrischer Poesie und das Aufzeigen gültiger, überdauernder Maßstäbe an einzelnen Beispielen.

Wer freilich den vielen Um- und Neugestaltungen des Ur-Echtermeyer genauer nachgeht, der wird erstaunt sein, wie viele äußere und innere Wandlungen im Schicksal unserer Nation sich hier abzeichnen. Ist ja doch die lyrische Poesie nicht etwas Fertiges und Abgeschlossenes, sondern selber dem Wachstum der Geschichte unterworfen, das mit dem Hervorbringen neuer und überraschender Formen auch das Vergangene, Gewordene immer wieder neu und anders beleuchtet. Ein Irrtum ist es, zu glauben, es gäbe kanonische Maßstäbe, die für alle Zeiten unumstößlich festständen. Auch das »alte Wahre« muß immer wieder von neuem gefunden und überprüft werden. Gerade darin bewährt es seinen bleibenden Rang. Nur so läßt sich die »Dauer im Wechsel« finden, und trotz aller unvermeidlichen Umformungen, die eine solche repräsentative Gedicht-

sammlung im Laufe der Jahrzehnte durchmacht, durchmachen muß, bleibt ein ewiger Bestand, ein »ewiger Vorrat deutscher Poesie« erhalten, der alle Wandlungen bisher überdauert hat.

So zwischen das Bleibende und das Werdende gestellt, war dem Herausgeber seine Aufgabe vorgezeichnet. Es galt die rechte Mitte zu halten sowohl zwischen Überlieferung und Neugestaltung wie auch zwischen volkstümlichem Gut und erlesenster sprachlicher Kunst. Kranken doch die meisten Anthologien daran, daß sie zu viel bringen wollen und nicht streng genug auswählen. Viele unbekannte Namen ergeben noch keine gute Anthologie. Statt dessen hat der Herausgeber viel stärker eine Schwerpunktsbildung erstrebt, damit wirklich große Lyriker, wie zum Beispiel Gryphius, Goethe, Hölderlin, Claudius, Mörike, Eichendorff, Brentano, Meyer, ja selbst noch Liliencron, deutlicher sichtbar werden. Das ist nicht so selbstverständlich, wie man vielleicht meinen mag. Auch bei den Höhepunkten gibt es geschichtliche Revisionen. Man schlage den Echtermeyer von 1926 auf, und man wird nach Clemens Brentano vergeblich suchen! Nicht ein einziges Gedicht von ihm findet sich dort.

Der Herausgeber hat in allen Fällen aus grundsätzlichen Erwägungen darauf verzichtet, Lyrik oder Lyrisches zu bringen, wo es im Zusammenhang dramatischer und epischer Dichtungen auftritt, es sei denn, daß es sich als selbständiges Gebilde ganz eindeutig aus seinem Zusammenhang herauslösen läßt. Ebenso ist er bei der Übermittlung von Spruchdichtung sehr sparsam gewesen. Es schien ihm richtiger, auf diese Weise Raum für die lyrische Dichtung im engeren Sinne zu gewinnen, damit für den Leser ein möglichst geschlossenes Bild ihrer Entwicklung von den Anfängen bis zur Gegenwart möglich ist. Aus diesem Grunde hat er auch die Anordnung in einer freien geschichtlichen Folge (nicht streng nach Geburtsjahrgängen, aber auch nicht nach Motiven) gewählt, damit das Zusammengehörige in den einzelnen Epochen deutlicher hervortreten konnte, ihre besondere Art des Ausdruckes, des Stiles, der sinnbildlichen Sprache und der Themenwahl. Besonders der bisher viel zu sehr vernachlässigte dichterische Barock ist stärker berücksichtigt worden, auch und gerade nach der Seite des Kirchenliedes hin, das nicht nur in die Gesangbücher gehört. Für den Barock freilich erwies es sich als besonders schwierig, die auch in Schreibweise und Interpunktion erstrebte Mitte zwischen Überlieferung und Neugestaltung festzuhalten. Die

Gedichte sollten lesbar und zugänglich sein, aber wiederum auch in ihrer ursprünglichen sprachlichen Ausdrucksform möglichst erhalten bleiben. Der Herausgeber hatte dabei nicht die Absicht einer wissenschaftlichen Edition, versuchte jedoch die Treue zur Überlieferung nach Möglichkeit zu wahren. Aus diesem Grunde hat er auch fast überall die mittelhochdeutschen Gedichte im Urtext, allerdings mit beigefügten Worterklärungen, gegeben. Denn die Übersetzungen entfernen sich gerade hier so weit von der Vorlage, daß notwendig ein verzerrtes, ja falsches Bild entsteht. Dem Leser und dem Schüler muß in seinem eigenen Interesse in solchen Fällen etwas Geduld und Mühe zugemutet werden.

Einiges ist auch noch über die Auswahl der Gegenwartsdichtung zu sagen. Der Herausgeber hat hier weniger nach Schwerpunktsbildung gestrebt, weil alles noch im Fluß ist und er möglichst viel zur Diskussion stellen wollte. Niemand darf sich anmaßen, bereits heute gültige Urteile über die Lyrik unserer eigenen Zeit abzugeben. Daher kommt hier eine relativ größere Zahl von Lyrikern zu Worte, soweit sich dieses mit den Umrissen des Ganzen noch vereinigen ließ. Auch hielt es der Herausgeber für seine Pflicht, sich von Tagesmeinungen und Moden möglichst frei zu machen und statt dessen auch den unbekannteren, ja manchmal fast verschollenen Dichtern, wie Kraus, Borchardt, Kaiser, Weiß, einen größeren Spielraum einzuräumen. Geht man in diesem Umkreis zu konservativ vor, so wird man unter Umständen gerade das Neue und Wesentliche verfehlen. Und dieser Gefahr zu begegnen, sollte auch für die Schule das wichtigste sein. Hat doch selbst ein Lyriker wie Trakl längst noch nicht die öffentliche Geltung, die ihm zukommt. Vielleicht wird mancher auch so noch vieles vermissen, was ihm lieb und wertvoll ist. Aber jeder Blick in den »Echtermeyer« von 1938 zeigt, wie rasch und unaufhaltsam das meiste versinkt. Oft steht auch ein einzelner Dichter stellvertretend für andere, die einen ähnlichen Typus verkörpern. Immer war der Herausgeber jedoch bemüht, wenigstens auf seinem individuellen Wege dem nachzuspüren, was für unsere Zeit beispielhaft ist oder sie vielleicht bereits sogar überholt.

Erläuternd sei noch auf die beiden größeren Register hingewiesen. Das Sachregister der Stoff- und Motivkreise ermöglicht es, die Gedichte auch in übergeschichtlichen Gruppen zusammenzufassen. Gelegentlich ist dabei das gleiche Gedicht

in verschiedene Reihen aufgenommen worden. Der Herausgeber ist sich dabei durchaus bewußt, daß das Einmalige des Gedichtes und seiner »Stimmung« sich eigentlich einer solchen Systematik entzieht. Es geht dabei nicht ohne Gewaltsamkeiten ab. Er dachte jedoch an die besonderen Erfordernisse des Deutschunterrichtes an Schulen und Universitäten, der sehr oft auf Motivvergleichung angewiesen ist. Auch sollte man die Bedeutung der Motive nicht unterschätzen. Dafür kann sich der Herausgeber auf Goethe berufen, der in den Gesprächen mit Eckermann mit Nachdruck erklärt hat: »Sie sehen daraus die große Wichtigkeit der Motive, die niemand begreifen will.« »Die wahre Kraft und Wirkung eines Gedichtes besteht in der Situation, in den Motiven.« So wird dieses Register, das die chronologische Folge nach Epochen ergänzt, vielleicht doch manchem willkommen sein.

Ähnlich steht es mit der »Kleinen Bibliographie«. Sie erstrebt keinerlei wissenschaftliche Vollständigkeit. Statt dessen will sie über die wichtigsten Ausgaben unterrichten, vor allem über Erstdrucke, historisch kritische Ausgaben und heute noch zugängliche Texte. Ferner verzeichnet sie die wichtigste Sekundärliteratur über die Dichter und ihr lyrisches Werk; außerdem gibt sie eine Übersicht über Interpretationen von einzelnen Gedichten, die in Zeitschriften meist sehr verstreut sind und sich sonst nur auf Umwegen ermitteln lassen. Auch Schrifttumsberichte werden zur weiteren Orientierung angeführt. Besonders das neueste, bibliographisch noch kaum aufgenommene Schrifttum wurde festzuhalten versucht.

Von der ganzen Sammlung gilt, daß ihr Zweck ein pädagogischer und ein ästhetischer ist. Nach wie vor suchte der Herausgeber den Kern des alten Echtermeyer zu bewahren. Es wäre ein falscher Snobismus, wenn man das volkstümliche Erbe dabei beiseite ließe. Darum ist auch die Ballade mit voller Absicht mit aufgenommen worden. Freilich das nur Empfindsame, das Unechte und Rhetorische, das Deutschtümelnde und allzu Zeitgebundene, das oft aus falscher Pietät von Sammlung zu Sammlung weitergeschleppt wurde, galt es abzustreifen. Statt dessen wünschte der Herausgeber Schule und Haus für manches Gedicht zu gewinnen, das vielleicht mehr Bleibendes und Gültiges aussagt als ein bloßer billiger Singsang. Auch die Schule sollte sich hier neuen Wegen öffnen. Diese Sammlung will in keiner Weise verleugnen, daß sie für

weite Kreise und auch für die Jugend bestimmt ist. Aber gerade darum muß der Maßstab des Ranges der allein gültige und verbindliche bleiben.

Am Ende dieses Vorwortes möchte ich nicht versäumen, denen zu danken, die mich durch ihre Mitarbeit und Hilfe unterstützt haben, vor allem Herrn Dr. Conrady und Frl. cand. phil. Hofius, denen ich manchen Hinweis und vor allem auch praktische Unterstützung bei der Herausgabe verdanke.

Wenn der seit längerer Zeit nicht mehr greifbare »Echtermeyer« nunmehr in neuer, wiederum abgewandelter Gestalt erscheint, so möge er auch jetzt wieder den Umgang mit lyrischer Dichtung aufs wirksamste erhalten und fördern.

Münster, im Herbst 1954 Benno von Wiese

Zur neubearbeiteten Auflage

Der Herausgeber legt nach ungefähr zwölf Jahren eine gründliche Neubearbeitung dieser Gedichtsammlung vor. Sie sucht zu bewahren, was inmitten einer ständig sich wandelnden Zeit seine Leuchtkraft nicht verloren hat. Manche Funde, wie Gedichte von Brockes, Lenz, Kleist, Arnim, Herwegh, Heine, Beer-Hofmann, sind im Laufe der letzten Jahre hinzugekommen. Sie wurden hier um neue Gedichte von Gryphius, Brentano, Storm, Fontane und andere vermehrt. Jedoch mußte auch manches Gedicht ausgeschieden werden, obwohl es mit der Geschichte unseres Volkes eng verbunden war. Das historische Interesse allein durfte und sollte für diese Auswahl nicht bestimmend sein.

Am schwierigsten blieb die Aufgabe, der fließenden Gegenwart festere Umrisse zu geben und jene Namen deutlicher hervorzuheben, von denen zu hoffen ist, daß sie einmal zum überdauernden Bestand deutscher Lyrik gehören werden. Der Herausgeber hat den »Expressionismus« stärker betont und die Auswahl bei Brecht und bei Benn erweitert. Auf Gedichte von Carl und Gerhart Hauptmann, Binding und Ina Seidel haben wir verzichtet; Hesse, Münchhausen, Miegel und Weinheber treten stärker zurück, und die weniger traditionelle Generation

9

der Krolow, Bachmann, Celan, Eich, Huchel, Bobrowski, Meister und Enzensberger gewinnt an Raum. Hans Arp und Yvan Goll, die bisher fehlten, wurden ebenfalls aufgenommen; sie gehören zu ihren Vorläufern. Damit haben jene Dichter, die unsere Vorstellung von moderner Lyrik durch einen neuen Ton und neue Stilmittel erweitert haben, den ihnen gebührenden Platz gewonnen. Ich habe den Eindruck, daß die Schule von heute bereit ist, sich dieser neuen lyrischen Sprache zu öffnen.

Die mannigfachen Register des Buches haben sich als sehr nützlich erwiesen. Die Bibliographie wurde nach dem jetzigen Stand völlig neu gestaltet. Für seine sorgfältige Mitarbeit bei der Bibliographie möchte ich Herrn Dr. Norbert Oellers meinen besonderen Dank aussprechen. Ebenso wurde das Interpretationsverzeichnis bearbeitet.

So ist es denn innen und außen ein weitgehend neuer Echtermeyer-von Wiese, den ich vorlege und von dem ich wünsche und hoffe, daß er viele weitere Freunde gewinnen möge.

Bonn, im Herbst 1966 Benno von Wiese

INHALTSVERZEICHNIS

ÄLTESTE DEUTSCHE DICHTUNG

MITTELHOCHDEUTSCHE LYRIK

AUFKLÄRUNG, EMPFINDSAMKEIT UND STURM UND DRANG

HÖHEPUNKTE KLASSISCHER LYRIK

ROMANTIKER

VON DER ROMANTIK ZUM REALISMUS

DEUTSCHE LYRIK IM 20. JAHRHUNDERT

REGISTER

DEUTSCHE GEDICHTE

ÄLTESTE DEUTSCHE DICHTUNG

Das Hildebrandlied

Aus dem Urtext:

Ih gihorta daz sagen,
daz sih urheizzun einon muozin,
Hiltibrant enti Hadubrant untar heriun zueim.
sunufatarungos iro saro rihtun,
garutun se iro gundhamun, gurtun sih iro suert ana,
helidos, ubar hringa, do si zo dero hiltiu ritun.
Hiltibrant gimahalta – her uuas heroro man,
ferahes frotoro –, her fragen gistuont
fohem uuortum, uuer sin fater uuari
fireo in folche, ›eddo welihhes (fater) cnuosles du sis:
ibu du mir einan sages, ih mir de andre uueiz,
chind, in chunincriche: chund ist mir al irmindeot‹.

Übertragung:

Ich hörte das sagen,
Daß sich Herausfordrer einzeln trafen,
Hildebrand und Hadubrand, zwischen Heeren zwein.
Vater und Sohn sahn nach ihrer Rüstung,
Bereiteten ihre Brünnen, banden sich ihre Schwerter um,
Die Helden, über die Ringe, als sie ritten zu diesem Kampfe.
Hildebrand anhub – er war der ältere Mann,
Des Lebens erfahrener –, zu fragen begann er
Mit wenig Worten, wer gewesen sein Vater
In der Schar der Menschen, ›und wes Geschlechtes du seist:
Wenn du einen mir sagst, die andern weiß ich,
Jüngling, im Königreiche: kund ist mir alles Großvolk‹.
Hadubrand anhub, Hildebrands Sohn:
›Das sagten mir... unsere Leute,
Alte und kluge, die eherhin waren,
Daß Hildebrand geheißen mein Vater; ich heiße Hadubrand.

25

Einstens er ostwärts ritt, floh er Otachers Haß,
Dahin mit Dietrich und seiner Degen vielen.
Da ließ er die Gattin im Lande zurücke,
Die kleine, im Hause, das Kind unerwachsen,
Des Erbes beraubt: er ritt ostwärts davon.
Dereinst sollte Dietrich darben lernen
Des Vaters mein: das war so freundloser Mann.
Er war auf Otachern unmäßig ergrimmt,
Er, der Degen bei Dietrich liebster.
Er war immer dem Volk an der Spitze, ihm war immer
 Fechten zu lieb;

(Darum fürchte ich für sein Geschick.)
Kund war er (weithin) kühnen Männern.‹
(Hildebrand anhub, Heribrands Sohn:)
›Das wisse der Allgott oben im Himmel,
daß du doch niemals noch mit so nahem Gesippen
Verhandlung führtest...‹
Da wand er vom Arme gewundene Ringe
Aus Kaisergolde gemacht, die ihm der König gegeben,
Der Heunen Herr: ›Um Huld geb ich dir dies nun.‹
Hadubrand anhub, Hildebrands Sohn:
›Mit dem Ger soll der Mann Gabe empfangen,
Spitze wider Spitze!
Du bist ein alter Heune, unmäßig schlau,
Lockst mich mit deinen Worten, willst mich mit deiner
 Lanze werfen.

So alt du geworden, triebst immer du Listwerk.
Das sagten mir seefahrende Männer
Westlich über das Wendelmeer: weg nahm ihn Kampf,
Tot ist Hildebrand, Heribrands Sohn!‹
Hildebrand anhub, Heribrands Sohn:
›Wohl erkenne ich an deiner (Kriegs)rüstung,
Daß du habest zu Hause einen Herren gut,
Daß du bei diesem Fürsten noch flüchtig nicht wurdest.‹
.
.
›Wehe nun, Waltegott, Wehgeschick geschieht!
Ich wallte Sommer und Winter sechzig außer Landes,
Da man immer mich stellte in der Stürmer Reihen,

Und vor keiner Stadt ich starb doch des Todes,
Nun soll das eigene Kind mit dem Eisen mich schlagen,
Mit dem Schwerte mich treffen oder Tod ich ihm werden!
Doch kannst du nun leichtlich, wenn dein Kampfmut dir
langt,
So altem Manne abkämpfen die Rüstung,
Den Raub erbeuten, wenn irgendein Recht daran du hast.

.
.
Der müsse doch nun der Ärgste der Ostleute sein,
Der dir nun weigerte den Streit, wenn's dich so wohl seiner
lüstet,
Des Kampfes zu zwein: koste wer darf,
Ob er heut sich der Rüstung rühmen dürfe
Und über diese Brünnen beide walten!‹
Da ließen sie erstlich die Eschen gleiten
In scharfen Schauern, daß in den Schilden sie standen.
Da stapften sie zusammen, spalteten die Buntborde,
Hieben harmvoll die hellen Schilde,
Bis wenig beiden wurden ihre Linden,
Zerschlagen von den Schwertern . . .

Georg Baesecke

Die Merseburger Zaubersprüche

Erster Spruch

Eiris sâzun idisi, sâzun hera duoder.
suma hapt heptidun, suma heri lezidun,
suma clûbôdun umbi cuoniouuidi:
insprinc haptbandun, invar vîgandum!

Zweiter Spruch

Phol ende Uodan vuorun zi holza.
dû uuart demo Balderes volon sîn vuoz birenkit.
thû biguolen Sinthgunt, Sunna era suister;
thû biguolen Frîia, Volla era suister;
thû biguolen Uodan, sô hê uuola conda:

27

sôse bênrenkî, sôse bluotrenkî,
sôse lidirenki:
bên zi bêna, bluot zi bluoda,
lid zi geliden, sôse gelîmida sîn!

Übertragung:

Erster Spruch

Einst setzten sich Idisen, setzten hier sich und dorthin;
Welche flochten die Fesseln, welche hemmten das Heer,
Welche lösten der Kühnen knechtische Bande. –
Entspring den Haftbanden! Entfahr den Feinden!

Zweiter Spruch

Fol und Wodan zum Walde ritten,
Da ward dem Fohlen Balders sein Fuß verrenkt.
Da besprach ihn Sinthgunt, der Sunna Schwester,
Da besprach ihn Frija, der Volla Schwester,
Da besprach ihn Wodan, wie er's wohl konnte:
Wie die Beinrenke, so die Blutrenke,
So die Gliedrenke:
Bein zu Beine, Blut zu Blute,
Glied zu Gliede, als sei'n sie geleimt!

<div align="right">Wolfgang Stammler</div>

DER LORSCHER BIENENSEGEN

Kirst, imbi ist hûcze! nû fluic dû, vihu mînaz, hera
fridu frôno in godes munt heim zi comonne gisunt.
sizi, sizi, bîna: inbôt dir sancte Maria.
hurolob ni habe dû: zi holce ni flûc dû,
noh dû mir nindrinnês, noh dû mir nintuuinnêst.
sizi vilu stillo, uuirki godes uuillon.

Übertragung:

Christ, die Immen sind draußen! Nun fliegt, meine Tierchen,
<div align="right">her und hin.</div>
Friedlich, fromm, in Gottes Hut, Sollt ihr heimkommen gut.

Sitze, sitze, Biene, da! Gebot dir Sankte Maria.
Urlaub nicht hast du! Zu Holze nicht flieg du,
Daß du mir nicht entrinnest, Noch dich mir entwindest.
Sitze viel stille, Wirke Gottes Willen.

 Will Vesper

MITTELHOCHDEUTSCHE LYRIK

Namenlose Stücke

Dû bist mîn, ich bin dîn:
des solt dû gewis sîn.
dû bist beslozzen
in mînem herzen:
verlorn ist daz slüzzelîn:
dû muost immer drinne sîn.

Chume, chume, geselle mîn,
ich enbîte harte dîn!
ich enbîte harte dîn,
chum, chum, geselle mîn.

Suozer roservarwer munt,
chum unde mache mich gesunt!
chum unde mache mich gesunt,
suozer roservarwer munt!

Ich wil trûren faren lân,
ûf die heide sul wir gân,
vil liebe gespilen mîn,
dâ seh wir der blumen schîn.

Ich sage dir, ich sage dir,
mîn geselle, chum mit mir!

Suziu minne, râme mîn,
mache mir ein krenzelîn,
daz sol tragen ein stolzer man,
der wol wîben dienen chan.

bîten: warten. Ich enbîte harte dîn: ich mag nicht länger auf dich
warten.
râmen: streben.

DER VON KÜRENBERG

Ich zôch mir einen valken mêre danne ein jâr.
dô ich in gezamete als ich in wolte hân
und ich im sîn gevidere mit golde wol bewant,
er huop sich ûf vil hôhe und fluog in anderiu lant.

Sît sach ich den valken schône fliegen:
er fuorte an sînem fuoze sîdîne riemen,
und was im sîn gevidere alrôt guldîn.
got sende si zesamene die gerne geliep wellen sîn!

DIETMAR VON EIST

Ûf der linden obene dâ sanc ein kleinez vogellîn.
vor dem walde wart ez lût: dô huop sich aber daz herze mîn
an eine stat da'z ê dâ was. ich sach die rôsebluomen stân:
die manent mich der gedanke vil die ich hin zeiner frouwen
 hân.
›Es dunket mich wol tûsent jâr daz ich an liebes arme lac.
sunder âne mîne schulde fremdet er mich mangen tac.
sît ich bluomen niht ensach noch hôrte kleiner vogele sanc,
sît was mir mîn fröide kurz und ouch der jâmer alzelanc.‹

›Slâfst du, friedel ziere?
man weckt uns leider schiere:
ein vogellîn sô wol getân
daz ist der linden an daz zwî gegân.‹

dô ich in gezamete: als ich ihn gezähmt hatte. – bewant: umwunden
hatte. – schône: in schöner Weise. – die gerne geliep wellen sîn: die
sich gern liebhaben möchten.
Die erste Strophe singt der Ritter, die zweite die Dame. – aber:
wiederum. – zeiner: zu einer. – sunder âne . . .: ganz ohne mein Ver-
schulden.
friedel: Geliebter. – zwî: Zweig.

31

›Ich was vil sanfte entslâfen:
nu rüefstu kint wâfen.
liep âne leit mac niht gesîn.
swaz du gebiutst, daz leiste ich, friundin mîn.‹

Diu frouwe begunde weinen.
›du rîtst und lâst mich eine.
wenne wilt du wider her zuo mir?
owê du füerst mîn fröide sament dir!‹

FRIEDRICH VON HAUSEN

Mîn herze und mîn lîp diu wellent scheiden,
diu mit ein ander varnt nu mange zît.
der lîp wil gerne vehten an die heiden:
sô hât iedoch das herze erwelt ein wîp
vor al der werlt. daz müet mich iemer sît,
daz si ein ander niene volgent beide.
mir habent diu ougen vil getân ze leide.
got eine müeze scheiden noch den strît.

Ich wânde ledic sîn von solher swære,
dô ich daz kriuze in gotes êre nam.
ez wære ouch reht deiz herze als ê dâ wære,
wan daz sîn stætekeit im sîn verban.
ich solte sîn ze rehte ein lebendic man,
ob ez den tumben willen sîn verbære.
nu sihe ich wol daz im ist gar unmære
wie ez mir an dem ende süle ergân.
Sît ich dich, herze, niht wol mac erwenden,
dun wellest mich vil trûreclîchen lân,

wâfen ruofen: Alarm rufen. – lâst mich eine: du läßt mich allein. –
sament: mit.
Ein Kreuzzugslied. »Abschied vom Herzen« (H. Brinkmann). – daz
müet mich iemer sît: das plagt mich seither immer. – got eine: Gott
allein. – ich wânde: ich wähnte. – swære: Kummer. – deiz: daß das.
– wan daz: nur daß. – verban: mißgönnt. – verbære: verzichtete, auf-
gäbe. – unmære: gleichgültig.

sô bite ich got daz er dich ruoche senden
an eine stat dâ man dich wol enpfâ.
owê wie sol ez armen dir ergân!
wie torstest eine an solhe nôt ernenden?
wer sol dir dîne sorge helfen enden
mit solhen triuwen als ich hân getân?

Nieman darf mir wenden daz zunstæte,
ob ich die hazze diech dâ minnet ê.
swie vil ich si geflêhet oder gebæte,
sô tuot si rehte als ob sis niht verstê.
mich dunket wie mîn wort gelîche gê
als ez der summer vor ir ôren tæte.
ich wære ein gouch, ob ich ir tumpheit hæte
für guot: ez engeschiht mir niemer mê.

HEINRICH VON MORUNGEN

Ich bin keiser âne krône
sunder lant. daz meine ich an den muot:
dern gestuont mir nie sô schône.
wol ir lîbe, diu mir sanfte tuot.
daz schaffet mir ein frowe fruot.
dur die sô wil ich stête sîn,
 wan in gesach nie wîp sô rehte guot.

›Gerne sol ein riter zîen
sich ze guoten wîben: dêst mîn rât.
bœsiu wîp diu sol man flîen:
er ist tump swer sich an sie verlât;
wan sin geben niht hôen muot.
iedoch sô weiz ich einen man,
 den ouch die selben frowen dunken guot.

erwenden: abbringen. – dun wellest . . .: daß du mich nicht in mei-
ner großen Trauer läßt. – ruoche: möge. – torstest: wagtest. – an
solhe nôt ernenden: an solche Not kühn herantreten. – wenden daz
zunstæte: als Treulosigkeit auslegen. – ob: wenn. – gouch: Tor,
Narr. – summer: Dröhnen einer Pauke.

Mirst daz herze worden swêre.
sêt, daz schaffet mir ein sendiu nôt.
ich bin worden dem unmêre
der mir dicke sînen dienest bôt.
wê war umbe tuot er daz?
und wil er sichs erlouben niht,
 sô muoz ich im von schulden sîn gehaz.‹

Übersetzung:

Ich bin Kaiser, ohne Krone,
Länderlos: der Stimmung nach, mein ich:
Niemals war die noch so fröhlich.
Preis sei ihr, die solche Wohltat übt.
Das dank ich einer edlen Frau.
Ich will ihr dienen immerdar.
Denn keine sah ich je wie sie, so gut.

›Gerne soll ein Ritter wenden
Sich zu guten Frauen: so rat ich.
Schlechte Frauen soll man fliehen:
Der ist töricht, der an sie sich hängt;
Denn ihrer wird der Sinn nicht froh.
Und doch ist mir ein Mann bekannt,
Der auch dergleichen Frauen findet gut.

Schwer ist mir das Herz geworden.
Seht, das kommt mir von der Liebe Pein.
Fremd bin ich dem Mann geworden,
Der so lang in meinem Dienste stand.
Ach weh, warum nur tut er das?
Kommt er davon nicht wieder ab,
So muß mit vollem Grund ich feind ihm sein.‹

Carl von Kraus

REINMAR

Ich wil allez gâhen
zuo der liebe die ich hân.
so ist ez niender nâhen
daz sich ende noch mîn wân.
doch versuoche ichz alle tage
und diene ir sô dazs âne ir danc
 mit fröiden muoz erwenden kumber den ich trage.

Mich betwanc ein mære
daz ich von ir hôrte sagen,
wies ein vrouwe wære
diu sich schône kunde tragen.
daz versuochte ich unde ist wâr.
ir kunde nie kein wîp geschaden
 (daz ist wol kleine) alsô grôz als umbe ein hâr.

Swaz in allen landen
mir ze liebe mac geschehen,
daz stât in ir handen:
anders niemen wil ichs jehen.
si ist mîn ôsterlîcher tac,
und hâns in mînem herzen liep:
 daz weiz er wol dem nieman niht geliegen mac.

WOLFRAM VON ESCHENBACH

Ursprinc bluomen, loup ûz dringen,
und der luft des meigen urbort vogel ir alten dôn:
etswenn ich kan niuwez singen,

gâhen: eilen. – niender: niemals. – wân: die Hoffnung, mit ihr sprechen zu können. – dazs: daß sie. – âne ir danc: gegen ihren Willen. – erwenden: abwenden. – mære: Kunde. – sich schône tragen: sich so benehmen, wie es einer Dame geziemt. – unde ist wâr: und es ist wahr. – anders niemen: keinem andern will ich das zugestehen. – hâns: habe sie. – dem nieman...: dem niemand etwas vorlügen kann.
ursprinc bluomen...: es erblühen Blumen, Laub dringt hervor. – urbort: bringt. – etswenn: manchmal, bisweilen.

sô der rîfe ligt, guot wîp, noch allez ân dîn lôn.
die waltsinger und ir sanc
nâch halben sumers teile in niemens ôre enclanc.

Der bliclîchen bluomen glesten
sol des touwes anehanc erliutern, swâ si sint:
vogel die hellen und die besten,
al des meigen zît si wegent mit gesange ir kint.
dô slief niht diu nahtegal:
nu wache aber ich und singe ûf berge und in dem tal.

Mîn sanc wil genâde suochen
an dich, güetlich wîp: nu hilf, sît helfe ist worden nôt.
dîn lôn dienstes sol geruochen,
daz ich iemer biute und biute unz an mînen tôt.
lâz mich von dir nemen den trôst
daz ich ûz mînen langen clagen werde erlôst.

Guot wîp, mac mîn dienst ervinden,
ob dîn helfelîch gebot mich vröuden welle wern,
daz mîn trûren müeze swinden
und ein liebez ende an dir bejagen mîn langez gern?
dîn güetlîch gelâz mich twanc
daz ich dir beide singe al kurz oder wiltu lanc.

Werdez wîp, dîn süeziu güete
und dîn minneclîcher zorn hât mir vil vröude erwert.
maht du troesten mîn gemüete?
wan ein helfelîchez wort von dir mich sanfte ernert.
mache wendic mir mîn clagen,
sô daz ich werde grôz gemuot bî mînen tagen.

rîfe: Reif. – Der Dichter kann auch im Winter singen, die Waldsän-
ger singen nur im Frühling; wenn die Hälfte des Sommers vorüber,
erklingt ihr Sang in niemands Ohr (F. v. d. Leyen). – bliclîch: leuch-
tend. – glesten: glänzen. – touwes anehanc: Tautropfen. – erliutern:
erhellen. – swâ: überall wo. – wegen: wiegen. – sît: seitdem; da. –
geruochen: anerkennen. – daz ich iemer biute: den Dienst, den ich
immer biete. – ervinden: erreichen. – wern: gewähren. – bejagen:
erringen. – gern: Begehren. – güetlîch gelâz: freundliches Beneh-
men. – wiltu: wenn du willst. – erwern: verwehren. – ernert: rettet. –
wan: nur. – wendic machen: umwenden.

WALTHER VON DER VOGELWEIDE

Ich saz ûf eime steine,
und dahte bein mit beine:
dar ûf satzt ich den ellenbogen:
ich hete in mîne hant gesmogen
daz kinne und ein mîn wange.
dô dâhte ich mir vil ange,
wie man zer welte solte leben:
deheinen rât kond ich gegeben,
wie man driu dinc erwurbe,
der keines niht verdurbe.
diu zwei sint êre und varnde guot,
daz dicke ein ander schaden tuot:
daz dritte ist gotes hulde,
der zweier übergulde.
die wolte ich gerne in einen schrîn.
jâ leider desn mac niht gesîn,
daz guot und weltlich êre
und gotes hulde mêre
zesamene in ein herze komen.
stîg unde wege sint in benomen:
untriuwe ist in der sâze,
gewalt vert ûf der strâze:
fride unde reht sind sêre wunt.
diu driu enhabent geleites niht, diu zwei enwerden
 ê gesunt.

Diu krône ist elter danne der künec Philippes sî:
dâ mugent ir alle schouwen wol ein wunder bî,
wies ime der smit sô ebene habe gemachet.
sîn keiserlîchez houbet zimt ir alsô wol,

dahte bein mit beine: ich deckte das eine Bein mit dem andern. – dô
dâhte ich . . .: da erwog ich eingehend, wie man drei Dinge erwerben
könnte, so daß nichts von ihrer einem verloren ginge (C. v. Kraus). –
weltlich êre: das Ansehen in der Welt. – sâze: Lauer. – diu zwei en-
werden . . .: wenn nicht die zwei (Frieden und Gerechtigkeit) zuvor
gesund werden.
Krönung im August oder September 1198 in Mainz. – ebene: passend.

daz si ze rehte nieman guoter scheiden sol:
ir dewederz daz ander niht enswachet.
si liuhtent beide ein ander an,
daz edel gesteine wider den jungen süezen man:
die ougenweide sehent die fürsten gerne.
swer nû des rîches irre gê,
der schouwe wem der weise ob sîme nacke stê:
der stein ist aller fürsten leitesterne.

Wer sleht den lewen? wer sleht den risen?
wer überwindet jenen unt disen?
daz tuot einer der sich selber twinget
und alliu sîniu lit in huote bringet
ûz der wilde in stæter zühte habe.
geligeniu zuht und schame vor gesten
mugen wol eine wîle erglesten:
der schîn nimt drâte ûf unt abe.

Von Rôme vogt, von Pülle künec, lât iuch erbarmen
daz man mich bî sô rîcher kunst lât alsus armen.
gerne wolde ich, möhte ez sîn, bî eigenem fiure erwarmen.
zâhiu wiech danne sunge von den vogellînen,
von der heide und von den bluomen, als ich wîlent sanc!
swelch schœne wîp mir denne gæbe ir habedanc,
der liez ich liljen unde rôsen ûz ir wengel schînen.
sus kume ich spâte und rîte fruo, ›gast, wê dir, wê!‹:

ir dewederz . . .: keins von ihnen beiden setzt das andere in seinem
Wert herab. – swer nû des rîches irre gê: wer jetzt bezüglich des Kö-
nigs auf dem falschen Wege ist (C. v. Kraus). – der weise: der kost-
barste Edelstein in der Krone.
alliu sîniu lit: alle seine Glieder. – ûz der wilde . . .: aus der Wildheit
in den Hafen dauernder Wohlerzogenheit. – geligeniu: (nur) erborg-
te. – schame: Zurückhaltung. – erglesten: glänzen. – drâte: in rascher
Folge.
Bitte an Friedrich II., der sie, wie das folgende Gedicht zeigt, groß-
zügig erfüllt hat. – vogt: Schirmherr. – Pülle: Apulien. – bî eigenem
fiure erwarmen: am eigenen Herd sich wärmen. – wîlent: ehemals,
vordem. – habedanc: Dankesworte.

sô mac der wirt baz singen von dem grüenen klê.
die nôt bedenkent, milter künec, daz iuwer nôt zergê.

Ich hân mîn lêhen, al die werlt, ich hân mîn lêhen.
nû enfürhte ich niht den hornunc an die zêhen,
und wil alle bœse hêrren dester minre flêhen.
der edel künec, der milte künec hât mich berâten,
daz ich den sumer luft und in dem winter hitze hân.
mîn nâhgebûren dunke ich verre baz getân:
si sehent mich niht mêr an in butzen wîs alsô si tâten.
ich bin ze lange arm gewesen ân mînen danc.
ich was sô voller scheltens daz mîn âten stanc:
daz hât der künec gemachet reine, und dar zuo mînen sanc.

 Ir sult sprechen willekomen:
 der iu mære bringet, daz bin ich.
 allez daz ir habt vernomen,
 daz ist gar ein wint: nû frâget mich.
 ich wil aber miete:
 wirt mîn lôn iht guot,
 ich gesage iu lîhte daz iu sanfte tuot.
 seht waz man mir êren biete.

 Ich wil tiuschen frowen sagen
 solhiu mære daz si deste baz
 al der werlte suln behagen:
 âne grôze miete tuon ich daz.

sus: so aber, unter diesen Umständen. – sô mac der wirt...: der
Hausherr vermag besser zu singen, nämlich von grünem Klee, wäh-
rend er als Wandernder klagen muß: gast, wê dir, wê!
dester minre: um so weniger. – berâten: ausgestattet, versorgt. –
nâhgebûren: Nachbarn. – verre baz getân: weit stattlicher geworden.
– in butzen wîs: als eine Art Hausgespenst. – ân mînen danc: un-
freiwillig. – schelten: das Singen von Schmähliedern.
mære: Kunde. – ein wint: gar nichts. – miete: Belohnung, wie sie
den Boten zuteil wird. – iht: irgendwie. – daz iu sanfte tuot: was
euch gefällt, behagt. – biete: seht zu, wie man (die Männer) mich
ehren kann (C. v. Kraus).

waz wold ich ze lône?
si sint mir ze hêr:
sô bin ich gefüege, und bite si nihtes mêr
wan daz si mich grüezen schône.

Ich hân lande vil gesehen
unde nam der besten gerne war:
übel müeze mir geschehen,
kunde ich ie mîn herze bringen dar
daz im wol gevallen
wolde fremeder site.
nû waz hulfe mich, ob ich unrehte strite?
tiuschiu zuht gâht vor in allen.

Von der Elbe unz an den Rîn
und her wider unz an Ungerlant
mugen wol die besten sîn,
die ich in der werlte hân erkant.
kan ich rehte schouwen
guot gelâz unt lîp,
sem mir got, sô swüere ich wol daz hie diu wîp
bezzer sint danne ander frouwen.

Tiusche man sint wol gezogen,
rehte als engel sint diu wîp getân.
swer si schildet, derst betrogen:
ich enkan sîn anders niht verstân.
tugent und reine minne,
swer die suochen wil,
der sol komen in unser lant: da ist wünne vil:
lange müeze ich leben dar inne!

Der ich vil gedienet hân
und iemer mêre gerne dienen wil,

wan daz: außer daß, nur daß. – grüezen schône: mit freundlichen
Worten bedenken. – bringen dar: dahin bringen. – guot gelâz: rech-
tes Verhalten, Gebaren. – sem mir got: (ergänze: helfe) so wahr mir
Gott helfe. – sîn anders: ich kann ihn sonst nicht begreifen.
Die letzte Strophe ist der Dame gewidmet, der Walthers persönliche
Huldigung gilt. – diust von mir vil unerlân: von der lasse ich nicht

diust von mir vil unerlân:
iedoch sô tuot si leides mir sô vil.
sie kan mir versêren
herze und den muot.
nû vergebez ir got dazs an mir missetuot.
her nâch mac si sichs bekêren.

Muget ir schouwen was dem meien
wunders ist beschert?
seht an pfaffen, seht an leien,
wie daz allez vert.
grôz ist sîn gewalt:
ine weiz obe er zouber künne:
swar er vert in sîner wünne,
dân ist niemen alt.

Uns wil schiere wol gelingen.
wir suln sîn gemeit,
tanzen lachen unde singen,
âne dörperheit.
wê wer wære unfrô?
sît di vogele alsô schône
singent in ir besten dône,
tuon wir ouch alsô!

Wol dir, meie, wie dû scheidest
allez âne haz!
wie dû walt und ouwe kleidest,
und die heide baz!
diu hât varwe mê.
›dû bist kurzer, ich bin langer‹,
alsô strîtents ûf dem anger,
bluomen unde klê.

ab. – dazs: was sie. »Was sie mir Leides zufügt, möge Gott ihr ver-
zeihen; für die Zukunft aber möge sie davon lassen« (Wilmanns).
vert: sich aufführt. – ine weiz: ich weiß nicht. – uns wil schiere wol
gelingen: wir werden bald glücklich sein. – gemeit: voll frohen Muts.
– scheidest: schlichtest. – baz: noch schöner.

Rôter munt, wie dû dich swachest!
lâ dîn lachen sîn.
scham dich daz dû mich an lachest
nâch dem schaden mîn.
ist daz wol getân?
owê sô verlorner stunde,
sol von minneclîchem munde
solch unminne ergân!

Daz mich, frowe, an fröiden irret,
daz ist iuwer lîp.
an iu einer ez mir wirret,
ungenædic wîp.
wâ nemt ir den muot?
ir sît doch genâden rîche:
tuot ir mir ungnædeclîche,
sô sît ir niht guot.

Scheidet, frowe, mich von sorgen,
liebet mir die zît:
oder ich muoz an fröiden borgen.
daz ir sælic sît!
muget ir umbe sehen?
sich fröit al diu welt gemeine;
möhte mir von iu ein kleine
fröidelîn geschehen!

Herzeliebez frowelîn,
got gebe dir hiute und iemer guot.
kund ich baz gedenken dîn,
des hete ich willeclîchen muot.
waz sol ich dir sagen mê,
wan daz dir nieman holder ist? owê, dâ von ist mir vil wê.

swachest: schädigst, entstellst. – nâch dem schaden mîn: nachdem du
mich unfroh gemacht hast (C. v. Kraus). – Daz – wirret: Was mich, o
Herrin, abhält, froh zu sein, das seid Ihr. Einzig Ihr schafft mir Wirr-
nis (C. v. Kraus). – tuot ir: wenn Ihr ... – an fröiden borgen: den
Frohsinn von andern ausleihen.

Sie verwîzent mir daz ich
sô nidere wende mînen sanc.
daz si niht versinnent sich
waz liebe sî, des haben undanc!
die getraf diu liebe nie,
die nâch dem guote und nâch der schœne minnent; wê wie
minnent die?
Bî der schœne ist dicke haz:
zer schœne niemen sî ze gâch.
liebe tuot dem herzen baz:
der liebe gêt diu schœne nâch.
liebe machet schœne wîp:
desn mac diu schœne niht getuon, sin machet niemer lieben lîp.

Ich vertrage als ich vertruoc
und als ich iemer wil vertragen.
di bist schœne und hâst genuoc:
waz mugen si mir dâ von gesagen?
swaz si sagen, ich bin dir holt,
und nim dîn glesîn vingerlîn für einer küneginne golt.

Hâst dû triuwe und staetekeit,
sô bin ich sîn ân angest gar
daz mir iemer herzeleit

mit dînem willen widervar.
hâst ab dû der zweier niht,
son müezest dû mîn niemer werden. owê danne, ob daz ge-
schiht!

baz: besser. – des hete ich willeclîchen muot: dazu wäre ich voll Freude
bereit. – wan daz: außer daß. – verwîzen: tadelnd vorwerfen. – sô
nidere: an ein schlichtes Mädchen (statt an eine vornehme Herrin.)
– daz – undanc: weil sie nicht begreifen, was wahre Liebe ist, dafür
seien sie verwünscht. – dicke: oft. – ze gâch: zu eilig. – der liebe . . .:
die Schönheit steht hinter der wahren Zuneigung an zweiter Stelle.
Schönheit allein macht nie einen Menschen liebenswert. – ich ver-
trage . . .: ich nehm's hin, wie ich's hingenommen habe und immer
hinnehmen will (die Vorwürfe der zweiten Strophe). – swaz . . .: was
sie auch immer sagen mögen. – sô bin ich sîn ân angest gar: so bin ich
darüber ganz ohne Sorge. – iemer: je.
son müezest . . .: so kannst du nie die Meine werden.

»Nemt, frowe, disen kranz!«
alsô sprach ich zeiner wol getânen maget:
»sô zieret ir den tanz,
mit den schœnen bluomen, als irs ûffe traget.
het ich vil edele gesteine,
daz müest ûf iur houbet,
obe ir mirs geloubet.
sêt mîne triuwe, daz ichz meine.«

Si nam daz ich ir bôt,
einem kinde vil gelîch daz êre hât.
ir wangen wurden rôt,
same diu rôse, dâ si bî der liljen stât.
do erschampten sich ir liehten ougen:
dô neic si mir schône.
daz wart mir ze lône:
wirt mirs iht mêr, daz trage ich tougen.

»Ir sît sô wol getân,
daz ich iu mîn schapel gerne geben wil,
so ichz aller beste hân.
wîzer unde rôter bluomen weiz ich vil:
die stênt sô verre in jener heide.
dâ si schône entspringent
und die vogele singent,
dâ suln wir si brechen beide.«

Mich dûhte daz mir nie
lieber wurde, danne mir ze muote was.
die bluomen vielen ie
von dem boume bî uns nider an daz gras.
seht, dô muost ich von fröiden lachen.
do ich sô wünneclîche
was in troume rîche,
dô taget ez und muos ich wachen.

als irs: wie ihr sie. – wirt mirs iht mêr, daz trage ich tougen: bekomme ich noch etwas mehr Lohn, werde ich das verschwiegen bei mir tragen. – schapel: Kopfschmuck aus Blumen. – vielen ie: fielen unaufhörlich.

Mir ist von ir geschehen,
daz ich disen sumer allen meiden muoz
vast under dougen sehen:
lîhte wirt mir einiu: so ist mir sorgen buoz.
waz obe si gêt an disem tanze?
frowe, dur iur güete
rucket ûf die hüete.
owê gesæhe ichs under kranze!

Under der linden
an der heide,
dâ unser zweier bette was,
dâ mugt ihr vinden
schône beide
gebrochen bluomen unde gras.
vor dem walde in einem tal,
tandaradei,
 schône sanc diu nahtegal.

Ich kam gegangen
zuo der ouwe:
dô was mîn friedel komen ê.
dâ wart ich enpfangen,
hêre frouwe,
daz ich bin sælic iemer mê.
kuster mich? wol tûsentstunt:
tandaradei,
 seht wie rôt mir ist der munt.

Dô het er gemachet
alsô rîche
von bluomen eine bettestat.
des wirt noch gelachet
inneclîche,
kumt iemen an daz selbe pfat.

vast: nahe. – under dougen: unter die Augen, ins Gesicht. – dur:
um – willen. – ichs: ich sie.
schône: gänzlich. – beide – unde: sowohl – als auch.

bî den rôsen er wol mac,
tandaradei,
 merken wâ mirz houbet lac.

Daz er bî mir læge,
wessez iemen
(nu enwelle got!), sô schamt ich mich.
wes er mit mir pflæge,
niemer niemen
bevinde daz, wan er unt ich,
und ein kleinez vogellîn:
tandaradei,
 daz mac wol getriuwe sîn.

Owê war sint verswunden alliu mîniu jâr!
ist mir mîn leben getroumet, oder ist ez wâr?
daz ich ie wânde ez wære, was daz allez iht?
dar nâch hân ich geslâfen und enweiz es niht.
nû bin ich erwachet, und ist mir unbekant
daz mir hie vor was kündic als mîn ander hant.
liut unde lant, dar inn ich von kinde bin erzogen,
die sint mir worden frömde reht als ez sî gelogen.
die mîne gespilen wâren, die sint træge unt alt.
vereitet is daz velt, verhouwen ist der walt:
wan daz daz wazzer fliuzet als ez wîlent flôz,
für wâr mîn ungelücke wânde ich wurde grôz.
mich grüezet maneger trâge, der mich bekande ê wol.
diu welt ist allenthalben ungenâden vol.
als ich gedenke an manegen wünneclîchen tac,
die mir sint enpfallen als in daz mer ein slac,
iemer mêre ouwê.

Owê wie jæmerlîche junge liute tuont,
den ê vil wünneclîchen ir gemüete stuont!
die kunnen niuwan sorgen: ouwê wie tuont si sô?
swar ich zer werlte kêre, dâ ist nieman frô:
tanzen, lachen, singen zergât mit sorgen gar:
nie kein kristenman gesach sô jæmerlîche schar.

wessez iemen: wüßte es irgendwer. – wan: außer.

nû merkent wie den frouwen ir gebende stât:
die stolzen ritter tragent dörpellîche wât.
uns sint unsenfte brieve her von Rôme komen,
uns ist erloubet trûren und fröide gar benomen.
daz müet mich inneclîchen (wir lebten ie vil wol),
daz ich nû für mîn lachen weinen kiesen sol.
die vogel in der wilde betrüebet unser klage:
waz wunders ist ob ich dâ von an fröiden gar verzage?
wê waz spriche ich tumber man durch mînen bœsen zorn?
swer dirre wünne volget, hât jene dort verlorn,
iemer mêr ouwê.

Owê wie uns mit süezen dingen ist vergeben!
ich sihe die gallen mitten in dem honege sweben:
diu welt ist ûzen schœne, wîz grüen unde rôt,
und innân swarzer varwe, vinster sam der tôt.
swen si nû habe verleitet, der schouwe sînen trôst:
er wirt mit swacher buoze grôzer sünde erlôst.
dar an gedenket, ritter: ez ist iuwer dinc.
ir tragent die liehten helme und manegen herten rinc,
dar zuo die vesten schilte und diu gewîhten swert.
wolte got, wan wære ich der sigenünfte wert!
sô wolte ich nôtic armman verdienen rîchen solt.
joch meine ich niht die huoben noch der hêrren golt:
ich wolte sælden krône êweclîchen tragen:
die mohte ein soldenære mit sîme sper bejagen.
möht ich die lieben reise gevaren über sê,
sô wolte ich denne singen wol, und niemer mêr ouwê,
niemer mêr ouwê.

Übertragung:

Wehe, wohin sind alle meine Jahre entschwunden? Habe ich
mein Leben geträumt oder ist es wirklich? Was ich immer für
etwas hielt, was da wäre, war das alles etwas? Demnach hab
ich, ohne es zu wissen, geschlafen. Jetzt bin ich aufgewacht und
kenne nicht mehr, was mir früher bekannt war wie meine
Hand. Die Leute und das Land, in dem ich von Kind an er-
zogen worden bin, die sind mir fremd geworden, gerade als sei
es unwahr. Mit denen ich herumgespielt habe, die sind jetzt

träge und alt; wüst ist das Feld, umgehauen ist der Wald; flösse nicht das Wasser, wie es einstens floß, so würde mein Leid, möchte ich glauben, wahrlich groß. Mich grüßt mancher lässig, der mich früher gut kannte. In der Welt ist es überall trostlos. Sowie ich manches herrlichen Tages gedenke, die mir entglitten sind wie ein Schlag ins Meer, – immerdar: wehe!

Wehe, wie kläglich gebärdet sich die Jugend, die einst höfisch frohgestimmt war! Die verstehn nur noch sich zu sorgen: wehe, warum tun sie so? Wohin immer in der Welt ich mich wende, da ist niemand mehr fröhlich. Tanzen, Lachen, Singen geht ganz in Kummer unter. Nie hat ein Christenmensch eine so leidvolle Gesellschaft erblickt. Achtet nur darauf, wie den Frauen ihr Kopfputz steht; die hochgemuten Ritter haben bäurische Kleider an. Von Rom her sind uns unmilde Schreiben zugegangen; man hat uns gestattet, traurig zu sein, und hat uns der Freude ganz beraubt. Das schmerzt mich von Herzen (wir hatten immer ein schönes Leben), daß ich jetzt mein Lachen mit Weinen vertauschen muß. Sogar die Vögel in der Wildnis betrübt unsre beklagenswerte Lage; ist's da ein Wunder, wenn ich infolgedessen Mut und Freude verliere? Aber ach – was sag ich Tor da in meiner kümmerlichen Erregung? Wer dieser Lust nachgeht, der hat jene dort eingebüßt. Immerdar: wehe!

Wehe, wie hat man uns mit Süßigkeiten vergiftet! Ich sehe die Galle mitten im Honig schwimmen. Die Welt ist außen schön, weiß, grün und rot, und innen schwarz, finster wie der Tod. Aber, wen sie etwa verführt hat, der schaue, was ihm Hoffnung und Hilfe gibt: durch leichte Buße wird er von schwerer Sünde befreit. Das bedenkt, ihr Ritter! es geht euch an! Ihr tragt die strahlenden Helme und manchen harten Panzer, dazu die festen Schilde und die geweihten Schwerter. Wollte Gott, auch ich wäre dieses Triumphes würdig! Dann könnte ich, arm an geistlichem und irdischem Gut, mir reichen Sold verdienen. Damit meine ich wahrlich nicht die Güter oder das Gold der Fürsten: ich möchte der Seligkeit Krone ewiglich tragen; die konnte einst jener Söldner (Longinus) mit seiner Lanze erlangen. Könnte ich die willkommne Kriegsfahrt übers Meer tun, so würde ich dann Heil! singen und niemals mehr: Wehe! Niemals mehr: Wehe!

Hans Böhm

Neidhart von Reuenthal

›Ez meiet hiuwer aber als ê.
von dem touwe‹
sprach ein frouwe
›springent bluomen unde klê.
diu nahtegal diu singet ûf der linden
ir süezen sanc.
Merze vor den reien spranc:
bî dem solt dû mich vinden.‹

»Tohter, wende dînen muot
von dem touwe.
ganc her, schouwe:
disiu mære sint niht guot.
warne dich engegen dem scherpfen winder
.
ahte niht ûf Merzen sin:
des rede drinc hin hinder.

Und reie alsô, swiez dir ergê,
ob er dich triege,
daz ein wiege
vor an dînem fuoze iht stê:
sich, sô wirt dîn fröude harte kleine
und mac geschehen,
sô dû die bluomen wellest sehen,
daz nâch dir iht weine.«

›Muoter, ir sorget umbe den wint.
mirst unmære
solhiu swære:
wîp diu truogen ie diu kint.
ich wil mîner fröude niht enlâzen
durch iuwern rât.
reichet mir mîn liehte wât.
diu wiege var verwâzen!‹

aber als ê: wieder wie früher. – warne dich: hüte dich vor... – hin
hinder: hin und her, unstet. – reien: den Reihen tanzen. – iht: etwas
(das Kind ist gemeint). – umbe den wint: umsonst. – unmære:
gleichgültig. – durch iuwern rât: eurer Warnung wegen. – verwâzen:
verwünschen.

Nu hœrent wie ez ir ergie.
sî biegen beide
dô mit leide.
diu muoter einen rechen vie.
den begreif diu tohter bî der grœze:
sî nam zehant
in der alten ûz der hant.
dô gienc ez an die stœze.

OSWALD VON WOLKENSTEIN

O wunnikliches paradis,
zu Costnitz han ich funden dich!
für alles das ich hör, sich, lis,
mit guetem herzen freustu mich.
inwendig, auss und überal,
zu Münsterling und anderswa
regniert dein adelicher schal.
wer möcht da immer werden gra?

Vil augenwait
in mangem klait,
slecht, zierlich, prait,
sicht man zu Costnitz prangen
von mündlin rot
an alle not,
der mir ains drot
mit röselochten wangen.

Gepärd, wort, weis an tadel späch
schaut man durch hügelichen trit
von manger stolzen frauen wäch.
Sant Peter lat michs liegen nit,
des lob ich immer preisen sol
andächtiklich in meim gepet,
wann er ist aller eren vol,
und wär mir laid, wer anders rett.

Costnitz: Konstanz. – an: ohne. – späch: klug. – hügelich: hochge-
stimmt. – wäch: vornehm, schön.

Vil zarter engelischer weib,
durchleuchtig schön, mit liechtem glanz,
besessen haben meinen leib
all in der Katzen pei dem tanz,
und der ich nicht vergessen wil;
das macht ir minniklich gestalt.
mit eren lustlich freudenspil
vint man zu Costnitz manigvalt.

Katze: Wirtshaus in Konstanz.

MARTIN LUTHER

Ein feste Burg

Ein feste Burg ist unser Gott,
Ein gute Wehr und Waffen.
Er hilft uns frei aus aller Not,
Die uns jetzt hat betroffen.
Der alt böse Feind,
Mit Ernst er's jetzt meint.
Groß Macht und viel List
Sein grausam Rüstung ist.
Auf Erd ist nicht seinsgleichen.

Mit unsrer Macht ist nichts getan.
Wir sind gar bald verloren.
Es streit't für uns der rechte Mann,
Den Gott hat selbst erkoren.
Fragst du, wer der ist?
Er heißt Jesus Christ,
Der Herr Zebaoth,
Und ist kein andrer Gott.
Das Feld muß er behalten.

Und wenn die Welt voll Teufel wär
Und wollt uns gar verschlingen,
So fürchten wir uns nicht so sehr,
Es soll uns doch gelingen.
Der Fürst dieser Welt,
Wie saur er sich stellt,
Tut er uns doch nicht.
Das macht, er ist gericht't.
Ein Wörtlein kann ihn fällen.

Das Wort sie sollen lassen stahn
Und kein' Dank dazu haben.
Er ist bei uns wohl auf dem Plan
Mit seinem Geist und Gaben.
Nehmen sie den Leib,
Gut, Ehr, Kind und Weib,
Laß fahren dahin.
Sie haben's kein Gewinn.
Das Reich muß uns doch bleiben.

Aus tiefer Not

Aus tiefer Not schrei ich zu dir.
Herr Gott, erhör mein Rufen.
Dein gnädig Ohren kehr zu mir
Und meiner Bitt sie offen.
Denn so du willst das sehen an,
Was Sünd und Unrecht ist getan,
Wer kann, Herr, vor dir bleiben?

Bei dir gilt nichts denn Gnad und Gunst,
Die Sünden zu vergeben.
Es ist doch unser Tun umsonst
Auch in dem besten Leben.
Vor dir niemand sich rühmen kann.
Des muß dich fürchten jedermann
Und deiner Gnade leben.

Darum auf Gott will hoffen ich,
Auf mein Verdienst nicht bauen.
Auf ihn mein Herz soll lassen sich
Und seiner Güte trauen,
Die mir zusagt sein wertes Wort.
Das ist mein Trost und treuer Hort.
Des will ich allzeit harren.

Und ob es währt bis in die Nacht
Und wieder an den Morgen,
Doch soll mein Herz an Gottes Macht
Verzweifeln nicht noch sorgen.

So tu Israel rechter Art,
Der aus dem Geist erzeuget ward
Und seines Gotts erharre.

Ob bei uns ist der Sünden viel,
Bei Gott ist viel mehr Gnaden.
Sein Hand zu helfen hat kein Ziel,
Wie groß auch sei der Schaden.
Er ist allein der gute Hirt,
Der Israel erlösen wird
Aus seinen Sünden allen.

Ein Kinderlied auf die Weihnacht Christi

Vom Himmel hoch, da komm ich her.
Ich bring euch gute, neue Mär.
Der guten Mär bring ich so viel,
Davon ich sing'n und sagen will.

Euch ist ein Kindlein heut geborn,
Von einer Jungfrau auserkorn,
Ein Kindelein so zart und fein,
Das soll eur Freud und Wonne sein.

Es ist der Herr Christ, unser Gott.
Der will euch führn aus aller Not.
Er will eur Heiland selber sein,
Von allen Sünden machen rein.

Er bringt euch alle Seligkeit,
Die Gott der Vater hat bereit't,
Daß ihr mit uns im Himmelreich
Sollt leben nun und ewiglich.

So merket nun das Zeichen recht:
Die Krippen, Windelein so schlecht.
Da findet ihr das Kind gelegt,
Das alle Welt erhält und trägt.

Des laßt uns alle fröhlich sein
Und mit den Hirten gehn hinein,
Zu sehn, was Gott uns hat beschert
Mit seinem lieben Sohn verehrt.

Merk auf, mein Herz, und sieh dort hin.
Was liegt doch in dem Krippelein?
Wes ist das schöne Kindelein?
Es ist das liebe Jesulein.

Sei willekomm, du edler Gast!
Den Sünder nicht verschmähet hast
Und kommst ins Elend her zu mir –
Wie soll ich immer danken dir?

Ach Herr, du Schöpfer aller Ding,
Wie bist du worden so gering,
Daß du da liegst auf dürrem Gras,
Davon ein Rind und Esel aß!

Und wär die Welt viel mal so weit,
Von Edelstein und Gold bereit't,
So wär sie doch dir viel zu klein,
Zu sein ein enges Wiegelein.

Der Sammet und die Seiden dein,
Das ist grob Heu und Windelein,
Darauf du Kön'g so groß und reich
Herprangst, als wär's dein Himmelreich.

Das hat also gefallen dir,
Die Wahrheit anzuzeigen mir,
Wie aller Welt Macht, Ehr und Gut
Vor dir nichts gilt, nichts hilft noch tut.

Ach mein herzliebes Jesulein,
Mach dir ein rein, sanft Bettelein,
Zu ruhen in meins Herzens Schrein,
Daß ich nimmer vergesse dein.

Davon ich allzeit fröhlich sei,
Zu springen, singen immer frei
Das rechte Susaninne schon,
Mit Herzenslust den süßen Ton.

Lob, Ehr sei Gott im höchsten Thron,
Der uns schenkt seinen ein'gen Sohn.
Des freuen sich der Engel Schar
Und singen uns ein neues Jahr.

ULRICH VON HUTTEN

Ein neu Lied Herr Ulrichs von Hutten

Ich hab's gewagt mit Sinnen
Und trag des noch kein Reu,
Mag ich nit dran gewinnen,
Noch muß man spüren Treu;
Dar mit ich mein nit eim allein,
Wenn man es wolt erkennen:
Dem Land zu gut, wie wol man tut
Ein Pfaffenfeind mich nennen.

Da laß ich jeden lügen
Und reden was er will;
Hätt Wahrheit ich geschwiegen,
Mir wären hulder vil:
Nun hab ich's gsagt, bin drum verjagt,
Das klag ich allen Frummen,
Wie wol noch ich nit weiter fliech,
Vielleicht werd wider kummen.

Um Gnad will ich nit bitten,
Dieweil ich bin ohn Schuld;
Ich hett das Recht gelitten,
So hindert Ungeduld,
Daß man mich nit nach altem Sitt
Zu Ghör hat kummen lassen;

Vielleicht wills Gott und zwingt sie Not
Zu handlen dieser Maßen.

Nun ist oft dieser gleichen
Geschehen auch hie vor,
Daß einer von den Reichen
Ein gutes Spiel verlor,
Oft großer Flamm von Fünklin kam;
Wer weiß ob ich's werd rechen!
Stat schon im Lauf, so setz ich drauf:
Muß gehen oder brechen!

Dar neben mich zu trösten
Mit gutem Gwissen hab,
Daß keiner von den Bösten
Mir Ehr mag brechen ab,
Doch sagen, daß uf einig Maß
Ich anders sei gegangen,
Denn Ehren nach, hab diese Sach
In Gutem angefangen.

Will nun ihr selbs nit raten
Die frumme Nation,
Ihrs Schaden sich ergatten
Als ich vermahnet han,
So ist mir leid; hie mit ich scheid,
Will mengen baß die Karten!
Bin unverzagt, ich habs gewagt
Und will des Ends erwarten!

Ob dann mir nach tut denken
Der Curtisanen List:
Ein Herz läßt sich nit kränken,
Das rechter Meinung ist;
Ich weiß, noch viel wölln auch ins Spiel
Und solltens drüber sterben:
Auf, Landsknecht gut und Reuters Mut,
Laßt Hutten nit verderben!

sich ergatten: sich verbinden, erreichen

Hans Sachs

> Die wittembergisch Nachtigall,
> die man ietz höret überall.

Anfang der Dichtung

Wacht auf! Es nahent gen dem Tag.
Ich hör singen im grünen Hag
Ein wunnigliche Nachtigall.
Ihr Stimm durchklinget Berg und Tal.
Die Nacht neigt sich gen Occident,
Der Tag geht auf von Orient.
Die rotbrünstige Morgenröt
Her durch die trüben Wolken geht,
Daraus die lichte Sunn tut blicken.
Des Mones Schein tut sie verdrücken.
Der ist ietz worden bleich und finster,
Der vor mit seinem falschen Glinster
Die ganzen Herd Schaf hat geblendt,
Daß sie sich haben abgewendt
Von ihrem Hirten und der Weid
Und haben sie verlassen beid,
Sind gangen nach des Mones Schein
In die Wildnus den Holzweg ein,
Haben gehört des Leuen Stimm
Und sind auch nachgefolget ihm,
Der sie geführet hat mit Liste
Ganz weit abwegs tief in die Wüste...

Die Gefangen klagen

O Herre Gott, laß dich erbarmen
Unser Ellend – gefangen, armen,
Erwürgen sech wir unser Kinder,
Genummen sind uns Schaf und Rinder,
Haus unde Hof ist uns verbrennt,
Und wir geführt in das Ellend.

Weh daß uns unser Mutter trug,
Erst müß wir ziehen in dem Pflug
Und Gersten essen, wie die Pferd,
Mit unserm Munde von der Erd.
Kumm, grimmer Tod, und uns erlös
Von dem grausamen Türken bös.

Aus der eigentlichen Beschreibung aller
Stände auf Erden

Hienach werden gezeiget an
Oberste und auch Untertan,
Künstner und auch der Handwerksmann,
Was ieder hat auf Erd zu tan,
Darbei man ihn erkennen kann,
Ob er seim Stand hab recht getan.

Reißer

Ich bin ein Reißer früh und spät,
Ich entwürf auf ein Lindenbrett
Bildnus von Menschen oder Tier,
Auch Gewächs mancherlei Monier,
Histori und was man will haben,
Geschrift und groß Versalbuchstaben,
Künstlich, daß nit ist auszusprechen;
Auch kann ich wol in Kupfer stechen.

Buchdrucker

Ich bin geschicket mit der Preß,
Daß ich auftrag den Firnis reß.
Bald der Postlierer-Stangen zuckt,
Ist ein Bogen Papiers gedruckt.
Dadurch kummt manich Buch an Tag,
Das man leichtlich bekummen mag.
Vor Zeitn hat man die Bücher geschrieben;
Zu Mainz die Kunst ward erstlich trieben.

Der krank Esel
In der Hohnweis Wolfran

Ein Esel lag darnieder
In einem Wald sehr krank.
Ein Wolf der stellt sich bieder,
Nahm für ihn seinen Gang,
Tät ihm schmeichlend zusprechen:
»Leid ist mir dein Unfall.
Sag, wo ist dein Gebrechen?«
Begriff ihn überall.

Der Esel lag in Sorgen,
Forcht des Wolfs Hinterlist,
Sprach zum Wolf unverborgen:
»Wo du mich greifen bist,
Ist am größten mein Schmerzen.
Ich bitt dich, geh von mir,
So wird Ruh meinem Herzen;
Das fürchtet sich vor dir.« –

Also wo los Gesellen
Voll allerlei Bosheit
Sich freundlich gen eim stellen,
Der vertrau nit zu weit!
Sorgfältig sei einzogen,
Fürcht seine böse Tück.
Kummt er ab unbetrogen,
So sag er von Glück.

Ein schöns Lied einer ehrlichen Jungfrauen
In eignem Ton mit ihrem Namen in fünf Buchstaben

Mein Herz hat mir umfangen
Mit süßer Liebe Brunst,
Mit Sehnen und Verlangen
In treuer Lieb und Gunst
Ein Jungfrau, schön und zart,

Ganz tugendhafter Art:
Dieweil ich lebt auf Erden
Kein Mensch mir lieber ward.

Ach wollt Gott, daß die Reine
Erkennt mein Herz und Gmüt,
Daß ich begehr alleine
Gnad ihr mildreichen Güt.
Darauf tu hoffen ich,
Sie wird aufnehmen mich
Zu eim treuen Liebhaber
Hie und dort ewiglich.

Rein in ehlicher Treue,
In Lieb und Stetigkeit
Sich unser Lieb verneue
Unsers ganz Lebens Zeit,
Daß sich mehr' beidersam
Unser Geschlecht und Stamm,
Fruchtbar mit Heil und Glücke,
Mit untödlichem Nam.

Ich bitt, du einiges Eine,
Du mein herziges Herz,
Gib deinen Willen dareine,
So nehmt ein End mein Schmerz.
Gut Hoffnung mich ernährt,
Dein Herz werd zu mir kehrt;
Wär mir die höchste Freude,
Würd mir das Heil beschert.

All Hoffnung tu ich setzen,
Mein höchster Schatz, auf dich,
Du werdst mich Leids ergetzen,
Günstig begnaden mich,
Daß du werdst ewig mein
Und ich werd ewig dein
In dem ehlichen Stande.
Wie möcht uns baß gesein?!

GEISTLICHE LIEDER

Es ist ein Ros entsprungen

Es ist ein Ros entsprungen
Aus einer Wurzel zart,
Wie uns die Alten sungen,
Aus Jesse kam die Art
Und hat ein Blümlein bracht
Mitten im kalten Winter
Wohl zu der halben Nacht.

Das Röslein, das ich meine,
Davon Esaias sagt,
Hat uns gebracht alleine
Marie, die reine Magd:
Aus Gottes ewgem Rat
Hat sie ein Kind geboren
Wohl zu der halben Nacht.

Wir danken dir, Herr Jesu Christ

Wir danken dir, Herr Jesu Christ,
Daß du für uns gestorben bist
Und hast uns durch dein teures Blut
Gemacht für Gott gerecht und gut.

Und bitten dich, wahr Mensch und Gott,
Durch dein heilig fünf Wunden rot;
Erlös uns von dem ewgen Tod
Und tröst uns in der letzten Not.

Behüt uns auch für Sünd und Schand,
Reich uns dein allmächtige Hand,
Daß wir im Kreuz geduldig sein,
Uns trösten deiner schweren Pein

Und draus schöpfen die Zuversicht,
Daß du uns werdst verlassen nicht,
Sondern ganz treulich bei uns stehn,
Daß wir durchs Kreuz ins Leben gehn.

Schnitterlied

Es ist ein Schnitter, heißt der Tod,
Hat Gwalt vom großen Gott,
Heut wetzt er das Messer,
Es schneid't schon viel besser,
Bald wird er drein schneiden,
Wir müssens nur leiden.
Hüt dich, schöns Blümelein!

Was heut noch grün und frisch dasteht,
Wird morgen weggemäht:
Die edel Narzissel,
Die englische Schlüssel,
Die schön Hyazinth,
Die türkische Bind.
Hüt dich, schöns Blümelein!

Viel hunderttausend ungezählt
Da unter die Sichel hinfällt:
Rot Rosen, weiß Lilien,
Beid wird er austilgen;
Ihr Kaiserkronen,
Man wird euch nicht schonen.
Hüt dich, schöns Blümelein!

Trutz, Tod! komm her, ich fürcht dich nit!
Trutz! komm und tu ein Schnitt!
Wenn er mich verletzet,
So werd ich versetzet,

Ich will es erwarten,
In himmlischen Garten.
Freu dich, schöns Blümelein!

LIEBESLIEDER

Sommerlied

Herzlich tut mich erfreuen
Die fröhlich Sommerzeit,
All mein Geblüt verneuen,
Der Mai viel Wollust geit:
Die Lerch tut sich erschwingen
Mit ihrem hellen Schall,
Lieblich die Vöglein singen,
Voraus die Nachtigall.

Der Kuckuck mit seim Schreien
Macht fröhlich jedermann!
Des Abends fröhlich reihen
Die Meidlein wohlgetan;
Spazieren zu den Brunnen
Pflegt man in dieser Zeit,
All Welt sucht Freud und Wunne
Mit Reisen fern und weit.

Des Morgens in dem Taue
Die Meidlein waschen gan,
Gar lieblich sie anschauen
Die schönen Blümlein stan,
Daraus sie Kränzlein machen
Und schenken ihrem Schatz.
Tun sie freundlich anlachen
Und geben ihm ein Schmatz.

Darumb lob ich den Sommer,
Darzu den Maien gut,
Der wendt uns allen Kummer

geit: gibt

Und bringt uns Freud und Mut.
Der Zeit will ich genießen,
Dieweil ich Pfenning hab;
Und wen es tut verdrießen,
Der fall die Stiegen ab!

Gekürzt

Die Blumen

Weiß mir ein Blümlein blaue,
Von himmelblauem Schein,
Es steht in grüner Aue
Und heißt Vergiß nit mein!
Ich kunnt es nirgend finden,
War mir verschwunden gar;
Von Reif und kalten Winden
Ist es mir worden fahl.

Das Blümlein, das ich meine,
Ist braun, staht auf dem Ried,
Von Art ist es so kleine,
Es heißt nun Hab mich lieb!
Das ist mir abgemähet
Wohl in dem Herzen mein,
Mein Lieb hat mich verschmähet,
Wie mag ich fröhlich sein?

Mein Herz das leit in Kummer,
Daß mein vergessen ist.
So hoff ich auf den Summer
Und auf des Maien Frist;
Die Riefen sind vergangen,
Darzu der kalte Schnee,
Mein Lieb hat mich umfangen,
Das tut dem Klaffer weh.

Gekürzt

leit: liegt. – Klaffer: Aushorcher, Verleumder.

Im Mai

Wie schön blüht uns der Maien,
Der Sommer fährt dahin!
Mir ist ein schöns Jungfräulein
Gefallen in mein Sinn.
Bei ihr da wär mir wohl:
Wenn ich nur an sie denke,
Mein Herz ist Freuden voll.

Bei ihr da wär ich gerne,
Bei ihr da wär mir wohl;
Sie ist mein Morgensterne,
Gfällt mir im Herzen wohl.
Sie hat ein roten Munde,
Sollt ich darauf sie küssen,
Mein Herz würd mir gesund.

Der Liebsten sollt ich klagen
Mein Leid zu dieser Stund:
So hab ichs nicht am Tage,
Noch spar dich Gott gesund!
Ade, zu guter Nacht
Sei dir, schöns Lieb, gesungen
Aus gutem Mut bedacht!

Gekürzt

Laß ab, es ist umsonst

Mit Lieb bin ich umfangen,
Herzallerliebste mein!
Nach dir steht mein Verlangen,
Wenn es nur könnt gesein!
Könnt ich dein Gunst erwerben,
Käm ich aus großer Not,
Viel lieber wollt ich sterben,
Wünschen mir selbst den Tod.

Herzlieb, gedenk an die Treue,
Die du mir verheißen hast!

Und laß dichs nit gereuen
Stetig ohn Unterlaß.
Dein Treu hast mir versprochen
In rechter Stetigkeit;
Es bleibt seltn ungerochen,
Feinslieb, nit von mir scheid!

Wie soll ich von dir lassen?
Es kost mir meinen Leib;
Darzu bringt mich ohne Maßen,
Daß ich nit von dir scheid.
Dir hab ich mich ergeben,
Herzallerliebste mein,
Dieweil ich hab das Leben:
Mein Schatz, vergiß nicht mein!

»Junger Gsell, laß doch dein Werben,
Du erlangest meiner nicht!
Wöllest du gleich darum sterben,
Es ist vergebens gewiß.
Du hast mich lieb im Herzen?
Da weiß ich wenig nur;
Fürwahr es ist kein Scherzen:
Laß ab, es ist umsonst!«

Waldvögelein

Es flog ein kleins Waldvögelein
Der Lieben vors Fensterlein,
Es klopfet also leise mit seinem Goldschnäbelein:
›Stand auf, Herzlieb,
Und laß mich ein!
Ich bin so lang geflogen
Wohl durch den Willen dein.‹

»Bist du so lang geflogen
Wohl durch den Willen mein,
Komm heut um halber Mitternacht,
So will ich dich lassen ein;
Ich will dich decken also warm,

Ich will dich freundlich schließen
In mein schneeweiße Arm.«

Gekürzt

Lindenlaub

Drei Laub auf einer Linden
Blühen also wohl, ja wohl;
Sie tät viel tausend Sprünge,
Ihr Herz war freudenvoll,
Ich gönns dem Maidlein wohl.

Das Maidlein, das ich meine,
Das ist so hübsch und fein, ja fein;
Wenn ich dasselb anblicke,
Sich freut das Herze mein;
Des eigen will ich sein.

Wach auf, meins Herzen Schöne!

Wach auf, meins Herzen Schöne,
Zart Allerliebste mein!
Ich hör ein süß Getöne
Von kleinen Waldvöglein:
Die hör ich so lieblich singen,
Ich mein, ich säh des Tages Schein
Vom Orient herdringen.

Ich hör die Hahnen krähen,
Ich spür den Tag dabei,
Die kühlen Windlein wehen,
Die Sterne leuchten frei.
Singt uns Frau Nachtigalle,
Singt uns ein süße Melodei;
Sie meldt den Tag mit Schalle.

Der Himmel tut sich färben
Aus weißer Farb in blau,
Die Wolken tun sich färben
Aus schwarzer Farb in grau.

Die Morgenröt tut herschleichen:
Wach auf, mein Lieb, und mach mich frei!
Die Nacht will mir entweichen.

Gekürzt

Röslein auf der Heiden

Sie gleicht wohl einem Rosenstock,
Drum g'liebt sie mir im Herzen;
Sie trägt auch einen roten Rock,
Kann züchtig, freundlich scherzen;
Sie blühet wie ein Röselein,
Die Bäcklein wie das Mündelein;
Liebst du mich, so lieb ich dich,
Röslein auf der Heiden!

Der die Röslein wird brechen ab,
Röslein auf der Heiden,
Das wird wohl tun ein junger Knab,
Züchtig, fein bescheiden;
So stehn die Steglein auch allein,
Der lieb Gott weiß wohl, wen ich mein:
Sie ist so grecht, von gutem Gschlecht,
Von Ehren hochgeboren.

Wenn mich das Mägdlein nit mehr will,
Röslein auf der Heiden,
So will ich weichen in der Still
Und mich von ihr tun scheiden,
So will ich sie auch fahren lan
Und will ein anders nehmen an,
Ein schöns, ein jungs, ein reichs, ein frums,
Röslein auf der Heiden.

Das Röslein, das mir werden muß,
Röslein auf der Heiden,
Das hat mir treten auf den Fuß,
Und gschah mir doch nicht leide.
Sie g'liebet mir im Herzen wohl,
In Ehren ich sie lieben soll,

Beschert Gott Glück, gehts nicht zurück,
Röslein auf der Heiden!

Behüt dich Gott, mein herzigs Herz,
Röslein auf der Heiden!
Es ist fürwahr mit mir kein Scherz,
Ich kann nicht länger beiten.
Du kommst mir nicht aus meinem Sinn,
Dieweil ich hab das Leben inn;
Gedenk an mich, wie ich an dich,
Röslein auf der Heiden!

Beut mir her deinen roten Mund,
Röslein auf der Heiden!
Ein Kuß gib mir aus Herzensgrund,
So steht mein Herz in Freuden!
Behüt dich Gott zu jeder Zeit,
All Stund und wie es sich begeit;
Küß du mich, so küß ich dich,
Röslein auf der Heiden!

Wer ist, der uns dies Liedlein macht,
Röslein auf der Heiden?
Das hat getan ein junger Hacht,
Als er von ihr wollt scheiden;
Zu tausend hundert guter Nacht
Hat er das Liedlein wohl gemacht;
Behüt sie Gott, ohn allen Spott,
Röslein auf der Heiden!

Goldmühle

Dort nieden in jenem Holze
Leit sich ein Mühlen stolz,
Sie mahlet uns alle Morgen
Das Silber und rote Gold.

Dort nieden in jenem Grunde
Schwemmt sich ein Hirschlein fein;

beiten: bleiben. – Hacht: Bursche.

Was führt es in seinem Munde?
Von Gold ein Ringelein.

Hätt ich des Goldes ein Stücke
Zu einem Ringelein,
Meinem Buhlen wollt ichs schicken
Zu einem Goldfingerlein.

Was schickt sie mir denn wieder?
Von Perlen ein Kränzelein:
»Sieh da, du feiner Ritter,
dabei gedenk du mein!«

Laß rauschen

Ich hört ein Sichelein rauschen,
Wohl rauschen durch das Korn,
Ich hört ein feine Magd klagen,
Sie hätt ihr Lieb verlorn.

»Laß rauschen, Lieb, laß rauschen,
Ich acht nit, wie es geh;
Ich hab mir ein Buhlen erworben
In Veiel und grünem Klee.«

»Hast du einen Buhlen erworben
In Veiel und grünem Klee,
So steh ich hier alleine,
Tut meinem Herzen weh.«

Es ist ein Schnee gefallen

Es ist ein Schnee gefallen,
Und ist es doch nit Zeit,
Man wirft mich mit den Ballen,
Der Weg ist mir verschneit.

Mein Haus hat keinen Giebel,
Es ist mir worden alt,

Zerbrochen sind die Riegel,
Mein Stüblein ist mir kalt.

Ach Lieb, laß dichs erbarmen,
Daß ich so elend bin,
Und schließ mich in dein Arme,
So fährt der Winter hin.

Innsbruck, ich muß dich lassen

Innsbruck, ich muß dich lassen,
Ich fahr dahin mein Straßen,
In fremde Land dahin.
Mein Freud ist mir genommen,
Die ich nit weiß bekommen,
Wo ich im Elend bin.

Groß Leid muß ich jetzt tragen,
Das ich allein tu klagen
Dem liebsten Buhlen mein.
Ach Lieb, nun laß mich Armen
Im Herzen dein erbarmen,
Daß ich muß dannen sein!

Mein Trost ob allen Weiben,
Dein tu ich ewig bleiben,
Stet, treu, der Ehren fromm,
Nun müß dich Gott bewahren,
In aller Tugend sparen,
Bis daß ich wiederkomm.

LANDSKNECHTSLIEDER

Landsknechtsorden

Gott gnad dem großmechtigen Kaiser frumme,
Maximilian! bei dem ist aufkumme
Ein Orden, durchzeucht alle Land
Mit Pfeifen und mit Trummen:
Landsknecht sind sie genannt.

In Wammes und Halbhosen muß er springe,
Schnee, Regen, Wind, alles achten geringe
Und hart liegen für gute Speis,
Mancher wollt gern schwitzen,
Wenn ihm möcht werden heiß.

Also muß er sich in dem Land umkehren,
Bis er hört von Krieg und Feindschaft der Herren,
Darnach ist ihm kein Land zu weit,
Darein lauft er mit Ehren,
Bis er auch findt Bescheid.

Erstlich muß er ein Weib und Flaschen haben,
Darbei ein Hund und einen Knaben:
Das Weib und Wein erfreut den Mann,
Der Knab und Hund soll spüren,
Was in dem Haus tut stan.

Das war der Brauch, Gewohnheit bei den Alten,
Also soll es ein jeder Landsknecht halten:
Würfel und Karten ist ihr Geschrei,
Wo man hat guten Weine,
Sollen sie sitzen bei.

Da sollen sie von Stürmen, Schlachten sage,
Des müssen sie warten Nacht und Tage,
Darum so tut ihn' Lernens not,
Wie man mit langen Spießen
Prozessiones hat.

Wenn sie dann ihr Capitel wöllen halte
Mit Spieß und Helleparten, sieht mans balde
Zum Fähnlein in die Ordnung stan,
Dann tut der Hauptmann sagen:
»Die Feind wöll wir greifen an!«

Erst hebt sich an die Klag der treuen Frauen,
Ein jede tut nach ihrem Mann umschauen;
Welcher der ihr ist blieben tot,
Darf nit vor Schanden lachen,
Bis sie ein andern hat.

Darnach helfen sie das Requiem singen,
Sie spricht: »Junger Mann, ich will euchs bringen!«
So hat dann alte Lieb ein End,
In dem Confessione
Wird ein neues Regiment.

Das ist der Kriegsleut Observanz und Rechte,
Sang Jörg Graff, ein Bruder aller Landsknechte,
Unfall hat ihm sein Freud gewendt,
Wär sunst im Orden blieben
Willig bis an sein End.

Die Schlacht vor Pavia

Herr Görg von Fronsperg,
Herr Görg von Fronsperg,
Der hat die Schlacht vor Pavia gewunnen,
Gewunnen hat er die Schlacht vor Pavia in eim Tiergart,
In neunthalben Stunden gewunnen Land und Leut.

Der König aus Frankreich,
Der König aus Frankreich,
Der hat die Schlacht vor Pavia verloren,
Verloren hat er die Schlacht vor Pavia in eim Tiergart,
In neunthalben Stunden verlor er Land und Leut.

Im Blut mußten wir gan,
Im Blut mußten wir gan,
Bis über, bis über die Schuch:
Barmherziger Gott, erkenn die Not!
Barmherziger Gott, erkenn die Not!
Wir müssen sonst verderben also.

Lermen, lermen, lermen,
Lermen, lermen, lermen!
Tät uns die Trummel und die Pfeifen sprechen;
Her her her, ihr frummen teutschen Landsknecht gut!
Laßt uns in die Schlachtordnung stan,
Laßt uns in die Schlachtordnung stan,
Bis daß die Hauptleut sprechen: iezt wollen wirs greifen an!

Stoßseufzer

Unser liebe Fraue
Vom kalten Brunnen
Bescher uns armen Landsknecht
Eine warme Sunnen
Daß wir nit erfrieren.
Wol in des Wirtes Haus
Trag wir ein vollen Säckel
Und ein leeren wieder aus.

BALLADEN

Twe Künigeskinner
Westfälisch

Et wassen twe Künigeskinner,
De hadden enanner so lef,
De konnen to nanner nich kummen,
Dat Water was vil to bred.

»Lef Herte, kannst du der nich swemmen?
Lef Herte, so swemme to mi!
Ick will di twe Keskes upstecken
U de sölld löchten to di.«

Dat horde ne falske Nunne
Up ere Slopkammer, o we!
Se dei de Keskes utdömpen,
Lef Herte blef in de Se.

Et was up en Sunndage Morgen,
De Lüde wören alle so fro,
Nich so des Küniges Dochter,
De Augen de seten er to.

der: tonlos gesprochen, im Volksmund oft gebraucht, um die Rede
zu beleben. – Keskes: Kerzen. – utdömpen: auslöschen. – de Augen, de
seten er to: die Augen saßen ihr zu, waren vor Weinen halb blind.

»O Moder«, sede se, »Moder!
Mine Augen dod mi der so we;
Mag ick der nich gon spazeren
An de Kant von de ruskende Se?«

»O Dochter«, sede se, »Dochter!
Allene kannst du der nich gon,
Weck up dine jüngste Süster,
Un de sall met di gon.« –

»Mine allerjüngste Süster
Is noch son unnüsel Kind,
Se plücket wol alle de Blömkes,
De an de Sekante sind.

Un plückt se auk men de wilden
Un lett de tammen ston,
So segged doch alle de Lüde,
Dat hed dat Künigskind don.

O Moder«, sede se, »Moder!
Mine Augen dod mi der so we;
Mag ick der nich gon spazeren
An de Kant von de ruskende Se?«

»O Dochter«, sede se, »Dochter!
Allene sast du der nich gon,
Weck up dinen jüngsten Broder,
Und de sall met di gon.« –

»Minde allerjüngste Broder
Is noch son unnüsel Kind,
He schütt wull alle de Vägel,
De up de Sekante sind.

Und schütt je auk de wilden
Un lett de tammen gon,
Se segged doch alle de Lüde,
Dat hed dat Künigskind don.

ruskende: rauschende. – unnüsel: unverständig. – schütt: schießt. –
tammen: zahmen edlen.

O Moder«, sede se, »Moder!
Min Herte dod mi der so we,
Lot annere gon tor Kerken!
Ick bed an de ruskende Se.«

Do sad de Königsdochter
Upt Hoefd ere goldene Kron,
Se stack up eren Finger
En Rink von Demanten so schon.

De Moder genk to de Kerken,
De Dochter genk an de Sekant,
Se genk der so lange spazeren,
Bes se enen Fisker fand.

»O Fisker, leveste Fisker!
Ji könnt verdenen grot Lon,
Settet jue Netkes to Water,
Fisket mi den Künigesson!«

He sette sin Netkes to Water,
De Lotkes sünken to Grund,
He fiskde un fiskde so lange,
De Künigsson wurde sin Fund.

Do nam de Künigesdochter
Von Hoefd ere goldene Kron:
»Süh do, woledele Fisker!
Dat is ju verdende Lon.«

Se trock von eren Finger
Den Rink von Demanten so schon:
»Süh do, woledele Fisker!
Dat is ju verdende Lon.«

Se nam in ere blanke Arme
Den Künigsson, o we!
Se sprank mit em in de Wellen:
»O Vader un Moder, ade!«

bed: bete. – Hoefd: Haupt. – jue Netkes: eure Netze. – Lotkes: Lote. –
ju verdende Lohn: euer verdienter Lohn. – trock: zog.

Lilofee

Es freit ein wilder Wassermann
In der Burg wohl über dem See;
Des Königs Tochter muß er han,
Die schöne, junge Lilofee.

Sie hörte drunten die Glocken gehn
Im tiefen, tiefen See,
Wollt Vater und Mutter wiedersehn,
Die schöne, junge Lilofee.

Und als sie vor dem Tore stand
Auf der Burg wohl über dem See,
Da neigt' sich Laub und grünes Gras
Vor der schönen, jungen Lilofee.

Und als sie aus der Kirche kam
In der Burg wohl über dem See,
Da stand der wilde Wassermann
Vor der schönen, jungen Lilofee.

»Sprich, willst du hinuntergehn mit mir
Von der Burg wohl in den See?
Deine Kindlein unten weinen nach dir,
Du schöne, junge Lilofee.«

»Und eh ich die Kindlein weinen laß
Im tiefen, tiefen See,
Scheid ich von Laub und grünem Gras,
Ich arme, junge Lilofee.«

Die schwarzbraune Hexe

Es blies ein Jäger wohl in sein Horn
Alleweil bei der Nacht,
Und alles, was er blies, das war verlorn.

»Soll denn mein Blasen verloren sein,
Viel lieber wollt ich kein Jäger sein.«

Er zog sein Netz wohl übern Strauch,
Da sprang ein schwarzbraunes Maidel heraus.

»Ach schwarzbraunes Maidel, entspring mir nicht!
Ich habe große Hunde, die holen dich!«

»Deine großen Hunde, die tun mir nichts,
Sie wissen meine hohen weiten Sprünge noch nicht.«

»Deine hohen weiten Sprünge, die wissen sie wohl,
Sie wissen, daß heute du noch sterben sollst.«

»Und sterb ich nu, so bin ich tot,
Begräbt man mich unter die Rosen rot.

Wohl unter die Rosen, wohl unter den Klee,
Darunter vergeh ich nimmermeh.«

Es wuchsen drei Lilien auf ihrem Grab,
Es kam ein Reiter, wollts brechen ab.

»Ach Reiter, laß die Lilien stan!
Es soll sie ein jung frischer Jäger han!«

GEORG RUDOLF WECKHERLIN

Die Lieb ist Leben und Tod

Das Leben, so ich führ, ist wie der wahre Tod,
Ja über den Tod selbst ist mein trostloses Leben.
Es endet ja der Tod des Menschen Pein und Leben,
Mein Leben aber kann nicht enden dieser Tod.

Bald kann ein Anblick mich verletzen auf den Tod,
Ein andrer Anblick bald kann mich wiedrum beleben,
Daß ich von Blicken muß dann sterben und dann leben,
Und bin in einer Stund bald lebendig, bald tot.

Ach, Lieb! Verleih mir doch nunmehr ein anders Leben,
Wenn ich ja leben soll, oder den andern Tod:
Denn weder diesen Tod lieb ich, noch dieses Leben.

Verzeih mir, Lieb, ich bin dein lebendig und tot.
Und ist der Tod mit dir ein köstlich süßes Leben,
Und Leben, von dir fern, ist ein ganz bittrer Tod.

FRIEDRICH VON SPEE

Eingang zu diesem Büchlein
Trutz-Nachtigall genannt

Wann Morgenröt sich zieret
Mit zartem Rosenglanz
Und sittsam sich verlieret
Der nächtlich Sternentanz:

Gleich lüstet mich spazieren
Im grünen Lorbeerwald,
Allda dann musizieren
Die Pfeiflein mannigfalt.

Die flügelreichen Scharen,
Das Federbürschlein zart,
In süßem Schlag erfahren,
Noch Kunst, noch Atem spart,
Mit Schnäblein wohlgeschliffen
Erklingen's wunderfein,
Und frisch in Lüften schiffen
Mit leichten Rüderlein.

Der hohle Wald ertönet
Ob ihrem krausen Sang:
Mit Stauden stolz gekrönet
Die Kluften geben Klang.
Die Bächlein krumm geflochten
Auch lieblich stimmen ein,
Von Steinlein angefochten
Gar süßlich sausen drein.

Die sanften Wind in Lüften
Auch ihre Flügel schwach
An Händen, Füß und Hüften
Erschütteln mit Gemach;
Da sausen gleich an Bäumen
Die lind gerührten Zweig,
Zur Musik sich nit säumen;
O wohl der süßen Streich!

Doch süßer noch erklinget
Ein sonders Vögelein,
So seinen Sang vollbringet
Bei Mond- und Sonnenschein.
Trutz-Nachtigall mit Namen
Es nunmehr wird genannt,
Und vielen, Wild und Zahmen,
Obsieget unbekannt.

Trutz-Nachtigall man's nennet,
Ist wund von süßem Pfeil:
Die Lieb es lieblich brennet,
Wird nie der Wunden heil.
Geld, Pomp und Pracht auf Erden,
Lust, Freuden es verspott,
Und achtet's für Beschwerden,
Sucht nur den schönen Gott.

Nur klingelt's aller Orten
Von Gott und Gottes Sohn;
Und nur zu'n Himmelpforten
Verweiset's allen Ton:
Von Bäum' zu'n Bäumen springet,
Durchstreichet Berg und Tal,
In Feld und Wäldern singet,
Weiß keiner Noten Zahl.

Es tut gar manche Fahrten,
Verwechselt Ort und Luft:
Jetzt findet man's im Garten
Betrübt an hohler Kluft;
Bald frisch und freudig singlet
Zusam't der süßen Lerch,
Und loben Gott, umzinglet
Den Öl- und andern Berg.

Auch schwebet's auf den Weiden,
Und will bei'n Hirten sein,
Da Cedron kommt entscheiden
Die grünen Wiesen rein;
Tut zierlich sammen raffen
Die Verslein in Bezwang
Und setzet sich zu'n Schafen,
Pfeift manchen Hirtensang.

Auch wieder da nit bleibet,
Sich's hebt in Wind hinein,
Die leere Luft zertreibet
Mit schwanken Federlein:
Sich setzt an grober Eichen

Zur schnöden Schädelstatt;
Will kaum von dannen weichen
Wird Kreuz noch Peinen satt.

Mit ihm will mich erschwingen
Und manchem schwebend ob
Den Lorbeerkranz ersingen
In deutschem Gotteslob.
Dem Leser nicht verdrieße
Der Zeit und Stunden lang:
Hoff ihm es noch ersprieße
Zu gleichem Zither-Sang.

Lob Gottes

Jetzt wickelt sich der Himmel auf,
Jetzt bwegen sich die Räder,
Der Frühling rüstet sich zum Lauf,
Umgürt' mit Rosenfeder.
O wie so schön, wie frisch und kraus
Wie glänzend Elementen!
Nit mögen's gnugsam streichen aus
Noch Redner, noch Skribenten.
O Gott, ich sing von Herzen mein:
Gelobet muß der Schöpfer sein!

O reines Jahr, o schöner Tag,
O spiegelklare Zeiten!
Zur Sommerlust nach Winterklag
Der Frühling uns wird leiten.
Musik hör in der Luft ich schon,
Wie sich's mit Ernst bereite,
Daß uns empfang mit süßem Ton
Und lieblich hin begleite.
O Gott, ich sing von Herzen mein:
Gelobet muß der Schöpfer sein!

Für uns die schöne Nachtigall
Den Sommer laut begrüßet,

Ihr Stimmlein über Berg und Tal
Die ganze Luft versüßet.
Die Vöglein zart in großer Meng
Busch, Heck und Feld durchstreifen,
Die Nester sind ihn' schon zu eng,
Die Luft klingt voller Pfeifen.
O Gott, ich sing von Herzen mein:
Gelobet muß der Schöpfer sein!

Wer legt nun ihn' den Ton in Mund,
Dann laut und dann so leise?
Wer zirkelt ihn' so rein und rund,
So mannigfaltig Weise?
Wer messet ihn' den Atem zu,
Daß mögen sie vollführen
Den ganzen Tag fast ohne Ruh
So freudig Turelüren?
O Gott, ich sing von Herzen mein:
Gelobet muß der Schöpfer sein!

Jetzt öffnet sich der Erdenschoß,
Die Brünnlein fröhlich springen;
Jetzt Laub und Gras sich geben bloß,
Die Pflänzlein anher dringen.
Wer wird die Kräuter mannigfalt
In Zahl und Ziffer zwingen,
Welch uns der Sommer mit Gewalt
Ans Licht wird stündlich bringen?
O Gott, ich sing von Herzen mein:
Gelobet muß der Schöpfer sein!

Wer mag nun je geboren sein
So reich von scharfen Sinnen,
Der auch das gringste Pflänzelein
Zu schaffen dürft beginnen?
Die Wahrheit sag ich rund und glatt:
Dem würd all Sinn zerrinnen,
Wer nur auch dächt ein einzig Blatt
Aus Menschenkunst erspinnen.
O Gott, ich sing von Herzen mein:
Gelobet muß der Schöpfer sein!

Wo nur das Aug man wendet hin,
Mit Lüsten wird's ergötzet,
Ergötzet wird fast jeder Sinn,
Und alles Wunder schätzet.
Ohn Maß ist alle Welt geschmückt,
Welch Künstler möcht's erdenken?
Wer's recht bedenkt, wird gar verzückt,
Das Haupt tut niedersenken.
O Gott, ich sing von Herzen mein:
Gelobet muß der Schöpfer sein!

Drum lobet ihn, ihr Menschenkind'
Bei nun so schönen Zeiten,
All Traurigkeit nur schütt in Wind,
Spannt auf die besten Saiten!
Auf Harf und Lauten tastet frei,
Schneid an die süßen Geigen,
Mit reiner Stimm und Orgelschrei
Tut ihm all Ehr erzeigen!
O Gott, ich sing von Herzen mein:
Gelobet muß der Schöpfer sein!

Gekürzt

Martin Opitz

Ach Liebste, laß uns eilen

Ach Liebste, laß uns eilen,
 Wir haben Zeit:
Es schadet das Verweilen
 Uns beiderseit.
Der edlen Schönheit Gaben
 Fliehn Fuß für Fuß,
Daß alles, was wir haben,
 Verschwinden muß.
Der Wangen Zier verbleichet,
 Das Haar wird greis,
Der Äuglein Feuer weichet,
 Die Brunst wird Eis.
Das Mündlein von Korallen

Wird ungestalt,
Die Händ als Schnee verfallen,
Und du wirst alt.
Drum laß uns jetzt genießen
Der Jugend Frucht,
Eh denn wir folgen müssen
Der Jahre Flucht.
Wo du dich selber liebest,
So liebe mich,
Gib mir, daß, wann du gibest,
Verlier auch ich.

Schönheit dieser Welt vergehet

Schönheit dieser Welt vergehet,
Wie ein Wind, der niemals stehet,
Wie die Blume, so kaum blüht
Und auch schon zur Erden sieht,
Wie die Welle, die erst kömmt
Und den Weg bald weiter nimmt.
Was für Urteil soll ich fällen?
Welt ist Wind, ist Blum und Wellen.

Bruchstück

Itzund kommt die Nacht herbei

Itzund kommt die Nacht herbei,
Vieh und Menschen werden frei,
Die gewünschte Ruh geht an,
Meine Sorge kommt heran.

Schöne glänzt der Mondenschein,
Und die güldnen Sternelein,
Froh ist alles weit und breit,
Ich nur bin in Traurigkeit.

Zweene manglen überall
An der schönen Sternen Zahl,
Die zween Sternen, so ich mein,
Sind der Liebsten Äugelein.

Nach dem Monden frag ich nicht,
Dunkel ist der Sternen Licht.
Weil sich von mir weggewend't,
Asteris, mein Firmament.

Wann sich aber naht zu mir
Dieser meiner Sonnen Zier,
Acht ich es das Beste sein,
Daß kein Stern noch Monde schein.

FRIEDRICH VON LOGAU

Der Mai

Dieser Monat ist ein Kuß, den der Himmel gibt der Erde
Daß sie jetzund seine Braut, künftig eine Mutter werde.

Heutige Weltkunst

Anders sein und anders scheinen,
Anders reden, anders meinen,
Alles loben, alles tragen,
Allen heucheln, stets behagen,
Allem Winde Segel geben,
Bös' und Guten dienstbar leben,
Alles Tun und alles Dichten
Bloß auf eignen Nutzen richten:
Wer sich dessen will befleißen,
Kann politisch heuer heißen.

Die Gelegenheit

Es mangelt nie Gelegenheit, was Gutes zu verrichten;
Es mangelt nie Gelegenheit, was Gutes zu vernichten.

Sich selbst besiegen

Sich selbselbsten überwinden, ist der allerschwerste Krieg;
Sich selbselbsten überwinden, ist der allerschönste Sieg.

Das menschliche Alter

Ein Kind weiß nichts von sich, ein Knabe denket nicht,
Ein Jüngling wünschet stets, ein Mann hat immer Pflicht,
Ein Alter hat Verdruß, ein Greis wird wieder Kind:
Schau, lieber Mensch, was dies für Herrlichkeiten sind.

Ein unruhig Gemüte

Ein Mühlstein und ein Menschenherz wird stets herum-
 getrieben;
Wo beides nichts zu reiben hat, wird beides selbst zerrieben.

Menschliche Torheit

Wann keine Torheit mehr wird sein,
So wird die Menschheit gehen ein.

Menschliche Unwissenheit

Wie sehr der Mensch nach Wissenschaft verborgner Dinge ringt,
So bleibt ihm doch unzählig viel, davon er sagt: Mich dünkt.

SIMON DACH

 Perstet amicitiae
 Semper venerabile foedus!

 Der Mensch hat nichts so eigen,
 So wohl steht ihm nichts an,
 Als daß er Treu erzeigen
 Und Freundschaft halten kann;

Wann er mit seinesgleichen
Soll treten in ein Band,
Verspricht sich, nicht zu weichen
Mit Herzen, Mund und Hand.

Die Red ist uns gegeben,
Damit wir nicht allein
Für uns nur sollen leben
Und fern von Leuten sein.
Wir sollen uns befragen
Und sehn auf guten Rat,
Das Leid einander klagen,
So uns betreten hat.

Was kann die Freude machen,
Die Einsamkeit verhehlt?
Das gibt ein doppelt Lachen,
Was Freunden wird erzählt.
Der kann sein Leid vergessen,
Der es von Herzen sagt;
Der muß sich selbst auffressen,
Der in geheim sich nagt.

Gott stehet mir vor allen
Die meine Seele liebt;
Dann soll mir auch gefallen,
Der mir sich herzlich gibt:
Mit diesen Bundsgesellen,
Verlach ich Pein und Not,
Geh auf den Grund der Höllen
Und breche durch den Tod.

Ich hab, ich habe Herzen,
So treue, wie gebührt,
Die Heuchelei und Scherzen
Nie wissentlich berührt.
Ich bin auch ihnen wieder
Von Grund der Seelen hold;
Ich lieb euch mehr, ihr Brüder,
Denn aller Erden Gold!

UNBEKANNTER DICHTER

Ännchen von Tharau

Ännchen von Tharau ist's, die mir gefällt,
Sie ist mein Leben, mein Gut und mein Geld.

Ännchen von Tharau hat wieder ihr Herz
Auf mich gerichtet in Lieb und in Schmerz.

Ännchen von Tharau, mein Reichtum, mein Gut,
Du meine Seele, mein Fleisch und mein Blut.

Komm'n alle Wetter gleich auf uns zu schlahn,
Wir sind gesinnt, beieinander zu stahn.

Krankheit, Verfolgung, Betrübnis und Pein
Soll unsrer Liebe Verknotigung sein.

Recht als ein Palmenbaum über sich reift,
Je mehr ihn Hagel und Regen angreift:

So werd die Lieb in uns mächtig und grot,
Durch Kreuz, durch Leiden, durch allerlei Not.

Würdest du gleich einmal von mir getrennt,
Lebtest da, wo man die Sonne kaum kennt:

Ich will dir folgen durch Wälder und Meer,
Durch Eis, durch Eisen, durch feindliches Heer.

Ännchen von Tharau, mein Sonne, mein Schein,
Mein Leben schlag ich in deines hinein.

MARTIN RINCKART

Nun danket alle Gott

Nun danket alle Gott
Mit Herzen, Mund und Händen,
Der große Dinge tut
An uns und allen Enden,
Der uns von Mutterleib
Und Kindesbeinen an
Unzählig viel zu gut
Und noch jetzund getan.

Der ewig reiche Gott
Woll uns bei unserm Leben
Ein immer fröhlich Herz
Und edlen Frieden geben
Und uns in seiner Gnad
Erhalten fort und fort
Und uns aus aller Not
Erlösen hier und dort.

Lob, Ehr und Preis sei Gott,
Dem Vater und dem Sohne
Und dem, der beiden gleich
Im höchsten Himmels Throne,
Dem ewig-höchsten Gott,
Als er anfänglich war
Und ist und bleiben wird
Jetzund und immerdar.

PAUL FLEMING

An sich

Sei dennoch unverzagt. Gib dennoch unverloren,
Weich keinem Glücke nicht. Steh höher als der Neid.
Vergnüge dich an dir, und acht es für kein Leid,
Hat sich gleich wider dich Glück, Ort und Zeit verschworen.

Was dich betrübt und labt, halt alles für erkoren,
Nimm dein Verhängnis an. Laß alles unbereut.
Tu, was getan muß sein, und eh man dir's gebeut.
Was du noch hoffen kannst, das wird noch stets geboren.

Was klagt, was lobt man doch? Sein Unglück und sein Glücke
Ist ihm ein jeder selbst. Schau alle Sachen an.
Dies alles ist in dir. Laß deinen eitlen Wahn,

Und eh du förder gehst, so geh in dich zurücke.
Wer sein selbst Meister ist und sich beherrschen kann,
Dem ist die weite Welt und alles untertan.

Aus dem Italienischen

Laßt uns tanzen, laßt uns springen,
Denn die wollustvolle Herde
Tanzt zum Klange der Schalmeien!
Hirt und Herde muß sich freuen,
Wenn im Tanz auf grüner Erde
Böck und Lämmer lieblich ringen.

Laßt uns tanzen, laßt uns springen,
Denn die Sternen, gleich den Freiern,
Prangen in den lichten Schleiern!
Was die lauten Zirkel klingen,
Nach dem tanzen sie am Himmel
Mit unsäglichem Getümmel.

Laßt uns tanzen, laßt uns springen,
Denn der Wolken schneller Lauf
Steht mit dunkelm Morgen auf!
Ob sie gleich sind schwarz und trübe,
Dennoch tanzen sie mit Liebe
Nach der Regenwinde Singen.

Laßt uns tanzen, laßt uns springen,
Denn die Wellen, so die Winde
Lieblich in einander schlingen,
Die verwirren sich geschwinde!

Wenn die buhlerische Luft
Sie verschläget an die Kluft,
Tanzt der Fluten Fuß zu Sprunge,
Wie der Nymphen glatte Zunge.

Laßt uns tanzen, laßt uns springen,
Denn der bunten Blumen Schar,
Wenn auf ihr betautes Haar
Die verliebten Weste dringen,
Geben einen lieben Schein,
Gleich als sollten's Tänze sein!

Laßt uns tanzen, laßt uns springen,
Laßt uns laufen für und für,
Denn durch Tanzen lernen wir
Eine Kunst von schönen Dingen!

Elsgens treues Herz

Ein getreues Herze wissen,
Hat des höchsten Schatzes Preis.
Der ist selig zu begrüßen,
Der ein treues Herze weiß.
 Mir ist wohl bei höchstem Schmerze,
 Denn ich weiß ein treues Herze.

Läuft das Glücke gleich zuzeiten
Anders, als man will und meint,
Ein getreues Herz hilft streiten
Wider alles, was ist Feind.
 Mir ist wohl bei höchstem Schmerze,
 Denn ich weiß ein treues Herze.

Sein Vergnügen steht alleine
In des andern Redlichkeit,
Hält des andern Not für seine,
Weicht nicht auch bei böser Zeit.
 Mir ist wohl bei höchstem Schmerze,
 Denn ich weiß ein treues Herze.

Gunst, die kehrt sich nach dem Glücke,
Geld und Reichtum, das zerstäubt,
Schönheit läßt uns bald zurücke,
Ein getreues Herze bleibt.
 Mir ist wohl bei höchstem Schmerze,
 Denn ich weiß ein treues Herze.

Eins ist da sein und geschieden.
Ein getreues Herze hält.
Gibt sich allezeit zufrieden,
Steht auf, wenn es niederfällt.
 Mir ist wohl bei höchstem Schmerze,
 Denn ich weiß ein treues Herze.

Nichts ist süßer als zwei Treue,
Wenn sie eines worden sein.
Dies ist's, des ich mich erfreue,
und sie gibt ihr Ja auch drein.
 Mir ist wohl bei höchstem Schmerze,
 Denn ich weiß ein treues Herze.

Auf den Tod eines Kindes

Was beseufzt man so ein Kind?
So viel' tapfrer Helden sterben,
Ganze Länder, die verderben,
Manche Stadt fleugt in den Wind,
Und wie soll ein Mensch bestehen,
Muß dies Ganze doch vergehen?

Schlafe wohl! Wir Armen, wir
Bleiben, was wir anfangs waren,
Jung von Weisheit, alt von Jahren,
Unverständig für und für,
Stumm am Mund', an Augen blind,
Kinder, wie wir kommen sind.

Gekürzt

Nach des VI. Psalmens Weise

In allen meinen Taten
Laß ich den Höchsten raten,
Der alles kann und hat;
Er muß zu allen Dingen,
Soll's anders wohl gelingen,
Selbst geben Rat und Tat.

Nichts ist es spät und frühe
Um alle meine Mühe,
Mein Sorgen ist umsonst:
Er mag's mit meinen Sachen
Nach seinem Willen machen,
Ich stell's in seine Gunst.

Es kann mir nichts geschehen,
Als was er hat versehen
Und was mir selig ist;
Ich nehm es, wie er's gibet;
Was ihm von mir geliebet,
Das hab auch ich erkiest.

Ich traue seiner Gnaden,
Die mich vor allem Schaden,
Vor allem Übel schützt.
Leb ich nach seinen Sätzen,
So wird mich nichts verletzen,
Nichts fehlen, was mir nützt.

Er wolle meiner Sünden
In Gnaden mich entbinden,
Durchstreichen meine Schuld!
Er wird auf mein Verbrechen
Nicht stracks das Urteil sprechen
Und haben noch Geduld.

Hat er es denn beschlossen,
So will ich unverdrossen
An mein Verhängnis gehn;
Kein Unfall unter allen

Wird mir zu harte fallen,
Ich will ihn überstehn.

Ihm hab ich mich ergeben
Zu sterben und zu leben,
Sobald er mir gebeut.
Es sei heut oder morgen,
Dafür laß ich ihn sorgen,
Er weiß die rechte Zeit.

So sei nun, Seele, deine
Und traue dem alleine,
Der dich geschaffen hat!
Es gehe, wie es gehe,
Dein Vater in der Höhe
Weiß allen Sachen Rat.

Gekürzt

ANGELUS SILESIUS

Aus dem Cherubinischen Wandersmann

Was fein ist, das besteht

Rein wie das feinste Gold, steif wie ein Felsenstein,
Ganz lauter wie Kristall soll dein Gemüte sein.

Du mußt, was Gott ist, sein

Soll ich mein letztes End und ersten Anfang finden,
So muß ich mich in Gott und Gott in mir ergründen
Und werden das, was er: ich muß ein Schein im Schein,
Ich muß ein Wort im Wort, ein Gott in Gotte sein.

Gott lebt nicht ohne mich

Ich weiß, daß ohne mich Gott nicht ein Nu kann leben;
Werd ich zunicht, er muß von Not den Geist aufgeben.

Der Mensch ist Ewigkeit

Ich selbst bin Ewigkeit, wenn ich die Zeit verlasse
Und mich in Gott und Gott in mich zusammenfasse.

Die Zeit ist Ewigkeit

Zeit ist wie Ewigkeit und Ewigkeit wie Zeit,
So du nur selber nicht machst einen Unterschied.

Der Himmel ist in dir

Halt an, wo laufst du hin, der Himmel ist in dir;
Suchst du Gott anderswo, du fehlst ihn für und für.

Das Bildnis Gottes

Ich trage Gottes Bild: wenn er sich will besehn,
So kann es nur in mir, und wer mir gleicht, geschehn.

Die hohe Würdigung

O hohe Würdigung! Gott springt von seinem Thron
Und setztet mich darauf in seinem lieben Sohn.

Ohne warum

Die Ros ist ohn warum; sie blühet, weil sie blühet,
Sie acht nicht ihrer selbst, fragt nicht, ob man sie siehet.

Zufall und Wesen

Mensch, werde wesentlich; denn wenn die Welt vergeht,
So fällt der Zufall weg, das Wesen, das besteht.

Jetzt mußt du blühen

Blüh auf, gefrorner Christ, der Mai ist vor der Tür,
Du bleibest ewig tot, blühst du nicht jetzt und hier.

97

Der Leib ist Ehren wert

Halt deinen Leib in Ehrn, er ist ein edler Schrein,
In dem das Bildnis Gotts soll aufbehalten sein.

Der unerkannte Gott

Was Gott ist, weiß man nicht. Er ist nicht Licht, nicht Geist,
Nicht Wahrheit, Einheit, Eins, nicht was man Gottheit heißt.
Nicht Weisheit, nicht Verstand, nicht Liebe, Wille, Güte,
Kein Ding, kein Unding auch, kein Wesen, kein Gemüte.
Er ist, was ich und du und keine Kreatur,
Eh wir geworden sind, was er ist, nie erfuhr.

Gott ist ein Brunn

Gott gleicht sich einem Brunn; er fließt ganz mildiglich
Heraus in sein Geschöpf und bleibet doch in sich.

Sie ergibt sich der ewigen Liebe

Liebe, die du mich zum Bilde
Deiner Gottheit hast gemacht,
Liebe, die du mich so milde
Nach dem Fall hast wieder bracht.
Liebe, dir ergeb ich mich,
Dein zu bleiben ewiglich.

Liebe, die du mich erkoren,
Eh, als ich geschaffen war,
Liebe, die du Mensch geboren
Und mir gleich wardst ganz und gar.
Liebe, dir ergeb ich mich,
Dein zu bleiben ewiglich.

Liebe, die für mich gelitten
Und gestorben in der Zeit,
Liebe, die mir hat erstritten
Ew'ge Lust und Seligkeit.
Liebe, dir ergeb ich mich,
Dein zu bleiben ewiglich.

Liebe, die mich hat gebunden
An ihr Joch mit Leib und Sinn,
Liebe, die mich überwunden
Und mein Herze hat dahin.
Liebe, dir ergeb ich mich,
Dein zu bleiben ewiglich.

Liebe, die mich ewig liebet,
Die für meine Seele bitt,
Liebe, die das Lösgeld gibet
Und mich kräftiglich vertritt.
Liebe, dir ergeb ich mich,
Dein zu bleiben ewiglich.

Liebe, die mich wird erwecken
Aus dem Grab der Sterblichkeit,
Liebe, die mich wird umstecken
Mit dem Laub der Herrlichkeit.
Liebe, dir ergeb ich mich,
Dein zu bleiben ewiglich.

ANTON ULRICH VON BRAUNSCHWEIG

Es ist genug!

Es ist genug! Mein matter Sinn
Sehnt sich dahin,
Wo meine Väter schlafen.
Ich hab es endlich guten Fug,
Es ist genug!
Ich muß mir Rast verschaffen.

Ich bin ermüd't, ich hab geführt
Die Tagesbürd:
Es muß einst Abend werden.
Erlös mich, Herr, spann aus den Pflug,
Es ist genug!
Nimm von mir die Beschwerden.

Die große Last hat mich gedrückt,
Ja schier erstickt,
So viele lange Jahre.
Ach, laß mich finden, was ich such.
Es ist genug!
Mit solcher Kreuzes-Ware.

Nun gute Nacht, ihr meine Freund,
Ihr meine Feind,
Ihr Guten und ihr Bösen!
Euch folg die Treu, euch folg der Trug.
Es ist genug!
Mein Gott will mich auflösen.

So nimm nun, Herr! hin meine Seel,
Die ich befehl
In deine Händ und Pflege.
Schreib sie ein in dein Lebensbuch.
Es ist genug!
Daß ich mich schlafen lege.

Nicht besser soll es mir ergehn,
Als wie geschehn
Den Vätern, die erworben
Durch ihren Tod des Lebens Ruh.
Es ist genug!
Es sei also gestorben!

PAUL GERHARDT

An das Angesicht des Herrn Jesu

O Haupt voll Blut und Wunden,
Voll Schmerz und voller Hohn!
O Haupt, zum Spott gebunden
Mit einer Dornenkron!
O Haupt, sonst schön gezieret
Mit höchster Ehr und Zier,
Jetzt aber hoch schimpfieret:
Gegrüßet seist du mir!

Du edles Angesichte,
Davor sonst schrickt und scheut
Das große Weltgewichte,
Wie bist du so bespeit?
Wie bist du so erbleichet?
Wer hat dein Augenlicht,
Dem sonst kein Licht nicht gleichet,
So schändlich zugericht't?

Die Farbe deiner Wangen,
Der roten Lippen Pracht
Ist hin und ganz vergangen;
Des blassen Todes Macht
Hat alles hingenommen,
Hat alles hingerafft,
Und daher bist du kommen
Von deines Leibes Kraft.

Nun, was du, Herr, erduldet,
Ist alles meine Last;
Ich hab es selbst verschuldet,
Was du getragen hast.
Schau her, hier steh ich Armer,
Der Zorn verdienet hat:
Gib mir, o mein Erbarmer,
Den Anblick deiner Gnad!

Erkenne mich, mein Hüter,
Mein Hirte, nimm mich an!
Von dir, Quell aller Güter,
Ist mir viel Guts getan;
Dein Mund hat mich gelabet
Mit Milch und süßer Kost,
Dein Geist hat mich begabet
Mit mancher Himmelslust.

Ich will hier bei dir stehen,
Verachte mich doch nicht!
Von dir will ich nicht gehen,
Wann dir dein Herze bricht.
Wann dein Haupt wird erblassen

Im letzten Todesstoß,
Alsdann will ich dich fassen
In meinen Arm und Schoß.

Es dient zu meinen Freuden
Und kömmt mir herzlich wohl,
Wann ich in deinem Leiden,
Mein Heil, mich finden soll.
Ach möcht ich, o mein Leben,
An deinem Kreuze hier
Mein Leben von mir geben,
Wie wohl geschähe mir!

Ich danke dir von Herzen,
O Jesu, liebster Freund,
Für deines Todes Schmerzen,
Da du's so gut gemeint.
Ach gib, daß ich mich halte
Zu dir und deiner Treu,
Und wann ich nun erkalte,
In dir mein Ende sei.

Wann ich einmal soll scheiden,
So scheide nicht von mir;
Wann ich den Tod soll leiden,
So tritt du dann herfür;
Wann mir am allerbängsten
Wird um das Herze sein,
So reiß mich aus den Ängsten
Kraft deiner Angst und Pein!

Erscheine mir zum Schilde,
Zum Trost in meinem Tod,
Und laß mich sehn dein Bilde
In deiner Kreuzesnot.
Da will ich nach dir blicken,
Da will ich glaubensvoll
Dich fest an mein Herz drücken.
Wer so stirbt, der stirbt wohl.

Sommer-Gesang

Geh aus, mein Herz, und suche Freud
In dieser lieben Sommerszeit
An deines Gottes Gaben:
Schau an der schönen Gärten Zier,
Und siehe, wie sie mir und dir
Sich ausgeschmücket haben.

Die Bäume stehen voller Laub,
Das Erdreich decket seinen Staub
Mit einem grünen Kleide:
Narzissus und die Tulipan,
Die ziehen sich viel schöner an
Als Salomonis Seide.

Die Lerche schwingt sich in die Luft,
Das Täublein fleucht aus seiner Kluft
Und macht sich in die Wälder:
Die hochbegabte Nachtigall
Ergötzt und füllt mit ihrem Schall
Berg, Hügel, Tal und Felder.

Die Glucke führt ihr Völklein aus,
Der Storch baut und bewohnt sein Haus,
Das Schwälblein speist die Jungen;
Der schnelle Hirsch, das leichte Reh
Ist froh und kommt aus seiner Höh
Ins tiefe Gras gesprungen.

Die Bächlein rauschen in dem Sand
Und malen sich und ihren Rand
Mit schattenreichen Myrthen:
Die Wiesen liegen hart dabei
Und klingen ganz vom Lustgeschrei
Der Schaf' und ihrer Hirten.

Die unverdroßne Bienenschar
Zeucht hin und her, sucht hier und dar
Ihr' edle Honigspeise:
Des süßen Weinstocks starker Saft

Bringt täglich neue Stärk und Kraft
In seinem schwachen Reise.

Der Weizen wächset mit Gewalt,
Darüber jauchzet jung und alt
Und rühmt die große Güte
Des, der so überflüssig labt
Und mit so manchem Gut begabt
Das menschliche Gemüte.

Ich selbsten kann und mag nicht ruhn:
Des großen Gottes großes Tun
Erweckt mir alle Sinnen:
Ich singe mit, wenn alles singt,
Und lasse, was dem Höchsten klingt,
Aus meinem Herzen rinnen.

Gekürzt

Morgenlied

Die güldne Sonne
Voll Freud und Wonne
Bringt unsern Grenzen
Mit ihrem Glänzen
Ein herzerquickendes liebliches Licht.
Mein Haupt und Glieder,
Die lagen darnieder,
Aber nun steh ich,
Bin munter und fröhlich,
Schaue den Himmel mit meinem Gesicht.

Lasset uns singen,
Dem Schöpfer bringen
Güter und Gaben,
Was wir nur haben,
Alles sei Gotte zum Opfer gesetzt.
Die besten Güter
Sind unsre Gemüter,
Dankbare Lieder
Sind Weihrauch und Widder,
An welchen er sich am meisten ergötzt.

Alles vergehet,
Gott aber stehet
Ohn alles Wanken,
Seine Gedanken,
Sein Wort und Willen hat ewigen Grund;
Sein Heil und Gnaden,
Die nehmen nicht Schaden,
Heilen im Herzen
Die tödlichen Schmerzen,
Halten uns zeitlich und ewig gesund.

Gekürzt

Abendlied

Nun ruhen alle Wälder,
Vieh, Menschen, Städt' und Felder,
Es schläft die ganze Welt.
Ihr aber, meine Sinnen,
Auf, auf, ihr sollt beginnen,
Was eurem Schöpfer wohlgefällt.

Der Tag ist nun vergangen,
Die güldnen Sternlein prangen
Am blauen Himmelssaal:
So, so werd ich auch stehen,
Wann mich wird heißen gehen
Mein Gott aus diesem Jammertal.

Der Leib eilt nun zur Ruhe,
Legt ab das Kleid und Schuhe,
Das Bild der Sterblichkeit,
Die ich auszieh. Dargegen
Wird Christus mir anlegen
Den Rock der Ehr und Herrlichkeit.

Das Haupt, die Füß und Hände
Sind froh, daß nun zum Ende
Die Arbeit kommen sei.
Herz, freu dich, du sollst werden
Vom Elend dieser Erden
Und von der Sünden Arbeit frei.

Nun geht, ihr matten Glieder,
Geht, geht und legt euch nieder,
Der Betten ihr begehrt:
Es kommen Stund und Zeiten,
Da man euch wird bereiten
Zur Ruh ein Bettlein in der Erd.

Breit aus die Flügel beide,
O Jesu, meine Freude!
Und nimm dein Küchlein ein:
Will Satan mich verschlingen,
So laß die Englein singen:
Dies Kind soll unverletzet sein!

Auch euch, ihr meine Lieben,
Soll heute nicht betrüben
Ein Unfall noch Gefahr.
Gott laß euch ruhig schlafen,
Stell euch die güldnen Waffen
Ums Bett, und seiner Helden Schar.

<div align="right">Gekürzt</div>

JOHANN KLAJ

Landschaft

Hellglänzendes Silber! mit welchem sich gatten
Der astigen Linden weitstreifende Schatten!
Deine sanftkühlend-geruhige Lust
Ist jedem bewußt.

Wie sollten kunstahmende Pinsel bemalen
Die Blätter, die schirmen vor brennenden Strahlen?
Keiner der Stämme, so grünlich beziert,
Die Ordnung verführt.

Es lispeln und wispeln die schlüpfrigen Brunnen,
Von ihnen ist diese Begrünung gerunnen.
Sie schauren, betrauren und fürchten bereit
Die schneiichte Zeit.

KNORR VON ROSENROTH

Morgenandacht

Morgenglanz der Ewigkeit,
Licht vom unerschöpften Lichte,
Schick uns diese Morgenzeit
Deine Strahlen zu Gesichte
Und vertreib durch deine Macht
Unsre Nacht.

Deiner Güte Morgentau
Fall auf unser matt Gewissen;
Laß die dürre Lebensau
Lauter süßen Trost genießen
Und erquick uns, deine Schar,
Immerdar.

Gib, daß deiner Liebe Glut
Unsre kalten Werke töte,
Und erweck uns Herz und Mut
Bei entstandner Morgenröte,
Daß wir, eh wir gar vergehn,
Recht aufstehn.

Leucht uns selbst in jener Welt,
Du verklärte Gnadensonne!
Führ uns durch das Tränenfeld
In das Land der süßen Wonne,
Da die Lust, die uns erhöht,
Nie vergeht!

Gekürzt

JOACHIM NEANDER

Der Lobende

Lobe den Herren, den mächtigen König der Ehren,
Meine geliebete Seele, das ist mein Begehren,
Kommet zu Hauf,

Psalter und Harfe wacht auf,
Lasset die Musicam hören.

Lobe den Herren, der alles so herrlich regieret,
Der dich auf Adelers Fittichen sicher geführet,
Der dich erhält,
Wie es dir selber gefällt,
Hast du nicht dieses verspüret?

Lobe den Herren, der künstlich und fein dich bereitet,
Der dir Gesundheit verliehen, dich freundlich geleitet,
In wieviel Not
Hat nicht der gnädige Gott
Über dir Flügel gebreitet!

Lobe den Herren, der deinen Stand sichtbar gesegnet,
Der aus dem Himmel mit Strömen der Liebe geregnet,
Denke daran,
Was der Allmächtige kann,
Der dir mit Liebe begegnet.

Lobe den Herren, was in mir ist, lobe den Namen,
Alles, was Odem hat, lobe mit Abrahams Samen,
Er ist dein Licht,
Seele vergiß es ja nicht,
Lobende, schließe mit Amen.

Catharina Regina von Greiffenberg

Über das unaussprechliche Heilige Geistes-Eingeben!

Du ungeseh'ner Blitz du dunkel-helles Licht
du Herzerfüllte Kraft doch unbegreiflichs Wesen.
Es ist was Göttliches in meinem Geist gewesen
das mich bewegt und regt: Ich spür ein seltnes Licht.

Die Seel ist von sich selbst nicht also löblich licht.
Es ist ein Wunder-Wind ein Geist ein webend Wesen
die ewig' Atem-Kraft das Erz-Sein selbst gewesen
das ihm in mir entzünd dies Himmel-flammend Licht.

Du Farben-Spiegel-Blick du wunderbuntes Glänzen!
du schimmerst hin und her bist unbegreiflich klar
die Geistes Taubenflüg' in Wahrheits-Sonne glänzen.

Der Gott-bewegte Teich ist auch getrübet klar!
es will erst gegen ihr die Geistes-Sonn beglänzen
den Mond dann dreht er sich wird Erden-ab auch klar.

ANDREAS GRYPHIUS

Es ist alles eitel

Du siehst, wohin du siehst, nur Eitelkeit auf Erden.
Was dieser heute baut, reißt jener morgen ein;
Wo jetzund Städte stehn, wird eine Wiese sein,
Auf der ein Schäferskind wird spielen mit den Herden;

Was jetzund prächtig blüht, soll bald zertreten werden;
Was jetzt so pocht und trotzt, ist morgen Asch und Bein;
Nichts ist, das ewig sei, kein Erz, kein Marmorstein.
Jetzt lacht das Glück uns an, bald donnern die Beschwerden.

Der hohen Taten Ruhm muß wie ein Traum vergehn.
Soll denn das Spiel der Zeit, der leichte Mensch, bestehn?
Ach, was ist alles dies, was wir für köstlich achten,

Als schlechte Nichtigkeit, als Schatten, Staub und Wind,
Als eine Wiesenblum, die man nicht wiederfind't!
Noch will, was ewig ist, kein einig Mensch betrachten.

Menschliches Elende

Was sind wir Menschen doch! Ein Wohnhaus grimmer Schmerzen.
Ein Ball des falschen Glücks, ein Irrlicht dieser Zeit,
Ein Schauplatz herber Angst, besetzt mit scharfem Leid,
Ein bald verschmelzter Schnee und abgebrannte Kerzen.

Dies Leben fleucht davon wie ein Geschwätz und Scherzen.
Die vor uns abgelegt des schwachen Leibes Kleid

Und in das Totenbuch der großen Sterblichkeit
Längst eingeschrieben sind, sind uns aus Sinn und Herzen.

Gleich wie ein eitel Traum leicht aus der Acht hinfällt
Und wie ein Strom verscheußt, den keine Macht aufhält,
So muß auch unser Nam, Lob, Ehr und Ruhm verschwinden.

Was itzund Atem holt, muß mit der Luft entfliehn,
Was nach uns kommen wird, wird uns ins Grab nachziehn.
Was sag ich? Wir vergehn, wie Rauch von starken Winden.

Ebenbild unsres Lebens

Der Mensch, das Spiel der Zeit, spielt weil er allhie lebt
Im Schauplatz dieser Welt; er sitzt, und doch nicht feste.
Der steigt und jener fällt, der suchet die Paläste,
Und der ein schlechtes Dach; der herrscht und jener webt;

Was gestern war, ist hin; was itzt das Glück erhebt,
Wird morgen untergehn; die vordem grünen Äste
Sind nunmehr dürr und tot; wir Armen sind nur Gäste,
Ob denen ein scharf Schwert an zarter Seide schwebt.

Wir sind zwar gleich am Fleisch, doch nicht von gleichem
Stande:
Der trägt ein Purpurkleid, und jener gräbt im Sande,
Bis nach entraubtem Schmuck der Tod uns gleiche macht.

Spielt denn dies ernste Spiel, weil es die Zeit noch leidet,
Und lernt, daß wenn man vom Bankett des Lebens scheidet,
Kron, Weisheit, Stärk und Gut sei eine leere Pracht!

Abend

Der schnelle Tag ist hin, die Nacht schwingt ihre Fahn
Und führt die Sternen auf. Der Menschen müde Scharen
Verlassen Feld und Werk; wo Tier und Vögel waren,
Traurt itzt die Einsamkeit. Wie ist die Zeit vertan!

Der Port naht mehr und mehr sich zu der Glieder Kahn.
Gleich wie dies Licht verfiel, so wird in wenig Jahren
Ich, du, und was man hat und was man sieht, hinfahren.
Dies Leben kommt mir vor als eine Rennebahn.

Laß, höchster Gott, mich doch nicht auf dem Laufplatz gleiten!
Laß mich nicht Ach, nicht Pracht, nicht Lust, nicht Angst
verleiten!
Dein ewig heller Glanz sei vor und neben mir!

Laß, wenn der müde Leib entschläft, die Seele wachen,
Und wenn der letzte Tag wird mit mir Abend machen,
So reiß mich aus dem Tal der Finsternis zu Dir!

An die Sternen

Ihr Lichter, die ich nicht auf Erden satt kann schauen,
Ihr Fackeln, die ihr Nacht und schwarze Wolken trennt,
Als Diamante spielt und ohn Aufhören brennt;
Ihr Blumen, die ihr schmückt des großen Himmels Auen,

Ihr Wächter, die, als Gott die Welt auf wollte bauen,
Sein Wort, die Weisheit selbst, mit rechten Namen nennt,
Die Gott allein recht mißt, die Gott allein recht kennt,
Wir blinden Sterblichen! was wollen wir uns trauen!

Ihr Bürgen meiner Lust, wie manche schöne Nacht
Hab ich, indem ich euch betrachtete, gewacht!
Herolde dieser Zeit! wann wird es doch geschehen,

Daß ich, der eurer nicht allhier vergessen kann,
Euch, derer Liebe mir steckt Herz und Geister an,
Von andern Sorgen frei werd unter mir besehen?

Tränen des Vaterlandes

Wir sind doch nunmehr ganz, ja mehr denn ganz verheeret!
Der frechen Völker Schar, die rasende Posaun,

Das vom Blut fette Schwert, die donnernde Karthaun
Hat aller Schweiß und Fleiß und Vorrat aufgezehret.

Die Türme stehn in Glut, die Kirch ist umgekehret,
Das Rathaus liegt im Graus, die Starken sind zerhaun,
Die Jungfraun sind geschänd't, und wo wir hin nur schaun,
Ist Feuer, Pest und Tod, der Herz und Geist durchfähret.

Hier durch die Schanz und Stadt rinnt allzeit frisches Blut;
Dreimal sind's schon sechs Jahr, als unsrer Ströme Flut,
Von Leichen fast verstopft, sich langsam fortgedrungen;

Doch schweig ich noch von dem, was ärger als der Tod,
Was grimmer denn die Pest und Glut und Hungersnot:
Daß auch der Seelen Schatz so vielen abgezwungen.

Vanitas! Vanitatum vanitas!

Die Herrlichkeit der Erden
Muß Rauch und Aschen werden,
Kein Fels, kein Erz kann stehn.
Dies, was uns kann ergötzen,
Was wir für ewig schätzen,
Wird als ein leichter Traum vergehn.

Was sind doch alle Sachen,
Die uns ein Herze machen,
Als schlechte Nichtigkeit?
Was ist des Menschen Leben,
Der immer um muß schweben,
Als eine Phantasie der Zeit?

Der Ruhm, nach dem wir trachten,
Den wir unsterblich achten,
Ist nur ein falscher Wahn.
Sobald der Geist gewichen
Und dieser Mund erblichen,
Fragt keiner, was man hier getan.

Es hilft kein weises Wissen,
Wir werden hingerissen
Ohn einen Unterscheid.
Was nützt der Schlösser Menge?
Dem hie die Welt zu enge,
Dem wird ein enges Grab zu weit.

Dies alles wird zerrinnen,
Was Müh und Fleiß gewinnen
Und saurer Schweiß erwirbt;
Was Menschen hier besitzen,
Kann für den Tod nicht nützen,
Dies alles stirbt uns, wenn man stirbt.

Ist eine Lust, ein Scherzen,
Das nicht ein heimlich Schmerzen
Mit Herzensangst vergällt?
Was ist's, womit wir prangen?
Wo wirst du Ehr erlangen,
Die nicht in Hohn und Schmach verfällt?

Was pocht man auf die Throne?
Da keine Macht noch Krone
Kann unvergänglich sein.
Es mag vom Totenreien
Kein Zepter dich befreien,
Kein Purpur, Gold, noch edler Stein.

Wir rechnen Jahr auf Jahre,
Indessen wird die Bahre
Uns vor die Tür gebracht.
Drauf müssen wir von hinnen,
Und eh wir uns besinnen
Der Erde sagen gute Nacht.

Auf Herz! wach und bedenke,
Daß dieser Zeit Geschenke
Den Augenblick nur dein.
Was du zuvor genossen,
Ist als ein Strom verschossen.
Was künftig: wessen wird es sein?

Verlache Welt und Ehre,
Furcht, Hoffen, Gunst und Lehre,
Und fleuch den Herren an,
Der immer König bleibet,
Den keine Zeit vertreibet,
Der einzig ewig machen kann.

Wohl dem, der auf ihn trauet!
Er hat recht fest gebauet,
Und ob er hier gleich fällt,
Wird er doch dort bestehen
Und nimmermehr vergehen,
Weil ihn die Stärke selbst erhält.

Gekürzt

Über die Geburt Jesu

Nacht, mehr denn lichte Nacht! Nacht, lichter als der Tag!
Nacht, heller als die Sonn'! in der das Licht geboren,
Das Gott, der Licht, in Licht wohnhaftig, ihm erkoren!
O Nacht, die allen Nächt' und Tagen trotzen mag!

O freudenreiche Nacht, in welcher Ach und Klag,
Und Finsternis, und was sich auf die Welt verschworen,
Und Furcht und Höllenangst und Schrecken war verloren!
Der Himmel bricht; doch fällt nunmehr kein Donner-
schlag.

Der Zeit und Nächte schuf, ist diese Nacht ankommen,
Und hat das Recht der Zeit und Fleisch an sich genommen
Und unser Fleisch und Zeit der Ewigkeit vermacht.

Grabschrift Marianae Gryphiae
seines Bruders Pauli Töchterlein

Geboren in der Flucht umringt mit Schwert und Brand
Schier in dem Rauch erstickt der Mutter herbes Pfand
Des Vatern höchste Furcht die an das Licht gedrungen
Als die ergrimmte Glut mein Vaterland verschlungen.

Ich habe diese Welt beschaut und bald gesegnet:
Weil mir auf einen Tag all Angst der Welt begegnet.
Wo ihr die Tage zählt; so bin ich jung verschwunden
Sehr alt; wofern ihr schätzt was ich für Angst empfunden.

CHRISTIAN HOFMANN VON HOFMANNSWALDAU

Die Welt

Was ist die Welt und ihr berühmtes Glänzen?
Was ist die Welt und ihre ganze Pracht?
Ein schnöder Schein in kurzgefaßten Grenzen,
Ein schneller Blitz bei schwarzgewölkter Nacht,
Ein buntes Feld, da Kummerdisteln grünen,
Ein schön Spital, so voller Krankheit steckt,
Ein Sklavenhaus, da alle Menschen dienen,
Ein faules Grab, so Alabaster deckt.
Das ist der Grund, darauf wir Menschen bauen
Und was das Fleisch für einen Abgott hält.
Komm, Seele, komm und lerne weiter schauen,
Als sich erstreckt der Zirkel dieser Welt!
Streich ab von dir derselben kurzes Prangen,
Halt ihre Lust für eine schwere Last:
So wirst du leicht in diesen Port gelangen,
Da Ewigkeit und Schönheit sich umfaßt.

Vergänglichkeit der Schönheit

Es wird der bleiche Tod mit seiner kalten Hand
Dir endlich mit der Zeit um deine Brüste streichen,
Der liebliche Corall der Lippen wird verbleichen;
Der Schultern warmer Schnee wird werden kalter Sand,

Der Augen süßer Blitz, die Kräfte deiner Hand,
Für welchen solches fällt, die werden zeitlich weichen,
Das Haar, das itzund kann des Goldes Glanz erreichen,
Tilgt endlich Tag und Jahr als ein gemeines Band.

Der wohlgesetzte Fuß, die lieblichen Gebärden,
Die werden teils zu Staub, teils nichts und nichtig werden,
Denn opfert keiner mehr der Gottheit deiner Pracht.

Dies und noch mehr als dies muß endlich untergehen,
Dein Herze kann allein zu aller Zeit bestehen,
Dieweil es die Natur aus Diamant gemacht.

Wo sind die Stunden

Wo sind die Stunden
Der süßen Zeit,
Da ich zuerst empfunden,
Wie deine Lieblichkeit
Mich dir verbunden?
Sie sind verrauscht. Es bleibet doch dabei,
Daß alle Lust vergänglich sei.

Das reine Scherzen,
So mich ergetzt
Und in dem tiefen Herzen
Sein Merkmal eingesetzt,
Läßt mich in Schmerzen.
Du hast mir mehr als deutlich kund getan,
Daß Freundlichkeit nicht ankern kann.

Das Angedenken
Der Zuckerlust
Will mich in Angst versenken.
Es will verdammte Kost
Uns zeitlich kränken.
Was man geschmeckt und nicht mehr schmecken soll,
Ist freudenleer und jammervoll.

Empfangne Küsse,
Ambrierter Saft,
Verbleibt nicht lange süße
Und kommt von aller Kraft;
Verrauschte Flüsse

Erquicken nicht. Was unsern Geist erfreut,
Entspringt aus Gegenwärtigkeit.

Ich schwamm in Freude,
Der Liebe Hand
Spann mir ein Kleid von Seide;
Das Blatt hat sich gewandt,
Ich geh im Leide,
Ich wein itzund, daß Lieb und Sonnenschein
Stets voller Angst und Wolken sein.

Ach, was wollt ihr trüben Sinnen

Ach, was wollt ihr trüben Sinnen
Doch beginnen!
Traurigkeit hebt keine Not,
Es verzehret nur die Herzen,
Nicht die Schmerzen,
Und ist ärger als der Tod.

Auf, o Seele! du mußt lernen,
Ohne Sternen,
Wenn das Wetter tobt und bricht,
Wenn der Nächte schwarze Decken
Uns erschrecken,
Dir zu sein dein eigen Licht.

Gekürzt

PHILIPP VON ZESEN

Abendlied

Es hat nun mehr das güldne Licht
Des Himmels seinen Lauf verricht',
Der Tag hat sich geneiget;
Der blasse Mond steht auf der Wacht,
Die Sterne leuchten durch die Nacht,
Der süße Schlaf sich zeiget.

Ei, nun will ich in sanfter Ruh
Die Nacht mit Schlafen bringen zu,
Ermüdet durch viel Schreiben,
Das durch den langen Tag ich trieb,
Bis mir die Nacht den Paß verhieb,
Die Sinnen fortzutreiben.

Indessen sei mein Glanz und Licht
Dein freudenreiches Angesicht,
O Sonne meiner Seelen,
Daß nicht der Nächte Schatten mich
Mit Furcht und Schrecken inniglich
Im Herzen möge quälen.

Nimm weg den schweren Sündenschwall,
So sich ereiget überall,
Aus meines Herzens Schranken.
Daß ich fein sanfte ruhen mag,
Und, wann nun kömmt der frühe Tag,
Dir, Höchster, freudig danken.

Hiermit will ich nun schlafen ein,
Und dir, o Gott, ergeben sein,
Du wirst mich wohl erretten.
Behüte mich für schnellem Tod,
Für aller Angst und Krieges Not
Und für des Teufels Ketten.

Schlußgesang von der Flüchtigkeit
und Nichtigkeit des menschlichen Lebens

Sage mir, was ist dein Leben,
Lieber! Sag es, Menschenkind!
Ist es nicht gleich als ein Wind,
Als ein Schiff, der See ergeben?
Schießt es nicht so schnell dahin,
Als ein Strom von Anbeginn?

Ist es nicht als Meereswellen,
Die der hart erboste Nord

Aufgereizt und jaget fort,
Wann er schrecklich pflegt zu bellen,
Als ein Nebel, den der Tag
Nun nicht mehr vertragen mag?

Schmilzt es nicht, als Schnee und Schloßen;
Als das Eis, das noch so steif;
Schwind't es nicht, als Tau und Reif;
Wann die Wind' aus Süden stoßen,
Wann die Sonne Kraft erreicht,
Nacht und Frost und Kälte weicht?

Flieht es nicht, gleich als ein Schatten,
Als ein Rauch, der nicht besteht;
Als ein Dampf, der bald vergeht;
Als die bunt beblümten Matten;
Als die Blüten um den Ast,
Den der Sturm itzt angefaßt:

Als ein Gras, das vor dem Meier
Seinen Stengel niederstreckt,
Und den Boden überdeckt:
Als ein Kräutlein um den Weiher,
Welches, wann's am schönsten grünt,
Mancher Hand zum Raube dient?

Fällt es nicht dahin als Blätter?
Fleugt es nicht als Spreu und Staub,
Die des kleinsten Windleins Raub
Bei des Herbstes schönstem Wetter?
Wird es nicht zu lauter Nichts
Als ein Strahl des Wetterlichts?

Ist wohl etwas jemals kommen
In des Menschen Sinn und Witz,
Das, gleich als der jähe Blitz,
Seine Flucht so rasch genommen?
Doch ist unser Lebensglas
Rascher aus, als alles das.

HANS JACOB CHRISTOFFEL VON GRIMMELSHAUSEN

Komm Trost der Nacht, o Nachtigall

Komm Trost der Nacht, o Nachtigall,
Laß deine Stimm mit Freudenschall
Aufs lieblichste erklingen;
Komm, komm, und lob den Schöpfer dein,
Weil andre Vöglein schlafen sein
Und nicht mehr mögen singen!
Laß dein Stimmlein
Laut erschallen, dann vor allen
Kannst du loben
Gott im Himmel hoch dort oben.

Obschon ist hin der Sonnenschein
Und wir im Finstern müssen sein,
So können wir doch singen;
Von Gottes Güt' und seiner Macht,
Weil uns kann hindern keine Nacht,
Sein Lob zu vollenbringen.
Drum dein Stimmlein
Laß erschallen, dann vor allen
Kannst du loben
Gott im Himmel hoch dort oben.

Echo, der wilde Widerhall,
Will sein bei diesem Freudenschall
Und lässet sich auch hören;
Verweist uns alle Müdigkeit,
Der wir ergeben allezeit,
Lehrt uns den Schlaf betören.
Drum dein Stimmlein
Laß erschallen, dann vor allen
Kannst du loben
Gott im Himmel hoch dort oben.

Die Sterne, so am Himmel stehn,
Sich lassen zum Lob Gottes sehn,
Und tun ihm Ehr beweisen;
Die Eul' auch, die nicht singen kann,

Zeigt doch mit ihrem Heulen an,
Daß sie Gott auch tu preisen.
Drum dein Stimmlein
Laß erschallen, dann vor allen
Kannst du loben
Gott im Himmel hoch dort oben.

Nur her, mein liebstes Vögelein,
Wir wollen nicht die fäulste sein
Und schlafend liegen bleiben,
Vielmehr bis daß die Morgenröt
Erfreuet diese Wälder öd,
Im Lob Gottes vertreiben.
Laß dein Stimmlein
Laut erschallen, dann vor allen
Kannst du loben
Gott im Himmel hoch dort oben.

GOTTFRIED ARNOLD

Die wahre Einsamkeit

Laß deinen Sinn nicht dies und das zerstreuen,
Dein Geist muß ganz in Gott gesammelt sein.
Soll, Seele, dich ein tiefer Fried erfreuen,
So laß ihn gehn stets in das Eine ein.
Da findest du Altar und Tempel schon zu sehen,
Der Priester pflegt da stets im Schmuck vor Gott zu stehen.
Geh aus dir selbst und deiner Eigenheit,
So bist du in der Welt von Welt befreit.

Der unbekannte Gott

Verborgenheit,
Wie ist dein Meer so breit
Und wundertief! Ich kann es nicht ergründen.
Man weiß kein Maß noch Ziel noch End zu finden,
So lang man ist in der Vergänglichkeit
Verborgenheit.

Die Herrlichkeit,
Die du hast allbereit
Den Kindern deiner Lieb hie beigeleget,
Ist sonderlich. Wer dies Geheimnis heget,
Der träget auch zu der elendsten Zeit
Die Herrlichkeit.

Darum versteckt
Der Herr, was er erweckt,
Die Kinder gehn nur immer im Verborgen,
Die doch vor kein Gerichte dürfen sorgen,
Bis endlich Gott die Herrlichkeit entdeckt,
Die war verdeckt.

So wandelt er
Im Heiligtum einher
Mit leisem Schritt; der kann ihn nicht vernehmen,
Wer sich zur Einfalt nicht gern will bequemen,
Wie er sonst nichts zu tun pflegt ungefähr,
So wandelt er.

Was Seligkeit
Ist denen nicht bereit,
Durch welche Gott sucht Ehr in ihrer Schande!
Gehorsam reißt auch durch die stärksten Bande,
Drum ist ein Grad der höchsten Seligkeit
Verborgenheit.

BARTHOLD HEINRICH BROCKES

Kirschblüte bei der Nacht

Ich sahe mit betrachtendem Gemüte
Jüngst einen Kirschbaum, welcher blühte,
In kühler Nacht beim Mondenschein;
Ich glaubt, es könne nichts von größrer Weiße sein.
Es schien, als wär ein Schnee gefallen;
Ein jeder, auch der kleinste Ast
Trug gleichsam eine rechte Last
Von zierlich weißen runden Ballen.

Es ist kein Schwan so weiß, da nämlich jedes Blatt,
Indem daselbst des Mondes sanftes Licht
Selbst durch die zarten Blätter bricht,
Sogar den Schatten weiß und sonder Schwärze hat.
Unmöglich, dacht ich, kann auf Erden
Was weißers aufgefunden werden.
Indem ich nun bald hin, bald her
Im Schatten dieses Baumes gehe,
Sah ich von ungefähr
Durch alle Blumen in die Höhe
Und ward noch einen weißern Schein,
Der tausendmal so weiß, der tausendmal so klar,
Fast halb darob erstaunt, gewahr.
Der Blüte Schnee schien schwarz zu sein
Bei diesem weißen Glanz. Es fiel mir ins Gesicht
Von einem hellen Stern ein weißes Licht,
Das mir recht in die Seele strahlte.
Wie sehr ich mich an Gott im Irdischen ergetze,
Dacht ich, hat er dennoch weit größre Schätze.
Die größte Schönheit dieser Erden
Kann mit der himmlischen doch nicht verglichen werden.

GERHARD TERSTEEGEN

Der Held

Ein still getrostes Herze
In Mangel, Not und Schmerze;
Zum Sterben und zum Leben
Auf ewig Gott ergeben
Wo, wo ist solch ein Held
Zu finden auf der Welt?

Ohn Sterben kommt man nicht zum Leben

Ohn Sterben kommt man nicht zum Leben
Und ohne Leiden nicht zum Tod:
Willst du dem Leiden widerstreben,
So machst du dir nur größre Not.

JOHANN CHRISTIAN GÜNTHER

Als er der Phillis einen Ring
mit einem Totenkopf überreichte

Erschrick nicht vor dem Liebeszeichen,
Es träget unser künftig Bild,
Vor dem nur die allein erbleichen,
Bei welchen die Vernunft nichts gilt.
Wie schickt sich aber Eis und Flammen?
Wie reimt sich Lieb und Tod zusammen?
Es schickt und reimt sich gar zu schön,
Denn beide sind von gleicher Stärke
Und spielen ihre Wunderwerke
Mit allen, die auf Erden gehn.

Ich gebe dir dies Pfand zur Lehre:
Das Gold bedeutet feste Treu,
Der Ring, daß uns die Zeit verehre,
Die Täubchen, wie vergnügt man sei;
Der Kopf erinnert dich des Lebens,
Im Grab ist aller Wunsch vergebens,
Drum lieb und lebe, weil man kann,
Wer weiß, wie bald wir wandern müssen!
Das Leben steckt im treuen Küssen,
Ach, fang den Augenblick noch an!

Studentenlied

Brüder, laßt uns lustig sein,
Weil der Frühling währet
Und der Jugend Sonnenschein
Unser Laub verkläret.
Grab und Bahre warten nicht;
Wer die Rosen jetzo bricht,
Dem ist der Kranz bescheret.

Unsers Lebens schnelle Flucht
Leidet keinen Zügel,

Und des Schicksals Eifersucht
Macht ihr stetig Flügel.
Zeit und Jahre fliehn davon,
Und vielleichte schnitzt man schon
An unsers Grabes Riegel.

Wo sind diese, sagt es mir,
Die vor wenig Jahren
Eben also, gleich wie wir,
Jung und fröhlich waren?
Ihre Leiber deckt der Sand,
Sie sind in ein ander Land
Aus dieser Welt gefahren.

Wer nach unsern Vätern forscht,
Mag den Kirchhof fragen;
Ihr Gebein, so längst vermorscht,
Wird ihm Antwort sagen.
Kann uns doch der Himmel bald,
Eh die Morgenglocke schallt,
In unsre Gräber tragen.

Unterdessen seid vergnügt,
Laßt den Himmel walten,
Trinkt, bis euch das Bier besiegt,
Nach Manier der Alten!
Fort! Mir wässert schon das Maul,
Und, ihr andern, seid nicht faul,
Die Mode zu erhalten.

Dieses Gläschen bring ich dir,
Daß die Liebste lebe
Und der Nachwelt bald von dir
Einen Abriß gebe.
Setzt ihr andern gleichfalls an,
Und wenn dieses ist getan,
So lebt der edle Rebe.

Abendlied

Der Feierabend ist gemacht,
Die Arbeit schläft, der Traum erwacht,
Die Sonne führt die Pferde trinken;
Der Erdkreis wandert zu der Ruh,
Die Nacht drückt ihm die Augen zu,
Die schon dem süßen Schlafe winken.

Ich, Schöpfer, deine Kreatur,
Bekenne, daß ich auf der Spur
Der Sünder diesen Tag gewandelt;
Ich habe dein Verbot verletzt,
Mich dir in allem widersetzt
Und wider meine Pflicht gehandelt.

Doch weil ein Quintchen Vaterhuld
Viel tausend Zentner meiner Schuld
Durch dein Erbarmen überwieget,
So gib Genade vor das Recht
Und zürne nicht auf deinen Knecht,
Der sich an deinen Füßen schmieget.

Der Beichte folgt das Gnadenwort:
Steh auf, mein Sohn, und wandre fort,
Die Missetat ist dir erlassen.
Drum kann mein Glaube ganz getrost,
Ist Welt und Satan schon erbost,
Bei deiner Wahrheit Anker fassen.

Mein Abendopfer ist ein Lied,
Das dir zu danken sich bemüht,
Die Brust entzündet Andachtskerzen;
Gefällt dir dieser Brandaltar,
So mache die Verheißung wahr:
Gott heilet die zerschlagnen Herzen.

Du bester Anwalt, Jesu Christ,
Der in den Schwachen mächtig ist,
Komm und vollführe meine Sache!

Beweise, daß dein teures Blut,
Was ich verbrochen, wieder gut
Und auch die Sünder selig mache.

Du Geist der Wahrheit, breite dich
Mit deinen Gaben über mich;
Dein Wort sei meines Fußes Leuchte.
Vergönne mir dein Gnadenlicht
Auf meinen Wegen, daß ich nicht
Mir selber zum Verdammnis leuchte.

Herr, deine Hand sei mein Panier,
Dein Antlitz aber zeige mir
Auch in dem Traume mein Vergnügen
Die Einsamkeit betrübt den Geist,
Doch, wo du meine Seite schleust,
So darf ich nicht alleine liegen.

Das müde Haupt sinkt auf den Pfühl,
Doch wo ich ruhig schlafen will,
So muß ich deinen Engel bitten;
Der kann durch seine starke Wacht
Mich vor dem Ungetüm der Nacht
Um meine Lagerstatt behüten.

Soll mir der Pfühl ein Leichenstein,
Der Schlaf ein Schlaf zum Tode sein,
Ja, soll das Bette mich begraben,
So laß den Leichnam in der Gruft,
Bis ihn die letzte Stimme ruft,
Den Geist im Himmel Friede haben.

Will aber deine Gütigkeit,
Die alle Morgen sich verneut,
Mir heute noch das Leben borgen,
So wecke zeitlich mich darauf,
Nicht aber durch ein Unglück, auf
Und laß mich vor das Danklied sorgen.

Als er sich über seinen unglückseligen Zustand beklagete

Alles eilt zum Untergange,
Nur mein hart Verhängnis nicht.
Harter Himmel, ach wie lange
Zeigst du sein erschrecklich Licht?
Soll er mir jetzund erscheinen,
O so gib ihm bald sein Amt,
Eh mich ein verzweifelnd Weinen
Noch zu größrer Not verdammt.

Ich, ein Mensch von schlechtem Zeuge,
Kann mir selbst nicht widerstehn,
Daß ich kaum gelassen schweige,
Wenn die Wellen höher gehn.
Fleisch und Blut behält im Schmerzen
Über die Vernunft das Feld,
Und die Hoffnung steckt im Herzen,
Welches keinen Mensch erhält.

Hätt ich Bosheit im Gemüte
Oder an den Lastern Lust,
So verzieh ich mich der Güte
Deiner treuen Vater-Brust.
Aber ach, so wirst du finden,
Prüfe Mienen, Herz und Sinn,
Daß ich bei den Schwachheits-Sünden
Doch nicht sonder Buße bin.

Zwar sind, die noch ärger leben
Und mit Lastern Schaden tun,
Die läßt du im Glücke schweben
Und in seinem Schoße ruhn;
Sie verschwenden deinen Segen
Nur zu Trotz auf meinen Fall,
Handeln, wie die Toren pflegen,
Doch gerät es überall.

Ich bezwinge mich hingegen,
Brauche des Verstandes Kraft
Und bemüh mich nach Vermögen

Um Geduld und Wissenschaft;
Gleichwohl ist in allen Sachen
Auch mein bester Ratschluß blind,
Daß sich's die zu Nutze machen,
Die mir feind und schädlich sind.

CHRISTIAN FÜRCHTEGOTT GELLERT

Die Ehre Gottes aus der Natur

Die Himmel rühmen des Ewigen Ehre,
Ihr Schall pflanzt seinen Namen fort.
Ihn rühmt der Erdkreis, ihn preisen die Meere;
Vernimm, o Mensch, ihr göttlich Wort!

Wer trägt der Himmel unzählbare Sterne?
Wer führt die Sonn aus ihrem Zelt?
Sie kömmt und leuchtet und lacht uns von ferne,
Und läuft den Weg, gleich als ein Held.

Vernimm's, und siehe die Wunder der Werke,
Die die Natur dir aufgestellt!
Verkündigt Weisheit und Ordnung und Stärke
Dir nicht den Herrn, den Herrn der Welt?

Kannst du der Wesen unzählbare Heere,
Den kleinsten Staub fühllos beschaun?
Durch wen ist alles? O gib ihm die Ehre!
Mir, ruft der Herr, sollst du vertraun.

Mein ist die Kraft, mein ist Himmel und Erde;
An meinen Werken kennst du mich.
Ich bin's, und werde sein, der ich sein werde,
Dein Gott und Vater ewiglich.

Ich bin dein Schöpfer, bin Weisheit und Güte,
Ein Gott der Ordnung und dein Heil;
Ich bin's! Mich liebe von ganzem Gemüte,
Und nimm an meiner Gnade teil.

An dir allein, an dir hab ich gesündigt

An dir allein, an dir hab ich gesündigt,
Und übel oft vor dir getan.
Du siehst die Schuld, die mir den Fluch verkündigt;
Sieh, Gott, auch meinen Jammer an.

Dir ist mein Flehn, mein Seufzen nicht verborgen,
Und meine Tränen sind vor dir.
Ach Gott, mein Gott, wie lange soll ich sorgen?
Wie lang entfernst du dich von mir?

Herr, handle nicht mit mir nach meinen Sünden,
Vergilt mir nicht nach meiner Schuld.
Ich suche dich; laß mich dein Antlitz finden,
Du Gott der Langmut und Geduld.

Gekürzt

Der Blinde und der Lahme

Von ungefähr muß einen Blinden
Ein Lahmer auf der Straße finden,
Und jener hofft schon freudenvoll,
Daß ihn der andre leiten soll.

»Dir«, spricht der Lahme, »beizustehen?
Ich armer Mann kann selbst nicht gehen;
Doch scheint's, daß du zu einer Last
Noch sehr gesunde Schultern hast.

Entschließe dich, mich fortzutragen,
So will ich dir die Stege sagen:
So wird dein starker Fuß mein Bein,
Mein helles Auge deines sein.«

Der Lahme hängt mit seinen Krücken
Sich auf des Blinden breiten Rücken.
Vereint wirkt also dieses Paar,
Was einzeln keinem möglich war.

Du hast das nicht, was andre haben,
Und andern mangeln deine Gaben;
Aus dieser Unvollkommenheit
Entspringet die Geselligkeit.

Wenn jenem nicht die Gabe fehlte,
Die die Natur für mich erwählte,
So würd er nur für sich allein
Und nicht für mich bekümmert sein.

Beschwer die Götter nicht mit Klagen!
Der Vorteil, den sie dir versagen
Und jenem schenken, wird gemein,
Wir dürfen nur gesellig sein.

JOHANN WILHELM LUDWIG GLEIM

Bacchus und Cythere

Soll ich trinken oder küssen?
Hier winkt Bacchus, dort Cythere.
Beide winken, beide lächeln,
Bacchus mit gesetzten Mienen
Und Cythere mit verliebten.
Bacchus zeigt mir seine Reben;
Seht, sie sinken, schwer von Trauben!
Aber seht nur, dort im Schatten,
Dort im Schatten, unter Reben,
Liegt ein Mädchen lang gestrecket!
Seht, es schläft, es lächelt schlafend,
Und es lächelte Cythere
Nicht so reizend, als sie winkte.
O wie süß mag es nicht schlummern!
O wie reizend liegt das Mädchen!
Um den weißen regen Busen
Hangen schwarze reife Trauben,
Und es glänzen um den Locken,
Um den rabenschwarzen Locken,
Goldne Blumen in den Schatten.

Weingott, winke nur nicht länger;
Denn ich muß erst, bei dem Mädchen,
Unter deinen Trauben schlummern.

Trinklied

Seht den jungen Bacchus an!
Seht doch, wie er trinken kann!
Seht, die Augen, die Gebärden
Sollen unsre Muster werden,
Wenn die Gläser, voll von Wein,
Aug und Herz und Geist erfreun.

Treue Brüder, laßt euch raten!
Tut doch, was die Alten taten,
Gebt Verdiensten ihren Lohn,
Krönet diesen Bacchussohn,
Daß die Tugend auf der Erde,
Lieblich und erkennet werde!

Den die Weisheit sichtbar schmückt,
Der sich doch zum Bacchus schickt,
Den man sieht sein Amt verwalten
Und des Abends Picknick halten,
Der noch nie bestrafet ist,
Weil man ihn dabei vermißt;

Der noch keinen Trunk vermieden,
Der sich selbst dazu beschieden,
Den kein voller Römer schreckt,
Dem der Wein am besten schmeckt;
Der verdient zum rechten Lohne
Von den Brüdern eine Krone.

Brüder, seht den Bruder an,
Wie der Bruder trinken kann!
Unter allen Bacchussöhnen
Muß man ihn zum König krönen;
Brüder, ja, er muß es sein:
Seht, er schenkt schon wieder ein.

FRIEDRICH VON HAGEDORN

Der Mai

Der Nachtigall reizende Lieder
Ertönen und locken schon wieder
Die fröhlichsten Stunden ins Jahr.
Nun singet die steigende Lerche,
Nun klappern die reisenden Störche,
Nun schwatzet der gaukelnde Star.

Wie munter sind Schäfer und Herde!
Wie lieblich beblümt sich die Erde!
Wie lebhaft ist jetzo die Welt!
Die Tauben verdoppeln die Küsse,
Der Entrich besuchet die Flüsse,
Der lustige Sperling sein Feld.

Wie gleichet doch Zephyr der Floren!
Sie haben sich weislich erkoren,
Sie wählen den Wechsel zur Pflicht.
Er flattert um Sprossen und Garben,
Sie liebet unzählige Farben,
Und Eifersucht trennet sie nicht.

Nun heben sich Binsen und Keime,
Nun kleiden die Blätter die Bäume,
Nun schwindet des Winters Gestalt;
Nun rauschen lebendige Quellen
Und tränken mit spielenden Wellen
Die Triften, den Anger, den Wald.

Wie buhlerisch, wie so gelinde
Erwärmen die westlichen Winde
Das Ufer, den Hügel, die Gruft!
Die jugendlich scherzende Liebe
Empfindet die Reizung der Triebe,
Empfindet die schmeichelnde Luft.

Nun stellt sich die Dorfschaft in Reihen,
Nun rufen euch muntre Schalmeien,

Ihr stampfenden Tänzer, hervor!
Ihr springet auf grünender Wiese,
Der Bauernknecht hebet die Liese
In hurtiger Wendung empor.

Nicht fröhlicher, weidlicher, kühner
Schwang vormals der braune Sabiner
Mit männlicher Freiheit den Hut.
O reizet die Städte zum Neide,
Ihr Dörfer voll hüpfender Freude!
Was gleichet dem Landvolk an Mut?

JOHANN GEORG JACOBI

Abend

Komm, Liebchen, es neigen
Die Wälder sich dir;
Und alles mit Schweigen
Erwartet dich hier.

Der Himmel, ich bitte,
Von Wölkchen wie leer!
Der Mond in der Mitte,
Die Sternlein umher!

Der Himmel im glatten
Umdämmerten Quell!
Dies Plätzchen im Schatten,
Dies andre so hell!

Im Schatten, der Liebe
Dich lockendes Glück,
Dir flüsternd: es bliebe
Noch vieles zurück.

Es blieben der süßen
Geheimnisse viel;
So festes Umschließen;
So wonniges Spiel!

Da rauscht es! Da wanken
Auf jeglichem Baum
Die Äste, da schwanken
Die Vögel im Traum.

Dies Wanken, dies Zittern
Der Blätter im Teich –
O Liebe, dein Wittern!
O Liebe, dein Reich!

Erinnerung

Glück der Engel, wo geblieben?
Wo geblieben, schöner Tag,
Als mit unbesorgtem Lieben
Ihre Hand auf meinem Herzen lag?

O sie fühlte jeden Schlag,
Und in jedem lauter Lieben!
Wo geblieben,
Glück der Engel, schöner Tag?

An die Liebe

Von dir, o Liebe, nehm ich an
Den Kelch der bittern Leiden;
Nur einen Tropfen dann und wann,
Nur einen deiner Freuden!

So wird dein Kelch, o Liebe, mir
Wie Feierbecher glänzen;
Auch unter Tränen will ich dir
Mit Rosen ihn bekränzen.

FRIEDRICH GOTTLIEB KLOPSTOCK

Das Rosenband

Im Frühlingsschatten fand ich Sie;
Da band ich Sie mit Rosenbändern:
Sie fühlt es nicht, und schlummerte.

Ich sah Sie an; mein Leben hing
Mit diesem Blick an Ihrem Leben:
Ich fühlt es wohl, und wußt es nicht.

Doch lispelt ich Ihr sprachlos zu,
Und rauschte mit den Rosenbändern:
Da wachte Sie vom Schlummer auf.

Sie sah mich an; Ihr Leben hing
Mit diesem Blick an meinem Leben,
Und um uns ward's Elysium.

Der Zürchersee

Schön ist, Mutter Natur, deiner Erfindung Pracht
Auf die Fluren verstreut, schöner ein froh Gesicht,
Das den großen Gedanken
Deiner Schöpfung noch einmal denkt.

Von des schimmernden Sees Traubengestaden her
Oder, flohest du schon wieder zum Himmel auf,
Komm in rötendem Strahle
Auf dem Flügel der Abendluft,

Komm und lehre mein Lied jugendlich heiter sein,
Süße Freude, wie du, gleich dem beseelteren
Schnellen Jauchzen des Jünglings,
Sanft, der fühlenden Fanny gleich.

Schon lag hinter uns weit Uto, an dessen Fuß
Zürich in ruhigem Tal freie Bewohner nährt;
Schon war manches Gebirge,
Voll von Reben, vorbeigeflohn.

Jetzt entwölkte sich fern silberner Alpen Höh,
Und der Jünglinge Herz schlug schon empfindender,
Schon verriet es beredter
Sich der schönen Begleiterin.

Hallers Doris, die sang, selber des Liedes wert,
Hirzels Daphne, den Kleist innig wie Gleimen liebt;
Und wir Jünglinge sangen
Und empfanden wie Hagedorn.

Jetzo nahm uns die Au in die beschattenden
Kühlen Arme des Walds, welcher die Insel krönt;
Da, da kamest du, Freude,
Volles Maßes auf uns herab.

Göttin Freude, du selbst! Dich, wir empfanden dich!
Ja, du warest es selbst, Schwester der Menschlichkeit,
Deiner Unschuld Gespielin,
Die sich über uns ergoß!

Süß ist, fröhlicher Lenz, deiner Begeistrung Hauch,
Wenn die Flur dich gebiert, wenn sich dein Odem sanft
In der Jünglinge Herzen
Und die Herzen der Mädchen gießt.

Ach, du machst das Gefühl siegend, es steigt durch dich
Jede blühende Brust schöner und bebender,
Lauter redet der Liebe
Nun entzauberter Mund durch dich!

Lieblich winket der Wein, wenn er Empfindungen,
Beßre, sanftere Lust, wenn er Gedanken winkt,
Im sokratischen Becher
Von der tauenden Ros' umkränzt;

Wenn er dringt bis ins Herz und zu Entschließungen,
Die der Säufer verkennt, jeden Gedanken weckt,
Wenn er lehret verachten,
Was nicht würdig des Weisen ist.

Reizvoll klinget des Ruhms lockender Silberton
In das schlagende Herz, und die Unsterblichkeit

Ist ein großer Gedanke,
Ist des Schweißes der Edeln wert!

Durch der Lieder Gewalt bei der Urenkelin
Sohn und Tochter noch sein, mit der Entzückung Ton
Oft beim Namen genennet,
Oft gerufen vom Grabe her,

Dann ihr sanfteres Herz bilden und, Liebe, dich,
Fromme Tugend, dich auch gießen ins sanfte Herz,
Ist, beim Himmel, nicht wenig,
Ist des Schweißes der Edeln wert!

Aber süßer ist noch, schöner und reizender,
In dem Arme des Freunds wissen ein Freund zu sein,
So das Leben genießen,
Nicht unwürdig der Ewigkeit.

Treuer Zärtlichkeit voll, in den Umschattungen,
In den Lüften des Waldes, und mit gesenktem Blick
Auf die silberne Welle
Tat ich schweigend den frommen Wunsch:

Wäret ihr auch bei uns, die ihr mich ferne liebt,
In des Vaterlands Schoß einsam von mir verstreut,
Die in seligen Stunden
Meine suchende Seele fand:

Oh, so bauten wir hier Hütten der Freundschaft uns!
Ewig wohnten wir hier, ewig! Der Schattenwald
Wandelt' uns sich in Tempe,
Jenes Tal in Elysium!

Die Frühlingsfeier

Nicht in den Ozean der Welten alle
Will ich mich stürzen! schweben nicht,
Wo die ersten Erschaffnen, die Jubelchöre der Söhne des Lichts,
Anbeten, tief anbeten und in Entzückung vergehn!

Nur um den Tropfen am Eimer,
Um die Erde nur will ich schweben und anbeten!
Halleluja! Halleluja! Der Tropfen am Eimer
Rann aus der Hand des Allmächtigen auch!

Da der Hand des Allmächtigen
Die größeren Erden entquollen,
Die Ströme des Lichts rauschten und Siebengestirne wurden,
Da entrannest du, Tropfen, der Hand des Allmächtigen!

Da ein Strom des Lichts rauscht' und unsre Sonne wurde,
Ein Wogensturz sich stürzte wie vom Felsen
Der Wolk' herab und den Orion gürtete,
Da entrannest du, Tropfen, der Hand des Allmächtigen!

Wer sind die tausendmal Tausend, wer die Myriaden alle,
Welche den Tropfen bewohnen und bewohnten? und wer bin
ich?
Halleluja dem Schaffenden! mehr wie die Erden, die quollen,
Mehr wie die Siebengestirne, die aus Strahlen zusammen-
strömten!

Aber du, Frühlingswürmchen,
Das grünlichgolden neben mir spielt,
Du lebst – und bist vielleicht,
Ach, nicht unsterblich!

Ich bin herausgegangen, anzubeten,
Und ich weine? Vergib, vergib
Auch diese Träne dem Endlichen,
O du, der sein wird!

Du wirst die Zweifel alle mir enthüllen,
O du, der mich durch das dunkle Tal
Des Todes führen wird! Ich lerne dann,
Ob eine Seele das goldene Würmchen hatte.

Bist du nur gebildeter Staub,
Sohn des Mais, so werde denn
Wieder verfliegender Staub,
Oder was sonst der Ewige will!

Ergeuß von neuem du, mein Auge,
Freudentränen!
Du, meine Harfe,
Preise den Herrn!

Umwunden wieder, mit Palmen
Ist meine Harf umwunden; ich singe dem Herrn!
Hier steh ich. Rund um mich
Ist alles Allmacht und Wunder alles!

Mit tiefer Ehrfurcht schau ich die Schöpfung an,
Denn du,
Namenloser, du
Schufest sie.

Lüfte, die um mich wehn und sanfte Kühlung
Auf mein glühendes Angesicht hauchen,
Euch, wunderbare Lüfte,
Sandte der Herr, der Unendliche!

Aber jetzt werden sie still, kaum atmen sie.
Die Morgensonne wird schwül!
Wolken strömen herauf!
Sichtbar ist, der kommt, der Ewige!

Nun schweben sie, rauschen sie, wirbeln die Winde!
Wie beugt sich der Wald! Wie hebt sich der Strom!
Sichtbar, wie du es Sterblichen sein kannst,
Ja, das bist du, sichtbar, Unendlicher!

Der Wald neigt sich, der Strom fliehet, und ich
Falle nicht auf mein Angesicht?
Herr! Herr! Gott! barmherzig und gnädig!
Du Naher, erbarme dich meiner!

Zürnest du, Herr,
Weil Nacht dein Gewand ist?
Diese Nacht ist Segen der Erde.
Vater, du zürnest nicht!

Sie kommt, Erfrischung auszuschütten
Über den stärkenden Halm,

Über die herzerfreuende Traube.
Vater, du zürnest nicht!

Alles ist still vor dir, du Naher!
Ringsumher ist alles still!
Auch das Würmchen, mit Golde bedeckt, merkt auf.
Ist es vielleicht nicht seelenlos? ist es unsterblich?

Ach, vermöcht ich dich, Herr, wie ich dürste, zu preisen!
Immer herrlicher offenbarest du dich!
Immer dunkler wird die Nacht um dich
Und voller von Segen!

Seht ihr den Zeugen des Nahen, den zückenden Strahl?
Hört ihr Jehovas Donner?
Hört ihr ihn? hört ihr ihn,
Den erschütternden Donner des Herrn?

Herr! Herr! Gott!
Barmherzig und gnädig!
Angebetet, gepriesen
Sei dein herrlicher Name!

Und die Gewitterwinde? sie tragen den Donner!
Wie sie rauschen! wie sie mit lauter Woge den Wald durch-
 strömen!
Und nun schweigen sie. Langsam wandelt
Die schwarze Wolke.

Seht ihr den neuen Zeugen des Nahen, den fliegenden Strahl?
Höret ihr hoch in der Wolke den Donner des Herrn?
Er ruft: Jehova! Jehova!
Und der geschmetterte Wald dampft!

Aber nicht unsere Hütte!
Unser Vater gebot
Seinem Verderber,
Vor unsrer Hütte vorüberzugehn.

Ach, schon rauscht, schon rauscht
Himmel und Erde vom gnädigen Regen!

Nun ist – wie dürstete sie – die Erd' erquickt!
Und der Himmel der Segensfüll' entlastet.

Siehe, nun kommt Jehova nicht mehr im Wetter;
In stillem, sanftem Säuseln
Kommt Jehova,
Und unter ihm neigt sich der Bogen des Friedens!

Die frühen Gräber

Willkommen, o silberner Mond,
Schöner, stiller Gefährt' der Nacht!
 Du entfliehst? Eile nicht, bleib, Gedankenfreund!
 Sehet, er bleibt, das Gewölk wallte nur hin.

Des Maies Erwachen ist nur
Schöner noch wie die Sommernacht,
 Wenn ihm Tau, hell wie Licht, aus der Locke träuft,
 Und zu dem Hügel herauf rötlich er kömmt.

Ihr Edleren, ach, es bewächst
Eure Male schon ernstes Moos!
 O, wie war glücklich ich, als ich noch mit euch
 Sahe sich röten den Tag, schimmern die Nacht!

Die Sommernacht

Wenn der Schimmer von dem Monde nun herab
In die Wälder sich ergießt, und Gerüche
Mit den Düften von der Linde
In den Kühlungen wehn:

So umschatten mich Gedanken an das Grab
Der Geliebten, und ich seh in dem Walde
Nur es dämmern, und es weht mir
Von der Blüte nicht her.

Ich genoß einst, o ihr Toten, es mit euch!
Wie umwehten uns der Duft und die Kühlung,

Wie verschönt warst von dem Monde
Du, o schöne Natur!

Die Allgegenwart Gottes

Wenige nur, ach, wenige sind,
Deren Aug in der Schöpfung
Den, der geschaffen hat, sieht!
Wenige, deren Ohr
In dem mächtigen Rauschen des Sturmwinds,
Im Donner, der rollt,
Oder im lispelnden Bache,
Den Unerschaffnen hört!
Wenige Herzen erfüllt
Mit Ehrfurcht und Schauer
Gottes Allgegenwart!

Laß mich, im Heiligtume,
Dich, Allgegenwärtiger!
Stets suchen, und finden!
Und wenn er mir entflieht,
Dieser himmlische Gedanke,
Laß mich ihn tiefanbetend
Aus den Chören der Seraphim
Ihn mit lauten Tränen der Freude
Herunter rufen,
Damit ich, dich zu schaun,
Mich bereite, mich weihe,
Dich zu schaun!
Im Allerheiligsten!

Das Wiedersehn

Der Weltraum fernt mich weit von dir,
So fernt mich nicht die Zeit.
Wer überlebt das Siebzigste
Schon hat, ist nah bei dir.

Lang sah ich, Meta, schon dein Grab
Und seine Linde wehn;

Die Linde wehet einst auch mir,
Streut ihre Blum' auch mir.

Nicht mir! Das ist mein Schatten nur,
Worauf die Blüte sinkt,
So wie es nur dein Schatten war,
Worauf sie oft schon sank.

Dann kenn ich auch die höhre Welt,
In der du lange warst;
Dann sehn wir froh die Linde wehn,
Die unsre Gräber kühlt.

Dann ... Aber, ach, ich weiß ja nicht,
Was du schon lange weißt;
Nur daß es, hell von Ahnungen,
Mir um die Seele schwebt,

Mit wonnevollen Hoffnungen
Die Abendröte kommt,
Mit frohem, tiefem Vorgefühl
Die Sonnen auferstehn!

Was man fordert

»Sage, was nennst in den Werken der Kunst du Vollendetes?«
Gut muß
Jeder Teil und harmonisch mit den andern vereint sein.
»Hat ein Künstler gelebt, der so hoch stieg?« Keiner. Man
will nur
Überall sehn, er habe nach Vollendung gerungen.

Der doppelte Mitausdruck

Silbenmaß, ich weiche dir nicht, behaupte mich, ziehe
Dir mich vor! »Wohlklang, ich liebe das Streiten nicht. Besser
Horchen wir jeder mit wachem Ohr dem Gesetz und vereinen
Fest uns. Wir sind alsdann die zweite Seele der Sprache.«

Matthias Claudius

Abendlied

Der Mond ist aufgegangen,
Die goldnen Sternlein prangen
 Am Himmel hell und klar;
Der Wald steht schwarz und schweiget,
Und aus den Wiesen steiget
 Der weiße Nebel wunderbar.

Wie ist die Welt so stille
Und in der Dämmrung Hülle
 So traulich und so hold!
Als eine stille Kammer,
Wo ihr des Tages Jammer
 Verschlafen und vergessen sollt.

Seht ihr den Mond dort stehen? –
Er ist nur halb zu sehen,
 Und ist doch rund und schön!
So sind wohl manche Sachen,
Die wir getrost belachen,
 Weil unsre Augen sie nicht sehn.

Wir stolze Menschenkinder
Sind eitel arme Sünder,
 Und wissen gar nicht viel;
Wir spinnen Luftgespinste
Und suchen viele Künste
 Und kommen weiter von dem Ziel.

Gott, laß uns d e i n Heil schauen,
Auf nichts Vergänglichs trauen,
 Nicht Eitelkeit uns freun!
Laß uns einfältig werden,
Und vor dir hier auf Erden
 Wie Kinder fromm und fröhlich sein!

Wollst endlich sonder Grämen
Aus dieser Welt uns nehmen
 Durch einen sanften Tod!

Und, wenn du uns genommen,
Laß uns in Himmel kommen,
 Du unser Herr und unser Gott!

So legt euch denn, ihr Brüder,
In Gottes Namen nieder;
 Kalt ist der Abendhauch.
Verschon uns, Gott! mit Strafen,
Und laß uns ruhig schlafen!
 Und unsern kranken Nachbar auch!

Der Mensch

Empfangen und genähret
 Vom Weibe wunderbar,
Kömmt er und sieht und höret
 Und nimmt des Trugs nicht wahr;
Gelüstet und begehret
 Und bringt sein Tränlein dar;
Verachtet und verehret,
 Hat Freude und Gefahr;
Glaubt, zweifelt, wähnt und lehret,
 Hält nichts und alles wahr;
Erbauet und zerstöret
 Und quält sich immerdar;
Schläft, wachet, wächst und zehret;
 Trägt braun und graues Haar.
Und alles dieses währet,
 Wenn's hoch kommt, achtzig Jahr.
Dann legt er sich zu seinen Vätern nieder,
Und er kömmt nimmer wieder.

Christiane

Es stand ein Sternlein am Himmel,
 Ein Sternlein guter Art;
Das tät so lieblich scheinen,
 So lieblich und so zart!

Ich wußte seine Stelle
Am Himmel, wo es stand;
Trat abends vor die Schwelle
Und suchte, bis ich's fand;

Und blieb dann lange stehen,
Hatt' große Freud in mir:
Das Sternlein anzusehen,
Und dankte Gott dafür.

Das Sternlein ist verschwunden;
Ich suche hin und her,
Wo ich es sonst gefunden,
Und find es nun nicht mehr.

Die Sternseherin Lise

Ich sehe oft um Mitternacht,
Wenn ich mein Werk getan
Und niemand mehr im Hause wacht,
Die Stern am Himmel an.

Sie gehn da, hin und her zerstreut,
Als Lämmer auf der Flur,
In Rudeln auch, und aufgereiht
Wie Perlen an der Schnur;

Und funkeln alle weit und breit
Und funkeln rein und schön;
Ich seh die große Herrlichkeit
Und kann mich satt nicht sehn ...

Dann saget, unterm Himmelszelt,
Mein Herz mir in der Brust:
»Es gibt was Bessers in der Welt
Als all ihr Schmerz und Lust.«

Ich werf mich auf mein Lager hin
Und liege lange wach
Und suche es in meinem Sinn
Und sehne mich danach.

Die Liebe

Die Liebe hemmet nichts; sie kennt nicht Tür noch Riegel,
 Und dringt durch alles sich;
Sie ist ohn Anbeginn, schlug ewig ihre Flügel,
 Und schlägt sie ewiglich.

Der Tod

Ach, es ist so dunkel in des Todes Kammer,
 Tönt so traurig, wenn er sich bewegt
Und nun aufhebt seinen schweren Hammer
 Und die Stunde schlägt.

Ein Wiegenlied bei Mondschein zu singen

So schlafe nun, du Kleine!
 Was weinest du?
Sanft ist im Mondenscheine
 Und süß die Ruh.

Auch kommt der Schlaf geschwinder,
 Und sonder Müh;
Der Mond freut sich der Kinder,
 Und liebet sie.

Er liebt zwar auch die Knaben,
 Doch Mädchen mehr,
Gießt freundlich schöne Gaben
 Von oben her

Auf sie aus, wenn sie saugen,
 Recht wunderbar;
Schenkt ihnen blaue Augen
 Und blondes Haar.

Alt ist er wie ein Rabe,
 Sieht manches Land;
Mein Vater hat als Knabe
 Ihn schon gekannt.

Und bald nach ihren Wochen
 Hat Mutter mal
Mit ihm von mir gesprochen:
 Sie saß im Tal.

In einer Abendstunde,
 Den Busen bloß,
Ich lag mit offnem Munde
 In ihrem Schoß.

Sie sah mich an, für Freude
 Ein Tränchen lief,
Der Mond beschien uns beide,
 Ich lag und schlief;

Da sprach sie: »Mond, o! scheine,
 Ich hab sie lieb,
Schein Glück für meine Kleine!«
 Ihr Auge blieb

Noch lang am Monde kleben,
 Und flehte mehr.
Der Mond fing an zu beben,
 Als hörte er,

Und denkt nun immer wieder
 An diesen Blick,
Und scheint von hoch hernieder
 Mir lauter Glück.

Er schien mir unterm Kranze
 Ins Brautgesicht,
Und bei dem Ehrentanze;
 Du warst noch nicht.

Täglich zu singen

Ich danke Gott und freue mich
 Wie's Kind zur Weihnachtsgabe,
Daß ich bin, bin! Und daß ich dich,
 Schön menschlich Antlitz! habe;

Daß ich die Sonne, Berg und Meer,
 Und Laub und Gras kann sehen,
Und abends unterm Sternenheer
 Und lieben Monde gehen;

Und daß mir dann zumute ist,
 Als wenn wir Kinder kamen
Und sahen, was der heil'ge Christ
 Bescheret hatte, Amen!

Ich danke Gott mit Saitenspiel,
 Daß ich kein König worden;
Ich wär geschmeichelt worden viel,
 Und wär vielleicht verdorben.

Auch bet ich ihn von Herzen an,
 Daß ich auf dieser Erde
Nicht bin ein großer reicher Mann,
 Und auch wohl keiner werde.

Denn Ehr und Reichtum treibt und bläht,
 Hat mancherlei Gefahren,
Und vielen hat's das Herz verdreht,
 Die weiland wacker waren.

Und all das Geld und all das Gut
 Gewährt zwar viele Sachen;
Gesundheit, Schlaf und guten Mut
 Kann's aber doch nicht machen.

Und die sind doch, bei Ja und Nein!
 Ein rechter Lohn und Segen!
Drum will ich mich nicht groß kastein
 Des vielen Geldes wegen.

Gott gebe mir nur jeden Tag,
 Soviel ich darf zum Leben.
Er gibt's dem Sperling auf dem Dach;
 Wie sollt er's mir nicht geben!

Kriegslied

's ist Krieg! 's ist Krieg! O Gottes Engel wehre,
 Und rede du darein!
's ist leider Krieg – und ich begehre
 Nicht schuld daran zu sein!

Was sollt ich machen, wenn im Schlaf mit Grämen
 Und blutig, bleich und blaß,
Die Geister der Erschlagnen zu mir kämen,
 Und vor mir weinten, was?

Wenn wackre Männer, die sich Ehre suchten,
 Verstümmelt und halbtot
Im Staub sich vor mir wälzten und mir fluchten
 In ihrer Todesnot?

Wenn tausend, tausend Väter, Mütter, Bräute,
 So glücklich vor dem Krieg,
Nun alle elend, alle arme Leute,
 Wehklagten über mich?

Wenn Hunger, böse Seuch und ihre Nöten
 Freund, Freund und Feind ins Grab
Versammleten, und mir zu Ehren krähten
 Von einer Leich herab?

Was hülf mir Kron und Land und Gold und Ehre?
 Die könnten mich nicht freun!
's ist leider Krieg – und ich begehre
 Nicht schuld daran zu sein!

Der Frühling. Am ersten Maimorgen

Heute will ich fröhlich fröhlich sein,
 Keine Weis und keine Sitte hören;
Will mich wälzen und für Freude schrein,
 Und der König soll mir das nicht wehren;

Denn e r kommt mit seiner Freuden Schar
 Heute aus der Morgenröte Hallen,

Einen Blumenkranz um Brust und Haar,
 Und auf seiner Schulter Nachtigallen;

Und sein Antlitz ist ihm rot und weiß,
 Und er träuft von Tau und Duft und Segen –
Ha! mein Thyrsus sei ein Knospenreis,
 Und so tauml' ich meinem Freund entgegen.

Der Säemann säet den Samen

Der Säemann säet den Samen,
 Die Erd empfängt ihn, und über ein kleines
 Keimet die Blume herauf –

Du liebtest sie. Was auch dies Leben
 Sonst für Gewinn hat, war klein dir geachtet,
 Und sie entschlummerte dir!

Was weinest du neben dem Grabe,
 Und hebst die Hände zur W o l k e des Todes
 Und der Verwesung empor?

Wie Gras auf dem Felde sind Menschen
 Dahin, wie Blätter! Nur wenige Tage
 Gehn wir verkleidet einher!

Der Adler besuchet die Erde,
 Doch säumt nicht, schüttelt vom Flügel den Staub und
 Kehret zur Sonne zurück!

CHRISTIAN FR. D. SCHUBART

Erstickter Preisgesang

Singen will ich, Schöpfer! singen
Dir mit heiterem Gemüt;
Hell, wie Waldgesang, erklingen
Soll von dir, o Gott! mein Lied.
Woge, Geist, in mir, frohlocke

Und zerfließ in Lobgesang;
Töne wie die Silberglocke,
Brause wie der Orgel Klang.

Geister, die wie Feuerflammen
Um den Thron des Höchsten stehn,
Engel, Menschen, singt zusammen;
Helft mir meinen Gott erhöhn!
Hallt Posaunen, Davids Psalter,
Harfe, die Eloa schlug,
Tönt dem Schöpfer, dem Erhalter!
Doch ihr tönt nicht laut genug.

Tier' in Wäldern und in Meeren,
Vögel in der Luft, im Hain,
Preist ihn all; ihr Christenzähren,
Strömt voll Dank und Wonne drein.
Aber – weh! wie schmerzt die Wunde –
Ach! mich Armen traf ein Pfeil;
Der Gesang erstickt im Munde,
Wandelt sich und wird Geheul.

Sieh dich um, du bist gefangen – –
Der Gedanke stürzt auf mich;
Sieh am Arm die Fessel hangen,
Sieh die braune Wand um dich!
Ha! ich seh das Nachtgefieder
Ausgebreitet über mir;
Gott! ach Gott! ich stürze nieder,
Und mein Lied verstummt vor dir!

So beginnt im Morgenstrahle
Oft des Finken Lobgesang;
Ach! er sieht im nahen Tale
Nicht des Vogelmörders Gang!
Plötzlich aus dem ehrnen Schlunde
Fliegt der mörderische Schrot –
Blutig mit geschloßnem Munde,
Liegt der arme Vogel tot.

Leopold Fr. G. von Göckingk

An Nantchen

Daß mir diese Welt mit allen
Ihren Narren wohl gefällt,
Daß vom Dummkopf angefallen,
Von dem Neider angebellt,
Rach und Spott zurückefallen:
Dafür nimm, du Zauberin!
Diesen Kuß zum Danke hin.

Daß ich keine Sorgen nähre,
Titel nicht erschleichen mag,
Bunt Gepränge gern entbehre,
Kurz, daß mir ein froher Tag
Mehr ist als ein Jahr der Ehre:
Dafür, holde Schmeichlerin
Nimm dies Lied zum Danke hin.

Daß ich oft zur Sternenhöhe
Bald mit heiterm Angesicht,
Bald mit stillen Tränen sehe;
Daß ich dann um Güter nicht,
Nur um dich und Weisheit flehe:
Dafür, du Bekehrerin!
Nimm mein Herz zum Danke hin.

Als der erste Schnee fiel

Gleich einem König, der in seine Staaten
Zurück als Sieger kehrt, empfängt ein Jubel dich!
Der Knabe balgt um deine Flocken. sich,
Wie bei der Krönung um Dukaten.

Selbst mir, obschon ein Mädchen und der Rute
Lang nicht mehr untertan, bist du ein lieber Gast;
Denn siehst du nicht, seit du die Erde hast
So weich belegt, wie ich mich spute?

Zu fahren, ohne Segel, ohne Räder,
Auf einer Muschel, hin durch deinen weißen Flor,
So sanft, und doch so leicht, so schnell, wie vor
Dem Westwind eine Flaumenfeder.

Aus allen Fenstern und aus allen Türen
Sieht mir der bleiche Neid aus hohlen Augen nach;
Selbst die Matrone wird ein leises Ach!
Und einen Wunsch um mich verlieren.

Denn der, um den wir Mädchen oft uns stritten,
Wird hinter mir, so schlank wie eine Tanne, stehn
Und sonst auf nichts mit seinen Augen sehn,
Als auf das Mädchen in dem Schlitten.

FRIEDRICH LEOPOLD VON STOLBERG

Lied, auf dem Wasser zu singen

Mitten im Schimmer der spiegelnden Wellen
Gleitet wie Schwäne der wankende Kahn;
Ach, auf der Freude sanftschimmernden Wellen
Gleitet die Seele dahin wie der Kahn;
Denn von dem Himmel herab auf die Wellen
Tanzet das Abendrot rund um den Kahn.

Über den Wipfeln des westlichen Haines
Winket uns freundlich der rötliche Schein;
Unter den Zweigen des östlichen Haines
Säuselt der Kalmus im rötlichen Schein;
Freude des Himmels und Ruhe des Haines
Atmet die Seel im errötenden Schein.

Ach, es entschwindet mit tauigem Flügel
Mir auf den wiegenden Wellen die Zeit.
Morgen entschwinde mit schimmerndem Flügel
Wieder wie gestern und heute die Zeit,
Bis ich auf höherem strahlenden Flügel
Selber entschwinde der wechselnden Zeit.

Des Lebens Tag ist schwer und schwül

Des Lebens Tag ist schwer und schwül,
Des Todes Odem leicht und kühl,
Er wehet freundlich uns hinab,
Wie welkes Laub ins stille Grab.

Gekürzt

LUDWIG HEINRICH CHRISTOPH HÖLTY

Frühlingslied

Die Luft ist blau, das Tal ist grün,
Die kleinen Maienglocken blühn,
Und Schlüsselblumen drunter;
Der Wiesengrund
Ist schon so bunt,
Und malt sich täglich bunter.

Drum komme, wem der Mai gefällt,
Und freue sich der schönen Welt
Und Gottes Vatergüte,
Die solche Pracht
Hervorgebracht,
Den Baum und seine Blüte.

Die Mainacht

Wann der silberne Mond durch die Gesträuche blinkt
Und sein schlummerndes Licht über den Rasen streut,
Und die Nachtigall flötet,
Wandl' ich traurig von Busch zu Busch.

Selig preis ich dich dann, flötende Nachtigall,
Weil dein Weibchen mit dir wohnet in einem Nest,
Ihrem singenden Gatten
Tausend trauliche Küsse gibt.

Überhüllet von Laub, girret ein Taubenpaar
Sein Entzücken mir vor; aber ich wende mich,

157

Suche dunklere Schatten,
Und die einsame Träne rinnt.

Wann, o lächelndes Bild, welches wie Morgenrot
Durch die Seele mir strahlt, find ich auf Erden dich?
Und die einsame Träne
Bebt mir heißer die Wang herab!

Aufmunterung zur Freude

Wer wollte sich mit Grillen plagen,
Solang uns Lenz und Jugend blühn;
Wer wollt in seinen Blütentagen
Die Stirn in düstre Falten ziehn?

Die Freude winkt auf allen Wegen,
Die durch dies Pilgerleben gehn;
Sie bringt uns selbst den Kranz entgegen,
Wann wir am Scheidewege stehn!

Noch rinnt und rauscht die Wiesenquelle,
Noch ist die Laube kühl und grün,
Noch scheint der liebe Mond so helle,
Wie er durch Adams Bäume schien!

Noch macht der Saft der Purpurtraube
Des Menschen krankes Herz gesund,
Noch schmecket in der Abendlaube
Der Kuß auf einen roten Mund!

Noch tönt der Busch voll Nachtigallen
Dem Jüngling hohe Wonne zu,
Noch strömt, wenn ihre Lieder schallen,
Selbst in zerrißne Seelen Ruh!

O wunderschön ist Gottes Erde
Und wert, darauf vergnügt zu sein!
Drum will ich, bis ich Asche werde,
Mich dieser schönen Erde freun!

Auftrag

Ihr Freunde, hänget, wann ich gestorben bin,
Die kleine Harfe hinter dem Altar auf,
Wo an der Wand die Totenkränze
Manches verstorbenen Mädchens schimmern.

Der Küster zeigt dann freundlich dem Reisenden
Die kleine Harfe, rauscht mit dem roten Band,
Das, an der Harfe festgeschlungen,
Unter den goldenen Saiten flattert.

»Oft«, sagt er staunend, »tönen im Abendrot
Von selbst die Saiten, leise wie Bienenton:
Die Kinder, auf dem Kirchhof spielend,
Hörten's und sahn, wie die Kränze bebten.«

GOTTFRIED AUGUST BÜRGER

Lenore

Lenore fuhr ums Morgenrot
Empor aus schweren Träumen:
»Bist untreu, Wilhelm, oder tot?
Wie lange willst du säumen?« –
Er war mit König Friedrichs Macht
Gezogen in die Prager Schlacht
Und hatte nicht geschrieben,
Ob er gesund geblieben.

Der König und die Kaiserin,
Des langen Haders müde,
Erweichten ihren harten Sinn
Und machten endlich Friede;
Und jedes Heer, mit Sing und Sang,
Mit Paukenschlag und Kling und Klang,
Geschmückt mit grünen Reisern,
Zog heim zu seinen Häusern.

Und überall, allüberall,
Auf Wegen und auf Stegen,
Zog alt und jung dem Jubelschall
Der Kommenden entgegen.
»Gottlob!« rief Kind und Gattin laut,
»Willkommen!« manche frohe Braut.
Ach! aber für Lenoren
War Gruß und Kuß verloren.

Sie frug den Zug wohl auf und ab
Und frug nach allen Namen;
Doch keiner war, der Kundschaft gab,
Von allen, so da kamen.
Als nun das Heer vorüber war,
Zerraufte sie ihr Rabenhaar
Und warf sich hin zur Erde
Mit wütiger Gebärde.

Die Mutter lief wohl hin zu ihr:
»Ach, daß sich Gott erbarme!
Du trautes Kind, was ist mit dir?«
Und schloß sie in die Arme. –
»O Mutter, Mutter! hin ist hin!
Nun fahre Welt und alles hin!
Bei Gott ist kein Erbarmen.
O weh, o weh mir Armen!« –

»Hilf, Gott, hilf! Sieh uns gnädig an!
Kind, bet ein Vaterunser!
Was Gott tut, das ist wohlgetan;
Gott, Gott erbarmt sich unser!« –
»O Mutter, Mutter! eitler Wahn!
Gott hat an mir nicht wohlgetan!
Was half, was half mein Beten?
Nun ist's nicht mehr vonnöten.« –

»Hilf, Gott, hilf! Wer den Vater kennt,
Der weiß, er hilft den Kindern.
Das hochgelobte Sakrament
Wird deinen Jammer lindern.« –

»O Mutter, Mutter, was mich brennt,
Das lindert mir kein Sakrament!
Kein Sakrament mag Leben
Den Toten wiedergeben.« –

»Hör, Kind! Wie, wenn der falsche Mann
Im fernen Ungarlande
Sich seines Glaubens abgetan
Zum neuen Ehebande?
Laß fahren, Kind, sein Herz dahin!
Er hat es nimmermehr Gewinn!
Wenn Seel und Leib sich trennen,
Wird ihn sein Meineid brennen.« –

»O Mutter! Mutter! hin ist hin!
Verloren ist verloren!
Der Tod, der Tod ist mein Gewinn!
O wär ich nie geboren!
Lisch aus, mein Licht, auf ewig aus!
Stirb hin, stirb hin in Nacht und Graus!
Bei Gott ist kein Erbarmen;
O weh, o weh mir Armen!«

»Hilf, Gott, hilf! Geh nicht ins Gericht
Mit deinem armen Kinde!
Sie weiß nicht, was die Zunge spricht;
Behalt ihr nicht die Sünde!
Ach, Kind, vergiß dein irdisch Leid
Und denk an Gott und Seligkeit,
So wird doch deiner Seelen
Der Bräutigam nicht fehlen.« –

»O Mutter! was ist Seligkeit?
O Mutter! was ist Hölle?
Bei ihm, bei ihm ist Seligkeit
Und ohne Wilhelm Hölle! –
Lisch aus, mein Licht, auf ewig aus!
Stirb hin, stirb hin in Nacht und Graus!
Ohn ihn mag ich auf Erden,
Mag dort nicht selig werden.« –

So wütete Verzweifelung
Ihr in Gehirn und Adern.
Sie fuhr mit Gottes Vorsehung
Vermessen fort zu hadern,
Zerschlug den Busen und zerrang
Die Hand bis Sonnenuntergang,
Bis auf am Himmelsbogen
Die goldnen Sterne zogen.

Und außen, horch! ging's trapp trapp trapp,
Als wie von Rosseshufen,
Und klirrend stieg ein Reiter ab
An des Geländers Stufen.
Und horch! und horch den Pfortenring,
Ganz lose, leise, klinglingling!
Dann kamen durch die Pforte
Vernehmlich diese Worte:

»Holla, holla! Tu auf, mein Kind!
Schläfst, Liebchen, oder wachst du?
Wie bist noch gegen mich gesinnt?
Und weinest oder lachst du?« –
»Ach, Wilhelm, du? ... So spät bei Nacht? ...
Geweinet hab ich und gewacht;
Ach, großes Leid erlitten!
Wo kommst du hergeritten?« –

»Wir satteln nur um Mitternacht.
Weit ritt ich her von Böhmen.
Ich habe spät mich aufgemacht
Und will dich mit mir nehmen.« –
»Ach, Wilhelm, erst herein geschwind!
Den Hagedorn durchsaust der Wind,
Herein, in meinen Armen,
Herzliebster, zu erwarmen!«

»Laß sausen durch den Hagedorn,
Laß sausen, Kind, laß sausen!
Der Rappe scharrt; es klirrt der Sporn.
Ich darf allhier nicht hausen.

Komm, schürze, spring und schwinge dich
Auf meinen Rappen hinter mich!
Muß heut noch hundert Meilen
Mit dir ins Brautbett eilen.« –

»Ach, wolltest hundert Meilen noch
Mich heut ins Brautbett tragen?
Und horch, es brummt die Glocke noch,
die elf schon angeschlagen.« –
»Sieh hin, sieh her, der Mond scheint hell.
Wir und die Toten reiten schnell.
Ich bringe dich, zur Wette,
Noch heut ins Hochzeitbette.« –

»Sag an, wo ist dein Kämmerlein?
Wo? wie dein Hochzeitbettchen?« –
»Weit, weit von hier! . . . Still, kühl und klein! . . .
Sechs Bretter und zwei Brettchen!« –
»Hat's Raum für mich?« – »Für dich und mich!
Komm, schürze, spring und schwinge dich!
Die Hochzeitgäste hoffen!
Die Kammer steht uns offen.« –

Schön Liebchen schürzte, sprang und schwang
Sich auf das Roß behende;
Wohl um den trauten Reiter schlang
Sie ihre Lilienhände;
Und hurre hurre, hopp hopp hopp!
Ging's fort in sausendem Galopp,
Daß Roß und Reiter schnoben
Und Kies und Funken stoben.

Zur rechten und zur linken Hand,
Vorbei vor ihren Blicken,
Wie flogen Anger, Heid und Land!
Wie donnerten die Brücken! –
»Graut Liebchen auch? . . . Der Mond scheint hell!
Hurra! Die Toten reiten schnell!
Graut Liebchen auch vor Toten?« –
»Ach nein! . . . Doch laß die Toten!« –

Was klang dort für Gesang und Klang?
Was flatterten die Raben? ...
Horch, Glockenklang! Horch, Totensang:
»Laßt uns den Leib begraben!«
Und näher zog ein Leichenzug,
Der Sarg und Totenbahre trug.
Das Lied war zu vergleichen
Dem Unkenruf in Teichen.

»Nach Mitternacht begrabt den Leib
Mit Klang und Sang und Klage!
Jetzt führ ich heim mein junges Weib.
Mit, mit zum Brautgelage!
Komm, Küster, hier! komm mit dem Chor
Und gurgle mir das Brautlied vor!
Komm, Pfaff, und sprich den Segen,
Eh wir zu Bett uns legen!« –

Still, Klang und Sang ... Die Bahre schwand ...
Gehorsam seinem Rufen,
Kam's, hurre hurre! nachgerannt
Hart hinter 's Rappen Hufen.
Und immer weiter, hopp hopp hopp!
Ging's fort in sausendem Galopp,
Daß Roß und Reiter schnoben
Und Kies und Funken stoben.

Wie flogen rechts, wie flogen links
Gebirge, Bäum und Hecken!
Wie flogen links und rechts und links
Die Dörfer, Städt und Flecken! –
»Graut Liebchen auch? ... Der Mond scheint hell!
Hurra! Die Toten reiten schnell!
Graut Liebchen auch vor Toten?« –
»Ach! Laß sie ruhn, die Toten!« –

Sieh da! sieh da! Am Hochgericht
Tanzt um des Rades Spindel,
Halb sichtbarlich bei Mondenlicht,
Ein luftiges Gesindel. –

»Sasa! Gesindel, hier! komm hier!
Gesindel komm und folge mir!
Tanz uns den Hochzeitreigen,
Wenn wir zu Bette steigen!« –

Und das Gesindel, husch husch husch!
Kam hinten nachgeprasselt,
Wie Wirbelwind am Haselbusch
Durch dürre Blätter rasselt.
Und weiter, weiter, hopp hopp hopp!
Ging's fort in sausendem Galopp,
Daß Roß und Reiter schnoben
Und Kies und Funken stoben.

Wie flog, was rund der Mond beschien,
Wie flog es in die Ferne!
Wie flogen oben überhin
Der Himmel und die Sterne! –
»Graut Liebchen auch? . . . Der Mond scheint hell!
Hurra! Die Toten reiten schnell!
Graut Liebchen auch vor Toten?« –
»O weh! Laß ruhn die Toten!« –

»Rapp'! Rapp'! mich dünkt, der Hahn schon ruft . . .
Bald wird der Sand verrinnen . . .
Rapp'! Rapp'! ich wittre Morgenluft . . .
Rapp'! tummle dich von hinnen!
Vollbracht, vollbracht ist unser Lauf!
Das Hochzeitbette tut sich auf!
Die Toten reiten schnelle!
Wir sind, wir sind zur Stelle.« –

Rasch auf ein eisern Gittertor
Ging's mit verhängtem Zügel.
Mit schwanker Gert ein Schlag davor
Zersprengte Schloß und Riegel.
Die Flügel flogen klirrend auf,
Und über Gräber ging der Lauf.
Es blinkten Leichensteine
Rundum im Mondenscheine.

Ha sieh! Ha sieh! Im Augenblick,
Huhu! ein gräßlich Wunder!
Des Reiters Koller, Stück für Stück,
Fiel ab wie mürber Zunder.
Zum Schädel ohne Zopf und Schopf,
Zum nackten Schädel ward sein Kopf,
Sein Körper zum Gerippe
Mit Stundenglas und Hippe.

Hoch bäumte sich, wild schnob der Rapp'
Und sprühte Feuerfunken;
Und hui! war's unter ihr hinab
Verschwunden und versunken.
Geheul! Geheul aus hoher Luft,
Gewinsel kam aus tiefer Gruft.
Lenorens Herz mit Beben
Rang zwischen Tod und Leben.

Nun tanzten wohl bei Mondenglanz
Rundum herum im Kreise
Die Geister einen Kettentanz
Und heulten diese Weise:
»Geduld! Geduld! Wenn's Herz auch bricht!
Mit Gott im Himmel hadre nicht!
Des Leibes bist du ledig;
Gott sei der Seele gnädig!«

An die Menschengesichter

Ich habe was Liebes, das hab ich zu lieb;
Was kann ich, was kann ich dafür?
Drum sind mir die Menschengesichter nicht hold:
Doch spinn ich ja leider nicht Seide noch Gold,
Ich spinne nur Herzeleid mir.

Auch mich hat was Liebes im Herzen zu lieb;
Was kann es fürs liebende Herz?
Auch ihm sind die Menschengesichter nicht hold:

Doch spinnt es ja leider nicht Seide noch Gold,
Es spinnt sich nur Elend und Schmerz.

Wir seufzen und sehnen, wir schmachten uns nach,
Wir sehnen und seufzen uns krank.
Die Menschengesichter verargen uns das:
Sie reden, sie tun uns bald dies und bald das,
Und schmieden uns Fessel und Zwang.

Wenn ihr für die Leiden der Liebe was könnt,
Gesichter, so gönnen wir's euch.
Wenn wir es nicht können, so irr es euch nicht!
Wir können, ach leider! wir können es nicht,
Nicht für das Mogolische Reich!

Wir irren und quälen euch andre ja nicht;
Wir quälen ja uns nur allein.
Drum, Menschengesichter, wir bitten euch sehr,
Drum laßt uns gewähren, und quält uns nicht mehr,
O laßt uns gewähren allein!

Was drängt ihr euch um die Kranken herum,
Und scheltet und schnarchet sie an?
Von Schelten und Schnarchen genesen sie nicht.
Man liebet ja Tugend, man übet ja Pflicht;
Doch keiner tut mehr, als er kann.

Die Sonne, sie leuchtet; sie schattet, die Nacht;
Hinab will der Bach, nicht hinan;
Der Sommerwind trocknet; der Regen macht naß;
Das Feuer verbrennet. – Wie hindert ihr das? –
O laßt es gewähren, wie's kann!

Es hungert den Hunger, es dürstet den Durst;
Sie sterben von Nahrung entfernt.
Naturgang wendet kein Aber und Wenn. –
O Menschengesichter, wie zwinget ihr's denn,
Daß Liebe zu lieben verlernt?

FRIEDRICH VON MATTHISSON

Zuruf

Alles kann sich umgestalten!
Mag das dunkle Schicksal walten.
Mutig! auf der steilsten Bahn.
Trau dem Glücke! Trau den Göttern!
Steig, trotz Wogendrang und Wettern,
Kühn, wie Cäsar, in den Kahn.

Laß den Schwächling angstvoll zagen!
Wer um Hohes kämpft, muß wagen,
Leben gelt es oder Tod!
Laß die Woge donnernd branden:
Nur bleib immer, magst du landen
Oder scheitern, selbst Pilot!

JOHANN GAUDENZ VON SALIS-SEEWIS

Lied, zu singen bei einer Wasserfahrt

Wir ruhen, vom Wasser gewiegt,
Im Kreise vertraulich und enge;
Durch Eintracht wie Blumengehänge
Verknüpft und in Reihen gefügt;
Uns sondert von lästiger Menge
Die Flut, die den Nachen umschmiegt.

So gleiten, im Raume vereint,
Wir auf der Vergänglichkeit Wellen,
Wo Freunde sich innig gesellen
Zum Freunde, der redlich es meint,
Getrost, weil die dunkelsten Stellen
Ein Glanz aus der Höhe bescheint.

Ach! trüg uns die fährliche Flut
Des Lebens so friedlich und leise!
O drohte nie Trennung dem Kreise,

Der sorglos um Zukunft hier ruht!
O nähm uns am Ziele der Reise
Elysiums Busen in Hut!

Verhallen mag unser Gesang,
Wie Flötenhauch schwinden das Leben;
Mit Jubel und Seufzern verschweben
Des Daseins zerfließender Klang!
Der Geist wird verklärt sich erheben,
Wann Lethe sein Fahrzeug verschlang.

Herbstlied

Bunt sind schon die Wälder,
Gelb die Stoppelfelder,
Und der Herbst beginnt.
Rote Blätter fallen,
Graue Nebel wallen,
Kühler weht der Wind.

Wie die volle Traube,
Aus dem Rebenlaube,
Purpurfarbig strahlt!
Am Geländer reifen
Pfirsiche mit Streifen
Rot und weiß bemalt.

Sieh! Wie hier die Dirne
Emsig Pflaum' und Birne
In ihr Körbchen legt!
Dort, mit leichten Schritten,
Jene goldne Quitten
In den Landhof trägt!

Flinke Träger springen,
Und die Mädchen singen,
Alles jubelt froh!
Bunte Bänder schweben,
Zwischen hohen Reben,
Auf dem Hut von Stroh!

Geige tönt und Flöte
Bei der Abendröte
Und im Mondenglanz;
Junge Winzerinnen
Winken und beginnen
Deutschen Ringeltanz.

JOHANN GOTTFRIED HERDER

Edward

Dein Schwert, wie ist's von Blut so rot?
 Edward, Edward!
Dein Schwert, wie ist's von Blut so rot,
 Und gehst so traurig her? – O!
O ich hab geschlagen meinen Geier tot,
 Mutter, Mutter!
O ich hab geschlagen meinen Geier tot,
 Und keinen hab ich wie er – O!

Dein's Geiers Blut ist nicht so rot,
 Edward, Edward!
Dein's Geiers Blut ist nicht so rot,
 Mein Sohn, bekenn mir frei – O!
O ich hab geschlagen mein Rotroß tot,
 Mutter, Mutter!
O ich hab geschlagen mein Rotroß tot,
 Und's war so stolz und treu – O!

Dein Roß war alt und hast's nicht not,
 Edward, Edward!
Dein Roß war alt und hast's nicht not,
 Dich drückt ein ander Schmerz – O!
O ich hab geschlagen meinen Vater tot,
 Mutter, Mutter!
O ich hab geschlagen meinen Vater tot,
 Und weh, weh ist mein Herz – O!

Und was für Buße willt du nun tun?
 Edward, Edward!
Und was für Buße willt du nun tun?

Mein Sohn, bekenn mir mehr – O!
Auf Erden soll mein Fuß nicht ruhn,
　　Mutter, Mutter!
Auf Erden soll mein Fuß nicht ruhn,
　　Will gehn fern übers Meer – O!

Und was soll werden dein Hof und Hall?
　　Edward, Edward!
Und was soll werden dein Hof und Hall?
　　So herrlich sonst und schön – O!
Ich laß es stehn, bis es sink und fall,
　　Mutter, Mutter!
Ich laß es stehn, bis es sink und fall,
　　Mag nie es wiedersehn – O!

Und was soll werden dein Weib und Kind?
　　Edward, Edward!
Und was soll werden dein Weib und Kind,
　　Wann du gehst über Meer? – O!
Die Welt ist groß, laß sie betteln drin,
　　Mutter, Mutter!
Die Welt ist groß, laß sie betteln drin,
　　Ich seh sie nimmermehr – O!

Und was willt du lassen deiner Mutter teu'r?
　　Edward, Edward!
Und was willt du lassen deiner Mutter teu'r?
　　Mein Sohn, das sage mir – O!
Fluch will ich Euch lassen und höllisch Feu'r,
　　Mutter, Mutter!
Fluch will ich Euch lassen und höllisch Feu'r,
　　Denn Ihr, Ihr rietet's mir! – O!

Erlkönigs Tochter

Herr Oluf reitet spät und weit,
Zu bieten auf seine Hochzeitleut;

Da tanzen die Elfen auf grünem Land,
Erlkönigs Tochter reicht ihm die Hand.

»Willkommen, Herr Oluf! Was eilst von hier?
Tritt her in den Reihen und tanz mit mir.«

»Ich darf nicht tanzen, nicht tanzen ich mag,
Frühmorgen ist mein Hochzeittag.«

»Hör an, Herr Oluf, tritt tanzen mit mir,
Zwei güldne Sporne schenk ich dir.

Ein Hemd von Seide so weiß und fein,
Meine Mutter bleicht's mit Mondenschein.«

»Ich darf nicht tanzen, nicht tanzen ich mag,
Frühmorgen ist mein Hochzeittag.«

»Hör an, Herr Oluf, tritt tanzen mit mir,
Einen Haufen Goldes schenk ich dir.«

»Einen Haufen Goldes nähm ich wohl;
Doch tanzen ich nicht darf noch soll.«

»Und willt, Herr Oluf, nicht tanzen mit mir,
Soll Seuch und Krankheit folgen dir.«

Sie tät einen Schlag ihm auf sein Herz,
Noch nimmer fühlt er solchen Schmerz.

Sie hob ihn bleichend auf sein Pferd:
»Reit heim nun zu dein'm Fräulein wert.«

Und als er kam vor Hauses Tür,
Seine Mutter zitternd stand dafür.

»Hör an, mein Sohn, sag an mir gleich,
Wie ist dein' Farbe blaß und bleich?«

»Und sollt sie nicht sein blaß und bleich,
Ich traf in Erlenkönigs Reich.«

»Hör an, mein Sohn, so lieb und traut,
Was soll ich nun sagen deiner Braut?«

»Sagt ihr, ich sei im Wald zur Stund,
Zu proben da mein Pferd und Hund.«

Frühmorgen und als es Tag kaum war,
Da kam die Braut mit der Hochzeitschar.

Sie schenkten Met, sie schenkten Wein;
»Wo ist Herr Oluf, der Bräutigam mein?«

»Herr Oluf, er ritt in Wald zur Stund,
Er probt allda sein Pferd und Hund.«

Die Braut hob auf den Scharlach rot,
Da lag Herr Oluf, und er war tot.

Die Fahrt zur Geliebten

Lappländisch

Sonne, wirf den hellesten Strahl auf den Orra-See!
Ich möchte steigen auf jeden Fichtengipfel,
Wüßt ich nur, ich sähe den Orra-See.

Ich stieg auf ihn und blickte nach meiner Lieben,
Wo unter Blumen sie itzo sei.

Ich schnitt ihm ab die Zweige, die jungen frischen Zweige,
Alle Ästchen schnitt ich ihm ab, die grünen Ästchen. –

Hätt ich Flügel, zu dir zu fliegen, Krähenflügel,
Dem Laufe der Wolken folgt' ich, ziehend zum Orra-See.

Aber mir fehlen die Flügel, Entenflügel,
Füße, rudernde Füße der Gänse, die hin mich trugen zu dir.

Lange gnug hast du gewartet, so viel Tage,
Deine schönsten Tage,
Mit deinen lieblichen Augen, mit deinem freundlichen Herzen.

Und wolltest du mir auch weit entfliehn,
Ich holte dich schnell ein.

Was ist stärker und fester als Eisenketten, als gewunden
<div align="right">Flechten,</div>
So flicht die Lieb uns unsern Sinn um,
Und ändert Will und Gedanken.

Knabenwille ist Windeswille,
Jünglings Gedanken lange Gedanken.

Wollt ich alle sie hören, alle –
Ich irrte ab vom Wege, dem rechten Wege.

Einen Schluß hab ich, dem will ich folgen,
So weiß ich, ich finde den rechten Weg.

JAKOB MICHAEL REINHOLD LENZ

Wo bist du itzt

Wo bist du itzt, mein unvergeßlich Mädchen?
Wo singst du itzt?
Wo lacht die Flur, wo triumphiert das Städtchen,
Das dich besitzt?

Seit du entfernt, will keine Sonne scheinen,
Und es vereint
Der Himmel sich, dir zärtlich nachzuweinen,
Mit deinem Freund.

All unsre Lust ist fort mit dir gezogen,
Still überall
Ist Stadt und Feld. Dir nach ist sie geflogen,
Die Nachtigall.

O komm zurück! Schon rufen Hirt und Herden
Dich bang herbei.
Komm bald zurück! Sonst wird es Winter werden
Im Monat Mai.

Ein Mädele jung

Ein Mädele jung ein Würfel ist,
Wohl auf den Tisch gelegen:
Das kleine Rösel aus Hennegau
Wird bald zu Gottes Tisch gehen.

Was lächelst so froh mein liebes Kind,
Dein Kreuz wird dir'n schon kommen.
Wenn's heißt, das Rösel aus Hennegau
Hab nun einen Mann genommen.

O Kindlein mein, wie tut's mir so weh,
Wie dir dein Äugelein lachen,
Und wenn ich die tausend Tränlein seh,
Die werden dein Bäckelein waschen.

Johann Wolfgang von Goethe

Mit einem gemalten Band

Kleine Blumen, kleine Blätter
Streuen mir mit leichter Hand
Gute junge Frühlingsgötter
Tändelnd auf ein luftig Band.

Zephyr, nimm's auf deine Flügel,
Schling's um meiner Liebsten Kleid!
Und so tritt sie vor den Spiegel
All in ihrer Munterkeit.

Sieht mit Rosen sich umgeben,
Selbst wie eine Rose jung:
Einen Blick, geliebtes Leben!
Und ich bin belohnt genung.

Fühle, was dies Herz empfindet,
Reiche frei mir deine Hand,
Und das Band, das uns verbindet,
Sei kein schwaches Rosenband!

Maifest

Wie herrlich leuchtet
Mir die Natur!
Wie glänzt die Sonne!
Wie lacht die Flur!

Es dringen Blüten
Aus jedem Zweig
Und tausend Stimmen
Aus dem Gesträuch

Und Freud und Wonne
Aus jeder Brust.
O Erd, o Sonne,
O Glück, o Lust,

O Lieb, o Liebe,
So golden schön
Wie Morgenwolken
Auf jenen Höhn,

Du segnest herrlich
Das frische Feld –
Im Blütendampfe
Die volle Welt!

O Mädchen, Mädchen,
Wie lieb ich dich!
Wie blinkt dein Auge,
Wie liebst du mich!

So liebt die Lerche
Gesang und Luft,
Und Morgenblumen
Den Himmelsduft,

Wie ich dich liebe
Mit warmem Blut,
Die du mir Jugend
Und Freud und Mut

Zu neuen Liedern
Und Tänzen gibst.
Sei ewig glücklich,
Wie du mich liebst.

Willkommen und Abschied

Es schlug mein Herz, geschwind zu Pferde!
Es war getan fast eh gedacht.
Der Abend wiegte schon die Erde,
Und an den Bergen hing die Nacht;
Schon stand im Nebelkleid die Eiche,
Ein aufgetürmter Riese, da,
Wo Finsternis aus dem Gesträuche
Mit hundert schwarzen Augen sah.

Der Mond von einem Wolkenhügel
Sah kläglich aus dem Duft hervor,
Die Winde schwangen leise Flügel,
Umsausten schauerlich mein Ohr;
Die Nacht schuf tausend Ungeheuer,
Doch frisch und fröhlich war mein Mut:
In meinen Adern welches Feuer!
In meinem Herzen welche Glut!

Dich sah ich, und die milde Freude
Floß von dem süßen Blick auf mich;
Ganz war mein Herz an deiner Seite
Und jeder Atemzug für dich.
Ein rosenfarbnes Frühlingswetter
Umgab das liebliche Gesicht,
Und Zärtlichkeit für mich – ihr Götter!
Ich hofft es, ich verdient es nicht!

Doch ach, schon mit der Morgensonne
Verengt der Abschied mir das Herz:
In deinen Küssen welche Wonne!
In deinem Auge welcher Schmerz!
Ich ging, du standst und sahst zur Erden
Und sahst mir nach mit nassem Blick:
Und doch, welch Glück, geliebt zu werden!
Und lieben, Götter, welch ein Glück!

Heidenröslein

Sah ein Knab ein Röslein stehn,
Röslein auf der Heiden,
War so jung und morgenschön,
Lief er schnell, es nah zu sehn,
Sah's mit vielen Freuden.
Röslein, Röslein, Röslein rot,
Röslein auf der Heiden.

Knabe sprach: Ich breche dich,
Röslein auf der Heiden!
Röslein sprach: Ich steche dich,
Daß du ewig denkst an mich,
Und ich will's nicht leiden.
Röslein, Röslein, Röslein rot,
Röslein auf der Heiden.

Und der wilde Knabe brach
's Röslein auf der Heiden;
Röslein wehrte sich und stach,
Half ihm doch kein Weh und Ach,
Mußt es eben leiden.
Röslein, Röslein, Röslein rot,
Röslein auf der Heiden.

Wandrers Sturmlied

Wen du nicht verlässest, Genius,
Nicht der Regen, nicht der Sturm
Haucht ihm Schauer übers Herz.
Wen du nicht verlässest, Genius,
Wird der Regenwolke
Wird dem Schloßensturm
Entgegen singen
Wie die Lerche
Du dadroben.

Den du nicht verlässest, Genius,
Wirst ihn heben übern Schlammpfad

Mit den Feuerflügeln.
Wandeln wird er
Wie mit Blumenfüßen
Über Deukalions Flutschlamm
Python tötend, leicht, groß
Pythius Apollo.

Den du nicht verlässest, Genius,
Wirst die wollnen Flügel unterspreiten,
Wenn er auf dem Felsen schläft,
Wirst mit Hüterfittichen ihn decken
In des Haines Mitternacht.

Wen du nicht verlässest, Genius,
Wirst im Schneegestöber
Wärmumhüllen.
Nach der Wärme ziehn sich Musen,
Nach der Wärme Charitinnen.

Umschwebt mich, ihr Musen,
Ihr Charitinnen!
Das ist Wasser, das ist Erde
Und der Sohn des Wassers und der Erde,
Über den ich wandle
Göttergleich.

Ihr seid rein wie das Herz der Wasser,
Ihr seid rein wie das Mark der Erde,
Ihr umschwebt mich, und ich schwebe
Über Wasser, über Erde
Göttergleich.

Soll der zurückkehren,
Der kleine schwarze feurige Bauer!
Soll der zurückkehren, erwartend
Nur deine Gaben, Vater Bromius,
Und helleuchtend umwärmend Feuer,
Der kehren mutig,
Und ich, den ihr begleitet,
Musen und Charitinnen all,
Den alles erwartet, was ihr,
Musen und Charitinnen,

Umkränzende Seligkeit
Rings ums Leben verherrlicht habt,
Soll mutlos kehren?

Vater Bromius,
Du bist Genius,
Jahrhunderts Genius,
Bist, was innre Glut
Pindarn war,
Was der Welt
Phöb Apoll ist.

Weh! Weh! Innre Wärme,
Seelenwärme,
Mittelpunkt,
Glüh entgegen,
Phöb Apollen,
Kalt wird sonst
Sein Fürstenblick
Über dich vorübergleiten,
Neidgetroffen
Auf der Zeder Kraft verweilen,
Die zu grünen
Sein nicht harrt.

Warum nennt mein Lied dich zuletzt,
Dich, von dem es begann,
Dich, in dem es endet,
Dich, aus dem es quillt,
Jupiter Pluvius!
Dich, dich strömt mein Lied,
Und Castalischer Quell
Rinnt, ein Nebenbach,
Rinnet müßigen
Sterblich Glücklichen
Abseits von dir,
Der du mich fassend deckst,
Jupiter Pluvius.

Nicht am Ulmenbaum
Hast du ihn besucht –

Mit dem Taubenpaar
In dem zärtlichen Arm,
Mit der freundlichen Ros umkränzt,
Tändlenden ihn blumenglücklichen
Anakreon,
Sturmatmende Gottheit.

Nicht im Pappelwald
An des Sybaris Strand,
An des Gebürges
Sonnebeglänzter Stirn nicht
Faßtest du ihn,
Den bienensingenden
Honiglallenden
Freundlichwinkenden
Theokrit.

Wenn die Räder rasselten
Rad an Rad, rasch ums Ziel weg
Hoch flog
Siegdurchglühter
Jünglinge Peitschenknall,
Und sich Staub wälzt'
Wie vom Gebürg herab
Kieselwetter ins Tal,
Glühte deine Seel Gefahren, Pindar,
Mut. – Glühte. –
Armes Herz –
Dort auf dem Hügel,
Himmlische Macht,
Nur so viel Glut,
Dort meine Hütte,
Dort hin zu waten.

Mahomets Gesang

Seht den Felsenquell,
Freudehell,
Wie ein Sternenblick!
Über Wolken

Nährten seine Jugend
Gute Geister
Zwischen Klippen im Gebüsch.

Jünglingsfrisch
Tanzt er aus der Wolke
Auf die Marmorfelsen nieder,
Jauchzet wieder
Nach dem Himmel.

Durch die Gipfelgänge
Jagt er bunten Kieseln nach,
Und mit frühem Führertritt
Reißt er seine Bruderquellen
Mit sich fort.

Drunten werden in dem Tal
Unter seinem Fußtritt Blumen,
Und die Wiese
Lebt von seinem Hauch.

Doch ihn hält kein Schattental,
Keine Blumen,
Die ihm seine Knie umschlingen,
Ihm mit Liebesaugen schmeicheln;
Nach der Ebne dringt sein Lauf,
Schlangewandelnd.

Bäche schmiegen
Sich gesellig an.
Nun tritt er
In die Ebne silberprangend,
Und die Ebne prangt mit ihm,
Und die Flüsse von der Ebne
Und die Bäche von Gebürgen
Jauchzen ihm und rufen: Bruder,
Bruder, nimm die Brüder mit,
Mit, zu deinem alten Vater,
Zu dem ew'gen Ozean,
Der mit weitverbreit'ten Armen
Unser wartet;

Die sich, ach, vergebens öffnen,
Seine Sehnenden zu fassen;
Denn uns frißt in öder Wüste
Gier'ger Sand,
Die Sonne droben
Saugt an unserm Blut,
Ein Hügel
Hemmet uns zum Teiche.
Bruder,
Nimm die Brüder von der Ebne,
Nimm die Brüder von Gebürgen
Mit, zu deinem Vater mit!

Kommt ihr alle! –
Und nun schwillt er
Herrlicher, ein ganz Geschlechte
Trägt den Fürsten hoch empor,
Und im rollenden Triumphe
Gibt er Ländern Namen, Städte
Werden unter seinem Fuß.

Unaufhaltsam rauscht er über,
Läßt der Türme Flammengipfel,
Marmorhäuser, eine Schöpfung
Seiner Fülle, hinter sich.

Zedernhäuser trägt der Atlas
Auf den Riesenschultern, sausend
Wehen über seinem Haupte
Tausend Segel auf zum Himmel
Seine Macht und Herrlichkeit.

Und so trägt er seine Brüder,
Seine Schätze, seine Kinder
Dem erwartenden Erzeuger
Freudebrausend an das Herz.

An Schwager Kronos
In der Postchaise den 10. Oktober 1774

Spute dich, Kronos!
Fort den rasselnden Trott!
Bergab gleitet der Weg;
Ekles Schwindeln zögert
Mir vor die Stirne dein Haudern.
Frisch den holpernden
Stock Wurzeln Steine den Trott
Rasch ins Leben hinein!

Nun schon wieder
Den eratmenden Schritt
Mühsam Berg hinauf.
Auf denn, nicht träge denn!
Strebend und hoffend an.

Weit hoch herrlich der Blick
Rings ins Leben hinein
Vom Gebürg zum Gebürg,
Über der ewige Geist
Ewigen Lebens ahndevoll.

Seitwärts des Überdachs Schatten
Zieht dich an
Und der Frischung verheißende Blick
Auf der Schwelle des Mädchens da. –
Labe dich! – Mir auch, Mädchen,
Diesen schäumenden Trunk
Und den freundlichen Gesundheitsblick!

Ab dann, frischer hinab!
Sieh, die Sonne sinkt.
Eh sie sinkt, eh mich faßt
Greisen im Moore Nebelduft,
Entzahnte Kiefer schnattern
Und das schlockernde Gebein –

Trunknen vom letzten Strahl
Reiß mich, ein Feuermeer

Mir im schäumenden Aug,
Mich Geblendeten, Taumelnden
In der Hölle nächtliches Tor!

Töne, Schwager, dein Horn,
Raßle den schallenden Trab,
Daß der Orkus vernehme, ein Fürst kommt,
Drunten von ihren Sitzen
Sich die Gewaltigen lüften.

Prometheus

Bedecke deinen Himmel, Zeus,
Mit Wolkendunst!
Und übe, Knaben gleich,
Der Disteln köpft,
An Eichen dich und Bergeshöhn!
Mußt mir meine Erde
Doch lassen stehn,
Und meine Hütte,
Die du nicht gebaut,
Und meinen Herd,
Um dessen Glut
Du mich beneidest.

Ich kenne nichts Ärmers
Unter der Sonn als euch Götter.
Ihr nähret kümmerlich
Von Opfersteuern
Und Gebetshauch
Eure Majestät
Und darbtet, wären
Nicht Kinder und Bettler
Hoffnungsvolle Toren.

Da ich ein Kind war,
Nicht wußte, wo aus, wo ein,
Kehrte mein verirrtes Aug
Zur Sonne, als wenn drüber wär

Ein Ohr, zu hören meine Klage,
Ein Herz wie meins,
Sich des Bedrängten zu erbarmen.

Wer half mir wider
Der Titanen Übermut?
Wer rettete vom Tode mich,
Von Sklaverei?
Hast du's nicht alles selbst vollendet,
Heilig glühend Herz?
Und glühtest, jung und gut,
Betrogen, Rettungsdank
Dem Schlafenden dadroben?

Ich dich ehren? Wofür?
Hast du die Schmerzen gelindert
Je des Beladenen?
Hast du die Tränen gestillet
Je des Geängsteten?

Hat nicht mich zum Manne geschmiedet
Die allmächtige Zeit
Und das ewige Schicksal,
Meine Herrn und deine?

Wähntest du etwa,
Ich sollte das Leben hassen,
In Wüsten fliehn,
Weil nicht alle Knabenmorgen-
Blütenträume reiften?

Hier sitz ich, forme Menschen
Nach meinem Bilde,
Ein Geschlecht, das mir gleich sei,
Zu leiden, weinen,
Genießen und zu freuen sich,
Und dein nicht zu achten,
Wie ich.

Ganymed

Wie im Morgenrot
Du rings mich anglühst,
Frühling, Geliebter!
Mit tausendfacher Liebeswonne
Sich an mein Herz drängt
Deiner ewigen Wärme
Heilig Gefühl,
Unendliche Schöne!

Daß ich dich fassen möcht
In diesen Arm!

Ach, an deinem Busen
Lieg ich, schmachte,
Und deine Blumen, dein Gras
Drängen sich an mein Herz.
Du kühlst den brennenden
Durst meines Busens,
Lieblicher Morgenwind,
Ruft drein die Nachtigall
Liebend nach mir aus dem Nebeltal.

Ich komme! Ich komme!
Wohin? Ach, wohin?

Hinauf, hinauf strebt's.
Es schweben die Wolken
Abwärts, die Wolken
Neigen sich der sehnenden Liebe,
Mir, mir!
In eurem Schoße
Aufwärts,
Umfangend umfangen!
Aufwärts
An deinem Busen,
Alliebender Vater!

Der König in Thule

Es war ein König in Thule
Gar treu bis an das Grab,
Dem sterbend seine Buhle
Einen goldnen Becher gab.

Es ging ihm nichts darüber,
Er leert' ihn jeden Schmaus:
Die Augen gingen ihm über,
So oft er trank daraus.

Und als er kam zu sterben,
Zählt' er seine Städt im Reich,
Gönnt' alles seinen Erben,
Den Becher nicht zugleich.

Er saß beim Königsmahle,
Die Ritter um ihn her,
Auf hohem Vätersaale
Dort auf dem Schloß am Meer.

Dort stand der alte Zecher,
Trank letzte Lebensglut
Und warf den heilgen Becher
Hinunter in die Flut.

Er sah ihn stürzen, trinken
Und sinken tief ins Meer.
Die Augen täten ihm sinken –
Trank nie einen Tropfen mehr.

Auf dem See

Und frische Nahrung, neues Blut
Saug ich aus freier Welt;
Wie ist Natur so hold und gut,
Die mich am Busen hält!
Die Welle wieget unsern Kahn
Im Rudertakt hinauf,

Und Berge, wolkig himmelan,
Begegnen unserm Lauf.

Aug, mein Aug, was sinkst du nieder?
Goldne Träume, kommt ihr wieder?
Weg, du Traum, so gold du bist:
Hier auch Lieb und Leben ist.

Auf der Welle blinken
Tausend schwebende Sterne,
Weiche Nebel trinken
Rings die türmende Ferne;
Morgenwind umflügelt
Die beschattete Bucht,
Und im See bespiegelt
Sich die reifende Frucht.

Warum gabst du uns die tiefen Blicke

Warum gabst du uns die tiefen Blicke,
Unsre Zukunft ahndungsvoll zu schaun,
Unsrer Liebe, unserm Erdenglücke
Wähnend selig nimmer hinzutraun?
Warum gabst uns, Schicksal, die Gefühle,
Uns einander in das Herz zu sehn,
Um durch all die seltenen Gewühle
Unser wahr Verhältnis auszuspähn?

Ach, so viele tausend Menschen kennen,
Dumpf sich treibend, kaum ihr eigen Herz,
Schweben zwecklos hin und her und rennen
Hoffnungslos in unversehnem Schmerz;
Jauchzen wieder, wenn der schnellen Freuden
Unerwart'te Morgenröte tagt.
Nur uns armen liebevollen beiden
Ist das wechselseitge Glück versagt,
Uns zu lieben, ohn uns zu verstehen,
In dem andern sehn, was er nie war,
Immer frisch auf Traumglück auszugehen
Und zu schwanken auch in Traumgefahr.

Glücklich, den ein leerer Traum beschäftigt!
Glücklich, dem die Ahndung eitel wär!
Jede Gegenwart und jeder Blick bekräftigt
Traum und Ahndung leider uns noch mehr.
Sag, was will das Schicksal uns bereiten?
Sag, wie band es uns so rein genau?
Ach, du warst in abgelebten Zeiten
Meine Schwester oder meine Frau;

Kanntest jeden Zug in meinem Wesen,
Spähtest, wie die reinste Nerve klingt,
Konntest mich mit einem Blicke lesen,
Den so schwer ein sterblich Aug durchdringt.
Tropftest Mäßigung dem heißen Blute,
Richtetest den wilden irren Lauf,
Und in deinen Engelsarmen ruhte
Die zerstörte Brust sich wieder auf;

Hieltest zauberleicht ihn angebunden
Und vergaukeltest ihm manchen Tag.
Welche Seligkeit glich jenen Wonnestunden,
Da er dankbar dir zu Füßen lag,
Fühlt' sein Herz an deinem Herzen schwellen,
Fühlte sich in deinem Auge gut,
Alle seine Sinnen sich erhellen
Und beruhigen sein brausend Blut.

Und von allem dem schwebt ein Erinnern
Nur noch um das ungewisse Herz,
Fühlt die alte Wahrheit ewig gleich im Innern,
Und der neue Zustand wird ihm Schmerz.
Und wir scheinen uns nur halb beseelet,
Dämmernd ist um uns der hellste Tag.
Glücklich, daß das Schicksal, das uns quälet,
Uns doch nicht verändern mag.

Rastlose Liebe

Dem Schnee, dem Regen,
Dem Wind entgegen,
Im Dampf der Klüfte,
Durch Nebeldüfte,
Immer zu! Immer zu!
Ohne Rast und Ruh!

Lieber durch Leiden
Möcht ich mich schlagen,
Als so viel Freuden
Des Lebens ertragen.
Alle das Neigen
Von Herzen zu Herzen,
Ach, wie so eigen
Schaffet das Schmerzen!

Wie – soll ich fliehen?
Wälderwärts ziehen?
Alles vergebens!
Krone des Lebens,
Glück ohne Ruh,
Liebe, bist du!

Seefahrt

Taglang nachtlang stand mein Schiff befrachtet,
Günstger Winde harrend saß mit treuen Freunden
– Mir Geduld und guten Mut erzechend –
Ich im Hafen.

Und sie wurden mit mir ungeduldig:
Gerne gönnen wir die schnellste Reise,
Gern die hohe Fahrt dir; Güterfülle
Wartet drüben in den Welten deiner,
Wird Rückkehrendem in unsern Armen
Lieb und Preis dir.

Und am frühen Morgen ward's Getümmel,
Und dem Schlaf entjauchzt' uns der Matrose,

Alles wimmelt, alles lebet, webet,
Mit dem ersten Segenshauch zu schiffen.

Und die Segel blühen in dem Hauche,
Und die Sonne lockt mit Feuerliebe;
Ziehn die Segel, ziehn die hohen Wolken,
Jauchzend an dem Ufer alle Freunde
Hoffnungslieder nach im Freudetaumel
Reisefreuden wähnend wie des Einschiffmorgens
Wie der ersten hohen Sternennächte.

Aber gottgesandte Wechselwinde treiben
Seitwärts ihn der vorgesteckten Fahrt ab,
Und er scheint sich ihnen hinzugeben,
Strebet leise sie zu überlisten,
Treu dem Zweck auch auf dem schiefen Wege.

Aber aus der dumpfen grauen Ferne
Kündet leise wandelnd sich der Sturm an,
Drückt die Vögel nieder aufs Gewässer,
Drückt der Menschen schwellend Herze nieder;
Und er kommt. Vor seinem starren Wüten
Streckt der Schiffer weis' die Segel nieder;
Mit dem angsterfüllten Balle spielen
Wind und Wellen.

Und an jenem Ufer drüben stehen
Freund' und Lieben, beben auf dem Festen:
Ach, warum ist er nicht hiergeblieben!
Ach, der Sturm! Verschlagen weg vom Glücke
Soll der Gute so zu Grunde gehen?
Ach, er sollte, ach, er könnte! Götter!

Doch er stehet männlich an dem Steuer.
Mit dem Schiffe spielen Wind und Wellen,
Wind und Wellen nicht mit seinem Herzen.
Herrschend blickt er auf die grimme Tiefe
Und vertrauet, scheiternd oder landend,
Seinen Göttern.

Wandrers Nachtlied

Der du von dem Himmel bist,
Alles Leid und Schmerzen stillest,
Den, der doppelt elend ist,
Doppelt mit Erquickung füllest,
– Ach, ich bin des Treibens müde,
Was soll all der Schmerz und Lust? –
Süßer Friede,
Komm, ach komm in meine Brust!

Ein gleiches

Über allen Gipfeln
Ist Ruh,
In allen Wipfeln
Spürest du
Kaum einen Hauch;
Die Vögelein schweigen im Walde.
Warte nur, balde
Ruhest du auch.

Beherzigung

Ach, was soll der Mensch verlangen?
Ist es besser, ruhig bleiben?
Klammernd fest sich anzuhangen?
Ist es besser, sich zu treiben?
Soll er sich ein Häuschen bauen?
Soll er unter Zelten leben?
Soll er auf die Felsen trauen?
Selbst die festen Felsen beben.

Eines schickt sich nicht für alle.
Sehe jeder, wie er's treibe,
Sehe jeder, wo er bleibe,
Und wer steht, daß er nicht falle!

Harzreise im Winter

Dem Geier gleich,
Der auf schweren Morgenwolken
Mit sanftem Fittich ruhend
Nach Beute schaut,
Schwebe mein Lied.

Denn ein Gott hat
Jedem seine Bahn
Vorgezeichnet,
Die der Glückliche
Rasch zum freudigen
Ziele rennt;

Wem aber Unglück
Das Herz zusammenzog,
Er sträubt vergebens
Sich gegen die Schranken
Des ehernen Fadens,
Den die doch bittre Schere
Nur einmal löst.

In Dickichtsschauer
Drängt sich das rauhe Wild,
Und mit den Sperlingen
Haben längst die Reichen
In ihre Sümpfe sich gesenkt.

Leicht ist's, folgen dem Wagen,
Den Fortuna fährt,
Wie der gemächliche Troß
Auf gebesserten Wegen
Hinter des Fürsten Einzug.

Aber abseits, wer ist's?
Ins Gebüsch verliert sich sein Pfad,
Hinter ihm schlagen
Die Sträuche zusammen,
Das Gras steht wieder auf,
Die Öde verschlingt ihn.

Ach, wer heilet die Schmerzen
Des, dem Balsam zu Gift ward?
Der sich Menschenhaß
Aus der Fülle der Liebe trank.
Erst verachtet, nun ein Verächter,
Zehrt er heimlich auf
Seinen eignen Wert
In ungenügender Selbstsucht.

Ist auf deinem Psalter,
Vater der Liebe, ein Ton
Seinem Ohre vernehmlich,
So erquicke sein Herz!
Öffne den umwölkten Blick
Über die tausend Quellen
Neben dem Durstenden
In der Wüste!

Der du der Freuden viel schaffst,
Jedem ein überfließend Maß,
Segne die Brüder der Jagd
Auf der Fährte des Wilds
Mit jugendlichem Übermut
Fröhlicher Mordsucht,
Späte Rächer des Unbills,
Dem schon Jahre vergeblich
Wehrt mit Knütteln der Bauer.

Aber den Einsamen hüll
In deine Goldwolken!
Umgib mit Wintergrün,
Bis die Rose wieder heranreift,
Die feuchten Haare,
O Liebe, deines Dichters!
Mit der dämmernden Fackel
Leuchtest du ihm
Durch die Furchen bei Nacht,
Über grundlose Wege
Auf öden Gefilden,
Mit dem tausendfarbigen Morgen
Lachst du ins Herz ihm;

Mit dem beizenden Sturm
Trägst du ihn hoch empor.
Winterströme stürzen vom Felsen
In seine Psalmen,
Und Altar des lieblichsten Danks
Wird ihm des gefürchteten Gipfels
Schneebehangner Scheitel,
Den mit Geisterreihen
Kränzten ahnende Völker.

Du stehst mit unerforschtem Busen
Geheimnisvoll offenbar
Über der erstaunten Welt
Und schaust aus Wolken
Auf ihre Reiche und Herrlichkeit,
Die du aus den Adern deiner Brüder
Neben dir wässerst.

Der Fischer

Das Wasser rauscht', das Wasser schwoll,
Ein Fischer saß daran,
Sah nach dem Angel ruhevoll,
Kühl bis ans Herz hinan.
Und wie er sitzt, und wie er lauscht,
Teilt sich die Flut empor;
Aus dem bewegten Wasser rauscht
Ein feuchtes Weib hervor.

Sie sang zu ihm, sie sprach zu ihm:
»Was lockst du meine Brut
Mit Menschenwitz und Menschenlist
Hinauf in Todesglut?
Ach wüßtest du, wie's Fischlein ist
So wohlig auf dem Grund,
Du stiegst herunter, wie du bist,
Und würdest erst gesund.

Labt sich die liebe Sonne nicht,
Der Mond sich nicht im Meer?

Kehrt wellenatmend ihr Gesicht
Nicht doppelt schöner her?
Lockt dich der tiefe Himmel nicht,
Das feuchtverklärte Blau?
Lockt dich dein eigen Angesicht
Nicht her in ewgen Tau?«

Das Wasser rauscht', das Wasser schwoll,
Netzt' ihm den nackten Fuß;
Sein Herz wuchs ihm so sehnsuchtsvoll,
Wie bei der Liebsten Gruß.
Sie sprach zu ihm, sie sang zu ihm;
Da war's um ihn geschehn:
Halb zog sie ihn, halb sank er hin,
Und ward nicht mehr gesehn.

Gesang der Geister über den Wassern

Des Menschen Seele
Gleicht dem Wasser:
Vom Himmel kommt es,
Zum Himmel steigt es,
Und wieder nieder
Zur Erde muß es,
Ewig wechselnd.

Strömt von der hohen,
Steilen Felswand
Der reine Strahl,
Dann stäubt er lieblich
In Wolkenwellen
Zum glatten Fels,
Und leicht empfangen
Wallt er verschleiernd,
Leisrauschend
Zur Tiefe nieder.

Ragen Klippen
Dem Sturz entgegen,
Schäumt er unmutig

Stufenweise
Zum Abgrund.

Im flachen Bette
Schleicht er das Wiesental hin,
Und in dem glatten See
Weiden ihr Antlitz
Alle Gestirne.

Wind ist der Welle
Lieblicher Buhler;
Wind mischt vom Grund aus
Schäumende Wogen.

Seele des Menschen,
Wie gleichst du dem Wasser!
Schicksal des Menschen,
Wie gleichst du dem Wind!

Grenzen der Menschheit

Wenn der uralte
Heilige Vater
Mit gelassener Hand
Aus rollenden Wolken
Segnende Blitze
Über die Erde sät,
Küß ich den letzten
Saum seines Kleides,
Kindliche Schauer
Treu in der Brust.

Denn mit Göttern
Soll sich nicht messen
Irgendein Mensch.
Hebt er sich aufwärts
Und berührt
Mit dem Scheitel die Sterne,
Nirgends haften dann
Die unsichern Sohlen,

Und mit ihm spielen
Wolken und Winde.

Steht er mit festen,
Markigen Knochen
Auf der wohlgegründeten
Dauernden Erde,
Reicht er nicht auf,
Nur mit der Eiche
Oder der Rebe
Sich zu vergleichen.

Was unterscheidet
Götter von Menschen?
Daß viele Wellen
Vor jenen wandeln,
Ein ewiger Strom;
Uns hebt die Welle,
Verschlingt die Welle,
Und wir versinken.

Ein kleiner Ring
Begrenzt unser Leben,
Und viele Geschlechter
Reihen sie dauernd
An ihres Daseins
Unendliche Kette.

Erlkönig

Wer reitet so spät durch Nacht und Wind?
Es ist der Vater mit seinem Kind;
Er hat den Knaben wohl in dem Arm,
Er faßt ihn sicher, er hält ihn warm. –

Mein Sohn, was birgst du so bang dein Gesicht? –
Siehst, Vater, du den Erlkönig nicht?
Den Erlenkönig mit Kron und Schweif? –
Mein Sohn, es ist ein Nebelstreif. –

»Du liebes Kind, komm, geh mit mir!
Gar schöne Spiele spiel ich mit dir;
Manch bunte Blumen sind an dem Strand;
Meine Mutter hat manch gülden Gewand.«

Mein Vater, mein Vater, und hörest du nicht,
Was Erlenkönig mir leise verspricht? –
Sei ruhig, bleibe ruhig, mein Kind!
In dürren Blättern säuselt der Wind. –

»Willst, feiner Knabe, du mit mir gehn?
Meine Töchter sollen dich warten schön;
Meine Töchter führen den nächtlichen Reihn
Und wiegen und tanzen und singen dich ein.«

Mein Vater, mein Vater, und siehst du nicht dort
Erlkönigs Töchter am düstern Ort? –
Mein Sohn, mein Sohn, ich seh es genau;
Es scheinen die alten Weiden so grau. –

»Ich liebe dich, mich reizt deine schöne Gestalt;
Und bist du nicht willig, so brauch ich Gewalt.« –
Mein Vater, mein Vater, jetzt faßt er mich an!
Erlkönig hat mir ein Leids getan! –

Dem Vater grauset's, er reitet geschwind,
Er hält in Armen das ächzende Kind,
Erreicht den Hof mit Mühe und Not;
In seinen Armen das Kind war tot.

Der Sänger

»Was hör ich draußen vor dem Tor,
Was auf der Brücke schallen?
Laß den Gesang vor unserm Ohr
Im Saale widerhallen!«
Der König sprach's, der Page lief;
Der Knabe kam, der König rief:
»Laßt mir herein den Alten!«

»Gegrüßet seid mir, edle Herrn,
Gegrüßt ihr, schöne Damen!
Welch reicher Himmel! Stern bei Stern!
Wer kennet ihre Namen?
Im Saal voll Pracht und Herrlichkeit
Schließt, Augen, euch; hier ist nicht Zeit,
Sich staunend zu ergetzen.«

Der Sänger drückt' die Augen ein
Und schlug in vollen Tönen;
Die Ritter schauten mutig drein
Und in den Schoß die Schönen.
Der König, dem das Lied gefiel,
Ließ, ihn zu ehren für sein Spiel,
Eine goldne Kette holen.

»Die goldne Kette gib mir nicht,
Die Kette gib den Rittern,
Vor deren kühnem Angesicht
Der Feinde Lanzen splittern!
Gib sie dem Kanzler, den du hast,
Und laß ihn noch die goldne Last
Zu andern Lasten tragen!

Ich singe, wie der Vogel singt,
Der in den Zweigen wohnet;
Das Lied, das aus der Kehle dringt,
Ist Lohn, der reichlich lohnet.
Doch darf ich bitten, bitt ich eins:
Laß mir den besten Becher Weins
In purem Golde reichen!«

Er setzt ihn an, er trank ihn aus:
»O Trank voll süßer Labe!
O wohl dem hochbeglückten Haus,
Wo das ist kleine Gabe!
Ergeht's Euch wohl, so denkt an mich,
Und danket Gott so warm, als ich
Für diesen Trunk Euch danke.«

Das Göttliche

Edel sei der Mensch,
Hilfreich und gut!
Denn das allein
Unterscheidet ihn
Von allen Wesen,
Die wir kennen.

Heil den unbekannten
Höhern Wesen,
Die wir ahnen!
Ihnen gleiche der Mensch!
Sein Beispiel lehr uns
Jene glauben.

Denn unfühlend
Ist die Natur:
Es leuchtet die Sonne
Über Bös und Gute,
Und dem Verbrecher
Glänzen wie dem Besten
Der Mond und die Sterne.

Wind und Ströme,
Donner und Hagel
Rauschen ihren Weg
Und ergreifen
Vorüber eilend
Einen um den andern.

Auch so das Glück
Tappt unter die Menge,
Faßt bald des Knaben
Lockige Unschuld,
Bald auch den kahlen
Schuldigen Scheitel.

Nach ewigen, ehrnen,
Großen Gesetzen
Müssen wir alle

Unseres Daseins
Kreise vollenden.

Nur allein der Mensch
Vermag das Unmögliche:
Er unterscheidet,
Wählet und richtet;
Er kann dem Augenblick
Dauer verleihen.

Er allein darf
Den Guten lohnen,
Den Bösen strafen,
Heilen und retten,
Alles Irrende, Schweifende
Nützlich verbinden.

Und wir verehren
Die Unsterblichen,
Als wären sie Menschen,
Täten im großen,
Was der Beste im kleinen
Tut oder möchte.

Der edle Mensch
Sei hilfreich und gut!
Unermüdet schaff er
Das Nützliche, Rechte,
Sei uns ein Vorbild
Jener geahneten Wesen!

Zueignung

Der Morgen kam; es scheuchten seine Tritte
Den leisen Schlaf, der mich gelind umfing,
Daß ich, erwacht, aus meiner stillen Hütte
Den Berg hinauf mit frischer Seele ging;
Ich freute mich bei einem jeden Schritte
Der neuen Blume, die voll Tropfen hing;
Der junge Tag erhob sich mit Entzücken,
Und alles war erquickt, mich zu erquicken.

Und wie ich stieg, zog von dem Fluß der Wiesen
Ein Nebel sich in Streifen sacht hervor,
Er wich und wechselte, mich zu umfließen,
Und wuchs geflügelt mir ums Haupt empor.
Des schönen Blicks sollt ich nicht mehr genießen,
Die Gegend deckte mir ein trüber Flor:
Bald sah ich mich von Wolken wie umgossen
Und mit mir selbst in Dämmrung eingeschlossen.

Auf einmal schien die Sonne durchzudringen,
Im Nebel ließ sich eine Klarheit sehn.
Hier sank er, leise sich hinabzuschwingen,
Hier teilt' er steigend sich um Wald und Höhn.
Wie hofft ich, ihr den ersten Gruß zu bringen!
Sie hofft ich nach der Trübe doppelt schön.
Der luftge Kampf war lange nicht vollendet,
Ein Glanz umgab mich, und ich stand geblendet.

Bald machte mich, die Augen aufzuschlagen,
Ein innrer Trieb des Herzens wieder kühn,
Ich konnt es nur mit schnellen Blicken wagen,
Denn alles schien zu brennen und zu glühn.
Da schwebte, mit den Wolken hergetragen,
Ein göttlich Weib vor meinen Augen hin,
Kein schöner Bild sah ich in meinem Leben,
Sie sah mich an und blieb verweilend schweben.

»Kennst du mich nicht?« sprach sie mit einem Munde,
Dem aller Lieb und Treue Ton entfloß,
»Erkennst du mich, die ich in manche Wunde
Des Lebens dir den reinsten Balsam goß?
Du kennst mich wohl, an die, zu ewgem Bunde,
Dein strebend Herz sich fest und fester schloß.
Sah ich dich nicht mit heißen Herzenstränen
Als Knabe schon nach mir dich eifrig sehnen?«

»Ja!« rief ich aus, indem ich selig nieder
Zur Erde sank, »lang hab ich dich gefühlt:
Du gabst mir Ruh, wenn durch die jungen Glieder
Die Leidenschaft sich rastlos durchgewühlt;

Du hast mir wie mit himmlischem Gefieder
Am heißen Tag die Stirne sanft gekühlt;
Du schenktest mir der Erde beste Gaben,
Und jedes Glück will ich durch dich nur haben!

Dich nenn ich nicht. Zwar hör ich dich von vielen
Gar oft genannt, und jeder heißt dich sein,
Ein jedes Auge glaubt auf dich zu zielen,
Fast jedem Auge wird dein Strahl zur Pein.
Ach, da ich irrte, hatt ich viel Gespielen,
Da ich dich kenne, bin ich fast allein:
Ich muß mein Glück nur mit mir selbst genießen,
Dein holdes Licht verdecken und verschließen.«

Sie lächelte, sie sprach: »Du siehst, wie klug,
Wie nötig war's, euch wenig zu enthüllen!
Kaum bist du sicher vor dem gröbsten Trug,
Kaum bist du Herr vom ersten Kinderwillen,
So glaubst du dich schon Übermensch genug,
Versäumst, die Pflicht des Mannes zu erfüllen!
Wieviel bist du von andern unterschieden?
Erkenne dich, leb mit der Welt in Frieden!«

»Verzeih mir«, rief ich aus, »ich meint es gut!
Soll ich umsonst die Augen offen haben?
Ein froher Wille lebt in meinem Blut,
Ich kenne ganz den Wert von deinen Gaben.
Für andre wächst in mir das edle Gut,
Ich kann und will das Pfund nicht mehr vergraben!
Warum sucht ich den Weg so sehnsuchtsvoll,
Wenn ich ihn nicht den Brüdern zeigen soll?«

Und wie ich sprach, sah mich das hohe Wesen
Mit einem Blick mitleid'ger Nachsicht an;
Ich konnte mich in ihrem Auge lesen,
Was ich verfehlt und was ich recht getan.
Sie lächelte, da war ich schon genesen,
Zu neuen Freuden stieg mein Geist heran;
Ich konnte nun mit innigem Vertrauen
Mich zu ihr nahn und ihre Nähe schauen.

Da reckte sie die Hand aus in die Streifen
Der leichten Wolken und des Dufts umher;
Wie sie ihn faßte, ließ er sich ergreifen,
Er ließ sich ziehn, es war kein Nebel mehr.
Mein Auge konnt im Tale wieder schweifen,
Gen Himmel blickt ich, er war hell und hehr.
Nur sah ich sie den reinsten Schleier halten,
Er floß um sie und schwoll in tausend Falten.

»Ich kenne dich, ich kenne deine Schwächen,
Ich weiß, was Gutes in dir lebt und glimmt!«
So sagte sie, ich hör sie ewig sprechen,
»Empfange hier, was ich dir lang bestimmt!
Dem Glücklichen kann es an nichts gebrechen,
Der dies Geschenk mit stiller Seele nimmt:
Aus Morgenduft gewebt und Sonnenklarheit,
Der Dichtung Schleier aus der Hand der Wahrheit.

Und wenn es dir und deinen Freunden schwüle
Am Mittag wird, so wirf ihn in die Luft!
Sogleich umsäuselt Abendwindes Kühle,
Umhaucht euch Blumen-Würzgeruch und Duft.
Es schweigt das Wehen banger Erdgefühle,
Zum Wolkenbette wandelt sich die Gruft,
Besänftiget wird jede Lebenswelle,
Der Tag wird lieblich, und die Nacht wird helle.«

So kommt denn, Freunde, wenn auf euren Wegen
Des Lebens Bürde schwer und schwerer drückt,
Wenn eure Bahn ein frischerneuter Segen
Mit Blumen ziert, mit goldnen Früchten schmückt,
Wir gehn vereint dem nächsten Tag entgegen!
So leben wir, so wandeln wir beglückt.
Und dann auch soll, wenn Enkel um uns trauern,
Zu ihrer Lust noch unsre Liebe dauern.

An den Mond

Füllest wieder Busch und Tal
Still mit Nebelglanz,
Lösest endlich auch einmal
Meine Seele ganz;

Breitest über mein Gefild
Lindernd deinen Blick,
Wie des Freundes Auge mild
Über mein Geschick.

Jeden Nachklang fühlt mein Herz
Froh- und trüber Zeit,
Wandle zwischen Freud und Schmerz
In der Einsamkeit.

Fließe, fließe, lieber Fluß!
Nimmer werd ich froh,
So verrauschte Scherz und Kuß,
Und die Treue so.

Ich besaß es doch einmal,
Was so köstlich ist!
Daß man doch zu seiner Qual
Nimmer es vergißt!

Rausche, Fluß, das Tal entlang,
Ohne Rast und Ruh,
Rausche, flüstre meinem Sang
Melodien zu,

Wenn du in der Winternacht
Wütend überschwillst,
Oder um die Frühlingspracht
Junger Knospen quillst.

Selig, wer sich vor der Welt
Ohne Haß verschließt,
Einen Freund am Busen hält
Und mit dem genießt,

Was, von Menschen nicht gewußt
Oder nicht bedacht,
Durch das Labyrinth der Brust
Wandelt in der Nacht.

Meeresstille

Tiefe Stille herrscht im Wasser,
Ohne Regung ruht das Meer,
Und bekümmert sieht der Schiffer
Glatte Fläche rings umher.
Keine Luft von keiner Seite!
Todesstille fürchterlich!
In der ungeheuern Weite
Reget keine Welle sich.

Glückliche Fahrt

Die Nebel zerreißen,
Der Himmel ist helle,
Und Äolus löset
Das ängstliche Band.
Es säuseln die Winde,
Es rührt sich der Schiffer.
Geschwinde! Geschwinde!
Es teilt sich die Welle,
Es naht sich die Ferne;
Schon seh ich das Land!

Der Zauberlehrling

Hat der alte Hexenmeister
Sich doch einmal weggebegeben!
Und nun sollen seine Geister
Auch nach meinem Willen leben!
Seine Wort und Werke
Merkt ich und den Brauch,
Und mit Geistesstärke
Tu ich Wunder auch.

Walle! walle
Manche Strecke,
Daß zum Zwecke
Wasser fließe,
Und mit reichem, vollem Schwalle
Zu dem Bade sich ergieße!

Und nun komm, du alter Besen!
Nimm die schlechten Lumpenhüllen!
Bist schon lange Knecht gewesen;
Nun erfülle meinen Willen!
Auf zwei Beinen stehe,
Oben sei ein Kopf,
Eile nun und gehe
Mit dem Wassertopf!

Walle! walle
Manche Strecke,
Daß zum Zwecke
Wasser fließe,
Und mit reichem, vollem Schwalle
Zu dem Bade sich ergieße!

Seht, er läuft zum Ufer nieder;
Wahrlich! ist schon an dem Flusse,
Und mit Blitzesschnelle wieder
Ist er hier mit raschem Gusse.
Schon zum zweiten Male!
Wie das Becken schwillt!
Wie sich jede Schale
Voll mit Wasser füllt!

Stehe! stehe!
Denn wir haben
Deiner Gaben
Vollgemessen! –
Ach, ich merk es! Wehe! wehe!
Hab ich doch das Wort vergessen!

Ach, das Wort, worauf am Ende
Er das wird, was er gewesen.

Ach, er läuft und bringt behende!
Wärst du doch der alte Besen!
Immer neue Güsse
Bringt er schnell herein,
Ach! und hundert Flüsse
Stürzen auf mich ein.

Nein, nicht länger
Kann ich's lassen;
Will ihn fassen.
Das ist Tücke!
Ach! nun wird mir immer bänger!
Welche Miene! welche Blicke!

Oh, du Ausgeburt der Hölle!
Soll das ganze Haus ersaufen?
Seh ich über jede Schwelle
Doch schon Wasserströme laufen.
Ein verruchter Besen,
Der nicht hören will!
Stock, der du gewesen,
Steh doch wieder still!

Willst's am Ende
Gar nicht lassen?
Will dich fassen,
Will dich halten,
Und das alte Holz behende
Mit dem scharfen Beile spalten.

Seht, da kommt er schleppend wieder!
Wie ich mich nun auf dich werfe,
Gleich, o Kobold, liegst du nieder;
Krachend trifft die glatte Schärfe!
Wahrlich, brav getroffen!
Seht, er ist entzwei!
Und nun kann ich hoffen,
Und ich atme frei!

Wehe! wehe!
Beide Teile

Stehn in Eile
Schon als Knechte
Völlig fertig in die Höhe!
Helft mir, ach! ihr hohen Mächte!

Und sie laufen! Naß und nässer
Wird's im Saal und auf den Stufen.
Welch entsetzliches Gewässer!
Herr und Meister! hör mich rufen! –
Ach, da kommt der Meister!
Herr, die Not ist groß!
Die ich rief, die Geister,
Werd ich nun nicht los.

»In die Ecke,
Besen! Besen!
Seid's gewesen!
Denn als Geister
Ruft euch nur zu seinem Zwecke
Erst hervor der alte Meister.«

Der Gott und die Bajadere
Indische Legende

Mahadöh, der Herr der Erde,
Kommt herab zum sechsten Mal,
Daß er unsersgleichen werde,
Mit zu fühlen Freud und Qual.
Er bequemt sich, hier zu wohnen,
Läßt sich alles selbst geschehn.
Soll er strafen oder schonen,
Muß er Menschen menschlich sehn.

Und hat er die Stadt sich als Wandrer betrachtet,
Die Großen belauert, auf Kleine geachtet,
Verläßt er sie abends, um weiter zu gehn.

Als er nun hinausgegangen,
Wo die letzten Häuser sind,

Sieht er mit gemalten Wangen
Ein verlornes schönes Kind.
»Grüß dich, Jungfrau!« – »Dank der Ehre!
Wart, ich komme gleich hinaus.« –
»Und wer bist du?« – »Bajadere,
Und dies ist der Liebe Haus.«

Sie rührt sich, die Cymbeln zum Tanze zu schlagen;
Sie weiß sich so lieblich im Kreise zu tragen,
Sie neigt sich und biegt sich und reicht ihm den Strauß.

Schmeichelnd zieht sie ihn zur Schwelle,
Lebhaft ihn ins Haus hinein.
»Schöner Fremdling, lampenhelle
Soll sogleich die Hütte sein.
Bist du müd, ich will dich laben,
Lindern deiner Füße Schmerz.
Was du willst, das sollst du haben,
Ruhe, Freuden oder Scherz.«

Sie lindert geschäftig geheuchelte Leiden.
Der Göttliche lächelt; er siehet mit Freuden
Durch tiefes Verderben ein menschliches Herz.

Und er fordert Sklavendienste;
Immer heitrer wird sie nur,
Und des Mädchens frühe Künste
Werden nach und nach Natur.
Und so stellet auf die Blüte
Bald und bald die Frucht sich ein;
Ist Gehorsam im Gemüte,
Wird nicht fern die Liebe sein.

Aber sie schärfer und schärfer zu prüfen,
Wählet der Kenner der Höhen und Tiefen
Lust und Entsetzen und grimmige Pein.

Und er küßt die bunten Wangen,
Und sie fühlt der Liebe Qual,
Und das Mädchen steht gefangen,
Und sie weint zum ersten Mal;

Sinkt zu seinen Füßen nieder,
Nicht um Wollust noch Gewinst,
Ach, und die gelenken Glieder,
Sie versagen allen Dienst.

Und so zu des Lagers vergnüglicher Feier
Bereiten den dunklen, behaglichen Schleier
Die nächtlichen Stunden, das schöne Gespinst.

Spät entschlummert unter Scherzen,
Früh erwacht nach kurzer Rast,
Findet sie an ihrem Herzen
Tot den vielgeliebten Gast.
Schreiend stürzt sie auf ihn nieder;
Aber nicht erweckt sie ihn,
Und man trägt die starren Glieder
Bald zur Flammengrube hin.

Sie höret die Priester, die Totengesänge,
Sie raset und rennet und teilet die Menge.
»Wer bist du? was drängt zu der Grube dich hin?«

Bei der Bahre stürzt sie nieder,
Ihr Geschrei durchdringt die Luft:
»Meinen Gatten will ich wieder!
Und ich such ihn in der Gruft.
Soll zur Asche mir zerfallen
Dieser Glieder Götterpracht?
Mein! er war es, mein vor allen!
Ach, nur Eine süße Nacht!«

Es singen die Priester: »Wir tragen die Alten,
Nach langem Ermatten und spätem Erkalten,
Wir tragen die Jugend, noch eh sie's gedacht.

Höre deiner Priester Lehre:
Dieser war dein Gatte nicht.
Lebst du doch als Bajadere,
Und so hast du keine Pflicht.
Nur dem Körper folgt der Schatten
In das stille Totenreich;

Nur die Gattin folgt dem Gatten:
Das ist Pflicht und Ruhm zugleich.

Ertöne, Drommete, zu heiliger Klage!
O nehmet, ihr Götter! die Zierde der Tage,
O nehmet den Jüngling in Flammen zu euch!«

So das Chor, das ohn Erbarmen
Mehret ihres Herzens Not;
Und mit ausgestreckten Armen
Springt sie in den heißen Tod.
Doch der Götterjüngling hebet
Aus der Flamme sich empor,
Und in seinen Armen schwebet
Die Geliebte mit hervor.

Es freut sich die Gottheit der reuigen Sünder,
Unsterbliche heben verlorene Kinder
Mit feurigen Armen zum Himmel empor

Natur und Kunst, sie scheinen sich zu fliehen
Und haben sich, eh man es denkt, gefunden;
Der Widerwille ist auch mir verschwunden,
Und beide scheinen gleich mich anzuziehen.

Es gilt wohl nur ein redliches Bemühen!
Und wenn wir erst in abgemeßnen Stunden
Mit Geist und Fleiß uns an die Kunst gebunden,
Mag frei Natur im Herzen wieder glühen.

So ist's mit aller Bildung auch beschaffen:
Vergebens werden ungebundne Geister
Nach der Vollendung reiner Höhe streben.

Wer Großes will, muß sich zusammenraffen;
In der Beschränkung zeigt sich erst der Meister,
Und das Gesetz nur kann uns Freiheit geben.

Hochzeitlied

Wir singen und sagen vom Grafen so gern,
Der hier in dem Schlosse gehauset,
Da, wo ihr den Enkel des seligen Herrn,
Den heute vermählten, beschmauset,
Nun hatte sich jener im heiligen Krieg
Zu Ehren gestritten durch mannigen Sieg,
Und als er zu Hause vom Rösselein stieg,
Da fand er sein Schlösselein oben;
Doch Diener und Habe zerstoben.

Da bist du nun, Gräflein, da bist du zu Haus,
Das Heimische findest du schlimmer!
Zum Fenster, da ziehen die Winde hinaus,
Sie kommen durch alle die Zimmer.
Was wäre zu tun in der herbstlichen Nacht?
So hab ich doch manche noch schlimmer vollbracht,
Der Morgen hat alles wohl besser gemacht.
Drum rasch bei der mondlichen Helle
Ins Bett, in das Stroh, ins Gestelle.

Und als er im willigen Schlummer so lag,
Bewegt es sich unter dem Bette.
Die Ratte, die raschle, so lange sie mag!
Ja, wenn sie ein Bröselein hätte!
Doch siehe! da steht ein winziger Wicht,
Ein Zwerglein, so zierlich mit Ampelenlicht,
Mit Rednergebärden und Sprechergewicht,
Zum Fuß des ermüdeten Grafen,
Der, schläft er nicht, möcht er doch schlafen.

»Wir haben uns Feste hier oben erlaubt,
Seitdem du die Zimmer verlassen,
Und weil wir dich weit in der Ferne geglaubt,
So dachten wir eben zu prassen.
Und wenn du vergönnest, und wenn dir nicht graut,
So schmausen die Zwerge, behaglich und laut,
Zu Ehren der reichen, der niedlichen Braut.«
Der Graf im Behagen des Traumes:
»Bedienet euch immer des Raumes!«

Da kommen drei Reiter, sie reiten hervor,
Die unter dem Bette gehalten;
Dann folget ein singendes, klingendes Chor
Possierlicher, kleiner Gestalten;
Und Wagen auf Wagen mit allem Gerät,
Daß einem so Hören und Sehen vergeht,
Wie's nur in den Schlössern der Könige steht;
Zuletzt auf vergoldetem Wagen
Die Braut und die Gäste getragen.

So rennet nun alles in vollem Galopp
Und kürt sich im Saale sein Plätzchen;
Zum Drehen und Walzen und lustigen Hopp
Erkieset sich jeder ein Schätzchen.
Da pfeift es und geigt es und klinget und klirrt,
Da ringelt's und schleift es und rauschet und wirrt,
Da pispert's und knistert's und flüstert's und schwirrt;
Das Gräflein, es blicket hinüber,
Es dünkt ihn, als läg er im Fieber.

Nun dappelt's und rappelt's und klappert's im Saal
Von Bänken und Stühlen und Tischen,
Da will nun ein jeder am festlichen Mahl
Sich neben dem Liebchen erfrischen;
Sie tragen die Würste, die Schinken so klein
Und Braten und Fisch und Geflügel herein;
Es kreiset beständig der köstliche Wein.
Das toset und koset so lange,
Verschwindet zuletzt mit Gesange. – –

Und sollen wir singen, was weiter geschehn,
So schweige das Toben und Tosen!
Denn was er, so artig, im kleinen gesehn,
Erfuhr er, genoß er im großen.
Trompeten und klingender, singender Schall,
Und Wagen und Reiter und bräutlicher Schwall,
Sie kommen und zeigen und neigen sich all,
Unzählige, selige Leute.
So ging es und geht es noch heute.

Aus Pandora

Wer von der Schönen zu scheiden verdammt ist,
Fliehe mit abegewendetem Blick!
Wie er, sie schauend, im Tiefsten entflammt ist,
Zieht sie, ach! reißt sie ihn ewig zurück.

Frage dich nicht in der Nähe der Süßen:
Scheidet sie? scheid ich? Ein grimmiger Schmerz
Fasset im Krampf dich, du liegst ihr zu Füßen,
Und die Verzweiflung zerreißt dir das Herz.

Kannst du dann weinen und siehst sie durch Tränen,
Fernende Tränen, als wäre sie fern:
Bleib! Noch ist's möglich! Der Liebe, dem Sehnen
Neigt sich der Nacht unbeweglichster Stern.

Fasse sie wieder! Empfindet selbander
Euer Besitzen und euren Verlust!
Schlägt nicht ein Wetterstrahl euch auseinander,
Inniger dränget sich Brust nur an Brust.

Wer von der Schönen zu scheiden verdammt ist,
Fliehe mit abegewendetem Blick!
Wie er, sie schauend, im Tiefsten entflammt ist,
Zieht sie, ach! reißt sie ihn ewig zurück!

Gefunden

Ich ging im Walde
So für mich hin,
Und nichts zu suchen,
Das war mein Sinn.

Im Schatten sah ich
Ein Blümchen stehn,
Wie Sterne leuchtend,
Wie Äuglein schön.

Ich wollt es brechen,
Da sagt es fein:

Soll ich zum Welken
Gebrochen sein?

Ich grub's mit allen
Den Würzlein aus,
Zum Garten trug ich's
Am hübschen Haus.

Und pflanzt es wieder
Am stillen Ort;
Nun zweigt es immer
Und blüht so fort.

Der Totentanz

Der Türmer, der schaut zu Mitten der Nacht
Hinab auf die Gräber in Lage;
Der Mond, der hat alles ins Helle gebracht;
Der Kirchhof, er liegt wie am Tage.
Da regt sich ein Grab und ein anderes dann:
Sie kommen hervor, ein Weib da, ein Mann,
In weißen und schleppenden Hemden.

Das reckt nun, es will sich ergetzen sogleich,
Die Knöchel zur Runde, zum Kranze,
So arm und so jung, und so alt und so reich;
Doch hindern die Schleppen am Tanze.
Und weil hier die Scham nun nicht weiter gebeut,
Sie schütteln sich alle, da liegen zerstreut
Die Hemdelein über den Hügeln.

Nun hebt sich der Schenkel, nun wackelt das Bein,
Gebärden da gibt es vertrackte;
Dann klippert's und klappert's mitunter hinein,
Als schlüg man die Hölzlein zum Takte.
Das kommt nun dem Türmer so lächerlich vor;
Da raunt ihm der Schalk, der Versucher, ins Ohr:
Geh! hole dir einen der Laken.

Getan wie gedacht! und er flüchtet sich schnell
Nun hinter geheiligte Türen.

Der Mond und noch immer er scheinet so hell
Zum Tanz den sie schauderlich führen.
Doch endlich verlieret sich dieser und der,
Schleicht eins nach dem andern gekleidet einher
Und, husch, ist es unter dem Rasen.

Nur einer, der trippelt und stolpert zuletzt
Und tappet und grapst an den Grüften;
Doch hat kein Geselle so schwer ihn verletzt,
Er wittert das Tuch in den Lüften.
Er rüttelt die Turmtür, sie schlägt ihn zurück,
Geziert und gesegnet, dem Türmer zum Glück,
Sie blinkt von metallenen Kreuzen.

Das Hemd muß er haben, da rastet er nicht,
Da gilt auch kein langes Besinnen,
Den gotischen Zierat ergreift nun der Wicht
Und klettert von Zinne zu Zinnen.
Nun ist's um den armen, den Türmer getan!
Es ruckt sich von Schnörkel zu Schnörkel hinan,
Langbeinigen Spinnen vergleichbar.

Der Türmer erbleichet, der Türmer erbebt,
Gern gäb er ihn wieder, den Laken.
Da häkelt – jetzt hat er am längsten gelebt –
Den Zipfel ein eiserner Zacken.
Schon trübet der Mond sich verschwindenden Scheins,
Die Glocke, sie donnert ein mächtiges Eins,
Und unten zerschellt das Gerippe.

Prooemion

Im Namen dessen, der Sich selbst erschuf!
Von Ewigkeit in schaffendem Beruf;
In Seinem Namen, der den Glauben schafft,
Vertrauen, Liebe, Tätigkeit und Kraft;
In Jenes Namen, der, so oft genannt,
Dem Wesen nach blieb immer unbekannt:

So weit das Ohr, so weit das Auge reicht,
Du findest nur Bekanntes, das Ihm gleicht,
Und deines Geistes höchster Feuerflug
Hat schon am Gleichnis, hat am Bild genug;
Es zieht dich an, es reißt dich heiter fort,
Und wo du wandelst, schmückt sich Weg und Ort;
Du zählst nicht mehr, berechnest keine Zeit,
Und jeder Schritt ist Unermeßlichkeit.

Urworte. Orphisch

ΔAIMΩN, Dämon

Wie an dem Tag, der dich der Welt verliehen,
Die Sonne stand zum Gruße der Planeten,
Bist alsobald und fort und fort gediehen
Nach dem Gesetz, wonach du angetreten.
So mußt du sein, dir kannst du nicht entfliehen,
So sagten schon Sibyllen, so Propheten;
Und keine Zeit und keine Macht zerstückelt
Geprägte Form, die lebend sich entwickelt.

TYXH, Das Zufällige

Die strenge Grenze doch umgeht gefällig
Ein Wandelndes, das mit und um uns wandelt;
Nicht einsam bleibst du, bildest dich gesellig
Und handelst wohl so, wie ein andrer handelt:
Im Leben ist's bald hin-, bald widerfällig,
Es ist ein Tand und wird so durchgetandelt.
Schon hat sich still der Jahre Kreis geründet,
Die Lampe harrt der Flamme, die entzündet.

EPΩΣ, Liebe

Die bleibt nicht aus! – Er stürzt vom Himmel nieder,
Wohin er sich aus alter Öde schwang,
Er schwebt heran auf luftigem Gefieder
Um Stirn und Brust den Frühlingstag entlang,
Scheint jetzt zu fliehn, vom Fliehen kehrt er wieder,

Da wird ein Wohl im Weh, so süß und bang.
Gar manches Herz verschwebt im Allgemeinen,
Doch widmet sich das edelste dem Einen.

ΑΝΑΓΚΗ, Nötigung

Da ist's denn wieder, wie die Sterne wollten:
Bedingung und Gesetz; und aller Wille
Ist nur ein Wollen, weil wir eben sollten,
Und vor dem Willen schweigt die Willkür stille:
Das Liebste wird vom Herzen weggescholten,
Dem harten Muß bequemt sich Will und Grille.
So sind wir scheinfrei denn nach manchen Jahren
Nur enger dran, als wir am Anfang waren.

ΕΛΠΙΣ, Hoffnung

Doch solcher Grenze, solcher ehrnen Mauer
Höchst widerwärtge Pforte wird entriegelt,
Sie stehe nur mit alter Felsendauer!
Ein Wesen regt sich leicht und ungezügelt:
Aus Wolkendecke, Nebel, Regenschauer
Erhebt sie uns, mit ihr, durch sie beflügelt;
Ihr kennt sie wohl, sie schwärmt durch alle Zonen;
Ein Flügelschlag – und hinter uns Äonen!

Um Mitternacht

Um Mitternacht ging ich, nicht eben gerne,
Klein, kleiner Knabe, jenen Kirchhof hin
Zu Vaters Haus, des Pfarrers; Stern am Sterne
Sie leuchteten doch alle gar zu schön;
 Um Mitternacht.

Wenn ich dann ferner in des Lebens Weite
Zur Liebsten mußte, mußte, weil sie zog.
Gestirn und Nordschein über mir im Streite,
Ich gehend, kommend Seligkeiten sog;
 Um Mitternacht.

Bis dann zuletzt des vollen Mondes Helle
So klar und deutlich mir ins Finstere drang,
Auch der Gedanke willig, sinnig, schnelle
Sich ums Vergangne wie ums Künftige schlang;
 Um Mitternacht.

Talismane

Gottes ist der Orient!
Gottes ist der Okzident!
Nord- und südliches Gelände
Ruht im Frieden seiner Hände.

Er, der einzige Gerechte,
Will für jedermann das Rechte.
Sei von seinen hundert Namen
Dieser hochgelobet! Amen.

Mich verwirren will das Irren;
Doch du weißt mich zu entwirren.
Wenn ich handle, wenn ich dichte,
Gib du meinem Weg die Richte.

Ob ich Ird'sches denk und sinne,
Das gereicht zu höherem Gewinne.
Mit dem Staube nicht der Geist zerstoben,
Dringet, in sich selbst gedrängt, nach oben.

Im Atemholen sind zweierlei Gnaden:
Die Luft einziehen, sich ihrer entladen;
Jenes bedrängt, dieses erfrischt;
So wunderbar ist das Leben gemischt.
Du danke Gott, wenn er dich preßt,
Und dank ihm, wenn er dich wieder entläßt.

Im Gegenwärtigen Vergangnes

Ros und Lilie morgentaulich
Blüht im Garten meiner Nähe;
Hinten an, bebuscht und traulich,

Steigt der Felsen in die Höhe;
Und mit hohem Wald umzogen,
Und mit Ritterschloß gekrönet,
Lenkt sich hin des Gipfels Bogen,
Bis er sich dem Tal versöhnet.

Und da duftet's wie vor alters,
Da wir noch von Liebe litten
Und die Saiten meines Psalters
Mit dem Morgenstrahl sich stritten;
Wo das Jagdlied aus den Büschen
Fülle runden Tons enthauchte,
Anzufeuern, zu erfrischen,
Wie's der Busen wollt und brauchte.

Nun die Wälder ewig sprossen,
So ermutigt euch mit diesen,
Was ihr sonst für euch genossen,
Läßt in andern sich genießen.
Niemand wird uns dann beschreien,
Daß wir's uns alleine gönnen;
Nun in allen Lebensreihen
Müsset ihr genießen können.

Und mit diesem Lied und Wendung
Sind wir wieder bei Hafisen,
Denn es ziemt des Tags Vollendung
Mit Genießern zu genießen.

Selige Sehnsucht

Sagt es niemand, nur den Weisen,
Weil die Menge gleich verhöhnet,
Das Lebend'ge will ich preisen,
Das nach Flammentod sich sehnet.

In der Liebesnächte Kühlung,
Die dich zeugte, wo du zeugtest,
Überfällt dich fremde Fühlung,
Wenn die stille Kerze leuchtet.

Nicht mehr bleibest du umfangen
In der Finsternis Beschattung,
Und dich reißet neu Verlangen
Auf zu höherer Begattung.

Keine Ferne macht dich schwierig,
Kommst geflogen und gebannt,
Und zuletzt, des Lichts begierig,
Bist du, Schmetterling, verbrannt.

Und so lang du das nicht hast,
Dieses: Stirb und werde!
Bist du nur ein trüber Gast
Auf der dunklen Erde.

Suleika

Hochbeglückt in deiner Liebe,
Schelt ich nicht Gelegenheit;
Ward sie auch an dir zum Diebe,
Wie mich solch ein Raub erfreut!

Und wozu denn auch berauben?
Gib dich mir aus freier Wahl;
Gar zu gerne möcht ich glauben –
Ja, ich bin's, die dich bestahl.

Was so willig du gegeben,
Bringt dir herrlichen Gewinn,
Meine Ruh, mein reiches Leben
Geb ich freudig, nimm es hin!

Scherze nicht! Nichts von Verarmen!
Macht uns nicht die Liebe reich?
Halt ich dich in meinen Armen,
Jedem Glück ist meines gleich.

Suleika

Was bedeutet die Bewegung?
Bringt der Ost mir frohe Kunde?
Seiner Schwingen frische Regung
Kühlt des Herzens tiefe Wunde.

Kosend spielt er mit dem Staube,
Jagt ihn auf in leichten Wölkchen,
Treibt zur sichern Rebenlaube
Der Insekten frohes Völkchen.

Lindert sanft der Sonne Glühen,
Kühlt auch mir die heißen Wangen,
Küßt die Reben noch im Fliehen,
Die auf Feld und Hügel prangen.

Und mir bringt sein leises Flüstern
Von dem Freunde tausend Grüße;
Eh noch diese Hügel düstern,
Grüßen mich wohl tausend Küsse.

Und so kannst du weiter ziehen!
Diene Freunden und Betrübten.
Dort, wo hohe Mauern glühen,
Find ich bald den Vielgeliebten.

Ach, die wahre Herzenskunde,
Liebeshauch, erfrischtes Leben
Wird mir nur aus seinem Munde,
Kann mir nur sein Atem geben.

An vollen Büschelzweigen,
Geliebte, sieh nur hin!
Laß dir die Früchte zeigen,
Umschalet stachlig grün.

Sie hängen längst geballet,
Still, unbekannt mit sich,

Ein Ast, der schaukelnd wallet,
Wiegt sie geduldiglich.

Doch immer reift von innen
Und schwillt der braune Kern,
Er möchte Luft gewinnen
Und säh die Sonne gern.

Die Schale platzt, und nieder
Macht er sich freudig los;
So fallen meine Lieder
Gehäuft in deinen Schoß.

Wiederfinden

Ist es möglich! Stern der Sterne,
Drück ich wieder dich ans Herz!
Ach, was ist die Nacht der Ferne
Für ein Abgrund, für ein Schmerz!
Ja, du bist es! meiner Freuden
Süßer, lieber Widerpart;
Eingedenk vergangner Leiden,
Schaudr' ich vor der Gegenwart.

Als die Welt im tiefsten Grunde
Lag an Gottes ew'ger Brust,
Ordnet' er die erste Stunde
Mit erhabner Schöpfungslust,
Und er sprach das Wort: »Es werde!«
Da erklang ein schmerzlich Ach!
Als das All mit Machtgebärde
In die Wirklichkeiten brach.

Auf tat sich das Licht: so trennte
Scheu sich Finsternis von ihm,
Und sogleich die Elemente
Scheidend auseinander fliehn.
Rasch, in wilden wüsten Träumen
Jedes nach der Weite rang,

Starr, in ungemeßnen Räumen,
Ohne Sehnsucht, ohne Klang.

Stumm war alles, still und öde,
Einsam Gott zum erstenmal!
Da erschuf er Morgenröte,
Die erbarmte sich der Qual;
Sie entwickelte dem Trüben
Ein erklingend Farbenspiel,
Und nun konnte wieder lieben,
Was erst auseinander fiel.

Und mit eiligem Bestreben
Sucht sich, was sich angehört;
Und zu ungemeßnem Leben
Ist Gefühl und Blick gekehrt.
Sei's Ergreifen, sei es Raffen,
Wenn es nur sich faßt und hält!
Allah braucht nicht mehr zu schaffen,
Wir erschaffen seine Welt.

So, mit morgenroten Flügeln,
Riß es mich an deinen Mund,
Und die Nacht mit tausend Siegeln
Kräftigt sternenhell den Bund.
Beide sind wir auf der Erde
Musterhaft in Freud und Qual,
Und ein zweites Wort: Es werde!
Trennt uns nicht zum zweitenmal.

Vollmondnacht

Herrin, sag, was heißt das Flüstern?
Was bewegt dir leis die Lippen?
Lispelst immer vor dich hin,
Lieblicher als Weines Nippen!
Denkst du deinen Mundgeschwistern
Noch ein Pärchen herzuziehn?

»Ich will küssen! Küssen! sagt' ich.«

Schau! Im zweifelhaften Dunkel
Glühen blühend alle Zweige,
Nieder spielet Stern auf Stern,
Und smaragden durchs Gesträuche
Tausendfältiger Karfunkel;
Doch dein Geist ist allem fern.

»Ich will küssen! Küssen! sagt' ich.«

Dein Geliebter, fern, erprobet
Gleicherweis im Sauersüßen,
Fühlt ein unglücksel'ges Glück.
Euch im Vollmond zu begrüßen,
Habt ihr heilig angelobet,
Dieses ist der Augenblick.

»Ich will küssen! Küssen! sag ich.«

In tausend Formen magst du dich verstecken,
Doch, Allerliebste, gleich erkenn ich dich;
Du magst mit Zauberschleiern dich bedecken,
Allgegenwärt'ge, gleich erkenn ich dich.

An der Zypresse reinstem, jungem Streben,
Allschöngewachsne, gleich erkenn ich dich;
In des Kanales reinem Wellenleben,
Allschmeichelhafte, wohl erkenn ich dich.

Wenn steigend sich der Wasserstrahl entfaltet,
Allspielende, wie froh erkenn ich dich;
Wenn Wolke sich gestaltend umgestaltet,
Allmannigfalt'ge, dort erkenn ich dich.

An des geblümten Schleiers Wiesenteppich,
Allbuntbesternte, schön erkenn ich dich;
Und greift umher ein tausendarm'ger Eppich,
O Allumklammernde, da kenn ich dich.

Wenn am Gebirg der Morgen sich entzündet,
Gleich, Allerheiternde, begrüß ich dich,
Dann über mir der Himmel rein sich ründet,
Allherzerweiternde, dann atm' ich dich.

Was ich mit äußerm Sinn, mit innerm kenne,
Du Allbelehrende, kenn ich durch dich;
Und wenn ich Allahs Namenhundert nenne,
Mit jedem klingt ein Name nach für dich.

Parabase

Freudig war, vor vielen Jahren,
Eifrig so der Geist bestrebt,
Zu erforschen, zu erfahren,
Wie Natur im Schaffen lebt.
Und es ist das ewig Eine,
Das sich vielfach offenbart;
Klein das Große, groß das Kleine,
Alles nach der eignen Art.
Immer wechselnd, fest sich haltend;
Nah und fern und fern und nah;
So gestaltend, umgestaltend –
Zum Erstaunen bin ich da.

Paria

Legende

Wasser holen geht die reine
Schöne Frau des hohen Brahmen,
Des verehrten, fehlerlosen,
Ernstester Gerechtigkeit.
Täglich von dem heiligen Flusse
Holt sie köstlichstes Erquicken; –
Aber wo ist Krug und Eimer?
Sie bedarf derselben nicht.
Seligem Herzen, frommen Händen
Ballt sich die bewegte Welle

Herrlich zu kristallner Kugel;
Diese trägt sie, frohen Busens,
Reiner Sitte, holden Wandelns,
Vor den Gatten in das Haus.

Heute kommt die morgendliche
Im Gebet zu Ganges' Fluten,
Beugt sich zu der klaren Fläche –
Plötzlich überraschend spiegelt
Aus des höchsten Himmels Breiten
Über ihr vorübereilend
Allerlieblichste Gestalt
Hehren Jünglings, den des Gottes
Uranfänglich-schönes Denken
Aus dem ew'gen Busen schuf;
Solchen schauend fühlt ergriffen
Von verwirrenden Gefühlen
Sie das innere tiefste Leben,
Will verharren in dem Anschaun,
Weist es weg, da kehrt es wieder,
Und verworren strebt sie flutwärts,
Mit unsichrer Hand zu schöpfen;
Aber ach! sie schöpft nicht mehr!
Denn des Wassers heilige Welle
Scheint zu fliehn, sich zu entfernen,
Sie erblickt nur hohler Wirbel
Grause Tiefen unter sich.

Arme sinken, Tritte straucheln,
Ist's denn auch der Pfad nach Hause?
Soll sie zaudern? soll sie fliehen?
Will sie denken, wo Gedanke,
Rat und Hülfe gleich versagt? –
Und so tritt sie vor den Gatten;
Er erblickt sie, Blick ist Urteil,
Hohen Sinns ergreift das Schwert er,
Schleppt sie zu dem Totenhügel,
Wo Verbrecher büßend bluten.
Wüßte sie zu widerstreben?
Wüßte sie sich zu entschuld'gen,
Schuldig, keiner Schuld bewußt?

Und er kehrt mit blutigem Schwerte
Sinnend zu der stillen Wohnung;
Da entgegnet ihm der Sohn:
»Wessen Blut ist's? Vater! Vater!« –
»Der Verbrecherin!« – »Mit nichten!
Denn es starret nicht am Schwerte
Wie verbrecherische Tropfen,
Fließt wie aus der Wunde frisch.
Mutter, Mutter! tritt heraus her!
Ungerecht war nie der Vater,
Sage, was er jetzt verübt.« –
»Schweige! Schweige! 's ist das ihre!« –
»Wessen ist es?« – »Schweige! Schweige!« –
»Wäre meiner Mutter Blut!
Was geschehen? was verschuldet?
Her das Schwert! ergriffen hab ich's;
Deine Gattin magst du töten,
Aber meine Mutter nicht!
In die Flammen folgt die Gattin
Ihrem einzig Angetrauten,
Seiner einzig teuren Mutter
In das Schwert der treue Sohn.«

»Halt, o halte!« rief der Vater,
»Noch ist Raum, enteil, enteile!
Füge Haupt dem Rumpfe wieder,
Du berührest mit dem Schwerte,
Und lebendig folgt sie dir.«

Eilend, atemlos erblickt er
Staunend zweier Frauen Körper
Überkeuzt und so die Häupter;
Welch Entsetzen! welche Wahl!
Dann der Mutter Haupt erfaßt er,
Küßt es nicht, das tot erblaßte,
Auf des nächsten Rumpfes Lücke
Setzt er's eilig, mit dem Schwerte
Segnet er das fromme Werk.

Aufersteht ein Riesenbildnis. –
Von der Mutter teuren Lippen,

Göttlich-unverändert-süßen,
Tönt das grausenvolle Wort:
»Sohn, o Sohn! welch Übereilen!
Deiner Mutter Leichnam dorten,
Neben ihm das freche Haupt
Der Verbrecherin, des Opfers
Waltender Gerechtigkeit!
Mich nun hast du ihrem Körper
Eingeimpft auf ewige Tage;
Weisen Wollens, wilden Handelns
Werd ich unter Göttern sein.
Ja des Himmelsknaben Bildnis
Webt so schön vor Stirn und Auge;
Senkt sich's in das Herz herunter,
Regt es tolle Wutbegier.

Immer wird es wiederkehren,
Immer steigen, immer sinken,
Sich verdüstern, sich verklären,
So hat Brahma dies gewollt.
Er gebot ja buntem Fittich,
Klarem Antlitz, schlanken Gliedern,
Göttlich-einzigem Erscheinen,
Mich zu prüfen, zu verführen;
Denn von oben kommt Verführung,
Wenn's den Göttern so beliebt.
Und so soll ich, die Brahmane,
Mit dem Haupt im Himmel weilend,
Fühlen, Paria, dieser Erde
Niederziehende Gewalt.

Sohn, ich sende dich dem Vater!
Tröste! – Nicht ein traurig Büßen,
Stumpfes Harren, stolz Verdienen
Halt euch in der Wildnis fest;
Wandert aus durch alle Welten,
Wandelt hin durch alle Zeiten
Und verkündet auch Geringstem:
Daß ihn Brahma droben hört!

Ihm ist keiner der Geringste.
Wer sich mit gelähmten Gliedern,

Sich mit wild zerstörtem Geiste,
Düster ohne Hülf und Rettung,
Sei er Brahma, sei er Paria,
Mit dem Blick nach oben kehrt,
Wird's empfinden, wird's erfahren:
Dort erglühen tausend Augen,
Ruhend lauschen tausend Ohren,
Denen nichts verborgen bleibt.
Heb ich mich zu seinem Throne,
Schaut er mich, die Grausenhafte,
Die er gräßlich umgeschaffen,
Muß er ewig mich bejammern,
Euch zugute komme das.
Und ich werd ihn freundlich mahnen,
Und ich werd ihm wütend sagen,
Wie es mir der Sinn gebietet,
Wie es mir im Busen schwellet.
Was ich denke, was ich fühle –
Ein Geheimnis bleibe das.«

Trilogie der Leidenschaft

An Werther

Noch einmal wagst du, vielbeweinter Schatten,
Hervor dich an das Tageslicht,
Begegnest mir auf neu beblümten Matten,
Und meinen Anblick scheust du nicht.
Es ist, als ob du lebtest in der Frühe,
Wo uns der Tau auf Einem Feld erquickt,
Und nach des Tages unwillkommner Mühe
Der Scheidesonne letzter Strahl entzückt;
Zum Bleiben ich, zum Scheiden du erkoren,
Gingst du voran – und hast nicht viel verloren.

Des Menschen Leben scheint ein herrlich Los:
Der Tag wie lieblich, so die Nacht wie groß!
Und wir, gepflanzt in Paradieses Wonne,
Genießen kaum der hocherlauchten Sonne,
Da kämpft sogleich verworrene Bestrebung

Bald mit uns selbst und bald mit der Umgebung;
Keins wird vom andern wünschenswert ergänzt,
Von außen düstert's, wenn es innen glänzt,
Ein glänzend Äußres deckt mein trüber Blick,
Da steht es nah – und man verkennt das Glück.

Nun glauben wir's zu kennen! Mit Gewalt
Ergreift uns Liebreiz weiblicher Gestalt:
Der Jüngling, froh wie in der Kindheit Flor,
Im Frühling tritt als Frühling selbst hervor,
Entzückt, erstaunt, wer dies ihm angetan?
Er schaut umher, die Welt gehört ihm an.
Ins Weite zieht ihn unbefangne Hast,
Nichts engt ihn ein, nicht Mauer, nicht Palast;
Wie Vögelschar an Wäldergipfeln streift,
So schwebt auch er, der um die Liebste schweift,
Er sucht vom Äther, den er gern verläßt,
Den treuen Blick, und dieser hält ihn fest.

Doch erst zu früh und dann zu spät gewarnt,
Fühlt er den Flug gehemmt, fühlt sich umgarnt,
Das Wiedersehn ist froh, das Scheiden schwer,
Das Wieder-Wiedersehn beglückt noch mehr,
Und Jahre sind im Augenblick ersetzt;
Doch tückisch harrt das Lebewohl zuletzt.

Du lächelst, Freund, gefühlvoll, wie sich ziemt:
Ein gräßlich Scheiden machte dich berühmt;
Wir feierten dein kläglich Mißgeschick,
Du ließest uns zu Wohl und Weh zurück;
Dann zog uns wieder ungewisse Bahn
Der Leidenschaften labyrinthisch an;
Und wir, verschlungen wiederholter Not,
Dem Scheiden endlich – Scheiden ist der Tod!
Wie klingt es rührend, wenn der Dichter singt,
Den Tod zu meiden, den das Scheiden bringt!
Verstrickt in solche Qualen, halbverschuldet,
Geb ihm ein Gott zu sagen, was er duldet.

Elegie

Und wenn der Mensch in seiner Qual verstummt,
Gab mir ein Gott zu sagen, was ich leide.

Was soll ich nun vom Wiedersehen hoffen,
Von dieses Tages noch geschloßner Blüte?
Das Paradies, die Hölle steht dir offen;
Wie wankelsinnig regt sich's im Gemüte! –
Kein Zweifeln mehr! Sie tritt ans Himmelstor,
Zu ihren Armen hebt sie dich empor.

So warst du denn im Paradies empfangen,
Als wärst du wert des ewig schönen Lebens;
Dir blieb kein Wunsch, kein Hoffen, kein Verlangen,
Hier war das Ziel des innigsten Bestrebens,
Und in dem Anschaun dieses einzig Schönen
Versiegte gleich der Quell sehnsüchtiger Tränen.

Wie regte nicht der Tag die raschen Flügel,
Schien die Minuten vor sich her zu treiben!
Der Abendkuß, ein treu verbindlich Siegel:
So wird es auch der nächsten Sonne bleiben.
Die Stunden glichen sich in zartem Wandern
Wie Schwestern zwar, doch keine ganz den andern.

Der Kuß, der letzte, grausam süß, zerschneidend
Ein herrliches Geflecht verschlungner Minnen.
Nun eilt, nun stockt der Fuß, die Schwelle meidend,
Als trieb ein Cherub flammend ihn von hinnen;
Das Auge starrt auf düstrem Pfad verdrossen,
Es blickt zurück, die Pforte steht verschlossen.

Und nun verschlossen in sich selbst, als hätte
Dies Herz sich nie geöffnet, selige Stunden
Mit jedem Stern des Himmels um die Wette
An ihrer Seite leuchtend nicht empfunden;
Und Mißmut, Reue, Vorwurf, Sorgenschwere
Belasten's nun in schwüler Atmosphäre.

Ist denn die Welt nicht übrig? Felsenwände,
Sind sie nicht mehr gekrönt von heiligen Schatten?
Die Ernte, reift sie nicht? Ein grün Gelände,
Zieht sich's nicht hin am Fluß durch Busch und Matten?
Und wölbt sich nicht das überweltlich Große,
Gestaltenreiche, bald Gestaltenlose?

Wie leicht und zierlich, klar und zart gewoben
Schwebt, seraphgleich, aus ernster Wolken Chor,
Als glich es ihr, am blauen Äther droben,
Ein schlank Gebild aus lichtem Duft empor;
So sahst du sie in frohem Tanze walten,
Die lieblichste der lieblichsten Gestalten.

Doch nur Momente darfst dich unterwinden,
Ein Luftgebild statt ihrer festzuhalten;
Ins Herz zurück, dort wirst du's besser finden,
Dort regt sie sich in wechselnden Gestalten;
Zu vielen bildet Eine sich hinüber,
So tausendfach und immer, immer lieber.

Wie zum Empfang sie an den Pforten weilte
Und mich von dannauf stufenweis beglückte;
Selbst nach dem letzten Kuß mich noch ereilte,
Den letztesten mir auf die Lippen drückte:
So klar beweglich bleibt das Bild der Lieben,
Mit Flammenschrift ins treue Herz geschrieben.

Ins Herz, das fest wie zinnenhohe Mauer
Sich ihr bewahrt und sie in sich bewahret,
Für sie sich freut an seiner eignen Dauer,
Nur weiß von sich, wenn sie sich offenbaret,
Sich freier fühlt in so geliebten Schranken
Und nur noch schlägt, für alles ihr zu danken.

War Fähigkeit zu lieben, war Bedürfen
Von Gegenliebe weggelöscht, verschwunden;
Ist Hoffnungslust zu freudigen Entwürfen,
Entschlüssen, rascher Tat sogleich gefunden!
Wenn Liebe je den Liebenden begeistet,
Ward es an mir aufs lieblichste geleistet;

Und zwar durch sie! – Wie lag ein innres Bangen
Auf Geist und Körper, unwillkommner Schwere:
Von Schauerbildern rings der Blick umfangen
Im wüsten Raum beklommner Herzensleere;
Nun dämmert Hoffnung von bekannter Schwelle,
Sie selbst erscheint in milder Sonnenhelle.

Dem Frieden Gottes, welcher euch hienieden
Mehr als Vernunft beseliget – wir lesen's –,
Vergleich' ich wohl der Liebe heitern Frieden
In Gegenwart des allgeliebten Wesens;
Da ruht das Herz, und nichts vermag zu stören
Den tiefsten Sinn, den Sinn, ihr zu gehören.

In unsers Busens Reine wogt ein Streben,
Sich einem Höhern, Reinern, Unbekannten
Aus Dankbarkeit freiwillig hinzugeben,
Enträtselnd sich den ewig Ungenannten;
Wir heißen's: fromm sein! – Solcher seligen Höhe
Fühl ich mich teilhaft, wenn ich vor ihr stehe.

Vor ihrem Blick, wie vor der Sonne Walten,
Vor ihrem Atem, wie vor Frühlingslüften,
Zerschmilzt, so längst sich eisig starr gehalten,
Der Selbstsinn tief in winterlichen Grüften;
Kein Eigennutz, kein Eigenwille dauert,
Vor ihrem Kommen sind sie weggeschauert.

Es ist, als wenn sie sagte: »Stund um Stunde
Wird uns das Leben freundlich dargeboten,
Das Gestrige ließ uns geringe Kunde,
Das Morgende, zu wissen ist's verboten;
Und wenn ich je mich vor dem Abend scheute,
Die Sonne sank und sah noch, was mich freute.

Drum tu wie ich und schaue, froh-verständig,
Dem Augenblick ins Auge! Kein Verschieben!
Begegn' ihm schnell, wohlwollend wie lebendig,
Im Handeln sei's, zur Freude, sei's dem Lieben;
Nur wo du bist, sei alles, immer kindlich,
So bist du alles, bist unüberwindlich.«

Du hast gut reden, dacht ich, zum Geleite
Gab dir ein Gott die Gunst des Augenblickes,
Und jeder fühlt an deiner holden Seite
Sich augenblicks den Günstling des Geschickes;
Mich schreckt der Wink, von dir mich zu entfernen,
Was hilft es mir, so hohe Weisheit lernen!

Nun bin ich fern! Der jetzigen Minute,
Was ziemt denn der? Ich wüßt es nicht zu sagen;
Sie bietet mir zum Schönen manches Gute,
Das lastet nur, ich muß mich ihm entschlagen;
Mich treibt umher ein unbezwinglich Sehnen,
Da bleibt kein Rat als grenzenlose Tränen.

So quellt denn fort und fließet unaufhaltsam!
Doch nie geläng's, die innre Glut zu dämpfen!
Schon rast's und reißt in meiner Brust gewaltsam,
Wo Tod und Leben grausend sich bekämpfen.
Wohl Kräuter gäb's, des Körpers Qual zu stillen;
Allein dem Geist fehlt's am Entschluß und Willen

Fehlt's am Begriff: wie sollt er sie vermissen?
Er wiederholt ihr Bild zu tausendmalen.
Das zaudert bald, bald wird es weggerissen,
Undeutlich jetzt und jetzt im reinsten Strahlen;
Wie könnte dies geringstem Troste frommen,
Die Ebb und Flut, das Gehen wie das Kommen?

Verlaßt mich hier, getreue Weggenossen!
Laßt mich allein am Fels, in Moor und Moos;
Nur immer zu! euch ist die Welt erschlossen,
Die Erde weit, der Himmel hehr und groß;
Betrachtet, forscht, die Einzelheiten sammelt,
Naturgeheimnis werde nachgestammelt.

Mir ist das All, ich bin mir selbst verloren,
Der ich noch erst den Göttern Liebling war;
Sie prüften mich, verliehen mir Pandoren,
So reich an Gütern, reicher an Gefahr;
Sie drängten mich zum gabeseligen Munde,
Sie trennen mich – und richten mich zu Grunde.

Aussöhnung

Die Leidenschaft bringt Leiden! – Wer beschwichtigt
Beklommnes Herz, das allzuviel verloren?
Wo sind die Stunden, überschnell verflüchtigt?
Vergebens war das Schönste dir erkoren!
Trüb ist der Geist, verworren das Beginnen;
Die hehre Welt, wie schwindet sie den Sinnen!

Da schwebt hervor Musik mit Engelschwingen,
Verflicht zu Millionen Tön um Töne,
Des Menschen Wesen durch und durch zu dringen,
Zu überfüllen ihn mit ew'ger Schöne:
Das Auge netzt sich, fühlt im höhern Sehnen
Den Götterwert der Töne wie der Tränen.

Und so das Herz erleichtert merkt behende,
Daß es noch lebt und schlägt und möchte schlagen,
Zum reinsten Dank der überreichen Spende
Sich selbst erwidernd willig darzutragen.
Da fühlte sich – o daß es ewig bliebe! –
Das Doppelglück der Töne wie der Liebe.

Der Bräutigam

Um Mitternacht, ich schlief, im Busen wachte
Das liebevolle Herz, als wär es Tag;
Der Tag erschien, mir war, als ob es nachte –
Was ist es mir, so viel er bringen mag...

Sie fehlte ja, mein emsig Tun und Streben,
Für sie allein ertrug ich's durch die Glut
Der heißen Stunde; welch erquicktes Leben
Am kühlen Abend! lohnend war's und gut.

Die Sonne sank, und Hand in Hand verpflichtet
Begrüßten wir den letzten Segensblick,
Und Auge sprach, ins Auge klar gerichtet:
Von Osten, hoffe nur, sie kommt zurück!

Um Mitternacht, der Sterne Glanz geleitet
Im holden Traum zur Schwelle, wo sie ruht.
O sei auch mir dort auszuruhn bereitet –
Wie es auch sei das Leben, es ist gut.

Chinesisch-deutsche Jahres- und Tageszeiten

II

Weiß wie Lilien, reine Kerzen,
Sternen gleich, bescheidner Beugung,
Leuchtet aus dem Mittelherzen,
Rot gesäumt, die Glut der Neigung.

So frühzeitige Narzissen
Blühen reihenweis im Garten.
Mögen wohl die guten wissen,
Wen sie so spaliert erwarten.

VIII

Dämmrung senkte sich von oben,
Schon ist alle Nähe fern;
Doch zuerst emporgehoben
Holden Lichts der Abendstern!
Alles schwankt ins Ungewisse,
Nebel schleichen in die Höh;
Schwarzvertiefte Finsternisse
Widerspiegelnd ruht der See.

Nun am östlichen Bereiche
Ahn' ich Mondenglanz und -glut,
Schlanker Weiden Haargezweige
Scherzen auf der nächsten Flut.
Durch bewegter Schatten Spiele
Zittert Lunas Zauberschein,
Und durchs Auge schleicht die Kühle
Sänftigend ins Herz hinein.

XI

»Mich ängstigt das Verfängliche
Im widrigen Geschwätz,
Wo nichts verharret, alles flieht,
Wo schon verschwunden, was man sieht;
Und mich umfängt das bängliche,
Das graugestrickte Netz.« –
Getrost! Das Unvergängliche,
Es ist das ewige Gesetz,
Wonach die Ros' und Lilie blüht.

Bei Betrachtung von Schillers Schädel

Im ernsten Beinhaus war's, wo ich beschaute,
 Wie Schädel Schädeln angeordnet paßten;
 Die alte Zeit gedacht ich, die ergraute.
Sie stehn in Reih geklemmt, die sonst sich haßten,
 Und derbe Knochen, die sich tödlich schlugen,
 Sie liegen kreuzweis zahm allhier zu rasten.
Entrenkte Schulterblätter! Was sie trugen,
 Fragt niemand mehr, und zierlich-tät'ge Glieder,
 Die Hand, der Fuß, zerstreut aus Lebensfugen.
Ihr Müden also lagt vergebens nieder,
 Nicht Ruh im Grabe ließ man euch, vertrieben
 Seid ihr herauf zum lichten Tage wieder,
Und niemand kann die dürre Schale lieben,
 Welch herrlich edlen Kern sie auch bewahrte.
 Doch mir Adepten war die Schrift geschrieben,
Die heilgen Sinn nicht jedem offenbarte,
 Als ich inmitten solcher starren Menge
 Unschätzbar herrlich ein Gebild gewahrte,
Daß in des Raumes Moderkält und Enge
 Ich frei und wärmefühlend mich erquickte,
 Als ob ein Lebensquell dem Tod entspränge.
Wie mich geheimnisvoll die Form entzückte!
 Die gottgedachte Spur, die sich erhalten!
 Ein Blick, der mich an jenes Meer entrückte,
Das flutend strömt gesteigerte Gestalten.
 Geheim Gefäß! Orakelsprüche spendend,

Wie bin ich wert, dich in der Hand zu halten,
Dich höchsten Schatz aus Moder fromm entwendend
Und in die freie Luft zu freiem Sinnen,
Zum Sonnenlicht andächtig hin mich wendend.
Was kann der Mensch im Leben mehr gewinnen,
Als daß sich Gott-Natur ihm offenbare?
Wie sie das Feste läßt zu Geist verrinnen,
Wie sie das Geisterzeugte fest bewahre.

Wenn im Unendlichen dasselbe
Sich wiederholend ewig fließt,
Das tausendfältige Gewölbe
Sich kräftig ineinander schließt,
Strömt Lebenslust aus allen Dingen,
Dem kleinsten wie dem größten Stern,
Und alles Drängen, alles Ringen
Ist ewige Ruh in Gott dem Herrn.

FRIEDRICH VON SCHILLER

Die Größe der Welt

Die der schaffende Geist einst aus dem Chaos schlug,
Durch die schwebende Welt flieg ich des Windes Flug,
Bis am Strande
Ihrer Wogen ich lande,
Anker werf, wo kein Hauch mehr weht
Und der Markstein der Schöpfung steht.

Sterne sah ich bereits jugendlich auferstehn,
Tausendjährigen Gangs durchs Firmament zu gehn,
Sah sie spielen
Nach den lockenden Zielen;
Irrend suchte mein Blick umher,
Sah die Räume schon – sternenleer.

Anzufeuern den Flug weiter zum Reich des Nichts,
Steur ich mutiger fort, nehme den Flug des Lichts,

Nebligt trüber
Himmel an mir vorüber,
Weltsysteme, Fluten im Bach,
Strudeln dem Sonnenwanderer nach.

Sieh, den einsamen Pfad wandelt ein Pilger mir
Rasch entgegen –: »Halt an! Waller, was suchst du hier?
Zum Gestade
Seiner Welt meine Pfade!
Segle hin, wo kein Hauch mehr weht
Und der Markstein der Schöpfung steht.

»Steh! Du segelst umsonst – vor dir Unendlichkeit!«
Steh! du segelst umsonst – Pilger, auch hinter mir! –
Senke nieder,
Adlergedank, dein Gefieder!
Kühne Seglerin, Phantasie,
Wirf ein mutloses Anker hie!

Resignation
Eine Phantasie

Auch ich war in Arkadien geboren,
Auch mir hat die Natur
An meiner Wiege Freude zugeschworen,
Auch ich war in Arkadien geboren,
Doch Tränen gab der kurze Lenz mir nur.

Des Lebens Mai blüht einmal und nicht wieder,
Mir hat er abgeblüht.
Der stille Gott – o weinet meine Brüder –
Der stille Gott taucht meine Fackel nieder,
Und die Erscheinung flieht.

Da steh ich schon auf deiner Schauerbrücke,
Ehrwürdge Geistermutter – Ewigkeit.
Empfange meinen Vollmachtbrief zum Glücke,
Ich bring ihn unerbrochen dir zurücke,
Mein Lauf ist aus. Ich weiß von keiner Seligkeit.

Vor deinem Thron erheb ich meine Klage,
Verhüllte Richterin.
Auf jenem Stern ging eine frohe Sage,
Du thronest hier mit des Gerichtes Waage
Und nennest dich Vergelterin.

Hier – spricht man – warten Schrecken auf den Bösen
Und Freuden auf den Redlichen.
Des Herzens Krümmen werdest du entblößen,
Der Vorsicht Rätsel werdest du mir lösen
Und Rechnung halten mit dem Leidenden.

Hier öffne sich die Heimat dem Verbannten,
Hier endige des Dulders Dornenbahn.
Ein Götterkind, das sie mir W a h r h e i t nannten,
Die meisten flohen, wenige nur kannten,
Hielt meines Lebens raschen Zügel an.

›Ich zahle dir in einem andern Leben,
Gib deine Jugend mir,
Nichts kann ich dir als diese Weisung geben.‹
Ich nahm die Weisung auf das andre Leben,
Und meiner Jugend Freuden gab ich ihr.

›Gib mir das Weib, so teuer deinem Herzen,
Gib deine Laura mir.
Jenseits der Gräber wuchern deine Schmerzen.‹ –
Ich riß sie blutend aus dem wunden Herzen
Und weinte laut und gab sie ihr.

›Du siehst die Zeit nach jenen Ufern fliegen,
Die blühende Natur
Bleibt hinter ihr – ein welker Leichnam – liegen.
Wenn Erd und Himmel trümmernd auseinanderfliegen,
Daran erkenne den erfüllten Schwur.‹

»Die Schuldverschreibung lautet an die Toten«,
Hohnlächelte die Welt,
»Die Lügnerin, gedungen von Despoten,
Hat für die Wahrheit Schatten dir geboten,
Du bist nicht mehr, wenn dieser Schein verfällt.«

Frech witzelte das Schlangenheer der Spötter:
»Vor einem Wahn, den nur Verjährung weiht,
Erzitterst du? Was sollen deine Götter,
Des kranken Weltplans schlau erdachte Retter,
Die Menschenwitz des Menschen Notdurft leiht?

Ein Gaukelspiel, ohnmächtigen Gewürmen
Von mächtigem gegönnt,
Schreckfeuer angesteckt auf hohen Türmen,
Die Phantasie des Träumers zu bestürmen,
Wo des Gesetzes Fackel dunkel brennt.

Was heißt die Zukunft, die uns Gräber decken?
Die Ewigkeit, mit der du eitel prangst?
Ehrwürdig nur, weil schlaue Hüllen sie verstecken,
Der Riesenschatten unsrer eignen Schrecken
Im hohlen Spiegel der Gewissensangst;

Ein Lügenbild lebendiger Gestalten,
Die Mumie der Zeit,
Vom Balsamgeist der Hoffnung in den kalten
Behausungen des Grabes hingehalten,
Das nennt dein Fieberwahn – Unsterblichkeit?

Für Hoffnungen – Verwesung straft sie Lügen –
Gabst du g e w i s s e Güter hin?
Sechstausend Jahre hat der Tod geschwiegen,
Kam je ein Leichnam aus der Gruft gestiegen,
Der Meldung tat von der Vergelterin?«

Ich sah die Zeit nach deinen Ufern fliegen,
Die blühende Natur
Blieb hinter ihr, ein welker Leichnam, liegen,
Kein Toter kam aus seiner Gruft gestiegen,
Und fest vertraut ich auf den Götterschwur.

All meine Freuden hab ich dir geschlachtet,
Jetzt werf ich mich vor deinen Richterthron.
Der Menge Spott hab ich beherzt verachtet,
Nur d e i n e Güte hab ich groß geachtet,
Vergelterin, ich fordre meinen Lohn.

›Mit gleicher Liebe lieb ich meine Kinder!‹
Rief unsichtbar ein Genius.
›Zwei Blumen‹, rief er, ›— hört es, Menschenkinder —
Zwei Blumen blühen für den weisen Finder,
Sie heißen H o f f n u n g und G e n u ß.

Wer dieser Blumen E i n e brach, begehre
Die andre Schwester nicht.
Genieße, wer nicht glauben kann. Die Lehre
Ist ewig wie die Welt. Wer glauben kann, entbehre.
Die Weltgeschichte ist das Weltgericht.

Du hast g e h o f f t, dein Lohn ist abgetragen,
Dein G l a u b e war dein zugewognes Glück.
Du konntest deine Weisen fragen,
Was man von der Minute ausgeschlagen,
Gibt keine Ewigkeit zurück.‹

An die Freude

Freude, schöner Götterfunken,
Tochter aus Elysium,
Wir betreten feuertrunken,
Himmlische, dein Heiligtum.
Deine Zauber binden wieder,
Was die Mode streng geteilt,
Alle Menschen werden Brüder,
Wo dein sanfter Flügel weilt.
 Seid umschlungen, Millionen!
 Diesen Kuß der ganzen Welt!
 Brüder — überm Sternenzelt
 Muß ein lieber Vater wohnen.

Wem der große Wurf gelungen,
Eines Freundes Freund zu sein,
Wer ein holdes Weib errungen,
Mische seinen Jubel ein!
Ja — wer auch nur e i n e Seele
S e i n nennt auf dem Erdenrund!
Und wers nie gekonnt, der stehle
Weinend sich aus diesem Bund.

Was den großen Ring bewohnet,
Huldige der Sympathie!
Zu den Sternen leitet sie,
Wo der U n b e k a n n t e thronet.

Freude trinken alle Wesen
An den Brüsten der Natur,
Alle Guten, alle Bösen
Folgen ihrer Rosenspur.
Küsse gab sie uns und Reben,
Einen Freund, geprüft im Tod,
Wollust ward dem Wurm gegeben,
Und der Cherub steht vor Gott.
 Ihr stürzt nieder, Millionen?
 A h n e s t du den Schöpfer, Welt?
 Such ihn überm Sternenzelt!
 Über Sternen muß er wohnen.

Freude heißt die starke Feder
In der ewigen Natur.
Freude, Freude treibt die Räder
In der großen Weltenuhr.
Blumen lockt sie aus den Keimen,
Sonnen aus dem Firmament,
Sphären rollt sie in den Räumen,
Die des Sehers Rohr nicht kennt.
 Froh, wie seine Sonnen fliegen
 Durch des Himmels prächtgen Plan,
 Wandelt, Brüder, eure Bahn,
 Freudig wie ein Held zum Siegen.

Aus der Wahrheit Feuerspiegel
Lächelt s i e den Forscher an.
Zu der Tugend steilem Hügel
Leitet s i e des Dulders Bahn.
Auf des Glaubens Sonnenberge
Sieht man i h r e Fahnen wehn,
Durch den Riß gesprengter Särge
S i e im Chor der Engel stehn.
 Duldet mutig, Millionen!
 Duldet für die beßre Welt!

Droben überm Sternenzelt
Wird ein großer Gott belohnen.

Göttern kann man nicht vergelten,
Schön ist's, ihnen gleich zu sein.
Gram und Armut soll sich melden,
Mit den Frohen sich erfreun.
Groll und Rache sei vergessen,
Unserm Todfeind sei verziehn,
Keine Träne soll ihn pressen,
Keine Reue nage ihn.
 Unser Schuldbuch sei vernichtet!
 Ausgesöhnt die ganze Welt!
 Brüder – überm Sternenzelt
 Richtet Gott, wie wir gerichtet.

F r e u d e sprudelt in Pokalen,
In der Traube goldnem Blut
Trinken Sanftmut Kannibalen,
Die Verzweiflung Heldenmut.
Brüder, fliegt von euren Sitzen,
Wenn der volle Römer kreist,
Laßt den Schaum zum Himmel spritzen:
Dieses Glas dem guten Geist!
 Den der Sterne Wirbel loben,
 Den des Seraphs Hymne preist,
 D i e s e s G l a s d e m g u t e n G e i s t
 Überm Sternenzelt dort oben!

Festen Mut in schweren Leiden,
Hilfe, wo die Unschuld weint,
Ewigkeit geschwornen Eiden,
Wahrheit gegen Freund und Feind,
Männerstolz vor Königsthronen –
Brüder, gält' es Gut und Blut:
Dem Verdienste seine Kronen,
Untergang der Lügenbrut!
 Schließt den heil'gen Zirkel dichter,
 Schwört bei diesem goldnen Wein,
 Dem Gelübde treu zu sein,
 Schwört es bei dem Sternenrichter!

Pegasus im Joche

Auf einen Pferdemarkt – vielleicht zu Haymarket,
Wo andre Dinge noch in Ware sich verwandeln –
Bracht einst ein hungriger Poet
Der Musen Roß, es zu verhandeln.

Hell wieherte der Hippogryph
Und bäumte sich in prächtiger Parade,
Erstaunt blieb jeder stehn und rief:
Das edle, königliche Tier! Nur schade,
Daß seinen schlanken Wuchs ein häßlich Flügelpaar
Entstellt! Den schönsten Postzug würd es zieren.
Die Rasse, sagen sie, sei rar,
Doch wer wird durch die Luft kutschieren?
Und keiner will sein Geld verlieren.
Ein Pachter endlich faßte Mut.
Die Flügel zwar, spricht er, die schaffen keinen Nutzen;
Doch die kann man ja binden oder stutzen,
Dann ist das Pferd zum Ziehen immer gut.
Ein zwanzig Pfund, die will ich wohl dran wagen.
Der Täuscher, hochvergnügt, die Ware loszuschlagen,
Schlägt hurtig ein. Ein Mann, ein Wort!
Und Hans trabt frisch mit seiner Beute fort.

Das edle Tier wird eingespannt.
Doch fühlt es kaum die ungewohnte Bürde,
So rennt es fort mit wilder Flugbegierde
Und wirft, von edelm Grimm entbrannt,
Den Karren um an eines Abgrunds Rand.
Schon gut, denkt Hans. Allein darf ich dem tollen Tiere
Kein Fuhrwerk mehr vertraun. Erfahrung macht schon klug.
Doch morgen fahr ich Passagiere,
Da stell ich es als Vorspann in den Zug.
Die muntre Krabbe soll zwei Pferde mir ersparen –
Der Koller gibt sich mit den Jahren.

Der Anfang ging ganz gut. Das leichtbeschwingte Pferd
Belebt der Klepper Schritt, und pfeilschnell fliegt der Wagen.
Doch was geschieht? Den Blick den Wolken zugekehrt
Und ungewohnt, den Grund mit festem Huf zu schlagen,

Verläßt es bald der Räder sichre Spur,
Und treu der stärkeren Natur
Durchrennt es Sumpf und Moor, geackert Feld und Hecken;
Der gleiche Taumel faßt das ganze Postgespann,
Kein Rufen hilft, kein Zügel hält es an,
Bis endlich, zu der Wandrer Schrecken,
Der Wagen, wohlgerüttelt und zerschellt,
Auf eines Berges steilem Gipfel hält.

Das geht nicht zu mit rechten Dingen,
Spricht Hans mit sehr bedenklichem Gesicht.
So wird es nimmermehr gelingen;
Laß sehn, ob wir den Tollwurm nicht
Durch magre Kost und Arbeit zwingen.
Die Probe wird gemacht. Bald ist das schöne Tier,
Eh noch drei Tage hingeschwunden,
Zum Schatten abgezehrt. Ich hab's, ich hab's gefunden!
Ruft Hans. Jetzt frisch, und spannt es mir
Gleich vor den Pflug mit meinem stärksten Stier!

Gesagt, getan. In lächerlichem Zuge
Erblickt man Ochs und Flügelpferd am Pfluge.
Unwillig steigt der Greif und strengt die letzte Macht
Der Sehnen an, den alten Flug zu nehmen.
Umsonst, der Nachbar schreitet mit Bedacht,
Und Phöbus' stolzes Roß muß sich dem Stier bequemen,
Bis nun, vom langen Widerstand verzehrt,
Die Kraft aus allen Gliedern schwindet,
Von Gram gebeugt das edle Götterpferd
Zu Boden stürzt und sich im Staube windet.

Verwünschtes Tier! bricht endlich Hansens Grimm
Laut scheltend aus, indem die Hiebe flogen.
So bist du denn zum Ackern selbst zu schlimm,
Mich hat ein Schelm mit dir betrogen.

Indem er noch in seines Zornes Wut
Die Peitsche schwingt, kommt flink und wohlgemut
Ein lustiger Gesell die Straße hergezogen.
Die Zither klingt in seiner leichten Hand
Und durch den blonden Schmuck der Haare

Schlingt zierlich sich ein goldnes Band.
Wohin, Freund, mit dem wunderlichen Paare?
Ruft er den Bau'r von weitem an.
Der Vogel und der Ochs an e i n e m Seile,
Ich bitte dich, welch ein Gespann!
Willst du auf eine kleine Weile
Dein Pferd zur Probe mir vertraun,
Gib acht, du sollst dein Wunder schaun.

Der Hippogryph wird ausgespannt,
Und lächelnd schwingt sich ihm der Jüngling auf den Rücken.
Kaum fühlt das Tier des Meisters sichre Hand,
So knirscht es in des Zügels Band
Und steigt, und Blitze sprühn aus den beseelten Blicken.
Nicht mehr das vor'ge Wesen, königlich,
Ein Geist, ein Gott, erhebt es sich,
Entrollt mit einem Mal in Sturmes Wehen
Der Schwingen Pracht, schießt brausend himmelan –
Und eh der Blick ihm folgen kann,
Entschwebt es zu den blauen Höhen.

Die Götter Griechenlands

Da ihr noch die schöne Welt regieret,
An der Freude leichtem Gängelband
Selige Geschlechter noch geführet,
Schöne Wesen aus dem Fabelland –
Ach, da euer Wonnedienst noch glänzte,
Wie ganz anders, anders war es da!
Da man deine Tempel noch bekränzte,
Venus Amathusia!

Da der Dichtung zauberische Hülle
Sich noch lieblich um die Wahrheit wand,
Durch die Schöpfung floß da Lebensfülle,
Und was nie empfinden wird, empfand.
An der Liebe Busen sie zu drücken,
Gab man höhern Adel der Natur,
Alles wies den eingeweihten Blicken,
Alles eines Gottes Spur.

Wo jetzt nur, wie unsre Weisen sagen,
Seelenlos ein Feuerball sich dreht,
Lenkte damals seinen goldnen Wagen
Helios in stiller Majestät.
Diese Höhen füllten Oreaden,
Eine Dryas lebt' in jenem Baum,
Aus den Urnen lieblicher Najaden
Sprang der Ströme Silberschaum.

Jener Lorbeer wand sich einst um Hilfe,
Tantals Tochter schweigt in diesem Stein,
Syrinx' Klage tönt' aus jenem Schilfe,
Philomelas Schmerz aus diesem Hain.
Jener Bach empfing Demeters Zähre,
Die sie um Persephonen geweint,
Und von diesem Hügel rief Cythere,
Ach umsonst! dem schönen Freund.

Zu Deukalions Geschlechte stiegen
Damals noch die Himmlischen herab,
Pyrrhas schöne Töchter zu besiegen,
Nahm der Leto Sohn den Hirtenstab.
Zwischen Menschen, Göttern und Heroen
Knüpfte Amor einen schönen Bund,
Sterbliche mit Göttern und Heroen
Huldigten in Amathunt.

Finstrer Ernst und trauriges Entsagen
War aus eurem heitern Dienst verbannt,
Glücklich sollten alle Herzen schlagen,
Denn euch war der Glückliche verwandt.
Damals war nichts heilig als das Schöne,
Keiner Freude schämte sich der Gott,
Wo die keusch errötende Kamöne,
Wo die Grazie gebot.

Eure Tempel lachten gleich Palästen,
Euch verherrlichte das Heldenspiel
An des Isthmus kronenreichen Festen,
Und die Wagen donnerten zum Ziel.
Schön geschlungne seelenvolle Tänze

Kreisten um den prangenden Altar,
Eure Schläfe schmückten Siegeskränze,
Kronen euer duftend Haar.

Das Evoe muntrer Thyrsusschwinger
Und der Panther prächtiges Gespann
Meldeten den großen Freudebringer,
Faun und Satyr taumeln ihm voran,
Um ihn springen rasende Mänaden,
Ihre Tänze loben seinen Wein,
Und des Wirtes braune Wangen laden
Lustig zu dem Becher ein.

Damals trat kein gräßliches Gerippe
Vor das Bett des Sterbenden. Ein Kuß
Nahm das letzte Leben von der Lippe,
Seine Fackel senkt' ein Genius.
Selbst des Orkus strenge Richterwaage
Hielt der Enkel einer Sterblichen,
Und des Thrakers seelenvolle Klage
Rührte die Erinnyen.

Seine Freuden traf der frohe Schatten
In Elysiens Hainen wieder an,
Treue Liebe fand den treuen Gatten
Und der Wagenlenker seine Bahn;
Linus' Spiel tönt die gewohnten Lieder,
In Alcestens Arme sinkt Admet,
Seinen Freund erkennt Orestes wieder,
Seine Pfeile Philoktet.

Höhre Preise stärkten da den Ringer
Auf der Tugend arbeitvoller Bahn,
Großer Taten herrliche Vollbringer
Klimmten zu den Seligen hinan.
Vor dem Wiederforderer der Toten
Neigte sich der Götter stille Schar,
Durch die Fluten leuchtet dem Piloten
Vom Olymp das Zwillingspaar.

Schöne Welt, wo bist du? Kehre wieder,
Holdes Blütenalter der Natur!
Ach, nur in dem Feenland der Lieder
Lebt noch deine fabelhafte Spur.
Ausgestorben trauert das Gefilde,
Keine Gottheit zeigt sich meinem Blick,
Ach, von jenem lebenwarmen Bilde
Blieb der Schatten nur zurück.

Alle jene Blüten sind gefallen
Von des Nordes schauerlichem Wehn,
E i n e n zu bereichern unter allen,
Mußte diese Götterwelt vergehn.
Traurig such ich an dem Sternenbogen,
Dich, Selene, find ich dort nicht mehr;
Durch die Wälder ruf ich, durch die Wogen,
Ach! sie widerhallen leer!

Unbewußt der Freuden, die sie schenket,
Nie entzückt von ihrer Herrlichkeit,
Nie gewahr des Geistes, der sie lenket,
Sel'ger nie durch meine Seligkeit,
Fühllos selbst für ihres Künstlers Ehre,
Gleich dem toten Schlag der Pendeluhr,
Dient sie knechtisch dem Gesetz der Schwere,
Die entgötterte Natur.

Morgen wieder neu sich zu entbinden,
Wühlt sie heute sich ihr eignes Grab,
Und an ewig gleicher Spindel winden
Sich von selbst die Monde auf und ab.
Müßig kehrten zu dem Dichterlande
Heim die Götter, unnütz einer Welt,
Die, entwachsen ihrem Gängelbande,
Sich durch eignes Schweben hält.

Ja, sie kehrten heim, und alles Schöne,
Alles Hohe nahmen sie mit fort,
Alle Farben, alle Lebenstöne,

Und uns blieb nur das entseelte Wort.
Aus der Zeitflut weggerissen, schweben
Sie gerettet auf des Pindus Höhn:
Was unsterblich im Gesang soll leben,
Muß im Leben untergehn.

Sprüche des Konfuzius

Dreifach ist der Schritt der Zeit:
Zögernd kommt die Zukunft hergezogen,
Pfeilschnell ist das Jetzt entflogen,
Ewig still steht die Vergangenheit.

Keine Ungeduld beflügelt
Ihren Schritt, wenn sie verweilt.
Keine Furcht, kein Zweifeln zügelt
Ihren Lauf, wenn sie enteilt.
Keine Reu, kein Zaubersegen
Kann die stehende bewegen.

Möchtest du beglückt und weise
Endigen des Lebens Weise,
Nimm die zögernde zum Rat,
Nicht zum Werkzeug deiner Tat.
Wähle nicht die fliehende zum Freund,
Nicht die bleibende zum Feind.

—

Dreifach ist des Raumes Maß:
Rastlos fort ohn Unterlaß
Strebt die L ä n g e; fort ins Weite
Endlos gießet sich die B r e i t e;
Grundlos senkt die T i e f e sich.

Dir ein Bild sind sie gegeben:
Rastlos vorwärts mußt du streben,
Nie ermüdet stillestehn,
Willst du die Vollendung sehn;
Mußt ins Breite dich entfalten,
Soll sich dir die Welt gestalten;

In die Tiefe mußt du steigen,
Soll sich dir das Wesen zeigen.

Nur Beharrung führt zum Ziel,
Nur die Fülle führt zur Klarheit,
Und im Abgrund wohnt die Wahrheit.

Das Ideal und das Leben

Ewigklar und spiegelrein und eben
Fließt das zephyrleichte Leben
Im Olymp den Seligen dahin.
Monde wechseln, und Geschlechter fliehen,
Ihrer Götterjugend Rosen blühen
Wandellos im ewigen Ruin.
Zwischen Sinnenglück und Seelenfrieden
Bleibt dem Menschen nur die bange Wahl;
Auf der Stirn des hohen Uraniden
Leuchtet ihr vermählter Strahl.

Wollt ihr schon auf Erden Göttern gleichen,
Frei sein in des Todes Reichen,
Brechet nicht von seines Gartens Frucht.
An dem Scheine mag der Blick sich weiden,
Des Genusses wandelbare Freuden
Rächet schleunig der Begierde Flucht.
Selbst der Styx, der neunfach sie umwindet,
Wehrt die Rückkehr Ceres' Tochter nicht;
Nach dem Apfel greift sie, und es bindet
Ewig sie des Orkus Pflicht.

Nur der Körper eignet jenen Mächten,
Die das dunkle Schicksal flechten;
Aber frei von jeder Zeitgewalt,
Die Gespielin seliger Naturen,
Wandelt oben in des Lichtes Fluren
Göttlich unter Göttern die G e s t a l t.
Wollt ihr hoch auf ihren Flügeln schweben,
Werft die Angst des Irdischen von euch,

Fliehet aus dem engen dumpfen Leben
In des Ideales Reich!

Jugendlich, von allen Erdenmalen
Frei, in der Vollendung Strahlen
Schwebet hier der Menschheit Götterbild,
Wie des Lebens schweigende Phantome
Glänzend wandeln an dem stygschen Strome,
Wie sie stand im himmlischen Gefild,
Ehe noch zum traur'gen Sarkophage
Die Unsterbliche herunterstieg.
Wenn im Leben noch des Kampfes Waage
Schwankt, erscheinet hier der Sieg.

Nicht vom Kampf die Glieder zu entstricken,
Den Erschöpften zu erquicken,
Wehet hier des Sieges duft'ger Kranz.
Mächtig, selbst wenn eure Sehnen ruhten,
Reißt das Leben euch in seine Fluten,
Euch die Zeit in ihren Wirbeltanz.
Aber sinkt des Mutes kühner Flügel
Bei der Schranken peinlichem Gefühl,
Dann erblicket von der Schönheit Hügel
Freudig das erflogne Ziel.

Wenn es gilt, zu herrschen und zu schirmen,
Kämpfer gegen Kämpfer stürmen
Auf des Glückes, auf des Ruhmes Bahn,
Da mag Kühnheit sich an Kraft zerschlagen
Und mit krachendem Getös die Wagen
Sich vermengen auf bestäubtem Plan.
Mut allein kann hier den Dank erringen,
Der am Ziel des Hippodromes winkt;
Nur der Starke wird das Schicksal zwingen,
Wenn der Schwächling untersinkt.

Aber der, von Klippen eingeschlossen,
Wild und schäumend sich ergossen,
Sanft und eben rinnt des Lebens Fluß
Durch der Schönheit stille Schattenlande,
Und auf seiner Wellen Silberrande

Malt Aurora sich und Hesperus.
Aufgelöst in zarter Wechselliebe,
In der Anmut freiem Bund vereint,
Ruhen hier die ausgesöhnten Triebe,
Und verschwunden ist der Feind.

Wenn, das Tote bildend zu beseelen,
Mit dem Stoff sich zu vermählen,
Tatenvoll der Genius entbrennt,
Da, da spanne sich des Fleißes Nerve,
Und beharrlich ringend unterwerfe
Der Gedanke sich das Element.
Nur dem Ernst, den keine Mühe bleichet,
Rauscht der Wahrheit tief versteckter Born;
Nur des Meißels schwerem Schlag erweichet
Sich des Marmors sprödes Korn.

Aber dringt bis in der Schönheit Sphäre,
Und im Staube bleibt die Schwere
Mit dem Stoff, den sie beherrscht, zurück.
Nicht der Masse qualvoll abgerungen,
Schlank und leicht, wie aus dem Nichts gesprungen,
Steht das Bild vor dem entzückten Blick.
Alle Zweifel, alle Kämpfe schweigen
In des Sieges hoher Sicherheit;
Ausgestoßen hat es jeden Zeugen
Menschlicher Bedürftigkeit.

Wenn ihr in der Menschheit traur'ger Blöße
Steht vor des Gesetzes Größe,
Wenn dem Heiligen die Schuld sich naht,
Da erblasse vor der Wahrheit Strahle
Eure Tugend, vor dem Ideale
Fliehe mutlos die beschämte Tat.
Kein Erschaffner hat dies Ziel erflogen,
Über diesen grauenvollen Schlund
Trägt kein Nachen, keiner Brücke Bogen,
Und kein Anker findet Grund.

Aber flüchtet aus der Sinne Schranken
In die Freiheit der Gedanken,

Und die Furchterscheinung ist entflohn,
Und der ew'ge Abgrund wird sich füllen;
Nehmt die Gottheit auf in euren Willen,
Und sie steigt von ihrem Weltenthron.
Des Gesetzes strenge Fessel bindet
Nur den Sklavensinn, der es verschmäht;
Mit des Menschen Widerstand verschwindet
Auch des Gottes Majestät.

Wenn der Menschheit Leiden euch umfangen,
Wenn Laokoon der Schlangen
Sich erwehrt mit namenlosem Schmerz,
Da empöre sich der Mensch! Es schlage
An des Himmels Wölbung seine Klage
Und zerreiße euer fühlend Herz!
Der Natur furchtbare Stimme siege,
Und der Freude Wange werde bleich,
Und der heilgen Sympathie erliege
Das Unsterbliche in euch!

Aber in den heitern Regionen,
Wo die reinen Formen wohnen,
Rauscht des Jammers trüber Sturm nicht mehr.
Hier darf Schmerz die Seele nicht durchschneiden,
Keine Träne fließt hier mehr dem Leiden,
Nur des Geistes tapfrer Gegenwehr.
Lieblich wie der Iris Farbenfeuer
Auf der Donnerwolke duft'gem Tau
Schimmert durch der Wehmut düstern Schleier
Hier der Ruhe heitres Blau.

Tief erniedrigt zu des Feigen Knechte,
Ging in ewigem Gefechte
Einst Alcid des Lebens schwere Bahn,
Rang mit Hydern und umarmt' den Leuen,
Stürzte sich, die Freunde zu befreien,
Lebend in des Totenschiffers Kahn.
Alle Plagen, alle Erdenlasten
Wälzt der unversöhnten Göttin List
Auf die will'gen Schultern des Verhaßten,
Bis sein Lauf geendigt ist –

Bis der Gott, des Irdischen entkleidet,
Flammend sich vom Menschen scheidet
Und des Äthers leichte Lüfte trinkt.
Froh des neuen ungewohnten Schwebens
Fließt er aufwärts, und des Erdenlebens
Schweres Traumbild sinkt und sinkt und sinkt.
Des Olympus Harmonien empfangen
Den Verklärten in Kronions Saal,
Und die Göttin mit den Rosenwangen
Reicht ihm lächelnd den Pokal.

Das verschleierte Bild zu Sais

Ein Jüngling, den des Wissens heißer Durst
Nach Sais in Ägypten trieb, der Priester
Geheime Weisheit zu erlernen, hatte
Schon manchen Grad mit schnellem Geist durcheilt;
Stets riß ihn seine Forschbegierde weiter,
Und kaum besänftigte der Hierophant
Den ungeduldig Strebenden. »Was hab ich,
Wenn ich nicht alles habe?« sprach der Jüngling.
»Gibt's etwa hier ein Weniger und Mehr?

Ist deine Wahrheit wie der Sinne Glück
Nur eine Summe, die man größer, kleiner
Besitzen kann und immer doch besitzt?
Ist sie nicht eine einzge, ungeteilte?
Nimm einen Ton aus einer Harmonie,
Nimm eine Farbe aus dem Regenbogen –
Und alles, was dir bleibt, ist nichts, solang
Das schöne All der Töne fehlt und Farben.«

Indem sie einst so sprachen, standen sie
In einer einsamen Rotonde still,
Wo ein verschleiert Bild von Riesengröße
Dem Jüngling in die Augen fiel. Verwundert
Blickt er den Führer an und spricht: »Was ist's,
Das hinter diesem Schleier sich verbirgt?«
»Die Wahrheit«, ist die Antwort. »Wie?« ruft jener,

»Nach Wahrheit streb ich ja allein, und diese
Gerade ist es, die man mir verhüllt?«

»Das mache mit der Gottheit aus«, versetzt
Der Hierophant. »Kein Sterblicher, sagt sie,
Rückt diesen Schleier, bis ich selbst ihn hebe.
Und wer mit ungeweihter, schuld'ger Hand
Den heiligen, verbotnen früher hebt,
Der, spricht die Gottheit –«»Nun?«»Der s i e h t die Wahr-
 heit.«
»Ein seltsamer Orakelspruch! Du selbst,
Du hättest also niemals ihn gehoben?«
»Ich? Wahrlich nicht! Und war auch nie dazu
Versucht.«»Das faß ich nicht. Wenn von der Wahrheit
Nur diese dünne Scheidewand mich trennte –«
»Und ein Gesetz«, fällt ihm sein Führer ein.
»Gewichtiger, mein Sohn, als du es meinst,
Ist dieser dünne Flor – für deine Hand
Zwar leicht, doch zentnerschwer für dein Gewissen.«

Der Jüngling ging gedankenvoll nach Hause.
Ihm raubt des Wissens brennende Begier
Den Schlaf, er wälzt sich glühend auf dem Lager
Und rafft sich auf um Mitternacht. Zum Tempel
Führt unfreiwillig ihn der scheue Tritt.
Leicht ward es ihm, die Mauer zu ersteigen,
Und mitten in das Innre der Rotonde
Trägt ein beherzter Sprung den Wagenden.

Hier steht er nun, und grauenvoll umfängt
Den Einsamen die lebenlose Stille,
Die nur der Tritte hohler Widerhall
In den geheimen Grüften unterbricht.
Von oben durch der Kuppel Öffnung wirft
Der Mond den bleichen, silberblauen Schein,
Und furchtbar wie ein gegenwärtger Gott
Erglänzt durch des Gewölbes Finsternisse
In ihrem langen Schleier die Gestalt.

Er tritt hinan mit ungewissem Schritt –
Schon will die freche Hand das Heilige berühren,

Da zuckt es heiß und kühl durch sein Gebein
Und stößt ihn weg mit unsichtbarem Arme.
Unglücklicher, was willst du tun? so ruft
In seinem Innern eine treue Stimme.
Versuchen den Allheiligen willst du?
Kein Sterblicher, sprach des Orakels Mund,
Rückt diesen Schleier, bis ich selbst ihn hebe.
Doch setzte nicht derselbe Mund hinzu:
Wer diesen Schleier hebt, soll Wahrheit schauen?
»Sei hinter ihm, was will! Ich heb ihn auf –«
Er ruft's mit lauter Stimm – »Ich will sie schauen.« Schauen!
Gellt ihm ein langes Echo spottend nach.

Er spricht's und hat den Schleier aufgedeckt.
Nun, fragt ihr, und was zeigte sich ihm hier?
Ich weiß es nicht. Besinnungslos und bleich,
So fanden ihn am andern Tag die Priester
Am Fußgestell der Isis ausgestreckt.
Was er allda gesehen und erfahren,
Hat seine Zunge nie bekannt. Auf ewig
War seines Lebens Heiterkeit dahin,
Ihn riß ein tiefer Gram zum frühen Grabe.
»Weh dem«, dies war sein warnungsvolles Wort,
Wenn ungestüme Frager in ihn drangen,
»Weh dem, der zu der Wahrheit geht durch Schuld!
Sie wird ihm nimmermehr erfreulich sein.«

Der Spaziergang

Sei mir gegrüßt, mein Berg mit dem rötlich strahlenden Gipfel!
 Sei mir, Sonne, gegrüßt, die ihn so lieblich bescheint!
Dich auch grüß ich, belebte Flur, euch, säuselnde Linden,
 Und den fröhlichen Chor, der auf den Ästen sich wiegt,
Ruhige Bläue, dich auch, die unermeßlich sich ausgießt
 Um das braune Gebirg, über den grünenden Wald,
Auch um mich, der, endlich entflohn des Zimmers Gefängnis
 Und dem engen Gespräch, freudig sich rettet zu dir.
Deiner Lüfte balsamischer Strom durchrinnt mich erquickend,
 Und den durstigen Blick labt das energische Licht.

Kräftig auf blühender Au erglänzen die wechselnden Farben,
 Aber der reizende Streit löset in Anmut sich auf.
Frei empfängt mich die Wiese mit weithin verbreitetem
 Teppich,
 Durch ihr freundliches Grün schlingt sich der ländliche Pfad,
Um mich summt die geschäftige Bien, mit zweifelndem Flügel
 Wiegt der Schmetterling sich über dem rötlichten Klee,
Glühend trifft mich der Sonne Pfeil, still liegen die Weste,
 Nur der Lerche Gesang wirbelt in heiterer Luft.
Doch jetzt braust's aus dem nahen Gebüsch, tief neigen der
 Erlen
 Kronen sich, und im Wind wogt das versilberte Gras.
Mich umfängt ambrosische Nacht: in duftende Kühlung
 Nimmt ein prächtiges Dach schattender Buchen mich ein,
In des Waldes Geheimnis entflieht mir auf einmal die
 Landschaft,
 Und ein schlängelnder Pfad leitet mich steigend empor.
Nur verstohlen durchdringt der Zweige laubigtes Gitter
 Sparsames Licht, und es blickt lachend das Blaue herein.
Aber plötzlich zerreißt der Flor. Der geöffnete Wald gibt
 Überraschend des Tags blendendem Glanz mich zurück.
Unabsehbar ergießt sich vor meinen Blicken die Ferne,
 Und ein blaues Gebirg endigt im Dufte der Welt.
Tief an des Berges Fuß, der gählings unter mir abstürzt,
 Wallet des grünlichten Stroms fließender Spiegel vorbei.
Endlos unter mir seh ich den Äther, über mir endlos,
 Blicke mit Schwindeln hinauf, blicke mit Schaudern hinab;
Aber zwischen der ewigen Höh und der ewigen Tiefe
 Trägt ein geländerter Steig sicher den Wandrer dahin.
Lachend fliehen an mir die reichen Ufer vorüber,
 Und den fröhlichen Fleiß rühmet das prangende Tal.
Jene Linien, sieh! die des Landmanns Eigentum scheiden,
 In den Teppich der Flur hat sie Demeter gewirkt.
Freundliche Schrift des Gesetzes, des menschenerhaltenden
 Gottes,
 Seit aus der ehernen Welt fliehend die Liebe verschwand!
Aber in freieren Schlangen durchkreuzt die geregelten Felder,
 Jetzt verschlungen vom Wald, jetzt an den Bergen hinauf
Klimmend, ein schimmernder Streif, die länderverknüpfende
 Straße,
 Auf dem ebenen Strom gleiten die Flöße dahin.

Vielfach ertönt der Herden Geläut im belebten Gefilde,
 Und den Widerhall weckt einsam des Hirten Gesang,
Muntre Dörfer bekränzen den Strom, in Gebüschen
 verschwinden
 Andre, vom Rücken des Bergs stürzen sie gäh dort herab.
Nachbarlich wohnet der Mensch noch mit dem Acker zusammen,
 Seine Felder umruhn friedlich sein ländliches Dach,
Traulich rankt sich die Reb empor an dem niedrigen Fenster,
 Einen umarmenden Zweig schlingt um die Hütte der Baum.
Glückliches Volk der Gefilde! Noch nicht zur Freiheit erwachet,
 Teilst du mit deiner Flur fröhlich das enge Gesetz.
Deine Wünsche beschränkt der Ernten ruhiger Kreislauf,
 Wie dein Tagewerk, gleich, windet dein Leben sich ab!
Aber wer raubt mir auf einmal den lieblichen Anblick?
 Ein fremder
 Geist verbreitet sich schnell über die fremdere Flur.
Spröde sondert sich ab, was kaum noch liebend sich mischte,
 Und das Gleiche nur ist's, was an das Gleiche sich reiht.
Stände seh ich gebildet, der Pappeln stolze Geschlechter
 Ziehn in geordnetem Pomp vornehm und prächtig daher.
Regel wird alles, und alles wird Wahl, und alles Bedeutung,
 Dieses Dienergefolg meldet den Herrscher mir an.
Prangend verkündigen ihn von fern die beleuchteten Kuppeln,
 Aus dem felsigten Kern hebt sich die türmende Stadt.
In die Wildnis hinaus sind des Waldes Faunen verstoßen,
 Aber die Andacht leiht höheres Leben dem Stein.
Näher gerückt ist der Mensch an den Menschen. Enger wird
 um ihn,
 Reger erwacht, es umwälzt rascher sich in ihm die Welt.
Sieh, da entbrennen in feurigem Kampf die eifernden Kräfte,
 Großes wirket ihr Streit, Größeres wirket ihr Bund.
Tausend Hände belebt e i n Geist, hoch schläget in tausend
 Brüsten, von e i n e m Gefühl glühend, ein einziges Herz,
Schlägt für das Vaterland und glüht für der Ahnen Gesetze,
 Hier auf dem teuren Grund ruht ihr verehrtes Gebein.
Nieder steigen vom Himmel die seligen Götter und nehmen
 In dem geweihten Bezirk festliche Wohnungen ein.
Herrliche Gaben bescherend erscheinen sie: Ceres vor allen
 Bringet des Pfluges Geschenk, Hermes den Anker herbei,
Bacchus die Traube, Minerva des Ölbaums grünende Reiser,
 Auch das kriegrische Roß führet Poseidon heran,

Mutter Cybele spannt an des Wagens Deichsel die Löwen,
 In das gastliche Tor zieht sie als Bürgerin ein.
Heilige Steine! Aus euch ergossen sich Pflanzer der Menschheit,
 Fernen Inseln des Meers sandtet ihr Sitten und Kunst,
Weise sprachen das Recht an diesen geselligen Toren,
 Helden stürzten zum Kampf für die Penaten heraus.
Auf den Mauern erschienen, den Säugling im Arme, die Mütter,
 Blickten dem Heerzug nach, bis ihn die Ferne verschlang.
Betend stürzten sie dann vor der Götter Altären sich nieder,
 Flehten um Ruhm und Sieg, flehten um Rückkehr für euch.
Ehre ward euch und Sieg, doch der Ruhm nur kehrte zurücke,
 Eurer Taten Verdienst meldet der rührende Stein:
»Wanderer, kommst du nach Sparta, verkündige dorten, du
 habest
 Uns hier liegen gesehn, wie das Gesetz es befahl.«
Ruhet sanft, ihr Geliebten! Von eurem Blute begossen,
 Grünet der Ölbaum, es keimt lustig die köstliche Saat.
Munter entbrennt, des Eigentums froh, das freie Gewerbe,
 Aus dem Schilfe des Stroms winket der bläulichte Gott.
Zischend fliegt in den Baum die Axt, es erseufzt die Dryade,
 Hoch von des Berges Haupt stürzt sich die donnernde Last.
Aus dem Felsbruch wiegt sich der Stein, vom Hebel beflügelt;
 In der Gebirge Schlucht taucht sich der Bergmann hinab.
Mulcibers Amboß tönt von dem Takt geschwungener Hämmer,
 Unter der nervigten Faust spritzen die Funken des Stahls.
Glänzend umwindet der goldne Lein die tanzende Spindel,
 Durch die Saiten des Garns sauset das webende Schiff.
Fern auf der Reede ruft der Pilot, es warten die Flotten,
 Die in der Fremdlinge Land tragen den heimischen Fleiß;
Andre ziehn frohlockend dort ein, mit den Gaben der Ferne,
 Hoch von dem ragenden Mast wehet der festliche Kranz.
Siehe, da wimmeln die Märkte, der Kran von fröhlichem Leben,
 Seltsamer Sprachen Gewirr braust in das wundernde Ohr.
Auf den Stapel schüttet die Ernten der Erde der Kaufmann,
 Was dem glühenden Strahl Afrikas Boden gebiert,
Was Arabien kocht, was die äußerste Thule bereitet,
 Hoch mit erfreuendem Gut füllt Amalthea das Horn.
Da gebieret das Glück dem Talente die göttlichen Kinder,
 Von der Freiheit gesäugt, wachsen die Künste der Lust.
Mit nachahmendem Leben erfreuet der Bildner die Augen,
 Und vom Meißel beseelt, redet der fühlende Stein.

Künstliche Himmel ruhn auf schlanken ionischen Säulen,
Und den ganzen Olymp schließet ein Pantheon ein.
Leicht wie der Iris Sprung durch die Luft, wie der Pfeil von der
Senne,
Hüpfet der Brücke Joch über den brausenden Strom.
Aber im stillen Gemach entwirft bedeutende Zirkel
Sinnend der Weise, beschleicht forschend den schaffenden
Geist,
Prüft der Stoffe Gewalt, der Magnete Hassen und Lieben,
Folgt durch die Lüfte dem Klang, folgt durch den Äther dem
Strahl,
Sucht das vertraute Gesetz in des Zufalls grausenden Wundern,
Sucht den ruhenden Pol in der Erscheinungen Flucht.
Körper und Stimme leiht die Schrift dem stummen Gedanken,
Durch der Jahrhunderte Strom trägt ihn das redende Blatt.
Da zerrinnt vor dem wundernden Blick der Nebel des Wahnes,
Und die Gebilde der Nacht weichen dem tagenden Licht.
Seine Fesseln zerbricht der Mensch. Der Beglückte! Zerriß er
Mit den Fesseln der Furcht nur nicht den Zügel der Scham!
Freiheit ruft die Vernunft, Freiheit die wilde Begierde,
Von der heilgen Natur ringen sie lüstern sich los.
Ach, da reißen im Sturm die Anker, die an dem Ufer
Warnend ihn hielten, ihn faßt mächtig der flutende Strom,
Ins Unendliche reißt er ihn hin, die Küste verschwindet,
Hoch auf der Fluten Gebirg wiegt sich entmastet der Kahn;
Hinter Wolken erlöschen des Wagens beharrliche Sterne,
Bleibend ist nichts mehr, es irrt selbst in dem Busen der Gott.
Aus dem Gespräche verschwindet die Wahrheit, Glauben und
Treue
Aus dem Leben, es lügt selbst auf der Lippe der Schwur.
In der Herzen vertraulichsten Bund, in der Liebe Geheimnis
Drängt sich der Sykophant, reißt von dem Freunde den
Freund,
Auf die Unschuld schielt der Verrat mit verschlingendem Blicke,
Mit vergiftendem Biß tötet des Lästerers Zahn.
Feil ist in der geschändeten Brust der Gedanke, die Liebe
Wirft des freien Gefühls göttlichen Adel hinweg.
Deiner heiligen Zeichen, o Wahrheit, hat der Betrug sich
Angemaßt, der Natur köstlichste Stimmen entweiht,
Die das bedürftige Herz in der Freude Drang sich erfindet;
Kaum gibt wahres Gefühl noch durch Verstummen sich kund,

Auf der Tribüne prahlet das Recht, in der Hütte die Eintracht,
 Des Gesetzes Gespenst steht an der Könige Thron.
Jahrelang mag, jahrhundertelang die Mumie dauern,
 Mag das trügende Bild lebender Fülle bestehn,
Bis die Natur erwacht, und mit schweren ehernen Händen
 An das hohle Gebäu rühret die Not und die Zeit,
Einer Tigerin gleich, die das eiserne Gitter durchbrochen
 Und des numidischen Walds plötzlich und schrecklich gedenkt,
Aufsteht mit des Verbrechens Wut und des Elends die
 Menschheit
 Und in der Asche der Stadt sucht die verlorne Natur.
O, so öffnet euch, Mauern, und gebt den Gefangenen ledig!
 Zu der verlassenen Flur kehr er gerettet zurück!
Aber wo bin ich? Es birgt sich der Pfad. Abschüssige Grunde
 Hemmen mit gähnender Kluft hinter mir, vor mir den Schritt.
Hinter mir blieb der Gärten, der Hecken vertraute Begleitung,
 Hinter mir jegliche Spur menschlicher Hände zurück.
Nur die Stoffe seh ich getürmt, aus welchen das Leben
 Keimet, der rohe Basalt hofft auf die bildende Hand.
Brausend stürzt der Gießbach herab durch die Rinne des Felsens,
 Unter den Wurzeln des Baums bricht er entrüstet sich Bahn.
Wild ist es hier und schauerlich öd. Im einsamen Luftraum
 Hängt nur der Adler und knüpft an das Gewölke die Welt.
Hoch herauf bis zu mir trägt keines Windes Gefieder
 Den verlorenen Schall menschlicher Mühen und Lust.
Bin ich wirklich allein? In deinen Armen, an deinem
 Herzen wieder, Natur, ach! und es war nur ein Traum,
Der mich schaudernd ergriff mit des Lebens furchtbarem Bilde;
 Mit dem stürzenden Tal stürzte der finstre hinab.
Reiner nehm ich mein Leben von deinem reinen Altare,
 Nehme den fröhlichen Mut hoffender Jugend zurück!
Ewig wechselt der Wille den Zweck und die Regel, in ewig
 Wiederholter Gestalt wälzen die Taten sich um;
Aber jugendlich immer, in immer veränderter Schöne
 Ehrst du, fromme Natur, züchtig das alte Gesetz.
Immer dieselbe, bewahrst du in treuen Händen dem Manne,
 Was dir das gaukelnde Kind, was dir der Jüngling vertraut,
Nährest an gleicher Brust die vielfach wechselnden Alter:
 Unter demselben Blau, über dem nämlichen Grün
Wandeln die nahen und wandeln vereint die fernen Geschlechter,
 Und die Sonne Homers, siehe! sie lächelt auch uns.

Die Teilung der Erde

»Nehmt hin die Welt!« rief Zeus von seinen Höhen
Den Menschen zu. »Nehmt, sie soll euer sein!
Euch schenk ich sie zum Erb und ewgen Lehen –
Doch teilt euch brüderlich darein!«

Da eilt', was Hände hat, sich einzurichten,
Es regte sich geschäftig jung und alt.
Der Ackermann griff nach des Feldes Früchten,
Der Junker birschte durch den Wald.

Der Kaufmann nimmt, was seine Speicher fassen,
Der Abt wählt sich den edeln Firnewein,
Der König sperrt die Brücken und die Straßen
Und sprach: »Der Zehente ist mein.«

Ganz spät, nachdem die Teilung längst geschehen,
Naht der Poet, er kam aus weiter Fern –
Ach! da war überall nichts mehr zu sehen,
Und alles hatte seinen Herrn!

»Weh mir! so soll denn ich allein von allen
Vergessen sein, ich, dein getreuster Sohn?«
So ließ er laut der Klage Ruf erschallen
Und warf sich hin vor Jovis Thron.

»Wenn du im Land der Träume dich verweilet«,
Versetzt der Gott, »so hadre nicht mit mir.
Wo warst du denn, als man die Welt geteilet?«
»Ich war«, sprach der Poet, »bei dir.

Mein Auge hing an deinem Angesichte,
An deines Himmels Harmonie mein Ohr –
Verzeih dem Geiste, der, von deinem Lichte
Berauscht, das Irdische verlor!«

»Was tun?« spricht Zeus; »die Welt ist weggegeben,
Der Herbst, die Jagd, der Markt ist nicht mehr mein.
Willst du in meinem Himmel mit mir leben –
So oft du kommst, er soll dir offen sein.«

Das Mädchen aus der Fremde

In einem Tal bei armen Hirten
Erschien mit jedem jungen Jahr,
Sobald die ersten Lerchen schwirrten,
Ein Mädchen, schön und wunderbar.

Sie war nicht in dem Tal geboren,
Man wußte nicht, woher sie kam,
Und schnell war ihre Spur verloren,
Sobald das Mädchen Abschied nahm.

Beseligend war ihre Nähe,
Und alle Herzen wurden weit,
Doch eine Würde, eine Höhe
Entfernte die Vertraulichkeit.

Sie brachte Blumen mit und Früchte,
Gereift auf einer andern Flur,
In einem andern Sonnenlichte,
In einer glücklichern Natur.

Und teilte jedem eine Gabe,
Dem Früchte, jenem Blumen aus,
Der Jüngling und der Greis am Stabe,
Ein jeder ging beschenkt nach Haus.

Willkommen waren alle Gäste,
Doch nahte sich ein liebend Paar,
Dem reichte sie der Gaben beste,
Der Blumen allerschönste dar.

Dithyrambe

Nimmer, das glaubt mir, erscheinen die Götter,
Nimmer allein.
Kaum daß ich Bacchus den lustigen habe,
Kommt auch schon Amor, der lächelnde Knabe,
Phöbus der herrliche findet sich ein.
 Sie nahen, sie kommen, die Himmlischen alle,
 Mit Göttern erfüllt sich die irdische Halle.

Sagt, wie bewirt ich, der Erdegeborne,
Himmlischen Chor?
Schenket mir euer unsterbliches Leben,
Götter! Was kann euch der Sterbliche geben?
Hebet zu eurem Olymp mich empor!
 Die Freude, sie wohnt nur in Jupiters Saale,
 O füllet mit Nektar, o reicht mir die Schale!

Reich ihm die Schale! Schenke dem Dichter,
Hebe, nur ein!
Netz ihm die Augen mit himmlischem Taue,
Daß er den Styx, den verhaßten, nicht schaue,
Einer der Unsern sich dünke zu sein.
 Sie rauschet, sie perlet, die himmlische Quelle,
 Der Busen wird ruhig, das Auge wird helle.

Die Worte des Glaubens

Drei Worte nenn ich euch, inhaltschwer,
Sie gehen von Munde zu Munde,
Doch stammen sie nicht von außen her,
Das Herz nur gibt davon Kunde;
Dem Menschen ist aller Wert geraubt,
Wenn er nicht mehr an die drei Worte glaubt.

Der Mensch ist frei geschaffen, ist frei,
Und würd er in Ketten geboren,
Laßt euch nicht irren des Pöbels Geschrei,
Nicht den Mißbrauch rasender Toren;
Vor dem Sklaven, wenn er die Kette bricht,
Vor dem freien Menschen erzittert nicht.

Und die Tugend, sie ist kein leerer Schall,
Der Mensch kann sie üben im Leben,
Und sollt er auch straucheln überall,
Er kann nach der göttlichen streben;
Und was kein Verstand der Verständigen sieht,
Das übet in Einfalt ein kindlich Gemüt.

Und ein Gott ist, ein heiliger Wille lebt,
Wie auch der menschliche wanke,
Hoch über der Zeit und dem Raume webt
Lebendig der höchste Gedanke;
Und ob alles in ewigem Wechsel kreist,
Es beharret im Wechsel ein ruhiger Geist.

Die drei Worte bewahret euch, inhaltschwer,
Sie pflanzet von Munde zu Munde,
Und stammen sie gleich nicht von außen her,
Euer Innres gibt davon Kunde;
Dem Menschen ist nimmer sein Wert geraubt,
Solang er noch an die drei Worte glaubt.

Die Worte des Wahns

Drei Worte hört man, bedeutungschwer,
Im Munde der Guten und Besten,
Sie schallen vergeblich, ihr Klang ist leer,
Sie können nicht helfen und trösten.
Verscherzt ist dem Menschen des Lebens Frucht,
Solang er die Schatten zu haschen sucht.

Solang er glaubt an die goldene Zeit,
Wo das Rechte, das Gute wird siegen –
Das Rechte, das Gute führt ewig Streit,
Nie wird der Feind ihm erliegen;
Und erstickst du ihn nicht in den Lüften frei,
Stets wächst ihm die Kraft auf der Erde neu.

Solang er glaubt, daß das buhlende Glück
Sich dem Edeln vereinigen werde –
Dem Schlechten folgt es mit Liebesblick,
Nicht dem Guten gehöret die Erde.
Er ist ein Fremdling, er wandert aus
Und suchet ein unvergänglich Haus.

Solang er glaubt, daß dem ird'schen Verstand
Die Wahrheit je wird erscheinen –
Ihren Schleier hebt keine sterbliche Hand,

Wir können nur raten und meinen.
Du kerkerst den Geist in ein tönend Wort,
Doch der freie wandelt im Sturme fort.

Drum, edle Seele, entreiß dich dem Wahn
Und den himmlischen Glauben bewahre!
Was kein Ohr vernahm, was die Augen nicht sahn,
Es ist dennoch das Schöne, das Wahre!
Es ist nicht draußen, da sucht es der Tor,
Es ist in dir, du bringst es ewig hervor.

Der Taucher

»Wer wagt es, Rittersmann oder Knapp,
Zu tauchen in diesen Schlund?
Einen goldnen Becher werf ich hinab,
Verschlungen schon hat ihn der schwarze Mund.
Wer mir den Becher kann wieder zeigen,
Er mag ihn behalten, er ist sein eigen.«

Der König spricht es und wirft von der Höh
Der Klippe, die schroff und steil
Hinaushängt in die unendliche See,
Den Becher in der Charybde Geheul.
»Wer ist der Beherzte, ich frage wieder,
Zu tauchen in diese Tiefe nieder?«

Und die Ritter, die Knappen um ihn her
Vernehmen's und schweigen still,
Sehen hinab in das wilde Meer,
Und keiner den Becher gewinnen will.
Und der König zum drittenmal wieder fraget:
»Ist keiner, der sich hinunter waget?«

Doch alles noch stumm bleibt wie zuvor,
Und ein Edelknecht, sanft und keck,
Tritt aus der Knappen zagendem Chor,
Und den Gürtel wirft er, den Mantel weg,
Und alle die Männer umher und Frauen
Auf den herrlichen Jüngling verwundert schauen.

Und wie er tritt an des Felsen Hang
Und blickt in den Schlund hinab,
Die Wasser, die sie hinunterschlang,
Die Charybde jetzt brüllend wiedergab,
Und wie mit des fernen Donners Getose
Entstürzen sie schäumend dem finstern Schoße.

Und es wallet und siedet und brauset und zischt,
Wie wenn Wasser mit Feuer sich mengt,
Bis zum Himmel spritzet der dampfende Gischt,
Und Flut auf Flut sich ohn Ende drängt,
Und will sich nimmer erschöpfen und leeren,
Als wollte das Meer noch ein Meer gebären.

Doch endlich, da legt sich die wilde Gewalt,
Und schwarz aus dem weißen Schaum
Klafft hinunter ein gähnender Spalt,
Grundlos, als ging's in den Höllenraum,
Und reißend sieht man die brandenden Wogen
Hinab in den strudelnden Trichter gezogen.

Jetzt schnell, eh die Brandung wiederkehrt,
Der Jüngling sich Gott befiehlt,
Und – ein Schrei des Entsetzens wird rings gehört,
Und schon hat ihn der Wirbel hinweggespült,
Und geheimnisvoll über dem kühnen Schwimmer
Schließt sich der Rachen, er zeigt sich nimmer.

Und stille wird's über dem Wasserschlund,
In der Tiefe nur brauset es hohl,
Und bebend hört man von Mund zu Mund:
»Hochherziger Jüngling, fahre wohl!«
Und hohler und hohler hört man's heulen,
Und es harrt noch mit bangem, mit schrecklichem Weilen.

Und wärfst du die Krone selber hinein
Und sprächst: Wer mir bringet die Kron,
Er soll sie tragen und König sein –
Mich gelüstete nicht nach dem teuren Lohn.
Was die heulende Tiefe da unten verhehle,
Das erzählt keine lebende glückliche Seele.

Wohl manches Fahrzeug, vom Strudel gefaßt,
Schoß gäh in die Tiefe hinab,
Doch zerschmettert nur rangen sich Kiel und Mast
Hervor aus dem alles verschlingenden Grab. –
Und heller und heller, wie Sturmes Sausen,
Hört man's näher und immer näher brausen.

Und es wallet und siedet und brauset und zischt,
Wie wenn Wasser mit Feuer sich mengt,
Bis zum Himmel spritzet der dampfende Gischt,
Und Well auf Well sich ohn Ende drängt,
Und wie mit des fernen Donners Getose
Entstürzt es brüllend dem finstern Schoße.

Und sieh! aus dem finster flutenden Schoß,
Da hebet sich's schwanenweiß,
Und ein Arm und ein glänzender Nacken wird bloß,
Und es rudert mit Kraft und mit emsigem Fleiß,
Und er ist's, und hoch in seiner Linken
Schwingt er den Becher mit freudigem Winken.

Und atmete lang und atmete tief
Und begrüßte das himmlische Licht.
Mit Frohlocken es einer dem andern rief:
»Er lebt! Er ist da! Es behielt ihn nicht!
Aus dem Grab, aus der strudelnden Wasserhöhle
Hat der Brave gerettet die lebende Seele.«

Und er kommt, es umringt ihn die jubelnde Schar,
Zu des Königs Füßen er sinkt,
Den Becher reicht er ihm kniend dar,
Und der König der lieblichen Tochter winkt,
Die füllt ihn mit funkelndem Wein bis zum Rande,
Und der Jüngling sich also zum König wandte:

»Lang lebe der König! Es freue sich,
Wer da atmet im rosigten Licht!
Da unten aber ist's fürchterlich,
Und der Mensch versuche die Götter nicht
Und begehre nimmer und nimmer zu schauen,
Was sie gnädig bedeckten mit Nacht und Grauen.

Es riß mich hinunter blitzesschnell –
Da stürzt mir aus felsigtem Schacht
Wildflutend entgegen ein reißender Quell:
Mich packte des Doppelstroms wütende Macht,
Und wie einen Kreisel mit schwindelndem Drehen
Trieb mich's um, ich konnte nicht widerstehen.

Da zeigte mir Gott, zu dem ich rief
In der höchsten schrecklichen Not,
Aus der Tiefe ragend ein Felsenriff,
Das erfaßt ich behend und entrann dem Tod –
Und da hing auch der Becher an spitzen Korallen,
Sonst wär er ins Bodenlose gefallen.

Denn unter mir lag's noch, bergetief,
In purpurner Finsternis da,
Und ob's hier dem Ohre gleich ewig schlief,
Das Auge mit Schaudern hinuntersah,
Wie's von Salamandern und Molchen und Drachen
Sich regt' in dem furchtbaren Höllenrachen.

Schwarz wimmelten da, in grausem Gemisch,
Zu scheußlichen Klumpen geballt,
Der stachligte Roche, der Klippenfisch,
Des Hammers greuliche Ungestalt,
Und dräuend wies mir die grimmigen Zähne
Der entsetzliche Hai, des Meeres Hyäne.

Und da hing ich und war's mir mit Grausen bewußt
Von der menschlichen Hilfe so weit,
Unter Larven die einzige fühlende Brust,
Allein in der gräßlichen Einsamkeit,
Tief unter dem Schall der menschlichen Rede
Bei den Ungeheuern der traurigen Öde.

Und schaudernd dacht ich's, da kroch's heran,
Regte hundert Gelenke zugleich,
Will schnappen nach mir – in des Schreckens Wahn
Laß ich los der Koralle umklammerten Zweig;
Gleich faßt mich der Strudel mit rasendem Toben,
Doch es war mir zum Heil, er riß mich nach oben.«

Der König darob sich verwundert schier
Und spricht: »Der Becher ist dein,
Und diesen Ring noch bestimm ich dir,
Geschmückt mit dem köstlichsten Edelgestein,
Versuchst du's noch einmal und bringst mir Kunde,
Was du sahst auf des Meeres tiefunterstem Grunde.«

Das hörte die Tochter mit weichem Gefühl,
Und mit schmeichelndem Munde sie fleht:
»Laßt, Vater, genug sein das grausame Spiel!
Er hat Euch bestanden, was keiner besteht,
Und könnt Ihr des Herzens Gelüsten nicht zähmen,
So mögen die Ritter den Knappen beschämen.«

Drauf der König greift nach dem Becher schnell,
In den Strudel ihn schleudert hinein:
»Und schaffst du den Becher mir wieder zur Stell,
So sollst du der trefflichste Ritter mir sein
Und sollst sie als Ehgemahl heut noch umarmen,
Die jetzt für dich bittet mit zartem Erbarmen.«

Da ergreift's ihm die Seele mit Himmelsgewalt,
Und es blitzt aus den Augen ihm kühn,
Und er siehet erröten die schöne Gestalt
Und sieht sie erbleichen und sinken hin –
Da treibt's ihn, den köstlichen Preis zu erwerben,
Und stürzt hinunter auf Leben und Sterben.

Wohl hört man die Brandung, wohl kehrt sie zurück,
Sie verkündigt der donnernde Schall –
Da bückt sich's hinunter mit liebendem Blick:
Es kommen, es kommen die Wasser all,
Sie rauschen herauf, sie rauschen nieder,
Den Jüngling bringt keines wieder.

Der Ring des Polykrates

Er stand auf seines Daches Zinnen,
Er schaute mit vergnügten Sinnen
Auf das beherrschte Samos hin.
»Dies alles ist mir untertänig«,

Begann er zu Ägyptens König,
»Gestehe, daß ich glücklich bin.«

»Du hast der Götter Gunst erfahren!
Die vormals deinesgleichen waren,
Sie zwingt jetzt deines Zepters Macht.
Doch einer lebt noch, sie zu rächen,
Dich kann mein Mund nicht glücklich sprechen,
Solang des Feindes Auge wacht.«

Und eh der König noch geendet,
Da stellt sich, von Milet gesendet,
Ein Bote dem Tyrannen dar:
»Laß, Herr, des Opfers Düfte steigen,
Und mit des Lorbeers muntern Zweigen
Bekränze dir dein festlich Haar.

Getroffen sank dein Feind vom Speere,
Mich sendet mit der frohen Märe
Dein treuer Feldherr Polydor –«
Und nimmt aus einem schwarzen Becken,
Noch blutig, zu der beiden Schrecken,
Ein wohlbekanntes Haupt hervor.

Der König tritt zurück mit Grauen:
»Doch warn ich dich, dem Glück zu trauen«,
Versetzt er mit besorgtem Blick.
»Bedenk, auf ungetreuen Wellen,
Wie leicht kann sie der Sturm zerschellen,
Schwimmt deiner Flotte zweifelnd Glück.«

Und eh er noch das Wort gesprochen,
Hat ihn der Jubel unterbrochen,
Der von der Reede jauchzend schallt.
Mit fremden Schätzen reich beladen,
Kehrt zu den heimischen Gestaden
Der Schiffe mastenreicher Wald.

Der königliche Gast erstaunet:
»Dein Glück ist heute gut gelaunet,
Doch fürchte seinen Unbestand.

Der Kreter waffenkundge Scharen
Bedräuen dich mit Kriegsgefahren,
Schon nahe sind sie diesem Strand.«

Und eh ihm noch das Wort entfallen,
Da sieht man's von den Schiffen wallen,
Und tausend Stimmen rufen:»Sieg!
Von Feindesnot sind wir befreiet,
Die Kreter hat der Sturm zerstreuet,
Vorbei, geendet ist der Krieg!«

Das hört der Gastfreund mit Entsetzen:
»Fürwahr, ich muß dich glücklich schätzen,
Doch«, spricht er, »zittr' ich für dein Heil.
Mir grauet vor der Götter Neide:
Des Lebens ungemischte Freude
Ward keinem Irdischen zuteil.

Auch mir ist alles wohl geraten,
Bei allen meinen Herrschertaten
Begleitet mich des Himmels Huld;
Doch hatt' ich einen teuren Erben,
Den nahm mir Gott, ich sah ihn sterben,
Dem Glück bezahlt ich meine Schuld.

Drum, willst du dich vor Leid bewahren,
So flehe zu den Unsichtbaren,
Daß sie zum Glück den Schmerz verleihn.
Noch keinen sah ich fröhlich enden,
Auf den mit immer vollen Händen
Die Götter ihre Gaben streun.

Und wenn's die Götter nicht gewähren,
So acht auf eines Freundes Lehren
Und rufe selbst das Unglück her,
Und was von allen deinen Schätzen
Dein Herz am höchsten mag ergetzen,
Das nimm und wirf's in dieses Meer.«

Und jener spricht, von Furcht beweget:
»Von allem, was die Insel heget,

Ist dieser Ring mein höchstes Gut.
Ihn will ich den Erinnen weihen,
Ob sie mein Glück mir dann verzeihen –«
Und wirft das Kleinod in die Flut.

Und bei des nächsten Morgens Lichte,
Da tritt mit fröhlichem Gesichte
Ein Fischer vor den Fürsten hin:
»Herr, diesen Fisch hab ich gefangen,
Wie keiner noch ins Netz gegangen,
Dir zum Geschenke bring ich ihn.«

Und als der Koch den Fisch zerteilet,
Kommt er bestürzt herbeigeeilet
Und ruft mit hocherstauntem Blick:
»Sieh, Herr, den Ring, den du getragen,
Ihn fand ich in des Fisches Magen,
O, ohne Grenzen ist dein Glück!«

Hier wendet sich der Gast mit Grausen:
»So kann ich hier nicht ferner hausen,
Mein Freund kannst du nicht weiter sein.
Die Götter wollen dein Verderben –
Fort eil ich, nicht mit dir zu sterben.«
Und sprach's und schiffte schnell sich ein.

Die Kraniche des Ibykus

Zum Kampf der Wagen und Gesänge,
Der auf Korinthus' Landesenge
Der Griechen Stämme froh vereint,
Zog Ibykus, der Götterfreund.
Ihm schenkte des Gesanges Gabe,
Der Lieder süßen Mund Apoll;
So wandert' er, an leichtem Stabe,
Aus Rhegium, des Gottes voll.

Schon winkt auf hohem Bergesrücken
Akrokorinth des Wandrers Blicken,
Und in Poseidons Fichtenhain

Tritt er mit frommem Schauder ein.
Nichts regt sich um ihn her, nur Schwärme
Von Kranichen begleiten ihn,
Die fernhin nach des Südens Wärme
In graulichtem Geschwader ziehn.

»Seid mir gegrüßt, befreund'te Scharen,
Die mir zur See Begleiter waren!
Zum guten Zeichen nehm ich euch,
Mein Los, es ist dem euren gleich:
Von fern her kommen wir gezogen
Und flehen um ein wirtlich Dach.
Sei uns der Gastliche gewogen,
Der von dem Fremdling wehrt die Schmach!«

Und munter fördert er die Schritte
Und sieht sich in des Waldes Mitte –
Da sperren, auf gedrangem Steg,
Zwei Mörder plötzlich seinen Weg.
Zum Kampfe muß er sich bereiten,
Doch bald ermattet sinkt die Hand,
Sie hat der Leier zarte Saiten,
Doch nie des Bogens Kraft gespannt.

Er ruft die Menschen an, die Götter,
Sein Flehen dringt zu keinem Retter,
Wie weit er auch die Stimme schickt,
Nichts Lebendes wird hier erblickt.
»So muß ich hier verlassen sterben,
Auf fremdem Boden, unbeweint,
Durch böser Buben Hand verderben,
Wo auch kein Rächer mir erscheint!«

Und schwer getroffen sinkt er nieder,
Da rauscht der Kraniche Gefieder.
Er hört, schon kann er nicht mehr sehn,
Die nahen Stimmen furchtbar krähn.
»Von euch, ihr Kraniche dort oben,
Wenn keine andre Stimme spricht,
Sei meines Mordes Klag erhoben!«
Er ruft es, und sein Auge bricht.

Der nackte Leichnam wird gefunden,
Und bald, obgleich entstellt von Wunden,
Erkennt der Gastfreund in Korinth
Die Züge, die ihm teuer sind.
»Und muß ich so dich wiederfinden,
Und hoffte mit der Fichte Kranz
Des Sängers Schläfe zu umwinden,
Bestrahlt von seines Ruhmes Glanz!«

Und jammernd hören's alle Gäste,
Versammelt bei Poseidons Feste,
Ganz Griechenland ergreift der Schmerz,
Verloren hat ihn jedes Herz;
Und stürmend drängt sich zum Prytanen
Das Volk, es fordert seine Wut,
Zu rächen des Erschlagnen Manen,
Zu sühnen mit des Mörders Blut.

Doch wo die Spur, die aus der Menge,
Der Völker flutendem Gedränge,
Gelocket von der Spiele Pracht,
Den schwarzen Täter kenntlich macht?
Sind's Räuber, die ihn feig erschlagen?
Tat's neidisch ein verborgner Feind?
Nur Helios vermag's zu sagen,
Der alles Irdische bescheint.

Er geht vielleicht mit frechem Schritte
Jetzt eben durch der Griechen Mitte,
Und während ihn die Rache sucht,
Genießt er seines Frevels Frucht;
Auf ihres eignen Tempels Schwelle
Trotzt er vielleicht den Göttern, mengt
Sich dreist in jene Menschenwelle,
Die dort sich zum Theater drängt.

Denn Bank an Bank gedränget sitzen,
Es brechen fast der Bühne Stützen,
Herbeigeströmt von fern und nah,
Der Griechen Völker wartend da;

Dumpfbrausend wie des Meeres Wogen,
Von Menschen wimmelnd, wächst der Bau
In weiter stets geschweiftem Bogen
Hinauf bis in des Himmels Blau.

Wer zählt die Völker, nennt die Namen,
Die gastlich hier zusammenkamen?
Von Cekrops' Stadt, von Aulis' Strand,
Von Phocis, vom Spartanerland,
Von Asiens entlegner Küste,
Von allen Inseln kamen sie
Und horchen von dem Schaugerüste
Des Chores grauser Melodie,

Der streng und ernst, nach alter Sitte,
Mit langsam abgemeßnem Schritte
Hervortritt aus dem Hintergrund,
Umwandelnd des Theaters Rund.
So schreiten keine ird'schen Weiber,
Die zeugete kein sterblich Haus!
Es steigt das Riesenmaß der Leiber
Hoch über menschliches hinaus.

Ein schwarzer Mantel schlägt die Lenden,
Sie schwingen in entfleischten Händen
Der Fackel düsterrote Glut,
In ihren Wangen fließt kein Blut;
Und wo die Haare lieblich flattern,
Um Menschenstirnen freundlich wehn,
Da sieht man Schlangen hier und Nattern
Die giftgeschwollnen Bäuche blähn.

Und schauerlich gedreht im Kreise
Beginnen sie des Hymnus Weise,
Der durch das Herz zerreißend dringt,
Die Bande um den Frevler schlingt.
Besinnungraubend, herzbetörend
Schallt der Erinnyen Gesang,
Er schallt, des Hörers Mark verzehrend,
Und duldet nicht der Leier Klang:

»Wohl dem, der frei von Schuld und Fehle
Bewahrt die kindlich reine Seele!
Ihm dürfen wir nicht rächend nahn.
Er wandelt frei des Lebens Bahn.
Doch wehe, wehe, wer verstohlen
Des Mordes schwere Tat vollbracht!
Wir heften uns an seine Sohlen,
Das furchtbare Geschlecht der Nacht.

Und glaubt er fliehend zu entspringen,
Geflügelt sind wir da, die Schlingen
Ihm werfend um den flüchtgen Fuß,
Daß er zu Boden fallen muß.
So jagen wir ihn, ohn Ermatten,
Versöhnen kann uns keine Reu,
Ihn fort und fort bis zu den Schatten,
Und geben ihn auch dort nicht frei.«

So singend tanzen sie den Reigen,
Und Stille wie des Todes Schweigen
Liegt überm ganzen Hause schwer,
Als ob die Gottheit nahe wär.
Und feierlich, nach alter Sitte,
Umwandelnd des Theaters Rund,
Mit langsam abgemeßnem Schritte
Verschwinden sie im Hintergrund.

Und zwischen Trug und Wahrheit schwebet
Noch zweifelnd jede Brust und bebet,
Und huldiget der furchtbarn Macht,
Die richtend im Verborgnen wacht,
Die unerforschlich, unergründet
Des Schicksals dunkeln Knäuel flicht,
Dem tiefen Herzen sich verkündet,
Doch fliehet vor dem Sonnenlicht.

Da hört man auf den höchsten Stufen
Auf einmal eine Stimme rufen:
»Sieh da! Sieh da, Timotheus,
Die Kraniche des Ibykus!« –
Und finster plötzlich wird der Himmel,

Und über dem Theater hin
Sieht man, in schwärzlichtem Gewimmel,
Ein Kranichheer vorüberziehn.

»Des Ibykus!« – Der teure Name
Rührt jede Brust mit neuem Grame,
Und wie im Meere Well auf Well,
So läuft's von Mund zu Munde schnell:
»Des Ibykus, den wir beweinen,
Den eine Mörderhand erschlug!
Was ist mit dem? Was kann er meinen?
Was ist's mit diesem Kranichzug?«

Und lauter immer wird die Frage,
Und ahnend fliegt's mit Blitzesschlage
Durch alle Herzen: »Gebet Acht,
Das ist der Eumeniden Macht!
Der fromme Dichter wird gerochen,
Der Mörder bietet selbst sich dar!
Ergreift ihn, der das Wort gesprochen,
Und ihn, an den's gerichtet war!«

Doch dem war kaum das Wort entfahren,
Möcht er's im Busen gern bewahren;
Umsonst! der schreckenbleiche Mund
Macht schnell die Schuldbewußten kund.
Man reißt und schleppt sie vor den Richter,
Die Szene wird zum Tribunal,
Und es gestehn die Bösewichter,
Getroffen von der Rache Strahl.

Die Bürgschaft

Zu Dionys, dem Tyrannen, schlich
Damon, den Dolch im Gewande;
Ihn schlugen die Häscher in Bande.
»Was wolltest du mit dem Dolche, sprich!«
Entgegnet ihm finster der Wüterich.
»Die Stadt vom Tyrannen befreien!«
»Das sollst du am Kreuze bereuen.«

»Ich bin«, spricht jener, »zu sterben bereit
Und bitte nicht um mein Leben;
Doch willst du Gnade mir geben,
Ich flehe dich um drei Tage Zeit,
Bis ich die Schwester dem Gatten gefreit;
Ich lasse den Freund dir als Bürgen –
Ihn magst du, entrinn ich, erwürgen.«

Da lächelt der König mit arger List
Und spricht nach kurzem Bedenken:
»Drei Tage will ich dir schenken.
Doch wisse: wenn sie verstrichen, die Frist,
Eh du zurück mir gegeben bist,
So muß er statt deiner erblassen,
Doch dir ist die Strafe erlassen.«

Und er kommt zum Freunde: »Der König gebeut,
Daß ich am Kreuz mit dem Leben
Bezahle das frevelnde Streben;
Doch will er mir gönnen drei Tage Zeit,
Bis ich die Schwester dem Gatten gefreit.
So bleib du dem König zum Pfande,
Bis ich komme, zu lösen die Bande.«

Und schweigend umarmt ihn der treue Freund
Und liefert sich aus dem Tyrannen,
Der andere ziehet von dannen.
Und ehe das dritte Morgenrot scheint,
Hat er schnell mit dem Gatten die Schwester vereint,
Eilt heim mit sorgender Seele,
Damit er die Frist nicht verfehle.

Da gießt unendlicher Regen herab,
Von den Bergen stürzen die Quellen,
Und die Bäche, die Ströme schwellen.
Und er kommt ans Ufer mit wanderndem Stab –
Da reißet die Brücke der Strudel hinab,
Und donnernd sprengen die Wogen
Des Gewölbes krachenden Bogen.

Und trostlos irrt er an Ufers Rand:
Wie weit er auch spähet und blicket
Und die Stimme, die rufende, schicket –
Da stößet kein Nachen vom sichern Strand,
Der ihn setze an das gewünschte Land,
Kein Schiffer lenket die Fähre,
Und der wilde Strom wird zum Meere.

Da sinkt er ans Ufer und weint und fleht,
Die Hände zum Zeus erhoben:
»O hemme des Stromes Toben!
Es eilen die Stunden, im Mittag steht
Die Sonne, und wenn sie niedergeht
Und ich kann die Stadt nicht erreichen,
So muß der Freund mir erbleichen.«

Doch wachsend erneut sich des Stromes Wut,
Und Welle auf Welle zerrinnet,
Und Stunde an Stunde entrinnet.
Da treibt ihn die Angst, da faßt er sich Mut
Und wirft sich hinein in die brausende Flut
Und teilt mit gewaltigen Armen
Den Strom, und ein Gott hat Erbarmen.

Und gewinnt das Ufer und eilet fort
Und danket dem rettenden Gotte;
Da stürzet die raubende Rotte
Hervor aus des Waldes nächtlichem Ort,
Den Pfad ihm sperrend, und schnaubet Mord
Und hemmet des Wanderers Eile
Mit drohend geschwungener Keule.

»Was wollt ihr?« ruft er vor Schrecken bleich,
»Ich habe nichts als mein Leben,
Das muß ich dem Könige geben!«
Und entreißt die Keule dem nächsten gleich:
»Um des Freundes willen erbarmet euch!«
Und drei, mit gewaltigen Streichen,
Erlegt er, die andern entweichen.

Und die Sonne versendet glühenden Brand;
Und von der unendlichen Mühe
Ermattet sinken die Kniee:
»O hast du mich gnädig aus Räubershand,
Aus dem Strom mich gerettet ans heilige Land,
Und soll hier verschmachtend verderben,
Und der Freund mir, der liebende, sterben!«

Und horch! da sprudelt es silberhell
Ganz nahe, wie rieselndes Rauschen,
Und stille hält er, zu lauschen;
Und sieh, aus dem Felsen, geschwätzig, schnell,
Springt murmelnd hervor ein lebendiger Quell,
Und freudig bückt er sich nieder
Und erfrischet die brennenden Glieder.

Und die Sonne blickt durch der Zweige Grün
Und malt auf den glänzenden Matten
Der Bäume gigantische Schatten;
Und zwei Wanderer sieht er die Straße ziehn,
Will eilenden Laufes vorüberfliehn,
Da hört er die Worte sie sagen:
»Jetzt wird er ans Kreuz geschlagen.«

Und die Angst beflügelt den eilenden Fuß,
Ihn jagen der Sorge Qualen;
Da schimmern in Abendrots Strahlen
Von ferne die Zinnen von Syrakus,
Und entgegen kommt ihm Philostratus,
Des Hauses redlicher Hüter,
Der erkennet entsetzt den Gebieter:

»Zurück! du rettest den Freund nicht mehr,
So rette das eigene Leben!
Den Tod erleidet er eben.
Von Stunde zu Stunde gewartet' er
Mit hoffender Seele der Wiederkehr,
Ihn konnte den mutigen Glauben
Der Hohn des Tyrannen nicht rauben.«

»Und ist es zu spät und kann ich ihm nicht
Ein Retter willkommen erscheinen,
So soll mich der Tod ihm vereinen.
Des rühme der blutge Tyrann sich nicht,
Daß der Freund dem Freunde gebrochen die Pflicht –
Er schlachte der Opfer zweie
Und glaube an Liebe und Treue.«

Und die Sonne geht unter, da steht er am Tor
Und sieht das Kreuz schon erhöhet,
Das die Menge gaffend umstehet;
An dem Seile schon zieht man den Freund empor,
Da zertrennt er gewaltig den dichten Chor:
»Mich, Henker!« ruft er, »erwürget!
Da bin ich, für den er gebürget!«

Und Erstaunen ergreifet das Volk umher,
In den Armen liegen sich beide
Und weinen für Schmerzen und Freude.
Da sieht man kein Auge tränenleer,
Und zum Könige bringt man die Wundermär;
Der fühlt ein menschliches Rühren,
Läßt schnell vor den Thron sie führen.

Und blicket sie lange verwundert an;
Drauf spricht er: »Es ist euch gelungen,
Ihr habt das Herz mir bezwungen,
Und die Treue, sie ist doch kein leerer Wahn –
So nehmet auch mich zum Genossen an.
Ich sei, gewährt mir die Bitte,
In eurem Bunde der Dritte.«

Das Glück

Selig, welchen die Götter, die gnädigen, vor der Geburt schon
 Liebten, welchen als Kind Venus im Arme gewiegt,
Welchem Phöbus die Augen, die Lippen Hermes gelöset
 Und das Siegel der Macht Zeus auf die Stirne gedrückt!

Ein erhabenes Los, ein göttliches, ist ihm gefallen,
 Schon vor des Kampfes Beginn sind ihm die Schläfe bekränzt.
Ihm ist, eh er es lebte, das volle Leben gerechnet,
 Eh er die Mühe bestand, hat er die Charis erlangt.
Groß zwar nenn ich den Mann, der sein eigner Bildner und
 Schöpfer
 Durch der Tugend Gewalt selber die Parze bezwingt;
Aber nicht erzwingt er das Glück, und was ihm die Charis
 Neidisch geweigert, erringt nimmer der strebende Mut.
Vor Unwürdigem kann dich der Wille, der ernste, bewahren,
 Alles Höchste, es kommt frei von den Göttern herab.
Wie die Geliebte dich liebt, so kommen die himmlischen Gaben,
 Oben in Jupiters Reich herrscht, wie in Amors, die Gunst.
Neigungen haben die Götter, sie lieben der grünenden Jugend
 Lockigte Scheitel, es zieht Freude die Fröhlichen an.
Nicht der Sehende wird von ihrer Erscheinung beseligt,
 Ihrer Herrlichkeit Glanz hat nur der Blinde geschaut;
Gern erwählen sie sich der Einfalt kindliche Seele,
 In das bescheidne Gefäß schließen sie Göttliches ein.
Ungehofft sind sie da und täuschen die stolze Erwartung,
 Keines Bannes Gewalt zwinget die Freien herab.
Wem er geneigt, dem sendet der Vater der Menschen und
 Götter
 Seinen Adler herab, trägt ihn zu himmlischen Höhn.
Unter die Menge greift er mit Eigenwillen, und welches
 Haupt ihm gefället, um das flicht er mit liebender Hand
Jetzt den Lorbeer und jetzt die herrschaftgebende Binde,
 Krönte doch selber den Gott nur das gewogene Glück.
Vor dem Glücklichen her tritt Phöbus, der pythische Sieger,
 Und die Herzen bezwingt, Amor, der lächelnde Gott.
Vor ihm ebnet Poseidon das Meer, sanft gleitet des Schiffes
 Kiel, das den Cäsar führt und sein allmächtiges Glück.
Ihm zu Füßen legt sich der Leu, das brausende Delphin
 Steigt aus den Tiefen, und fromm beut es den Rücken ihm an.
Zürne dem Glücklichen nicht, daß den leichten Sieg ihm die
 Götter
 Schenken, daß aus der Schlacht Venus den Liebling entrückt;
Ihn, den die Lächelnde rettet, den Göttergeliebten beneid ich,
 Jenen nicht, dem sie mit Nacht deckt den verdunkelten Blick.
War er weniger herrlich, Achilles, weil ihm Hephästos
 Selbst geschmiedet den Schild und das verderbliche Schwert,

Weil um den sterblichen Mann der große Olymp sich beweget?
 Das verherrlichet ihn, daß ihn die Götter geliebt,
Daß sie sein Zürnen geehrt und, Ruhm dem Liebling zu geben,
 Hellas' bestes Geschlecht stürzten zum Orkus hinab.
Zürne der Schönheit nicht, daß sie schön ist, daß sie verdienstlos,
 Wie der Lilie Kelch, prangt durch der Venus Geschenk;
Laß sie die Glückliche sein – du schaust sie, du bist der
 Beglückte,
 Wie sie ohne Verdienst glänzt, so entzücket sie dich.
Freue dich, daß die Gabe des Lieds vom Himmel herabkommt,
 Daß der Sänger dir singt, was ihn die Muse gelehrt:
Weil der Gott ihn beseelt, so wird er dem Hörer zum Gotte,
 Weil er der Glückliche ist, kannst du der Selige sein.
Auf dem geschäftigen Markt, da führe Themis die Waage,
 Und es messe der Lohn streng an der Mühe sich ab;
Aber die Freude ruft nur ein Gott auf sterbliche Wangen,
 Wo kein Wunder geschieht, ist kein Beglückter zu sehn.
Alles Menschliche muß erst werden und wachsen und reifen,
 Und von Gestalt zu Gestalt führt es die bildende Zeit;
Aber das Glückliche siehest du nicht, das Schöne nicht werden,
 Fertig von Ewigkeit her steht es vollendet vor dir.
Jede irdische Venus ersteht, wie die erste des Himmels,
 Eine dunkle Geburt aus dem unendlichen Meer;
Wie die erste Minerva, so tritt, mit der Ägis gerüstet,
 Aus des Donnerers Haupt jeder Gedanke des Lichts.

Reiterlied
Aus Wallensteins Lager

Wohlauf, Kameraden, aufs Pferd, aufs Pferd!
Ins Feld, in die Freiheit gezogen!
Im Felde, da ist der Mann noch was wert,
Da wird das Herz noch gewogen.
 Da tritt kein anderer für ihn ein,
 Auf sich selber steht er da ganz allein.

Aus der Welt die Freiheit verschwunden ist,
Man sieht nur Herren und Knechte,
Die Falschheit herrschet, die Hinterlist

Bei dem feigen Menschengeschlechte.
Der dem Tod ins Angesicht schauen kann,
Der Soldat allein ist der freie Mann.

Des Lebens Ängsten, er wirft sie weg,
Hat nicht mehr zu fürchten, zu sorgen,
Er reitet dem Schicksal entgegen keck,
Trifft's heute nicht, trifft es doch morgen.
Und trifft es morgen, so lasset uns heut
Noch schlürfen die Neige der köstlichen Zeit.

<div align="right">Gekürzt</div>

Nänie

Auch das Schöne muß sterben! Das Menschen und Götter
<div align="right">bezwinget,</div>
Nicht die eherne Brust rührt es des stygischen Zeus.
Einmal nur erweichte die Liebe den Schattenbeherrscher,
Und an der Schwelle noch, streng, rief er zurück sein Geschenk.
Nicht stillt Aphrodite dem schönen Knaben die Wunde,
Die in den zierlichen Leib grausam der Eber geritzt.
Nicht errettet den göttlichen Held die unsterbliche Mutter,
Wann er, am skäischen Tor fallend, sein Schicksal erfüllt.
Aber sie steigt aus dem Meer mit allen Töchtern des Nereus,
Und die Klage hebt an um den verherrlichten Sohn.
Siehe, da weinen die Götter, es weinen die Göttinnen alle,
Daß das Schöne vergeht, daß das Vollkommene stirbt.
Auch ein Klaglied zu sein im Mund der Geliebten, ist herrlich,
Denn das Gemeine geht klanglos zum Orkus hinab.

Das Lied von der Glocke

<div align="center">Vivos voco.
Mortuos plango.
Fulgura frango.</div>

Fest gemauert in der Erden
Steht die Form, aus Lehm gebrannt.
Heute muß die Glocke werden!
Frisch, Gesellen, seid zur Hand!
Von der Stirne heiß

Rinnen muß der Schweiß,
Soll das Werk den Meister loben;
Doch der Segen kommt von oben.

Zum Werke, das wir ernst bereiten,
Geziemt sich wohl ein ernstes Wort;
Wenn gute Reden sie begleiten,
Dann fließt die Arbeit munter fort.
So laßt uns jetzt mit Fleiß betrachten,
Was durch die schwache Kraft entspringt:
Den schlechten Mann muß man verachten,
Der nie bedacht, was er vollbringt.
Das ist's ja, was den Menschen zieret,
Und dazu ward ihm der Verstand,
Daß er im innern Herzen spüret,
Was er erschafft mit seiner Hand.

Nehmet Holz vom Fichtenstamme,
Doch recht trocken laßt es sein,
Daß die eingepreßte Flamme
Schlage zu dem Schwalch hinein!
Kocht des Kupfers Brei,
Schnell das Zinn herbei!
Daß die zähe Glockenspeise
Fließe nach der rechten Weise!

Was in des Dammes tiefer Grube
Die Hand mit Feuers Hilfe baut,
Hoch auf des Turmes Glockenstube,
Da wird es von uns zeugen laut.
Noch dauern wird's in späten Tagen
Und rühren vieler Menschen Ohr
Und wird mit dem Betrübten klagen
Und stimmen zu der Andacht Chor.
Was unten tief dem Erdensohne
Das wechselnde Verhängnis bringt,
Das schlägt an die metallne Krone,
Die es erbaulich weiter klingt.

Weiße Blasen seh ich springen.
Wohl! die Massen sind im Fluß.

Laßt's mit Aschensalz durchdringen,
Das befördert schnell den Guß.
Auch von Schaume rein
Muß die Mischung sein,
Daß vom reinlichen Metalle
Rein und voll die Stimme schalle.

Denn mit der Freude Feierklange
Begrüßt sie das geliebte Kind
Auf seines Lebens erstem Gange,
Den es in Schlafes Arm beginnt;
Ihm ruhen noch im Zeitenschoße
Die schwarzen und die heitern Lose,
Der Mutterliebe zarte Sorgen
Bewachen seinen goldnen Morgen. –
Die Jahre fliehen pfeilgeschwind.
Vom Mädchen reißt sich stolz der Knabe,
Er stürmt ins Leben wild hinaus,
Durchmißt die Welt am Wanderstabe.
Fremd kehrt er heim ins Vaterhaus,
Und herrlich, in der Jugend Prangen,
Wie ein Gebild aus Himmels Höhn,
Mit züchtigen, verschämten Wangen
Sieht er die Jungfrau vor sich stehn.
Da faßt ein namenloses Sehnen
Des Jünglings Herz, er irrt allein,
Aus seinen Augen brechen Tränen,
Er flieht der Brüder wilden Reihn.
Errötend folgt er ihren Spuren
Und ist von ihrem Gruß beglückt,
Das Schönste sucht er auf den Fluren,
Womit er seine Liebe schmückt.
O zarte Sehnsucht, süßes Hoffen,
Der ersten Liebe goldne Zeit!
Das Auge sieht den Himmel offen,
Es schwelgt das Herz in Seligkeit –
O daß sie ewig grünen bliebe,
Die schöne Zeit der jungen Liebe!

Wie sich schon die Pfeifen bräunen!
Dieses Stäbchen tauch ich ein:

Sehn wir's überglast erscheinen,
Wird's zum Gusse zeitig sein.
Jetzt, Gesellen, frisch!
Prüft mir das Gemisch,
Ob das Spröde mit dem Weichen
Sich vereint zum guten Zeichen.

Denn wo das Strenge mit dem Zarten,
Wo Starkes sich und Mildes paarten,
Da gibt es einen guten Klang.
Drum prüfe, wer sich ewig bindet,
Ob sich das Herz zum Herzen findet!
Der Wahn ist kurz, die Reu ist lang. –
Lieblich in der Bräute Locken
Spielt der jungfräuliche Kranz,
Wenn die hellen Kirchenglocken
Laden zu des Festes Glanz.
Ach! des Lebens schönste Feier
Endigt auch den Lebensmai,
Mit dem Gürtel, mit dem Schleier
Reißt der schöne Wahn entzwei.
Die Leidenschaft flieht,
Die Liebe muß bleiben;
Die Blume verblüht,
Die Frucht muß treiben.
Der Mann muß hinaus
Ins feindliche Leben,
Muß wirken und streben
Und pflanzen und schaffen,
Erlisten, erraffen,
Muß wetten und wagen,
Das Glück zu erjagen.
Da strömet herbei die unendliche Gabe,
Es füllt sich der Speicher mit köstlicher Habe,
Die Räume wachsen, es dehnt sich das Haus.
Und drinnen waltet
Die züchtige Hausfrau,
Die Mutter der Kinder,
Und herrschet weise
Im häuslichen Kreise,
Und lehret die Mädchen

Und wehret den Knaben,
Und reget ohn Ende
Die fleißigen Hände,
Und mehrt den Gewinn
Mit ordnendem Sinn,
Und füllet mit Schätzen die duftenden Laden,
Und dreht um die schnurrende Spindel den Faden,
Und sammelt im reinlich geglätteten Schrein
Die schimmernde Wolle, den schneeigten Lein,
Und füget zum Guten den Glanz und den Schimmer,
Und ruhet nimmer.

Und der Vater mit frohem Blick
Von des Hauses weitschauendem Giebel
Überzählet sein blühend Glück,
Siehet der Pfosten ragende Bäume
Und der Scheunen gefüllte Räume
Und die Speicher, vom Segen gebogen,
Und des Kornes bewegte Wogen,
Rühmt sich mit stolzem Mund:
Fest, wie der Erde Grund,
Gegen des Unglücks Macht
Steht mir des Hauses Pracht! –
Doch mit des Geschickes Mächten
Ist kein ew'ger Bund zu flechten,
Und das Unglück schreitet schnell.

Wohl! nun kann der Guß beginnen,
Schön gezacket ist der Bruch.
Doch, bevor wir's lassen rinnen,
Betet einen frommen Spruch.
Stoßt den Zapfen aus!
Gott bewahr das Haus!
Rauchend in des Henkels Bogen
Schießt's mit feuerbraunen Wogen.

Wohltätig ist des Feuers Macht,
Wenn sie der Mensch bezähmt, bewacht,
Und was er bildet, was er schafft,
Das dankt er dieser Himmelskraft;
Doch furchtbar wird die Himmelskraft,

Wenn sie der Fessel sich entrafft,
Einhertritt auf der eignen Spur
Die freie Tochter der Natur.
Wehe, wenn sie losgelassen,
Wachsend ohne Widerstand
Durch die volkbelebten Gassen
Wälzt den ungeheuren Brand!
Denn die Elemente hassen
Das Gebild der Menschenhand.
Aus der Wolke
Quillt der Segen,
Strömt der Regen;
Aus der Wolke, ohne Wahl,
Zuckt der Strahl!
Hört ihr's wimmern hoch vom Turm!
Das ist Sturm!
Rot wie Blut
Ist der Himmel,
Das ist nicht des Tages Glut!
Welch Getümmel
Straßen auf!
Dampf wallt auf!
Flackernd steigt die Feuersäule,
Durch der Straße lange Zeile
Wächst es fort mit Windeseile,
Kochend wie aus Ofens Rachen
Glühn die Lüfte, Balken krachen,
Pfosten stürzen, Fenster klirren,
Kinder jammern, Mütter irren,
Tiere wimmern
Unter Trümmern,
Alles rennet, rettet, flüchtet,
Taghell ist die Nacht gelichtet.
Durch der Hände lange Kette
Um die Wette
Fliegt der Eimer, hoch im Bogen
Spritzen Quellen, Wasserwogen.
Heulend kommt der Sturm geflogen,
Der die Flamme brausend sucht.
Prasselnd in die dürre Frucht
Fällt sie, in des Speichers Räume,

In der Sparren dürre Bäume,
Und als wollte sie im Wehen
Mit sich fort der Erde Wucht
Reißen in gewalt'ger Flucht,
Wächst sie in des Himmels Höhen
Riesengroß!
Hoffnungslos
Weicht der Mensch der Götterstärke.
Müßig sieht er seine Werke
Und bewundernd untergehen.

Leergebrannt
Ist die Stätte,
Wilder Stürme rauhes Bette;
In den öden Fensterhöhlen
Wohnt das Grauen,
Und des Himmels Wolken schauen
Hoch hinein.

Einen Blick
Nach dem Grabe
Seiner Habe
Sendet noch der Mensch zurück –
Greift fröhlich dann zum Wanderstabe.
Was Feuers Wut ihm auch geraubt,
Ein süßer Trost ist ihm geblieben:
Er zählt die Häupter seiner Lieben,
Und sieh! ihm fehlt kein teures Haupt.

In die Erd ist's aufgenommen,
Glücklich ist die Form gefüllt;
Wird's auch schön zu Tage kommen,
Daß es Fleiß und Kunst vergilt?
Wenn der Guß mißlang?
Wenn die Form zersprang?
Ach! vielleicht, indem wir hoffen,
Hat uns Unheil schon getroffen.

Dem dunkeln Schoß der heil'gen Erde
Vertrauen wir der Hände Tat,

Vertraut der Sämann seine Saat
Und hofft, daß sie entkeimen werde
Zum Segen, nach des Himmels Rat.
Noch köstlicheren Samen bergen
Wir trauernd in der Erde Schoß
Und hoffen, daß er aus den Särgen
Erblühen soll zu schönerm Los.

Von dem Dome,
Schwer und bang,
Tönt die Glocke
Grabgesang.
Ernst begleiten ihre Trauerschläge
Einen Wandrer auf dem letzten Wege.

Ach! die Gattin ist's, die teure,
Ach! es ist die treue Mutter,
Die der schwarze Fürst der Schatten
Wegführt aus dem Arm des Gatten,
Aus der zarten Kinder Schar,
Die sie blühend ihm gebar,
Die sie an der treuen Brust
Wachsen sah mit Mutterlust –
Ach! des Hauses zarte Bande
Sind gelöst auf immerdar,
Denn sie wohnt im Schattenlande,
Die des Hauses Mutter war,
Denn es fehlt ihr treues Walten,
Ihre Sorge wacht nicht mehr,
An verwaister Stätte schalten
Wird die Fremde, liebeleer.

Bis die Glocke sich verkühlet,
Laßt die strenge Arbeit ruhn;
Wie im Laub der Vogel spielet,
Mag sich jeder gütlich tun.
Winkt der Sterne Licht,
Ledig aller Pflicht
Hört der Pursch die Vesper schlagen,
Meister muß sich immer plagen.

Munter fördert seine Schritte
Fern im wilden Forst der Wandrer
Nach der lieben Heimathütte.
Blöckend ziehen heim die Schafe,
Und der Rinder
Breitgestirnte, glatte Scharen
Kommen brüllend,
Die gewohnten Ställe füllend.
Schwer herein
Schwankt der Wagen,
Kornbeladen;
Bunt von Farben
Auf den Garben
Liegt der Kranz,
Und das junge Volk der Schnitter
Fliegt zum Tanz.
Markt und Straße werden stiller,
Um des Lichts gesell'ge Flamme
Sammeln sich die Hausbewohner,
Und das Stadttor schließt sich knarrend.
Schwarz bedecket
Sich die Erde,
Doch den sichern Bürger schrecket
Nicht die Nacht,
Die den Bösen gräßlich wecket,
Denn das Auge des Gesetzes wacht.
Heil'ge Ordnung, segenreiche
Himmelstochter, die das Gleiche
Frei und leicht und freudig bindet,
Die der Städte Bau gegründet,
Die herein von den Gefilden
Rief den ungesell'gen Wilden,
Eintrat in der Menschen Hütten,
Sie gewöhnt zu sanften Sitten
Und das teuerste der Bande
Wob, den Trieb zum Vaterlande!

Tausend fleiß'ge Hände regen,
Helfen sich in munterm Bund,
Und in feurigem Bewegen
Werden alle Kräfte kund.

Meister rührt sich und Geselle
In der Freiheit heil'gem Schutz,
Jeder freut sich seiner Stelle,
Bietet dem Verächter Trutz.
Arbeit ist des Bürgers Zierde,
Segen ist der Mühe Preis;
Ehrt den König seine Würde,
Ehret uns der Hände Fleiß.

Holder Friede,
Süße Eintracht,
Weilet, weilet
Freundlich über dieser Stadt!
Möge nie der Tag erscheinen,
Wo des rauhen Krieges Horden
Dieses stille Tal durchtoben,
Wo der Himmel,
Den des Abends sanfte Röte
Lieblich malt,
Von der Dörfer, von der Städte
Wildem Brande schrecklich strahlt!

 Nun zerbrecht mir das Gebäude,
 Seine Absicht hat's erfüllt,
 Daß sich Herz und Auge weide
 An dem wohlgelungnen Bild.
 Schwingt den Hammer, schwingt,
 Bis der Mantel springt!
 Wenn die Glock' soll auferstehen,
 Muß die Form in Stücken gehen.

Der Meister kann die Form zerbrechen
Mit weiser Hand, zur rechten Zeit,
Doch wehe, wenn in Flammenbächen
Das glüh'nde Erz sich selbst befreit!
Blindwütend, mit des Donners Krachen,
Zersprengt es das geborstne Haus,
Und wie aus offnem Höllenrachen
Speit es Verderben zündend aus.
Wo rohe Kräfte sinnlos walten,
Da kann sich kein Gebild gestalten;

Wenn sich die Völker selbst befrein,
Da kann die Wohlfahrt nicht gedeihn.

Weh, wenn sich in dem Schoß der Städte
Der Feuerzunder still gehäuft,
Das Volk, zerreißend seine Kette,
Zur Eigenhilfe schrecklich greift!
Da zerret an der Glocke Strängen
Der Aufruhr, daß sie heulend schallt
Und, nur geweiht zu Friedensklängen,
Die Losung anstimmt zur Gewalt.

Freiheit und Gleichheit! hört man schallen,
Der ruh'ge Bürger greift zur Wehr,
Die Straßen füllen sich, die Hallen,
Und Würgerbanden ziehn umher;
Da werden Weiber zu Hyänen
Und treiben mit Entsetzen Scherz,
Noch zuckend, mit des Panthers Zähnen,
Zerreißen sie des Feindes Herz.
Nichts Heiliges ist mehr, es lösen
Sich alle Bande frommer Scheu,
Der Gute räumt den Platz dem Bösen,
Und alle Laster walten frei.
Gefährlich ist's, den Leu zu wecken,
Verderblich ist des Tigers Zahn,
Jedoch der schrecklichste der Schrecken,
Das ist der Mensch in seinem Wahn.
Weh denen, die dem Ewigblinden
Des Lichtes Himmelsfackel leihn!
Sie strahlt ihm nicht, sie kann nur zünden
Und äschert Städt und Länder ein.

Freude hat mir Gott gegeben!
Sehet! wie ein goldner Stern
Aus der Hülse, blank und eben,
Schält sich der metallne Kern.
Von dem Helm zum Kranz
Spielt's wie Sonnenglanz,
Auch des Wappens nette Schilder
Loben den erfahrnen Bilder.

Herein! Herein!
Gesellen alle, schließt den Reihen,
Daß wir die Glocke taufend weihen!
C o n c o r d i a soll ihr Name sein.
Zur Eintracht, zu herzinnigem Vereine
Versammle sie die liebende Gemeine.

Und dies sei fortan ihr Beruf,
Wozu der Meister sie erschuf:
Hoch überm niedern Erdenleben
Soll sie in blauem Himmelszelt
Die Nachbarin des Donners schweben
Und grenzen an die Sternenwelt,
Soll eine Stimme sein von oben,
Wie der Gestirne helle Schar,
Die ihren Schöpfer wandelnd loben
Und führen das bekränzte Jahr.
Nur ewigen und ernsten Dingen
Sei ihr metallner Mund geweiht,
Und stündlich mit den schnellen Schwingen
Berühr im Fluge sie die Zeit;
Dem Schicksal leihe sie die Zunge,
S e l b s t herzlos, ohne Mitgefühl,
Begleite sie mit ihrem Schwunge
Des Lebens wechselvolles Spiel.
Und wie der Klang im Ohr vergehet,
Der mächtig tönend ihr entschallt,
So lehre sie, daß nichts bestehet,
Daß alles Irdische verhallt.

Jetzo mit der Kraft des Stranges
Wiegt die Glock mir aus der Gruft,
Daß sie in das Reich des Klanges
Steige, in die Himmelsluft.
Ziehet, ziehet, hebt!
Sie bewegt sich, schwebt.
Freude dieser Stadt bedeute,
F r i e d e sei ihr erst Geläute.

Sehnsucht

Ach, aus dieses Tales Gründen,
Die der kalte Nebel drückt,
Könnt ich doch den Ausgang finden,
Ach wie fühlt ich mich beglückt!
Dort erblick ich schöne Hügel,
Ewig jung und ewig grün!
Hätt ich Schwingen, hätt ich Flügel,
Nach den Hügeln zög ich hin.

Harmonien hör ich klingen,
Töne süßer Himmelsruh,
Und die leichten Winde bringen
Mir der Düfte Balsam zu,
Goldne Früchte seh ich glühen,
Winkend zwischen dunkelm Laub,
Und die Blumen, die dort blühen,
Werden keines Winters Raub.

Ach wie schön muß sich's ergehen
Dort im ew'gen Sonnenschein,
Und die Luft auf jenen Höhen,
O wie labend muß sie sein!
Doch mir wehrt des Stromes Toben,
Der ergrimmt dazwischen braust,
Seine Wellen sind gehoben,
Daß die Seele mir ergraust.

Einen Nachen seh ich schwanken,
Aber ach! der Fährmann fehlt.
Frisch hinein und ohne Wanken!
Seine Segel sind beseelt.
Du mußt glauben, du mußt wagen,
Denn die Götter leihn kein Pfand,
Nur ein Wunder kann dich tragen
In das schöne Wunderland.

Der Pilgrim

Noch in meines Lebens Lenze
War ich, und ich wandert aus,
Und der Jugend frohe Tänze
Ließ ich in des Vaters Haus.

All mein Erbteil, meine Habe
Warf ich fröhlich glaubend hin,
Und am leichten Pilgerstabe
Zog ich fort mit Kindersinn.

Denn mich trieb ein mächtig Hoffen
Und ein dunkles Glaubenswort:
Wandle, rief's, der Weg ist offen,
Immer nach dem Aufgang fort.

Bis zu einer goldnen Pforten
Du gelangst, da gehst du ein,
Denn das Irdische wird dorten
Himmlisch unvergänglich sein.

Abend ward's und wurde Morgen,
Nimmer, nimmer stand ich still,
Aber immer blieb's verborgen,
Was ich suche, was ich will.

Berge lagen mir im Wege,
Ströme hemmten meinen Fuß,
Über Schlünde baut ich Stege,
Brücken durch den wilden Fluß.

Und zu eines Stroms Gestaden
Kam ich, der nach Morgen floß,
Froh vertrauend seinem Faden,
Werf ich mich in seinen Schoß.

Hin zu einem großen Meere
Trieb mich seiner Wellen Spiel,
Vor mir liegt's in weiter Leere,
Näher bin ich nicht dem Ziel.

Ach kein Steg will dahin führen,
Ach der Himmel über mir
Will die Erde nie berühren,
Und das Dort ist niemals hier!

Der Graf von Habsburg

Zu Aachen in seiner Kaiserpracht,
Im altertümlichen Saale,
Saß König Rudolfs heilige Macht
Beim festlichen Krönungsmahle.
Die Speisen trug der Pfalzgraf des Rheins,
Es schenkte der Böhme des perlenden Weins,
Und alle die Wähler, die sieben,
Wie der Sterne Chor um die Sonne sich stellt,
Umstanden geschäftig den Herrscher der Welt,
Die Würde des Amtes zu üben.

Und rings erfüllte den hohen Balkon
Das Volk in freud'gem Gedränge,
Laut mischte sich in der Posaunen Ton
Das jauchzende Rufen der Menge.
Denn geendigt nach langem verderblichen Streit
War die kaiserlose, die schreckliche Zeit,
Und ein Richter war wieder auf Erden.
Nicht blind mehr waltet der eiserne Speer,
Nicht fürchtet der Schwache, der Friedliche mehr,
Des Mächtigen Beute zu werden.

Und der Kaiser ergreift den goldnen Pokal
Und spricht mit zufriedenen Blicken:
»Wohl glänzet das Fest, wohl pranget das Mahl,
Mein königlich Herz zu entzücken;
Doch den Sänger vermiß ich, den Bringer der Lust,
Der mit süßem Klang mir bewege die Brust
Und mit göttlich erhabenen Lehren.
So hab ich's gehalten von Jugend an,
Und was ich als Ritter gepflegt und getan,
Nicht will ich's als Kaiser entbehren.«

Und sieh! in der Fürsten umgebenden Kreis
Trat der Sänger im langen Talare,
Ihm glänzte die Locke silberweiß,
Gebleicht von der Fülle der Jahre.
»Süßer Wohllaut schläft in der Saiten Gold,
Der Sänger singt von der Minne Sold,
Er preiset das Höchste, das Beste,
Was das Herz sich wünscht, was der Sinn begehrt;
Doch sage, was ist des Kaisers wert
An seinem herrlichsten Feste?«

»Nicht gebieten werd ich dem Sänger«, spricht
Der Herrscher mit lächelndem Munde,
»Er steht in des größeren Herren Pflicht,
Er gehorcht der gebietenden Stunde.
Wie in den Lüften der Sturmwind saust,
Man weiß nicht, von wannen er kommt und braust,
Wie der Quell aus verborgenen Tiefen,
So des Sängers Lied aus dem Innern schallt
Und wecket der dunkeln Gefühle Gewalt,
Die im Herzen wunderbar schliefen.«

Und der Sänger rasch in die Saiten fällt
Und beginnt sie mächtig zu schlagen:
»Aufs Waidwerk hinaus ritt ein edler Held,
Den flüchtigen Gemsbock zu jagen.
Ihm folgte der Knapp mit dem Jägergeschoß,
Und als er auf seinem stattlichen Roß
In eine Au kommt geritten,
Ein Glöcklein hört er erklingen fern,
Ein Priester war's mit dem Leib des Herrn,
Voran kam der Mesner geschritten.

Und der Graf zur Erde sich neiget hin,
Das Haupt mit Demut entblößet,
Zu verehren mit gläubigem Christensinn,
Was alle Menschen erlöset.
Ein Bächlein aber rauschte durchs Feld,
Von des Gießbachs reißenden Fluten geschwellt,
Das hemmte der Wanderer Tritte;
Und beiseit legt jener das Sakrament,

Von den Füßen zieht er die Schuhe behend,
Damit er das Bächlein durchschritte.

›Was schaffst du?‹ redet der Graf ihn an,
Der ihn verwundert betrachtet.
›Herr, ich walle zu einem sterbenden Mann,
Der nach der Himmelskost schmachtet.
Und da ich mich nahe des Baches Steg,
Da hat ihn der strömende Gießbach hinweg
Im Strudel der Wellen gerissen.
Drum daß dem Lechzenden werde sein Heil,
So will ich das Wässerlein jetzt in Eil
Durchwaten mit nackenden Füßen.‹

Da setzt ihn der Graf auf sein ritterlich Pferd
Und reicht ihm die prächtigen Zäume,
Daß er labe den Kranken, der sein begehrt,
Und die heilige Pflicht nicht versäume.
Und er selber auf seines Knappen Tier
Vergnüget noch weiter des Jagens Begier,
Der andre die Reise vollführet;
Und am nächsten Morgen, mit dankendem Blick,
Da bringt er dem Grafen sein Roß zurück,
Bescheiden am Zügel geführet.

›Nicht wolle das Gott‹, rief mit Demutsinn
Der Graf, ›daß zum Streiten und Jagen
Das Roß ich beschritte fürderhin,
Das meinen Schöpfer getragen!
Und magst du's nicht haben zu eignem Gewinst,
So bleib es gewidmet dem göttlichen Dienst;
Denn ich hab es dem ja gegeben,
Von dem ich Ehre und irdisches Gut
Zu Lehen trage und Leib und Blut
Und Seele und Atem und Leben.‹

›So mög Euch Gott, der allmächtige Hort,
Der das Flehen der Schwachen erhöret,
Zu Ehren Euch bringen hier und dort,
So wie Ihr jetzt ihn geehret.
Ihr seid ein mächtiger Graf, bekannt

Durch ritterlich Walten im Schweizerland,
Euch blühn sechs liebliche Töchter.
So mögen sie‹, rief er begeistert aus,
›Sechs Kronen Euch bringen in Euer Haus
Und glänzen die spätsten Geschlechter!‹«

Und mit sinnendem Haupt saß der Kaiser da,
Als dächt er vergangener Zeiten –
Jetzt, da er dem Sänger ins Auge sah,
Da ergreift ihn der Worte Bedeuten.
Die Züge des Priesters erkennt er schnell
Und verbirgt der Tränen stürzenden Quell
In des Mantels purpurnen Falten.
Und alles blickte den Kaiser an
Und erkannte den Grafen, der das getan,
Und verehrte das göttliche Walten.

FRIEDRICH HÖLDERLIN

Die Eichbäume

Aus den Gärten komm ich zu euch, ihr Söhne des Berges!
Aus den Gärten, da lebt die Natur geduldig und häuslich,
Pflegend und wieder gepflegt mit dem fleißigen Menschen
 zusammen.
Aber ihr, ihr Herrlichen! steht, wie ein Volk von Titanen
In der zahmeren Welt und gehört nur euch und dem Himmel,
Der euch nährt' und erzog, und der Erde, die euch geboren.
Keiner von euch ist noch in die Schule der Menschen gegangen,
Und ihr drängt euch fröhlich und frei, aus der kräftigen
 Wurzel,
Unter einander herauf und ergreift, wie der Adler die Beute,
Mit gewaltigem Arme den Raum, und gegen die Wolken
Ist euch heiter und groß die sonnige Krone gerichtet.
Eine Welt ist jeder von euch, wie die Sterne des Himmels
Lebt ihr, jeder ein Gott, in freiem Bunde zusammen.
Könnt ich die Knechtschaft nur erdulden, ich neidete nimmer
Diesen Wald und schmiegte mich gern ans gesellige Leben.
Fesselte nur nicht mehr ans gesellige Leben das Herz mich,
Das von Liebe nicht läßt, wie gern würd ich unter euch wohnen!

An den Äther

Treu und freundlich, wie du, erzog der Götter und Menschen
Keiner, o Vater Äther! mich auf; noch ehe die Mutter
In die Arme mich nahm und ihre Brüste mich tränkten,
Faßtest du zärtlich mich an und gossest himmlischen Trank mir,
Mir den heiligen Odem zuerst in den keimenden Busen.

Nicht von irdischer Kost gedeihen einzig die Wesen,
Aber du nährst sie all mit deinem Nektar, o Vater!
Und es drängt sich und rinnt aus deiner ewigen Fülle
Die beseelende Luft durch alle Röhren des Lebens.
Darum lieben die Wesen dich auch und ringen und streben
Unaufhörlich hinauf nach dir in freudigem Wachstum.

Himmlischer! sucht nicht dich mit ihren Augen die Pflanze,
Streckt nach dir die schüchternen Arme der niedrige Strauch nicht?
Daß er dich finde, zerbricht der gefangene Same die Hülse,
Daß er belebt von dir in deiner Welle sich bade,
Schüttelt der Wald den Schnee wie ein überlästig Gewand ab.
Auch die Fische kommen herauf und hüpfen verlangend
Über die glänzende Fläche des Stroms, als begehrten auch diese
Aus der Wiege zu dir; auch den edeln Tieren der Erde
Wird zum Fluge der Schritt, wenn oft das gewaltige Sehnen,
Die geheime Liebe zu dir, sie ergreift, sie hinaufzieht.

Stolz verachtet den Boden das Roß, wie gebogener Stahl strebt
In die Höhe sein Hals, mit der Hufe berührt es den Sand kaum.
Wie zum Scherze berührt der Fuß der Hirsche den Grashalm,
Hüpft, wie ein Zephyr, über den Bach, der reißend
 hinabschäumt,
Hin und wieder und schweift kaum sichtbar durch die Gebüsche.

Aber des Äthers Lieblinge, sie, die glücklichen Vögel,
Wohnen und spielen vergnügt in der ewigen Halle des Vaters!
Raums genug ist für alle. Der Pfad ist keinem bezeichnet,
Und es regen sich frei im Hause die Großen und Kleinen.
Über dem Haupte frohlocken sie mir, und es sehnt sich auch
 mein Herz
Wunderbar zu ihnen hinauf; wie die freundliche Heimat
Winkt es von oben herab, und auf die Gipfel der Alpen

Möcht ich wandern und rufen von da dem eilenden Adler,
Daß er, wie einst in die Arme des Zeus den seligen Knaben,
Aus der Gefangenschaft in des Äthers Halle mich trage.

Töricht treiben wir uns umher; wie die irrende Rebe,
Wenn ihr der Stab gebricht, woran zum Himmel sie aufwächst,
Breiten wir über dem Boden uns aus und suchen und wandern
Durch die Zonen der Erd, o Vater Äther! vergebens,
Denn es treibt uns die Lust, in deinen Gärten zu wohnen.
In die Meersflut werfen wir uns, in den freieren Ebnen
Uns zu sättigen, und es umspielt die unendliche Woge
Unsern Kiel, es freut sich das Herz an den Kräften des Meergotts.
Dennoch genügt ihm nicht; denn der tiefere Ozean reizt uns,
Wo die leichtere Welle sich regt – o wer dort an jene
Goldnen Küsten das wandernde Schiff zu treiben vermöchte!

Aber indes ich hinauf in die dämmernde Ferne mich sehne,
Wo du fremde Gestad umfängst mit der bläulichen Woge,
Kommst du säuselnd herab von des Fruchtbaums blühenden
 Wipfeln,
Vater Äther! und sänftigest selbst das strebende Herz mir,
Und ich lebe nun gern, wie zuvor, mit den Blumen der Erde.

An die Parzen

Nur Einen Sommer gönnt, ihr Gewaltigen!
Und Einen Herbst zu reifem Gesange mir,
 Daß williger mein Herz, vom süßen
 Spiele gesättiget, dann mir sterbe.

Die Seele, der im Leben ihr göttlich Recht
Nicht ward, sie ruht auch drunten im Orkus nicht;
 Doch ist mir einst das Heil'ge, das am
 Herzen mir liegt, das Gedicht, gelungen,

Willkommen dann, o Stille der Schattenwelt!
Zufrieden bin ich, wenn auch mein Saitenspiel
 Mich nicht hinabgeleitet; Einmal
 Lebt ich, wie Götter, und mehr bedarf's nicht.

Abbitte

Heilig Wesen! gestört hab ich die goldene
Götterruhe dir oft, und der geheimeren,
 Tiefern Schmerzen des Lebens
 Hast du manche gelernt von mir.

O vergiß es, vergib! gleich dem Gewölke dort
Vor dem friedlichen Mond, geh ich dahin, und du
 Ruhst und glänzest in deiner
 Schöne wieder, du süßes Licht!

Menschenbeifall

Ist nicht heilig mein Herz, schöneren Lebens voll,
Seit ich liebe? warum achtetet ihr mich mehr,
 Da ich stolzer und wilder,
 Wortereicher und leerer war?

Ach! der Menge gefällt, was auf den Marktplatz taugt,
Und es ehret der Knecht nur den Gewaltsamen;
 An das Göttliche glauben
 Die allein, die es selber sind.

Sonnenuntergang

Wo bist du? trunken dämmert die Seele mir
Von aller deiner Wonne; denn eben ist's,
 Daß ich gelauscht, wie, goldner Töne
 Voll, der entzückende Sonnenjüngling

Sein Abendlied auf himmlischer Leier spielt';
Es tönten rings die Wälder und Hügel nach.
 Doch fern ist er zu frommen Völkern,
 Die ihn noch ehren, hinweggegangen.

Hyperions Schicksalslied

Ihr wandelt droben im Licht
Auf weichem Boden, selige Genien!
Glänzende Götterlüfte
Rühren euch leicht,
Wie die Finger der Künstlerin
Heilige Saiten.

Schicksallos, wie der schlafende
Säugling, atmen die Himmlischen;
Keusch bewahrt
In bescheidener Knospe,
Blühet ewig
Ihnen der Geist,
Und die seligen Augen
Blicken in stiller
Ewiger Klarheit.

Doch uns ist gegeben,
Auf keiner Stätte zu ruhn,
Es schwinden, es fallen
Die leidenden Menschen
Blindlings von einer
Stunde zur andern,
Wie Wasser von Klippe
Zu Klippe geworfen,
Jahrlang ins Ungewisse hinab.

Da ich ein Knabe war,
Rettet' ein Gott mich oft
Vom Geschrei und der Rute der Menschen,
Da spielt ich sicher und gut
Mit den Blumen des Hains,
Und die Lüftchen des Himmels
Spielten mit mir.

Und wie du das Herz
Der Pflanzen erfreust,

Wenn sie entgegen dir
die zarten Arme strecken,

So hast du mein Herz erfreut,
Vater Helios! und, wie Endymion,
War ich dein Liebling,
Heilige Luna!

O all ihr treuen
Freundlichen Götter!
Daß ihr wüßtet,
Wie euch meine Seele geliebt!

Zwar damals rief ich noch nicht
Euch mit Namen, auch ihr
Nanntet mich nie, wie die Menschen sich nennen,
Als kennten sie sich.

Doch kannt ich euch besser,
Als ich je die Menschen gekannt,
Ich verstand die Stille des Äthers,
Der Menschen Worte verstand ich nie.

Mich erzog der Wohllaut
Des säuselnden Hains
Und lieben lernt ich
Unter den Blumen.

Im Arme der Götter wuchs ich groß.

Abendphantasie

Vor seiner Hütte ruhig im Schatten sitzt
Der Pflüger; dem Genügsamen raucht sein Herd.
 Gastfreundlich tönt dem Wanderer im
 Friedlichen Dorfe die Abendglocke.

Wohl kehren jetzt die Schiffer zum Hafen auch,
In fernen Städten, fröhlich verrauscht des Markts
 Geschäft'ger Lärm; in stiller Laube
 Glänzt das gesellige Mahl den Freunden.

Wohin denn ich? Es leben die Sterblichen
Von Lohn und Arbeit; wechselnd in Müh und Ruh
 Ist alles freudig; warum schläft denn
 Nimmer nur mir in der Brust der Stachel?

Am Abendhimmel blühet ein Frühling auf;
Unzählig blühn die Rosen und ruhig scheint
 Die goldne Welt; o dorthin nehmt mich,
 Purpurne Wolken! und möge droben

In Licht und Luft zerrinnen mir Lieb und Leid! –
Doch, wie verscheucht von törichter Bitte, flieht
 Der Zauber; dunkel wird's und einsam
 Unter dem Himmel, wie immer, bin ich –

Komm du nun, sanfter Schlummer! zu viel begehrt
Das Herz; doch endlich, Jugend! verglühst du ja,
 Du ruhelose, träumerische!
 Friedlich und heiter ist dann das Alter.

Geh unter, schöne Sonne, sie achteten
Nur wenig dein, sie kannten dich, Heil'ge, nicht,
 Denn mühelos und stille bist du
 Über den Mühsamen aufgegangen.

Mir gehst du freundlich unter und auf, o Licht!
Und wohl erkennt mein Auge dich, Herrliches!
 Denn göttlich stille ehren lernt ich,
 Da Diotima den Sinn mir heilte.

O du, des Himmels Botin! wie lausch ich dir!
Dir, Diotima! Liebe! wie sah von dir
 Zum goldnen Tage dieses Auge
 Glänzend und dankend empor. Da rauschten

Lebendiger die Quellen, es atmeten
Der dunkeln Erde Blüten mich liebend an,
 Und lächelnd über Silberwolken
 Neigte sich segnend herab der Äther.

An die Deutschen

Spottet ja nicht des Kinds, wenn es mit Peitsch und Sporn
Auf dem Rosse von Holz mutig und groß sich dünkt,
 Denn, ihr Deutschen, auch ihr seid
 Tatenarm und gedankenvoll.

Oder kommt, wie der Strahl aus dem Gewölke kommt,
Aus Gedanken die Tat? Leben die Bücher bald?
 O ihr Lieben, so nehmt mich,
 Daß ich büße die Lästerung.

Heidelberg

Lange lieb ich dich schon, möchte dich, mir zur Lust,
Mutter nennen, und dir schenken ein kunstlos Lied,
 Du, der Vaterlandsstädte
 Ländlichschönste, so viel ich sah.

Wie der Vogel des Walds über die Gipfel fliegt,
Schwingt sich über den Strom, wo er vorbei dir glänzt,
 Leicht und kräftig die Brücke,
 Die von Wagen und Menschen tönt.

Wie von Göttern gesandt, fesselt' ein Zauber einst
Auf die Brücke mich an, da ich vorüber ging,
 Und herein in die Berge
 Mir die reizende Ferne schien,

Und der Jüngling, der Strom, fort in die Ebne zog,
Traurigfroh, wie das Herz, wenn es, sich selbst zu schön,
 Liebend unterzugehen,
 In die Fluten der Zeit sich wirft.

Quellen hattest du ihm, hattest dem Flüchtigen
Kühle Schatten geschenkt, und die Gestade sahn
 All ihm nach, und es bebte
 Aus den Wellen ihr lieblich Bild.

Aber schwer in das Tal hing die gigantische,
Schicksalskundige Burg nieder bis auf den Grund,
 Von den Wettern zerrissen;
 Doch die ewige Sonne goß

Ihr verjüngendes Licht über das alternde
Riesenbild, und umher grünte lebendiger
 Efeu; freundliche Wälder
 Rauschten über die Burg herab.

Sträuche blühten herab, bis wo im heitern Tal,
An den Hügel gelehnt, oder dem Ufer hold
 Deine fröhlichen Gassen
 Unter duftenden Gärten ruhn.

Die Heimat

Froh kehrt der Schiffer heim an den stillen Strom
Von fernen Inseln, wo er geerntet hat;
 Wohl möcht auch ich zur Heimat wieder;
 Aber was hab ich, wie Leid, geerntet? –

Ihr holden Ufer, die ihr mich auferzogt,
Stillt ihr der Liebe Leiden? ach! gebt ihr mir,
 Ihr Wälder meiner Kindheit, wann ich
 Komme, die Ruhe noch Einmal wieder?

Die Liebe

Wenn ihr Freunde vergeßt, wenn ihr die Euern all,
O ihr Dankbaren, sie, euere Dichter schmäht,
 Gott vergeb es, doch ehret
 Nur die Seele der Liebenden.

Denn o saget, wo lebt menschliches Leben sonst,
Da die knechtische jetzt alles, die Sorge, zwingt?
 Darum wandelt der Gott auch
 Sorglos über dem Haupt uns längst.

Doch, wie immer das Jahr kalt und gesanglos ist
Zur beschiedenen Zeit, aber aus weißem Feld
 Grüne Halme doch sprossen,
 Oft ein einsamer Vogel singt,

Wenn sich mählich der Wald dehnet, der Strom sich regt,
Schon die mildere Luft leise von Mittag weht
 Zur erlesenen Stunde,
 So ein Zeichen der schönern Zeit,

Die wir glauben, erwächst einziggenügsam noch,
Einzig edel und fromm über dem ehernen,
 Wilden Boden die Liebe,
 Gottes Tochter, von ihm allein.

Sei gesegnet, o sei, himmlische Pflanze, mir
Mit Gesange gepflegt, wenn des ätherischen
 Nektars Kräfte dich nähren,
 Und der schöpfrische Strahl dich reift.

Wachs und werde zum Wald! eine beseeltere,
Vollentblühende Welt! Sprache der Liebenden
 Sei die Sprache des Landes,
 Ihre Seele der Laut des Volks!

Lebenslauf

Größers wolltest auch du, aber die Liebe zwingt
 All uns nieder, das Leid beuget gewaltiger,
 Doch es kehret umsonst nicht
 Unser Bogen, woher er kommt.

Aufwärts oder hinab! herrschet in heil'ger Nacht,
 Wo die stumme Natur werdende Tage sinnt,
 Herrscht im schiefesten Orkus
 Nicht ein Grades, ein Recht noch auch?

Dies erfuhr ich. Denn nie, sterblichen Meistern gleich,
 Habt ihr Himmlischen, ihr Alleserhaltenden,

Daß ich wüßte, mit Vorsicht
 Mich des ebenen Pfades geführt.

Alles prüfe der Mensch, sagen die Himmlischen,
 Daß er, kräftig genährt, danken für Alles lern',
 Und verstehe die Freiheit,
 Aufzubrechen, wohin er will.

Brod und Wein

An Heinze

1.

Rings um ruhet die Stadt; still wird die erleuchtete Gasse,
 Und, mit Fackeln geschmückt, rauschen die Wagen hinweg.
Satt gehn heim von Freuden des Tags zu ruhen die Menschen,
 Und Gewinn und Verlust wäget ein sinniges Haupt
Wohlzufrieden zu Haus; leer steht von Trauben und Blumen,
 Und von Werken der Hand ruht der geschäftige Markt.
Aber das Saitenspiel tönt fern aus Gärten; vielleicht, daß
 Dort ein Liebendes spielt oder ein einsamer Mann
Ferner Freunde gedenkt und der Jugendzeit; und die Brunnen
 Immerquillend und frisch rauschen an duftendem Beet.
Still in dämmriger Luft ertönen geläutete Glocken,
 Und der Stunden gedenk rufet ein Wächter die Zahl.
Jetzt auch kommet ein Wehn und regt die Gipfel des Hains auf,
 Sieh! und das Schattenbild unserer Erde, der Mond,
Kommet geheim nun auch; die Schwärmerische, die Nacht,
 kommt,
 Voll mit Sternen und wohl wenig bekümmert um uns,
Glänzt die Erstaunende dort, die Fremdlingin unter den
 Menschen,
 Über Gebirgeshöhn traurig und prächtig herauf.

2.

Wunderbar ist die Gunst der Hocherhabnen und niemand
 Weiß, von wannen und was einem geschiehet von ihr.

So bewegt sie die Welt und die hoffende Seele der
<div align="right">Menschen,</div>
 Selbst kein Weiser versteht, was sie bereitet, denn so
Will es der oberste Gott, der sehr dich liebet, und darum
 Ist noch lieber, wie sie, dir der besonnene Tag.
Aber zuweilen liebt auch klares Auge den Schatten
 Und versuchet zu Lust, eh es die Not ist, den Schlaf,
Oder es blickt auch gern ein treuer Mann in die Nacht hin,
 Ja, es ziemet sich, ihr Kränze zu weihn und Gesang,
Weil den Irrenden sie geheiliget ist und den Toten,
 Selber aber besteht, ewig, in freiestem Geist.
Aber sie muß uns auch, daß in der zaudernden Weile,
 Daß im Finstern für uns einiges Haltbare sei,
Uns die Vergessenheit und das Heiligtrunkene gönnen,
 Gönnen das strömende Wort, das, wie die Liebenden, sei,
Schlummerlos und vollern Pokal und kühneres Leben,
 Heilig Gedächtnis auch, wachend zu bleiben bei Nacht.

3.

Auch verbergen umsonst das Herz im Busen, umsonst nur
 Halten den Mut noch wir, Meister und Knaben, denn wer
Möcht es hindern, und wer möcht uns die Freude verbieten?
 Göttliches Feuer auch treibet, bei Tag und bei Nacht,
Aufzubrechen. So komm! daß wir das Offene schauen,
 Daß ein Eigenes wir suchen, so weit es auch ist.
Fest bleibt Eins; es sei um Mittag oder es gehe
 Bis in die Mitternacht, immer bestehet ein Maß,
Allen gemein, doch jeglichem auch ist eignes beschieden,
 Dahin gehet und kommt jeder, wohin er es kann.
Drum! und spotten des Spotts mag gern frohlockender
<div align="right">Wahnsinn,</div>
 Wenn er in heiliger Nacht plötzlich die Sänger ergreift.
Drum an den Isthmos komm! dorthin, wo das offene Meer
<div align="right">rauscht</div>
 Am Parnaß und der Schnee delphische Felsen umglänzt,
Dort ins Land des Olymps, dort auf die Höhe Cithärons,
 Unter die Fichten dort, unter die Trauben, von wo
Thebe drunten und Ismenos rauscht im Lande des Kadmos,
 Dorther kommt und zurück deutet der kommende Gott.

4.

Seliges Griechenland! du Haus der Himmlischen alle,
 Also ist wahr, was einst wir in der Jugend gehört?
Festlicher Saal! der Boden ist Meer! und Tische die Berge,
 Wahrlich zu einzigem Brauche vor alters gebaut!
Aber die Thronen, wo? die Tempel, und wo die Gefäße,
 Wo mit Nektar gefüllt, Göttern zu Lust der Gesang?
Wo, wo leuchten sie denn, die fernhintreffenden Sprüche?
 Delphi schlummert und wo tönet das große Geschick?
Wo ist das schnelle? wo bricht's, allgegenwärtigen Glücks voll,
 Donnernd aus heiterer Luft über die Augen herein?
Vater Äther! so rief's und flog von Zunge zu Zunge,
 Tausendfach, es ertrug keiner das Leben allein,
Ausgeteilet erfreut solch Gut und getauschet, mit Fremden,
 Wird's ein Jubel, es wächst schlafend des Wortes Gewalt:
Vater! heiter! und hallt, so weit es gehet, das uralt
 Zeichen, von Eltern geerbt, treffend und schaffend hinab.
Denn so kehren die Himmlischen ein, tiefschütternd gelangt so
 Aus den Schatten herab unter die Menschen ihr Tag.

5.

Unempfunden kommen sie erst, es streben entgegen
 Ihnen die Kinder, zu hell kommet, zu blendend das Glück,
Und es scheut sie der Mensch, kaum weiß zu sagen ein Halbgott,
 Wer mit Namen sie sind, die mit den Gaben ihm nahn.
Aber der Mut von ihnen ist groß, es füllen das Herz ihm
 Ihre Freuden, und kaum weiß er zu brauchen das Gut,
Schafft, verschwendet und fast ward ihm Unheiliges heilig,
 Das er mit segnender Hand törig und gütig berührt.
Möglichst dulden die Himmlischen dies; dann aber in Wahrheit
 Kommen sie selbst, und gewohnt werden die Menschen des Glücks
Und des Tags und zu schaun die Offenbaren, das Antlitz
 Derer, welche, schon längst Eines und Alles genannt,
Tief die verschwiegene Brust mit freier Genüge gefüllet,
 Und zuerst und allein alles Verlangen beglückt.
So ist der Mensch; wenn da ist das Gut, und es sorget mit Gaben
 Selber ein Gott für ihn, kennet und sieht er es nicht.
Tragen muß er, zuvor; nun aber nennt er sein Liebstes,
 Nun, nun müssen dafür Worte, wie Blumen, entstehn.

6.

Und nun denkt er zu ehren in Ernst die seligen Götter,
 Wirklich und wahrhaft muß alles verkünden ihr Lob.
Nichts darf schauen das Licht, was nicht den Hohen gefället,
 Vor den Äther gebührt Müßigversuchendes nicht.
Drum in der Gegenwart der Himmlischen würdig zu stehen,
 Richten in herrlichen Ordnungen Völker sich auf
Untereinander und baun die schönen Tempel und Städte
 Fest und edel, sie gehn über Gestaden empor –
Aber wo sind sie? wo blühn die Bekannten, die Kronen des
 Festes?
 Thebe welkt und Athen; rauschen die Waffen nicht mehr
In Olympia, nicht die goldnen Wagen des Kampfspiels,
 Und bekränzen sich denn nimmer die Schiffe Korinths?
Warum schweigen auch sie, die alten heil'gen Theater?
 Warum freuet sich denn nicht der geweihete Tanz?
Warum zeichnet, wie sonst, die Stirne des Mannes ein Gott
 nicht,
 Drückt den Stempel, wie sonst, nicht dem Getroffenen auf?
Oder er kam auch selbst und nahm des Menschen Gestalt an
 Und vollendet' und schloß tröstend das himmlische Fest.

7.

Aber Freund! wir kommen zu spät. Zwar leben die Götter,
 Aber über dem Haupt droben in anderer Welt.
Endlos wirken sie da und scheinen's wenig zu achten,
 Ob wir leben, so sehr schonen die Himmlischen uns.
Denn nicht immer vermag ein schwaches Gefäß sie zu fassen,
 Nur zuzeiten erträgt die göttliche Fülle der Mensch.
Traum von ihnen ist drauf das Leben. Aber das Irrsal
 Hilft, wie Schlummer, und stark machet die Not und die Nacht,
Bis daß Helden genug in der ehernen Wiege gewachsen,
 Herzen an Kraft, wie sonst, ähnlich den Himmlischen sind.
Donnernd kommen sie drauf. Indessen dünket mir öfters
 Besser zu schlafen, wie so ohne Genossen zu sein,
So zu harren, und was zu tun indes und zu sagen,
 Weiß ich nicht, und wozu Dichter in dürftiger Zeit.
Aber sie sind, sagst du, wie des Weingotts heilige Priester,
 Welche von Lande zu Land zogen in heiliger Nacht.

8.

Nämlich, als vor einiger Zeit, uns dünket sie lange,
 Aufwärts stiegen sie all, welche das Leben beglückt,
Als der Vater gewandt sein Angesicht von den Menschen,
 Und das Trauern mit Recht über der Erde begann,
Als erschienen zuletzt ein stiller Genius, himmlisch
 Tröstend, welcher des Tags Ende verkündet' und schwand,
Ließ zum Zeichen, daß einst er da gewesen und wieder
 Käme, der himmlische Chor einige Gaben zurück,
Derer menschlich, wie sonst, wir uns zu freuen vermöchten,
 Denn zur Freude, mit Geist, wurde das Größre zu groß
Unter den Menschen und noch, noch fehlen die Starken zu höchsten
 Freuden, aber es lebt stille noch einiger Dank.
Brod ist der Erde Frucht, doch ist's vom Lichte gesegnet,
 Und vom donnernden Gott kommet die Freude des Weins.
Darum denken wir auch dabei der Himmlischen, die sonst
 Da gewesen und die kehren in richtiger Zeit,
Darum singen sie auch mit Ernst, die Sänger, den Weingott,
 Und nicht eitel erdacht tönet dem Alten das Lob.

9.

Ja! sie sagen mit Recht, er söhne den Tag mit der Nacht aus,
 Führe des Himmels Gestirn ewig hinunter, hinauf,
Allzeit froh, wie das Laub der immergrünenden Fichte,
 Das er liebt, und der Kranz, den er von Efeu gewählt,
Weil er bleibet und selbst die Spur der entflohenen Götter
 Götterlosen hinab unter das Finstere bringt.
Was der Alten Gesang von Kindern Gottes geweissagt,
 Siehe! wir sind es, wir; Frucht von Hesperien ist's!
Wunderbar und genau ist's als an Menschen erfüllet,
 Glaube, wer es geprüft! aber so vieles geschieht,
Keines wirket, denn wir sind herzlos, Schatten, bis unser
 Vater Äther erkannt jeden und allen gehört.
Aber indessen kommt als Fackelschwinger des Höchsten
 Sohn, der Syrier, unter die Schatten herab.
Selige Weise sehn's; ein Lächeln aus der gefangnen
 Seele leuchtet, dem Licht tauet ihr Auge noch auf.
Sanfter träumet und schläft in Armen der Erde der Titan,
 Selbst der neidische, selbst Cerberus trinket und schläft.

Hälfte des Lebens

Mit gelben Birnen hänget
Und voll mit wilden Rosen
Das Land in den See,
Ihr holden Schwäne,
Und trunken von Küssen
Tunkt ihr das Haupt
Ins heilignüchterne Wasser.

Weh mir, wo nehm ich, wenn
Es Winter ist, die Blumen, und wo
Den Sonnenschein
Und Schatten der Erde?
Die Mauern stehn
Sprachlos und kalt, im Winde
Klirren die Fahnen.

Wie wenn am Feiertage

Wie wenn am Feiertage, das Feld zu sehn,
Ein Landmann geht, des Morgens, wenn
Aus heißer Nacht die kühlenden Blitze fielen
Die ganze Zeit und fern noch tönet der Donner,
In sein Gestade wieder tritt der Strom,
Und frisch der Boden grünt
Und von des Himmels erfreuendem Regen
Der Weinstock trauft und glänzend
In stiller Sonne stehn die Bäume des Haines:

So stehn sie unter günstiger Witterung,
Sie, die kein Meister allein, die wunderbar
Allgegenwärtig erzieht in leichtem Umfangen
Die mächtige, die göttlichschöne Natur.
Drum wenn zu schlafen sie scheint zu Zeiten des Jahrs
Am Himmel oder unter den Pflanzen oder den Völkern,
So trauert der Dichter Angesicht auch,
Sie scheinen allein zu sein, doch ahnen sie immer.
Denn ahnend ruhet sie selbst auch.

Jetzt aber tagt's! Ich harrt und sah es kommen,
Und was ich sah, das Heilige sei mein Wort.
Denn sie, sie selbst, die älter denn die Zeiten
Und über die Götter des Abends und Orients ist,
Die Natur ist jetzt mit Waffenklang erwacht,
Und hoch vom Äther bis zum Abgrund nieder
Nach festem Gesetze, wie einst, aus heiligem Chaos gezeugt,
Fühlt neu die Begeisterung sich,
Die Allerschaffende, wieder.

Und wie im Aug ein Feuer dem Manne glänzt,
Wenn hohes er entwarf, so ist
Von neuem an den Zeichen, den Taten der Welt jetzt
Ein Feuer angezündet in Seelen der Dichter.
Und was zuvor geschah, doch kaum gefühlt,
Ist offenbar erst jetzt,
Und die uns lächelnd den Acker gebauet,
In Knechtsgestalt, sie sind erkannt,
Die Allebendigen, die Kräfte der Götter.

Erfragst du sie? im Liede wehet ihr Geist,
Wenn es der Sonne des Tags und warmer Erd
Entwächst, und Wettern, die in der Luft, und andern,
Die vorbereiteter in Tiefen der Zeit,
Und deutungsvoller, und vernehmlicher uns
Hinwandeln zwischen Himmel und Erd und unter den Völkern.
Des gemeinsamen Geistes Gedanken sind,
Still endend, in der Seele des Dichters,

Daß schnellbetroffen sie, Unendlichem
Bekannt seit langer Zeit, von Erinnerung
Erbebt, und ihr, von heilgem Strahl entzündet,
Die Frucht in Liebe geboren, der Götter und Menschen Werk,
Der Gesang, damit er beiden zeuge, glückt.
So fiel, wie Dichter sagen, da sie sichtbar
Den Gott zu sehen begehrte, sein Blitz auf Semeles Haus
Und die göttlichgetroffne gebar,
Die Frucht des Gewitters, den heiligen Bacchus.

Und daher trinken himmlisches Feuer jetzt
Die Erdensöhne ohne Gefahr.

Doch uns gebührt es, unter Gottes Gewittern,
Ihr Dichter! mit entblößtem Haupte zu stehen,
Des Vaters Strahl, ihn selbst, mit eigner Hand
Zu fassen und dem Volk ins Lied
Gehüllt die himmlische Gabe zu reichen.
Denn sind nur reinen Herzens,
Wie Kinder, wir, sind schuldlos unsere Hände,
Des Vaters Strahl, der reine, versengt es nicht
und tieferschüttert, eines Gottes Leiden
Mitleidend, bleibt das ewige Herz doch fest.

Andenken

Der Nordost wehet,
Der liebste unter den Winden
Mir, weil er feurigen Geist
Und gute Fahrt verheißet den Schiffern.
Geh aber nun und grüße
Die schöne Garonne,
Und die Gärten von Bordeaux
Dort, wo am scharfen Ufer
Hingehet der Steg und in den Strom
Tief fällt der Bach, darüber aber
Hinschauet ein edel Paar
Von Eichen und Silberpappeln;

Noch denket das mir wohl und wie
Die breiten Gipfel neiget
Der Ulmwald, über die Mühl,
Im Hofe aber wächset ein Feigenbaum.
An Feiertagen gehn
Die braunen Frauen daselbst
Auf seidnen Boden,
Zur Märzenzeit,
Wenn gleich ist Nacht und Tag,
Und über langsamen Stegen,
Von goldenen Träumen schwer,
Einwiegende Lüfte ziehen.

Es reiche aber,
Des dunkeln Lichtes voll,
Mir einer den duftenden Becher,
Damit ich ruhen möge; denn süß
Wär unter Schatten der Schlummer.
Nicht ist es gut,
Seellos von sterblichen
Gedanken zu sein. Doch gut
Ist ein Gespräch und zu sagen
Des Herzens Meinung, zu hören viel
Von Tagen der Lieb,
Und Taten, welche geschehen.

Wo aber sind die Freunde? Bellarmin
Mit dem Gefährten? Mancher
Trägt Scheue, an die Quelle zu gehn;
Es beginnet nämlich der Reichtum
Im Meere. Sie,
Wie Maler, bringen zusammen
Das Schöne der Erd und verschmähn
Den geflügelten Krieg nicht, und
Zu wohnen einsam, jahrlang, unter
Dem entlaubten Mast, wo nicht die Nacht durchglänzen
Die Feiertage der Stadt,
Und Saitenspiel und eingeborener Tanz nicht.

Nun aber sind zu Indiern
Die Männer gegangen,
Dort an der luftigen Spitz
An Traubenbergen, wo herab
Die Dordogne kommt
Und zusammen mit der prächt'gen
Garonne meerbreit
Ausgehet der Strom. Es nehmet aber
Und gibt Gedächtnis die See,
Und die Lieb auch heftet fleißig die Augen,
Was bleibet aber, stiften die Dichter.

HEINRICH VON KLEIST

Mädchenrätsel

Träumt er zur Erde, wen,
Sagt mir, wen meint er?
Schwillt ihm die Träne, was,
Götter, was weint er?
Bebt er, ihr Schwestern, was,
Redet, erschrickt ihn?
Jauchzt er, o Himmel, was
Ist's, was beglückt ihn?

ROMANTIKER

LUDWIG TIECK

Wunder der Liebe

Liebe läßt sich suchen, finden,
Niemals lernen oder lehren;
Wer da will die Flamm entzünden,
Ohne selbst sich zu versehren,
Muß sich reinigen der Sünden.
Alles schläft, weil er noch wacht;
Wann der Stern der Liebe lacht,
Goldne Augen auf ihn blicken,
Schaut er trunken von Entzücken
Mondbeglänzte Zaubernacht.

Aber nie darf er erschrecken,
Wenn sich Wolken dunkel jagen,
Finsternis die Sterne decken,
Kaum der Mond es noch will wagen,
Einen Schimmer aufzuwecken.
Ewig steht der Liebe Zelt,
Von dem eignen Licht erhellt;
Aber Mut nur kann zerbrechen,
Was die Furcht will ewig schwächen,
Die den Sinn gefangen hält.

Keiner Liebe hat gefunden,
Dem ein trüber Ernst beschieden;
Flüchtig sind die goldnen Stunden,
Welche immer den vermieden,
Den die bleiche Sorg umwunden:
Wer die Schlange an sich hält,
Dem ist Schatten vorgestellt;
Alles, was die Dichter sangen,

Nennt der Arme, eingefangen,
Wundervolle Märchenwelt.

Herz, im Glauben auferblühend,
Fühlt alsbald die goldnen Scheine,
Die es lieblich in sich ziehend
Macht zu eigen sich und seine,
In der schönsten Flamme glühend.
Ist das Opfer angefacht,
Wird's dem Himmel dargebracht;
Hat dich Liebe angenommen,
Auf dem Altar hell entglommen
Steig auf in der alten Pracht!

Mondbeglänzte Zaubernacht,
Die den Sinn gefangen hält,
Wundervolle Märchenwelt,
Steig auf in der alten Pracht!

FRIEDRICH VON HARDENBERG (NOVALIS)

Marienlied

Ich sehe dich in tausend Bildern,
Maria, lieblich ausgedrückt,
Doch keins von allen kann dich schildern,
Wie meine Seele dich erblickt.

Ich weiß nur, daß der Welt Getümmel
Seitdem mir wie ein Traum verweht,
Und ein unnennbar süßer Himmel
Mir ewig im Gemüte steht.

Lied des Einsiedlers

Gern verweil ich noch im Tale,
Lächelnd in der tiefen Nacht,
Denn der Liebe volle Schale
Wird mir täglich dargebracht.

Ihre heil'gen Tropfen heben
Meine Seele hoch empor,
Und ich steh in diesem Leben
Trunken an des Himmels Tor.

Eingewiegt in selges Schauen,
Ängstigt mein Gemüt kein Schmerz.
Oh! die Königin der Frauen
Gibt mir ihr getreues Herz.

Bangverweinte Jahre haben
Diesen schlechten Ton verklärt
Und ein Bild ihm eingegraben,
Das ihm Ewigkeit gewährt.

Jene lange Zahl von Tagen
Dünkt mir nur ein Augenblick;
Werd ich einst von hier getragen,
Schau ich dankbar noch zurück.

Fern im Osten wird es helle,
Graue Zeiten werden jung;
Aus der lichten Farbenquelle
Einen langen tiefen Trunk!
Alter Sehnsucht heilige Gewährung,
Süße Lieb in göttlicher Verklärung.

Endlich kommt zur Erde nieder
Aller Himmel sel'ges Kind,
Schaffend im Gesang weht wieder
Um die Erde Lebenswind,
Weht zu neuen ewig lichten Flammen
Längstverstiebte Funken hier zusammen.

Überall entspringt aus Grüften
Neues Leben, neues Blut,
Ew'gen Frieden uns zu stiften,
Taucht er in die Lebensflut;
Steht mit vollen Händen in der Mitte,
Liebevoll gewärtig jeder Bitte.

Lasse seine milden Blicke
Tief in deine Seele gehn,
Und von seinem ew'gen Glücke
Sollst du dich ergriffen sehn.
Alle Herzen, Geister und die Sinnen
Werden einen neuen Tanz beginnen.

Greife dreist nach seinen Händen,
Präge dir sein Antlitz ein,
Mußt dich immer nach ihm wenden,
Blüte nach dem Sonnenschein;
Wirst du nur das ganze Herz ihm zeigen,
Bleibt er wie ein treues Weib dir eigen.

Unser ist sie nun geworden,
Gottheit, die uns oft erschreckt,
Hat im Süden und im Norden
Himmelskeime rasch geweckt,
Und so laßt im vollen Gottesgarten
Treu uns jede Knosp' und Blüte warten.

Wenn nicht mehr Zahlen und Figuren
Sind Schlüssel aller Kreaturen,
Wenn die, so singen oder küssen
Mehr als die Tiefgelehrten wissen,
Wenn sich die Welt ins freie Leben
Und in die Welt wird zurückbegeben,
Wenn dann sich wieder Licht und Schatten
Zu echter Klarheit wieder gatten
Und man in Märchen und Gedichten
Erkennt die wahren Weltgeschichten,
Dann fliegt vor e i n e m geheimen Wort
Das ganze verkehrte Wesen fort.

Lied der Toten

Lobt doch unsre stillen Feste,
Unsre Gärten, unsre Zimmer,
Das bequeme Hausgeräte,
Unser Hab und Gut.
Täglich kommen neue Gäste,
Diese früh, die andern späte,
Auf den weiten Herden immer
Lodert neue Lebensglut.

Tausend zierliche Gefäße
Einst betaut mit tausend Tränen,
Goldne Ringe, Sporen, Schwerter,
Sind in unserm Schatz:
Viel Kleinodien und Juwelen
Wissen wir in dunkeln Höhlen,
Keiner kann den Reichtum zählen,
Zählt' er auch ohn Unterlaß.

Kinder der Vergangenheiten,
Helden aus den grauen Zeiten,
Der Gestirne Riesengeister,
Wunderlich gesellt,
Holde Frauen, ernste Meister,
Kinder und verlebte Greise
Sitzen hier in e i n e m Kreise,
Wohnen in der alten Welt.

Keiner wird sich je beschweren,
Keiner wünschen fortzugehen,
Wer an unsern vollen Tischen
Einmal fröhlich saß.
Klagen sind nicht mehr zu hören,
Keine Wunden mehr zu sehen,
Keine Tränen abzuwischen;
Ewig läuft das Stundenglas.

Tiefgerührt von heil'ger Güte
Und versenkt in sel'ges Schauen
Steht der Himmel im Gemüte,

Wolkenloses Blau;
Lange fliegende Gewande
Tragen uns durch Frühlingsauen,
Und es weht in diesem Lande
Nie ein Lüftchen kalt und rauh.

Süßer Reiz der Mitternächte,
Stiller Kreis geheimer Mächte,
Wollust rätselhafter Spiele,
Wir nur kennen euch.
Wir nur sind am hohen Ziele,
Bald in Strom uns zu ergießen
Dann in Tropfen zu zerfließen
Und zu nippen auch zugleich.

Uns ward erst die Liebe Leben;
Innig wie die Elemente
Mischen wir des Daseins Fluten,
Brausend Herz mit Herz.
Lüstern scheiden sich die Fluten,
Denn der Kampf der Elemente
Ist der Liebe höchstes Leben
Und des Herzens eignes Herz.

Leiser Wünsche süßes Plaudern
Hören wir allein, und schauen
Immerdar in sel'ge Augen,
Schmecken nichts als Mund und Kuß.
Alles, was wir nur berühren,
Wird zu heißen Balsamfrüchten,
Wird zu weichen zarten Brüsten,
Opfer kühner Lust.

Immer wächst und blüht Verlangen
Am Geliebten festzuhangen,
Ihn im Innern zu empfangen,
Eins mit ihm zu sein,
Seinem Durste nicht zu wehren,
Sich im Wechsel zu verzehren,
Voneinander sich zu nähren,
Voneinander nur allein.

So in Lieb und hoher Wollust
Sind wir immerdar versunken,
Seit der wilde trübe Funken
Jener Welt erlosch;
Seit der Hügel sich geschlossen,
Und der Scheiterhaufen sprühte,
Und dem schauernden Gemüte
Nun das Erdgesicht zerfloß.

Zauber der Erinnerungen,
Heil'ger Wehmut süße Schauer
Haben innig uns durchklungen,
Kühlen unsre Glut.
Wunden gibt's, die ewig schmerzen,
Eine göttlich tiefe Trauer
Wohnt in unser aller Herzen,
Löst uns auf in e i n e Flut.

Und in dieser Flut ergießen
Wir uns auf geheime Weise
In den Ozean des Lebens
Tief in Gott hinein;
Und aus seinem Herzen fließen
Wir zurück zu unserm Kreise,
Und der Geist des höchsten Strebens
Taucht in unsre Wirbel ein.

Schüttelt eure goldnen Ketten
Mit Smaragden und Rubinen,
Und die blanken saubern Spangen,
Blitz und Klang zugleich.
Aus des feuchten Abgrunds Betten,
Aus den Gräbern und Ruinen,
Himmelsrosen auf den Wangen
Schwebt ins bunte Fabelreich.

Könnten doch die Menschen wissen,
Unsre künftigen Genossen,
Daß bei allen ihren Freuden
Wir geschäftig sind:
Jauchzend würden sie verscheiden,

Gern das bleiche Dasein missen –
Oh! die Zeit ist bald verflossen,
Kommt, Geliebte, doch geschwind!

Helft uns nur den Erdgeist binden,
Lernt den Sinn des Todes fassen
Und das Wort des Lebens finden;
Einmal kehrt euch um.
Deine Macht muß bald verschwinden,
Dein erborgtes Licht verblassen,
Werden dich in kurzem binden,
Erdgeist, deine Zeit ist um.

CLEMENS BRENTANO

Eingang

Was reif in diesen Zeilen steht,
Was lächelnd winkt und sinnend fleht,
Das soll kein Kind betrüben;
Die Einfalt hat es ausgesät,
Die Schwermut hat hindurch geweht,
Die Sehnsucht hat's getrieben.
Und ist das Feld einst abgemäht,
Die Armut durch die Stoppeln geht,
Sucht Ähren, die geblieben;
Sucht Lieb, die für sie untergeht,
Sucht Lieb, die mit ihr aufersteht,
Sucht Lieb, die sie kann lieben.
Und hat sie einsam und verschmäht
Die Nacht durch, dankend in Gebet,
Die Körner ausgerieben,
Liest sie, als früh der Hahn gekräht,
Was Lieb erhielt, was Leid verweht,
Ans Feldkreuz angeschrieben:
»O Stern und Blume, Geist und Kleid,
Lieb, Leid und Zeit und Ewigkeit!«

Frühlingsschrei eines Knechtes aus der Tiefe

Meister, ohne dein Erbarmen
Muß im Abgrund ich verzagen,
Willst du nicht mit starken Armen
Wieder mich zum Lichte tragen.

Jährlich greifet deine Güte
In die Erde, in die Herzen;
Jährlich weckest du die Blüte,
Weckst in mir die alten Schmerzen.

Einmal nur zum Licht geboren,
Aber tausendmal gestorben,
Bin ich ohne dich verloren,
Ohne dich in mir verdorben.

Wenn sich so die Erde reget,
Wenn die Luft so sonnig wehet,
Dann wird auch die Flut beweget,
Die in Todesbanden stehet.

Und in meinem Herzen schauert
Ein betrübter, bittrer Bronnen;
Wenn der Frühling draußen lauert,
Kommt die Angstflut angeronnen.

Weh! durch gift'ge Erdenlagen,
Wie die Zeit sie angeschwemmet,
Habe ich den Schacht geschlagen,
Und er ist nur schwach verdämmet.

Wenn nun rings die Quellen schwellen,
Wenn der Grund gebärend ringet,
Brechen her die bittern Wellen,
Die kein Witz, kein Fluch mir zwinget.

Andern ruf ich: »Schwimme! schwimme!«
Mir kann dieser Ruf nicht taugen!
Denn in mir ja steigt die grimme
Sündflut, bricht aus meinen Augen.

Und dann scheinen bös Gezüchte
Mir die bunten Lämmer alle,
Die ich grüßte, süße Früchte,
Die mir reiften, bittre Galle.

Herr, erbarme du dich meiner,
Daß mein Herz neu blühend werde!
Mein erbarmte sich noch keiner
Von den Frühlingen der Erde.

Meister! wenn dir alle Hände
Nahn mit süß erfüllten Schalen,
Kann ich mit der bittern Spende
Meine Schuld dir nimmer zahlen.

Ach! wie ich auch tiefer wühle,
Wie ich schöpfe, wie ich weine,
Nimmer ich den Schwall erspüle
Zum Kristallgrund fest und reine.

Immer stürzen mir die Wände,
Jede Schicht hat mich belogen,
Und die arbeitblut'gen Hände
Brennen in den bittern Wogen.

Weh! der Raum wird immer enger,
Wilder, wüster stets die Wogen,
Herr! o Herr! ich treib's nicht länger –
Schlage deinen Regenbogen.

Herr, ich mahne dich: Verschone!
Herr, ich hört in jungen Tagen:
Wunderbare Rettung wohne –
Ach! – in deinem Blute, sagen.

Und so muß ich zu dir schreien,
Schreien aus der bittern Tiefe,
Könntest du auch nie verzeihen,
Daß dein Knecht so kühnlich riefe.

Daß des Lichtes Quelle wieder
Rein und heilig in mir flute,
Träufle einen Tropfen nieder,
Jesus, mir von deinem Blute!

Abendständchen

Hör, es klagt die Flöte wieder,
Und die kühlen Brunnen rauschen,
Golden wehn die Töne nieder –
Stille, stille, laß uns lauschen!

Holdes Bitten, mild Verlangen,
Wie es süß zum Herzen spricht!
Durch die Nacht, die mich umfangen,
Blickt zu mir der Töne Licht.

Lore Lay

Zu Bacharach am Rheine
Wohnt' eine Zauberin,
Sie war so schön und feine
Und riß viel Herzen hin.

Und brachte viel zu Schanden
Der Männer ringsumher;
Aus ihren Liebesbanden
War keine Rettung mehr.

Der Bischof ließ sie laden
Vor geistliche Gewalt –
Und mußte sie begnaden,
So schön war ihr' Gestalt.

Er sprach zu ihr gerühret:
»Du arme Lore Lay!
Wer hat dich denn verführet
Zu böser Zauberei?« –

»Herr Bischof, laßt mich sterben!
Ich bin des Lebens müd,
Weil jeder muß verderben,
Der meine Augen sieht!

Die Augen sind zwei Flammen,
Mein Arm ein Zauberstab –
O legt mich in die Flammen,
O brechet mir den Stab!« –

»Ich kann dich nicht verdammen,
Bis du mir erst bekennt,
Warum in deinen Flammen
Mein eignes Herz schon brennt.

Den Stab kann ich nicht brechen,
Du schöne Lore Lay!
Ich müßte denn zerbrechen
Mein eigen Herz entzwei!«

»Herr Bischof, mit mir Armen
Treibt nicht so bösen Spott
Und bittet um Erbarmen
Für mich den lieben Gott!

Ich darf nicht länger leben,
Ich liebe keinen mehr. –
Den Tod sollt Ihr mir geben,
Drum kam ich zu Euch her!

Mein Schatz hat mich betrogen,
Hat sich von mir gewandt,
Ist fort von mir gezogen,
Fort in ein fremdes Land.

Die Augen sanft und wilde,
Die Wangen rot und weiß,
Die Worte still und milde,
Das ist mein Zauberkreis.

Ich selbst muß drin verderben,
Das Herz tut mir so weh;
Vor Schmerzen möcht ich sterben,
Wenn ich mein Bildnis seh.

Drum laßt mein Recht mich finden,
Mich sterben wie ein Christ,
Denn alles muß verschwinden,
Weil er nicht bei mir ist!«

Drei Ritter läßt er holen:
»Bringt sie ins Kloster hin!
Geh, Lore! – Gott befohlen
Sei dein berückter Sinn!

Du sollst ein Nönnchen werden,
Ein Nönnchen schwarz und weiß,
Bereite dich auf Erden
Zu deines Todes Reis'!«

Zum Kloster sie nun ritten,
Die Ritter alle drei,
Und traurig in der Mitten
Die schöne Lore Lay.

»O Ritter, laßt mich gehen
Auf diesen Felsen groß,
Ich will noch einmal sehen
Nach meines Lieben Schloß.

Ich will noch einmal sehen
Wohl in den tiefen Rhein
Und dann ins Kloster gehen
Und Gottes Jungfrau sein.«

Der Felsen ist so jähe,
So steil ist seine Wand,
Doch klimmt sie in die Höhe,
Bis daß sie oben stand.

Es binden die drei Reiter
Die Rosse unten an
Und klettern immer weiter
Zum Felsen auch hinan.

Die Jungfrau sprach: »Da gehet
Ein Schifflein auf dem Rhein;
Der in dem Schifflein stehet,
Der soll mein Liebster sein!

Mein Herz wird mir so munter,
Er muß mein Liebster sein!« –
Da lehnt sie sich hinunter
Und stürzet in den Rhein.

Die Ritter mußten sterben,
Sie konnten nicht hinab;
Sie mußten all verderben
Ohn Priester und ohn Grab.

Wer hat dies Lied gesungen?
Ein Schiffer auf dem Rhein,
Und immer hat's geklungen
Von dem Dreiritterstein:
 Lore Lay!
 Lore Lay!
 Lore Lay!
Als wären es meiner drei.

Auf dem Rhein

Ein Fischer saß im Kahne,
Ihm war das Herz so schwer,
Sein Lieb war ihm gestorben,
Das glaubt er nimmermehr.

Und bis die Sternlein blinken,
Und bis zum Mondenschein
Harrt er, sein Lieb zu fahren
Wohl auf dem tiefen Rhein.

Da kommt sie bleich geschlichen
Und schwebet in den Kahn
Und schwanket in den Knieen,
Hat nur ein Hemdlein an.

Sie schimmern auf den Wellen
Hinab in tiefer Ruh;
Da zittert sie und wanket –
»Feinsliebchen, frierest du?

Dein Hemdlein spielt im Winde,
Das Schifflein treibt so schnell,
Hüll dich in meinen Mantel,
Die Nacht ist kühl und hell!«

Stumm streckt sie nach den Bergen
Die weißen Arme aus
Und lächelt, da der Vollmond
Aus Wolken blickt heraus;

Und nickt den alten Türmen
Und will den Sternenschein
Mit ihren schlanken Händlein
Erfassen in dem Rhein.

»O, halte dich doch stille,
Herzallerliebstes Gut,
Dein Hemdlein spielt im Winde
Und reißt dich in die Flut!«

Da fliegen große Städte
An ihrem Kahn vorbei,
Und in den Städten klingen
Wohl Glocken mancherlei.

Da kniet das Mägdlein nieder
Und faltet seine Händ;
Aus seinen hellen Augen
Ein tiefes Feuer brennt.

»Feinsliebchen, bet hübsch stille,
Schwank nicht so hin und her,
Der Kahn möcht uns versinken,
Der Wirbel reißt so sehr!«

In einem Nonnenkloster,
Da singen Stimmen fein,
Und aus dem Kirchenfenster
Bricht her der Kerzenschein.

Da singt Feinslieb gar helle
Die Metten in dem Kahn
Und sieht dabei mit Tränen
Den Fischerknaben an.

Da singt der Knab gar traurig
Die Metten in dem Kahn
Und sieht dazu Feinsliebchen
Mit stummen Blicken an.

Und rot und immer röter
Wird nun die tiefe Flut,
Und bleich und immer bleicher
Feinsliebchen werden tut.

Der Mond ist schon zerronnen,
Kein Sternlein mehr zu sehn,
Und auch dem lieben Mägdlein
Die Augen schon vergehn.

»Lieb Mägdlein, guten Morgen!
Lieb Mägdlein, gute Nacht!
Warum willst du nun schlafen,
Da schon der Tag erwacht?«

Die Türme blinken sonnig,
Es rauscht der grüne Wald,
In wildentbrannten Weisen
Der Vogelsang erschallt.

Da will er sie erwecken,
Daß sie die Freude hör,
Er schaut zu ihr hinüber
Und findet sie nicht mehr.

Ein Schwälblein strich vorüber
Und netzte seine Brust;
Woher, wohin geflogen,
Das hat kein Mensch gewußt.

Der Knabe liegt im Kahne,
Läßt alles Rudern sein
Und treibet weiter, weiter
Bis in die See hinein.

Ich schwamm im Meeresschiffe
Aus fremder Welt einher
Und dacht an Lieb und Leben
Und sehnte mich so sehr.

Ein Schwälbchen flog vorüber,
Der Kahn schwamm still einher,
Der Fischer sang dies Liedchen,
Als ob ich's selber wär.

Wiegenlied

Singet leise, leise, leise,
Singt ein flüsternd Wiegenlied,
Von dem Monde lernt die Weise,
Der so still am Himmel zieht.

Singt ein Lied so süß gelinde,
Wie die Quellen auf den Kieseln,
Wie die Bienen um die Linde
Summen, murmeln, flüstern, rieseln.

An Sophie Mereau

Von den Mauern Widerklang –
Ach! – im Herzen frägt es bang:
Ist es ihre Stimme?
Und vergebens sucht mein Blick:
Kehret mir ein Ton zurück? –
Ist's nur meine Stimme? –

Auf der Mauern höhern Rand
Sind die Blicke hingebannt,
Doch ich seh nur Sterne;
Und in hoher Himmelssee
Ich die Sterne küssen seh.
Wären's unsre Sterne!

Nacht ist voller Lug und Trug,
Nimmer sehen wir genug
In den schwarzen Augen;
Heiß ist Liebe, Nacht ist kühl,
Ach! ich seh ihr viel zu viel
In die schwarzen Augen!

Sonne wollt nicht untergehn,
Blieb am Berg neugierig stehn;
Kam die Nacht gegangen;
Stille Nacht, in deinem Schoß
Liegt der Menschen höchstes Los
Mütterlich umfangen.

Ich wollt ein Sträußlein binden

Ich wollt ein Sträußlein binden,
Da kam die dunkle Nacht,
Kein Blümlein war zu finden,
Sonst hätt ich dir's gebracht.

Da flossen von den Wangen
Mir Tränen in den Klee,

Ein Blümlein aufgegangen
Ich nun im Garten seh.

Das wollte ich dir brechen
Wohl in dem dunklen Klee,
Doch fing es an zu sprechen:
»Ach tue mir nicht weh!

Sei freundlich in dem Herzen,
Betracht dein eigen Leid
Und lasse mich in Schmerzen
Nicht sterben vor der Zeit!«

Und hätt's nicht so gesprochen,
Im Garten ganz allein,
So hätt ich dir's gebrochen;
Nun aber darf's nicht sein.

Mein Schatz ist ausgeblieben,
Ich bin so ganz allein.
Im Lieben wohnt Betrüben,
Und kann nicht anders sein.

Der Spinnerin Lied

Es sang vor langen Jahren
Wohl auch die Nachtigall;
Das war wohl süßer Schall,
Da wir zusammen waren.

Ich sing und kann nicht weinen
Und spinne so allein
Den Faden klar und rein,
Solang der Mond wird scheinen.

Da wir zusammen waren,
Da sang die Nachtigall;
Nun mahnet mich ihr Schall,
Daß du von mir gefahren.

So oft der Mond mag scheinen,
Gedenk ich dein allein;
Mein Herz ist klar und rein,
Gott wolle uns vereinen!

Seit du von mir gefahren,
Singt stets die Nachtigall;
Ich denk bei ihrem Schall,
Wie wir zusammen waren.

Gott wolle uns vereinen,
Hier spinn ich so allein,
Der Mond scheint klar und rein,
Ich sing und möchte weinen!

Aus einem kranken Herzen

Ein Becher! voll von süßer Huld,
Und eine glühnde Ungeduld
Und eine arme trunkne Schuld,
Sie lehren mich zu flehen.

O Becher, voll von süßer Huld!
Vergib der glühnden Ungeduld,
Vergib die arme trunkne Schuld,
Die ins Gericht will gehen.

Dich Becher voll von süßer Huld
Darf heut ich, glühnde Ungeduld,
Zur Buße armer trunkner Schuld
Nicht sehn und möcht vergehen.

Das freut dich, Becher süßer Huld!
Das schmerzt mich, glühnde Ungeduld!
Das schlägt die arme trunkne Schuld
Mit bittern, bittern Wehen.

O Becher, voll von süßer Huld!
Woll nicht die glühnde Ungeduld

Ob ihrer armen trunknen Schuld,
Die selbst sich straft, verschmähen.

Fließ über, Becher süßer Huld!
Werd Asche, glühnde Ungeduld,
Die soll die arme trunkne Schuld
Gemischt mit Tränen säen.

Auf daß du, Becher süßer Huld!
Um dich in Schmerzen der Geduld
Still auf dem Grab der armen Schuld
Die Lilie kann erstehen.

Die Lilie, die voll süßer Huld
Du einst im Garten der Geduld
Mit Stern und Engel ohne Schuld
Helleuchtend hast gesehen!

Hast du nicht mein Glück gesehen?

Vogel halte, laß dich fragen,
Hast du nicht mein Glück gesehn?
Hast du's in dein Nest getragen?
»Ei, dein Glück, – ei, sage wen?«

Eine feine zarte Rebe
Und zwei Träublein Feuerwein,
Drüber Seidenwurm-Gewebe,
Drunter süße Maulbeerlein.

Hier hab ich's im Arm gewieget,
Hier am Herzen drückt ich's fest,
Lieblich hat sich's angeschmieget
Und du, Vogel, trugst's ins Nest.

»Armer Mann! Dein Glück, ich wette,
War ein Liebchen und kein Strauß,
Ging aus deinem Arm zu Bette,
Und du gingst allein nach Haus.«

Meinst du? Nun, so sag mir Quelle,
Hast du nicht mein Glück gesehn?
Trug's ins Meer nicht deine Welle?
»Ei, dein Glück, – ei, sage wen?«

Eine tauberauschte Rose
Und zwei Rosentöchterlein,
Frühlingsträume ihr im Schoße,
Wachten auf und schliefen ein.

Hier am Herzen hat's gehauchet
Süßen Duft, Goldbienen schwer
Sind die Küsse eingetauchet.
Fort ist's. – Ach, du trugst's ins Meer!

»Armer Mann! Dein Glück, ich wette,
Liebe war dein Rosenlos,
Ging aus deinem Arm zu Bette,
Heim trugst du die Dornen bloß.«

Meinst du, will ich Taube fragen,
Hast du nicht mein Glück gesehn?
Nicht ins Felsennest getragen?
»Ei, dein Glück! – ei, sage wen?«

Eine goldne Honigwabe,
Süßen Sinn und Wachs so rein,
Aller Küsse Blumengabe
Schlossen drin die Bienen ein.

Ach! ich trug es an die Lippen
Duftend, schimmernd, süß und lind,
Durft ein bißchen daran nippen,
War doch ein verwöhntes Kind!

»Armer Mann! Dein Glück, ich wette,
Liebe war's, als Honigseim,
Ging aus deinem Arm zu Bette,
Und du gingest einsam heim.«

Meinst du? – will ich Echo fragen,
Hast du nicht mein Glück gesehn?
Und willst allen davon sagen?
»Ei, dein Glück! – ei, sage wen?«

Einer Stimme süßes Klagen,
Locken, Flüstern, Wonn und Weh,
Nachtigallen-Traumeszagen,
Bitte, bitte, geh, o geh!

Mir am Herzen hat's gewehet
Alle Wonnen, allen Schmerz,
Wie ein Kinderseelchen flehet
Unter süßem Mutterherz.

»Armer Mann! Dein Glück, ich wette,
War ein liebend träumend Wort,
Fleht aus deinem Arm zu Bette,
Du gingst einsam dichtend fort.«

Meinst du? muß ich Rose fragen,
Hast du nicht mein Glück gesehn?
Birgt's dein Schoß mit süßem Zagen?
»Ei, dein Glück! – ei, sage wen?«

Süßes Duften, wachend Träumen,
Hülle, Fülle, süß und warm,
Bienen-Kuß an Rausches Säumen
Irrend, suchend, Rausches arm.

Hier am Herzen hat's geblühet,
Meine Seele süß umlaubt,
Liebe hat mein Blut durchglühet,
Hoffnung hat doch nicht geglaubt.

»Armer Mann! Dein Glück, ich wette,
Liebe war's, als Trunkenheit,
Ging aus deinem Arm zu Bette,
Du gingst einsam, kühl, es schneit.«

Meinst du? frage ich die Sterne,
Habt ihr nicht mein Glück gesehn?
Sterne sehn ja Augen gerne.
»Ei, dein Glück! – ei, sage wen?«

Lockennacht an Himmels Stirne
Sinnend, minnend Doppel-Licht,
Augen blitzend, Glücksgestirne,
Andern Sternen folg ich nicht.

Sah's von Tränen tief verschleiert,
Sah's von Sehnen tief durchglüht,
Sah's durchleuchtet, sah's durchfeuert,
Sah's, wie Liebe blüht und flieht!

»Armer Mann! Dein Glück, ich wette,
War ein milder Augenschein,
Ging aus deinem Arm zu Bette,
Durch die Nacht gingst du allein.«

Meinst du? muß die Lilie fragen,
Hast du nicht mein Glück gesehn?
Gleichet dir, doch darf's nicht sagen,
»Ei, dein Glück! – ei, sage wen?«

Eine, eine, sag nicht welche,
Stand im Gärtchen, nachts allein,
Sah, o Lilie! deine Kelche
Überströmt von Lichtesschein.

Hat von Lilien, Engeln, Sternen
Schon an meiner Brust geträumt,
Alle Nähen, alle Fernen
Mir mit Dichtergold gesäumt.

»Sel'ger Mann! Dein Glück, ich wette,
Ist ein Mädchen, fein und lieb,
Ging aus deinem Arm zu Bette,
Dir des Traumes Goldsaum blieb.«

Frühes Lied

Fahre fort mit Dornenschlägen
Weiße Rose; meinem Herzen,
Dem verbrannten, quillt ein Segen
Aus den Tränen, aus den Schmerzen.

Breche ganz mein altes Leben,
Ich muß dir, die so erschienen,
Einen bessern Bruder geben,
Gott und dir in ihm zu dienen.

Alles muß von dir ich nehmen,
Kann dir nichts, ach gar nichts geben,
Denn du mußt den Drachen zähmen,
Um dem Herrn den Schatz zu heben.

Sieh ich beug mich dir zu Füßen,
Du Erbarmen weine nieder;
Lehre mich, wie du zu büßen,
Tränenquell der frommen Lieder.

All mein Letzen und Verletzen,
All mein Lügen, Trachten, Scheinen,
Darauf sollst den Fuß du setzen,
Und so im Triumph erscheinen.

Alles, was du still gelitten,
Deine Not, dein fromm Entsagen
Hat auch mir das Herz durchschnitten,
Doch du, du hast es getragen!

Alles, was du je getragen,
Sieh, das hab ich all verschuldet,
Meine Schuld hat dich geschlagen,
Und du hast so fromm geduldet.

Und nun trägst du dies versunkne,
Das dich marterte, dies Herz,
O, du Gottesmitleidstrunkne,
An dem deinen himmelwärts.

Schwanenlied

Wenn die Augen brechen,
Wenn die Lippen nicht mehr sprechen,
Wenn das pochende Herz sich stillet
Und der warme Blutstrom nicht mehr quillet:
O, dann sinkt der Traum zum Spiegel nieder,
Und ich hör der Engel Lieder wieder,
Die das Leben mir vorübertrugen,
Die so selig mit den Flügeln schlugen
Ans Geläut der keuschen Maiesglocken,
Daß sie all die Vöglein in den Tempel locken,
Die so süße, wild entbrannte Psalmen sangen,
Daß die Liebe und die Lust so brünstig rangen,
Bis das Leben war gefangen und empfangen;
Bis die Blumen blühten;
Bis die Früchte glühten
Und gereift zum Schoß der Erde fielen,
Rund und bunt zum Spielen;
Bis die goldnen Blätter an der Erde rauschten
Und die Wintersterne sinnend lauschten,
Wo der stürmende Sämann hin sie säet,
Daß ein neuer Frühling schön erstehet.
Stille wird's, es glänzt der Schnee am Hügel,
Und ich kühl im Silberreif den schwülen Flügel,
Möcht ihn hin nach neuem Frühling zücken,
Da erstarret mich ein kalt Entzücken –
Es erfriert mein Herz, ein See voll Wonne,
Auf ihm gleitet still der Mond und sanft die Sonne,
Unter den sinnenden, denkenden, klugen Sternen
Schau ich mein Sternbild an in Himmelsfernen;
Alle Leiden sind Freuden, alle Schmerzen scherzen,
Und das ganze Leben singt aus meinem Herzen:
Süßer Tod, süßer Tod
Zwischen dem Morgen- und Abendrot!

Nachklänge Beethovenscher Musik

1.

Einsamkeit, du stummer Bronnen
Heil'ge Mutter tiefer Quellen
Zauberspiegel innrer Sonnen,
Die in Tönen überschwellen:
Seit ich durft in deine Wonnen
Das betörte Leben stellen,
Seit du ganz mich überronnen
Mit den dunklen Wunderwellen,
Hab zu funkeln ich begonnen.
Und nun klingen all die hellen
Sternensphären meiner Seele,
Deren Takt ein Gott mir zähle.
Alle Sonnen meines Herzens,
Die Planeten meiner Lust,
Die Kometen meines Schmerzens
Tönen laut in meiner Brust.
In dem Monde meiner Wehmut
Alles Glanzes unbewußt
Muß ich singen und in Demut
Vor den Schätzen meines Innern
Vor der Armut meines Lebens
Vor den Gipfeln meines Strebens,
Ew'ger Gott! mich dein erinnern.
Alles andre ist vergebens.

2.

Gott! Dein Himmel faßt mich in den Haaren,
Deine Erde reißt mich in die Hölle,
Herr, wo soll ich doch mein Herz bewahren,
Daß ich deine Schwelle sicher stelle?
Also fleh ich durch die Nacht, da fließen
Meine Klagen hin wie Feuerbronnen,
Die mit glüh'nden Meeren mich umschließen,
Doch inmitten hab ich Grund gewonnen,
Rage hoch gleich rätselvollen Riesen,
Memnons Bild, des Morgens erste Sonnen
Fragend ihren Strahl zur Stirn mir schießen

Und den Traum, den Mitternacht gesponnen,
Üb ich tönend, um den Tag zu grüßen.

3.

Selig, wer ohne Sinne
Schwebt, wie ein Geist auf dem Wasser,
Nicht wie ein Schiff die Flaggen
Wechselnd der Zeit und Segel
Blähend, wie heute der Wind weht.
Nein, ohne Sinne, dem Gott gleich,
Selbst sich nur wissend und dichtend,
Schafft er die Welt, die er selbst ist,
Und es sündigt der Mensch drauf,
Und es war nicht sein Wille!
Aber geteilet ist alles.
Keinem ward alles, denn jedes
Hat einen Herrn, nur der Herr nicht;
Einsam ist er und dient nicht.
So auch der Sänger.

Aus den Romanzen vom Rosenkranz

Allem Tagewerk sei Frieden!
Keine Axt erschall im Wald!
Alle Farbe ist geschieden,
Und es raget die Gestalt.

Tauberauschte Blumen schließen
Ihrer Kelche süßen Kranz,
Und die schlummertrunknen Wiesen
Wiegen sich in Traumes Glanz.

Wo die wilden Quellen zielen
Nieder von dem Felsenrand,
Ziehn die Hirsche frei und spielen
Freudig in dem blanken Sand;

In der Düfte Schwermut wiegen
Sich die Rosen in den Schlaf

(Das Geheimnis ruht verschwiegen,
Das sie in den Busen traf);

Und es wandeln, die sich lieben,
Flüsternd auf dem sel'gen Pfad,
Wo sie gestern Scherze trieben,
Zu des Meeres Glanzgestad.

Die Sirene stimmet wieder
Ihre gift'gen Lieder an,
Und die Herzen tauchen nieder
In den tiefen, süßen Wahn.

Denn es schied die Sonne wieder
In der ew'gen Flammen Pracht,
Und es hebt die dunkeln Glieder
Abermals die alte Nacht,

Und die Erde, aufgeriegelt,
Sendet ihren Geist heran;
Um das Haupt schwebt, sternbesiegelt,
Ihm der blaue Weltenplan.

Und des Waldes dunkle Riesen
Drängen sich ums enge Tal,
Und durch ihre Kronen gießen
Sterne geisterhaften Strahl.

Aus der Tiefe aufgewiegelt,
Wachsen stumme Brunnen an;
Drinnen schaun sich, mondumspiegelt,
Die Gedanken traurig an.

Einsam will ich untergehn!
25. August 1817

Einsam will ich untergehn,
Keiner soll mein Leiden wissen;
Wird der Stern, den ich gesehn,
Von dem Himmel mir gerissen,

Will ich einsam untergehn,
Wie ein Pilger in der Wüste!

Einsam will ich untergehn,
Wie ein Pilger in der Wüste!
Wenn der Stern, den ich gesehn,
Mich zum letzten Male grüßte,
Will ich einsam untergehn,
Wie ein Bettler auf der Heide!

Einsam will ich untergehn,
Wie ein Bettler auf der Heide!
Gibt der Stern, den ich gesehn,
Mir nicht weiter das Geleite,
Will ich einsam untergehn,
Wie der Tag im Abendgrauen!

Einsam will ich untergehn,
Wie der Tag im Abendgrauen!
Will der Stern, den ich gesehn,
Nicht mehr auf mich niederschauen,
Will ich einsam untergehn,
Wie ein Sklave an der Kette!

Einsam will ich untergehn,
Wie ein Sklave an der Kette!
Scheint der Stern, den ich gesehn,
Nicht mehr auf mein Dornenbette,
Will ich einsam untergehn,
Wie ein Schwanenlied im Tode!

Einsam will ich untergehn,
Wie ein Schwanenlied im Tode!
Ist der Stern, den ich gesehn,
Mir nicht mehr ein Friedensbote,
Will ich einsam untergehn,
Wie ein Schiff in wüsten Meeren!

Einsam will ich untergehn,
Wie ein Schiff in wüsten Meeren!
Wird der Stern, den ich gesehn,

Jemals weg von mir sich kehren,
Will ich einsam untergehn,
Wie der Trost in stummen Schmerzen!

Einsam will ich untergehn,
Wie der Trost in stummen Schmerzen!
Soll den Stern, den ich gesehn,
Jemals meine Schuld verscherzen,
Will ich einsam untergehn,
Wie mein Herz in deinem Herzen!

Rückblick

Ich wohnte unter vielen, vielen Leuten,
Und sah sie alle tot und stille stehn,
Sie sprachen viel von hohen Lebensfreuden
Und liebten, sich im kleinsten Kreis zu drehn;
So war mein Kommen schon ein ewig Scheiden,
Und jeden hab ich einmal nur gesehn,
Denn nimmer hielt mich's; flüchtiges Geschicke
Trieb wild mich fort, sehnt ich mich gleich zurücke!

Und manchem habe ich die Hand gedrücket,
Der freundlich meinem Schritt entgegensah,
Hab in mir selbst die Kränze all gepflücket,
Denn keine Blume war, kein Frühling da,
Und hab im Flug die Unschuld mit geschmücket,
War sie verlassen meinem Wege nah;
Doch ewig, ewig trieb mich's schnell zu eilen,
Konnt niemals meines Werkes Freude teilen!

Rund um mich war die Landschaft wild und öde,
Kein Morgenrot, kein goldner Abendschein,
Kein kühler Wind durch dunkle Wipfel wehte,
Es grüßte mich kein Sänger in dem Hain.
Auch aus dem Tal schallt' keines Hirten Flöte,
Die Welt schien mir in sich erstarrt zu sein.
Ich hörte in des Stromes wildem Brausen
Nur eignen Fluges Flügelschläge sausen!

Nur in mir selbst die Tiefe zu ergründen,
Senkt ich ins Herz mit Geistesmacht den Blick;
Doch hier auch konnt es eigne Ruh nicht finden,
Kehrt friedlos stets zur Außenwelt zurück;
Es sah wie Traum das Leben unten schwinden,
Las in den Sternen ewiges Geschick;
Und rings um mich eiskalte Stimmen sprachen:
»Das Herz, es will vor Wonne schier verzagen!«

Ich sah sie nicht, die großen Süßigkeiten
Vom Überfluß der Welt; sie schien mir schal,
Ich mußt hinweg mit schnellem Fittich gleiten.
Hinabgedrückt von unerkannter Qual,
Konnt nimmer ich Frucht und Genuß erbeuten;
Und zählte stumm der Flügelschläge Zahl,
Von ewigen, unfühlbar mächt'gen Wogen
In weite, weite Ferne hingezogen!

Und so noch jetzt! Wohl muß ich es gestehen,
Daß Dinge mich umscheinen, menschengleich;
Zu hören sie, ja leibhaft sie zu sehen
Kann ich nicht leugnen; doch bleibt mir dies Reich
Der Welt so fremd und hohl, daß all ihr Drehen
So viel nicht schafft, daß mir der Zweifel weich',
Ob Sein, ob Nichtsein seinen Spuk hier treibe,
Ob solcher Welt auch Seele wohn' im Leibe!

KAROLINE VON GÜNDERODE

Die eine Klage

Wer die tiefste aller Wunden
Hat in Geist und Sinn empfunden,
Bittrer Trennung Schmerz;
Wer geliebt, was er verloren,
Lassen muß, was er erkoren,
Das geliebte Herz.

Der versteht in Lust die Tränen
Und der Liebe ewig Sehnen
Eins in Zwei zu sein,
Eins im andern sich zu finden,
Daß der Zweiheit Grenzen schwinden
Und des Daseins Pein.

Wer so ganz in Herz und Sinnen
Konnt ein Wesen lieb gewinnen,
Oh! den tröstet's nicht,
Daß für Freuden, die verloren,
Neue werden neu geboren:
Jene sind's doch nicht.

Das geliebte, süße Leben,
Dieses Nehmen und dies Geben,
Wort und Sinn und Blick,
Dieses Suchen und dies Finden,
Dieses Denken und Empfinden
Gibt kein Gott zurück.

ACHIM VON ARNIM

Ritt im Mondenschein

Herz am Herzen ist nicht weit
Unter lichten Sternen,
Und das Aug, von Tau geweiht,
Blickt zu lieben Fernen;

Unterm Hufschlag klingt die Welt,
Und die Himmel schweigen,
Zwischen beiden mir gesellt
Will der Mond sich zeigen.

Zeigt sich heut in roter Glut
An dem Erdenrande,
Gleich als ob mit heißem Blut
Er auf Erden lande.

Doch nun flieht er scheu empor,
Glänzt in reinem Lichte,
Und ich scheue mich auch vor
Seinem Angesichte.

Mir ist zu licht zum Schlafen
Der Tag bricht in die Nacht,
Die Seele ruht im Hafen,
Ich bin so froh verwacht.

Ich hauchte meine Seele
Im ersten Kusse aus.
Was ist's, daß ich mich quäle,
Ob sie auch fand ein Haus.

Sie hat es wohl gefunden
Auf ihren Lippen schön,
O welche sel'ge Stunden,
Wie ist mir so geschehn!

Was soll ich nun noch sehen,
Ach, alles ist in ihr,
Was fühlen, was erflehen,
Es ward ja alles mir.

Ich habe was zu sinnen,
Ich hab, was mich beglückt:
In allen meinen Sinnen
Bin ich von ihr entzückt.

Auf der Erde ist es schwül

Auf der Erde ist es schwül,
In den Wassern ist es kühl,
Sonne, Mond und alle Sterne
Stürzen sich hinein so gerne,
Denn im Wasser wird's so klar,
Wie's auf Erden traurig war.

Ruhig schlaft ihr bei uns ein
In der Wasser grünem Schein,
Höret keine Kinder schrein,
Fühlet keine Liebespein,
Liebet ohne Eifersucht,
Findet alles, was ihr sucht.

Was verloren in dem Meer,
Stehet da im Haus umher,
Alter Zeiten Schätz und Kunst
Brauchet ihr durch unsre Gunst,
Jeder Sturm bringt neue Gäst
Zu dem ew'gen Freudenfest.

Wenn wir tanzen in dem Kreis,
Wirbelt sich die Welle weiß,
Wenn wir unten lustig sind,
Stürmet über uns der Wind,
Stürmt in unsrer Haare Glanz,
Und das kühlet in dem Tanz.

Gebet

Gib Liebe mir und einen frohen Mund,
Daß ich dich, Herr, der Erde tue kund,
Gesundheit gib bei sorgenfreiem Gut,
Ein frommes Herz und einen festen Mut;
Gib Kinder mir, die aller Mühe wert,
Verscheuch die Feinde von dem trauten Herd;
Gib Flügel dann und einen Hügel Sand,
Den Hügel Sand im lieben Vaterland,
Die Flügel schenk dem abschiedschweren Geist,
Daß er sich leicht der schönen Welt entreißt.

Johann Peter Hebel

Sonntagsfrühe
Alemannisch

Der Samstig het zum Sunntig gseit:
»Jez hani alli schlofe gleit;
Sie sin vom Schaffe her und hi
Gar sölli müed und schlöfrig gsi,
Und 's gohtmer schier gar selber so,
I cha fast uf kei Bei me stoh.«

So seit er, und wo's Zwölfi schlacht,
Se sinkt er aben in d'Mitternacht.
Der Sunntig seit: »Jez isch's an mir!«
Gar still und heimli bschließt er d'Tür.
Er düselet hinter de Sterne no
Und cha schier gar nit obsi cho.

Doch endli ribt er d'Augen us,
Er chunnt der Sunn an Tür und Hus;
Sie schloft im stille Chämmerli;
Er pöpperlet am Lädemli,
Er rüeft der Sunne: »D'Zit isch do!«
Sie seit: »I chumm enanderno.«

Und lisli uf de Zeche goht
Und heiter uf de Berge stoht
Der Sunntig, und 's schloft alles no;
Es sieht und hört en niemes goh;
Er chunnt ins Dorf mit stillem Tritt,
Und winkt im Guhl: »Verrot mi nit!«

Und wemmen endli au verwacht
Und gschlofe het die ganzi Nacht,
Se stoht er do im Sunneschi'
Und luegt eim zu de Fenstren i
Mit sinen Auge, mild und guet,
Und mittem Maien uffem Huet.

Drum meint er's treu, und was i sag,
Es freut en, wemme schlofe mag
Und meint, es seig no dunkel Nacht,
Wenn d'Sunn am heitre Himmel lacht.
Drum isch er au so lisli cho,
Drum stoht er au so liebli do.

Wie glitzeret uf Gras und Laub
Vom Morgetau der Silberstaub!
Wie weiht e frische Maieluft
Voll Chriesibluest und Schlecheduft!
Und d'Immli sammle flink und frisch,
Sie wüsse nit, aß 's Sunntig isch.

Wie pranget nit im Garteland
Der Chriesibaum im Maiegwand!
Gelveieli und Tulipa
Und Sterneblueme nebe dra
Und gfüllti Zinkli, blau und wiiß!
Me meint, me lueg ins Paredies!

Und 's isch so still und heimli do,
Men isch so rüeihig und so froh!
Me hört im Dorf kei Hüst und Hott;
E Guete Tag! und Dank der Gott!
Und 's git gottlob e schöne Tag!
Isch alles, was me höre mag.

Und's Vögeli seit: »Frili jo!
Potz tausig, jo, do isch er scho!
Er dringt jo in si'm Himmelsglast
Dur Bluest und Laub in Hurst und Nast!«
Und 's Distelzwigli vorne dra
Het 's Sunntigröckli au scho a.

Sie lüte weger 's Zeiche scho,
Der Pfarrer, schint's, well zitli cho.
Gang, brechmer eis Aurikli ab,
Verwüschet mer der Staub nit drab;
Und Chüngeli, leg di weidli a,
De muesch derno ne Maie ha!

Hochdeutsch

Der Samstag hub zum Sonntag an:
»Jetzt ruhn sie alle, Nachbarsmann!
Sie sind vom Schaffen her und hin
Gar weidlich müd an Seel und Sinn;
Mir selbst will's bald nicht besser gehn,
Kann kaum noch auf den Beinen stehn.«

Er spricht's, und von der Mitternacht
Wird er nun auch ins Bett gebracht.
Der Sonntag spricht: »Jetzt ist's an mir!«
Gar heimlich schließt er seine Tür.
Schlaftrunken noch und gar gemach
Schwankt er den Sternlein hintennach.

Doch jetzt reibt er die Augen aus
Und kommt der Sonn an Tür und Haus;
Sie schläft im stillen Kämmerlein.
Er klopft und pocht ans Fensterlein
Und ruft ihr zu: »'s ist an der Zeit!«
Die Sonne sagt: »Bin auch bereit.«

Und leise auf den Zehen geht
Und heiter auf den Bergen steht
Der Sonntag. Und das Tal entlang
Schläft alles noch; mit stillem Gang
Tritt er ins Dorf hinein und spricht
Zum Hahne: »Du, verrat mich nicht!«

Wenn alles endlich ist erwacht,
Geschlafen hat die ganze Nacht,
So steht er da im Sonnenschein,
Guckt zu den Fenstern uns herein
Mit seinen Augen, mild und gut,
Und mit dem Sträußchen auf dem Hut.

Drum meint er's treu, und was ich sag,
Es freut ihn, wenn man schlafen mag
Und meint, es sei noch dunkle Nacht,

Wann längst die Sonn am Himmel lacht.
Drum kam er auch so leis heran
Und sieht so lieblich jetzt uns an.

Wie glitzert rings auf Gras und Laub
Vom Morgentau der Silberstaub!
Wie weht so frische Maienluft
Voll Kirschenblüt und Schlehenduft!
Und's Bienlein sammelt ohne Frist;
Es weiß nicht, daß es Sonntag ist.

Wie prangt nicht in dem Gartenland
Der Kirschenbaum im Maigewand!
Und blaue Veilchen, Tulipan'
Und Sternenblümchen nebendran
Und Hyazinthen, daß man traun
Meint, in das Paradies zu schaun!

Und 's ist so still und heimt uns so,
Man ist so ruhig und so froh.
Man hört im Dorf kein Hüst und Hott;
Nur Guten Tag! und Dank Euch Gott!
Und Gott sei Lob! ein schöner Tag!
Ist alles, was man hören mag.

Und's Vöglein sagt: »Ei freilich ja!
Potztausend, ja, er ist schon da!
Er dringt mit seinem Himmelsstrahl
Durch Blüt und Laub in Berg und Tal!«
Und's Distelfinkchen vornean
Hat's Sonntagsröckchen angetan.

Wie? Läuten sie nicht da schon ein?
Der Pfarrer muß heut eilig sein.
Geh, brich ein paar Aurikeln ab;
Doch wisch mir ja den Staub nicht ab;
Und prangst du, Gundel, in dem Staat,
Halt ich ein Sträußchen dir parat!

Wächterruf

Alemannisch

Loset, was i euch will sage!
D'Glocke het Z e h n i gschlage.
 Jez betet und jez göhnt ins Bett,
 Und wer e rüeihig G'wisse het,
 Schlof sanft und wohl! Im Himmel wacht
 E heiter Aug die ganzi Nacht.

Loset, was i euch will sage!
D'Glocke het Ö l f i gschlage.
 Und wer no an der Arbet schwitzt,
 Und wer no bi de Charte sitzt,
 Dem bieti jez zum letztemol, –
 's isch hochi Zit! – und schlofet wohl!

Loset, was i euch will sage!
D'Glocke het Z w ö l f i gschlage.
 Und wo no in der Mitternacht
 E Gmüet in Schmerz und Chummer wacht,
 Se geb der Gott e rüeihige Stund
 Und mach di wieder froh und gsund!

Loset, was i euch will sage!
D'Glocke het E i s gschlage.
 Und wo mit Satans G'heiß und Not
 E Dieb uf dunkle Pfade goht,
 – I will's nit hoffe; aber gschieht's –
 Gang heim! Der himmlisch Richter sieht's!

Loset, was i euch will sage!
D'Glocke het Z w e i gschlage.
 Und wem scho wieder, eb's no tagt,
 Die schweri Sorg am Herze nagt,
 Du arme Tropf, di Schlof isch hi'!
 Gott sorgt! Es wär nit nötig gsi.

Loset, was i euch will sage!
D'Glocke het D r ü gschlage.

Die Morgestund am Himmel schwebt,
Und wer im Friede der Tag erlebt,
Dank Gott und faß e frohe Muet
Und gang ans G'schäft und – halt di guet!

JOSEPH VON EICHENDORFF

Schläft ein Lied in allen Dingen,
Die da träumen fort und fort,
Und die Welt hebt an zu singen,
Triffst du nur das Zauberwort.

Abschied

O Täler weit, o Höhen,
O schöner, grüner Wald,
Du meiner Lust und Wehen,
Andächt'ger Aufenthalt!
Da draußen, stets betrogen
Saust die geschäft'ge Welt,
Schlag noch einmal die Bogen
Um mich, du grünes Zelt!

Wenn es beginnt zu tagen,
Die Erde dampft und blinkt,
Die Vögel lustig schlagen,
Daß dir dein Herz erklingt:
Da mag vergehn, verwehen
Das trübe Erdenleid,
Da sollst du auferstehen
In junger Herrlichkeit!

Da steht im Wald geschrieben
Ein stilles, ernstes Wort
Von rechtem Tun und Lieben,
Und was des Menschen Hort.
Ich habe treu gelesen
Die Worte schlicht und wahr,

Und durch mein ganzes Wesen
Ward's unaussprechlich klar.

Bald werd ich dich verlassen,
Fremd in der Fremde gehn.
Auf buntbewegten Gassen
Des Lebens Schauspiel sehn;
Und mitten in dem Leben
Wird deines Ernsts Gewalt
Mich Einsamen erheben,
So wird mein Herz nicht alt.

Der frohe Wandersmann

Wem Gott will rechte Gunst erweisen,
Den schickt er in die weite Welt;
Dem will er seine Wunder weisen
In Berg und Wald und Strom und Feld.

Die Trägen, die zu Hause liegen,
Erquicket nicht das Morgenrot;
Sie wissen nur von Kinderwiegen,
Von Sorgen, Last und Not um Brot.

Die Bächlein von den Bergen springen,
Die Lerchen schwirren hoch vor Lust,
Was sollt ich nicht mit ihnen singen
Aus voller Kehl und frischer Brust?

Den lieben Gott laß ich nur walten;
Der Bächlein, Lerchen, Wald und Feld
Und Erd und Himmel will erhalten,
Hat auch mein Sach aufs best bestellt!

Heimweh

Wer in die Fremde will wandern,
Der muß mit der Liebsten gehn,
Es jubeln und lassen die andern
Den Fremden alleine stehn.

Was wisset ihr, dunkle Wipfel,
Von der alten, schönen Zeit?
Ach, die Heimat hinter den Gipfeln,
Wie liegt sie von hier so weit!

Am liebsten betracht ich die Sterne,
Die schienen, wie ich ging zu ihr,
Die Nachtigall hör ich so gerne,
Sie sang vor der Liebsten Tür.

Der Morgen, das ist meine Freude!
Da steig ich in stiller Stund
Auf den höchsten Berg in die Weite,
Grüß dich, Deutschland, aus Herzensgrund!

Sehnsucht

Es schienen so golden die Sterne,
Am Fenster ich einsam stand
Und hörte aus weiter Ferne
Ein Posthorn im stillen Land.
Das Herz mir im Leib entbrennte,
Da hab ich mir heimlich gedacht:
Ach, wer da mitreisen könnte
In der prächtigen Sommernacht!

Zwei junge Gesellen gingen
Vorüber am Bergeshang,
Ich hörte im Wandern sie singen
Die stille Gegend entlang:
Von schwindelnden Felsenschlüften,
Wo die Wälder rauschen so sacht,
Von Quellen, die von den Klüften
Sich stürzen in die Waldesnacht.

Sie sangen von Marmorbildern,
Von Gärten, die überm Gestein
In dämmernden Lauben verwildern,
Palästen im Mondenschein,
Wo die Mädchen am Fenster lauschen,

Wann der Lauten Klang erwacht
Und die Brunnen verschlafen rauschen
In der prächtigen Sommernacht. –

Das zerbrochene Ringlein

In einem kühlen Grunde
Da geht ein Mühlenrad,
Mein' Liebste ist verschwunden,
Die dort gewohnet hat.

Sie hat mir Treu versprochen,
Gab mir ein'n Ring dabei,
Sie hat die Treu gebrochen,
Mein Ringlein sprang entzwei.

Ich möcht als Spielmann reisen
Weit in die Welt hinaus
Und singen meine Weisen
Und gehn von Haus zu Haus.

Ich möcht als Reiter fliegen
Wohl in die blut'ge Schlacht,
Um stille Feuer liegen
Im Feld bei dunkler Nacht.

Hör ich das Mühlrad gehen:
Ich weiß nicht, was ich will –
Ich möcht am liebsten sterben,
Da wär's auf einmal still!

Waldgespräch

Es ist schon spät, es wird schon kalt,
Was reit'st du einsam durch den Wald?
Der Wald ist lang, du bist allein,
Du schöne Braut! ich führ dich heim!

»Groß ist der Männer Trug und List,
Vor Schmerz mein Herz gebrochen ist,
Wohl irrt das Waldhorn her und hin,
O flieh! du weißt nicht, wer ich bin.«

So reich geschmückt ist Roß und Weib,
So wunderschön der junge Leib,
Jetzt kenn ich dich – Gott steh mir bei!
Du bist die Hexe Lorelei.

»Du kennst mich wohl – von hohem Stein
Schaut still mein Schloß tief in den Rhein.
Es ist schon spät, es wird schon kalt,
Kommst nimmermehr aus diesem Wald!«

Schlimme Wahl

Du sahst die Fei ihr goldnes Haar sich strählen,
Wenn morgens früh noch alle Wälder schweigen,
Gar viele da im Felsgrund sich versteigen,
Und weiß doch keiner, wen sie wird erwählen.

Von einer andern Dam' hört' ich erzählen
Im platten Land, die Bauern rings dir zeigen
Ihr Schloß, Park, Weiler – alles ist dein eigen,
Freist du das Weib – wer möcht' im Wald sich quälen!

Sie werden dich auf einen Phaeton heben,
Das Hochzeitscarmen tönt, es blinkt die Flasche,
Weitrauschend hinterdrein viel vornehm Wesen.

Doch streift beim Zug dich aus dem Walde eben
Der Feie Blick, und brennt dich nicht zu Asche:
Fahr wohl, bist nimmer ein Poet gewesen!

Der Einsiedler

Komm, Trost der Welt, du stille Nacht!
Wie steigst du von den Bergen sacht,
Die Lüfte alle schlafen,
Ein Schiffer nur noch, wandermüd,
Singt übers Meer sein Abendlied
Zu Gottes Lob im Hafen.

Die Jahre wie die Wolken gehn
Und lassen mich hier einsam stehn,
Die Welt hat mich vergessen,
Da tratst du wunderbar zu mir,
Wenn ich beim Waldesrauschen hier
Gedankenvoll gesessen.

O Trost der Welt, du stille Nacht!
Der Tag hat mich so müd gemacht,
Das weite Meer schon dunkelt,
Laß ausruhn mich von Lust und Not,
Bis daß das ew'ge Morgenrot
Den stillen Wald durchfunkelt.

Mondnacht

Es war, als hätt der Himmel
Die Erde still geküßt,
Daß sie im Blütenschimmer
Von ihm nun träumen müßt.

Die Luft ging durch die Felder,
Die Ähren wogten sacht,
Es rauschten leis die Wälder,
So sternklar war die Nacht.

Und meine Seele spannte
Weit ihre Flügel aus,
Flog durch die stillen Lande,
Als flöge sie nach Haus.

Morgengebet

O wunderbares, tiefes Schweigen,
Wie einsam ist's noch auf der Welt!
Die Wälder nur sich leise neigen,
Als ging der Herr durchs stille Feld.

Ich fühl mich recht wie neu geschaffen,
Wo ist die Sorge nun und Not?
Was mich noch gestern wollt erschlaffen,
Ich schäm mich des im Morgenrot.

Die Welt mit ihrem Gram und Glücke
Will ich, ein Pilger, frohbereit
Betreten nur wie eine Brücke
Zu dir, Herr, übern Strom der Zeit.

Und buhlt mein Lied, auf Weltgunst lauernd,
Um schnöden Sold der Eitelkeit:
Zerschlag mein Saitenspiel, und schauernd
Schweig ich vor dir in Ewigkeit.

Spruch

Drüben von dem sel'gen Lande
Kommt ein seltsam Grüßen her,
Warum zagst du noch am Strande?
Graut dir, weil im falschen Meer
Draußen auf verlornem Schiffe
Mancher frische Segler sinkt
Und vom halbversunknen Riffe
Meerfey nachts verwirrend singt?
Wagst du's nicht draufhin zu stranden,
Wirst du nimmer drüben landen!

Die Heimat

An meinen Bruder

Denkst du des Schlosses noch auf stiller Höh?
Das Horn lockt nächtlich dort, als ob's dich riefe,
Am Abgrund grast das Reh,
Es rauscht der Wald verwirrend aus der Tiefe –
O stille, wecke nicht, es war, als schliefe
Da drunten ein unnennbar Weh.

Kennst du den Garten? – Wenn sich Lenz erneut,
Geht dort ein Mädchen auf den kühlen Gängen
Still durch die Einsamkeit,
Und weckt den leisen Strom von Zauberklängen,
Als ob die Blumen und die Bäume sängen
Rings von der alten schönen Zeit.

Ihr Wipfel und ihr Bronnen rauscht nur zu!
Wohin du auch in wilder Lust magst dringen,
Du findest nirgends Ruh,
Erreichen wird dich das geheime Singen, –
Ach, dieses Bannes zauberischen Ringen
Entfliehn wir nimmer, ich und du!

Der Abend

Schweigt der Menschen laute Lust:
Rauscht die Erde wie in Träumen
Wunderbar mit allen Bäumen,
Was dem Herzen kaum bewußt,
Alte Zeiten, linde Trauer,
Und es schweifen leise Schauer
Wetterleuchtend durch die Brust.

Mittagsruh

Über Bergen, Fluß und Talen,
Stiller Lust und tiefen Qualen
Webet heimlich, schillert, Strahlen!

Sinnend ruht des Tags Gewühle
In der dunkelblauen Schwüle,

Und die ewigen Gefühle,
Was dir selber unbewußt,
Treten heimlich, groß und leise
Aus der Wirrung fester Gleise,
Aus der unbewachten Brust,
In die stillen, weiten Kreise.

Nachts

Ich stehe in Waldesschatten
Wie an des Lebens Rand,
Die Länder wie dämmernde Matten,
Der Strom wie ein silbern Band.

Von fern nur schlagen die Glocken
Über die Wälder herein,
Ein Reh hebt den Kopf erschrocken
Und schlummert gleich wieder ein.

Der Wald aber rühret die Wipfel
Im Traum von der Felsenwand.
Denn der Herr geht über die Gipfel
Und segnet das stille Land.

Lockung

Hörst du nicht die Bäume rauschen
Draußen durch die stille Rund'?
Lockt's dich nicht, hinabzulauschen
Von dem Söller in den Grund,
Wo die vielen Bäche gehen
Wunderbar im Mondenschein
Und die stillen Schlösser sehen
In den Fluß vom hohen Stein?

Kennst du noch die irren Lieder
Aus der alten, schönen Zeit?
Sie erwachen alle wieder
Nachts in Waldeseinsamkeit,
Wenn die Bäume träumend lauschen
Und der Flieder duftet schwül
Und im Fluß die Nixen rauschen –
Komm herab, hier ist's so kühl.

Zwielicht

Dämmrung will die Flügel spreiten,
Schaurig rühren sich die Bäume,
Wolken ziehn wie schwere Träume –
Was will dieses Graun bedeuten?

Hast ein Reh du, lieb vor andern,
Laß es nicht alleine grasen,
Jäger ziehn im Wald und blasen,
Stimmen hin und wieder wandern.

Hast du einen Freund hienieden,
Trau ihm nicht zu dieser Stunde,
Freundlich wohl mit Aug und Munde,
Sinnt er Krieg im tück'schen Frieden.

Was heut müde gehet unter,
Hebt sich morgen neugeboren.
Manches bleibt in Nacht verloren –
Hüte dich, bleib wach und munter!

ADELBERT VON CHAMISSO

Das Schloß Boncourt

Ich träum als Kind mich zurücke
 Und schüttle mein greises Haupt;
Wie sucht ihr mich heim, ihr Bilder,
 Die lang ich vergessen geglaubt?

Hoch ragt aus schatt'gen Gehegen
 Ein schimmerndes Schloß hervor,
Ich kenne die Türme, die Zinnen,
 Die steinerne Brücke, das Tor.

Es schauen vom Wappenschilde
 Die Löwen so traulich mich an,
Ich grüße die alten Bekannten
 Und eile den Berghof hinan.

Dort liegt die Sphinx am Brunnen,
 Dort grünt der Feigenbaum,
Dort, hinter diesen Fenstern,
 Verträumt ich den ersten Traum.

Ich tret in die Burgkapelle
 Und suche des Ahnherrn Grab,
Dort ist's, dort hängt vom Pfeiler
 Das alte Gewaffen herab.

Noch lesen umflort die Augen
 Die Züge der Inschrift nicht,
Wie hell durch die bunten Scheiben
 Das Licht darüber auch bricht.

So stehst du, o Schloß meiner Väter,
 Mir treu und fest in dem Sinn
Und bist von der Erde verschwunden,
 Der Pflug geht über dich hin.

Sei fruchtbar, o teurer Boden,
 Ich segne dich mild und gerührt,
Und segn' ihn zwiefach, wer immer
 Den Pflug nun über dich führt.

Ich aber will auf mich raffen,
 Mein Saitenspiel in der Hand,
Die Weiten der Erde durchschweifen
 Und singen von Land zu Land.

Lebe wohl
1826

Wer sollte fragen, wie's geschah?
Es geht auch andern ebenso.
Ich freute mich, als ich dich sah,
Du warst, als du mich sahst, auch froh.

Der erste Gruß, den ich dir bot,
Macht' uns auf einmal beide reich;
Du wurdest, als ich kam, so rot,
Du wurdest, als ich ging, so bleich.

Nun kam ich auch Tag aus, Tag ein,
Es ging uns beiden durch den Sinn;
Bei Regen und bei Sonnenschein
Schwand bald der Sommer uns dahin.

Wir haben uns die Hand gedrückt,
Um nichts gelacht, um nichts geweint,
Gequält einander und beglückt
Und haben's redlich auch gemeint.

Dann kam der Herbst, der Winter gar,
Die Schwalbe zog nach altem Brauch,
Und: lieben? – lieben immerdar?
Es wurde kalt, es fror uns auch.

Ich werde gehn ins fremde Land,
Du sagst mir höflich: Lebe wohl!
Ich küsse höflich dir die Hand,
Und nun ist alles, wie es soll.

ERNST MORITZ ARNDT

Abendlied

Der Tag ist nun vergangen,
Und dunkel schläft die Welt,
Die hellen Sterne prangen
Am blauen Himmelszelt;
Nur in den grünen Zweigen
Singt noch die Nachtigall,
Im weiten, tiefen Schweigen
Der einz'ge Lebensschall.

Ich aber, Vater, stehe
In meiner Hüttentür
Und schau hinauf zur Höhe
Und schau hinauf zu dir;
Wie gerne möcht ich klingen
Als helle Nachtigall,
Dir Preis und Dank zu bringen
Mit tiefem Schmerzenschall.

Ja, mit dem Schall der Schmerzen:
Denn geht die Nacht herauf,
So springt in meinem Herzen
Ein Quell der Tränen auf,
Der Tränen und der Klagen —
Du, Vater, weißt es best,
Was singen nicht und sagen,
Was sich nicht sprechen läßt.

Du kennest meinen Kummer,
Der auf gen Himmel blickt,
Wann für den süßen Schlummer
Die ganze Welt sich schickt,
Womit so schwer beladen
Mein Herz nach oben schaut,
Nach deinem Born der Gnaden,
Der Labsal niedertaut.

Ja, deine süße Liebe,
Die tröstet mir den Schmerz,
Ja, deine süße Liebe,
Die stillet mir das Herz,
Die löst in heißen Tränen
Das Eis des Busens auf
Und stellet Sinn und Sehnen
Zum hohen Sternenlauf.

O laß mich ewig schauen
Im stillen Kindersinn
Zu jenen güldnen Auen,
Woher ich kommen bin!
O richte Herz und Sinne,
Mein Vater, für und für
Zu deiner süßen Minne,
Zum Himmel hin, zu dir.

So mag ich froh mich legen
Nun mit der Welt zur Ruh,
Mein Amen und mein Segen,
Mein Wächter, das bist du;
So mag in deinem Frieden
Ich fröhlich schlafen ein,
Dort oben und hienieden
Im Schlaf und Wachen dein.

Klage um den kleinen Jakob

Wo ist der kleine Jakob geblieben?
Hatte die Kühe waldein getrieben,
Kam nimmer wieder.
Schwestern und Brüder
Gingen ihn suchen in'n Wald hinaus –
Kleiner Jakob! Kleiner Jakob! Komm zuhaus!

Wohin ist der kleine Jakob gegangen?
Es hat ihn ein Unterirdscher gefangen,
Muß unten wohnen,

Trägt goldne Kronen,
Gläserne Schuh, hat ein gläsern Haus –
Kleiner Jakob! Kleiner Jakob! Komm zuhaus!

Was macht der kleine Jakob da unten?
Streuet als Diener das Estrich mit bunten
Blumen und schenket
Wein ein und denket:
Wärest du wieder zum Wald hinaus!
Kleiner Jakob! Kleiner Jakob! Komm zuhaus!

So muß der kleine Jakob da wohnen,
Helfen ihm nichts seine güldenen Kronen,
Schuhe noch Kleider,
Weinet sich leider –
Ach! armer Jakob! – die Äuglein aus.
Kleiner Jakob! Kleiner Jakob! Komm zuhaus!

JUSTINUS KERNER

Wanderlied

Wohlauf! noch getrunken
Den funkelnden Wein!
Ade nun, ihr Lieben!
Geschieden muß sein.
Ade nun, ihr Berge,
Du väterlich Haus!
Es treibt in die Ferne
Mich mächtig hinaus.

Die Sonne, sie bleibet
Am Himmel nicht stehn,
Es treibt sie, durch Länder
Und Meere zu gehn.
Die Woge nicht haftet
Am einsamen Strand,
Die Stürme, sie brausen
Mit Macht durch das Land.

Mit eilenden Wolken
Der Vogel dort zieht
Und singt in der Ferne
Ein heimatlich Lied.
So treibt es den Burschen
Durch Wälder und Feld,
Zu gleichen der Mutter,
Der wandernden Welt.

Da grüßen ihn Vögel
Bekannt überm Meer,
Sie flogen von Fluren
Der Heimat hieher;
Da duften die Blumen
Vertraulich um ihn,
Sie trieben vom Lande
Die Lüfte dahin.

Die Vögel, die kennen
Sein väterlich Haus,
Die Blumen einst pflanzt' er
Der Liebe zum Strauß,
Und Liebe, die folgt ihm,
Sie geht ihm zur Hand:
So wird ihm zur Heimat
Das fernste Land.

LUDWIG UHLAND

Frühlingsglaube

Die linden Lüfte sind erwacht,
Sie säuseln und weben Tag und Nacht,
Sie schaffen an allen Enden.
O frischer Duft, o neuer Klang!
Nun, armes Herze, sei nicht bang!
Nun muß sich alles, alles wenden.

Die Welt wird schöner mit jedem Tag,
Man weiß nicht, was noch werden mag,
Das Blühen will nicht enden.
Es blüht das fernste, tiefste Tal:
Nun, armes Herz, vergiß der Qual!
Nun muß sich alles, alles wenden.

Heimkehr

O brich nicht, Steg, du zitterst sehr!
O stürz nicht, Fels, du dräuest schwer!
Welt, geh nicht unter, Himmel, fall nicht ein,
Eh ich mag bei der Liebsten sein!

Der Wirtin Töchterlein

Es zogen drei Bursche wohl über den Rhein,
Bei einer Frau Wirtin, da kehrten sie ein.

»Frau Wirtin! hat sie gut Bier und Wein?
Wo hat sie ihr schönes Töchterlein?«

»Mein Bier und Wein ist frisch und klar,
Mein Töchterlein liegt auf der Totenbahr.«

Und als sie traten zur Kammer hinein,
Da lag sie in einem schwarzen Schrein.

Der erste, der schlug den Schleier zurück
Und schaute sie an mit traurigem Blick:

»Ach! lebtest du noch, du schöne Maid!
Ich würde dich lieben von dieser Zeit.«

Der zweite deckte den Schleier zu
Und kehrte sich ab und weinte dazu:

»Ach! daß du liegst auf der Totenbahr!
Ich hab dich geliebet so manches Jahr.«

Der dritte hub ihn wieder sogleich
Und küßte sie an den Mund so bleich:

»Dich liebt ich immer, dich lieb ich noch heut
Und werde dich lieben in Ewigkeit.«

Des Sängers Fluch

Es stand in alten Zeiten ein Schloß, so hoch und hehr,
Weit glänzt' es über die Lande bis an das blaue Meer,
Und rings von duft'gen Gärten ein blütenreicher Kranz,
Drin sprangen frische Brunnen in Regenbogenglanz.

Dort saß ein stolzer König, an Land und Siegen reich,
Er saß auf seinem Throne so finster und so bleich;
Denn was er sinnt, ist Schrecken, und was er blickt, ist Wut,
Und was er spricht, ist Geißel, und was er schreibt, ist Blut.

Einst zog nach diesem Schlosse ein edles Sängerpaar,
Der ein' in goldnen Locken, der andre grau von Haar;
Der Alte mit der Harfe, der saß auf schmuckem Roß,
Es schritt ihm frisch zur Seite der blühende Genoß.

Der Alte sprach zum Jungen: »Nun sei bereit, mein Sohn!
Denk unsrer tiefsten Lieder, stimm an den vollsten Ton!
Nimm alle Kraft zusammen, die Lust und auch den Schmerz!
Es gilt uns heut, zu rühren des Königs steinern Herz.«

Schon stehn die beiden Sänger im hohen Säulensaal,
Und auf dem Throne sitzen der König und sein Gemahl;
Der König furchtbar prächtig, wie blut'ger Nordlichtschein,
Die Königin süß und milde, als blickte Vollmond drein.

Da schlug der Greis die Saiten, er schlug sie wundervoll,
Daß reicher, immer reicher der Klang zum Ohre schwoll,
Dann strömte himmlisch helle des Jünglings Stimme vor,
Des Alten Sang dazwischen, wie dumpfer Geisterchor.

Sie singen von Lenz und Liebe, von sel'ger goldner Zeit,
Von Freiheit, Männerwürde, von Treu und Heiligkeit;

Sie singen von allem Süßen, was Menschenbrust durchbebt,
Sie singen von allem Hohen, was Menschenherz erhebt.

Die Höflingsschar im Kreise verlernet jeden Spott,
Des Königs trotz'ge Krieger, sie beugen sich vor Gott,
Die Königin, zerflossen in Wehmut und in Lust,
Sie wirft den Sängern nieder die Rose von ihrer Brust.

»Ihr habt mein Volk verführet, verlockt ihr nun mein Weib?«
Der König schreit es wütend, er bebt am ganzen Leib,
Er wirft sein Schwert, das blitzend des Jünglings Brust
 durchdringt,
Draus statt der goldnen Lieder ein Blutstrahl hochauf springt.

Und wie vom Sturm zerstoben ist all der Hörer Schwarm,
Der Jüngling hat verröchelt in seines Meisters Arm,
Der schlägt um ihn den Mantel und setzt ihn auf das Roß,
Er bind't ihn aufrecht feste, verläßt mit ihm das Schloß.

Doch vor dem hohen Tore, da hält der Sängergreis,
Da faßt er seine Harfe, sie, aller Harfen Preis,
An einer Marmorsäule, da hat er sie zerschellt,
Dann ruft er, daß es schaurig durch Schloß und Gärten gellt:

»Weh euch, ihr stolzen Hallen! Nie töne süßer Klang
Durch eure Räume wieder, nie Saite noch Gesang,
Nein! Seufzer nur und Stöhnen und scheuer Sklavenschritt,
Bis euch zu Schutt und Moder der Rachegeist zertritt!

Weh euch, ihr duft'gen Gärten im holden Maienlicht!
Euch zeig ich dieses Toten entstelltes Angesicht,
Daß ihr darob verdorret, daß jeder Quell versiegt,
Daß ihr in künft'gen Tagen versteint, verödet liegt.

Weh dir, verruchter Mörder, du Fluch des Sängertums!
Umsonst sei all dein Ringen nach Kränzen blut'gen Ruhms!
Dein Name sei vergessen, in ew'ge Nacht getaucht,
Sei, wie ein letztes Röcheln, in leere Luft verhaucht!«

Der Alte hat's gerufen, der Himmel hat's gehört,
Die Mauern liegen nieder, die Hallen sind zerstört,

Noch e i n e hohe Säule zeugt von verschwundner Pracht,
Auch diese, schon geborsten, kann stürzen über Nacht.

Und rings statt duft'ger Gärten ein ödes Heideland,
Kein Baum verstreuet Schatten, kein Quell durchdringt den Sand,
Des Königs Namen meldet kein Lied, kein Heldenbuch:
Versunken und vergessen! Das ist des Sängers Fluch.

Der blinde König

Was steht der nord'schen Fechter Schar
Hoch auf des Meeres Bord?
Was will in seinem grauen Haar
Der blinde König dort?
Er ruft, in bittrem Harme
Auf seinen Stab gelehnt,
Daß überm Meeresarme
Das Eiland widertönt:

»Gib, Räuber, aus dem Felsverlies
Die Tochter mir zurück!
Ihr Harfenspiel, ihr Lied, so süß,
War meines Alters Glück.
Vom Tanz auf grünem Strande
Hast du sie weggeraubt;
Dir ist es ewig Schande,
Mir beugt's das graue Haupt.«

Da tritt aus seiner Kluft hervor
Der Räuber, groß und wild,
Er schwingt sein Hünenschwert empor
Und schlägt an seinen Schild:
»Du hast ja viele Wächter,
Warum denn litten's die?
Dir dient so mancher Fechter,
Und keiner kämpft um sie?«

Noch stehn die Fechter alle stumm,
Tritt keiner aus den Reihn,
Der blinde König kehrt sich um:

»Bin ich denn ganz allein?«
Da faßt des Vaters Rechte
Sein junger Sohn so warm:
»Vergönn mir's, daß ich fechte!
Wohl fühl ich Kraft im Arm.«

»O Sohn, der Feind ist riesenstark,
Ihm hielt noch keiner stand;
Und doch, in dir ist edles Mark,
Ich fühl's am Druck der Hand.
Nimm hier die alte Klinge!
Sie ist der Skalden Preis.
Und fällst du, so verschlinge
Die Flut mich armen Greis!«

Und horch! es schäumet, und es rauscht
Der Nachen übers Meer.
Der blinde König steht und lauscht,
Und alles schweigt umher,
Bis drüben sich erhoben
Der Schild' und Schwerter Schall
Und Kampfgeschrei und Toben
Und dumpfer Widerhall.

Da ruft der Greis so freudig bang:
»Sagt an, was ihr erschaut!
Mein Schwert, ich kenn's am guten Klang,
Es gab so scharfen Laut.« –
»Der Räuber ist gefallen,
Er hat den blut'gen Lohn.
Heil dir, du Held vor allen,
Du starker Königssohn!«

Und wieder wird es still umher,
Der König steht und lauscht:
»Was hör ich kommen übers Meer?
Es rudert und es rauscht.« –
»Sie kommen angefahren,
Dein Sohn mit Schwert und Schild,
In sonnenhellen Haaren
Dein Töchterlein Gunild.«

»Willkommen!« ruft vom hohen Stein
Der blinde Greis hinab,
»Nun wird mein Alter wonnig sein,
Und ehrenvoll mein Grab.
Du legst mir, Sohn, zur Seite
Das Schwert von gutem Klang,
Gunilde, du befreite,
Singst mir den Grabgesang.«

Der gute Kamerad

Ich hatt einen Kameraden,
Einen bessern findst du nit.
Die Trommel schlug zum Streite,
Er ging an meiner Seite
In gleichem Schritt und Tritt.

Eine Kugel kam geflogen,
Gilt's mir oder gilt es dir?
Ihn hat es weggerissen,
Er liegt mir vor den Füßen,
Als wär's ein Stück von mir.

Will mir die Hand noch reichen,
Derweil ich eben lad:
»Kann dir die Hand nicht geben,
Bleib du im ew'gen Leben
Mein guter Kamerad!«

Einkehr

Bei einem Wirte wundermild,
Da war ich jüngst zu Gaste;
Ein goldner Apfel war sein Schild
An einem langen Aste.

Es war der gute Apfelbaum,
Bei dem ich eingekehret;

Mit süßer Kost und frischem Schaum
Hat er mich wohl genähret.

Es kamen in sein grünes Haus
Viel leichtbeschwingte Gäste;
Sie sprangen frei und hielten Schmaus
Und sangen auf das beste.

Ich fand ein Bett zu süßer Ruh
Auf weichen, grünen Matten;
Der Wirt, er deckte selbst mich zu
Mit seinem kühlen Schatten.

Nun fragt ich nach der Schuldigkeit,
Da schüttelt' er den Wipfel.
Gesegnet sei er allezeit
Von der Wurzel bis zum Gipfel!

WILHELM MÜLLER

Wanderschaft

Das Wandern ist des Müllers Lust,
Das Wandern!
Das muß ein schlechter Müller sein,
Dem niemals fiel das Wandern ein,
Das Wandern.

Vom Wasser haben wir's gelernt,
Vom Wasser!
Das hat nicht Rast bei Tag und Nacht,
Ist stets auf Wanderschaft bedacht,
Das Wasser.

Das sehn wir auch den Rädern ab,
Den Rädern!
Die gar nicht gerne stille stehn
Und sich mein Tag nicht müde drehn,
Die Räder.

Die Steine selbst, so schwer sie sind,
Die Steine!
Sie tanzen mit den muntern Reihn
Und wollen gar noch schneller sein,
Die Steine!

O Wandern, Wandern, meine Lust,
O Wandern!
Herr Meister und Frau Meisterin,
Laßt mich in Frieden weiterziehn
Und wandern!

Der Lindenbaum

Am Brunnen vor dem Tore,
Da steht ein Lindenbaum;
Ich träumt in seinem Schatten
So manchen süßen Traum.

Ich schnitt in seine Rinde
So manches liebe Wort;
Es zog in Freud und Leide
Zu ihm mich immer fort.

Ich mußt auch heute wandern
Vorbei in tiefer Nacht,
Da hab ich noch im Dunkel
Die Augen zugemacht.

Und seine Zweige rauschten,
Als riefen sie mir zu:
Komm her zu mir, Geselle,
Hier findst du deine Ruh!

Die kalten Winde bliesen
Mir grad ins Angesicht,
Der Hut flog mir vom Kopfe,
Ich wendete mich nicht.

Nun bin ich manche Stunde
Entfernt von jenem Ort,
Und immer hör ich's rauschen:
Du fändest Ruhe dort!

WILHELM HAUFF

Reiters Morgenlied

Morgenrot,
Leuchtest mir zum frühen Tod?
Bald wird die Trompete blasen,
Dann muß ich mein Leben lassen,
Ich und mancher Kamerad!

Kaum gedacht,
War der Lust ein End gemacht!
Gestern noch auf stolzen Rossen,
Heute durch die Brust geschossen,
Morgen in das kühle Grab!

Ach, wie bald
Schwindet Schönheit und Gestalt!
Tust du stolz mit deinen Wangen,
Die wie Milch und Purpur prangen?
Ach, die Rosen welken all!

Darum still
Füg ich mich, wie Gott es will.
Nun, so will ich wacker streiten,
Und sollt ich den Tod erleiden,
Stirbt ein braver Reitersmann.

Nach einem schwäbischen Volkslied

Eduard Mörike

An einem Wintermorgen, vor Sonnenaufgang

O flaumenleichte Zeit der dunkeln Frühe!
Welch neue Welt bewegest du in mir?
Was ist's, daß ich auf einmal nun in dir
Von sanfter Wollust meines Daseins glühe?

Einem Kristall gleicht meine Seele nun,
Den noch kein falscher Strahl des Lichts getroffen;
Zu fluten scheint mein Geist, er scheint zu ruhn,
Dem Eindruck naher Wunderkräfte offen,
Die aus dem klaren Gürtel blauer Luft
Zuletzt ein Zauberwort vor meine Sinne ruft.

Bei hellen Augen glaub ich doch zu schwanken;
Ich schließe sie, daß nicht der Traum entweiche.
Seh ich hinab in lichte Feenreiche?
Wer hat den bunten Schwarm von Bildern und Gedanken
Zur Pforte meines Herzens hergeladen,
Die glänzend sich in diesem Busen baden,
Goldfarb'gen Fischlein gleich im Gartenteiche?

Ich höre bald der Hirtenflöten Klänge,
Wie um die Krippe jener Wundernacht,
Bald weinbekränzter Jugend Lustgesänge;
Wer hat das friedenselige Gedränge
In meine traurigen Wände hergebracht?

Und welch Gefühl entzückter Stärke,
Indem mein Sinn sich frisch zur Ferne lenkt!
Vom ersten Mark des heut'gen Tags getränkt,
Fühl ich mir Mut zu jedem frommen Werke.
Die Seele fliegt, soweit der Himmel reicht,
Der Genius jauchzt in mir! Doch sage,
Warum wird jetzt der Blick von Wehmut feucht?
Ist's ein verloren Glück, was mich erweicht?
Ist es ein werdendes, was ich im Herzen trage?
– Hinweg, mein Geist! hier gilt kein Stillestehn:
Es ist ein Augenblick, und alles wird verwehn!

Dort, sieh! am Horizont lüpft sich der Vorhang schon!
Es träumt der Tag, nun sei die Nacht entflohn;
Die Purpurlippe, die geschlossen lag,
Haucht, halb geöffnet, süße Atemzüge:
Auf einmal blitzt das Auge, wie ein Gott, der Tag
Beginnt im Sprung die königlichen Flüge!

Er ist's

Frühling läßt sein blaues Band
Wieder flattern durch die Lüfte;
Süße, wohlbekannte Düfte
Streifen ahnungsvoll das Land.
Veilchen träumen schon,
Wollen balde kommen.
– Horch, von fern ein leiser Harfenton!
Frühling, ja du bist's!
Dich hab ich vernommen!

Gesang zu zweien in der Nacht

Sie Wie süß der Nachtwind nun die Wiese streift
 Und klingend jetzt den jungen Hain durchläuft!
 Da noch der freche Tag verstummt,
 Hört man der Erdenkräfte flüsterndes Gedränge,
 Das aufwärts in die zärtlichen Gesänge
 Der reingestimmten Lüfte summt.

Er Vernehm ich doch die wunderbarsten Stimmen,
 Vom lauen Wind wollüstig hingeschleift,
 Indes, mit ungewissem Licht gestreift,
 Der Himmel selber scheinet hinzuschwimmen.

Sie Wie ein Gewebe zuckt die Luft manchmal,
 Durchsichtiger und heller aufzuwehen;
 Dazwischen hört man weiche Töne gehen
 Von sel'gen Feen, die im blauen Saal
 Zum Sphärenklang,
 Und fleißig mit Gesang,
 Silberne Spindeln hin und wieder drehen.

Er O holde Nacht, du gehst mit leisem Tritt
Auf schwarzem Samt, der nur am Tage grünet,
Und luftig schwirrender Musik bedienet
Sich nun dein Fuß zum leichten Schritt,
Womit du Stund um Stunde missest,
Dich lieblich in dir selbst vergissest —
Du schwärmst, es schwärmt der Schöpfung Seele mit!

Gesang Weylas

Du bist Orplid, mein Land!
Das ferne leuchtet;
Vom Meere dampfet dein besonnter Strand
Den Nebel, so der Götter Wange feuchtet.

Uralte Wasser steigen
Verjüngt um deine Hüften, Kind!
Vor deiner Gottheit beugen
Sich Könige, die deine Wärter sind.

Um Mitternacht

Gelassen stieg die Nacht ans Land,
Lehnt träumend an der Berge Wand,
Ihr Auge sieht die goldne Waage nun
Der Zeit in gleichen Schalen stille ruhn;
 Und kecker rauschen die Quellen hervor,
 Sie singen der Mutter, der Nacht, ins Ohr
 Vom Tage,
 Vom heute gewesenen Tage.

Das uralt alte Schlummerlied,
Sie achtet's nicht, sie ist es müd;
Ihr klingt des Himmels Bläue süßer noch,
Der flücht'gen Stunden gleichgeschwungnes Joch.
 Doch immer behalten die Quellen das Wort,
 Es singen die Wasser im Schlafe noch fort
 Vom Tage,
 Vom heute gewesenen Tage.

Auf eine Christblume

I.

Tochter des Walds, du Lilienverwandte,
So lang von mir gesuchte, unbekannte,
Im fremden Kirchhof, öd und winterlich,
Zum erstenmal, o schöne, find ich dich!

Von welcher Hand gepflegt du hier erblühtest,
Ich weiß es nicht, noch wessen Grab du hütest;
Ist es ein Jüngling, so geschah ihm Heil,
Ist's eine Jungfrau, lieblich fiel ihr Teil.

Im nächt'gen Hain, von Schneelicht überbreitet,
Wo fromm das Reh an dir vorüberweidet,
Bei der Kapelle, am kristallnen Teich,
Dort sucht ich deiner Heimat Zauberreich.

Schön bist du, Kind des Mondes, nicht der Sonne;
Dir wäre tödlich andrer Blumen Wonne,
Dich nährt, den keuschen Leib voll Reif und Duft,
Himmlischer Kälte balsamsüße Luft.

In deines Busens goldner Fülle gründet
Ein Wohlgeruch, der sich nur kaum verkündet;
So duftete, berührt von Engelshand,
Der benedeiten Mutter Brautgewand.

Dich würden, mahnend an das heil'ge Leiden,
Fünf Purpurtropfen schön und einzig kleiden:
Doch kindlich zierst du, um die Weihnachtszeit,
Lichtgrün mit einem Hauch dein weißes Kleid.

Der Elfe, der in mitternächt'ger Stunde
Zum Tanze geht im lichterhellen Grunde,
Vor deiner mystischen Glorie steht er scheu
Neugierig still von fern und huscht vorbei.

II.

Im Winterboden schläft, ein Blumenkeim,
Der Schmetterling, der einst um Busch und Hügel
In Frühlingsnächten wiegt den samtnen Flügel;
Nie soll er kosten deinen Honigseim.

Wer aber weiß, ob nicht sein zarter Geist,
Wenn jede Zier des Sommers hingesunken,
Dereinst von deinem leisen Dufte trunken,
Mir unsichtbar, dich blühende umkreist?

Auf eine Lampe

Noch unverrückt, o schöne Lampe, schmückest du,
An leichten Ketten zierlich aufgehangen hier,
Die Decke des nun fast vergeßnen Lustgemachs.
Auf deiner weißen Marmorschale, deren Rand
Der Efeukranz von goldengrünem Erz umflicht,
Schlingt fröhlich eine Kinderschar den Ringelreihn.
Wie reizend alles! lachend, und ein sanfter Geist
Des Ernstes doch ergossen um die ganze Form –
Ein Kunstgebild der echten Art. Wer achtet sein?
Was aber schön ist, selig scheint es in ihm selbst.

Verborgenheit

Laß, o Welt, o laß mich sein!
Locket nicht mit Liebesgaben,
Laßt dies Herz alleine haben
Seine Wonne, seine Pein!

Was ich traure, weiß ich nicht,
Es ist ein unbekanntes Wehe;
Immerdar durch Tränen sehe
Ich der Sonne liebes Licht.

Oft bin ich mir kaum bewußt,
Und die helle Freude zücket

Durch die Schwere, so mich drücket,
Wonniglich in meiner Brust.

Laß, o Welt, o laß mich sein!
Locket nicht mit Liebesgaben,
Laßt dies Herz alleine haben
Seine Wonne, seine Pein!

Schön-Rohtraut

Wie heißt König Ringangs Töchterlein?
 Rohtraut, Schön-Rohtraut.
Was tut sie denn den ganzen Tag,
Da sie wohl nicht spinnen und nähen mag?
 Tut fischen und jagen.
O daß ich doch ihr Jäger wär!
Fischen und Jagen freute mich sehr.
 – Schweig stille, mein Herze!

Und über eine kleine Weil,
 Rohtraut, Schön-Rohtraut,
So dient der Knab auf Ringangs Schloß
In Jägertracht und hat ein Roß,
 Mit Rohtraut zu jagen.
O daß ich doch ein Königssohn wär!
Rohtraut, Schön-Rohtraut lieb ich so sehr.
 – Schweig stille, mein Herze!

Einsmals sie ruhten am Eichenbaum,
 Da lacht Schön-Rohtraut:
»Was siehst mich an so wunniglich?
Wenn du das Herz hast, küsse mich!«
 Ach! erschrak der Knabe!
Doch denket er: »Mir ist's vergunnt«,
Und küsset Schön-Rohtraut auf den Mund.
 Schweig stille, mein Herze!

Darauf sie ritten schweigend heim,
 Rohtraut, Schön-Rohtraut;
Es jauchzt der Knab in seinem Sinn:

»Und würdst du heute Kaiserin,
 Mich sollt's nicht kränken!
Ihr tausend Blätter im Walde wißt,
Ich hab Schön-Rohtrauts Mund geküßt!
 – Schweig stille, mein Herze!«

Gebet

Herr! Schicke, was du willt,
Ein Liebes oder Leides;
Ich bin vergnügt, daß beides
Aus deinen Händen quillt.

Wollest mit Freuden
Und wollest mit Leiden
Mich nicht überschütten!
Doch in der Mitten
Liegt holdes Bescheiden.

Die Geister am Mummelsee

Vom Berge was kommt dort um Mitternacht spät
Mit Fackeln so prächtig herunter?
Ob das wohl zum Tanze, zum Feste noch geht?
Mir klingen die Lieder so munter.
 O nein!
So sage, was mag es wohl sein?

Das, was du da siehest, ist Totengeleit,
Und was du da hörest, sind Klagen.
Dem König, dem Zauberer, gilt es zu Leid,
Sie bringen ihn wieder getragen.
 O weh!
So sind es die Geister vom See!

Sie schweben herunter ins Mummelseetal –
Sie haben den See schon betreten –
Sie rühren und netzen den Fuß nicht einmal –

Sie schwirren in leisen Gebeten –
 O schau,
Am Sarge die glänzende Frau!

Jetzt öffnet der See das grünspiegelnde Tor;
Gib acht, nun tauchen sie nieder!
Es schwankt eine lebende Treppe hervor,
Und – drunten schon summen die Lieder.
 Hörst du?
Sie singen ihn unten zur Ruh.

Die Wasser, wie lieblich sie brennen und glühn!
Sie spielen in grünendem Feuer;
Es geisten die Nebel am Ufer dahin,
Zum Meere verzieht sich der Weiher –
 Nur still!
Ob dort sich nichts rühren will?

Es zuckt in der Mitten – o Himmel! ach hilf!
Nun kommen sie wieder, sie kommen!
Es orgelt im Rohr, und es klirret im Schilf;
Nur hurtig, die Flucht nur genommen!
 Davon!
Sie wittern, sie haschen mich schon!

Der Feuerreiter

Sehet ihr am Fensterlein
Dort die rote Mütze wieder?
Nicht geheuer muß es sein,
Denn er geht schon auf und nieder.
Und auf einmal welch Gewühle
Bei der Brücke, nach dem Feld!
Horch! das Feuerglöcklein gellt:
 Hinterm Berg,
 Hinterm Berg
Brennt es in der Mühle!

Schaut! da sprengt er wütend schier
Durch das Tor, der Feuerreiter,

Auf dem rippendürren Tier,
Als auf einer Feuerleiter!
Querfeldein! Durch Qualm und Schwüle
Rennt er schon und ist am Ort!
Drüben schallt es fort und fort:
 Hinterm Berg,
 Hinterm Berg
Brennt es in der Mühle!

Der so oft den roten Hahn
Meilenweit von fern gerochen,
Mit des heil'gen Kreuzes Span
Freventlich die Glut besprochen –
Weh! dir grinst vom Dachgestühle
Dort der Feind im Höllenschein.
Gnade Gott der Seele dein!
 Hinterm Berg,
 Hinterm Berg
Rast er in die Mühle!

Keine Stunde hielt es an,
Bis die Mühle borst in Trümmer;
Doch den kecken Reitersmann
Sah man von der Stunde nimmer.
Volk und Wagen im Gewühle
Kehren heim von all dem Graus;
Auch das Glöcklein klinget aus:
 Hinterm Berg,
 Hinterm Berg
Brennt's! –

Nach der Zeit ein Müller fand
Ein Gerippe samt der Mützen
Aufrecht an der Kellerwand
Auf der beinern Mähre sitzen:
Feuerreiter, wie so kühle
Reitest du in deinem Grab!
Husch! da fällt's in Asche ab.
 Ruhe wohl,
 Ruhe wohl
Drunten in der Mühle!

Peregrina

V.

Die Liebe, sagt man, steht am Pfahl gebunden,
Geht endlich arm, zerrüttet, unbeschuht;
Dies edle Haupt hat nicht mehr, wo es ruht,
Mit Tränen netzet sie der Füße Wunden.

Ach, Peregrinen hab ich so gefunden!
Schön war ihr Wahnsinn, ihrer Wange Glut,
Noch scherzend in der Frühlingsstürme Wut
Und wilde Kränze in das Haar gewunden.

War's möglich, solche Schönheit zu verlassen?
– So kehrt nur reizender das alte Glück!
O komm, in diese Arme dich zu fassen!

Doch weh! o weh! was soll mir dieser Blick?
Sie küßt mich zwischen Lieben noch und Hassen,
Sie kehrt sich ab und kehrt mir nie zurück.

Das verlassene Mägdlein

Früh, wann die Hähne krähn,
Eh die Sternlein verschwinden,
Muß ich am Herde stehn,
Muß Feuer zünden.

Schön ist der Flammen Schein,
Es springen die Funken;
Ich schaue so drein,
In Leid versunken.

Plötzlich, da kommt es mir,
Treuloser Knabe,
Daß ich die Nacht von dir
Geträumet habe.

Träne auf Träne dann
Stürzet hernieder;
So kommt der Tag heran –
O ging er wieder!

Der Jäger

Drei Tage Regen fort und fort,
Kein Sonnenschein zur Stunde;
Drei Tage lang kein gutes Wort
Aus meiner Liebsten Munde!

Sie trutzt mit mir und ich mit ihr,
So hat sie's haben wollen;
Mir aber nagt's am Herzen hier,
Das Schmollen und das Grollen.
Willkommen denn, des Jägers Lust,
Gewittersturm und Regen!
Fest zugeknöpft die heiße Brust
Und jauchzend euch entgegen!

Nun sitzt sie wohl daheim und lacht
Und scherzt mit den Geschwistern;
Ich höre in des Waldes Nacht
Die alten Blätter flüstern.

Nun sitzt sie wohl und weinet laut
Im Kämmerlein, in Sorgen;
Mir ist es wie dem Wilde traut,
In Finsternis geborgen.

Kein Hirsch und Rehlein überall!
Ein Schuß zum Zeitvertreibe!
Gesunder Knall und Widerhall
Erfrischt das Mark im Leibe. –

Doch wie der Donner nun verhallt
In Tälern, durch die Runde,

Ein plötzlich Weh mich überwallt,
Mir sinkt das Herz zu Grunde.

Sie trutzt mit mir und ich mit ihr,
So hat sie's haben wollen;
Mir aber frißt's am Herzen hier,
Das Schmollen und das Grollen.

Und auf! und nach der Liebsten Haus!
Und sie gefaßt ums Mieder!
»Drück mir die nassen Locken aus
Und küß und hab mich wieder!«

Jägerlied

Zierlich ist des Vogels Tritt im Schnee,
Wenn er wandelt auf des Berges Höh:
Zierlicher schreibt Liebchens liebe Hand,
Schreibt ein Brieflein mir in ferne Land'.

In die Lüfte hoch ein Reiher steigt,
Dahin weder Pfeil noch Kugel fleugt:
Tausendmal so hoch und so geschwind
Die Gedanken treuer Liebe sind.

Selbstgeständnis

Ich bin meiner Mutter einzig Kind,
Und weil die andern ausblieben sind
– Was weiß ich wieviel, die sechs oder sieben –,
Ist eben alles an mir hängen blieben;
Ich hab müssen die Liebe, die Treue, die Güte
Für ein ganz halb Dutzend allein aufessen,
Ich will's mein Lebtag nicht vergessen.
Es hätte mir aber noch wohl mögen frommen,
Hätt ich nur auch Schläg für sechse bekommen!

Früh im Wagen

Es graut vom Morgenreif
In Dämmerung das Feld,
Da schon ein blasser Streif
Den fernen Ost erhellt;

Man sieht im Lichte bald
Den Morgenstern vergehn,
Und doch am Fichtenwald
Den vollen Mond noch stehn:

So ist mein scheuer Blick,
Den schon die Ferne drängt,
Noch in das Schmerzensglück
Der Abschiedsnacht versenkt.

Dein blaues Auge steht,
Ein dunkler See, vor mir,
Dein Kuß, dein Hauch umweht,
Dein Flüstern mich noch hier.

An deinem Hals begräbt
Sich weinend mein Gesicht,
Und Purpurschwärze webt
Mir vor dem Auge dicht.

Die Sonne kommt; – sie scheucht
Den Traum hinweg im Nu,
Und von den Bergen streicht
Ein Schauer auf mich zu.

Abreise

Fertig schon zur Abfahrt steht der Wagen,
Und das Posthorn bläst zum letzten Male.
Sagt, wo bleibt der vierte Mann so lange?
Ruft ihn, soll er nicht dahinten bleiben!
– Indes fällt ein rascher Sommerregen;
Eh man hundert zählt, ist er vorüber;

Fast zu kurz, den heißen Staub zu löschen;
Doch auch diese Letzung ist willkommen.
Kühlung füllt und Wohlgeruch den weiten
Platz, und an den Häusern ringsum öffnet
Sich ein Blumenfenster um das andre.
Endlich kommt der junge Mann. Geschwinde!
Eingestiegen! – Und fort rollt der Wagen.
Aber sehet, auf dem nassen Pflaster
Vor dem Posthaus, wo er stillgehalten,
Läßt er einen trocknen Fleck zurücke,
Lang und breit, sogar die Räder sieht man
Angezeigt und wo die Pferde standen.
Aber dort in jenem hübschen Hause,
Drin der Jüngling sich so lang verweilte,
Steht ein Mädchen hinterm Fensterladen,
Blicket auf die weiß gelaßne Stelle,
Hält ihr Tüchlein vors Gesicht und weinet.
Mag es ihr so ernst sein? Ohne Zweifel;
Doch der Jammer wird nicht lange währen:
Mädchenaugen, wißt ihr, trocknen hurtig,
Und eh auf dem Markt die Steine wieder
Alle hell geworden von der Sonne,
Könnet ihr den Wildfang lachen hören.

Erinna an Sappho

Erinna, eine hochgepriesene junge Dichterin des griechischen Alter-
tums, um 600 v. Chr., Freundin und Schülerin Sapphos zu Mytilene
aus Lesbos. Sie starb als Mädchen mit neunzehn Jahren. Ihr berühm-
testes Werk war ein episches Gedicht, »Die Spindel«, von dem man
jedoch nichts Näheres weiß. Überhaupt haben sich von ihren Poesien
nur einige Bruchstücke von wenigen Zeilen und drei Epigramme er-
halten. Es wurden ihr zwei Statuen errichtet, und die Anthologie
hat mehrere Epigramme zu ihrem Ruhme von verschiedenen Ver-
fassern.

»Vielfach sind zum Hades die Pfade«, heißt ein
Altes Liedchen – »und einen gehst du selber,
Zweifle nicht!« Wer, süßeste Sappho, zweifelt?
Sagt es nicht jeglicher Tag?
Doch den Lebenden haftet nur leicht im Busen

Solch ein Wort, und dem Meer anwohnend ein Fischer von
<div align="right">Kind auf</div>
Hört im stumpferen Ohr der Wogen Geräusch nicht mehr.
– Wundersam aber erschrak mir heute das Herz. Vernimm!

Sonniger Morgenglanz im Garten,
Ergossen um der Bäume Wipfel,
Lockte die Langschläferin (denn so schaltest du jüngst Erinna!)
Früh vom schwüligen Lager hinweg.
Stille war mein Gemüt; in den Adern aber
Unstet klopfte das Blut bei der Wangen Blässe.

Als ich am Putztisch jetzo die Flechten löste,
Dann mit nardeduftendem Kamm vor der Stirn den Haar-
Schleier teilte, – seltsam betraf mich im Spiegel Blick in Blick.
Augen, sagt ich, ihr Augen, was wollt ihr?
Du, mein Geist, heute noch sicher behaust da drinne,
Lebendigen Sinnen traulich vermählt,
Wie mit fremdendem Ernst, lächelnd halb, ein Dämon,
Nickst du mich an, Tod weissagend!
– Ha, da mit eins durchzuckt' es mich
Wie Wetterschein! wie wenn schwarzgefiedert ein tödlicher Pfeil

Streifte die Schläfe hart vorbei,
Daß ich, die Hände gedeckt aufs Antlitz, lange
Staunend blieb, in die nachtschaurige Kluft schwindelnd hinab.

Und das eigene Todesgeschick erwog ich;
Trockenen Augs noch erst,
Bis da ich dein, o Sappho, dachte
Und der Freundinnen all
Und anmutiger Musenkunst,
Gleich da quollen die Tränen mir.

Und dort blinkte vom Tisch das schöne Kopfnetz, dein Geschenk,
Köstliches Byssosgeweb, von goldnen Bienlein schwärmend.
Dieses, wenn wir demnächst das blumige Fest
Feiern der herrlichen Tochter Demeters,
Möcht ich ihr weihn, für meinen Teil und deinen;
Daß sie hold uns bleibe (denn viel vermag sie),
Daß du zu früh dir nicht die braune Locke mögest
Für Erinna vom lieben Haupte trennen.

Denk es, o Seele!

Ein Tännlein grünet wo,
Wer weiß, im Walde,
Ein Rosenstrauch, wer sagt,
In welchem Garten?
Sie sind erlesen schon,
Denk es, o Seele!
Auf deinem Grab zu wurzeln
Und zu wachsen.

Zwei schwarze Rößlein weiden
Auf der Wiese,
Sie kehren heim zur Stadt
In muntern Sprüngen.
Sie werden schrittweis gehn
Mit deiner Leiche;
Vielleicht, vielleicht noch eh
An ihren Hufen
Das Eisen los wird,
Das ich blitzen sehe!

FRANZ GRILLPARZER

Wie viel weißt du, o Mensch, der Schöpfung König,
Der du, was sehbar siehst, was meßbar mißt,
Wie viel weißt du! und wieder, ach, wie wenig,
Weil, was erscheint, doch nur ein Äußres ist.

Und steigst du in die Tiefe der Gedanken,
Wie findest du den Rückweg in die Welt?
Du armer König, dessen Reiche schwanken,
Der eine Krone trägt, allein kein Zepter hält.

Zu dem Gewölb von deinen strengen Schlüssen
Stellt sich der Schlußstein nun und nimmer ein,
Und die Empfindung, Flügel an den Füßen,
Entschwebt der Haft und ruft hinfliegend: Nein!

Denn etwas ist, du magst's wie weit entfernen,
Das dich umspinnt mit unsichtbarem Netz,
Das, wenn du liebst, du aufschaust zu den Sternen,
Dich unterwerfend dasteht: das Gesetz.

FRIEDRICH RÜCKERT

Abendlied

Ich stand auf Berges Halde,
Als heim die Sonne ging,
Und sah, wie überm Walde
Des Abends Goldnetz hing.

Des Himmels Wolken tauten
Der Erde Frieden zu,
Bei Abendglockenlauten
Ging die Natur zur Ruh.

Ich sprach:»O Herz, empfinde
Der Schöpfung Stille nun,
Und schick mit jedem Kinde
Der Flur dich auch, zu ruhn.«

Die Blumen alle schließen
Die Augen allgemach,
Und alle Wellen fließen
Besänftiget im Bach.

Nun hat der müde Silfe
Sich unters Blatt gesetzt,
Und die Libell am Schilfe
Entschlummert taubenetzt.

Es ward dem goldnen Käfer
Zur Wieg ein Rosenblatt;
Die Herde mit dem Schäfer
Sucht ihre Lagerstatt.

Die Lerche sucht aus Lüften
Ihr feuchtes Nest im Klee,
Und in des Waldes Schlüften
Ihr Lager Hirsch und Reh.

Wer sein ein Hüttchen nennet,
Ruht nun darin sich aus;
Und wen die Fremde trennet,
Den trägt ein Traum nach Haus.

Mich fasset ein Verlangen,
Daß ich zu dieser Frist
Hinauf nicht kann gelangen,
Wo meine Heimat ist.

Chidher

Chidher, der ewig junge, sprach:
Ich fuhr an einer Stadt vorbei,
Ein Mann im Garten Früchte brach;
Ich fragte, seit wann die Stadt hier sei?
Er sprach und pflückte die Früchte fort:
»Die Stadt steht ewig an diesem Ort
Und wird so stehen ewig fort.« –
 Und aber nach fünfhundert Jahren
 Kam ich desselbigen Wegs gefahren.

Da fand ich keine Spur der Stadt;
Ein einsamer Schäfer blies die Schalmei,
Die Herde weidete Laub und Blatt;
Ich fragte: wie lang ist die Stadt vorbei?
Er sprach und blies auf dem Rohre fort:
»Das eine wächst, wenn das andre dorrt;
Das ist mein ewiger Weideort.« –
 Und aber nach fünfhundert Jahren
 Kam ich desselbigen Wegs gefahren.

Da fand ich ein Meer, das Wellen schlug,
Ein Fischer warf die Netze frei;
Und als er ruhte vom schweren Zug,
Fragt ich, seit wann das Meer hier sei.
Er sprach und lachte meinem Wort:
»So lang, als schäumen die Wellen dort,
Fischt man und fischt man in diesem Port.« –
 Und aber nach fünfhundert Jahren
 Kam ich desselbigen Wegs gefahren.

Da fand ich einen waldigen Raum
Und einen Mann in der Siedelei,
Er fällte mit der Axt den Baum;
Ich fragte, wie alt der Wald hier sei.
Er sprach: »Der Wald ist ein ewiger Hort;
Schon ewig wohn ich an diesem Ort,
Und ewig wachsen die Bäum' hier fort.« –
 Und aber nach fünfhundert Jahren
 Kam ich desselbigen Wegs gefahren.

Da fand ich eine Stadt, und laut
Erschallte der Markt vom Volksgeschrei.
Ich fragte: Seit wann ist die Stadt erbaut,
Wohin ist Wald und Meer und Schalmei?
Sie schrien und hörten nicht mein Wort:
»So ging es ewig an diesem Ort
Und wird so gehen ewig fort.«
 Und aber nach fünfhundert Jahren
 Will ich desselbigen Weges fahren.

Herbstlieder

2

Herz, nun so alt und noch immer nicht klug,
Hoffst du von Tagen zu Tagen,
Was dir der blühende Frühling nicht trug,
Werde der Herbst dir noch tragen!

Läßt doch der spielende Wind nicht vom Strauch,
Immer zu schmeicheln, zu kosen.
Rosen entfaltet am Morgen sein Hauch,
Abends verstreut er die Rosen.

Läßt doch der spielende Wind nicht vom Strauch,
Bis er ihn völlig gelichtet.
Alles, o Herz, ist ein Wind und ein Hauch,
Was wir geliebt und gedichtet.

Aus der Jugendzeit

Aus der Jugendzeit, aus der Jugendzeit
Klingt ein Lied mir immerdar;
O wie liegt so weit, o wie liegt so weit,
Was mein einst war!

Was die Schwalbe sang, was die Schwalbe sang,
Die den Herbst und Frühling bringt;
Ob das Dorf entlang, ob das Dorf entlang
Das jetzt noch klingt?

»Als ich Abschied nahm, als ich Abschied nahm,
Waren Kisten und Kasten schwer;
Als ich wieder kam, als ich wieder kam,
War alles leer.«

O du Kindermund, o du Kindermund,
Unbewußter Weisheit froh,
Vogelsprachekund, vogelsprachekund,
Wie Salomo!

O du Heimatflur, o du Heimatflur,
Laß zu deinem heil'gen Raum
Mich noch einmal nur, mich noch einmal nur
Entfliehn im Traum!

Als ich Abschied nahm, als ich Abschied nahm,
War die Welt mir voll so sehr;
Als ich wieder kam, als ich wieder kam,
War alles leer.

Wohl die Schwalbe kehrt, wohl die Schwalbe kehrt,
Und der leere Kasten schwoll,
Ist das Herz geleert, ist das Herz geleert,
Wird's nie mehr voll.

Keine Schwalbe bringt, keine Schwalbe bringt
Dir zurück, wonach du weinst;
Doch die Schwalbe singt, doch die Schwalbe singt
Im Dorf wie einst:

»Als ich Abschied nahm, als ich Abschied nahm,
Waren Kisten und Kasten schwer;
Als ich wieder kam, als ich wieder kam,
War alles leer.«

Kehr ein bei mir

Du bist die Ruh,
Der Friede mild,
Die Sehnsucht du
Und was sie stillt.

Ich weihe dir
Voll Lust und Schmerz
Zur Wohnung hier
Mein Aug und Herz.

Kehr ein bei mir
Und schließe du
Still hinter dir
Die Pforten zu.

Treib andern Schmerz
Aus dieser Brust!
Voll sei dies Herz
Von deiner Lust.

Dies Augenzelt
Von deinem Glanz
Allein erhellt,
O füll es ganz.

Aus den Kindertotenliedern

Du bist ein Schatten am Tage
Und in der Nacht ein Licht;
Du lebst in meiner Klage
Und stirbst im Herzen nicht.

Wo ich mein Zelt aufschlage,
Da wohnst du bei mir dicht;
Du bist mein Schatten am Tage
Und in der Nacht mein Licht.

Wo ich auch nach dir frage,
Find' ich von dir Bericht,
Du lebst in meiner Klage
Und stirbst im Herzen nicht.

Du bist ein Schatten am Tage
Und in der Nacht ein Licht;
Du lebst in meiner Klage
Und stirbst im Herzen nicht.

Mitternacht

Um Mitternacht
Hab ich gewacht
Und aufgeblickt zum Himmel;
Kein Stern vom Sterngewimmel
Hat mir gelacht
Um Mitternacht.

Um Mitternacht
Hab ich gedacht
Hinaus in dunkle Schranken;
Es hat kein Lichtgedanken
Mir Trost gebracht
Um Mitternacht.

Um Mitternacht
Nahm ich in acht
Die Schläge meines Herzens;
Ein einz'ger Puls des Schmerzens
War angefacht
Um Mitternacht.

Um Mitternacht
Kämpft ich die Schlacht,
O Menschheit, deiner Leiden;
Nicht konnt ich sie entscheiden
Mit meiner Macht
Um Mitternacht.

Um Mitternacht
Hab ich die Macht
In deine Hand gegeben;
Herr über Tod und Leben,
Du hältst die Wacht
Um Mitternacht.

Wohl endet Tod des Lebens Not,
Doch schauert Leben vor dem Tod.
Das Leben sieht die dunkle Hand,
Den hellen Kelch nicht, den sie bot.
So schauert vor der Lieb ein Herz,
Als wie von Untergang bedroht.
Denn wo die Lieb erwachet, stirbt
Das Ich, der dunkele Despot.
Du laß ihn sterben in der Nacht
Und atme frei im Morgenrot.

 Nach Dschelaleddin Rumi

Ich bin müde, sterbensmüde;
Ich bin müde, lebensmüde;
Dieses Bangens und Verlangens,
Dieses Hoffens, Bebens müde;
Dieses zwischen Erd und Himmel
Auf- und Niederschwebens müde;
Dieses spinnengleichen Wesens
Hirngespinste-Webens müde;
Müde dieser Torenweisheit
Stolzen Überhebens müde.
Auf, o Geist, in diesen Fesseln
Ring dich nicht vergebens müde!
Schwing dich auf zu deinem Äther,
Des am Staube Klebens müde.

HOFFMANN VON FALLERSLEBEN

Das Lied der Deutschen

Deutschland, Deutschland über alles,
Über alles in der Welt,
Wenn es stets zu Schutz und Trutze
Brüderlich zusammenhält;
Von der Maas bis an die Memel,
Von der Etsch bis an den Belt:
Deutschland, Deutschland über alles,
Über alles in der Welt!

Deutsche Frauen, deutsche Treue,
Deutscher Wein und deutscher Sang
Sollen in der Welt behalten
Ihren alten, schönen Klang,
Uns zu edler Tat begeistern
Unser ganzes Leben lang:
Deutsche Frauen, deutsche Treue,
Deutscher Wein und deutscher Sang!

Einigkeit und Recht und Freiheit
Für das deutsche Vaterland!
Danach laßt uns alle streben
Brüderlich mit Herz und Hand!
Einigkeit und Recht und Freiheit
Sind des Glückes Unterpfand:
Blüh im Glanze dieses Glückes,
Blühe, deutsches Vaterland!

AUGUST VON PLATEN

Der Pilgrim vor St. Just

Nacht ist's, und Stürme sausen für und für,
Hispanische Mönche, schließt mir auf die Tür!

Laßt hier mich ruhn, bis Glockenton mich weckt,
Der zum Gebet euch in die Kirche schreckt!

Bereitet mir, was euer Haus vermag,
Ein Ordenskleid und einen Sarkophag!

Gönnt mir die kleine Zelle, weiht mich ein,
Mehr als die Hälfte dieser Welt war mein.

Das Haupt, das nun der Schere sich bequemt,
Mit mancher Krone ward's bediademt.

Die Schulter, die der Kutte nun sich bückt,
Hat kaiserlicher Hermelin geschmückt.

Nun bin ich vor dem Tod den Toten gleich
Und fall in Trümmer wie das alte Reich.

Tristan

Wer die Schönheit angeschaut mit Augen,
Ist dem Tode schon anheimgegeben,
Wird für keinen Dienst auf Erden taugen,
Und doch wird er vor dem Tode beben,
Wer die Schönheit angeschaut mit Augen!

Ewig währt für ihn der Schmerz der Liebe,
Denn ein Tor nur kann auf Erden hoffen,
Zu genügen einem solchen Triebe:
Wen der Pfeil des Schönen je getroffen,
Ewig währt für ihn der Schmerz der Liebe!

Ach, er möchte wie ein Quell versiechen,
Jedem Hauch der Luft ein Gift entsaugen
Und den Tod aus jener Blume riechen:
Wer die Schönheit angeschaut mit Augen,
Ach, er möchte wie ein Quell versiechen!

Sonett

Wer wußte je das Leben recht zu fassen,
Wer hat die Hälfte nicht davon verloren
Im Traum, im Fieber, im Gespräch mit Toren,
In Liebesqual, im leeren Zeitverprassen?

Ja, der sogar, der ruhig und gelassen,
Mit dem Bewußtsein, was er soll, geboren,
Frühzeitig einen Lebensgang erkoren,
Muß vor des Lebens Widerspruch erblassen.

Denn jeder hofft doch, daß das Glück ihm lache,
Allein das Glück, wenn's wirklich kommt, ertragen,
Ist keines Menschen, wäre Gottes Sache.

Auch kommt es nie, wir wünschen bloß und wagen:
Dem Schläfer fällt es nimmermehr vom Dache,
Und auch der Läufer wird es nicht erjagen.

Es liegt an eines Menschen Schmerz,
 an eines Menschen Wunde nichts,
Es kehrt an das, was Kranke quält,
 sich ewig der Gesunde nichts,
Und wäre nicht das Leben kurz,
 das stets der Mensch vom Menschen erbt,
So gäb's Beklagenswerteres
 auf diesem weiten Runde nichts.
Einförmig stellt Natur sich her,
 doch tausendförmig ist ihr Tod.
Es fragt die Welt nach meinem Ziel,
 nach deiner letzten Stunde nichts.
Und wer sich willig nicht ergibt
 dem ehrnen Lose, das ihm dräut,
Der zürnt ins Grab sich rettungslos
 und fühlt in dessen Schlunde nichts.
Dies wissen alle, doch vergißt
 es jeder gerne jeden Tag.
So komme denn, in diesem Sinn,
 hinfort aus meinem Munde nichts!
Vergeßt, daß euch die Welt betrügt,
 und daß ihr Wunsch nur Wünsche zeugt,
Laßt eurer Liebe nichts entgehn,
 entschlüpfen eurer Kunde nichts!
Es hoffe jeder, daß die Zeit
 ihm gebe, was sie keinem gab,
Denn jeder sucht ein All zu sein
 und jeder ist im Grunde nichts.

Ich bedurfte, deine Liebe zu gewinnen, heut und morgen,
Drum, o Freunde, laßt vergebens nicht verrinnen heut und
morgen!
Heut und morgen ist die Summe dieses allzu kargen Lebens,
Und wie schnell, wir wissen's alle, gehn von hinnen heut und
morgen!
Gestern fragte mich ein Lüftchen: Hast du nichts an ferne
Freunde?
Wohl, versetzt ich, doch ich will mich erst besinnen heut und
morgen;
Im topasnen Kelch der Tulpe schwelgt der Tau als Silbertropfen,
Doch ihn läßt das Gold der Sonne nicht darinnen heut und
morgen!
Ein'ge Blätter aus den Rosen hat ein Wind davongetragen,
Und er wird sie ganz entführen, fürcht ich, binnen heut und
morgen!
Laß den Trank im Becher steigen, denn der Wein des Morgen-
rotes
Quillt empor bis an der Berge hohe Zinnen heut und morgen.

Wie rafft ich mich auf in der Nacht, in der Nacht,
Und fühlte mich fürder gezogen,
Die Gassen verließ ich, vom Wächter bewacht,
Durchwandelte sacht
In der Nacht, in der Nacht,
Das Tor mit dem gotischen Bogen.

Der Mühlbach rauschte durch felsigen Schacht,
Ich lehnte mich über die Brücke,
Tief unter mir nahm ich der Wogen in acht,
Die wallten so sacht
In der Nacht, in der Nacht,
Doch wallte nicht e i n e zurücke.

Es drehte sich oben, unzählig entfacht,
Melodischer Wandel der Sterne,
Mit ihnen der Mond in beruhigter Pracht,
Sie funkelten sacht
In der Nacht, in der Nacht
Durch täuschend entlegene Ferne.

Ich blickte hinauf in der Nacht, in der Nacht,
Ich blickte hinunter aufs neue:
O wehe, wie hast du die Tage verbracht!
Nun stille du sacht
In der Nacht, in der Nacht
Im pochenden Herzen die Reue!

Venedig

I.

Mein Auge ließ das hohe Meer zurücke,
Als aus der Flut Palladios Tempel stiegen,
An deren Staffeln sich die Wellen schmiegen,
Die uns getragen ohne Falsch und Tücke.

Wir landen an, wir danken es dem Glücke,
Und die Lagune scheint zurückzufliegen,
Der Dogen alte Säulengänge liegen
Vor uns gigantisch mit der Seufzerbrücke.

Venedigs Löwen, sonst Venedigs Wonne,
Mit ehrnen Flügeln sehen wir ihn ragen
Auf seiner kolossalischen Kolonne.

Ich steig ans Land, nicht ohne Furcht und Zagen,
Da glänzt der Markusplatz im Licht der Sonne:
Soll ich ihn wirklich zu betreten wagen?

II.

Dies Labyrinth von Brücken und von Gassen,
Die tausendfach sich ineinander schlingen,
Wie wird hindurchzugehn mir je gelingen?
Wie werd ich je dies große Rätsel fassen?

Ersteigend erst des Markusturms Terrassen,
Vermag ich vorwärts mit dem Blick zu dringen,
Und aus den Wundern, welche mich umringen,
Entsteht ein Bild, es teilen sich die Massen.

Ich grüße dort den Ozean, den blauen,
Und hier die Alpen, die im weiten Bogen
Auf die Laguneninseln niederschauen.

Und sieh! da kam ein mut'ges Volk gezogen,
Paläste sich und Tempel sich zu bauen
Auf Eichenpfähle mitten in die Wogen.

III.

Wie lieblich ist's, wenn sich der Tag verkühlet,
Hinauszusehn, wo Schiff und Gondel schweben,
Wenn die Lagune, ruhig, spiegeleben,
In sich verfließt, Venedig sanft umspület!

Ins Innre wieder dann gezogen fühlet
Das Auge sich, wo nach den Wolken streben
Palast und Kirche, wo ein lautes Leben
Auf allen Stufen des Rialto wühlet.

Ein frohes Völkchen lieber Müßiggänger,
Es schwärmt umher, es läßt durch nichts sich stören
Und stört auch niemals einen Grillenfänger.

Des Abends sammelt sich's zu ganzen Chören,
Denn auf dem Markusplatze will's den Sänger
Und den Erzähler auf der Riva hören.

HEINRICH HEINE

Belsazar

Die Mitternacht zog näher schon;
In stummer Ruh lag Babylon.

Nur oben in des Königs Schloß,
Da flackert's, da lärmt des Königs Troß.

Dort oben in dem Königssaal
Belsazar hielt sein Königsmahl.

Die Knechte saßen in schimmernden Reihn
Und leerten die Becher mit funkelndem Wein.

Es klirrten die Becher, es jauchzten die Knecht;
So klang es dem störrigen Könige recht.

Des Königs Wangen leuchten Glut;
Im Wein erwuchs ihm kecker Mut.

Und blindlings reißt der Mut ihn fort;
Und er lästert die Gottheit mit sündigem Wort.

Und er brüstet sich frech und lästert wild;
Die Knechtenschar ihm Beifall brüllt.

Der König rief mit stolzem Blick;
Der Diener eilt und kehrt zurück.

Er trug viel gülden Gerät auf dem Haupt;
Das war aus dem Tempel Jehovahs geraubt.

Und der König ergriff mit frevler Hand
Einen heiligen Becher, gefüllt bis am Rand.

Und er leert ihn hastig bis auf den Grund
Und rufet laut mit schäumendem Mund:

»Jehovah! dir künd ich auf ewig Hohn –
Ich bin der König von Babylon!«

Doch kaum das grause Wort verklang,
Dem König ward's heimlich im Busen bang.

Das gellende Lachen verstummte zumal;
Es wurde leichenstill im Saal.

Und sieh! und sieh! an weißer Wand
Da kam's hervor, wie Menschenhand;

Und schrieb, und schrieb an weißer Wand
Buchstaben von Feuer und schrieb und schwand.

Der König stieren Blicks da saß,
Mit schlotternden Knien und totenblaß.

Die Knechtenschar saß kalt durchgraut,
Und saß gar still, gab keinen Laut.

Die Magier kamen, doch keiner verstand
Zu deuten die Flammenschrift an der Wand.

Belsazar ward aber in selbiger Nacht
Von seinen Knechten umgebracht.

Ich weiß nicht, was soll es bedeuten,
Daß ich so traurig bin;
Ein Märchen aus alten Zeiten,
Das kommt mir nicht aus dem Sinn.

Die Luft ist kühl und es dunkelt,
Und ruhig fließt der Rhein;
Der Gipfel des Berges funkelt
Im Abendsonnenschein.

Die schönste Jungfrau sitzet
Dort oben wunderbar,
Ihr goldnes Geschmeide blitzet,
Sie kämmt ihr goldenes Haar.

Sie kämmt es mit goldenem Kamme,
Und singt ein Lied dabei;
Das hat eine wundersame,
Gewaltige Melodei.

Den Schiffer im kleinen Schiffe
Ergreift es mit wildem Weh;
Er schaut nicht die Felsenriffe,
Er schaut nur hinauf in die Höh.

Ich glaube, die Wellen verschlingen
Am Ende Schiffer und Kahn;
Und das hat mit ihrem Singen
Die Lore-Ley getan.

Der Tod, das ist die kühle Nacht,
Das Leben ist der schwüle Tag.
Es dunkelt schon, mich schläfert,
Der Tag hat mich müd gemacht.

Über mein Bett erhebt sich ein Baum,
Drin singt die junge Nachtigall;
Sie singt von lauter Liebe,
Ich hör es sogar im Traum.

Sie saßen und tranken am Teetisch
Und sprachen von Liebe viel.
Die Herren, die waren ästhetisch,
Die Damen von zartem Gefühl.

»Die Liebe muß sein platonisch«,
Der dürre Hofrat sprach.
Die Hofrätin lächelt ironisch,
Und dennoch seufzet sie: »Ach!«

Der Domherr öffnet den Mund weit:
»Die Liebe sei nicht zu roh,
Sie schadet sonst der Gesundheit.«
Das Fräulein lispelt: »Wieso?«

Die Gräfin spricht wehmütig:
»Die Liebe ist eine Passion!«
Und präsentieret gütig
Die Tasse dem Herren Baron.

Am Tische war noch ein Plätzchen;
Mein Liebchen, da hast du gefehlt.
Du hättest so hübsch, mein Schätzchen,
Von deiner Liebe erzählt.

Das Fräulein stand am Meere
Und seufzte lang und bang,
Es rührte sie so sehre
Der Sonnenuntergang.

»Mein Fräulein! sein Sie munter,
Das ist ein altes Stück;
Hier vorne geht sie unter
Und kehrt von hinten zurück.«

Ich hatte einst ein schönes Vaterland.
Der Eichenbaum
Wuchs dort so hoch, die Veilchen nickten sanft,
Es war ein Traum.

Das küßte mich auf deutsch und sprach auf deutsch
(Man glaubt es kaum,
Wie gut es klang) das Wort: »Ich liebe dich!«
Es war ein Traum.

Nachtgedanken

Denk ich an Deutschland in der Nacht,
Dann bin ich um den Schlaf gebracht,
Ich kann nicht mehr die Augen schließen,
Und meine heißen Tränen fließen.

Die Jahre kommen und vergehn!
Seit ich die Mutter nicht gesehn,
Zwölf Jahre sind schon hingegangen;
Es wächst mein Sehnen und Verlangen.

Mein Sehnen und Verlangen wächst.
Die alte Frau hat mich behext,
Ich denke immer an die alte,
Die alte Frau, die Gott erhalte!

Die alte Frau hat mich so lieb,
Und in den Briefen, die sie schrieb,
Seh ich, wie ihre Hand gezittert,
Wie tief das Mutterherz erschüttert.

Die Mutter liegt mir stets im Sinn.
Zwölf lange Jahre flossen hin,
Zwölf lange Jahre sind verflossen,
Seit ich sie nicht ans Herz geschlossen.

Deutschland hat ewigen Bestand,
Es ist ein kerngesundes Land,
Mit seinen Eichen, seinen Linden
Werd ich es immer wiederfinden.

Nach Deutschland lechzt' ich nicht so sehr,
Wenn nicht die Mutter dorten wär;
Das Vaterland wird nie verderben,
Jedoch die alte Frau kann sterben.

Seit ich das Land verlassen hab,
So viele sanken dort ins Grab,
Die ich geliebt – wenn ich sie zähle,
So will verbluten meine Seele.

Und zählen muß ich – Mit der Zahl
Schwillt immer höher meine Qual,
Mir ist, als wälzten sich die Leichen
Auf meine Brust – Gottlob! sie weichen!

Gottlob! durch meine Fenster bricht
Französisch heitres Tageslicht;
Es kommt mein Weib, schön wie der Morgen,
Und lächelt fort die deutschen Sorgen.

Traum und Leben

Es glühte der Tag, es glühte mein Herz,
Still trug ich mit mir herum den Schmerz.
Und als die Nacht kam, schlich ich fort
Zur blühenden Rose am stillen Ort.

Ich nahte mich leise und stumm wie das Grab;
Nur Tränen rollten die Wangen hinab;
Ich schaut in den Kelch der Rose hinein, –
Da glomm's hervor, wie ein glühender Schein. –

Und freudig entschlief ich beim Rosenbaum;
Da trieb sein Spiel ein neckender Traum:
Ich sah ein rosiges Mädchenbild,
Den Busen ein rosiges Mieder umhüllt.

Sie gab mir was Hübsches, recht goldig und weich;
Ich trug's in ein goldenes Häuschen sogleich.
Im Häuschen da geht es gar wunderlich bunt,
Da dreht sich ein Völkchen in zierlicher Rund.

Da tanzen zwölf Tänzer, ohn Ruh und Rast,
Sie haben sich fest bei den Händen gefaßt;
Und wenn ein Tanz zu enden begann,
So fängt ein andrer von vorne an.

Und es summt mir ins Ohr die Tanzmusik:
»Die schönste der Stunden kehrt nimmer zurück,
Dein ganzes Leben war nur ein Traum,
Und diese Stunde ein Traum im Traum.« –

Der Traum war aus, der Morgen graut,
Mein Auge schnell nach der Rose schaut, –
O weh! statt des glühenden Fünkleins steckt
Im Kelche der Rose ein kaltes Insekt.

Die schlesischen Weber

Im düstern Auge keine Träne,
Sie sitzen am Webstuhl und fletschen die Zähne:
Deutschland, wir weben dein Leichentuch,
Wir weben hinein den dreifachen Fluch –
 Wir weben, wir weben!

Ein Fluch dem Gotte, zu dem wir gebeten
In Winterskälte und Hungersnöten;
Wir haben vergebens gehofft und geharrt,
Er hat uns geäfft und gefoppt und genarrt –
 Wir weben, wir weben!

Ein Fluch dem König, dem König der Reichen,
Den unser Elend nicht konnte erweichen,
Der den letzten Groschen von uns erpreßt
Und uns wie Hunde erschießen läßt –
 Wir weben, wir weben!

Ein Fluch dem falschen Vaterlande,
Wo nur gedeihen Schmach und Schande,
Wo jede Blume früh geknickt,
Wo Fäulnis und Moder den Wurm erquickt –
 Wir weben, wir weben!

Das Schiffchen fliegt, der Webstuhl kracht,
Wir weben emsig Tag und Nacht –
Altdeutschland, wir weben dein Leichentuch,
Wir weben hinein den dreifachen Fluch,
 Wir weben, wir weben!

Frühlingsfeier

Das ist des Frühlings traurige Lust!
Die blühenden Mädchen, die wilde Schar,
Sie stürmen dahin, mit flatterndem Haar
Und Jammergeheul und entblößter Brust: –
 Adonis! Adonis!

Es sinkt die Nacht. Bei Fackelschein
Sie suchen hin und her im Wald,
Der angstverwirret widerhallt
Von Weinen und Lachen und Schluchzen und Schrein:
 Adonis! Adonis!

Das wunderschöne Jünglingsbild,
Es liegt am Boden blaß und tot,
Das Blut färbt alle Blumen rot,
Und Klagelaut die Luft erfüllt: –
 Adonis! Adonis!

Morphine

Groß ist die Ähnlichkeit der beiden schönen
Jünglingsgestalten, ob der eine gleich
Viel blässer als der andre, auch viel strenger,
Fast möcht ich sagen: viel vornehmer aussieht
Als jener andre, welcher mich vertraulich
In seine Arme schloß – Wie lieblich sanft

War dann sein Lächeln, und sein Blick wie selig!
Dann mocht es wohl geschehn, daß seines Hauptes
Mohnblumenkranz auch meine Stirn berührte
Und seltsam duftend allen Schmerz verscheuchte
Aus meiner Seel – Doch solche Linderung,
Sie dauert kurze Zeit; genesen gänzlich
Kann ich nur dann, wenn seine Fackel senkt
Der andre Bruder, der so ernst und bleich. –
Gut ist der Schlaf, der Tod ist besser – freilich
Das beste wäre, nie geboren sein.

»Nicht gedacht soll seiner werden!«
Aus dem Mund der armen alten
Esther Wolf hört ich die Worte,
Die ich treu im Sinn behalten.

Ausgelöscht sein aus der Menschen
Angedenken hier auf Erden,
Ist die Blume der Verwünschung –
Nicht gedacht soll seiner werden!

Herz, mein Herz, ström aus die Fluten
Deiner Klagen und Beschwerden,
Doch von Ihm sei nie die Rede –
Nicht gedacht soll seiner werden!

Nicht gedacht soll seiner werden,
Nicht im Liede, nicht im Buche –
Dunkler Hund im dunkeln Grabe,
Du verfaulst mit meinem Fluche!

Selbst am Auferstehungstage,
Wenn, geweckt von den Fanfaren
Der Posaunen, schlotternd wallen
Zum Gericht die Totenscharen,

Und alldort der Engel abliest
Vor den göttlichen Behörden
Alle Namen der Geladnen –
Nicht gedacht soll seiner werden!

Nikolaus Lenau

Liebesfeier

An ihren bunten Liedern klettert
Die Lerche selig in die Luft;
Ein Jubelchor von Sängern schmettert
Im Walde voller Blüt und Duft.

Da sind, soweit die Blicke gleiten,
Altäre festlich aufgebaut,
Und all die tausend Herzen läuten
Zur Liebesfeier dringend laut.

Der Lenz hat Rosen angezündet
An Leuchtern von Smaragd im Dom;
Und jede Seele schwillt und mündet
Hinüber in den Opferstrom.

Aus den Schilfliedern

Drüben geht die Sonne scheiden,
Und der müde Tag entschlief.
Niederhangen hier die Weiden
In den Teich, so still, so tief.

Und ich muß mein Liebstes meiden:
Quill, o Träne, quill hervor!
Traurig säuseln hier die Weiden,
Und im Winde bebt das Rohr.

In mein stilles, tiefes Leiden
Strahlst du, Ferne! hell und mild,
Wie durch Binsen hier und Weiden
Strahlt des Abendsternes Bild.

———

Auf dem Teich, dem regungslosen,
Weilt des Mondes holder Glanz,
Flechtend seine bleichen Rosen
In des Schilfes grünen Kranz.

Hirsche wandeln dort am Hügel,
Blicken in die Nacht empor;
Manchmal regt sich das Geflügel
Träumerisch im tiefen Rohr.

Weinend muß mein Blick sich senken;
Durch die tiefste Seele geht
Mir ein süßes Deingedenken
Wie ein stilles Nachtgebet!

Der Postillon

Lieblich war die Maiennacht,
Silberwölklein flogen,
Ob der holden Frühlingspracht
Freudig hingezogen.

Schlummernd lagen Wies und Hain,
Jeder Pfad verlassen;
Niemand als der Mondenschein
Wachte auf der Straßen.

Leise nur das Lüftchen sprach,
Und es zog gelinder
Durch das stille Schlafgemach
All der Frühlingskinder.

Heimlich nur das Bächlein schlich;
Denn der Blüten Träume
Dufteten gar wonniglich
Durch die stillen Räume.

Rauher war mein Postillon,
Ließ die Geißel knallen,
Über Berg und Tal davon
Frisch sein Horn erschallen.

Und von flinken Rossen vier
Scholl der Hufe Schlagen,
Die durchs blühende Revier
Trabten mit Behagen.

Wald und Flur im schnellen **Zug**
Kaum gegrüßt – gemieden;
Und vorbei wie Traumesflug
Schwand der Dörfer Frieden.

Mitten in dem Maienglück
Lag ein Kirchhof innen,
Der den raschen Wanderblick
Hielt zu ernstem Sinnen.

Hingelehnt an Bergesrand
War die bleiche Mauer,
Und das Kreuzbild Gottes stand
Hoch, in stummer Trauer.

Schwager ritt auf seiner Bahn
Stiller jetzt und trüber;
Und die Rosse hielt er an,
Sah zum Kreuz hinüber:

»Halten muß hier Roß und Rad,
Mag's Euch nicht gefährden:
Drüben liegt mein Kamerad
In der kühlen Erden!

Ein gar herzlieber Gesell!
Herr, 's ist ewig schade!
Keiner blies das Horn so hell
Wie mein Kamerade!

Hier ich immer halten muß,
Dem dort unterm Rasen
Zum getreuen Brudergruß
Sein Leiblied zu blasen!«

Und dem Kirchhof sandt er zu
Frohe Wandersänge,
Daß es in die Grabesruh
Seinem Bruder dränge.

Und des Hornes heller Ton
Klang vom Berge wider,

Ob der tote Postillon
Stimmt' in seine Lieder. –

Weiter ging's durch Feld und Hag
Mit verhängtem Zügel;
Lang mir noch im Ohre lag
Jener Klang vom Hügel.

Die drei Zigeuner

Drei Zigeuner fand ich einmal
Liegen an einer Weide,
Als mein Fuhrwerk mit müder Qual
Schlich durch sandige Heide.

Hielt der eine für sich allein
In den Händen die Fiedel,
Spielte, umglüht vom Abendschein,
Sich ein feuriges Liedel.

Hielt der zweite die Pfeif im Mund,
Blickte nach seinem Rauche,
Froh, als ob er vom Erdenrund
Nichts zum Glücke mehr brauche.

Und der dritte behaglich schlief,
Und sein Zimbal am Baum hing,
Über die Saiten der Windhauch lief,
Über sein Herz ein Traum ging.

An den Kleidern trugen die drei
Löcher und bunte Flicken,
Aber sie boten trotzig frei
Spott den Erdengeschicken.

Dreifach haben sie mir gezeigt,
Wenn das Leben uns nachtet,
Wie man's verraucht, verschläft, vergeigt
Und es dreimal verachtet.

Nach den Zigeunern lang noch schaun
Mußt ich im Weiterfahren,
Nach den Gesichtern dunkelbraun,
Den schwarzlockigen Haaren.

Bitte

Weil' auf mir, du dunkles Auge,
Übe deine ganze Macht,
Ernste, milde, träumerische,
Unergründlich süße Nacht!

Nimm mit deinem Zauberdunkel
Diese Welt von hinnen mir,
Daß du über meinem Leben
Einsam schwebest für und für.

Blick in den Strom

Sahst du ein Glück vorübergehn,
Das nie sich wiederfindet,
Ist's gut, in einen Strom zu sehn,
Wo alles wogt und schwindet.

O, starre nur hinein, hinein;
Du wirst es leichter missen,
Was dir, und soll's dein Liebstes sein,
Vom Herzen ward gerissen.

Blick unverwandt hinab zum Fluß,
Bis deine Tränen fallen,
Und sieh durch ihren warmen Guß
Die Flut hinunterwallen.

Hinträumend wird Vergessenheit
Des Herzens Wunde schließen;
Die Seele sieht mit ihrem Leid
Sich selbst vorüberfließen.

ANNETTE VON DROSTE-HÜLSHOFF

Im Grase

Süße Ruh, süßer Taumel im Gras,
Von des Krautes Arome umhaucht,
Tiefe Flut, tief tief trunkne Flut,
Wenn die Wolk am Azure verraucht,
Wenn aufs müde, schwimmende Haupt
Süßes Lachen gaukelt herab,
Liebe Stimme säuselt und träuft
Wie die Lindenblüt auf ein Grab.

Wenn im Busen die Toten dann,
Jede Leiche sich streckt und regt,
Leise, leise den Odem zieht,
Die geschloßne Wimper bewegt,
Tote Lieb, tote Lust, tote Zeit,
All die Schätze, im Schutt verwühlt,
Sich berühren mit schüchternem Klang
Gleich den Glöckchen, vom Winde umspielt.

Stunden, flücht'ger ihr als der Kuß
Eines Strahls auf den trauernden See,
Als des ziehenden Vogels Lied,
Das mir nieder perlt aus der Höh,
Als des schillernden Käfers Blitz,
Wenn den Sonnenpfad er durcheilt,
Als der heiße Druck einer Hand,
Die zum letzten Male verweilt.

Dennoch, Himmel, immer mir nur,
Dieses eine mir: für das Lied
Jedes freien Vogels im Blau
Eine Seele, die mit ihm zieht,
Nur für jeden kärglichen Strahl
Meinen farbig schillernden Saum,
Jeder warmen Hand meinen Druck
Und für jedes Glück meinen Traum.

Mondesaufgang

An des Balkones Gitter lehnte ich
Und wartete, du mildes Licht, auf dich.
Hoch über mir, gleich trübem Eiskristalle,
Zerschmolzen schwamm des Firmamentes Halle;
Der See verschimmerte mit leisem Dehnen,
Zerfloßne Perlen oder Wolkentränen? –
Es rieselte, es dämmerte um mich,
Ich wartete, du mildes Licht, auf dich!

Hoch stand ich, neben mir der Linden Kamm,
Tief unter mir Gezweige, Ast und Stamm;
Im Laube summte der Phalänen Reigen,
Die Feuerfliege sah ich glimmend steigen,
Und Blüten taumelten wie halb entschlafen;
Mir war, als treibe hier ein Herz zum Hafen,
Ein Herz, das übervoll von Glück und Leid
Und Bildern seliger Vergangenheit.

Das Dunkel stieg, die Schatten drangen ein –
Wo weilst du, weilst du denn, mein milder Schein? –
Sie drangen ein wie sündige Gedanken,
Des Firmamentes Woge schien zu schwanken,
Verzittert war der Feuerfliege Funken,
Längst die Phaläne an den Grund gesunken,
Nur Bergeshäupter standen hart und nah,
Ein finstrer Richterkreis, im Düster da.

Und Zweige zischelten an meinem Fuß
Wie Warnungsflüstern oder Todesgruß;
Ein Summen stieg im weiten Wassertale
Wie Volksgemurmel vor dem Tribunale;
Mir war, als müsse etwas Rechnung geben,
Als stehe zagend ein verlornes Leben,
Als stehe ein verkümmert Herz allein,
Einsam mit seiner Schuld und seiner Pein.

Da auf die Wellen sank ein Silberflor,
Und langsam stiegst du, frommes Licht, empor;
Der Alpen finstre Stirnen strichst du leise,

Und aus den Richtern wurden sanfte Greise;
Der Wellen Zucken ward ein lächelnd Winken,
An jedem Zweige sah ich Tropfen blinken,
Und jeder Tropfen schien ein Kämmerlein,
Drin flimmerte der Heimatlampe Schein.

O Mond, du bist mir wie ein später Freund,
Der seine Jugend dem Verarmten eint,
Um seine sterbenden Erinnerungen
Des Lebens zarten Widerschein geschlungen,
Bist keine Sonne, die entzückt und blendet,
In Feuerströmen lebt, im Blute endet –
Bist, was dem kranken Sänger sein Gedicht,
Ein fremdes, aber o! ein mildes Licht.

Durchwachte Nacht

Wie sank die Sonne glüh und schwer,
Und aus versengter Welle dann
Wie wirbelte der Nebel Heer
Die sternenlose Nacht heran! –
Ich höre ferne Schritte gehn –
Die Uhr schlägt zehn.

Noch ist nicht alles Leben eingenickt,
Der Schlafgemächer letzte Türen knarren;
Vorsichtig in der Rinne Bauch gedrückt,
Schlüpft noch der Iltis an des Giebels Sparren,
Die schlummertrunkne Färse murrend nickt,
Und fern im Stalle dröhnt des Rosses Scharren,
Sein müdes Schnauben, bis, vom Mohn getränkt,
Sich schlaff die regungslose Flanke senkt.

Betäubend gleitet Fliederhauch
Durch meines Fensters offnen Spalt,
Und an der Scheibe grauem Rauch
Der Zweige wimmelnd Neigen wallt.
Matt bin ich, matt wie die Natur! –
Elf schlägt die Uhr.

O wunderliches Schlummerwachen, bist
Der zartren Nerve Fluch du oder Segen? –
's ist eine Nacht, vom Taue wach geküßt,
Das Dunkel fühl ich kühl wie feinen Regen
An meine Wangen gleiten, das Gerüst
Des Vorhangs scheint sich schaukelnd zu bewegen,
Und dort das Wappen an der Decke Gips
Schwimmt sachte mit dem Schlängeln des Polyps.

Wie mir das Blut im Hirne zuckt!
Am Söller geht Geknister um,
Im Pulte raschelt es und ruckt,
Als drehe sich der Schlüssel um.
Und – horch! der Seiger hat gewacht!
's ist Mitternacht.

War das ein Geisterlaut? So schwach und leicht
Wie kaum berührten Glases schwirrend Klingen,
Und wieder wie verhaltnes Weinen steigt
Ein langer Klageton aus den Syringen,
Gedämpfter, süßer nun, wie tränenfeucht
Und selig kämpft verschämter Liebe Ringen; –
O Nachtigall, das ist kein wacher Sang,
Ist nur im Traum gelöster Seele Drang.

Da kollert's nieder vom Gestein!
Des Turmes morsche Trümmer fällt,
Das Käuzlein knackt und hustet drein;
Ein jäher Windesodem schwellt
Gezweig und Kronenschmuck des Hains; –
Die Uhr schlägt eins.

Und drunten das Gewölke rollt und klimmt;
Gleich einer Lampe aus dem Hünenmale
Hervor des Mondes Silbergondel schwimmt,
Verzitternd auf der Gasse blauem Stahle;
An jedem Fliederblatt ein Fünkchen glimmt,
Und hell gezeichnet von dem blassen Strahle
Legt auf mein Lager sich des Fensters Bild,
Vom schwanken Laubgewimmel überhüllt.

Jetzt möcht ich schlafen, schlafen gleich,
Entschlafen unterm Mondeshauch,
Umspielt vom flüsternden Gezweig,
Im Blute Funken, Funk im Strauch
Und mir im Ohre Melodei; –
Die Uhr schlägt zwei.

Und immer heller wird der süße Klang,
Das liebe Lachen; es beginnt zu ziehen
Gleich Bildern von Daguerre die Deck entlang,
Die aufwärts steigen mit des Pfeiles Fliehen;
Mir ist, als seh ich lichter Locken Hang,
Gleich Feuerwürmern seh ich Augen glühen,
Dann werden feucht sie, werden blau und lind,
Und mir zu Füßen sitzt ein schönes Kind.

Es sieht empor, so fromm gespannt,
Die Seele strömend aus dem Blick;
Nun hebt es gaukelnd seine Hand,
Nun zieht es lachend sie zurück;
Und – horch! des Hahnes erster Schrei! –
Die Uhr schlägt drei.

Wie bin ich aufgeschreckt, – o süßes Bild,
Du bist dahin, zerflossen mit dem Dunkel!
Die unerfreulich graue Dämmrung quillt,
Verloschen ist des Flieders Taugefunkel,
Verrostet steht des Mondes Silberschild,
Im Walde gleitet ängstliches Gemunkel,
Und meine Schwalbe an des Frieses Saum
Zirpt leise, leise auf im schweren Traum.

Der Tauben Schwärme kreisen scheu,
Wie trunken in des Hofes Rund,
Und wieder gellt des Hahnes Schrei,
Auf seiner Streue rückt der Hund,
Und langsam knarrt des Stalles Tür –
Die Uhr schlägt vier.

Da flammt's im Osten auf, – o Morgenglut!
Sie steigt, sie steigt, und mit dem ersten Strahle

Strömt Wald und Heide vor Gesangesflut,
Das Leben quillt aus schäumendem Pokale,
Es klirrt die Sense, flattert Falkenbrut,
Im nahen Forste schmettern Jagdsignale,
Und wie ein Gletscher sinkt der Träume Land
Zerrinnend in des Horizontes Brand.

Am Turme

Ich steh auf hohem Balkone am Turm,
Umstrichen vom schreienden Stare,
Und laß gleich einer Mänade den Sturm
Mir wühlen im flatternden Haare;
O wilder Geselle, o toller Fant,
Ich möchte dich kräftig umschlingen
Und, Sehne an Sehne, zwei Schritte am Rand
Auf Tod und Leben dann ringen!

Und drunten seh ich am Strand, so frisch
Wie spielende Doggen, die Wellen
Sich tummeln rings mit Geklaff und Gezisch
Und glänzende Flocken schnellen.
O, springen möcht ich hinein alsbald,
Recht in die tobende Meute
Und jagen durch den korallenen Wald
Das Walroß, die lustige Beute!

Und drüben seh ich ein Wimpel wehn
So keck wie eine Standarte,
Seh auf und nieder den Kiel sich drehn
Von meiner luftigen Warte;
O, sitzen möcht ich im kämpfenden Schiff,
Das Steuerruder ergreifen
Und zischend über das brandende Riff
Wie eine Seemöwe streifen.

Wär ich ein Jäger auf freier Flur,
Ein Stück nur von einem Soldaten,
Wär ich ein Mann doch mindestens nur,
So würde der Himmel mir raten;

Nun muß ich sitzen so fein und klar,
Gleich einem artigen Kinde,
Und darf nur heimlich lösen mein Haar
Und lassen es flattern im Winde!

Der Knabe im Moor

O schaurig ist's übers Moor zu gehn,
Wenn es wimmelt vom Heiderauche,
Sich wie Phantome die Dünste drehn
Und die Ranke häkelt am Strauche,
Unter jedem Tritte ein Quellchen springt,
Wenn aus der Spalte es zischt und singt! –
O schaurig ist's übers Moor zu gehn,
Wenn das Röhricht knistert im Hauche!

Fest hält die Fibel das zitternde Kind
Und rennt, als ob man es jage;
Hohl über die Fläche sauset der Wind –
Was raschelt drüben am Hage?
Das ist der gespenstische Gräberknecht,
Der dem Meister die besten Torfe verzecht;
Hu, hu, es bricht wie ein irres Rind!
Hinducket das Knäblein zage.

Vom Ufer starret Gestumpf hervor,
Unheimlich nicket die Föhre,
Der Knabe rennt, gespannt das Ohr,
Durch Riesenhalme wie Speere;
Und wie es rieselt und knittert darin!
Das ist die unselige Spinnerin,
Das ist die gebannte Spinnlenor',
Die den Haspel dreht im Geröhre!

Voran, voran! Nur immer im Lauf,
Voran, als woll es ihn holen!
Vor seinem Fuße brodelt es auf,
Es pfeift ihm unter den Sohlen
Wie eine gespenstige Melodei;
Das ist der Geigemann ungetreu,

Das ist der diebische Fiedler Knauf,
Der den Hochzeitheller gestohlen!

Da birst das Moor, ein Seufzer geht
Hervor aus der klaffenden Höhle;
Weh, weh, da ruft die verdammte Margret:
»Ho, ho, meine arme Seele!«
Der Knabe springt wie ein wundes Reh;
Wär nicht Schutzengel in seiner Näh,
Seine bleichenden Knöchelchen fände spät
Ein Gräber im Moorgeschwele.

Da mählich gründet der Boden sich,
Und drüben, neben der Weide,
Die Lampe flimmert so heimatlich,
Der Knabe steht an der Scheide.
Tief atmet er auf, zum Moor zurück
Noch immer wirft er den scheuen Blick:
Ja, im Geröhre war's fürchterlich,
O schaurig war's in der Heide!

Im Moose

Als jüngst die Nacht dem sonnenmüden Land
Der Dämmrung leise Boten hat gesandt,
Da lag ich einsam noch in Waldes Moose.
Die dunklen Zweige nickten so vertraut,
An meiner Wange flüsterte das Kraut,
Unsichtbar duftete die Heiderose.

Und flimmern sah ich durch der Linde Raum
Ein mattes Licht, das im Gezweig der Baum
Gleich einem mächt'gen Glühwurm schien zu tragen,
Es sah so dämmernd wie ein Traumgesicht,
Doch wußte ich, es war der Heimat Licht,
In meiner eignen Kammer angeschlagen.

Ringsum so still, daß ich vernahm im Laub
Der Raupe Nagen, und wie grüner Staub
Mich leise wirbelnd Blätterflöckchen trafen.

Ich lag und dachte, ach, so manchem nach,
Ich hörte meines eignen Herzens Schlag,
Fast war es mir, als sei ich schon entschlafen.

Gedanken tauchten aus Gedanken auf,
Das Kinderspiel, der frischen Jahre Lauf,
Gesichter, die mir lange fremd geworden;
Vergeßne Töne summten um mein Ohr,
Und endlich trat die Gegenwart hervor,
Da stand die Welle, wie an Ufers Borden.

Dann, gleich dem Bronnen, der verrinnt im Schlund
Und drüben wieder sprudelt aus dem Grund,
So stand ich plötzlich in der Zukunft Lande;
Ich sah mich selber, gar gebückt und klein,
Geschwächten Auges, am ererbten Schrein
Sorgfältig ordnen staub'ge Liebespfande.

Die Bilder meiner Lieben sah ich klar,
In einer Tracht, die jetzt veraltet war,
Mich sorgsam lösen aus verblichnen Hüllen,
Löckchen, vermorscht, zu Staub zerfallen schier,
Sah über die gefurchte Wange mir
Langsam herab die karge Träne quillen.

Und wieder an des Friedhofs Monument,
Dran Namen standen, die mein Lieben kennt,
Da lag ich betend, mit gebrochnen Knieen,
Und – horch, die Wachtel schlug! kühl strich der Hauch –
Und noch zuletzt sah ich, gleich einem Rauch,
Mich leise in der Erde Poren ziehen.

Ich fuhr empor und schüttelte mich dann,
Wie einer, der dem Scheintod erst entrann,
Und taumelte entlang die dunklen Hage,
Noch immer zweifelnd, ob der Stern am Rain
Sei wirklich meiner Schlummerlampe Schein
Oder das ew'ge Licht am Sarkophage.

Aus den Heidebildern

Es verrieselt, es verraucht,
Mählich aus der Wolke taucht
Neu hervor der Sonnennadel.
In den feinen Dunst die Fichte
Ihre grünen Dornen streckt,
Wie ein schönes Weib die Nadel
In den Spitzenschleier steckt;
Und die Heide steht im Lichte
Zahllos blanker Tropfen, die
Am Wacholder zittern, wie
Glasgehänge an dem Lüster.
Überm Grund geht ein Geflüster,
Jedes Kräutchen reckt sich auf,
Und, in langgestrecktem Lauf
Durch den Sand des Pfades eilend,
Blitzt das goldne Panzerhemd
Des Kuriers; am Halme weilend
Streicht die Grille sich das Naß
Von der Flügel grünem Glas.
Grashalm glänzt wie eine Klinge,
Und die kleinen Schmetterlinge,
Blau, orange, gelb und weiß,
Jagen tummelnd sich im Kreis.
Alles Schimmer, alles Licht;
Bergwald mag und Welle nicht
Solche Farbentöne hegen,
Wie die Heide nach dem Regen.

Locke und Lied

Meine Lieder sandte ich dir,
Meines Herzens strömende Quellen,
Deine Locke sandtest du mir,
Deines Hauptes ringelnde Wellen;
Hauptes Welle und Herzens Flut,
Sie zogen einander vorüber:
Haben sie nicht im Kusse geruht?
Schoß nicht ein Leuchten darüber?

Und du klagtest: verblichen sei
Die Farbe der wandernden Zeichen;
Scheiden tut weh, mein Liebchen, ei,
Die Scheidenden dürfen erbleichen;
Warst du blaß nicht, zitternd und kalt,
Als ich von dir mich gerissen?
Blicke sie an, du Milde, und bald,
Bald werden den Herrn sie nicht missen.

Auch deine Locke hat sich gestreckt,
Verdrossen, gleich schlafendem Kinde,
Doch ich hab sie mit Küssen geweckt,
Hab sie gestreichelt so linde,
Ihr geflüstert von unserer Treu,
Sie geschlungen um deine Kränze,
Und nun ringelt sie sich aufs neu
Wie eine Rebe im Lenze.

Wenig Wochen, dann grünet der Stamm,
Hat Sonnenschein sich ergossen,
Und wir sitzen am rieselnden Damm,
Die Händ ineinander geschlossen,
Schaun in die Welle und schaun in das Aug
Uns wieder und wieder und lachen,
Und Bekanntschaft möge dann auch
Die Lock und der Liederstrom machen.

Die Vergeltung

1.

Der Kapitän steht an der Spiere,
Das Fernrohr in gebräunter Hand,
Dem schwarzgelockten Passagiere
Hat er den Rücken zugewandt.
Nach einem Wolkenstreif in Sinnen
Die beiden wie zwei Pfeiler sehn,
Der Fremde spricht: »Was braut da drinnen?« –
»Der Teufel«, brummt der Kapitän.

Da hebt von morschen Balkens Trümmer
Ein Kranker seine feuchte Stirn,
Des Äthers Blau, der See Geflimmer,
Ach, alles quält sein fiebernd Hirn!
Er läßt die Blicke, schwer und düster,
Entlängs dem harten Pfühle gehn,
Die eingegrabnen Worte liest er:
»Batavia Fünfhundertzehn.«

Die Wolke steigt, zur Mittagsstunde
Das Schiff ächzt auf der Wellen Höhn.
Gezisch, Geheul aus wüstem Grunde,
Die Bohlen weichen mit Gestöhn.
»Jesus, Marie! wir sind verloren!«
Vom Mast geschleudert der Matros,
Ein dumpfer Krach in aller Ohren,
Und langsam löst der Bau sich los.

Noch liegt der Kranke am Verdecke,
Um seinen Balken fest geklemmt,
Da kommt die Flut, und eine Strecke
Wird er ins wüste Meer geschwemmt.
Was nicht geläng der Kräfte Sporne,
Das leistet ihm der starre Krampf,
Und wie ein Narwal mit dem Horne
Schießt fort er durch der Wellen Dampf.

Wie lange so? – er weiß es nimmer,
Dann trifft ein Strahl des Auges Ball,
Und langsam schwimmt er mit der Trümmer
Auf ödem glitzerndem Kristall.
Das Schiff! – die Mannschaft! – sie versanken.
Doch nein, dort auf der Wasserbahn,
Dort sieht den Passagier er schwanken
In einer Kiste morschem Kahn.

Armsel'ge Lade! sie wird sinken,
Er strengt die heisre Stimme an:
»Nur grade! Freund, du drückst zur Linken!«
Und immer näher schwankt's heran,
Und immer näher treibt die Trümmer,

Wie ein verwehtes Möwennest;
»Courage!« ruft der kranke Schwimmer,
»Mich dünkt, ich sehe Land im West!«

Nun rühren sich der Fähren Ende,
Er sieht des fremden Auges Blitz,
Da plötzlich fühlt er starke Hände,
Fühlt wütend sich gezerrt vom Sitz.
»Barmherzigkeit! ich kann nicht kämpfen.«
Er klammert dort, er klemmt sich hier;
Ein heisrer Schrei, den Wellen dämpfen,
Am Balken schwimmt der Passagier.

Dann hat er kräftig sich geschwungen
Und schaukelt durch das öde Blau,
Er sieht das Land wie Dämmerungen
Enttauchen und zergehn in Grau.
Noch lange ist er so geschwommen,
Umflattert von der Möwe Schrei,
Dann hat ein Schiff ihn aufgenommen,
Viktoria! nun ist er frei!

2.

Drei kurze Monde sind verronnen,
Und die Fregatte liegt am Strand,
Wo mittags sich die Robben sonnen
Und Bursche klettern übern Rand,
Den Mädchen ist's ein Abenteuer,
Es zu erschaun vom fernen Riff,
Denn noch zerstört ist nicht geheuer
Das greuliche Korsarenschiff.

Und vor der Stadt, da ist ein Waten,
Ein Wühlen durch das Kiesgeschrill,
Da die verrufenen Piraten
Ein jeder sterben sehen will.
Aus Strandgebälken, morsch, zertrümmert,
Hat man den Galgen, dicht am Meer,
In wüster Eile aufgezimmert.
Dort dräut er von der Düne her!

Welch ein Getümmel an den Schranken! –
»Da kommt der Frei – der Hessel jetzt –
Da bringen sie den schwarzen Franken,
Der hat geleugnet bis zuletzt.« –
»Schiffbrüchig sei er hergeschwommen«,
Höhnt eine Alte, »ei, wie kühn!
Doch keiner sprach zu seinem Frommen,
Die ganze Bande gegen ihn.«

Der Passagier, am Galgen stehend,
Hohläugig, mit zerbrochnem Mut,
Zu jedem Räuber flüstert flehend:
»Was tat dir mein unschuldig Blut?
Barmherzigkeit! – so muß ich sterben
Durch des Gesindels Lügenwort,
O, mög die Seele euch verderben!«
Da zieht ihn schon der Scherge fort.

Er sieht die Menge wogend spalten –
Er hört das Summen im Gewühl –
Nun weiß er, daß des Himmels Walten
Nur seiner Pfaffen Gaukelspiel!
Und als er in des Hohnes Stolze
Will starren nach den Ätherhöhn,
Da liest er an des Galgens Holze:
»Batavia. Fünfhundertzehn.«

Der Tod des Erzbischofs Engelbert von Köln

1.

Der Anger dampft, es kocht die Ruhr,
Im scharfen Ost die Halme pfeifen,
Da trabt es sachte durch die Flur,
Da taucht es auf wie Nebelstreifen,
Da nieder rauscht es in den Fluß,
Und stemmend gen der Wellen Guß
Es fliegt der Bug, die Hufe greifen.

Ein Schnauben noch, ein Satz, und frei
Das Roß schwingt seine nassen Flanken,

Und wieder eins, und wieder zwei,
Bis fünfundzwanzig stehn wie Schranken
Voran, voran durch Heid und Wald,
Und wo sich wüst das Dickicht ballt,
Da brechen knisternd sie die Ranken.

Am Eichenstamm, im Überwind,
Um einen Ast den Arm geschlungen,
Der Isenburger steht und sinnt
Und naget an Erinnerungen.
Ob er vernimmt, was durchs Gezweig
Ihm Rinkerad, der Ritter bleich,
Raunt leise wie mit Vögelzungen?

»Graf«, flüstert es, »Graf, haltet dicht,
Mich dünkt, als woll' es Euch betören;
Bei Christi Blute, laßt uns nicht
Heim wie gepeitschte Hunde kehren!
Wer hat gefesselt Eure Hand,
Den freien Stegreif Euch verrannt?« –
Der Isenburg scheint nicht zu hören.

»Graf«, flüstert es, »wer war der Mann,
Dem zu dem Kreuz die Rose paßte?
Wer machte Euren Schwäher dann
In seinem eignen Land zum Gaste?
Und, Graf, wer höhnte Euer Recht,
Wer stempelt' Euch zum Pfaffenknecht?« –
Der Isenburg biegt an dem Aste.

»Und wer, wer hat Euch zuerkannt,
Im härnen Sünderhemd zu stehen,
Die Schandekerz in Eurer Hand,
Und alte Vetteln anzuflehen
Um Kyrie und Litanei!?« –
Da krachend bricht der Ast entzwei
Und wirbelt in des Sturmes Wehen.

Spricht Isenburg: »Mein guter Fant,
Und meinst du denn, ich sei begraben?
O laß mich nur in meiner Hand –

451

Doch ruhig, still, ich höre traben!«
Sie stehen lauschend, vorgebeugt:
Durch das Gezweig der Helmbusch steigt
Und flattert drüber gleich dem Raben.

2.

Wie dämmerschaurig ist der Wald
An neblichten Novembertagen,
Wie wunderlich die Wildnis hallt
Von Astgestöhn und Windesklagen!
»Horch, Knabe, war das Waffenklang?« –
»Nein, gnäd'ger Herr! ein Vogelsang,
Von Sturmesflügeln hergetragen.« –

Fort trabt der mächtige Prälat,
Der kühne Erzbischof von Köllen,
Er, den der Kaiser sich zum Rat
Und Reichsverweser mochte stellen,
Die eh'rne Hand der Klerisei –
Zwei Edelknaben, Reis'ger zwei
Und noch drei Äbte als Gesellen.

Gelassen trabt er fort, im Traum
Von eines Wunderdomes Schöne,
Auf seines Rosses Hals den Zaum,
Er streicht ihm sanft die dichte Mähne,
Die Windesodem senkt und schwellt;
Es schaudert, wenn ein Tropfen fällt
Von Ast und Laub, des Nebels Träne.

Schon schwindelnd steigt das Kirchenschiff,
Schon bilden sich die krausen Zacken –
Da, horch, ein Pfiff und hui, ein Griff,
Ein Helmbusch hier, ein Arm im Nacken!
Wie Schwarzwildrudel bricht's heran,
Die Äbte fliehn wie Spreu, und dann
Mit Reisigen sich Reis'ge packen.

Ha, schnöder Strauß! Zwei gegen zehn!
Doch hat der Fürst sich losgerungen,

Er peitscht sein Tier, und mit Gestöhn
Hat's übern Hohlweg sich geschwungen;
Die Gerte pfeift – »Weh, Rinkerad!« –
Vom Rosse gleitet der Prälat
Und ist ins Dickicht dann gedrungen.

»Hussa, hussa, erschlagt den Hund,
Den stolzen Hund!« Und eine Meute
Fährt's in den Wald, es schließt ein Rund,
Dann vor- und rückwärts und zur Seite;
Die Zweige krachen – ha, es naht –
Am Buchenstamm steht der Prälat
Wie ein gestellter Eber heute.

Er blickt verzweifelnd auf sein Schwert,
Er löst die kurze breite Klinge,
Dann prüfend untern Mantel fährt
Die Linke nach dem Panzerringe;
Und nun wohlan, er ist bereit,
Ja, männlich focht der Priester heut,
Sein Streich war eine Flammenschwinge.

Das schwirrt und klingelt durch den Wald,
Die Blätter stäuben von den Eichen,
Und über Arm und Schädel bald
Blutrote Rinnen tröpfeln, schleichen;
Entwaffnet der Prälat noch ringt,
Der starke Mann, da zischend dringt
Ein falscher Dolch ihm in die Weichen.

Ruft Isenburg: »Es ist genug,
Es ist zuviel!« und greift die Zügel;
Noch sah er, wie ein Knecht ihn schlug,
Und riß den Wicht am Haar vom Bügel.
»Es ist zuviel, hinweg, geschwind!«
Fort sind sie, und ein Wirbelwind
Fegt ihnen nach wie Eulenflügel. – –

Des Sturmes Odem ist verrauscht,
Die Tropfen glänzen an dem Laube,
Und über Blutes Lachen lauscht

Aus hohem Loch des Spechtes Haube;
Was knistert nieder von der Höh
Und schleppt sich wie ein krankes Reh?
Ach, armer Knabe, wunde Taube!

»Mein gnädiger, mein lieber Herr,
So mußten dich die Mörder packen?
Mein frommer, o mein Heiliger!«
Das Tüchlein zerrt er sich vom Nacken,
Er drückt es auf die Wunde dort
Und hier und drüben, immerfort
Ach, Wund an Wund und blut'ge Zacken!

»Ho, holla ho!« Dann beugt er sich
Und späht, ob noch der Odem rege;
War's nicht, als wenn ein Seufzer schlich,
Als wenn ein Finger sich bewege? –
»Ho, holla ho!« – »Holla, hoho!«
Schallt's wiederum, des war er froh:
»Sind unsre Reuter allewege!«

3.

Zu Köln am Rheine kniet ein Weib
Am Rabensteine unterm Rade,
Und überm Rade liegt ein Leib,
An dem sich weiden Kräh und Made;
Zerbrochen ist sein Wappenschild,
Mit Trümmern seine Burg gefüllt,
Die Seele steht bei Gottes Gnade.

Den Leib des Fürsten hüllt der Rauch
Von Ampeln und von Weihrauchschwelen –
Um seinen qualmt der Moderhauch,
Und Hagel peitscht der Rippen Höhlen;
Im Dome steigt ein Trauerchor,
Und ein Tedeum stieg empor
Bei seiner Qual aus tausend Kehlen.

Und wenn das Rad der Bürger sieht,
Dann läßt er rasch sein Rößlein traben,
Doch eine bleiche Frau, die kniet

Und scheucht mit ihrem Tuch die Raben:
Um sie mied er die Schlinge nicht,
Er war ihr Held, er war ihr Licht –
Und, ach! der Vater ihrer Knaben!

Das Spiegelbild

Schaust du mich an aus dem Kristall
Mit deiner Augen Nebelball,
Kometen gleich, die im Verbleichen;
Mit Zügen, worin wunderlich
Zwei Seelen wie Spione sich
Umschleichen, ja, dann flüstre ich:
Phantom, du bist nicht meinesgleichen!

Bist nur entschlüpft der Träume Hut,
Zu eisen mir das warme Blut,
Die dunkle Locke mir zu blassen;
Und dennoch, dämmerndes Gesicht,
Drin seltsam spielt ein Doppellicht,
Trätest du vor, ich weiß es nicht,
Würd ich dich lieben oder hassen?

Zu deiner Stirne Herrscherthron,
Wo die Gedanken leisten Fron
Wie Knechte, würd ich schüchtern blicken;
Doch von des Auges kaltem Glast,
Voll toten Lichts, gebrochen fast,
Gespenstig, würd, ein scheuer Gast,
Weit, weit ich meinen Schemel rücken.

Und was den Mund umspielt so lind,
So weich und hülflos wie ein Kind,
Das möcht in treue Hut ich bergen;
Und wieder, wenn er höhnend spielt,
Wie von gespanntem Bogen zielt,
Wenn leis es durch die Züge wühlt,
Dann möcht ich fliehen wie vor Schergen.

Es ist gewiß, du bist nicht Ich,
Ein fremdes Dasein, dem ich mich
Wie Moses nahe, unbeschuhet,
Voll Kräfte, die mir nicht bewußt,
Voll fremden Leides, fremder Lust;
Gnade mir Gott, wenn in der Brust
Mir schlummernd deine Seele ruhet!

Und dennoch fühl ich, wie verwandt,
Zu deinen Schauern mich gebannt,
Und Liebe muß der Furcht sich einen.
Ja, trätest aus Kristalles Rund,
Phantom, du lebend auf den Grund,
Nur leise zittern würd ich, und
Mich dünkt – ich würde um dich weinen!

An Levin Schücking

Kein Wort, und wär es scharf wie Stahles Klinge,
Soll trennen, was in tausend Fäden eins,
So mächtig kein Gedanke, daß er dringe
Vergällend in den Becher reinen Weins;
Das Leben ist so kurz, das Glück so selten,
So großes Kleinod, einmal sein statt gelten!

Hat das Geschick uns, wie in frevlem Witze,
Auf feindlich starre Pole gleich erhöht,
So wisse, dort, dort auf der Scheidung Spitze
Herrscht, König über alle, der Magnet,
Nicht fragt er, ob ihn Fels und Strom gefährde,
Ein Strahl fährt mitten er durchs Herz der Erde.

Blick in mein Auge – ist es nicht das deine,
Ist nicht mein Zürnen selber deinem gleich?
Du lächelst – und dein Lächeln ist das meine,
An gleicher Lust und gleichem Sinnen reich;
Worüber alle Lippen freundlich scherzen,
Wir fühlen heil'ger es im eignen Herzen.

Pollux und Kastor – wechselnd Glühn und Bleichen,
Des einen Licht geraubt dem andern nur,
Und doch der allerfrömmsten Treue Zeichen. –
So reiche mir die Hand, mein Dioskur!
Und mag erneuern sich die holde Mythe,
Wo überm Helm die Zwillingsflamme glühte.

Am letzten Tage des Jahres
(Silvester)

Das Jahr geht um,
Der Faden rollt sich sausend ab.
Ein Stündchen noch, das letzte heut,
Und stäubend rieselt in sein Grab,
Was einstens war lebend'ge Zeit.
Ich harre stumm.

's ist tiefe Nacht!
Ob wohl ein Auge offen noch?
In diesen Mauern rüttelt dein
Verrinnen, Zeit! Mir schaudert, doch
Es will die letzte Stunde sein
Einsam durchwacht.

Gesehen all,
Was ich begangen und gedacht,
Was mir aus Haupt und Herzen stieg,
Das steht nun eine ernste Wacht
Am Himmelstor. O halber Sieg!
O schwerer Fall!

Wie reißt der Wind
Am Fensterkreuze! Ja, es will
Auf Sturmesfittichen das Jahr
Zerstäuben, nicht ein Schatten still
Verhauchen unterm Sternenklar.
Du Sündenkind,

War nicht ein hohl
Und heimlich Sausen jeden Tag

In deiner wüsten Brust Verlies,
Wo langsam Stein an Stein zerbrach,
Wenn es den kalten Odem stieß
Vom starren Pol?

Mein Lämpchen will
Verlöschen, und begierig saugt
Der Docht den letzten Tropfen Öl.
Ist so mein Leben auch verraucht?
Eröffnet sich des Grabes Höhl
Mir schwarz und still?

Wohl in dem Kreis,
Den dieses Jahres Lauf umzieht,
Mein Leben bricht. Ich wußt es lang!
Und dennoch hat dies Herz geglüht
In eitler Leidenschaften Drang!
Mir brüht der Schweiß

Der tiefsten Angst
Auf Stirn und Hand. – Wie? dämmert feucht
Ein Stern dort durch die Wolken nicht?
Wär es der Liebe Stern vielleicht,
Dir zürnend mit dem trüben Licht,
Daß du so bangst?

Horch, welch Gesumm?
Und wieder? Sterbemelodie!
Die Glocke regt den ehrnen Mund.
O Herr, ich falle auf das Knie:
Sei gnädig meiner letzten Stund!
Das Jahr ist um!

Letzte Worte

Geliebte, wenn mein Geist geschieden,
So weint mir keine Träne nach;
Denn, wo ich weile, dort ist Frieden,
Dort leuchtet mir ein ew'ger Tag!

Wo aller Erdengram verschwunden,
Soll euer Bild mir nicht vergehn,
Und Linderung für eure Wunden,
Für euern Schmerz will ich erflehn.

Weht nächtlich seine Seraphsflügel
Der Friede übers Weltenreich,
So denkt nicht mehr an meinen Hügel,
Denn von den Sternen grüß ich euch!

FRIEDRICH HEBBEL

Nachtlied

Quellende, schwellende Nacht,
 Voll von Lichtern und Sternen:
 In den ewigen Fernen,
Sage, was ist da erwacht!

Herz in der Brust wird beengt,
 Steigendes, neigendes Leben,
 Riesenhaft fühle ich's weben,
Welches das meine verdrängt.

Schlaf, da nahst du dich leis
 Wie dem Kinde die Amme,
 Und um die dürftige Flamme
Ziehst du den schützenden Kreis.

Der Heideknabe

Der Knabe träumt, man schicke ihn fort
Mit dreißig Talern zum Heideort,
 Er ward drum erschlagen am Wege
 Und war doch nicht langsam und träge.

Noch liegt er im Angstschweiß, da rüttelt ihn
Sein Meister und heißt ihn, sich anzuziehn
 Und legt ihm das Geld auf die Decke
 Und fragt ihn, warum er erschrecke.

»Ach Meister, mein Meister, sie schlagen mich tot,
Die Sonne, sie ist ja wie Blut so rot!«
 »Sie ist es für dich nicht alleine,
 Drum schnell, sonst mach ich dir Beine!«

»Ach Meister, mein Meister, so sprachst du schon,
Das war das Gesicht, der Blick, der Ton,
 Gleich greifst du« – zum Stock, will er sagen,
 Er sagt's nicht, er wird schon geschlagen.

»Ach Meister, mein Meister, ich geh, ich geh,
Bring meiner Frau Mutter das letzte Ade!
 Und sucht sie nach allen vier Winden,
 Am Weidenbaum bin ich zu finden!«

Hinaus aus der Stadt! Und da dehnt sie sich,
Die Heide, nebelnd, gespenstiglich,
 Die Winde darüber sausend,
 »Ach, wär hier ein Schritt wie tausend!«

Und alles so still, und alles so stumm,
Man sieht sich umsonst nach Lebendigem um,
 Nur hungrige Vögel schießen
 Aus Wolken, um Würmer zu spießen.

Er kommt ans einsame Hirtenhaus,
Der alte Hirt schaut eben heraus,
 Des Knaben Angst ist gestiegen,
 Am Wege bleibt er noch liegen.

»Ach Hirte, du bist ja von frommer Art,
Vier gute Groschen hab ich gespart,
 Gib deinen Knecht mir zur Seite,
 Daß er bis zum Dorf mich begleite.

Ich will sie ihm geben, er trinke dafür
Am nächsten Sonntag ein gutes Bier,
 Dies Geld hier, ich trag es mit Beben,
 Man nahm mir im Traum drum das Leben!«

Der Hirt, der winkte dem langen Knecht,
Er schnitt sich eben den Stecken zurecht,
 Jetzt trat er hervor – wie graute
 Dem Knaben, als er ihn schaute!

»Ach Meister Hirte, ach nein, ach nein,
Es ist doch besser, ich geh allein!«
 Der Lange spricht grinsend zum Alten:
 »Er will die vier Groschen behalten.«

»Da sind die vier Groschen!« Er wirft sie hin
Und eilt hinweg mit verstörtem Sinn.
 Schon kann er die Weide erblicken,
 Da klopft ihn der Knecht in den Rücken.

»Du hältst es nicht aus, du gehst zu geschwind,
Ei, Eile mit Weile, du bist ja noch Kind,
 Auch muß das Geld dich beschweren,
 Wer kann dir das Ausruhn verwehren?

Komm, setz dich unter den Weidenbaum
Und dort erzähl mir den häßlichen Traum,
 Mir träumte – Gott soll mich verdammen,
 Trifft's nicht mit deinem zusammen!«

Er faßt den Knaben wohl bei der Hand,
Der leistet auch nimmermehr Widerstand,
 Die Blätter flüstern so schaurig,
 Das Wässerlein rieselt so traurig!

»Nun sprich, du träumtest« – »Es kam ein Mann –«
»War ich das? Sieh mich doch näher an,
 Ich denke, du hast mich gesehen!
 Nun weiter, wie ist es geschehen?«

»Er zog ein Messer!« – »War das wie dies?« –
»Ach ja, ach ja!« – »Er zog's?« – »Und stieß –«
 »Er stieß dir's wohl so durch die Kehle?
 Was hilft es auch, daß ich dich quäle!«

Und fragt ihr, wie's weiter gekommen sei?
So fragt zwei Vögel, sie saßen dabei,
 Der Rabe verweilte gar heiter,
 Die Taube konnte nicht weiter!

Der Rabe erzählt, was der Böse noch tat,
Und auch, wie's der Henker gerochen hat,
 Die Taube erzählt, wie der Knabe
 Geweint und gebetet habe.

Das Kind am Brunnen

Frau Amme, Frau Amme, das Kind ist erwacht!
 Doch die liegt ruhig im Schlafe.
Die Vöglein zwitschern, die Sonne lacht,
 Am Hügel weiden die Schafe.

Frau Amme, Frau Amme, das Kind steht auf,
 Es wagt sich weiter und weiter!
Hinab zum Brunnen nimmt es den Lauf,
 Da stehen Blumen und Kräuter.

Frau Amme, Frau Amme, der Brunnen ist tief!
 Sie schläft, als läge sie drinnen!
Das Kind läuft schnell, wie es nie noch lief,
 Die Blumen locken's von hinnen.

Nun steht es am Brunnen, nun ist es am Ziel,
 Nun pflückt es die Blumen sich munter;
Doch bald ermüdet das reizende Spiel,
 Da schaut's in die Tiefe hinunter.

Und unten erblickt es ein holdes Gesicht
 Mit Augen, so hell und so süße.
Es ist sein eignes, das weiß es noch nicht,
 Viel stumme, freundliche Grüße!

Das Kindlein winkt, der Schatten geschwind
 Winkt aus der Tiefe ihm wieder.
Herauf! Herauf! So meint's das Kind;
 Der Schatten: Hernieder! Hernieder!

Schon beugt es sich über den Brunnenrand,
 Frau Amme, du schläfst noch immer!
Da fallen die Blumen ihm aus der Hand
 Und trüben den lockenden Schimmer.

Verschwunden ist sie, die süße Gestalt,
 Verschluckt von der hüpfenden Welle,
Das Kind durchschauert's fremd und kalt,
 Und schnell enteilt es der Stelle.

Abendgefühl

Friedlich bekämpfen
 Nacht sich und Tag.
Wie das zu dämpfen,
 Wie das zu lösen vermag!

Der mich bedrückte,
 Schläfst du schon, Schmerz?
Was mich beglückte,
 Sage, was war's doch, mein Herz?

Freude wie Kummer,
 Fühl ich, zerrann,
Aber den Schlummer
 Führten sie leise heran.

Und im Entschweben,
 Immer empor,
Kommt mir das Leben
 Ganz wie ein Schlummerlied vor.

Sommerbild

Ich sah des Sommers letzte Rose stehn,
Sie war, als ob sie bluten könne, rot;
Da sprach ich schauernd im Vorübergehn:
So weit im Leben, ist zu nah am Tod!

Es regte sich kein Hauch am heißen Tag,
Nur leise strich ein weißer Schmetterling;
Doch, ob auch kaum die Luft sein Flügelschlag
Bewegte, sie empfand es und verging.

Herbstbild

Dies ist ein Herbsttag, wie ich keinen sah!
 Die Luft ist still, als atmete man kaum,
Und dennoch fallen raschelnd, fern und nah,
 Die schönsten Früchte ab von jedem Baum.

O stört sie nicht, die Feier der Natur!
 Dies ist die Lese, die sie selber hält,
Denn heute löst sich von den Zweigen nur,
 Was vor dem milden Strahl der Sonne fällt.

Gebet

Die du über die Sterne weg
 Mit der geleerten Schale
Aufschwebst, um sie am ew'gen Born
 Eilig wieder zu füllen:
Einmal schwenke sie noch, o Glück,
 Einmal, lächelnde Göttin!
Sieh, ein einziger Tropfen hängt
 Noch verloren am Rande,
Und der einzige Tropfen genügt,
 Eine himmlische Seele,
Die hier unten in Schmerz erstarrt,
 Wieder in Wonne zu lösen.
Ach! sie weint dir süßeren Dank
 Als die anderen alle,
Die du glücklich und reich gemacht;
 Laß ihn fallen, den Tropfen!

THEODOR STORM

Die Stadt

Am grauen Strand, am grauen Meer
Und seitab liegt die Stadt;
Der Nebel drückt die Dächer schwer,
Und durch die Stille braust das Meer
Eintönig um die Stadt.

Es rauscht kein Wald, es schlägt im Mai
Kein Vogel ohn' Unterlaß;
Die Wandergans mit hartem Schrei
Nur fliegt in Herbstesnacht vorbei,
Am Strande weht das Gras.

Doch hängt mein ganzes Herz an dir,
Du graue Stadt am Meer;
Der Jugend Zauber für und für
Ruht lächelnd doch auf dir, auf dir,
Du graue Stadt am Meer.

Abseits

Es ist so still; die Heide liegt
Im warmen Mittagssonnenstrahle,
Ein rosenroter Schimmer fliegt
Um ihre alten Gräbermale;
Die Kräuter blühn; der Heideduft
Steigt in die blaue Sommerluft.

Laufkäfer hasten durchs Gesträuch
In ihren goldnen Panzerröckchen,
Die Bienen hängen Zweig um Zweig
Sich an der Edelheide Glöckchen,
Die Vögel schwirren aus dem Kraut –
Die Luft ist voller Lerchenlaut.

Ein halbverfallen niedrig Haus
Steht einsam hier und sonnbeschienen,

Der Kätner lehnt zur Tür hinaus,
Behaglich blinzelnd nach den Bienen,
Sein Junge auf dem Stein davor
Schnitzt Pfeifen sich aus Kälberrohr.

Kaum zittert durch die Mittagsruh
Ein Schlag der Dorfuhr, der entfernten;
Dem Alten fällt die Wimper zu,
Er träumt von seinen Honigernten.
– Kein Klang der aufgeregten Zeit
Drang noch in diese Einsamkeit.

Über die Heide

Über die Heide hallet mein Schritt;
Dumpf aus der Erde wandert es mit.

Herbst ist gekommen, Frühling ist weit –
Gab es denn einmal selige Zeit?

Brauende Nebel geisten umher;
Schwarz ist das Kraut und der Himmel so leer.

Wär ich hier nur nicht gegangen im Mai!
Leben und Liebe, – wie flog es vorbei!

Die Nachtigall

Das macht, es hat die Nachtigall
Die ganze Nacht gesungen;
Da sind von ihrem süßen Schall,
Da sind in Hall und Widerhall
Die Rosen aufgesprungen.

Sie war doch sonst ein wildes Kind;
Nun geht sie tief in Sinnen,
Trägt in der Hand den Sommerhut
Und duldet still der Sonne Glut
Und weiß nicht, was beginnen.

Das macht, es hat die Nachtigall
Die ganze Nacht gesungen;
Da sind von ihrem süßen Schall,
Da sind in Hall und Widerhall
Die Rosen aufgesprungen.

Oktoberlied

Der Nebel steigt, es fällt das Laub;
Schenk ein den Wein, den holden!
Wir wollen uns den grauen Tag
Vergolden, ja vergolden!

Und geht es draußen noch so toll,
Unchristlich oder christlich,
Ist doch die Welt, die schöne Welt,
So gänzlich unverwüstlich!

Und wimmert auch einmal das Herz, –
Stoß an und laß es klingen!
Wir wissen's doch, ein rechtes Herz
Ist gar nicht umzubringen.

Der Nebel steigt, es fällt das Laub;
Schenk ein den Wein, den holden!
Wir wollen uns den grauen Tag
Vergolden, ja vergolden!

Wohl ist es Herbst; doch warte nur,
Doch warte nur ein Weilchen!
Der Frühling kommt, der Himmel lacht,
Es steht die Welt in Veilchen.

Die blauen Tage brechen an,
Und ehe sie verfließen,
Wir wollen sie, mein wackrer Freund,
Genießen, ja genießen!

Von Katzen

Vergangnen Maitag brachte meine Katze
Zur Welt sechs allerliebste kleine Kätzchen,
Maikätzchen, alle weiß mit schwarzen Schwänzchen.
Fürwahr, es war ein zierlich Wochenbettchen!
Die Köchin aber – Köchinnen sind grausam,
Und Menschlichkeit wächst nicht in einer Küche –
Die wollte von den sechsen fünf ertränken,
Fünf weiße, schwarzgeschwänzte Maienkätzchen
Ermorden wollte dies verruchte Weib.
Ich half ihr heim! – Der Himmel segne
Mir meine Menschlichkeit! Die lieben Kätzchen,
Sie wuchsen auf und schritten binnen kurzem
Erhobnen Schwanzes über Hof und Herd;
Ja, wie die Köchin auch ingrimmig dreinsah,
Sie wuchsen auf, und nachts vor ihrem Fenster
Probierten sie die allerliebsten Stimmchen.
Ich aber, wie ich sie so wachsen sahe,
Ich pries mich selbst und meine Menschlichkeit. –
Ein Jahr ist um, und Katzen sind die Kätzchen,
Und Maitag ist's! – Wie soll ich es beschreiben,
Das Schauspiel, das sich jetzt vor mir entfaltet!
Mein ganzes Haus, vom Keller bis zum Giebel,
Ein jeder Winkel ist ein Wochenbettchen!
Hier liegt das eine, dort das andre Kätzchen,
In Schränken, Körben, unter Tisch und Treppen,
Die Alte gar – nein, es ist unaussprechlich,
Liegt in der Köchin jungfräulichem Bette!
Und jede, jede von den sieben Katzen
Hat sieben, denkt euch! sieben junge Kätzchen,
Maikätzchen, alle weiß mit schwarzen Schwänzchen!
Die Köchin rast, ich kann der blinden Wut
Nicht Schranken setzen dieses Frauenzimmers;
Ersäufen will sie alle neunundvierzig!
Mir selber! ach, mir läuft der Kopf davon –
O Menschlichkeit, wie soll ich dich bewahren!
Was fang ich an mit sechsundfünfzig Katzen! –

Meeresstrand

Ans Haff nun fliegt die Möwe,
Und Dämmrung bricht herein;
Über die feuchten Watten
Spiegelt der Abendschein.

Graues Geflügel huschet
Neben dem Wasser her;
Wie Träume liegen die Inseln
Im Nebel auf dem Meer.

Ich höre des gärenden Schlammes
Geheimnisvollen Ton,
Einsames Vogelrufen –
So war es immer schon.

Noch einmal schauert leise
Und schweiget dann der Wind;
Vernehmlich werden die Stimmen,
Die über der Tiefe sind.

Einer Toten

2

Das aber kann ich nicht ertragen,
Daß so wie sonst die Sonne lacht;
Daß wie in deinen Lebenstagen
Die Uhren gehn, die Glocken schlagen,
Einförmig wechseln Tag und Nacht;

Daß, wenn des Tages Lichter schwanden,
Wie sonst der Abend uns vereint;
Und daß, wo sonst dein Stuhl gestanden,
Schon andre ihre Plätze fanden,
Und nichts dich zu vermissen scheint;

Indessen von den Gitterstäben
Die Mondesstreifen schmal und karg
In deine Gruft hinunterweben
Und mit gespenstig trübem Leben
Hinwandeln über deinen Sarg.

Schließe mir die Augen beide

Schließe mir die Augen beide
Mit den lieben Händen zu!
Geht doch alles, was ich leide,
Unter deiner Hand zur Ruh.

Und wie leise sich der Schmerz
Well um Welle schlafen leget,
Wie der letzte Schlag sich reget,
Füllest du mein ganzes Herz.

Ein grünes Blatt

Ein Blatt aus sommerlichen Tagen,
Ich nahm es so im Wandern mit,
Auf daß es einst mir möge sagen,
Wie laut die Nachtigall geschlagen,
Wie grün der Wald, den ich durchschritt.

Lied des Harfenmädchens

Heute, nur heute
Bin ich so schön;
Morgen, ach morgen
Muß alles vergehn!
Nur diese Stunde
Bist du noch mein;
Sterben, ach sterben
Soll ich allein.

Elisabeth

Meine Mutter hat's gewollt,
Den andern ich nehmen sollt;
Was ich zuvor besessen,
Mein Herz sollt es vergessen;
Das hat es nicht gewollt.

Meine Mutter klag ich an,
Sie hat nicht wohlgetan;
Was sonst in Ehren stünde,
Nun ist es worden Sünde.
Was fang ich an?

Für all mein Stolz und Freud
Gewonnen hab ich Leid.
Ach, wär das nicht geschehen,
Ach, könnt ich betteln gehen
Über die braune Heid!

Stille der Nacht

Willkommen, klare Sommernacht,
Die auf betauten Fluren liegt!
Gegrüßt mir, goldne Sternenpracht,
Die spielend sich im Weltraum wiegt!

Das Urgebirge um mich her
Ist schweigend, wie mein Nachtgebet;
Weit hinter ihm hör ich das Meer
Im Geist und wie die Brandung geht.

Ich höre einen Flötenton,
Den mir die Luft von Westen bringt,
Indes herauf im Osten schon
Des Tages leise Ahnung dringt.

Ich sinne, wo in weiter Welt
Jetzt sterben mag ein Menschenkind –
Und ob vielleicht den Einzug hält
Das viel ersehnte Heldenkind.

Doch wie im dunklen Erdental
Ein unergründlich Schweigen ruht,
Ich fühle mich so leicht zumal
Und wie die Welt so still und gut.

Der letzte leise Schmerz und Spott
Verschwindet aus des Herzens Grund;
Es ist, als tät der alte Gott
Mir endlich seinen Namen kund.

Unter Sternen

Wende dich, du kleiner Stern,
Erde! wo ich lebe,
Daß mein Aug, der Sonne fern,
Sternenwärts sich hebe!

Heilig ist die Sternenzeit,
Öffnet alle Grüfte;
Strahlende Unsterblichkeit
Wandelt durch die Lüfte.

Mag die Sonne nun bislang
Andern Zonen scheinen,
Hier fühl ich Zusammenhang
Mit dem All und Einen!

Hohe Lust, im dunklen Tal,
Selber ungesehen,
Durch den majestät'schen Saal
Atmend mitzugehen!

Schwinge dich, o grünes Rund,
In die Morgenröte!
Scheidend rückwärts singt mein Mund
Jubelnde Gebete!

Abendlied

Augen, meine lieben Fensterlein,
Gebt mir schon so lange holden Schein,
Lasset freundlich Bild um Bild herein:
Einmal werdet ihr verdunkelt sein!

Fallen einst die müden Lider zu,
Löscht ihr aus, dann hat die Seele Ruh;
Tastend streift sie ab die Wanderschuh,
Legt sich auch in ihre finstre Truh.

Noch zwei Fünklein sieht sie glimmend stehn
Wie zwei Sternlein, innerlich zu sehn,
Bis sie schwanken und dann auch vergehn,
Wie von eines Falters Flügelwehn.

Doch noch wandl ich auf dem Abendfeld,
Nur dem sinkenden Gestirn gesellt;
Trinkt, o Augen, was die Wimper hält,
Von dem goldnen Überfluß der Welt!

Sommernacht

Es wallt das Korn weit in die Runde
Und wie ein Meer dehnt es sich aus;
Doch liegt auf seinem stillen Grunde
Nicht Seegewürm noch andrer Graus;
Da träumen Blumen nur von Kränzen
Und trinken der Gestirne Schein,
O goldnes Meer, dein friedlich Glänzen
Saugt meine Seele gierig ein!

In meiner Heimat grünen Talen,
Da herrscht ein alter schöner Brauch:
Wann hell die Sommersterne strahlen,
Der Glühwurm schimmert durch den Strauch,
Dann geht ein Flüstern und ein Winken,
Das sich dem Ährenfelde naht,
Da geht ein nächtlich Silberblinken
Von Sicheln durch die goldne Saat.

Das sind die Bursche jung und wacker,
Die sammeln sich im Feld zuhauf
Und suchen den gereiften Acker
Der Witwe oder Waise auf,
Die keines Vaters, keiner Brüder

Und keines Knechtes Hilfe weiß –
Ihr schneiden sie den Segen nieder,
Die reinste Lust ziert ihren Fleiß.

Schon sind die Garben festgebunden
Und rasch in einen Ring gebracht;
Wie lieblich flohn die kurzen Stunden,
Es war ein Spiel in kühler Nacht!
Nun wird geschwärmt und hell gesungen
Im Garbenkreis, bis Morgenluft
Die nimmermüden braunen Jungen
Zur eignen schweren Arbeit ruft.

Ich hab in kalten Wintertagen,
In dunkler hoffnungsarmer Zeit
Ganz aus dem Sinne dich geschlagen,
O Trugbild der Unsterblichkeit.

Nun, da der Sommer glüht und glänzet,
Nun seh ich, daß ich wohl getan;
Ich habe neu das Herz umkränzet,
Im Grabe aber ruht der Wahn.

Ich fahre auf dem klaren Strome,
Er rinnt mir kühlend durch die Hand;
Ich schau hinauf zum blauen Dome –
Und such kein beßres Vaterland.

Nun erst versteh ich, die da blühet,
O Lilie, deinen stillen Gruß,
Ich weiß, wie hell die Flamme glühet,
Daß ich gleich dir vergehen muß!

Die Zeit geht nicht, sie stehet still,
Wir ziehen durch sie hin;
Sie ist ein Karawanserei,
Wir sind die Pilger drin.

Ein Etwas, form- und farbenlos,
Das nur Gestalt gewinnt,
Wo ihr drin auf und nieder taucht,
Bis wieder ihr zerrinnt.

Es blitzt ein Tropfen Morgentau
Im Strahl des Sonnenlichts;
Ein Tag kann eine Perle sein
Und ein Jahrhundert nichts.

Es ist ein weißes Pergament
Die Zeit, und jeder schreibt
Mit seinem roten Blut darauf,
Bis ihn der Strom vertreibt.

An dich, du wunderbare Welt,
Du Schönheit ohne End,
Auch ich schreib meinen Lebensbrief
Auf dieses Pergament.

Froh bin ich, daß ich aufgeblüht
In deinem runden Kranz;
Zum Dank trüb ich die Quelle nicht
Und lobe deinen Glanz.

Flackre, ew'ges Licht im Tal
Friedlich vor dem Fronaltare;
Auch dein Küster liegt einmal,
Der das Öl hat, auf der Bahre!

Rausche fort, du tiefer Fluß!
Dein Gesang wird fortbestehen;
Aber jede Welle muß
Endlich doch im Meer vergehen.

Nachtviolen, süß und stark
Duftet ihr durch diese Lauben,
Und ihr wißt das feinste Mark
Luft und Erde schnell zu rauben.

Von der warmen Nacht geküßt,
Säumt ihr nicht, es auszuhauchen,
Eh ihr selber wieder müßt
Eure Köpflein untertauchen.

Aus des Äthers dunklem Raum
Perlen leuchtend goldne Sonnen,
Kommen, schwinden wie ein Traum,
Doch gefüllt bleibt stets der Bronnen.

Und nur du, mein armes Herz,
Du allein willst ewig schlagen,
Deine Lust und deinen Schmerz
Endlos durch die Himmel tragen?

Ewig neu der Wirbel ist,
Zahllos aller Dinge Menge,
Und es bleibt uns keine Frist,
Zu beharren im Gedränge.

Wie der Staub im Sonnenstrahle
Wallt's vorüber, Kern und Schale –
Ewig ist, begreifst es du,
Sehnend Herz, nur deine Ruh!

An das Herz

Willst du nicht dich schließen,
Herz, du offnes Haus!
Worin Freund' und Feinde
Gehen ein und aus?

Schau, wie sie verletzen
Dir das Hausrecht stets!
Fühllos auf und nieder,
Polternd, lärmend geht's.

Keiner putzt die Schuhe,
Keiner sieht sich um,

Staubig brechen alle
Dir ins Heiligtum;

Trinken aus den goldnen
Kelchen des Altars,
Schänden Müh und Segen
Dir des ganzen Jahrs;

Werfen die Penaten
Wild vom Herde dir,
Pflanzen drauf mit Prahlen
Ihr entfärbt Panier.

Und wenn zu verwüsten
Nichts sie finden mehr,
Lassen sie im Scheiden
Dich, mein Herz, so leer!

Nein! und wenn nun alles
Still und tot in dir,
O, noch halt dich offen,
Offen für und für!

Laß die Sonne scheinen
Heiß in dich herein,
Stürme dich durchfahren
Und den Wetterschein!

Wenn durch deine Kammern
So die Windsbraut zieht,
Laß dein Glöcklein stürmen,
Schallen Lied um Lied!

Denn noch kann's geschehen,
Daß auf irrer Flucht
Eine treue Seele
Bei dir Obdach sucht!

Der Narr des Grafen von Zimmern

Was rollt so zierlich, klingt so lieb
Treppauf und -ab im Schloß?
Das ist des Grafen Zeitvertrieb
Und stündlicher Genoß:
Sein Narr, annoch ein halbes Kind
Und rosiges Gesellchen,
So leicht und luftig wie der Wind,
Und trägt den Kopf voll Schellchen.

Noch ohne Arg, wie ohne Bart,
An Possen reich genug,
Ist doch der Fant von guter Art
Und in der Torheit klug;
Und was vergecken und verdrehn
Die zappeligen Hände,
Gerät ihm oft wie aus Versehn
Zuletzt zum guten Ende.

Der Graf mit seinem Hofgesind
Weilt in der Burgkapell,
Da ist, wie schon das Amt beginnt,
Kein Ministrant zur Stell.
Rasch nimmt der Pfaff den Narrn beim Ohr
Und zieht ihn zum Altare;
Der Knabe sieht sich fleißig vor,
Daß er nach Bräuchen fahre.

Und gut, als wär er's längst gewohnt,
Bedient er den Kaplan;
Doch wann's die Müh am besten lohnt,
Bricht oft der Unstern an;
Denn als die heil'ge Hostia
Vom Priester wird erhoben,
O Schreck! so ist kein Glöcklein da,
Den süßen Gott zu loben!

Ein Weilchen bleibt es totenstill,
Erbleichend lauscht der Graf,
Der gleich ein Unheil ahnen will,

Das ihn vom Himmel traf.
Doch schon hat sich der Narr bedacht,
Den Handel zu versöhnen;
Die Kappe schüttelt er mit Macht,
Daß alle Glöcklein tönen!

Da strahlt von dem Ciborium
Ein goldnes Leuchten aus;
Es glänzt und duftet um und um
Im kleinen Gotteshaus,
Wie wenn des Himmels Majestät
In frischen Veilchen läge:
Der Herr, der durch die Wandlung geht,
Er lächelt auf dem Wege!

Fritz Reuter

Ik weit einen Eikbom, de steiht an de See,
De Nurdstorm, de brus't in sin Knäst;
Stolt reckt hei de mächtige Kron in de Höh,
So is dat all dusend Johr west;
 Kein Minschenhand,
 De hett em plant't;
Hei reckt sik von Pommern bet Nedderland.

Ik weit einen Eikbom vull Knorrn un vull Knast,
Up den'n fött kein Bil nich un Äxt.
Sin Bork is so rug, un sin Holt is so fast,
As wir hei mal bannt un behext.
 Nicks hett em dahn;
 Hei ward noch stahn,
Wenn wedder mal dusend von Johren vergahn.

Un de König un sine Fru Königin
Un sin Dochter, de gahn an den Strand:
»Wat deiht dat för'n mächtigen Eikbom sin,
De sin Telgen reckt äwer dat Land?
 Wer hett em plegt,
 Wer hett em hegt,
Dat hei sine Bläder so lustig rögt?«

Un as nu de König so Antwurt begehrt,
Trett vör em en junge Gesell:
»Herr König, Ji hewwt Jug jo süs nich d'rüm schert,
Jug' Fru nich un Juge Mamsell!
 Kein vörnehm Lüd',
 De hadden Tid,
Tau seihn, ob den Bom ok sin Recht geschüht.

Un doch gräunt so lustig de Eikbom up Stun'ns,
Wi Arbeitslüd' hewwen em wohrt;
De Eikbom, Herr König, de Eikbom is uns',
Uns' plattdütsche Sprak is 't un Ort.
 Kein vörnehm Kunst
 Hett s' uns verhunzt,
Fri wussen s' tau Höchten ahn Königsgunst.«

Rasch giwwt em den König sin Dochter de Hand:
»Gott seg'n di, Gesell, för din Red'!
Wenn de Stormwind eins brus't dörch das dütsche Land,
Denn weit ik 'ne sekere Städ':
 Wer eigen Ort
 Fri wünn un wohrt,
Bi den'n is in Not ein tau'm besten verwohrt.«

 Aus Hanne Nüte

De Koppweihdag'

Mecklenburgisch

»Gu'n Morgen, Herr Apteiker! Seggen S' mal,
Wat is woll gaud för Koppweihdag'?«
»Min Sähn, dat is de düllste Qual,
Dat is 'ne niderträcht'ge Plag'.
Na, sett di man en beten dal!
Du büst woll her ut Frugenmark?« –
»Ja, Herr! Ik dein dor up den Hof.« –
»Na, sünd de Koppweihdag' denn stark?« –
»Ja, Herr! Sei maken't gor tau groww.« –
»Na, denn kumm her und dauh
Mal irst din beiden Ogen tau. –
Süh! so is't recht! Nu rük mal swin'n

All, wat du kannst, in dese Buddel 'rin!« –
De Bengel deiht ok ganz genau,
Wat hei em heit: makt irst de Ogen tau
Un rückt recht düchtig 'rinner dunn.
Bautz! föll hei rügglings von den Staul herun.
As hei nu wedder sik besunn,
Seggt de Apteiker: »Sähn, nu segg:
Sünd dine Koppweihdag' nu weg?« –
»Ih, Herr, von mi is nich de Frag',
Uns' F r ö l e n hett de Koppweihdag'.«

De Reknung ahn Wirt
Mecklenburgisch

»Gu'n Morgen, Herr Avkat, mi is dor wat passiert,
Mi hett dor up de Strat so'n utverschamtes Dirt
Von Köter in de Beinen beten
Un mi en Stück ut mine Büxen reten.
Dat is 'ne ganze nige Hos',
Un ik wull Sei doch blot mal fragen,
Ob ik den Kirl nich künn verklagen,
De so 'n betschen Hund lett los'
Hir up de Straten 'rümmer gahn?« –
»Gewiß, mein lieber Freund, das können Sie,
Der Eigentümer von dem Vieh,
Das Ihnen solches angetan
Und Ihre Hose riß in Fetzen,
Muß Ihnen selbige ersetzen.« –
»Süll 'k woll drei Daler föddern känen?« –
»Gewiß, das können Sie! Für diese schönen
Und neuen Hosen ist das nicht zuviel.«
»Na, Herr Avkat«, seggt Möller Thiel,
»Denn gewen S' man drei Daler her,
Wil't Ehr oll Köter wesen ded.« –
»M e i n Hund? – M e i n Pollo biß Sie in die Waden?
Nun gut! Ich glaub's und stehe für den Schaden:
Hier sind drei Taler für die Hosen,
Was Recht ist, muß als Recht bestehn,
Und sollt' die Welt in Stücken gehn!« –

De Möller lacht so recht gottlosen
Un denkt: d e n hest du richtig namen!
Strickt sik dat lütte Geld tausamen
Un will gehursamst sik empfehlen.
»Halt, lieber Freund!« seggt de Avkat,
»Ich kann es Ihnen nicht verhehlen,
Daß in beregter Sach für Müh und guten Rat
Drei Taler sechzehn Groschen mir gebühren.
Man wedder 'rut mit de drei Daler,
Un sößteihn Gröschen bi geleggt!
Denn kümmt de Sak irst richtig t'recht.
Recht, Fründting, möt als Recht bestahn,
Un süll de Welt in Stücken gahn!«

KLAUS GROTH

Matten Has'
Dithmarsisch

Lütt Matten de Has',
De mak sik en Spaß,
He weer bi't Studeern,
Dat Danzen to lehrn,
Un danz ganz alleen
Op de achtersten Been.

Keem Reinke de Voß
Un dach: das en Kost!
Un seggt: Lüttje Matten,
So flink oppe Padden?
Un danzst hier alleen
Oppe achtersten Been?

Kumm, lat uns tosam!
Ik kann as de Dam!
De Krei, de spelt Fitel,
Denn geit dat canditel,
Denn geit dat mal schön;
Op de achtersten Been!

Lütt Matten gev Pot.
De Voß beet em dot
Un sett sik in Schatten,
Verspis' de lütt Matten:
De Krei, de kreeg een
Vun de achtersten Been.

GEORG HERWEGH

Strophen aus der Fremde

1839

II

Ich möchte hingehn wie das Abendrot
Und wie der Tag in seinen letzten Gluten –
O leichter, sanfter, ungefühlter Tod!
Mich in den Schoß des Ewigen verbluten.

Ich möchte hingehn wie der heitre Stern,
Im vollsten Glanz, in ungeschwächtem Blinken;
So stille und so schmerzlos möchte gern
Ich in des Himmels blaue Tiefen sinken.

Ich möchte hingehn wie der Blume Duft,
Der freudig sich dem schönen Kelch entringet
Und auf dem Fittich blütenschwangrer Luft
Als Weihrauch auf des Herren Altar schwinget.

Ich möchte hingehn wie der Tau im Tal,
Wenn durstig ihm des Morgens Feuer winken;
O wollte Gott, wie ihn der Sonnenstrahl,
Auch meine lebensmüde Seele trinken!

Ich möchte hingehn wie der bange Ton,
Der aus den Saiten einer Harfe dringet
Und, kaum dem irdischen Metall entflohn,
Ein Wohllaut in des Schöpfers Brust erklinget.

Du wirst nicht hingehn wie das Abendrot,
Du wirst nicht stille wie der Stern versinken,
Du stirbst nicht einer Blume leichten Tod,
Kein Morgenstrahl wird deine Seele trinken.

Wohl wirst du hingehn, hingehn ohne Spur,
Doch wird das Elend deine Kraft erst schwächen,
Sanft stirbt es einzig sich in der Natur,
Das arme Menschenherz muß stückweis brechen.

CONRAD FERDINAND MEYER

Eingelegte Ruder

Meine eingelegten Ruder triefen,
Tropfen fallen langsam in die Tiefen.

Nichts, das mich verdroß! Nichts, das mich freute!
Niederrinnt ein schmerzenloses Heute!

Unter mir – ach, aus dem Licht verschwunden –
Träumen schon die schönern meiner Stunden.

Aus der blauen Tiefe ruft das Gestern:
Sind im Licht noch manche meiner Schwestern?

Der römische Brunnen

Aufsteigt der Strahl und fallend gießt
Er voll der Marmorschale Rund,
Die, sich verschleiernd, überfließt
In einer zweiten Schale Grund;
Die zweite gibt, sie wird zu reich,
Der dritten wallend ihre Flut,
Und jede nimmt und gibt zugleich

Und strömt und ruht.

Auf dem Canal grande

Auf dem Canal grande betten
Tief sich ein die Abendschatten,
Hundert dunkle Gondeln gleiten
Als ein flüsterndes Geheimnis.

Aber zwischen zwei Palästen
Glüht herein die Abendsonne,
Flammend wirft sie einen grellen
Breiten Streifen auf die Gondeln.

In dem purpurroten Lichte
Laute Stimmen, hell Gelächter,
Überredende Gebärden
Und das frevle Spiel der Augen.

Eine kleine, kurze Strecke
Treibt das Leben leidenschaftlich
Und erlischt im Schatten drüben
Als ein unverständlich Murmeln.

In der Sistina

In der Sistine dämmerhohem Raum,
Das Bibelbuch in seiner nerv'gen Hand,
Sitzt Michelangelo in wachem Traum,
Umhellt von einer kleinen Ampel Brand.

Laut spricht hinein er in die Mitternacht,
Als lauscht' ein Gast ihm gegenüber hier,
Bald wie mit einer allgewalt'gen Macht,
Bald wieder wie mit seinesgleichen schier:

»Umfaßt, umgrenzt hab ich dich, ewig Sein,
Mit meinen großen Linien fünfmal dort!
Ich hüllte dich in lichte Mäntel ein
Und gab dir Leib, wie dieses Bibelwort.

Mit wehnden Haaren stürmst du feurigwild
Von Sonnen immer neuen Sonnen zu,
Für deinen Menschen bist in meinem Bild
Entgegenschwebend und barmherzig du!

So schuf ich dich mit meiner nicht'gen Kraft:
Damit ich nicht der größre Künstler sei,
Schaff mich – ich bin ein Knecht der Leidenschaft –
Nach deinem Bilde schaff mich rein und frei!

Den ersten Menschen formtest du aus Ton,
Ich werde schon von härterm Stoffe sein,
Da, Meister, brauchst du deinen Hammer schon,
Bildhauer Gott, schlag zu! Ich bin der Stein.«

In Harmesnächten

Die Rechte streckt ich schmerzlich oft
 In Harmesnächten
Und fühlt gedrückt sie unverhofft
 Von einer Rechten –
Was Gott ist, wird in Ewigkeit
 Kein Mensch ergründen,
Doch will er treu sich allezeit
 Mit uns verbünden.

Chor der Toten

Wir Toten, wir Toten sind größere Heere
Als ihr auf der Erde, als ihr auf dem Meere!
Wir pflügten das Feld mit geduldigen Taten,
Ihr schwinget die Sicheln und schneidet die Saaten,
Und was wir vollendet und was wir begonnen,
Das füllt noch dort oben die rauschenden Bronnen,
Und all unser Lieben und Hassen und Hadern,
Das klopft noch dort oben in sterblichen Adern,
Und was wir an gültigen Sätzen gefunden,
Dran bleibt aller irdische Wandel gebunden,

Und unsere Töne, Gebilde, Gedichte
Erkämpfen den Lorbeer im strahlenden Lichte,
Wir suchen noch immer die menschlichen Ziele –
Drum ehret und opfert! Denn unser sind viele!

Zwei Segel

Zwei Segel erhellend
Die tiefblaue Bucht!
Zwei Segel sich schwellend
Zu ruhiger Flucht!

Wie eins in den Winden
Sich wölbt und bewegt,
Wird auch das Empfinden
Des andern erregt.

Begehrt eins zu hasten,
Das andre geht schnell,
Verlangt eins zu rasten,
Ruht auch sein Gesell.

Unter den Sternen

Wer in der Sonne kämpft, ein Sohn der Erde,
Und feurig geißelt das Gespann der Pferde,
Wer brünstig sich ringt nach eines Zieles Ferne,
Von Staub umwölkt – wie glaubte der die Sterne?

Doch das Gespann erlahmt, die Pfade dunkeln,
Die ew'gen Lichter fangen an zu funkeln,
Die heiligen Gesetze werden sichtbar.
Das Kampfgeschrei verstummt. Der Tag ist richtbar.

Schwüle

Trüb verglomm der schwüle Sommertag,
Dumpf und traurig tönt mein Ruderschlag –
Sterne, Sterne – Abend ist es ja –
Sterne, warum seid ihr noch nicht da?

Bleich das Leben! Bleich der Felsenhang!
Schilf, was flüsterst du so frech und bang?
Fern der Himmel und die Tiefe nah –
Sterne, warum seid ihr noch nicht da?

Eine liebe, liebe Stimme ruft
Mich beständig aus der Wassergruft –
Weg, Gespenst, das oft ich winken sah!
Sterne, Sterne, seid ihr nicht mehr da?

Endlich, endlich durch das Dunkel bricht
– Es war Zeit! – ein schwaches Flimmerlicht –
Denn ich wußte nicht, wie mir geschah.
Sterne, Sterne, bleibt mir immer nah!

Im Spätboot

Aus der Schiffsbank mach ich meinen Pfühl.
Endlich wird die heiße Stirne kühl!
O wie süß erkaltet mir das Herz!
O wie weich verstummen Lust und Schmerz!
Über mir des Rohres schwarzer Rauch
Wiegt und biegt sich in des Windes Hauch.
Hüben hier und wieder drüben dort
Hält das Boot an manchem kleinen Port:
Bei der Schiffslaterne kargem Schein
Steigt ein Schatten aus und niemand ein.
Nur der Steurer noch, der wacht und steht!
Nur der Wind, der mir im Haare weht!
Schmerz und Lust erleiden sanften Tod.
Einen Schlummrer trägt das dunkle Boot.

Die Füße im Feuer

Wild zuckt der Blitz. In fahlem Lichte steht ein Turm.
Der Donner rollt. Ein Reiter kämpft mit seinem Roß,
Springt ab und pocht ans Tor und lärmt. Sein Mantel saust
Im Wind. Er hält den scheuen Fuchs am Zügel fest.
Ein schmales Gitterfenster schimmert goldenhell
Und knarrend öffnet jetzt das Tor ein Edelmann ...

– »Ich bin ein Knecht des Königs, als Kurier geschickt
Nach Nîmes. Herbergt mich! Ihr kennt des Königs Rock!«
– »Es stürmt. Mein Gast bist du. Dein Kleid, was kümmert's mich?
Tritt ein und wärme dich! Ich sorge für dein Tier!«
Der Reiter tritt in einen dunkeln Ahnensaal,
Von eines weiten Herdes Feuer schwach erhellt,
Und je nach seines Flackerns launenhaftem Licht
Droht hier ein Hugenott im Harnisch, dort ein Weib,
Ein stolzes Edelweib aus braunem Ahnenbild . . .
Der Reiter wirft sich in den Sessel vor dem Herd
Und starrt in den lebend'gen Brand. Er brütet, gafft . . .
Leis sträubt sich ihm das Haar. Er kennt den Herd, den Saal . . .
Die Flamme zischt. Zwei Füße zucken in der Glut.

Den Abendtisch bestellt die greise Schaffnerin
Mit Linnen blendend weiß. Das Edelmägdlein hilft.
Ein Knabe trug den Krug mit Wein. Der Kinder Blick
Hangt schreckensstarr am Gast und hangt am Herd entsetzt . . .
Die Flamme zischt. Zwei Füße zucken in der Glut.
– »Verdammt! Dasselbe Wappen! Dieser selbe Saal!
Drei Jahre sind's . . . Auf einer Hugenottenjagd . . .
Ein fein, halsstarrig Weib . . . ›Wo steckt der Junker? Sprich!‹
Sie schweigt. ›Bekenn!‹ Sie schweigt. ›Gib ihn heraus!‹ Sie
 schweigt.
Ich werde wild. D e r Stolz! Ich zerre das Geschöpf . . .
Die nackten Füße pack ich ihr und strecke sie
Tief mitten in die Glut . . . ›Gib ihn heraus!‹ . . . Sie schweigt . . .
Sie windet sich . . . Sahst du das Wappen nicht am Tor?
Wer hieß dich hier zu Gaste gehen, dummer Narr?
Hat er nur einen Tropfen Bluts, erwürgt er dich.« –
Eintritt der Edelmann. »Du träumst! Zu Tische, Gast . . .«

Da sitzen sie. Die drei in ihrer schwarzen Tracht
Und er. Doch keins der Kinder spricht das Tischgebet.
Ihn starren sie mit aufgerißnen Augen an –
Den Becher füllt und übergießt er, stürzt den Trunk,
Springt auf: »Herr, gebet jetzt mir meine Lagerstatt!
Müd bin ich wie ein Hund!« Ein Diener leuchtet ihm,
Doch auf der Schwelle wirft er einen Blick zurück
Und sieht den Knaben flüstern in des Vaters Ohr . . .
Dem Diener folgt er taumelnd in das Turmgemach.

Fest riegelt er die Tür. Er prüft Pistol und Schwert.
Gell pfeift der Sturm. Die Diele bebt. Die Decke stöhnt.
Die Treppe kracht ... Dröhnt hier ein Tritt? Schleicht dort ein
Schritt? ...
Ihn täuscht das Ohr. Vorüberwandelt Mitternacht.
Auf seinen Lidern lastet Blei, und schlummernd sinkt
Er auf das Lager. Draußen plätschert Regenflut.
Er träumt. »Gesteh!« Sie schweigt. »Gib ihn heraus!« Sie
schweigt.
Er zerrt das Weib. Zwei Füße zucken in der Glut.
Aufsprüht und zischt ein Feuermeer, das ihn verschlingt ...
– »Erwach! Du solltest längst von hinnen sein! Es tagt!«
Durch die Tapetentür in das Gemach gelangt,
Vor seinem Lager steht des Schlosses Herr – ergraut,
Dem gestern dunkelbraun sich noch gekraust das Haar.

Sie reiten durch den Wald. Kein Lüftchen regt sich heut.
Zersplittert liegen Ästetrümmer quer im Pfad.
Die frühsten Vöglein zwitschern, halb im Traume noch.
Friedsel'ge Wolken schwimmen durch die klare Luft,
Als kehrten Engel heim von einer nächt'gen Wacht.
Die dunkeln Schollen atmen kräft'gen Erdgeruch.
Die Ebne öffnet sich. Im Felde geht ein Pflug.
Der Reiter lauert aus den Augenwinkeln: »Herr,
Ihr seid ein kluger Mann und voll Besonnenheit
Und wißt, daß ich dem größten König eigen bin.
Lebt wohl! Auf Nimmerwiedersehn!« Der andre spricht:
»Du sagst's! Dem größten König eigen! Heute ward
Sein Dienst mir schwer ... Gemordet hast du teuflisch mir
Mein Weib! Und lebst ... Mein ist die Rache, redet Gott.«

Möwenflug

Möwen sah um einen Felsen kreisen
Ich in unermüdlich gleichen Gleisen,
Auf gespannter Schwinge schweben bleibend,
Eine schimmernd weiße Bahn beschreibend,
Und zugleich in grünem Meeresspiegel
Sah ich um dieselben Felsenspitzen
Eine helle Jagd gestreckter Flügel

Unermüdlich durch die Tiefe blitzen.
Und der Spiegel hatte solche Klarheit,
Daß sich anders nicht die Flügel hoben
Tief im Meer als hoch in Lüften oben,
Daß sich völlig glichen Trug und Wahrheit.

Allgemach beschlich es mich wie Grauen,
Schein und Wesen so verwandt zu schauen,
Und ich fragte mich, am Strand verharrend,
Ins gespenstische Geflatter starrend:
Und du selber? Bist du echt beflügelt?
Oder nur gemalt und abgespiegelt?
Gaukelst du im Kreis mit Fabeldingen?
Oder hast du Blut in deinen Schwingen?

Lethe

Jüngst im Traume sah ich auf den Fluten
Einen Nachen ohne Ruder ziehn,
Strom und Himmel stand in matten Gluten
Wie bei Tages Nahen oder Fliehn.

Saßen Knaben drin mit Lotoskränzen,
Mädchen beugten über Bord sich schlank,
Kreisend durch die Reihe sah ich glänzen
Eine Schale, draus ein jedes trank.

Jetzt erscholl ein Lied voll süßer Wehmut,
Das die Schar der Kranzgenossen sang –
Ich erkannte deines Nackens Demut,
Deine Stimme, die den Chor durchdrang.

In die Welle taucht ich. Bis zum Marke
Schaudert ich, wie seltsam kühl sie war.
Ich erreicht die leise ziehnde Barke,
Drängte mich in die geweihte Schar.

Und die Reihe war an dir zu trinken,
Und die volle Schale hobest du,
Sprachst zu mir mit trautem Augenwinken:
»Herz, ich trinke dir Vergessen zu!«

Dir entriß in trotz'gem Liebesdrange
Ich die Schale, warf sie in die Flut,
Sie versank, und siehe, deine Wange
Färbte sich mit einem Schein von Blut.

Flehend küßt ich dich in wildem Harme,
Die den bleichen Mund mir willig bot,
Da zerrannst du lächelnd mir im Arme
Und ich wußt es wieder – du bist tot.

Schwarzschattende Kastanie

Schwarzschattende Kastanie,
Mein windgeregtes Sommerzelt,
Du senkst zur Flut dein weit Geäst,
Dein Laub, es durstet und es trinkt,
Schwarzschattende Kastanie!
Im Porte badet junge Brut
Mit Hader oder Lustgeschrei,
Und Kinder schwimmen leuchtend weiß
Im Gitter deines Blätterwerks,
Schwarzschattende Kastanie!
Und dämmern See und Ufer ein
Und rauscht vorbei das Abendboot,
So zuckt aus roter Schiffslatern
Ein Blitz und wandert auf dem Schwung
Der Flut, gebrochnen Lettern gleich,
Bis unter deinem Laub erlischt
Die rätselhafte Flammenschrift,
Schwarzschattende Kastanie!

Stapfen

In jungen Jahren wars. Ich brachte dich
Zurück ins Nachbarhaus, wo du zu Gast,
Durch das Gehölz. Der Nebel rieselte,
Du zogst des Reisekleids Kapuze vor
Und blicktest traulich mit verhüllter Stirn.
Naß ward der Pfad. Die Sohlen prägten sich

Dem feuchten Waldesboden deutlich ein,
Die wandernden. Du schrittest auf dem Bord,
Von deiner Reise sprechend. Eine noch,
Die längre, folge drauf, so sagtest du.
Dann scherzten wir, der nahen Trennung klug
Das Angesicht verhüllend, und du schiedst,
Dort wo der First dich über Ulmen hebt.
Ich ging denselben Pfad gemach zurück,
Leis schwelgend noch in deiner Lieblichkeit,
In deiner wilden Scheu, und wohlgemut
Vertrauend auf ein baldig Wiedersehn.
Vergnüglich schlendernd, sah ich auf dem Rain
Den Umriß deiner Sohlen deutlich noch
Dem feuchten Waldesboden eingeprägt,
Die kleinste Spur von dir, die flüchtigste,
Und doch dein Wesen: wandernd, reisehaft,
Schlank, rein, walddunkel, aber o wie süß!
Die Stapfen schritten jetzt entgegen dem
Zurück dieselbe Strecke Wandernden:
Aus deinen Stapfen hobst du dich empor
Vor meinem innern Auge. Deinen Wuchs
Erblickt ich mit des Busens zartem Bug.
Vorüber gingst du, eine Traumgestalt.
Die Stapfen wurden jetzt undeutlicher,
Vom Regen halb gelöscht, der stärker fiel.
Da überschlich mich eine Traurigkeit:
Fast unter meinem Blick verwischten sich
Die Spuren deines letzten Gangs mit mir.

Die tote Liebe

Entgegen wandeln wir
Dem Dorf im Sonnenkuß,
Fast wie das Jüngerpaar
Nach Emmaus,
Dazwischen leise
Redend schritt
Der Meister, dem sie folgten
Und der den Tod erlitt.
So wandelt zwischen uns

Im Abendlicht
Unsre tote Liebe,
Die leise spricht.
Sie weiß für das Geheimnis
Ein heimlich Wort,
Sie kennt der Seelen
Allertiefsten Hort.
Sie deutet und erläutert
Uns jedes Ding,
Sie sagt: so ist's gekommen,
Daß ich am Holze hing.
Ihr habet mich verleugnet
Und schlimm verhöhnt,
Ich saß im Purpur,
Blutig, dorngekrönt,
Ich habe Tod erlitten,
Den Tod bezwang ich bald,
Und geh in eurer Mitten
Als himmlische Gestalt –
Da ward die Weggesellin
Von uns erkannt,
Da hat uns wie den Jüngern
Das Herz gebrannt.

Fingerhütchen

Liebe Kinder, wißt ihr, wo
Fingerhut zu Hause?
Tief im Tal von Acherloo
Hat er Herd und Klause;
Aber schon in jungen Tagen
Muß er einen Höcker tragen;
Geht er, wunderlicher nie
Wallte man auf Erden!
Sitzt er, staunen Kinn und Knie,
Daß sie Nachbarn werden.

Körbe flicht aus Binsen er,
Früh und spät sich regend,

Trägt sie zum Verkauf umher
In der ganzen Gegend,
Und er gäbe sich zufrieden,
Wär er nicht im Volk gemieden;
Denn man zischelt mancherlei:
Daß ein Hexenmeister,
Daß er kräuterkundig sei
Und im Bund der Geister.

Solches ist die Wahrheit nicht,
Ist ein leeres Meinen,
Doch das Volk im Dämmerlicht
Schaudert vor dem Kleinen.
So die Jungen wie die Alten
Weichen aus dem Ungestalten –
Doch vorüber wohlgemut
Auf des Schusters Räppchen
Trabt er. Blauer Fingerhut
Nickt von seinem Käppchen.

Einmal geht er heim bei Nacht
Nach des Tages Lasten,
Hat den halben Weg gemacht,
Darf ein bißchen rasten,
Setzt sich und den Korb daneben,
Schimmernd hebt der Mond sich eben:
Fingerhut ist gar nicht bang,
Ihm ist gar nicht schaurig,
Nur daß noch der Weg so lang,
Macht den Kleinen traurig.

Etwas hört er klingen fein –
Nicht mit rechten Dingen,
Mitten aus dem grünen Rain
Ein melodisch Singen:
»Silberfähre gleitest leise« –
Schon verstummt die kurze Weise.
Fingerhütchen spähet scharf
Und kann nichts entdecken,
Aber was er hören darf,
Ist nicht zum Erschrecken.

Wieder hebt das Liedchen an
Unter Busch und Hecken,
Doch es bleibt der Reimgespan
Stets im Hügel stecken.
»Silberfähre, gleitest leise« –
Wiederum verstummt die Weise.
Lieblich ist, doch einerlei
Der Gesang der Elfen,
Fingerhütchen fällt es bei,
Ihnen einzuhelfen.

Fingerhütchen lauert still
Auf der Töne Leiter,
Wie das Liedchen enden will,
Führt er leicht es weiter:
»Silberfähre, gleitest leise
Ohne Ruder, ohne Gleise.«
Aus dem Hügel ruft's empor:
»Das ist dir gelungen!«
Unterm Boden kommt hervor
Kleines Volk gesprungen.

»Fingerhütchen, Fingerhut«,
Lärmt die tolle Runde,
»Faß dir einen frischen Mut!
Günstig ist die Stunde!
Silberfähre, gleitest leise
Ohne Ruder, ohne Gleise!
Dieses hast du brav gemacht,
Lernet es, ihr Sänger!
Wie du es zustand gebracht,
Hübscher ist's und länger!

Zeig dich einmal, schöner Mann!
Laß dich einmal sehen:
Vorn zuerst und hinten dann!
Laß dich einmal drehen!
Weh! Was müssen wir erblicken!
Fingerhütchen, welch ein Rücken!
Auf der Schulter, liebe Zeit,
Trägst du eine grause Bürde!

Ohne hübsche Leiblichkeit
Was ist Geisteswürde?

Eine ganze Stirne voll
Glücklicher Gedanken,
Unter einem Höcker soll
Länger nicht sie schwanken!
Strecket euch, verkrümmte Glieder!
Garst'ger Buckel, purzle nieder!
Fingerhut, nun bist du grad,
Deines Fehls genesen!
Heil zum schlanken Rückengrat!
Heil zum neuen Wesen!«

Plötzlich steckt der Elfenchor
Wieder tief im Raine,
Aus dem Hügelgrund empor
Tönt's im Mondenscheine:
»Silberfähre, gleitest leise
Ohne Ruder, ohne Gleise.«
Fingerhütchen wird es satt,
Wäre gern daheime,
Er entschlummert laß und matt
An dem eignen Reime.

Schlummert eine ganze Nacht
Auf derselben Stelle;
Wie er endlich auferwacht,
Scheint die Sonne helle:
Kühe weiden, Schafe grasen
Auf des Elfenhügels Rasen.
Fingerhut ist bald bekannt,
Läßt die Blicke schweifen,
Sachte dreht er dann die Hand,
Hinter sich zu greifen.

Ist ihm Heil im Traum geschehn?
Ist das Heil die Wahrheit?
Wird das Elfenwort bestehn
Vor des Tages Klarheit?

Und er tastet, tastet, tastet:
Unbebürdet! Unbelastet!
 »Jetzt bin ich ein grader Mann!«
 Jauchzt er ohne Ende,
 Wie ein Hirschlein jagt er dann
 Über Feld behende.

 Fingerhut steht plötzlich still,
 Tastet leicht und leise,
 Ob er wieder wachsen will?
 Nein, in keiner Weise!
Selig preist er Nacht und Stunde,
Da er sang im Geisterbunde –
 Fingerhütchen wandelt schlank,
 Gleich als hätt er Flügel,
 Seit er schlummernd niedersank
 Nachts am Elfenhügel.

THEODOR FONTANE

Archibald Douglas

»Ich hab es getragen sieben Jahr,
Und ich kann es nicht tragen mehr!
Wo immer die Welt am schönsten war,
Da war sie öd und leer.

Ich will hintreten vor sein Gesicht
In dieser Knechtsgestalt,
Er kann meine Bitte versagen nicht.
Ich bin ja worden alt.

Und trüg er noch den alten Groll,
Frisch wie am ersten Tag,
So komme, was da kommen soll,
Und komme, was da mag.«

Graf Douglas spricht's. Am Weg ein Stein
Lud ihn zu harter Ruh,

Er sah in Wald und Feld hinein,
Die Augen fielen ihm zu.

Er trug einen Harnisch, rostig und schwer,
Darüber ein Pilgerkleid. –
Da horch! vom Waldrand scholl es her
Wie von Hörnern und Jagdgeleit.

Und Kies und Staub aufwirbelte dicht,
Her jagte Meut und Mann,
Und ehe der Graf sich aufgericht't,
Waren Roß und Reiter heran.

König Jakob saß auf hohem Roß,
Graf Douglas grüßte tief;
Dem König das Blut in die Wange schoß,
Der Douglas aber rief:

»König Jakob, schaue mich gnädig an
Und höre mich in Geduld,
Was meine Brüder dir angetan,
Es war nicht meine Schuld.

Denk nicht an den alten Douglas-Neid,
Der trotzig dich bekriegt,
Denk lieber an deine Kinderzeit,
Wo ich dich auf den Knien gewiegt.

Denk lieber zurück an Stirling-Schloß,
Wo ich Spielzeug dir geschnitzt,
Dich gehoben auf deines Vaters Roß
Und Pfeile dir zugespitzt.

Denk lieber zurück an Linlithgow,
An den See und den Vogelherd,
Wo ich dich fischen und jagen froh
Und schwimmen und springen gelehrt.

O denk an alles, was einsten war,
Und sänftige deinen Sinn –
Ich hab es gebüßet sieben Jahr,
Daß ich ein Douglas bin.«

»Ich seh dich nicht, Graf Archibald,
Ich hör deine Stimme nicht,
Mir ist, als ob ein Rauschen im Wald
Von alten Zeiten spricht.

Mir klingt das Rauschen süß und traut,
Ich lausch ihm immer noch,
Dazwischen aber klingt es laut:
Er ist ein Douglas doch.

Ich seh dich nicht, ich höre dich nicht,
Das ist alles, was ich kann –
Ein Douglas vor meinem Angesicht
Wär ein verlorener Mann.«

König Jakob gab seinem Roß den Sporn,
Bergan ging jetzt sein Ritt,
Graf Douglas faßte den Zügel vorn
Und hielt mit dem Könige Schritt.

Der Weg war steil, und die Sonne stach,
Und sein Panzerhemd war schwer,
Doch ob er schier zusammenbrach,
Er lief doch nebenher.

»König Jakob, ich war dein Seneschall,
Ich will es nicht fürder sein,
Ich will nur warten dein Roß im Stall
Und ihm schütten die Körner ein.

Ich will ihm selber machen die Streu
Und es tränken mit eigner Hand,
Nur laß mich atmen wieder aufs neu
Die Luft im Vaterland!

Und willst du nicht, so hab einen Mut,
Und ich will es danken dir,
Und zieh dein Schwert und triff mich gut
Und laß mich sterben hier!«

König Jakob sprang herab vom Pferd,
Hell leuchtete sein Gesicht,

Aus der Scheide zog er sein breites Schwert,
Aber fallen ließ er es nicht.

»Nimm's hin, nimm's hin und trag es neu
Und bewache mir meine Ruh!
Der ist in tiefster Seele treu,
Wer die Heimat liebt wie du.

Zu Roß, wir reiten nach Linlithgow,
Und du reitest an meiner Seit,
Da wollen wir fischen und jagen froh
Als wie in alter Zeit.«

Die Brück am Tay
(28. Dezember 1879)

> When shall we three meet again?
>> Macbeth

»Wann treffen wir drei wieder zusamm'?«
　»Um die siebente Stund, am Brückendamm.«
　　»Am Mittelpfeiler.«
　　　　　　　　　　»Ich lösche die Flamm.«
»Ich mit.«
　»Ich komme von Norden her.«
»Und ich von Süden.«
　　　　　　　　　»Und ich vom Meer.«
»Hei, das gibt einen Ringelreihn,
Und die Brücke muß in den Grund hinein.«
»Und der Zug, der in die Brücke tritt
Um die siebente Stund?«
»Ei, der muß mit.«
»Muß mit.«
　　　　　　　　»Tand, Tand
Ist das Gebilde von Menschenhand.«

—

Auf der Norderseite das Brückenhaus –
Alle Fenster sehen nach Süden aus,
Und die Brücknersleut ohne Rast und Ruh
Und in Bangen sehen nach Süden zu,

Sehen und warten, ob nicht ein Licht
Übers Wasser hin »Ich komme« spricht,
»Ich komme, trotz Nacht und Sturmesflug,
Ich, der Edinburger Zug.«

Und der Brückner jetzt: »Ich seh einen Schein
Am anderen Ufer. Das muß er sein.
Nun, Mutter, weg mit dem bangen Traum,
Unser Johnie kommt und will seinen Baum,
Und was noch am Baume von Lichtern ist,
Zünd alles an wie zum Heiligen Christ,
Der will heuer z w e i m a l mit uns sein –
Und in elf Minuten ist er herein.«

—

Und es war der Zug. Am Süderturm
Keucht er vorbei jetzt gegen den Sturm,
Und Johnie spricht: »Die Brücke noch!
Aber was tut es, wir zwingen es doch.
Ein fester Kessel, ein doppelter Dampf,
Die bleiben Sieger in solchem Kampf,
Und wie's auch rast und ringt und rennt,
Wir kriegen es unter, das Element.

Und unser Stolz ist unsre Brück;
Ich lache, denk ich an früher zurück,
An all den Jammer und all die Not
Mit dem elend alten Schifferboot;
Wie manche liebe Christfestnacht
Hab ich im Fährhaus zugebracht
Und sah unsrer Fenster lichten Schein
Und zählte und konnte nicht drüben sein.«

Auf der Norderseite das Brückenhaus –
Alle Fenster sehen nach Süden aus,
Und die Brücknersleut ohne Rast und Ruh
Und in Bangen sehen nach Süden zu;
Denn wütender wurde der Winde Spiel,
Und jetzt, als ob Feuer vom Himmel fiel,
Erglüht es in niederschießender Pracht
Überm Wasser unten ... Und wieder ist Nacht.

—

»Wann treffen wir drei wieder zusamm'?«
 »Um Mitternacht, am Bergeskamm.«
 »Auf dem hohen Moor, am Erlenstamm.«
»Ich komme.«
 »Ich mit.«
 »Ich nenn euch die Zahl.«
»Und ich die Namen.«
 »Und ich die Qual.«
»Hei!
 Wie Splitter brach das Gebälk entzwei.«
 »Tand, Tand
Ist das Gebilde von Menschenhand.«

 John Maynard

 John Maynard
 »Wer ist John Maynard?«

»John Maynard war unser Steuermann,
Aushielt er, bis er das Ufer gewann,
Er hat uns gerettet, er trägt die Kron,
Er starb für uns, unsre Liebe sein Lohn.
 John Maynard.«

 —

Die »Schwalbe« fliegt über den Eriesee,
Gischt schäumt um den Bug wie Flocken von Schnee;
Von Detroit fliegt sie nach Buffalo –
Die Herzen aber sind frei und froh,
Und die Passagiere mit Kindern und Fraun
Im Dämmerlicht schon das Ufer schaun,
Und plaudernd an John Maynard heran
Tritt alles: »Wie weit noch, Steuermann?«
Der schaut nach vorn und schaut in die Rund:
»Noch dreißig Minuten ... Halbe Stund.«

Alle Herzen sind froh, alle Herzen sind frei –
Da klingt's aus dem Schiffsraum her wie Schrei,
»Feuer!« war es, was da klang,
Ein Qualm aus Kajüt und Luke drang,

Ein Qualm, dann Flammen lichterloh,
Und noch zwanzig Minuten bis Buffalo.

Und die Passagiere, buntgemengt,
Am Bugspriet stehn sie zusammengedrängt,
Am Bugspriet vorn ist noch Luft und Licht,
Am Steuer aber lagert sich's dicht,
Und ein Jammern wird laut: »Wo sind wir? wo?«
Und noch fünfzehn Minuten bis Buffalo. –

Der Zugwind wächst, doch die Qualmwolke steht,
Der Kapitän nach dem Steuer späht,
Er sieht nicht mehr seinen Steuermann,
Aber durchs Sprachrohr fragt er an:
»Noch da, John Maynard?«
 »Ja, Herr. Ich bin.«
»Auf den Strand! In die Brandung!«
 »Ich halte drauf hin.«
Und das Schiffsvolk jubelt: »Halt aus! Hallo!«
Und noch zehn Minuten bis Buffalo. – –

»Noch da, John Maynard!« Und Antwort schallt's
Mit ersterbender Stimme: »Ja, Herr, ich halt's!«
Und in die Brandung, was Klippe, was Stein,
Jagt er die »Schwalbe« mitten hinein.
Soll Rettung kommen, so kommt sie nur so.
Rettung: der Strand von Buffalo!

———

Das Schiff geborsten. Das Feuer verschwelt.
Gerettet alle. Nur e i n e r fehlt!

———

Alle Glocken gehn; ihre Töne schwelln
Himmelan aus Kirchen und Kapelln,
Ein Klingen und Läuten, sonst schweigt die Stadt,
E i n Dienst nur, den sie heute hat:
Zehntausend folgen oder mehr,
Und kein Aug im Zuge, das tränenleer.

Sie lassen den Sarg in Blumen hinab,
Mit Blumen schließen sie das Grab,

Und mit goldner Schrift in den Marmorstein
Schreibt die Stadt ihren Dankspruch ein:
>>Hier ruht John Maynard! In Qualm und Brand
Hielt er das Steuer fest in der Hand,
Er hat uns gerettet, er trägt die Kron,
Er starb für u n s , unsre Liebe sein Lohn.
John Maynard.<<

Herr von Ribbeck auf Ribbeck im Havelland

Herr von Ribbeck auf Ribbeck im Havelland,
Ein Birnbaum in seinem Garten stand,
Und kam die goldene Herbsteszeit
Und die Birnen leuchteten weit und breit,
Da stopfte, wenn's Mittag vom Turme scholl,
Der von Ribbeck sich beide Taschen voll,
Und kam in Pantinen ein Junge daher,
So rief er: >>Junge, wiste 'ne Beer?<<
Und kam ein Mädel, so rief er: >>Lütt Dirn,
Kumm man röwer, ick hebb 'ne Birn.<<

So ging es viel Jahre, bis lobesam
Der von Ribbeck auf Ribbeck zu sterben kam.
Er fühlte sein Ende. 's war Herbsteszeit,
Wieder lachten die Birnen weit und breit;
Da sagte von Ribbeck: >>Ich scheide nun ab.
Legt mir eine Birne mit ins Grab.<<
Und drei Tage drauf, aus dem Doppeldachhaus,
Trugen von Ribbeck sie hinaus,
Alle Bauern und Büdner mit Feiergesicht
Sangen >>Jesus meine Zuversicht<<,
Und die Kinder klagten, das Herze schwer:
>>He is dod nu. Wer giwt uns nu 'ne Beer?<<

So klagten die Kinder. Das war nicht recht,
Ach, sie kannten den alten Ribbeck schlecht;
Der neue freilich, der knausert und spart,
Hält Park und Birnbaum strenge verwahrt.
Aber der alte, vorahnend schon
Und voll Mißtraun gegen den eigenen Sohn,

Der wußte genau, was damals er tat,
Als um eine Birn ins Grab er bat,
Und im dritten Jahr aus dem stillen Haus
Ein Birnbaumsprößling sproßt heraus.

Und die Jahre gehen wohl auf und ab,
Längst wölbt sich ein Birnbaum über dem Grab,
Und in der goldenen Herbsteszeit
Leuchtet's wieder weit und breit.
Und kommt ein Jung übern Kirchhof her,
So flüstert's im Baume: »Wiste 'ne Beer?«
Und kommt ein Mädel, so flüstert's: »Lütt Dirn,
Kumm man röwer, ick gew di 'ne Birn.«

So spendet Segen noch immer die Hand
Des von Ribbeck auf Ribbeck im Havelland.

Es kribbelt und wibbelt weiter

Die Flut steigt bis an den Ararat,
Und es hilft keine Rettungsleiter,
Da bringt die Taube Zweig und Blatt –
Und es kribbelt und wibbelt weiter.

Es sicheln und mähen von Ost nach West
Die apokalyptischen Reiter,
Aber ob Hunger, ob Krieg, ob Pest,
Es kribbelt und wibbelt weiter.

Ein Gott wird gekreuzigt auf Golgatha,
Es brennen Millionen Scheiter,
Märtyrer hier und Hexen da,
Doch es kribbelt und wibbelt weiter.

So banne dein Ich in dich zurück
Und ergib dich und sei heiter;
Was liegt an dir und deinem Glück?
Es kribbelt und wibbelt weiter.

Aber es bleibt auf dem alten Fleck

»Wie konnt' ich *das* tun, wie konnt' ich *das* sagen«, –
So hört man nicht auf, sich anzuklagen,
Bei jeder Dummheit, bei jedem Verlieren
Heißt es: »Das soll dir nicht wieder passieren.«

Irrtum! Heut traf es bloß Kunzen und Hinzen,
Morgen trifft es schon ganze Provinzen,
Am dritten Tag ganze Konfessionen,
Oder die »Rassen, die zwischen uns wohnen«,
Immer kriegt man einen Schreck,
Aber es bleibt auf dem alten Fleck.

Ausgang

Immer enger, leise, leise
Ziehen sich die Lebenskreise,
Schwindet hin, was prahlt und prunkt,
Schwindet Hoffen, Hassen, Lieben,
Und ist nichts in Sicht geblieben
Als der letzte dunkle Punkt.

MORITZ GRAF VON STRACHWITZ

Das Herz von Douglas

»Graf Douglas, presse den Helm ins Haar,
 Gürt um dein lichtblau Schwert,
Schnall an dein schärfstes Sporenpaar
 Und sattle dein schnellstes Pferd!

Der Totenwurm pickt in Scones Saal,
 Ganz Schottland hört ihn hämmern,
König Robert liegt in Todesqual,
 Sieht nimmer den Morgen dämmern!« –

Sie ritten vierzig Meilen fast
 Und sprachen Worte nicht vier,

Und als sie kamen vor Königs Palast,
 Da blutete Sporn und Tier.

König Robert lag im Norderturn,
 Sein Auge begann zu zittern:
»Ich höre das Schwert von Bannockburn
 Auf der Treppe rasseln und schüttern!

Ha! Gottwillkomm, mein tapfrer Lord!
 Es geht mit mir zu End.
Und du sollst hören mein letztes Wort
 Und schreiben mein Testament:

Es war am Tag von Bannockburn,
 Da aufging Schottlands Stern,
Es war am Tag von Bannockburn,
 Da schwur ich's Gott dem Herrn:

Ich schwur, wenn der Sieg mir sei verliehn
 Und fest mein Diadem,
Mit tausend Lanzen wollt ich ziehn
 Hin gen Jerusalem.

Der Schwur wird falsch, mein Herz steht still,
 Es brach in Müh und Streit,
Es hat, wer Schottland bändigen will,
 Zum Pilgern wenig Zeit.

Du aber, wenn mein Wort verhallt
 Und aus ist Stolz und Schmerz,
Sollst schneiden aus meiner Brust alsbald
 Mein schlachtenmüdes Herz.

Du sollst es hüllen in roten Samt
 Und schließen in gelbes Gold,
Und es sei, wenn gelesen mein Totenamt,
 Im Banner das Kreuz entrollt.

Und nehmen sollst du tausend Pferd
 Und tausend Helden frei
Und geleiten mein Herz in des Heilands Erd,
 Damit es ruhig sei!«

»Nun vorwärts, Angus und Lothian,
　　Laßt flattern den Busch vom Haupt,
Der Douglas hat des Königs Herz,
　　Wer ist es, der's ihm raubt?

Mit den Schwertern schneidet die Taue ab,
　　Alle Segel in die Höh!
Der König fährt in das schwarze Grab,
　　Und wir in die schwarzblaue See.«

Sie fuhren Tage neunzig und neun,
　　Gen Ost war der Wind gewandt,
Und bei dem hundertsten Morgenschein,
　　Da stießen sie an Land.

Sie ritten über die Wüste gelb,
　　Wie im Tale blitzt der Fluß,
Die Sonne stach durchs Helmgewölb
　　Als wie ein Bogenschuß.

Und die Wüste war still, und kein Lufthauch blies,
　　Und schlaff hing Schärpe und Fahn,
Da flog in Wolken der stäubende Kies,
　　Draus flimmernde Spitzen sahn.

Und die Wüste ward voll, und die Luft erscholl,
　　Und es hob sich Wolk an Wolk,
Aus jeder berstenden Wolke quoll
　　Speerwerfendes Reitervolk.

Zehntausend Lanzen funkelten rechts,
　　Zehntausend schimmerten links,
»Allah, il Allah!« scholl es rechts,
　　»Il Allah!« scholl es links. –

Der Douglas zog die Zügel an,
　　Und still stand Herr und Knecht:
»Beim heiligen Kreuz und St. Alban,
　　Das gibt ein grimmig Gefecht!«

Eine Kette von Gold um den Hals ihm hing,
　　Dreimal um ging sie rund,

Eine Kapsel an der Kette hing,
　Die zog er an den Mund:

»Du bist mir immer gegangen voran,
　O Herz! bei Tag und Nacht,
Drum sollst du auch heut, wie du stets getan,
　Vorangehn in die Schlacht.

Und verlasse der Herr mich drüben nicht,
　Wie ich hier d i r treu verblieb,
Und gönne mir noch auf das Heidengezücht
　Einen christlichen Schwerteshieb.«

Er warf den Schild auf die linke Seit
　Und band den Helm herauf,
Und als zum Würgen er saß bereit,
　In den Bügeln stand er auf:

»Wer dies Geschmeid mir wieder schafft,
　Des Tages Ruhm sei s e i n !«
Da warf er das Herz mit aller Kraft
　In die Feinde mitten hinein.

Sie schlugen das Kreuz mit dem linken Daum,
　Die Rechte den Schaft legt' ein,
Die Schilde zurück und los den Zaum!
　Und sie ritten drauf und drein. –

Und es war ein Stoß, und es war eine Flucht
　Und rasender Tod rundum,
Und die Sonne versank in die Meeresbucht,
　Und die Wüste war wieder stumm.

Und der Stolz des Ostens, er lag gefällt
　Im meilenweiten Kreis,
Und der Sand ward rot auf dem Leichenfeld,
　Der nie mehr wurde weiß.

Von den Heiden allen durch Gottes Huld
　Entrann nicht Mann noch Pferd,
Kurz ist die schottische Geduld
　Und lang ein schottisch Schwert!

Doch wo am dicksten ringsumher
 Die Feinde lagen im Sand,
Da hatte ein falscher Heidenspeer
 Dem Grafen das Herz durchrannt.

Und er schlief mit klaffendem Kettenhemd,
 Längst aus war Stolz und Schmerz,
Doch unter dem Schilde festgeklemmt
 Lag König Roberts Herz.

WILHELM RAABE

Wenn über stiller Heide
Des Mondes Sichel schwebt,
Mag lösen sich vom Leide
Herz, das im Leiden bebt.

Das Ewige ist stille,
Laut die Vergänglichkeit;
Schweigend geht Gottes Wille
Über den Erdenstreit.

In deinen Schmerzen schweige,
Tritt in die stille Nacht;
Das Haupt in Demut neige,
Bald ist der Kampf vollbracht.

Wenn hinter dir versunken,
Was Ohr und Auge bannt,
Dann hält die Seele trunken
Das Firmament umspannt.

O Heide, stille Heide,
Wie sehnet sich hinaus
Zu dir das Herz im Leide,
Gefangen Herz im Haus!

 Gekürzt

WILHELM BUSCH

Es sitzt ein Vogel auf dem Leim,
 Er flattert sehr und kann nicht heim.
Ein schwarzer Kater schleicht herzu,
 Die Krallen scharf, die Augen gluh.
Am Baum hinauf und immer höher
 Kommt er dem armen Vogel näher.
Der Vogel denkt: Weil das so ist
 Und weil mich doch der Kater frißt,
So will ich keine Zeit verlieren,
 Will noch ein wenig quinquilieren
Und lustig pfeifen wie zuvor.
Der Vogel, scheint mir, hat Humor.

Die erste alte Tante sprach:
 Wir müssen nun auch dran denken,
Was wir zu ihrem Namenstag
 Dem guten Sophiechen schenken.

Drauf sprach die zweite Tante kühn:
 Ich schlage vor, wir entscheiden
Uns für ein Kleid in Erbsengrün,
 Das mag Sophiechen nicht leiden.

Der dritten Tante war das recht:
 Ja, sprach sie, mit gelben Ranken!
Ich weiß, sie ärgert sich nicht schlecht
 Und muß sich auch noch bedanken.

Sie war ein Blümlein hübsch und fein,
 Hell aufgeblüht im Sonnenschein.
Er war ein junger Schmetterling,
 Der selig an der Blume hing.
Oft kam ein Bienlein mit Gebrumm
 Und nascht und säuselt da herum.
Oft kroch ein Käfer kribbelkrab
 Am hübschen Blümlein auf und ab.

Ach Gott, wie das dem Schmetterling
 So schmerzlich durch die Seele ging.
Doch was am meisten ihn entsetzt,
 Das Allerschlimmste kam zuletzt.
Ein alter Esel fraß die ganze
Von ihm so heiß geliebte Pflanze.

FRIEDRICH NIETZSCHE

Ecce Homo

Ja, ich weiß, woher ich stamme!
Ungesättigt gleich der Flamme
Glühe und verzehr ich mich.
Licht wird alles, was ich fasse,
Kohle alles, was ich lasse:
Flamme bin ich sicherlich!

»Mein Glück!«

Die Tauben von San Marco seh ich wieder:
Still ist der Platz, Vormittag ruht darauf.
In sanfter Kühle schick ich müßig Lieder
Gleich Taubenschwärmen in das Blau hinauf –
 Und locke sie zurück,
Noch einen Reim zu hängen ins Gefieder
– mein Glück! Mein Glück!

Du stilles Himmels-Dach, blau-licht, von Seide,
Wie schwebst du schirmend ob des bunten Baus,
Den ich – was sag ich? – liebe, fürchte, n e i d e ...
Die Seele wahrlich tränk ich gern ihm aus!
 Gäb ich sie je zurück? –
Nein, still davon, du Augen-Wunderweide!
– mein Glück! Mein Glück!

Du strenger Turm, mit welchem Löwendrange
Stiegst du empor hier, siegreich, sonder Müh!
Du überklingst den Platz mit tiefem Klange –:

Französisch, wärst du sein accent aigu?
 Blieb ich gleich dir zurück,
Ich wüßte, aus welch seidenweichem Zwange...
– mein Glück! Mein Glück!

Fort, fort, Musik! Laß erst die Schatten dunkeln
Und wachsen bis zur braunen lauen Nacht!
Zum Tone ist's zu früh am Tag, noch funkeln
Die Gold-Zieraten nicht in Rosen-Pracht,
 Noch blieb viel Tag zurück,
Viel Tag für Dichten, Schleichen, Einsam-Munkeln
– mein Glück! Mein Glück!

Vereinsamt

 Die Krähen schrein
Und ziehen schwirren Flugs zur Stadt:
 Bald wird es schnein. –
Wohl dem, der jetzt noch – Heimat hat!

 Nun stehst du starr,
Schaust rückwärts, ach! wie lange schon!
 Was bist du Narr
Vor Winters in die Welt entflohn?

 Die Welt – ein Tor
Zu tausend Wüsten stumm und kalt!
 Wer das verlor,
Was du verlorst, macht nirgends halt.

 Nun stehst du bleich,
Zur Winter-Wanderschaft verflucht,
 Dem Rauche gleich,
Der stets nach kältern Himmeln sucht.

 Flieg, Vogel, schnarr
Dein Lied im Wüstenvogel-Ton! –
 Versteck, du Narr,
Dein blutend Herz in Eis und Hohn!

Die Krähen schrein
Und ziehen schwirren Flugs zur Stadt:
 Bald wird es schnein, –
Weh dem, der keine Heimat hat!

Der geheimnisvolle Nachen

Gestern nachts, als alles schlief,
Kaum der Wind mit ungewissen
Seufzern durch die Gassen lief,
Gab mir Ruhe nicht das Kissen,
Noch der Mohn, noch, was sonst tief
Schlafen macht, – ein gut Gewissen.

Endlich schlug ich mir den Schlaf
Aus dem Sinn und lief zum Strande.
Mondhell war's und mild, – ich traf
Mann und Kahn auf warmem Sande,
Schläfrig beide, Hirt und Schaf: –
Schläfrig stieß der Kahn vom Lande.

Eine Stunde, leicht auch zwei,
Oder war's ein Jahr? – da sanken
Plötzlich mir Sinn und Gedanken
In ein ew'ges Einerlei,
Und ein Abgrund ohne Schranken
Tat sich auf: – da war's vorbei!

– Morgen kam: auf schwarzen Tiefen
Steht ein Kahn und ruht und ruht...
Was geschah? so rief's, so riefen
Hundert bald: was gab es? Blut? – –
Nichts geschah! Wir schliefen, schliefen
A l l e – ach, so gut! so gut!

Sils-Maria

Hier saß ich, wartend, wartend, – doch auf nichts,
Jenseits von Gut und Böse, bald des Lichts
Genießend, bald des Schattens, ganz nur Spiel,
Ganz See, ganz Mittag, ganz Zeit ohne Ziel.

Da, plötzlich, Freundin! wurde Eins zu Zwei –
– Und Zarathustra ging an mir vorbei . . .

Das trunkene Lied

O Mensch! Gib acht!
Was spricht die tiefe Mitternacht?
»Ich schlief, ich schlief –,
Aus tiefem Traum bin ich erwacht: –
Die Welt ist tief,
Und tiefer als der Tag gedacht.
Tief ist ihr Weh –,
Lust – tiefer noch als Herzeleid:
Weh spricht: Vergeh!
Doch alle Lust will Ewigkeit –,
Will tiefe, tiefe Ewigkeit!«

Venedig

An der Brücke stand
Jüngst ich in brauner Nacht.
Fernher kam Gesang:
Goldener Tropfen quoll's
Über die zitternde Fläche weg.
Gondeln, Lichter, Musik –
Trunken schwamm's in die Dämmrung hinaus . . .

Meine Seele, ein Saitenspiel,
Sang sich, unsichtbar berührt,
Heimlich ein Gondellied dazu,
Zitternd vor bunter Seligkeit.
– Hörte jemand ihr zu? . . .

DETLEV VON LILIENCRON

Pidder Lüng

>Frii es de Feskfang,
Frii es de Jaght,
Frii es de Strönthgang,
Frii es de Naght,
Frii es de See, de wilde See
En de Hörnemmer Rhee.«

Der Amtmann von Tondern, Henning Pogwisch,
Schlägt mit der Faust auf den Eichentisch:
Heut fahr ich selbst hinüber nach Sylt
Und hol mir mit eigner Hand Zins und Gült.
Und kann ich die Abgaben der Fischer nicht fassen,
Sollen sie Nasen und Ohren lassen,
Und ich höhn ihrem Wort:
 Lewwer duad üs Slaav!

Im Schiff vorn der Ritter, panzerbewehrt,
Stützt sich finster auf sein langes Schwert.
Hinter ihm, von der hohen Geistlichkeit,
Steht Jürgen, der Priester, beflissen, bereit.
Er reibt sich die Hände, er bückt den Nacken.
Der Obrigkeit helf ich, die Frevler packen;
In den Pfuhl das Wort:
 Lewwer duad üs Slaav!

Gen Hörnum hat die Prunkbarke den Schnabel gewetzt,
Ihr folgen die Ewer, kriegsvolkbesetzt.
Und es knirschen die Kiele auf den Sand,
Und der Ritter, der Priester springen ans Land,
Und waffenrasselnd hinter den beiden
Entreißen die Söldner die Klingen den Scheiden.
Nun gilt es, Friesen:
 Lewwer duad üs Slaav!

Die Knechte umzingeln das erste Haus,
Pidder Lüng schaut verwundert zum Fenster heraus.
Der Ritter, der Priester treten allein

Über die ärmliche Schwelle hinein.
Des langen Peters starkzählige Sippe
Sitzt grad an der kargen Mittagskrippe.
Jetzt zeige dich, Pidder:
 Lewwer duad üs Slaav!

Der Ritter verneigt sich mit hämischem Hohn,
Der Priester will anheben seinen Sermon.
Der Ritter nimmt spöttisch den Helm vom Haupt
Und verbeugt sich noch einmal: Ihr erlaubt,
Daß wir euch stören bei euerm Essen,
Bringt hurtig den Zehnten, den ihr vergessen,
Und euer Spruch ist ein Dreck:
 Lewwer duad üs Slaav!

Da reckt sich Pidder, steht wie ein Baum:
Henning Pogwisch, halt deine Reden im Zaum.
Wir waren der Steuern von jeher frei,
Und ob du sie wünschst, ist uns einerlei.
Zieh ab mit deinen Hungergesellen,
Hörst du meine Hunde bellen?
Und das Wort bleibt stehn:
 Lewwer duad üs Slaav!

Bettelpack, fährt ihn der Amtmann an,
Und die Stirnader schwillt dem geschienten Mann:
Du frißt deinen Grünkohl nicht eher auf,
Als bis dein Geld hier liegt zu Hauf.
Der Priester zischelt von Trotzkopf und Bücken
Und verkriecht sich hinter des Eisernen Rücken.
O Wort, geh nicht unter:
 Lewwer duad üs Slaav!

Pidder Lüng starrt wie wirrsinnig den Amtmann an.
Immer heftiger in Wut gerät der Tyrann,
Und er speit in den dampfenden Kohl hinein:
Nun geh an deinen Trog, du Schwein.
Und er will, um die peinliche Stunde zu enden,
Zu seinen Leuten nach draußen sich wenden.
Dumpf dröhnt's von drinnen:
 Lewwer duad üs Slaav!

Einen einzigen Sprung hat Pidder getan,
Er schleppt an den Napf den Amtmann heran
Und taucht ihm den Kopf ein und läßt ihn nicht frei,
Bis der Ritter erstickt ist im glühheißen Brei.
Die Fäuste dann lassend vom furchtbaren Gittern,
Brüllt er, die Türen und Wände zittern,
Das stolzeste Wort:
 Lewwer duad üs Slåav!

Der Priester liegt ohnmächtig ihm am Fuß;
Die Häscher stürmen mit höllischem Gruß,
Durchbohren den Fischer und zerren ihn fort,
In den Dünen, im Dorf rasen Messer und Mord.
Pidder Lüng doch, ehe sie ganz ihn verderben,
Ruft noch einmal im Leben, im Sterben
Sein Herrenwort:
 Lewwer duad üs Slaav!

Das alte Steinkreuz am Neuen Markt

Berlin-Cölln war die Stadt genannt
Und tat viel Lärm verbreiten,
Da lebte mal ein Musikant
In sagenhaften Zeiten.
 Der rührte so sein Saitenspiel,
 Daß alles auf die Kniee fiel
 Vor lauter Seligkeiten.

Doch leider hat der Musikant
Zu viel Bourgogne genossen;
Das schuf ihm manchen Höllenbrand,
Warf ihn in manche Gossen.
 Ein greulich Laster trat hinzu:
 Er lästert Gott und Himmelsruh
 Mit seinen Teufelsglossen.

Einst, als die Welt ihm schwankend schien,
Er war halt stark im Trane,
Stieg er den Turm von Sankt Marien
Hinauf im Söffelwahne.

Und auf der Plattform oben, quiek,
Geigt er die weltlichste Musik
Dem guten Kirchenhahne.

Ach, das ist wahrlich kein Choral,
Das waren Tanz und Weisen,
Und üppige Lieder, die dem Baal
Gefallen und ihn preisen.
 Und schaudernd hört der Kikeriki
 Die grauenhafte Blasphemie
 Und möchte stracks verreisen.

Die Bürger unten bleiben stehn
Und traun kaum ihren Ohren,
Begreifen nicht, wie konnt's geschehn,
Und murren und rumoren.
 Und jeder sieht schon, daß er fällt,
 Sich Schädel und Genick zerschellt
 Und hält ihn für verloren.

Gottvater hat es auch gehört,
Und denkt: Mein Musikante,
Du bist zwar sehr vom Wein betört
Und torkelst an der Kante,
 Du bist ein liederliches Vieh,
 Doch bist und bleibst du ein Genie,
 Das ist das Amüsante.

Drum gönn ich eine Lehre dir;
Du wirst sie, hoff ich, nutzen!
Das zweite Mal, mein Herr Pläsier,
Darfst du nicht wieder trutzen!
 Nun paß mal auf: Jetzt sag ich eins
 Und zwei und drei, und nochmals eins,
 Dann wird der Sand dich putzen.

Und Purzel-Purzel-Purzelbaum,
Kopf, Arm, Bein, ohne Pause,
Wie Ikaros, durch Wind und Raum,
Geht's abwärts im Gesause.

Und schwapp, da liegt der Fiedelhans,
Ist nüchtern wie 'ne Stoppelgans,
Steht auf und – geht nach Hause.

Das Volk schreit: Ein Miraculum!
Und tut den Platz anstieren
Und dreht sich rechts und links herum
Und kann es nicht kapieren.
 Und stiftet, während Domgeläuts,
 Da wo er fiel, ein steinern Kreuz,
 Den Teufel zu vexieren.

Der Musikant hat niemals nie
Den Weinkrug mehr gehoben,
Probierte täglich sein Genie,
Um Gott den Herrn zu loben.
 Ob er zuweilen doch einmal,
 Wer kann das wissen, den Pokal
 Ansetzte? Nur zum Proben?

Heimgang in der Frühe

In der Dämmerung
Um Glock zwei, Glock dreie,
Trat ich aus der Tür
In die Morgenweihe.

Klanglos liegt der Weg,
Und die Bäume schweigen,
Und das Vogellied
Schläft noch in den Zweigen.

Hör ich hinter mir
Sacht ein Fenster schließen.
Will mein strömend Herz
Übers Ufer fließen?

Sieht mein Sehnen nur
Blond und blaue Farben?
Himmelsrot und grün
Samt den andern starben.

Ihrer Augen Blau
Küßt die Wölkchenherde,
Und ihr blondes Haar
Deckt die ganze Erde.

Was die Nacht mir gab,
Wird mich lang durchbeben;
Meine Arme weit
Fangen Lust und Leben.

Eine Drossel weckt
Plötzlich aus den Bäumen,
Und der Tag erwacht
Still aus Liebesträumen.

Das Ohrenspiel Abdallahs

Durch die weite, breite Steppe
Ritt ich eines Sommerabends,
Ritt ich meinen Hengst Abdallah.
Weil wir auf dem Heimweg waren,
Schritt er aus mit raschern Hufen,
Ahnt er doch den nahen Stall.

Nichts zu sehen, nichts zu hören:
Keiner Grille zart Gezirpe,
Keines Vogels Aufgeschrecktheit,
Keines Wildes fern Gebelle.
Nirgends Häuser, nirgends Menschen,
Nirgends Wälder, Hügel, Täler,
Einzig nur der lose Sand.

Immer nickte mit der Stirne,
Daß die schwarze Mähne wellte,
Immerfort mein Hengst Abdallah,
Immerfort und immer weiter.
In Bewegung immerwährend
Waren auch die schlanken Ohren,
Alle beide bald nach vorne,
Alle beide bald nach rückwärts.

Nun das rechte spitz nach vorne
Und das linke spitz nach rückwärts,
Nun das linke spitz nach vorne
Und das rechte spitz nach rückwärts,
Unaufhörlich. Was, zum Kuckuck,
Hört denn doch mein Hengst Abdallah?
Keiner stört ja unsre Stille,
Nirgend Szene und Gefahr.
Dacht ich mir: was meinen Ohren,
Trotz der grenzenlosen Ruhe,
Trotz des Friedens bleibt verloren,
Das erhorcht mein Hengst Abdallah.
Aber was erhorcht mein Hengst?

Hört er wilde Reiter nahen,
Die auf meine Spur gesandt sind?
Hört er ihre Säbel rasseln,
Hört er ihre Sättel knarren,
Viele, viele Meilen fern?

Oder einen müden Wandrer,
Der am Wüstensaum verschmachtet
Und zu Gott die letzten Seufzer
Sterbend in den Himmel schickt?

Oder, wo die Steppe endet,
Sitzen unter Palmenkronen
Zwei Verliebte, sehr verliebte,
Und er hört die heißen Küsse,
Und er hört die heißen Schwüre,
Immer heißern Schwur und Kuß?

Hört er ferne Klageklänge?
Hört er Hochzeitslieder klingen?
Hört er alles, was auf Erden
Jubelt, betet, flucht und schluchzt?

Hört er gar die Sterne summen,
Gottes Engel jubilieren,
Hört die ganze Weltmusik?

Der Handkuß

Viere lang,
Zum Empfang,
Vorne Jean,
Elegant,
 Fährt meine süße Lady.

Schilderhaus,
Wache raus.
Schloßportal,
Und im Saal
 Steht meine süße Lady.

Hofmarschall,
Pagenwall.
Sehr graziös,
Merveillös
 Knixt meine süße Lady.

Königin,
Hoher Sinn.
Ihre Hand,
Interessant,
 Küßt meine süße Lady.

Viere lang,
Vom Empfang,
Vorne Jean,
Elegant,
 Kommt meine süße Lady.

Nun wie war's
Heut bei Czars?
Ach, ich bin
Noch ganz hin,
 Haucht meine süße Lady.

Nach und nach,
Allgemach,
Ihren Mann
Wieder dann
 Kennt meine süße Lady.

Einen Sommer lang

Zwischen Roggenfeld und Hecken
Führt ein schmaler Gang;
Süßes, seliges Verstecken
Einen Sommer lang.

Wenn wir uns von ferne sehen,
Zögert sie den Schritt,
Rupft ein Hälmchen sich im Gehen,
Nimmt ein Blättchen mit.

Hat mit Ähren sich das Mieder
Unschuldig geschmückt,
Sich den Hut verlegen nieder
In die Stirn gerückt.

Finster kommt sie langsam näher,
Färbt sich rot wie Mohn;
Doch ich bin ein feiner Späher,
Kenn die Schelmin schon.

Noch ein Blick in Weg und Weite,
Ruhig liegt die Welt,
Und es hat an ihre Seite
Mich der Sturm gesellt.

Zwischen Roggenfeld und Hecken
Führt ein schmaler Gang;
Süßes, seliges Verstecken
Einen Sommer lang.

Zerbrochner Keilerkopf

Im Rabenhorst, im Dunkelforst,
Wo jüngst der Blitz die Eiche borst,
Kein Lamm wird dort geschoren:
Der König griff den Keiler an,
Der Keiler nahm den König an,
Der König scheint verloren.

Da stürzt hervor, ein Jaguar,
Mit Funkelblick und Stachelhaar,
Jung Henning durch die Blätter:
Ein Diener aus des Fürsten Troß,
Sein Schwertgesell und Jagdgenoß,
Nun des Gebieters Retter.

Des Königs Dank ist Turm und Land,
Er zäumt mit rot und goldnem Band
Ihm seinen besten Rappen.
Es schaut der Ritter durchs Visier;
Ein Keiler droht, des Helmes Zier,
Ein Keilerkopf im Wappen.

Jahrhundert auf Jahrhundert rann,
Ein Augenblick. Die Parze spann
Gleichmäßig ihren Faden.
Die Sippe floß, zuerst ein Quell,
Dann Fluß und Strom, bald still und hell,
Bald schäumend wie Kaskaden.

Versandet. Noch ein letzter Blink:
Es rinnt im Sonnenscheidewink
Der Murmelbach von hinnen:
Die kleine feine Eminenz
Im Garten dort in Laub und Lenz,
Was steht sie tief in Sinnen?

Der Lanzenreiter, Tod genannt,
Führt sicher seine Knochenhand,
Er hat den Greis erstochen.
Zerpflückt, verwelkt das Kranzgeflecht;
Erloschen ist ein alt Geschlecht,
Das Wappenschild zerbrochen.

Wer weiß wo

Auf Blut und Leichen, Schutt und Qualm,
Auf roßzerstampften Sommerhalm
Die Sonne schien.

Es sank die Nacht. Die Schlacht ist aus,
Und mancher kehrte nicht nach Haus
Einst von Kolin.

Ein Junker auch, ein Knabe noch,
Der heut das erste Pulver roch,
Er mußte dahin.
Wie hoch er auch die Fahne schwang,
Der Tod in seinen Arm ihn zwang,
Er mußte dahin.

Ihm nahe lag ein frommes Buch,
Das stets der Junker bei sich trug,
Am Degenknauf.
Ein Grenadier von Bevern fand
Den kleinen erdbeschmutzten Band
Und hob ihn auf.

Und brachte heim mit schnellem Fuß
Dem Vater diesen letzten Gruß,
Der klang nicht froh.
Dann schrieb hinein die Zitterhand:
»Kolin. Mein Sohn verscharrt im Sand.
Wer weiß wo.«

Und der gesungen dieses Lied,
Und der es liest, im Leben zieht
Noch frisch und froh.
Doch einst bin ich, und bist auch du
Verscharrt im Sand, zur ewigen Ruh,
Wer weiß wo.

ARNO HOLZ

Aus Phantasus

An einem ersten, blauen Frühlingstag,
in einer Königlich preußischen, privilegierten Apotheke zum
Schwarzen Adler,
bin ich geboren.
Vom nahen Georgenturm,
über den alten Markt der kleinen, weltentlegenen Ordensritter-
stadt,
zwischen dessen buntlich rundholprigem Pflaster
noch Gras wuchs,
durch die geöffneten Fenster,
läuteten
die Sonntagsglocken.
Niemand – »ahnte« was.
Zu Mittag
gab's Schweinebraten und geschmorte Backpflaumen,
zum Kaffee schon
war ich
da.
Noch heut,
so oft sie's mir erzählt,
lacht
meine Mutter!

—

Rote Dächer!
Aus den Schornsteinen, hier und da, Rauch,
oben, hoch, in sonniger Luft, ab und zu, Tauben.
Es ist Nachmittag.
Aus Mohdrickers Garten her gackert eine Henne, die ganze
Stadt riecht nach Kaffee.
Daß mir doch das alles noch so lebendig geblieben ist!

Ich bin ein kleiner, achtjähriger Junge
und liege, das Kinn in beide Fäuste, platt auf dem Bauch
und gucke durch die Bodenluke.
Unter mir, steil, der Hof,
hinter mir, weggeworfen, ein Buch.
. . . Franz Hoffmann . . . Die Sklavenjäger . . .
Wie still das ist!
Nur drüben in Knorrs Regenrinne
zwei Spatzen, die sich um einen Strohhalm zanken,
ein Mann, der sägt,
und dazwischen, deutlich, von der Kirche her, in kurzen
Pausen, regelmäßig hämmernd,
der Kupferschmied Thiel.
Wenn ich unten runter sehe, sehe ich grade auf Mutters
Blumenbrett:
ein Topf Goldlack, zwei Töpfe Levkoien, eine Geranie
und mittendrin, zierlich in einem Zigarrenkistchen,
ein Hümpelchen Reseda.
Wie das riecht! Bis zu mir rauf!
Und die Farben!
Jetzt! Wie der Wind drüber weht!
Die wunder-, wunderschönen Farben!
Nie
blinkten mir schönere!
Ein halbes Leben, ein ganzes Menschenalter
verrann!
Ich schließe die Augen. Ich sehe sie noch immer.
Vor meinem Fenster
singt ein Vogel.
Still hör ich zu; mein Herz vergeht.
Er singt,
was ich als Kind . . . so ganz besaß
und dann – vergessen!

RICHARD DEHMEL

Manche Nacht

Wenn die Felder sich verdunkeln,
fühl ich, wird mein Auge heller;
schon versucht ein Stern zu funkeln,
und die Grillen wispern schneller.

Jeder Laut wird bilderreicher,
das Gewohnte sonderbarer,
hinterm Wald der Himmel bleicher,
jeder Wipfel hebt sich klarer.

Und du merkst es nicht im Schreiten,
wie das Licht verhundertfältigt
sich entringt den Dunkelheiten.
Plötzlich stehst du überwältigt.

Die stille Stadt

Liegt eine Stadt im Tale,
ein blasser Tag vergeht;
es wird nicht lange dauern mehr,
bis weder Mond noch Sterne,
nur Nacht am Himmel steht.

Von allen Bergen drücken
Nebel auf die Stadt;
es dringt kein Dach, nicht Hof noch Haus,
kein Laut aus ihrem Rauch heraus,
kaum Türme noch und Brücken.

Doch als den Wandrer graute,
da ging ein Lichtlein auf im Grund;
und durch den Rauch und Nebel
begann ein leiser Lobgesang
aus Kindermund.

Der Arbeitsmann

Wir haben ein Bett, wir haben ein Kind,
mein Weib!
Wir haben auch Arbeit, und gar zu zweit,
und haben die Sonne und Regen und Wind,
und uns fehlt nur eine Kleinigkeit,
um so frei zu sein, wie die Vögel sind:
Nur Zeit.

Wenn wir sonntags durch die Felder gehn,
mein Kind,
und über den Ähren weit und breit
das blaue Schwalbenvolk blitzen sehn,
oh, dann fehlt uns nicht das bißchen Kleid,
um so schön zu sein, wie die Vögel sind:
Nur Zeit.

Nur Zeit! wir wittern Gewitterwind,
wir Volk.
Nur eine kleine Ewigkeit;
uns fehlt ja nichts, mein Weib, mein Kind,
als all das, was durch uns gedeiht,
um so kühn zu sein, wie die Vögel sind.
Nur Zeit!

Richard Beer-Hofmann

Schlaflied für Mirjam

Schlaf mein Kind – schlaf, es ist spät!
Sieh wie die Sonne zur Ruhe dort geht,
Hinter den Bergen stirbt sie im Rot.
Du – du weißt nichts von Sonne und Tod,
Wendest die Augen zum Licht und zum Schein –
Schlaf, es sind soviel Sonnen noch dein,
Schlaf mein Kind – mein Kind, schlaf ein!

Schlaf mein Kind – der Abendwind weht.
Weiß man, woher er kommt, wohin er geht?

Dunkel, verborgen die Wege sind,
Dir, und auch mir, und uns allen, mein Kind!
Blinde – so gehn wir und gehen allein,
Keiner kann Keinem Gefährte hier sein –
Schlaf mein Kind – mein Kind, schlaf ein!

Schlaf mein Kind und horch nicht auf mich!
Sinn hat's für mich nur, und Schall ists für dich.
Schall nur, wie Windeswehn, Wassergerinn,
Worte – vielleicht eines Lebens Gewinn!
Was ich gewonnen gräbt *mit* mir man ein,
Keiner kann Keinem ein Erbe hier sein –
Schlaf mein Kind – mein Kind, schlaf ein!

Schläfst du, Mirjam? – Mirjam, mein Kind,
Ufer nur sind wir, und tief in uns rinnt
Blut von Gewesenen – zu Kommenden rollts,
Blut unsrer Väter, voll Unruh und Stolz.
In uns sind *Alle.* Wer fühlt sich allein?
Du bist ihr Leben – ihr Leben ist dein – –
Mirjam, mein Leben, mein Kind – schlaf ein!

ALFRED MOMBERT

Einsames Land! Einsamer Baum darinnen!
Süß ist das Stehn und Sinnen
unter deinen Zweigen.
Aus deinen Wipfeln sinkt es nieder,
das Selig-Dämmernde und Schweigende.
Die Hände strecke ich aus, und sie füllen sich
mit unsichtbaren Blättern, und ich fühlte das ganz
im reifgewordenen Herzen.
O Baum, an deinem Stamm, unter deinen Zweigen
ward ich ein blinder Mann, und sammle ein
die Gaben, die aus deinen Wipfeln niedersinken.
Das Herrlichste, es sinkt mir auf das Haupt,
und auf die Schultern, liegt zu meinen Füßen.
Es verschüttet mich.
Reicht eine Harfe! Das Tief-Ewige
umschauert mich.

Es dringt ein Glanz herein in eine Nacht.
Das muß die Träne sein, die draußen auf der Schwelle
des Hauses lagert und den Mond anblickt.
Reicht mir die Harfe! Glänzender war ich nie!
Schließt die Pforten auf! öffnet die Fenster!
Ihr Alle, Alle, kommt zum großen Fest!

THEODOR DÄUBLER

Berauschter Abend

Purpurschwere, wundervolle Abendruhe
Grüßt die Erde, kommt vom Himmel, liebt das Meer.
Tanzgestalten, rotgewandet, ohne Schuhe,
Kamen rasch, doch sie versinken mehr und mehr.

Furchtbar rot ist jetzt die Stunde. Wutentzündet
Drohen Panther. Grausamfunkelnd. Aufgebracht!
Dieser bleibt: ein Knabe reitet ihn und kündet
Holder Wunder tollen Jubel in die Nacht.

Nacht! der Abend, aller Scharlach mag verstrahlen.
Auch der Panther schleicht im Augenblick davon.
Aber folgt dem Knaben! Sacht, in schmalen Glutsandalen
Tanzt er nackt im alten Takt von Babylon.

Alle Flammen abgeschüttelt? Auf der Füße
Blassen Spitzen winkt und fiebert jetzt das Kind:
Weltentschwunden? Sterne sind die sichern Grüße
Stiller Keuschheit überm Meere, vor dem Wind!

CHRISTIAN MORGENSTERN

Palmström

Palmström steht an einem Teiche
Und entfaltet groß ein rotes Taschentuch:
Auf dem Tuch ist eine Eiche
Dargestellt, sowie ein Mensch mit einem Buch.

Palmström wagt nicht sich hineinzuschneuzen. –
Er gehört zu jenen Käuzen,
Die oft unvermittelt-nackt
Ehrfurcht vor dem Schönen packt.

Zärtlich faltet er zusammen,
Was er eben erst entbreitet.
Und kein Fühlender wird ihn verdammen,
Weil er ungeschneuzt entschreitet.

Das Huhn

In der Bahnhofhalle, nicht für es gebaut,
Geht ein Huhn
Hin und her...
Wo, wo ist der Herr Stationsvorsteh'r?
Wird dem Huhn
Man nichts tun?
Hoffen wir es! Sagen wir es laut:
Daß ihm unsre Sympathie gehört,
Selbst an dieser Stätte, wo es – ›stört‹!

Ebenengewitter

So löst sich denn die Spannung schwer.
Erfüllt ist, was wir baten:
Vom Himmel rauscht ein breites Meer
Auf durstig-dürre Saaten.

Und herrlich stürzt ein Donnerkeil
Sein Siegel auf all den Segen.
O Frucht, nun reifst du wieder heil
Dem hohen Herbst entgegen.

RICARDA HUCH

Wiegenlied aus dem Dreißigjährigen Kriege

Horch, Kind, horch, wie der Sturmwind weht
Und rüttelt am Erker!
Wenn der Braunschweiger draußen steht,
Der faßt uns noch stärker.
Lerne beten, Kind, und falten fein die Händ,
Damit Gott den tollen Christian von uns wend!

Schlaf, Kind, schlaf, es ist Schlafenszeit,
Ist Zeit auch zum Sterben.
Bist du groß, wird dich weit und breit
Die Trommel anwerben.
Lauf ihr nach, mein Kind, hör deiner Mutter Rat;
Fällst du in der Schlacht, so würgt dich kein Soldat.

»Herr Soldat, tu mir nichts zuleid
Und laß mir mein Leben!« –
»Herzog Christian führt uns zum Streit,
Kann kein Pardon geben.
Lassen muß der Bauer mir sein Gut und Hab,
Zahle nicht mit Geld, nur mit dem kühlen Grab.«

Schlaf, Kind, schlaf, werde stark und groß.
Die Jahre, sie rollen;
Folgst bald selber auf stolzem Roß
Herzog Christian dem Tollen.
Wie erschrickt der Pfaff und wirft sich auf die Knie –
»Für den Bauer nicht Pardon, den Pfaffen aber nie!«

Still, Kind, still, wenn Herr Christian kommt,
Der lehrt dich zu schweigen!
Sei fein still, bis dir selber frommt,
Ein Roß zu besteigen.
Sei fein still, dann bringt der Vater bald dir Brot,
Wenn nach Rauch der Wind nicht schmeckt und nicht der
 Himmel rot.

Mein Herz, mein Löwe, hält seine Beute fest,
Sein Geliebtes fest in den Fängen,
Aber Gehaßtes gibt es auch,
Das er niemals entläßt
Bis zum letzten Hauch,
Was immer die Jahre verhängen.
Es gibt Namen, die beflecken
Die Lippen, die sie nennen,
Die Erde mag sie nicht decken,
Die Flamme mag sie nicht brennen,
Der Engel, gesandt, den Verbrecher
Mit der Gnade von Gott zu betauen,
Wendet sich ab voll Grauen
Und wird zum zischenden Rächer.
Und hätte Gott selbst so viel Huld,
Zu waschen die blutrote Schuld,
Bis der Schandfleck verblaßte, –
Mein Herz wird hassen, was es haßte,
Mein Herz hält fest seine Beute,
Daß keiner dran künstle und deute,
Daß kein Lügner schminke das Böse,
Verfluchtes vom Fluche löse.

Nachtigall und Rose

Dornen, Dornen trägst du, blasse Rose,
Dran sich deine Nachtigall verblutet;
Denn verordnet sind euch diese Lose:
Dich bannt Schönheit, Liebe sie durchflutet.
Heil im Feuer schmelzender Gesänge
Schimmert diamanten deine Krone;
Sehnsuchtvoll nach dem versagten Lohne
Stürzt die Liederbrust ins Dorngedränge.

Süß verendet die entzückte Flöte.
Daß sich euer streng Geschick versöhne,
Rose, glüht nun in der Purpurröte
Ihres Liebestodes deine Schöne.

LULU VON STRAUSS UND TORNEY

Die Tulipan

Es gehen so viele Straßen ins Land hinein,
Straßen wie weiße Bänder im Sonnenschein,
Straßen, darüber die Blitze des hohen Sommers stehn,
Straßen, darüber in Wolken Staub und Regen wehn.
Und wer auf den weißen Straßen einen Sommer lang zieht,
Der schreitet mit rüstigen Füßen und frischem Lied,
Und wer zwei Jahr und dreie wandert her und hin,
Dem werden die Sohlen müde, und friedlos der Sinn,
Und wer da liegt auf den Straßen sieben Jahr und mehr,
Dem verweht im Staube der Straßen das Glück und die Ehr! –

Es wandern zwei durch die Heide, die rot in Blüte steht,
Die waren vom Wind der Straßen zusammengeweht:
Ein brauner Schmiedegeselle mit krausem Haar,
Der fuhr durch Städte und Länder ins siebte Jahr;
Der andre ein junger Gärtner. Der spricht und lacht:
»Was daheim wohl die Mutter für Augen macht!
Meine lederne Katze ist von Gulden schwer,
Ich komme weit aus der Fremde, von Holland her.
Mir schenkte mein guter Meister, als ich wandern ging,
Hier diese Samenzwiebel, ein edel selten Ding,
Die trägt eine feine Blume, wie keiner im Dorf sie kennt,
Die zwischen den grünen Blättern rot wie Feuer brennt!

In meiner Mutter Garten, bei Minz und Majoran,
Da soll mir wachsen und blühen die Blume Tulipan!«
Der Braune schritt ihm zur Seite und horchte stumm,
Drei Birken standen am Wege, da sah er sich spähend um,
Es glomm ihm unter den Brauen ein gieriges Feuer an,
Es kam eine böse Stunde über den fahrenden Mann.
Er riß aus dem breiten Gurte den Schmiedehammer hervor, –
Kein Auge hat's gesehen, gehört kein menschlich Ohr:
Er scharrte eine Grube im Laub am Straßenrand,
Und vergaß die tote Tulipan in der wächsernen Totenhand. –

Im letzten Haus im Dorfe, da ging es kling und klang,
Daß rot der Funkenregen über die Straße sprang.

Es stand die junge Meisterin und spähte in Sonne und Wind:
»Du fremder brauner Geselle, was läufst du so geschwind?
Sie trugen um die Lichtmeßzeit zu Grabe mir den Mann,
Was sprichst du in der Schmiede nicht das Handwerk an?« –
Die Erntesicheln gingen über das falbe Land,
Als der fremde Geselle zuerst am Amboß stand,
Die raschelnden Blätter stoben im kalten Winde hin,
Da küßte er Feierabends seine Meisterin,
Und als die Straßen im Lande lagen weiß verschneit,
Da nähte die junge Wittib sich wieder ein Hochzeitskleid. –

Es singt die blonde Meistersfrau den lieben langen Tag,
Und horcht vom Herd herüber auf den Hammerschlag.
Es führt der neue Meister den Schmiedehammer gut,
Er steht mit nackten Armen in roter Flackerglut,
Er sitzt an eignem Tische vor Weib und Hausgesind,
Als hätte sein Herz vergessen der Straßen Sonne und Wind.
Und stampft vor seiner Schmiede ein eisenloses Pferd,
Es ist des Reiters Woher, Wohin ihm keiner Frage wert,
Und kommt ein fechtender Bruder vorbei mit staubigem Schuh,
Er schlägt mit zornigem Gruße vor ihm die Türe zu.

Es singt die blonde Meistersfrau, so lange die Sonne lacht,
Was stört sie auf vom Kissen in mancher Nacht?
Dumpf die Luft in der Kammer, die Wand von Mondlicht fahl,
Der Meister fährt vom Schlafe auf in irrer Qual,
Er schreit, als würgt ihm das Grauen die Kehle zu:
»Liegt Einer am Straßenrande, der gibt nicht Ruh!«
»Mann, wer gibt nicht Ruhe!« Sie fliegt am ganzen Leib.
Da schüttelt er wild die Fäuste: »Verflucht dein Lauschen, Weib!«
Grau der Wintermorgen, der ins Fenster scheint.
Finster des Meisters Stirne. Die Meisterin sitzt und weint.

— — — —

Nun weht das linde Tauen ins Land hinein,
Es schmelzen die weißen Streifen am braunen Ackerrain,
Es geht ein Schwatzen der Stare über das Wiesenland,
Die Weidenkätzchen stäuben draußen am Straßenrand.
Draußen am Straßenrande wacht heimlich Leben auf:
Es hebt sich ein grüner Finger aus dürrem Laub herauf,
Der Finger reckt sich höher, wie wenn er droht,
Es bricht aus seiner Spitze ein dunkeltiefes Rot!

Kinder haben's gesehen, die kamen den Weg entlang,
Als der Küster Schule hielt, lief es von Bank zu Bank.
Der Schäfer trieb vorüber, der hob die Hand:
»Der Böse hat das Kraut gesät! Gott wende Krieg und Brand!«
Der Pfarrer aber schickt ins Feld des Mesners Sohn hinaus:
»Geh, grab mir für mein Gartenbeet das Herrgottswunder aus!«–

Der Bub hat um sein Messer die braune Faust gepreßt:
Wie hält die schwarze Erde so zäh ihr Eigen fest!
Und wie die Schollen bröckeln, da blinkt ein fahles Weiß,
Und wie die Klinge tiefer gräbt, da wird ihm kalt und heiß, –
Er kommt im letzten Abendschein schreiend heimgerannt:
»Es wächst die Blume Tulipan aus einer Knochenhand!«

Nun geht im Dorfe ein Fragen und Raunen an:
»Wo draußen die Birken stehen, ist schwere Tat getan!
Aber der heimliche Frevel hat nicht geruht:
Es wuchs eine rote Blume aus ungesühntem Blut!
Gott weiß, wohin des Weges, Gott weiß, woher er kam,
Der hier an offner Straße so böse Abfahrt nahm!
Gott weiß, wo eins im Lande um ihn in Sorgen geht!
Gott weiß, wo eine Türe umsonst ihm offen steht!
Und liegt er verscharrt im Sande wie ein verreckter Hund,
Wir wollen ein Grab ihm schenken in geweihtem Grund!«

Lehrling und Geselle liefen ins Dorf hinein,
Am Amboß in der Schmiede der Meister ist allein.
Er schlägt, wie wenn der Amboß in Stücke springen soll:
Die gottverdammten Glocken! was bimmeln sie wie toll?
Sie läuten den zur Ruh, der an der Straße lag!
Es springen die roten Funken bei jedem Hammerschlag,
Der Meister hört den Hammer und sonst nicht Laut noch
 Schritt. –
Was war das für ein Schatten, der über den Amboß glitt?
Und wie er jäh sich wendet, die Stirne naß von Schweiß,
Steht Eine auf der Schwelle, bis in die Lippen weiß.
Die roten Flammen knistern, sonst kein Laut umher,
Es fallen ihre Worte wie Tropfen, bang und schwer.
Aug in Auge schaun die zwei sich an:
»Der dir nicht Ruh gegeben – ist's der mit der Tulipan?«
Stille. Ein hartes Lachen aus des Meisters Mund.

»Jetzt muß er wohl Ruhe geben in geweihtem Grund!«
Wieder Schweigen. Und Glocken in das Schweigen herein, –
In den Augen des Mannes lauert ein böser Schein,
Er schließt die Faust um den Hammer wie spielend zu:
»Schwatzhaft ist Weiberzunge. Wann gibt die Ruh?«
Da schreit sie in jähem Schrecken, ihr Blut gerinnt,
Sie jagt hinaus und das Dorf entlang wie taub und blind,

Sie hört nicht die wirren Stimmen rufen hinter ihr,
Sie sieht nur des Pfarrers weißes Haar, vor seines Hauses Tür,
Da bricht das Weib in die Knie und schluchzt auf seine Hand:
»Hilf Gott, er will mich erschlagen, – wie den am Straßenrand!«

Die Richtstatt ist hoch am Berge und droht ins Land hinein, –
Da gehen die weißen Straßen im Sonnenschein.
Straßen, darüber die Blitze des hohen Sommers stehn,
Straßen, darüber in Wolken Staub und Regen wehn,
Straßen, von denen zum Himmel heimliche Bluttat schreit,
Auf denen Einer verloren Ehre und Seligkeit!
Und wenn sie den Leib da droben richten mit dem Schwert, –
Gott sei gnädig der Seele, die ihre Straße fährt!

Einst

Und wenn ich selber längst gestorben bin,
Wird meine Erde wieder blühend stehen,
Und Saat und Sichel, Schnee und Sommerpracht
Und weißer Tag und blaue Mitternacht
Wird über die geliebte Scholle gehen.

Und werden Tage ganz wie heute sein:
Die Gärten voll vom Dufte der Syringen,
Und weiße Wolken, die im Blauen ziehn,
Und junger Felder seidnes Ährengrün,
Und drüberhin ein endlos Lerchensingen!

Und werden Kinder lachen vor dem Tor
Und an den Hecken grüne Zweige brechen,
Und werden Mädchen wandern Arm in Arm
Und durch den Sommerabend still und warm
Mit leisen Lippen von der Liebe sprechen!

Und wird wie heut der junge Erdentag
Von keinem Gestern wissen mehr noch sagen,
Und wird wie heut doch jeder Sommerwind
Aus tausend Tagen, die vergessen sind,
Geheime Süße auf den Flügeln tragen!

AGNES MIEGEL

Die Nibelungen

In der dunkelnden Halle saßen sie,
Sie saßen geschart um die Flammen,
Hagen Tronje zur Linken, sein Schwert auf dem Knie,
Die Könige saßen zusammen.

Schön Kriemhild kauerte nah der Glut.
Von ihren schmalen Händen
Zuckte der Schein wie Gold und Blut
Und sprang hinauf an den Wänden.

König Gunther sprach: »Mein Herz geht schwer,
Hör ich den Ostwind klagen!
Spielmann, lang deine Fiedel her,
Sing uns von frohen Tagen!«

Auf flog ein jubelnder Bogenstrich
Und flatterte an den Balken,
Herr Volker sang: »Einst zähmte ich
Einen edelen Falken...«

Die blonde Kriemhild blickte auf
Und sprach mit Tränen und leise:
»Spielmann, hör mit dem Liede auf,
Sing eine andre Weise!«

Die braune Fiedel raunte alsbald
Träumend und ganz versonnen,
Herr Volker sang: »Im Odenwald
Da fließt ein kühler Bronnen...«

541

Die blonde Kriemhild wandte sich
Und sprach mit Tränen und bange:
»Mein Herz schlägt laut und fürchtet sich
Und bebt bei deinem Sange...«

Anhub die Fiedel zum drittenmal
Aufweinend in Gram und Leide,
Herrn Volkers Stimme sang im Saal,
Wie ein Vogel auf nächtiger Heide:

»Es glimmt empor aus ewiger Nacht
Heißer als alle Feuersglut,
Gelb wie das Aug der Zwergenbrut,
Das gierig seinen Glanz bewacht, –
O weh der Lust, die mich gezeugt!

Wie Brunft nach Brunft im Forste schreit,
Wie nach der Lohe lechzt die Glut,
So treibt die Gier nach Menschenblut
Ans Licht den Hort der Dunkelheit, –
O weh dem Schoß, der mich gebar!

Es ruft den Neid, es weckt den Mord,
Stört auf die Drachen Trug und List,
Hetzt Rachsucht, die die Rache frißt,
Und immer röter glüht der Hort, –
O weh der Brust, die mich gesäugt!

Es treibt und schwimmt im Purpurquell,
Es trinkt den Quell und lechzt nach mehr,
Es braust und schäumt, die Flut steigt schnell,
Breit wie die Donau strömt es her, –
O weh der Lieb, die lieb mir war!

Es schäumt und braust, atmet und steigt,
Schon brandet's draußen an die Tür,
Es klopft und pocht, der Riegel weicht,
Nun flutet's heiß und rot herfür, –
Weh über mich, weh über euch!«

Jäh bei dem letzten Bogenstrich
Sprangen die Saiten und schrieen,

Hagen von Tronje neigte sich
Und wiegte sein Schwert auf den Knieen.

Die Könige saßen bleich und verstört,
Doch die schöne Kriemhild lachte,
Sie sprach: »Nie hab ich ein Lied gehört,
Das mich lustiger machte!«

Sie kniete nieder und schürte die Glut.
Von ihren schmalen Händen
Zuckte der Schein wie Gold und Blut
Und sprang hinauf an den *Wänden*.

Schöne Agnete

Als Herrn Ulrichs Wittib in der Kirche gekniet,
Da klang vom Kirchhof herüber ein Lied.
Die Orgel droben hörte auf zu gehn,
Die Priester und die Knaben, alle blieben stehn,
Es horchte die Gemeinde, Greis, Kind und Braut,
Die Stimme draußen sang wie die Nachtigall so laut:

»Liebste Mutter in der Kirche, wo des Mesners Glöcklein klingt,
Liebe Mutter, hör wie draußen deine Tochter singt.
Denn ich kann ja nicht zu dir in die Kirche hinein,
Denn ich kann ja nicht mehr knieen vor Mariens Schrein,
Denn ich hab ja verloren die ewige Seligkeit,
Denn ich hab ja den schlammschwarzen Wassermann gefreit.

Meine Kinder spielen mit den Fischen im See,
Meine Kinder haben Flossen zwischen Finger und Zeh,
Keine Sonne trocknet ihrer Perlenkleidchen Saum,
Meiner Kinder Augen schließt nicht Tod noch Traum – –

Liebste Mutter, ach ich bitte dich,
Liebste Mutter, ach ich bitte dich flehentlich,
Wolle beten mit deinem Ingesind
Für meine grünhaarigen Nixenkind,
Wolle beten zu den Heiligen und zu Unsrer Lieben Frau
Vor jeder Kirche und vor jedem Kreuz in Feld und Au!

Liebste Mutter, ach ich bitte dich sehr,
Alle sieben Jahre einmal darf ich Arme nur hierher.

Sage du dem Priester nun,
Er soll weit auf die Kirchentüre tun,
Daß ich sehen kann der Kerzen Glanz,
Daß ich sehen kann die güldene Monstranz,
Daß ich sagen kann meinen Kinderlein
Wie so sonnengolden strahlt des Kelches Schein!«

Die Stimme schwieg.

 Da hub die Orgel an,
Da ward die Türe weit aufgetan, –
Und das ganze heilige Hochamt lang
Ein weißes weißes Wasser vor der Kirchentüre sprang.

Die Mär vom Ritter Manuel

Das ist die Mär vom Ritter Manuel,
Der auf des fremden Magiers Geheiß
Sein Haupt in eine Zauberschale bog.
Und als ers wieder aus dem Wasser zog,
Da seufzte er und sprach: »Mein Haar ist weiß,
Gebrochen meine Kraft. O allzulange
Qualvolle Wanderschaft!« Die Höflingsschar,
Die ringsum stand, rief: »Dunkel ist dein Haar,
Frage den König!«

 Staunend sprach und bange
Da der Verzauberte: »O Herr, die Zeit
Ist hold und spurlos dir vorbeigeglitten!
Als ich vor zwanzig Jahren fortgeritten,
Warst du wie heut. An dem gestickten Kleid
Trugst du den Gürtel mit den Pantherschließen
Und an der Hand den gleichen Amethyst.«
»Erzähle«, sprach der Fürst und sprachs voll List,
»Was dir begegnet, seit wir uns verließen!«

Der Arme sann, und seine Augen waren
Wie Kinderaugen, noch vom Traum befangen.
»König, ich bin so weit von Euch gegangen,

So vieles sah ich! Und in späten Jahren,
An dunklen Wintertagen und in schwülen
Hochsommernächten will ich dir erzählen
Von allem. Und vor deinen stillen Sälen
Soll meines bunten Lebens Brandung spülen.
Nur jetzt noch laßt mich schweigen.
 Denn ein Gram
Durchrüttelt mich, den nie ein Mensch gekannt.
Sieh, ich verließ mein Weib in jenem Land
Und weiß es nicht mehr, welchen Weg ich kam,
Und weiß den Namen jenes Landes nicht,
Wo sie im Fenster kauernd, kinderschmal,
Aus dem Kastell hinabspäht in das Tal,
Bis jäh die Felsen glühn im Abendlicht
Und jäh erbleichen.
 Durch das samtne Dunkel
Der Nacht strahlt freundlich einer Ampel Schein,
Um Führer meiner Wanderschaft zu sein,
Und purpurn glänzt wie ein Rubingefunkel
In ihrem Licht des Bergstroms dunkle Flut.
Sein Name nur? Sehr seltsam klang er, wie
Der Felsen Name, uralt auch wie sie.
Und jene Frau, die mir im Arm geruht, –
Weh, meine Liebe kann sie nicht mehr rufen,
Der süße Laut entglitt mir, wie im Tann
Dem Schlafenden entglitt der Talisman,
Den sie mir umhing auf des Schlosses Stufen!« – –

Dann schrie er auf und hielt des Königs Knie
Wie ein um Hilfe Flehender umklammert.
Der sprach, – und er war bleich und ernst –:
 »Mich jammert
Der Qual des armen Narrn, die zu mir schrie.
Magier, tritt vor, zerbrich des Zaubers Bann!«
Der König wartete. Die Diener liefen
In allen Gängen hin und her und riefen,
Die Ritter sahn sich groß, verwundert an.
Denn keiner fand den Magier. Einge schwuren,
Sie hätten an dem Springbrunn ihn gesehn
Murmelnd die goldne Zauberschale drehn, –
Doch in dem Sande sah man keine Spuren.

Und wie die Stürme auf dem hohen Meer
Das längstverlaßne Wrack des Seglers jagen,
So trieb durch Jahre voller Sorg und Fragen
Erinnerungsqual den Grübelnden umher,
Bis ihn beim Jagen einst ein fremd Geschoß,
Vielleicht aus Mitleid, in die Schläfe traf.
Still wie ein Kind sank er ins Moos zum Schlaf
Und stammelte, eh er die Augen schloß:
»Tamara!« Und er starb.
 Die Zeit verrann.

Doch einmal abends klang im Hof Geklirr
Von vielen Waffen und ein bunt Geschwirr
Landfremder Sprachen. Und ein brauner Mann,
Sehr alt und fürstlich, dessen welke Hand
Auf seidnem Kissen trug der Herrschaft Zeichen,
Trat vor den König wie vor seinesgleichen
Und rief: »Wo ist, nach dem wir ausgesandt,
Mein König Manuel, Tamaras Gatte,
Den sie in ihrem Felsenschloß beweint?
Westwärts ging ich, so weit die Sonne scheint,
Bis ich zu deinem Reich gefunden hatte.

Hier, sprach der sternenkundige Magier, werde
Ich meinen Herren finden. – Weise mich
Daß ich ihn krönen kann!«
 Da neigte sich
Der König still, griff eine Handvoll Erde
Aus einer Schale, drin die Rosen blühten,
Und wies sie stumm dem Suchenden.
 Der stand
Ganz lange still. Dann schlug er sein Gewand
Weit um den Kronreif, dessen Steine sprühten,
So schritt er aus dem Saal.
 Ein Klaggesang
Kam langgezogen, trostlos durch die Nacht.
Dann ein Geklirr und Hufgetrappel, sacht
Und langsam, – bis auch das im Sturm verklang.

In jener Nacht, bei seiner Kerzen Qualmen
Saß lang der König auf. Sein Page schlief

Und schrak empor, denn eine Stimme rief:
»Sieh, keine Antwort find ich in den Psalmen
Erbarmer aller Welt, sprich, was ist Schein?« – –
Und lange vor dem Kruzifixe stand
Der König starr, mit ausgestreckter Hand.

So sagt der Page. Doch er ist noch klein,
Furchtsam, und hat den Kopf voll Märchenflausen –

Wagen an Wagen

Um Allerseelen
In der dunklen Nacht,
Wenn vor uns stehen,
Die immer neu unserm Herzen fehlen, –
Erinnrung erwacht
An die alten Kirchen, die Hügel im Feld,
Wo sie schlafen, Vätern und Nachbarn gesellt,
In verlorener Heimat über der See, –
Und an Alle, die hilflos und einsam starben,
An Alle, die sinkend im Eis verdarben,
Die keiner begrub, nur Wasser und Schnee,
Auf dem Weg unsrer Flucht, – dem Weg ohne Gnade!

Und wir ziehen im Traum verwehte Pfade
Wagen an Wagen, endloser Zug,
Der ein Volk von der Heimat trug!

Von Norden, von Osten kamen wir,
Über Heide und Ströme zogen wir,
Nach Westen wandernd, Greis, Frau und Kind.
Wir kamen gegangen, wir kamen gefahren,
Mit Schlitten und Bündel, mit Hund und Karren,
Gepeitscht vom Wind, vom Schneelicht blind, –
 Und Wagen an Wagen.

Zuckend wie Nordlicht am Himmel stand
Verlassner Dörfer und Städte Brand.
Und um uns heulte und pfiff der Tod,
Auf glühendem Ball durch die Luft getragen.

Und der Schnee wurde rot.
Und es sanken wie Garben, die hilflos starben.
Und wir zogen weiter,
 Wagen an Wagen, – –

Und kamen noch einmal, trügrisches Hoffen
Durch friedliches Land.
Tür stand uns offen
Bei jenen, die nicht unser Leiden gekannt.
Sie kamen, sie winkten, sie reichten uns Brot, –
Sie luden die Not
Am warmen Herde zu sich als Gast.
Scheune und Stroh rief Müde zur Rast.
Doch wir konnten nicht bleiben.
Wir zogen vorüber,
 Wagen an Wagen.

Und hörten durch Sturm und Flockentreiben
Das Glockenlied ihrer Türme noch
Und hörten doch
Das Dröhnen des Krieges, der hinter uns zog.
Und vom Wegkreuz bog,
Blutend, mit ausgebreiteten Armen,
Sich dorngekrönter Liebe Erbarmen.

Wir konnten nicht halten, wir konnten nicht knien.
Sie kamen hinter uns, Wagen an Wagen, –
Unsre Herzen nur schrien:
 O blick nach uns hin!

Wir wandern, wir wandern, endloser Zug,
Volk, das die Geißel des Krieges schlug,
Entwurzelter Wald, von der Flut getragen, –
 Wohin?
 Wohin? – – –

BÖRRIES FREIHERR VON MÜNCHHAUSEN

Der Nobis-Krug

In Dämmerdunst und Heiderauch,
Im leichenkalten Herbsteshauch,
Am letzten Ende dieser Welt
Liegt niedrigbreit und trüberhellt
Die graue Nobisschenke,
Die Toten, die man heut begrub,
Die füllen hier die Bänke.

Die Hand, die dort den Hunden pfiff,
Und die am Webstuhl blank sich schliff,
Und die, von Schmiedeglut verbrannt,
Die eignen Schwielen kaum umspannt,
Sie greifen hier zum Kruge,
Ein Schalk, ein Gauch, ein Narr, ein Schelm,
Die dudeln dazu eine Fuge.

Wie fiedelt die Fiedel, wie gunkst der Gauch,
Der die Kalbshaut haut, auf der Pauke Bauch!
Ein Gelächter springt auf, das wie Weinen klingt,
Ein Schrei, der wie eine Glocke zerspringt:
– Zum letzten Mal mit andern!
Denn morgens heißts zur Einsamkeit,
Zur ewigen, zu wandern.

»War das das Leben?! Freunde, hört,
Das Leben war der Müh nicht wert!
Der Erde letzte Nacht verläuft,
Das beste, daß man sie versäuft,
So braucht man nicht zu denken!
Wem wolln denn wir im Nobiskrug
Den letzten Zutrunk schenken?

Den Kindern hinterm Sarge her? –
Das Erben ist verteufelt schwer!
Die Hamfeln Erde zähln sie ab
Wie Taler in das offne Grab, –
Laß gehn, verwehn, versinken!

Nobis heißt Uns, nobis heißt Uns,
Und nobis wolln wirs trinken!

Willst dus dem Freunde bringen, du!?
Er trank dir drüben oftmals zu, –
Ach, wüßten nur wir hüben nicht,
Wie unser Freund schon heute spricht,
Braucht sich ja nicht zu scheuen!
Nobis heißt Uns, nobis heißt Uns! –
Wir Toten sind die Treuen.

Die Liebste schnitt vom Toten-Kranz
Die Schärpe ab zum nächsten Tanz,
Ihr Aug, von Tränen wasserklar,
Sah doch, wie fein die Seide war, –
Laßt sie, – sie ist lebendig,
Nobis heißt Uns, nobis heißt Uns! –
Die Toten sind beständig!

Stürzt ihn hinein, den letzten Trunk!
Vergällt ist die Erinnerung,
Und weil vergällt die Zukunft auch,
So füllt euch einmal noch den Bauch,
Eh er vom Wurm zerfressen,
Wir trinken nobis, und das heißt:
Wir wollen uns vergessen!!« – –

Durchs Ödland eines Raben Flug
Strich hin zum grauen Nobiskrug,
Der Rabe floh, sein Flügel klang,
So schreckte ihn der wüste Sang
Vom Sterben und Verderben:
»Nobis heißt Uns!« Der Trinkspruch gellt
Becher und Herzen zu Scherben!

Lederhosen-Saga

Es war ein alter schwarzbrauner Hirsch,
Großvater schoß ihn auf der Pirsch,
Und weil seine Decke so derb und dick,
Stiftete er ein Familienstück.

Nachdem er lange nachgedacht,
Ward eine Hose daraus gemacht, –
Denn Geschlechter kommen, Geschlechter vergehen,
Hirschlederne Reithosen bleiben bestehen.

Er trug sie dreiundzwanzig Jahr,
Eine wundervolle Hose es war!
Und als mein Vater sie kriegte zu Lehen,
Da hatte die Hose gelernt zu stehen,
Steif und mit durchgebeulten Knien
Stand sie abends vor dem Kamin, –
Schweiß, Regen, Schnee – ja, mein Bester:
Eine lederne Hose wird immer fester!

Und als mein Vater an die Sechzig kam,
Einen Umbau der Hose er vor sich nahm,
Das Leder freilich war unerschöpft,
Doch die Büffelhornknöpfe war'n dünngeknöpft
Wie alte Groschen, wie Scheibchen nur, –
Er erwarb eine neue Garnitur.

Und dann allmählich machte das Reiten
Ihm nicht mehr den Spaß wie in früheren Zeiten,
Besonders der Trab in den hohen Kadenzen
Ist kein Vergnügen für Exzellenzen,
So fiel die Hose durch Dotation
An mich in der dritten Generation.

Ein Reiterleben in Niedersachsen, –
Die Gaben der Hose war'n wieder gewachsen!
Sie saß jetzt zu Pferde wie aus Guß
Und hatte wunderbaren Schluß,
Und abends stand sie mit krummen Knien
Wie immer zum Trocknen am Kamin.

Aus Großvaters Tagen herüber klingt
Eine ferne Sage, die sagt und singt,
Die Hose hätte in jungen Tagen
Eine prachtvoll grüne Farbe getragen,
Mein Vater dagegen, – weiß ich genau, –
Nannte die Hose immer grau.

Seit neunzehnhundert ist sie zu schaun
Etwa wie guter Tabak: braun!
So entwickelt sie, fern jedem engen Geize,
Immer neue ästhetische Reize,
Und wenn mein Ältester einst sie trägt,
Wer weiß, ob sie nicht ins Blaue schlägt!

Denn fern im Nebel der Zukunft schon
Seh ich die Hose an meinem Sohn.
Er wohnt in ihr, wie wir drin gewohnt,
Und es ist nicht nötig, daß er sie schont,
Ihr Leder ist gänzlich unerschöpft,
Die Knöpfe nur sind wieder durchgeknöpft,
Und er stiftet, folgend der Väter Spur,
Eine neue Steinnußgarnitur.

Ja – Geschlechter kommen, Geschlechter gehen,
Hirschlederne Reithosen bleiben bestehen.

STEFAN GEORGE

Mühle lass die arme still
Da die heide ruhen will.
Teiche auf den tauwind harren ·
Ihrer pflegen lichte lanzen
Und die kleinen bäume starren
Wie getünchte ginsterpflanzen.

Weisse kinder schleifen leis
Überm see auf blindem eis
Nach dem segentag · sie kehren
Heim zum dorf in stillgebeten ·
DIE beim fernen gott der lehren.
DIE schon bei dem naherflehten.

Kam ein pfiff am grund entlang?
Alle lampen flackern bang.
War es nicht als ob es riefe?
Es empfingen ihre bräute
Schwarze knaben aus der tiefe. .
Glocke läute glocke läute!

Von welchen wundern lacht die morgen-erde
Als wär ihr erster tag? Erstauntes singen
Von neuerwachten welten trägt der wind
Verändert sieht der alten berge form
Und wie im kindheit-garten schaukeln blüten . .
Der strom besprengt die ufer und es schlang
Sein zitternd silber allen staub der jahre
Die schöpfung schauert wie im stand der gnade.
Kein gänger kommt des weges dessen haupt
Nicht eine ungewusste hoheit schmücke.
Ein breites licht ist übers land ergossen . .
Heil allen die in seinen strahlen gehn!

Der herr der insel

Die fischer überliefern daß im süden
Auf einer insel reich an zimmt und öl
Und edlen steinen die im sande glitzern
Ein vogel war der wenn am boden fussend
Mit seinem schnabel hoher stämme krone
Zerpflücken konnte · wenn er seine flügel
Gefärbt wie mit dem saft der Tyrer-schnecke
Zu schwerem niedrem flug erhoben: habe
Er einer dunklen wolke gleichgesehn
Des tages sei er im gehölz verschwunden.
Des abends aber an den strand gekommen.
Im kühlen windeshauch von salz und tang
Die süsse stimme hebend dass delfine
Die freunde des gesanges näher schwammen
Im meer voll goldner federn goldner funken.
So habe er seit urbeginn gelebt.
Gescheiterte nur hätten ihn erblickt.
Denn als zum erstenmal die weissen segel
Der menschen sich mit günstigem geleit
Dem eiland zugedreht sei er zum hügel
Die ganze teure stätte zu beschaun gestiegen ·
Verbreitet habe er die grossen schwingen
Verscheidend in gedämpften schmerzeslauten.

Die blume die ich mir am fenster hege
Verwahrt vorm froste in der grauen scherbe
Betrübt mich nur trotz meiner guten pflege
Und hängt das haupt als ob sie langsam sterbe.

Um ihrer frühern blühenden geschicke
Erinnerung aus meinem sinn zu merzen
Erwähl ich scharfe waffen und ich knicke
Die blasse blume mit dem kranken herzen.

Was soll sie nur zur bitternis mir taugen?
Ich wünschte dass vom fenster sie verschwände . .
Nun heb ich wieder meine leeren augen
Und in die leere nacht die leeren hände.

Wir schreiten auf und ab im reichen flitter
Des buchenganges beinah bis zum tore
Und sehen aussen in dem feld vom gitter
Den mandelbaum zum zweitenmal im flore.

Wir suchen nach den schattenfreien bänken
Dort wo uns niemals fremde Stimmen scheuchten ·
In träumen unsre arme sich verschränken ·
Wir laben uns am langen milden leuchten

Wir fühlen dankbar wie zu leisem brausen
Von wipfeln strahlenspuren auf uns tropfen
Und blicken nur und horchen wenn in pausen
Die reifen früchte an den boden klopfen.

Es lacht in dem steigenden jahr dir
Der duft aus dem garten noch leis.
Flicht in dem flatternden haar dir
Eppich und ehrenpreis.

Die wehende saat ist wie gold noch ·
Vielleicht nicht so hoch mehr und reich ·
Rosen begrüßen dich hold noch ·
Ward auch ihr glanz etwas bleich.

Verschweigen wir was uns verwehrt ist ·
Geloben wir glücklich zu sein ·
Wenn auch nicht mehr uns beschert ist
Als noch ein rundgang zu zwein.

Komm in den totgesagten park und schau:
Der schimmer ferner lächelnder gestade ·
Der reinen wolken unverhofftes blau
Erhellt die weiher und die bunten pfade.

Dort nimm das tiefe gelb. das weiche grau
Von birken und von buchs · der wind ist lau ·
die späten rosen welkten noch nicht ganz ·
Erlese küsse sie und flicht den kranz ·

Vergiss auch diese letzten astern nicht ·
Den purpur um die ranken wilder reben ·
Und auch was übrig blieb von grünem leben
Verwinde leicht im herbstlichen gesicht.

An baches ranft
Die einzigen frühen
Die hasel blühen.
Ein vogel pfeift
In kühler au.
Ein leuchten streift
Erwärmt uns sanft
Und zuckt und bleicht.
Das feld ist brach ·
Der baum noch grau . .
Blumen streut vielleicht
Der lenz uns nach.

Ihr tratet zu dem herde
Wo alle glut verstarb ·
Licht war nur an der erde
Vom monde leichenfarb.

Ihr tauchtet in die aschen
Die bleichen finger ein
Mit suchen tasten haschen –
Wird es noch einmal schein!

Seht was mit trostgebärde
Der mond euch rät:
Tretet weg vom herde ·
Es ist worden spät.

Das wort

Wunder von ferne oder traum
Bracht ich an meines landes saum

Und harrte bis die graue norn
Den namen fand in ihrem born –

Drauf konnt ichs greifen dicht und stark
Nun blüht und glänzt es durch die mark ...

Einst langt ich an nach guter fahrt
Mit einem kleinod reich und zart

Sie suchte lang und gab mir kund:
»So schläft hier nichts auf tiefem grund«

Worauf es meiner hand entrann
Und nie mein land den schatz gewann ...

So lernt ich traurig den verzicht:
Kein ding sei wo das wort gebricht.

Du schlank und rein wie eine flamme
Du wie der morgen zart und licht
Du blühend reis vom edlen stamme
Du wie ein quell geheim und schlicht

Begleitest mich auf sonnigen matten
Umschauerst mich im abendrauch

Erleuchtest meinen weg im schatten
Du kühler wind du heisser hauch

Du bist mein wunsch und mein gedanke
Ich atme dich mit jeder luft
Ich schlürfe dich mit jedem tranke
Ich küsse dich mit jedem duft

Du blühend reis vom edlen stamme
Du wie ein quell geheim und schlicht
Du schlank und rein wie eine flamme
Du wie der morgen zart und licht.

Weltabend lohte .. wieder ging der Herr
Hinein zur reichen stadt mit tor und tempel
Er arm verlacht der all dies stürzen wird.
Er wusste: kein gefügter stein darf stehn
Wenn nicht der grund · das ganze · sinken soll.
Die sich bestritten nach dem gleichen trachtend:
Unzahl von händen rührte sich und unzahl
Gewichtiger worte fiel und Eins war not.
Weltabend lohte .. rings war spiel und sang
Sie alle sahen rechts – nur Er sah links.

Leo XIII.

Heut da sich schranzen auf den thronen brüsten
Mit wechslermienen und unedlem klirren:
Dreht unser geist begierig nach verehrung
Und schauernd vor der wahren majestät
Zum ernsten väterlichen angesicht
Des Dreigekrönten wirklichen Gesalbten
Der hundertjährig von der ewigen burg
Hinabsieht: schatten schön erfüllten daseins.

Nach seinem sorgenwerk für alle welten
Freut ihn sein rebengarten: freundlich greifen
In volle trauben seine weissen hände ·
Sein mahl ist brot und wein und leichte malve

Und seine schlummerlosen nächte füllt
Kein wahn der ehrsucht · denn er sinnt auf hymnen
An die holdselige Frau · der schöpfung wonne ·
Und an ihr strahlendes allmächtiges kind.

»Komm heiliger knabe! hilf der welt die birst
Dass sie nicht elend falle! einziger retter!
In deinem schutze blühe mildre zeit
Die rein aus diesen freveln sich erhebe . .
Es kehre lang erwünschter friede heim
Und brüderliche bande schlinge liebe!«
So singt der dichter und der seher weiss:
Das neue heil kommt nur aus neuer liebe.

Wenn angetan mit allen würdezeichen
Getragen mit dem baldachin – ein vorbild
Erhabnen prunks und göttlicher verwaltung –
E R eingehüllt von weihrauch und von lichtern
Dem ganzen erdball seinen segen spendet:
So sinken wir als gläubige zu boden
Verschmolzen mit der tausendköpfigen menge
Die schön wird wenn das wunder sie ergreift.

HUGO VON HOFMANNSTHAL

Die Beiden

Sie trug den Becher in der Hand
– Ihr Kinn und Mund glich seinem Rand –,
So leicht und sicher war ihr Gang,
Kein Tropfen aus dem Becher sprang.

So leicht und fest war seine Hand:
Er ritt auf einem jungen Pferde,
Und mit nachlässiger Gebärde
Erzwang er, daß es zitternd stand.

Jedoch, wenn er aus ihrer Hand
Den leichten Becher nehmen sollte,

So war es beiden allzu schwer:
Denn beide bebten sie so sehr,
Daß keine Hand die andre fand
Und dunkler Wein am Boden rollte.

Terzinen

I.

Über Vergänglichkeit

Noch spür ich ihren Atem auf den Wangen:
Wie kann das sein, daß diese nahen Tage
Fort sind, für immer fort, und ganz vergangen?

Dies ist ein Ding, das keiner voll aussinnt,
Und viel zu grauenvoll, als daß man klage:
Daß alles gleitet und vorüberrinnt.

Und daß mein eignes Ich, durch nichts gehemmt,
Herüberglitt aus einem kleinen Kind
Mir wie ein Hund unheimlich stumm und fremd.

Dann: daß ich auch vor hundert Jahren war
Und meine Ahnen, die im Totenhemd,
Mit mir verwandt sind wie mein eignes Haar,

So eins mit mir als wie mein eignes Haar.

Vor Tag

Nun liegt und zuckt am fahlen Himmelsrand
In sich zusammgesunken das Gewitter.
Nun denkt der Kranke: »Tag! jetzt werd ich schlafen!«
Und drückt die heißen Lider zu. Nun streckt
Die junge Kuh im Stall die starken Nüstern
Nach kühlem Frühduft. Nun im stummen Wald
Hebt der Landstreicher ungewaschen sich
Aus weichem Bett vorjährigen Laubes auf
Und wirft mit frecher Hand den nächsten Stein

Nach einer Taube, die schlaftrunken fliegt,
Und graust sich selber, wie der Stein so dumpf
Und schwer zur Erde fällt. Nun rennt das Wasser,
Als wollte es der Nacht, der fortgeschlichnen, nach
Ins Dunkel stürzen, unteilnehmend, wild
Und kalten Hauches hin, indessen droben
Der Heiland und die Mutter leise, leise
Sich unterreden auf dem Brücklein: leise,
Und doch ist ihre kleine Rede ewig
Und unzerstörbar wie die Sterne droben.
Er trägt sein Kreuz und sagt nur: »Meine Mutter!«
Und sieht sie an, und: »Ach, mein lieber Sohn!«
Sagt sie. – Nun hat der Himmel mit der Erde
Ein stumm beklemmend Zwiegespräch. Dann geht
Ein Schauer durch den schweren, alten Leib:
Sie rüstet sich, den neuen Tag zu leben.
Nun steigt das geisterhafte Frühlicht. Nun
Schleicht einer ohne Schuh von einem Frauenbett,
Läuft wie ein Schatten, klettert wie ein Dieb
Durchs Fenster in sein eigenes Zimmer, sieht
Sich im Wandspiegel und hat plötzlich Angst
Vor diesem blassen, übernächtigen Fremden,
Als hätte dieser selbe heute nacht
Den guten Knaben, der er war, ermordet
Und käme jetzt, die Hände sich zu waschen
Im Krüglein seines Opfers wie zum Hohn,
Und darum sei der Himmel so beklommen
Und alles in der Luft so sonderbar.
Nun geht die Stalltür. Und nun ist auch Tag.

Weltgeheimnis

Der tiefe Brunnen weiß es wohl,
Einst waren alle tief und stumm,
Und alle wußten drum.

Wie Zauberworte, nachgelallt
Und nicht begriffen in den Grund,
So geht es jetzt von Mund zu Mund.

Der tiefe Brunnen weiß es wohl;
In den gebückt, begriffs ein Mann,
Begriff es und verlor es dann.

Und redet' irr und sang ein Lied –
Auf dessen dunklen Spiegel bückt
Sich einst ein Kind und wird entrückt.

Und wächst und weiß nichts von sich selbst
Und wird ein Weib, das einer liebt
Und – wunderbar wie Liebe gibt!

Wie Liebe tiefe Kunde gibt! –
Da wird an Dinge, dumpf geahnt,
In ihren Küssen tief gemahnt...

In unsern Worten liegt es drin,
So tritt des Bettlers Fuß den Kies,
Der eines Edelsteins Verlies.

Der tiefe Brunnen weiß es wohl,
Einst aber wußten alle drum,
Nun zuckt im Kreis ein Traum herum.

Manche freilich ...

Manche freilich müssen drunten sterben,
Wo die schweren Ruder der Schiffe streifen,
Andre wohnen bei dem Steuer droben,
Kennen Vogelflug und die Länder der Sterne.

Manche liegen immer mit schweren Gliedern
Bei den Wurzeln des verworrenen Lebens,
Andern sind die Stühle gerichtet
Bei den Sibyllen, den Königinnen,
Und da sitzen sie wie zu Hause,
Leichten Hauptes und leichter Hände.

Doch ein Schatten fällt von jenen Leben
In die anderen Leben hinüber,

Und die leichten sind an die schweren
Wie an Luft und Erde gebunden:

Ganz vergessener Völker Müdigkeiten
Kann ich nicht abtun von meinen Lidern,
Noch weghalten von der erschrockenen Seele
Stummes Niederfallen ferner Sterne.

Viele Geschicke weben neben dem meinen,
Durcheinander spielt sie alle das Dasein,
Und mein Teil ist mehr als dieses Lebens
Schlanke Flamme oder schmale Leier.

Reiselied

Wasser stürzt, uns zu verschlingen,
Rollt der Fels, uns zu erschlagen,
Kommen schon auf starken Schwingen
Vögel her, uns fortzutragen.

Aber unten liegt ein Land,
Früchte spiegelnd ohne Ende
In den alterslosen Seen.

Marmorstirn und Brunnenrand
Steigt aus blumigem Gelände,
Und die leichten Winde wehn.

Ballade des äußeren Lebens

Und Kinder wachsen auf mit tiefen Augen,
Die von nichts wissen, wachsen auf und sterben,
Und alle Menschen gehen ihre Wege.

Und süße Früchte werden aus den herben
Und fallen nachts wie tote Vögel nieder
Und liegen wenig Tage und verderben.

Und immer weht der Wind, und immer wieder
Vernehmen wir und reden viele Worte
Und spüren Lust und Müdigkeit der Glieder.

Und Straßen laufen durch das Gras, und Orte
Sind da und dort, voll Fackeln, Bäumen, Teichen,
Und drohende, und totenhaft verdorrte...

Wozu sind diese aufgebaut? und gleichen
Einander nie? und sind unzählig viele?
Was wechselt Lachen, Weinen und Erbleichen?

Was frommt das alles uns und diese Spiele,
Die wir doch groß und ewig einsam sind
Und wandernd nimmer suchen irgend Ziele?

Was frommts, dergleichen viel gesehen haben?
Und dennoch sagt der viel, der »Abend« sagt,
Ein Wort, daraus Tiefsinn und Trauer rinnt

Wie schwerer Honig aus den hohlen Waben.

Was ist die Welt?

Was ist die Welt? Ein ewiges Gedicht,
Daraus der Geist der Gottheit strahlt und glüht,
Daraus der Wein der Weisheit schäumt und sprüht,
Daraus der Laut der Liebe zu uns spricht

Und jedes Menschen wechselndes Gemüt,
Ein Strahl ists, der aus dieser Sonne bricht,
Ein Vers, der sich an tausend andre flicht,
Der unbemerkt verhallt, verlischt, verblüht.

Und doch auch eine Welt für sich allein,
Voll süß-geheimer, nievernommner Töne,
Begabt mit eigner, unentweihter Schöne,
Und keines Andern Nachhall, Widerschein.

Und wenn du gar zu lesen drin verstündest,
Ein Buch, das du im Leben nicht ergründest.

Vorfrühling

Es läuft der Frühlingswind
Durch kahle Alleen,
Seltsame Dinge sind
In seinem Wehn.

Er hat sich gewiegt,
Wo Weinen war,
Und hat sich geschmiegt
In zerrüttetes Haar.

Er schüttelte nieder
Akazienblüten
Und kühlte die Glieder,
Die atmend glühten.

Lippen im Lachen
Hat er berührt,
Die weichen und wachen
Fluren durchspürt.

Er glitt durch die Flöte
Als schluchzender Schrei,
An dämmernder Röte
Flog er vorbei.

Er flog mit Schweigen
Durch flüsternde Zimmer
Und löschte im Neigen
Der Ampel Schimmer.

Es läuft der Frühlingswind
Durch kahle Alleen,
Seltsame Dinge sind
In seinem Wehn.

Durch die glatten
Kahlen Alleen
Treibt sein Wehn
Blasse Schatten.

Und den Duft,
Den er gebracht,
Von wo er gekommen
Seit gestern Nacht.

Lebenslied

Den Erben laß verschwenden
An Adler, Lamm und Pfau
Das Salböl aus den Händen
Der toten alten Frau!
Die Toten, die entgleiten,
Die Wipfel in dem Weiten –
Ihm sind sie wie das Schreiten
Der Tänzerinnen wert!

Er geht wie den kein Walten
Vom Rücken her bedroht.
Er lächelt, wenn die Falten
Des Lebens flüstern: Tod!
Ihm bietet jede Stelle
Geheimnisvoll die Schwelle;
Es gibt sich jeder Welle
Der Heimatlose hin.

Der Schwarm von wilden Bienen
Nimmt seine Seele mit;
Das Singen von Delphinen
Beflügelt seinen Schritt:
Ihm tragen alle Erden
Mit mächtigen Gebärden.
Der Flüsse Dunkelwerden
Begrenzt den Hirtentag!

Das Salböl aus den Händen
Der toten alten Frau
Laß lächelnd ihn verschwenden
An Adler, Lamm und Pfau:
Er lächelt der Gefährten. –

Die schwebend unbeschwerten
Abgründe und die Gärten
Des Lebens tragen ihn.

RAINER MARIA RILKE

Der Panther
Im Jardin des Plantes, Paris

Sein Blick ist vom Vorübergehn der Stäbe
so müd geworden, daß er nichts mehr hält.
Ihm ist, als ob es tausend Stäbe gäbe
und hinter tausend Stäben keine Welt.

Der weiche Gang geschmeidig starker Schritte,
der sich im allerkleinsten Kreise dreht,
ist wie ein Tanz von Kraft um eine Mitte,
in der betäubt ein großer Wille steht.

Nur manchmal schiebt der Vorhang der Pupille
sich lautlos auf –. Dann geht ein Bild hinein,
geht durch der Glieder angespannte Stille –
und hört im Herzen auf zu sein.

Herbsttag

Herr: es ist Zeit. Der Sommer war sehr groß.
Leg deinen Schatten auf die Sonnenuhren,
und auf den Fluren laß die Winde los.

Befiehl den letzten Früchten voll zu sein;
gib ihnen noch zwei südlichere Tage,
dränge sie zur Vollendung hin und jage
die letzte Süße in den schweren Wein.

Wer jetzt kein Haus hat, baut sich keines mehr.
Wer jetzt allein ist, wird es lange bleiben,

wird wachen, lesen, lange Briefe schreiben
und wird in den Alleen hin und her
unruhig wandern, wenn die Blätter treiben.

Das Karussell

Jardin du Luxembourg

Mit einem Dach und seinem Schatten dreht
sich eine kleine Weile der Bestand
von bunten Pferden, alle aus dem Land,
das lange zögert, eh es untergeht.
Zwar manche sind an Wagen angespannt,
doch alle haben Mut in ihren Mienen;
ein böser roter Löwe geht mit ihnen
und dann und wann ein weißer Elefant.

Sogar ein Hirsch ist da ganz wie im Wald,
nur daß er einen Sattel trägt und drüber
ein kleines blaues Mädchen aufgeschnallt.

Und auf dem Löwen reitet weiß ein Junge
und hält sich mit der kleinen heißen Hand,
dieweil der Löwe Zähne zeigt und Zunge.

Und dann und wann ein weißer Elefant.

Und auf den Pferden kommen sie vorüber,
auch Mädchen, helle, diesem Pferdesprunge
fast schon entwachsen; mitten in dem Schwunge
schauen sie auf, irgendwohin, herüber –

Und dann und wann ein weißer Elefant.

Und das geht hin und eilt sich, daß es endet,
und kreist und dreht sich nur und hat kein Ziel.
Ein Rot, ein Grün, ein Grau vorbeigesendet,
ein kleines kaum begonnenes Profil.
Und manchesmal ein Lächeln, hergewendet,
ein seliges, das blendet und verschwendet
an dieses atemlose blinde Spiel.

Römische Fontäne
Borghese

Zwei Becken, eins das andre übersteigend
aus einem alten runden Marmorrand,
und aus dem oberen Wasser leis sich neigend
zum Wasser, welches unten wartend stand,

dem leise redenden entgegenschweigend
und heimlich, gleichsam in der hohlen Hand
ihm Himmel hinter Grün und Dunkel zeigend
wie einen unbekannten Gegenstand;

sich selber ruhig in der schönen Schale
verbreitend ohne Heimweh, Kreis aus Kreis,
nur manchmal träumerisch und tropfenweis

sich niederlassend an den Moosbehängen
zum letzten Spiegel, der sein Becken leis
von unten lächeln macht mit Übergängen.

Archaïscher Torso Apollos

Wir kannten nicht sein unerhörtes Haupt,
darin die Augenäpfel reiften. Aber
sein Torso glüht noch wie ein Kandelaber,
in dem sein Schauen, nur zurückgeschraubt,

sich hält und glänzt. Sonst könnte nicht der Bug
der Brust dich blenden, und im leisen Drehen
der Lenden könnte nicht ein Lächeln gehen
zu jener Mitte, die die Zeugung trug.

Sonst stünde dieser Stein entstellt und kurz
unter der Schultern durchsichtigem Sturz
und flimmerte nicht so wie Raubtierfelle;

und bräche nicht aus allen seinen Rändern
aus wie ein Stern: denn da ist keine Stelle,
die dich nicht sieht. Du mußt dein Leben ändern.

Die Sonette an Orpheus

IX

Nur wer die Leier schon hob
auch unter Schatten,
darf das unendliche Lob
ahnend erstatten.

Nur wer mit Toten vom Mohn
aß, von dem ihren,
wird nicht den leisesten Ton
wieder verlieren.

Mag auch die Spieglung im Teich
oft uns verschwimmen:
Wisse das Bild.

Erst in dem Doppelbereich
Werden die Stimmen
ewig und mild.

Abend

Der Abend wechselt langsam die Gewänder,
die ihm ein Rand von alten Bäumen hält;
du schaust: und von dir scheiden sich die Länder,
ein himmelfahrendes und eins, das fällt;

und lassen dich, zu keinem ganz gehörend,
nicht ganz so dunkel wie das Haus, das schweigt,
nicht ganz so sicher Ewiges beschwörend
wie das, was Stern wird jede Nacht und steigt;

und lassen dir (unsäglich zu entwirrn)
dein Leben, bang und riesenhaft und reifend,
so daß es, bald begrenzt und bald begreifend,
abwechselnd Stein in dir wird und Gestirn.

Abschied

Wie hab ich das gefühlt, was Abschied heißt.
Wie weiß ichs noch: ein dunkles unverwundnes
grausames Etwas, das ein Schönverbundnes
noch einmal zeigt und hinhält und zerreißt.

Wie war ich ohne Wehr, dem zuzuschauen,
das, da es mich, mich rufend, gehen ließ,
zurückblieb, so als wärens alle Frauen
und dennoch klein und weiß und nichts als dies:

Ein Winken, schon nicht mehr auf mich bezogen,
ein leise Weiterwinkendes –, schon kaum
erklärbar mehr: vielleicht ein Pflaumenbaum,
von dem ein Kuckuck hastig abgeflogen.

Schon kehrt der Saft aus jener Allgemeinheit,
die dunkel in den Wurzeln sich erneut,
zurück ans Licht und speist die grüne Reinheit,
die unter Rinden noch die Winde scheut.

Die Innenseite der Natur belebt sich,
verheimlichend ein neues Freuet-Euch;
und eines ganzen Jahres Jugend hebt sich,
unkenntlich noch, ins starrende Gesträuch.

Des alten Nußbaums rühmliche Gestaltung
füllt sich mit Zukunft, außen grau und kühl;
doch junges Buschwerk zittert vor Verhaltung
unter der kleinen Vögel Vorgefühl.

Orpheus. Eurydike. Hermes

Das war der Seelen wunderliches Bergwerk.
Wie stille Silbererze gingen sie
als Adern durch sein Dunkel. Zwischen Wurzeln
entsprang das Blut, das fortgeht zu den Menschen,
und schwer wie Porphyr sah es aus im Dunkel.
Sonst war nichts Rotes.

Felsen war da
und wesenlose Wälder. Brücken über Leeres
und jener große, graue, blinde Teich,
der über seinem fernen Grunde hing
wie Regenhimmel über einer Landschaft.
Und zwischen Wiesen, sanft und voller Langmut,
erschien des einen Weges blasser Streifen
wie eine lange Bleiche hingelegt.

Und dieses einen Weges kamen sie.

Voran der schlanke Mann im blauen Mantel,
der stumm und ungeduldig vor sich aussah.
Ohne zu kauen fraß sein Schritt den Weg
in großen Bissen; seine Hände hingen
schwer und verschlossen aus dem Fall der Falten
und wußten nicht mehr von der leichten Leier,
die in die Linke eingewachsen war
wie Rosenranken in den Ast des Ölbaums.
Und seine Sinne waren wie entzweit:
indes der Blick ihm wie ein Hund vorauslief,
umkehrte, kam und immer wieder weit
und wartend an der nächsten Wendung stand, –
blieb sein Gehör wie ein Geruch zurück.
Manchmal erschien es ihm, als reichte es
bis an das Gehen jener beiden andern,
die folgen sollten diesen ganzen Aufstieg.
Dann wieder wars nur seines Steigens Nachklang
und seines Mantels Wind, was hinter ihm war.
Er aber sagte sich, sie kämen doch;
sagte es laut und hörte sich verhallen.
Sie kämen doch, nur wärens zwei,
die furchtbar leise gingen. Dürfte er
sich einmal wenden (wäre das Zurückschaun
nicht die Zersetzung dieses ganzen Werkes,
das erst vollbracht wird), müßte er sie sehen,
die beiden Leisen, die ihm schweigend nachgehn:

den Gott des Ganges und der weiten Botschaft,
die Reisehaube über hellen Augen,
den schlanken Stab hertragend vor dem Leibe

und flügelschlagend an den Fußgelenken;
und seiner linken Hand gegeben: s i e.

Die So-geliebte, daß aus einer Leier
mehr Klage kam als je aus Klagefrauen;
daß eine Welt aus Klage ward, in der
alles noch einmal da war: Wald und Tal
und Weg und Ortschaft, Feld und Fluß und Tier;
und daß um diese Klage-Welt ganz so
wie um die andre Erde eine Sonne
und ein gestirnter stiller Himmel ging,
ein Klage-Himmel mit entstellten Sternen –:
diese So-geliebte.

Sie aber ging an jenes Gottes Hand,
den Schritt beschränkt von langen Leichenbändern,
unsicher, sanft und ohne Ungeduld.
Sie war in sich wie Eine hoher Hoffnung
und dachte nicht des Mannes, der voranging,
und nicht des Weges, der ins Leben aufstieg.
Sie war in sich. Und ihr Gestorbensein
erfüllte sie wie Fülle.
Wie eine Frucht von Süßigkeit und Dunkel,
so war sie voll von ihrem großen Tode,
der also neu war, daß sie nichts begriff.

Sie war in einem neuen Mädchentum
und unberührbar; ihr Geschlecht war zu
wie eine junge Blume gegen Abend,
und ihre Hände waren der Vermählung
so sehr entwöhnt, daß selbst des leichten Gottes
unendlich leise leitende Berührung
sie kränkte wie zu sehr Vertraulichkeit.

Sie war schon nicht mehr diese blonde Frau,
die in des Dichters Liedern manchmal anklang,
nicht mehr des breiten Bettes Duft und Eiland
und jenes Mannes Eigentum nicht mehr.

Sie war schon aufgelöst wie langes Haar
und hingegeben wie gefallner Regen
und ausgeteilt wie hundertfacher Vorrat.

Sie war schon Wurzel.
Und als plötzlich jäh
der Gott sie anhielt und mit Schmerz im Ausruf
die Worte sprach: Er hat sich umgewendet –,
begriff sie nichts und sagte leise: Wer?

Fern aber, dunkel vor dem klaren Ausgang,
stand irgend jemand, dessen Angesicht
nicht zu erkennen war. Er stand und sah,
wie auf dem Streifen eines Wiesenpfades
mit trauervollem Blick der Gott der Botschaft
sich schweigend wandte, der Gestalt zu folgen,
die schon zurückging dieses selben Weges,
den Schritt beschränkt von langen Leichenbändern,
unsicher, sanft und ohne Ungeduld.

Winterliche Stanzen

Nun sollen wir versagte Tage lange
ertragen in des Widerstandes Rinde;
uns immer wehrend, nimmer an der Wange
das Tiefe fühlend aufgetaner Winde.
Die Nacht ist stark, doch von so fernem Gange,
die schwache Lampe überredet linde.
Laß dichs getrösten: Frost und Harsch bereiten
die Spannung künftiger Empfänglichkeiten.

Hast du denn ganz die Rosen ausempfunden
vergangnen Sommers? Fühle, überlege:
das Ausgeruhte reiner Morgenstunden,
den leichten Gang in spinnverwebte Wege?
Stürz in dich nieder, rüttele, errege
die liebe Lust: sie ist in dich verschwunden.
Und wenn du eins gewahrst, das dir entgangen,
sei froh, es ganz von vorne anzufangen.

Vielleicht ein Glanz von Tauben, welche kreisten,
ein Vogelklang, halb wie ein Verdacht,
ein Blumenblick (man übersieht die meisten),
ein duftendes Vermuten vor der Nacht.

Natur ist göttlich voll; wer kann sie leisten,
wenn ihn ein Gott nicht so natürlich macht.
Denn wer sie innen, wie sie drängt, empfände,
verhielte sich, erfüllt, in seine Hände.

Verhielte sich wie Übermaß und Menge
und hoffte nicht noch Neues zu empfangen,
verhielte sich wie Übermaß und Menge
und meinte nicht, es sei ihm was entgangen,
verhielte sich wie Übermaß und Menge
mit maßlos übertroffenem Verlangen
und staunte nur noch, daß er dies ertrüge:
die schwankende, gewaltige Genüge.

Der Geist Ariel

Nach der Lesung von Shakespeares Sturm

Man hat ihn einmal irgendwo befreit
mit jenem Ruck, mit dem man sich als Jüngling
ans Große hinriß, weg von jeder Rücksicht.
Da ward er willens, sieh: und seither dient er,
nach jeder Tat gefaßt auf seine Freiheit.
Und halb sehr herrisch, halb beinah verschämt,
bringt mans ihm vor, daß man für dies und dies
ihn weiter brauche, ach, und muß es sagen,
was man ihm half. Und dennoch fühlt man selbst,
wie alles das, was man mit ihm zurückhält,
fehlt in der Luft. Verführend fast und süß:
ihn hinzulassen –, um dann, nicht mehr zaubernd,
ins Schicksal eingelassen wie die andern,
zu wissen, daß sich seine leichte Freundschaft,
jetzt ohne Spannung, nirgends mehr verpflichtet,
ein Überschuß zu dieses Atmens Raum,
gedankenlos im Element beschäftigt.
Abhängig fürder, länger nicht begabt,
den dumpfen Mund zu jenem Ruf zu formen,
auf den er stürzte. Machtlos, alternd, arm
und doch i h n atmend wie unfaßlich weit
verteilten Duft, der erst das Unsichtbare

vollzählig macht. Auflächelnd, daß man dem
so winken durfte, in so großen Umgang
so leicht gewöhnt. Aufweinend vielleicht auch,
wenn man bedenkt, wie's einen liebte und
fortwollte, beides, immer ganz in Einem.

(Ließ ich es schon? Nun schreckt mich dieser Mann,
der wieder Herzog wird. Wie er sich sanft
den Draht ins Haupt zieht und sich zu den andern
Figuren hängt und künftighin das Spiel
um Milde bittet... Welcher Epilog
vollbrachter Herrschaft. Abtun, bloßes Dastehn
mit nichts, als eigner Kraft: »und das ist wenig.«)

Ausgesetzt auf den Bergen des Herzens. Siehe, wie klein dort,
siehe: die letzte Ortschaft der Worte, und höher,
aber wie klein auch, noch ein letztes
Gehöft von Gefühl. Erkennst du's?
Ausgesetzt auf den Bergen des Herzens. Steingrund
unter den Händen. Hier blüht wohl
einiges auf; aus stummem Absturz
blüht ein unwissendes Kraut singend hervor.
Aber der Wissende? Ach, der zu wissen begann,
und schweigt nun, ausgesetzt auf den Bergen des Herzens.
Da geht wohl, heilen Bewußtseins,
manches umher, manches gesicherte Bergtier,
wechselt und weilt. Und der große geborgene Vogel
kreist um der Gipfel reine Verweigerung. – Aber
ungeborgen, hier auf den Bergen des Herzens . . .

Hans Carossa

Alter Baum im Sonnenaufgang

Frühnebel steigt aus einsam altem Baum.
Es lichten sich die weiten Astwerkräume,
Die purpurbraunen, rostbespritzten Blätter,
Die nur der Frost noch festhält. Schwarz von Osten
Aufwogt Gebirg. Aus hoher Gipfelzacke

Strömt weißer Brand und saugt in großen Zügen
Den Dunst nach oben, schräge Strahlen lagern
Herab, leis knisternd fallen Blätter –
Und stärker schüttert Licht. Es klingt, braust, – schaudern
Erwacht der dunkle Baumgeist; in die Sonne
Reckt er sich tausendzweigig, nieder
Wirft er die breite purpurne Belaubung,
Und Himmel, Himmel füllt das nackte Holz.

Der alte Brunnen

Lösch aus dein Licht und schlaf! Das immer wache
Geplätscher nur vom alten Brunnen tönt.
Wer aber Gast war unter meinem Dache,
Hat sich stets bald an diesen Ton gewöhnt.

Zwar kann es einmal sein, wenn du schon mitten
Im Traume bist, daß Unruh geht ums Haus,
Der Kies beim Brunnen knirscht von harten Tritten,
Das helle Plätschern setzt auf einmal aus,

Und du erwachst, dann mußt du nicht erschrecken!
Die Sterne stehn vollzählig überm Land,
Und nur ein Wandrer trat ans Marmorbecken,
Der schöpft vom Brunnen mit der hohlen Hand.

Er geht gleich weiter, und es rauscht wie immer.
O freue dich, du bleibst nicht einsam hier.
Viel Wandrer gehen fern im Sternenschimmer,
Und mancher noch ist auf dem Weg zu dir.

Warum geben wir uns hin
Jedem eitlen Grauen?
Laßt uns doch mit höchstem Sinn
Dem Gestirn vertrauen,

Das zwar ewig nicht vernimmt
Unser Jubeln, Klagen,
Doch sein Licht so milde stimmt,
Daß wir es ertragen!

HERMANN HESSE

In Sand geschrieben

1947

Daß das Schöne und Berückende
Nur ein Hauch und Schauer sei,
Daß das Köstliche, Entzückende,
Holde ohne Dauer sei:
Wolke, Blume, Seifenblase,
Feuerwerk und Kinderlachen,
Frauenblick im Spiegelglase
Und viel andre wunderbare Sachen,
Daß sie, kaum entdeckt, vergehen,
Nur von Augenblickes Dauer,
Nur ein Duft und Windeswehen,
Ach, wir wissen es mit Trauer,
Und das Dauerhafte, Starre
Ist uns nicht so innig teuer:
Edelstein mit kühlem Feuer,
Glänzendschwere Goldesbarre;
Selbst die Sterne, nicht zu zählen,
Bleiben fern und fremd, sie gleichen
Uns Vergänglichen nicht, erreichen
Nicht das Innerste der Seelen.
Nein, es scheint das innigst Schöne,
Liebenswerte dem Verderben
Zugeneigt, stets nah am Sterben,
Und das Köstlichste: die Töne
Der Musik, die im Entstehen
Schon enteilen, schon vergehen,
Sind nur Wehen, Strömen, Jagen
Und umweht von leiser Trauer,
Denn auch nicht auf Herzschlags Dauer
Lassen sie sich halten, bannen;
Ton um Ton, kaum angeschlagen,
Schwindet schon und rinnt von dannen.

So ist unser Herz dem Flüchtigen,
Ist dem Fließenden, dem Leben
Treu und brüderlich ergeben,

Nicht dem Festen, Dauertüchtigen.
Bald ermüdet uns das Bleibende,
Fels und Sternwelt und Juwelen,
Uns in ewigem Wandel treibende
Wind- und Seifenblasenseelen,
Zeitvermählte, Dauerlose,
Denen Tau am Blatt der Rose,
Denen eines Vogels Werben,
Eines Wolkenspieles Sterben,
Schneegeflimmer, Regenbogen,
Falter, schon hinweg geflogen,
Denen eines Lachens Läuten,
Das uns im Vorübergehen
Kaum gestreift, ein Fest bedeuten
Oder wehtun kann. Wir lieben,
Was uns gleich ist, und verstehen,
Was der Wind in Sand geschrieben.

Höhe des Sommers

Das Blau der Ferne klärt sich schon
Vergeistigt und gelichtet
Zu jenem süßen Zauberton,
Den nur September dichtet.

Der reife Sommer über Nacht
Will sich zum Feste färben,
Da alles in Vollendung lacht
Und willig ist zu sterben.

Entreiß dich, Seele, nun der Zeit.
Entreiß dich deinen Sorgen
Und mache dich zum Flug bereit
In den ersehnten Morgen.

RUDOLF ALEXANDER SCHRÖDER

Mühlenthal

Oh, nur noch ein Novembertag
 Mit dir im alten Garten,
Der schräg vor blinder Sonne lag,
 Des ersten Frosts zu warten.

Von rotem Baum zu goldenem Baum
 Gab ich dir das Geleite;
Als Dritter ging ein Kindertraum
 Dir heimlich an der Seite.

Der malte dir das Falbe grün
 Und ließ – dich nahm's nicht wunder –
Am Teich die Juni-Rosen blühn
 Und hinterm Wald Holunder.

Und während langsam, langsam wir
 Durchs ranke Dickicht schreiten,
Sprachst du mit ihm und nicht mit mir
 Von längst vergangnen Zeiten.

Zuletzt, als ich den Arm dir bot
 – Stumm deutend auf das Steigen
Des Wiesenrauchs im Abendrot –,
 Begannst auch du zu schweigen.

So standen wir im Niederschlag
 Des Blätterfalls, des zarten;
November war's und Nachmittag
 Mit dir im alten Garten.

Vom alten Mann

Mit altem Mann geht's wunderlich:
Hat viel gelernt, muß viel verlernen.
 Ihm ist, als wollt sein eigen Ich
 Sich leis aus ihm entfernen.

Des Abschiednehmens lichte Zeit
Verzehrt das flockichte Gewimmel;
In goldner Wölbung hoch und weit
 Blaut über ihm der Himmel.

Noch weist zu Füßen ihm die Flur,
Als wär's durch Spiegel des Geschehens,
Die alt-vertraute Zauberspur
 Des Kommens und des Gehens.

Die alt-vertraute Zauberspur,
Trotz alles Haderns, Zorns und Grämens
Geliebt, warum? –, und ist doch nur
 Die Spur des Abschiednehmens.

O Abschiednehmen, goldne Zeit,
Gern bin ich deines Winks gewärtig,
Vom Ziel des Weges nicht mehr weit
 Und dennoch reisefertig!

Mir altem Mann geht's wunderlich,
Hab viel verlernt, muß Neues lernen. –
's ist an der Zeit? befreunde dich
 Der Nacht und ihren Sternen.

Aus der Ballade vom Wandersmann

Laßt mich's immer leiser sagen,
Immer sanfter, eh ich scheide:
Wüßt ich doch von keinem Leide,
 Das zu klagen.

Klag ihr immer und verklagt euch,
Schuldig um die fremden Schulden:
Ich erfuhr's: Ihr lernt gedulden;
 Ihr vertragt euch.

Einer raubt, was ihr euch raubtet,
Nimmt euch ab, was ihr genommen;
Jedem frommt ein ander Frommen,
 Als ihr glaubtet.

Kleid und Haus, sie wären deine?
Dein der Hof, das Land, die Krone?
Still! – Ihr wißt's, euch selbst zum Hohne,
 Was ich meine.

Still, und laßt mich's leiser sagen,
Sanfter sagen, eh wir scheiden:
 Menschen-Los ist Menschen-Leiden. –
 Lernt's ertragen.

Fragilem truci commisit

»Een bloeiende amandeltak«

Ihr Mandelruten, vor der List
Des wilden Winterwinds gerettet,
Und – wurzellos – für karge Frist
Ins Glas auf meinem Tisch gebettet,

Im Dämmer blütenloser Zeit
Steht ihr von einem Glanz umfunkelt,
Der Salomonis Herrlichkeit
Und Cäsars goldenes Haus verdunkelt.

Ich, der ich Reiche trümmern sah
Und Throne stürzen über Reichen,
Weiß, eurer holden Wildnis nah,
Mit keinem Glück euch zu vergleichen.

Des Menschen herrliches Geschick,
Begabt mit Wandel und Gebärde,
Mit aufgetanem Ohr und Blick
Und mit dem Lehn besonnter Erde,

Was hilft es ihm, der allzu frei,
Kein Wagnis, keine Notwehr scheute?
Er stürzt, Tyrann, die Tyrannei
Und raubt dem Räuber seine Beute.

Ihr aber, friedlichstes Geschlecht,
Sacht aufgenährt in dunkler Hülle,

Ruht, wenn ihr aus der Knospe brecht,
Beseligt stumm in eigner Fülle.

Mir halber Trost und halbe Klag,
Der ich, umstellt vom Mißgeschicke,
Ein Wächter, eurem kurzen Tag
Ins rätselvolle Antlitz blicke.

RUDOLF BORCHARDT

Autumnus

I.

Vor allen Göttern in des Jahres Reihn
So stumm, so staunend lernten wir zu beten –
Nun sind wir in den dritten Kreis getreten,
Das Jahr ist reif, die Blätter wurden Wein,
Und was nicht reifte, schläft in kahlen Beeten
Des alten Sommers unter Schleiern ein –
Sie könnten von den blinden Fäden sein,
Die eben deinem Schritt vorbei verwehten.

Ein neu Gesicht hat sich zu uns gesellt.
Aus finstren Schatten lacht es braun und bunt,
Dies ist Autumnus, der den Apfel hält.
Rot wirbelt's um ihn, gelber sinkt's zu Grund,
Mit starken Augen bindet er die Welt.
Die Traube schwillt um seinen schweren Mund.

Mit den Schuhen

Was man will, kann man nicht geben,
Und man gibt nur, was man muß,
Also gibt man einen Kuß
Und man gäbe gern das Leben.

Also gibt man einen Strauß
Statt des Gartens um ein Haus,

Gibt das Buch als den Entgelt
Für die Weisheit aller Welt,

Drängt den Ring an einen Finger,
Schlingt die Kette um den Hals, –
Alles nur ein wie geringer
Abschlag auf die Schuld des Alls!

Jenes Alls, in dem man ist,
Wenn man eine liebt, –
Wer der Gabe Sinn vergißt,
Was hat er, was er gibt?

Alle Gabe ist nur Sinn
Und Bild in einer Hülle.
Seit ich fühle alle Fülle,
Weiß ich erst, wie arm ich bin!

Mach mich du, geliebtes Kind,
Zum reichsten von den Leuten!
Sieh nicht an, was Gaben sind,
Nur an, was sie bedeuten!

Für das ganze Feld die Ähre,
Für den Himmel nimm den Stern,
Und mich selbst für was ich gern
Um Deinetwillen wäre!

Diese Hände mit den Schuhn –
Fühle, was sie nur vertreten,
Sieh nicht, was sie eben tun,
Nur was sie lieber täten!

Nimm sie so, wie ich sie sende
Denn sie meinen, Süße –
Lieber legt ich beide Hände
Unter deine Füße!

Zwar sie stehn für keine Gabe
– Dennoch sei das Spiel verziehn!
Alles ist ja nur geliehn,
Solang ich dich nicht habe.

GEORG KAISER

Flehruf

Nicht, mächt'ger Schöpfer, lasse so geschehn,
Wenn du zerfallne Formen wandelnd richtest,
Daß Mensch ich wieder. Dies mein Sterbeflehn,
Bevor du jetzt mich odemlos vernichtest.

Mach mich zum Baum, den bald der Beilhieb fällt.
Zur Ratte in dem gift'gen Maul der Schlange.
Zum Fuchs, der sich im Eisen heiser bellt.
Zum Lamm verzuckend in des Wolfes Fange.

Mach mich zum Wurm, den jeder Schuh zertritt.
Zum Vogel mit zerbrochenem Gefieder.
Mach leiden mich, wie nie solch Wesen litt.
Laß so mich endlos sein. Nur Mensch nicht wieder.

KARL KRAUS

Nächtliche Stunde

Nächtliche Stunde, die mir vergeht,
Da ich's ersinne, bedenke und wende,
Und diese Nacht geht schon zu Ende.
Draußen ein Vogel sagt: es ist Tag.

Nächtliche Stunde, die mir vergeht,
Da ich's ersinne, bedenke und wende,
Und dieser Winter geht schon zu Ende.
Draußen ein Vogel sagt: es ist Frühling.

Nächtliche Stunde, die mir vergeht,
Da ich's ersinne, bedenke und wende,
Und dieses Leben geht schon zu Ende.
Draußen ein Vogel sagt: es ist Tod.

KONRAD WEISS

Abendwacht

Der Abend kommt, ein regenkalter Tag
Verbleicht im letzten Schnee auf Baum und Busch,
Die Last, die er nicht zwang und die er wusch,
Drückt er erliegend tiefer in den Hag.

Wie Flügel liegt's umher, verlorner Flaum,
Das früh geborne Laub wird schwarz und starrt,
Es gähnt von Gräbern, offenen, und hart
Im Zwielicht kummervoll steht auf der Baum.

Das Dunkel kommt, auf kalten Fliesen hält
Der Tag noch zögernd eine letzte Wacht,
Unruhig wird das trübe Herz zur Nacht
Kaltbrandig wie vom Müßiggang gequält.

Die eine Rose
Für Veit Roßkopf

Während wir uns schlugen auf den Wegen,
Wort um Worte rührten,
Was die Worte wollten, tiefer spürten,
Während wir dem Sinn entgegen
Uns durch wache Wildnis trugen,
Um ein schlafend Bild umsonst doch Worte
Wacher schickend nur sein Schlafen schürten,
Und von Ort zu Orte
Horchten und die Zungen in uns schlugen,

Fiel auf eine Rose vieler Regen.

Mann aus Erde

Dem alles nur im Geist geschah,
Du meinst, die Grenze sei so nah,
Dein armes Sein in Gottes Licht zu zücken,
Du unlösbarer Zeitvertreib,

Du mußt, o unverklärter Leib,
Den Stein erst überm Grabe rücken.

Nun überfällt die Seelenangst
Dich wieder, daß du stockst und bangst,
Zurückwillst zu der Markverwesung Schmerzen,
Verjüngter du in dem Gericht
Des Wortes, werde Fleisch, dann bricht
Die Ader ein zum ew'gen Herzen.

ELSE LASKER-SCHÜLER

Weltschmerz

Ich, der brennende Wüstenwind,
Erkaltete und nahm Gestalt an.

Wo ist die Sonne, die mich auflösen kann,
Oder der Blitz, der mich zerschmettern kann!

Blick nun, ein steinernes Sphinxhaupt,
Zürnend zu allen Himmeln auf.

Weltende

Es ist ein Weinen in der Welt,
Als ob der liebe Gott gestorben wär,
Und der bleierne Schatten, der niederfällt,
Lastet grabesschwer.

Komm, wir wollen uns näher verbergen...
Das Leben liegt in aller Herzen
Wie in Särgen.

Du! wir wollen uns tief küssen –
Es pocht eine Sehnsucht an die Welt,
An der wir sterben müssen.

Mein blaues Klavier

Ich habe zu Hause ein blaues Klavier
Und kenne doch keine Note.

Es steht im Dunkel der Kellertür,
Seitdem die Welt verrohte.

Es spielen Sternenhände vier
– Die Mondfrau sang im Boote –
Nun tanzen die Ratten im Geklirr.

Zerbrochen ist die Klaviatür.....
Ich beweine die blaue Tote.

Ach liebe Engel öffnet mir
– Ich aß vom bitteren Brote –
Mir lebend schon die Himmelstür –
Auch wider dem Verbote.

JOACHIM RINGELNATZ

Die Rakete und der Kater

Hui! Die Rakete stieg. Sie fauchte
Am Dach vorbei und höher. Glühend jung.
Bis sie in wundervollem Linienschwung
In ferne, dunkle Abendwolken tauchte.
Auf jenem Dache saß ein schwarzer Kater.
Der sah die schöne Linie, und was tat er?
Zunächst; er fauchte ebenfalls.
Dann dehnte er sich, reckte seinen Hals.
Dann krümmte er den Buckel, hob ein Ohr
Und streckte seinen Schweif graziös empor,
Um jene schöne Linie nachzumachen.
Doch die Rakete oben barst vor Lachen.
Da warf sich unser schwarzer Kater
Wild auf den Rücken. Und was tat er?
Was tat er außer sich vor Wut?

Nun, was man sonst gewöhnlich nicht
Gerade auf dem Rücken liegend tut.
Er tat es kräftig, tat es reichlich, gut;
Er hatte kurz zuvor zu Haus
Zwei Babyflaschen ausgesogen.
Doch jenen herrlichen Raketenbogen...
Nein, nein, den kriegte er nicht raus.

Im Park

Ein ganz kleines Reh stand am ganz kleinen Baum
Still und verklärt wie im Traum.
Das war des Nachts elf Uhr zwei.
Und dann kam ich um vier
Morgens wieder vorbei,
Und da träumte noch immer das Tier.
Nun schlich ich mich leise – ich atmete kaum –
Gegen den Wind an den Baum,
Und gab dem Reh einen ganz kleinen Stips.
Und da war es aus Gips.

JAKOB VAN HODDIS

Weltende

Dem Bürger fliegt vom spitzen Kopf der Hut,
In allen Lüften hallt es wie Geschrei.
Dachdecker stürzen ab und gehn entzwei,
Und an den Küsten – liest man – steigt die Flut.

Der Sturm ist da, die wilden Meere hupfen
An Land, um dicke Dämme zu zerdrücken.
Die meisten Menschen haben einen Schnupfen.
Die Eisenbahnen fallen von den Brücken.

Yvan Goll

Stunden

Wasserträgerinnen
Hochgeschürzte Töchter
Schreiten schwer herab die Totenstraße
Auf den Köpfen wiegend
Einen Krug voll Zeit
Eine Ernte ungepflückter Tropfen
Die schon reifen auf dem Weg hinab
Wasserfälle Flüsse Tränen Nebel Dampf
Immer geheimere Tropfen immer kargere Zeit
Schattenträgerinnen
Schon vergangen schon verhangen
Ewigkeit

Ernst Stadler

Vorfrühling

In dieser Märznacht trat ich spät aus meinem Haus.
Die Straßen waren aufgewühlt von Lenzgeruch und grünem
 Saatregen.
Winde schlugen an. Durch die verstörte Häusersenkung ging
 ich weit hinaus
Bis zu dem unbedeckten Wall und spürte: meinem Herzen
 schwoll ein neuer Takt entgegen.

In jedem Lufthauch war ein junges Werden ausgespannt.
Ich lauschte, wie die starken Wirbel mir im Blute rollten.
Schon dehnte sich bereitet Acker. In den Horizonten eingebrannt
War schon die Bläue hoher Morgenstunden, die ins Weite
 führen sollten.

Die Schleusen knirschten. Abenteuer brach aus allen Fernen.
Überm Kanal, den junge Ausfahrtwinde wellten, wuchsen
 helle Bahnen,
In deren Licht ich trieb. Schicksal stand wartend in umwehten
 Sternen.
In meinem Herzen lag ein Stürmen wie von aufgerollten Fahnen.

Kleine Stadt

Die vielen kleinen Gassen, die die langgestreckte Hauptstraße
überqueren,
Laufen alle ins Grüne. Überall fängt Land an.
Überall strömt Himmel ein und Geruch von Bäumen und der
starke Duft der Äcker.
Überall erlischt die Stadt in einer feuchten Herrlichkeit von
Wiesen,
Und durch den grauen Ausschnitt niedrer Dächer schwankt
Gebirge, über das die Reben klettern, die mit hellen Stützen
in die Sonne leuchten.
Darüber aber schließt sich Kiefernwald: der stößt
Wie eine breite dunkle Mauer an die rote Fröhlichkeit der
Sandsteinkirche.
Am Abend, wenn die Fabriken schließen, ist die große Straße
mit Menschen gefüllt.
Sie gehen langsam oder bleiben mitten auf der Gasse stehn.
Sie sind geschwärzt von Arbeit und Maschinenruß. Aber ihre
Augen tragen
Noch Scholle, zähe Kraft des Bodens und das feierliche Licht
der Felder.

Anrede

Ich bin nur Flamme, Durst und Schrei und Brand.
Durch meiner Seele enge Mulden schießt die Zeit
Wie dunkles Wasser, heftig, rasch und unerkannt.
Auf meinem Leibe brennt das Mal: Vergänglichkeit.

Du aber bist der Spiegel, über dessen Rund
Die großen Bäche alles Lebens gehn,
Und hinter dessen quellend goldnem Grund
Die toten Dinge schimmernd auferstehn.

Mein Bestes glüht und lischt – ein irrer Stern,
Der in den Abgrund blauer Sommernächte fällt –
Doch deiner Tage Bild ist hoch und fern,
Ewiges Zeichen, schützend um dein Schicksal hergestellt.

Betörung

Nun bist du, Seele, wieder deinem Traum
Und deiner Sehnsucht selig hingegeben.
In holdem Feuer glühend fühlst du kaum,
Daß Schatten alle Bilder sind, die um dich leben.

Denn nächtelang war deine Kammer leer.
Nun grüßen dich, wie über Nacht die Zeichen
Des jungen Frühlings durch die Fenster her,
Die neuen Schauer, die durch deine Seele streichen.

Und weißt doch: niemals wird Erfüllung sein
Den Schwachen, die ihr Blut dem Traum verpfänden,
Und höhnend schlägt das Schicksal Krug und Wein
Den ewig Dürstenden aus hochgehobnen Händen.

GEORG TRAKL

Trübsinn

Weltunglück geistert durch den Nachmittag.
Baracken fliehn durch Gärtchen braun und wüst.
Lichtschnuppen gaukeln um verbrannten Mist,
Zwei Schläfer schwanken heimwärts, grau und vag.

Auf der verdorrten Wiese läuft ein Kind
Und spielt mit seinen Augen schwarz und glatt.
Das Gold tropft von den Büschen trüb und matt.
Ein alter Mann dreht traurig sich im Wind.

Am Abend wieder über meinem Haupt
Saturn lenkt stumm ein elendes Geschick.
Ein Baum, ein Hund tritt hinter sich zurück
Und schwarz schwankt Gottes Himmel und entlaubt.

Ein Fischlein gleitet schnell hinab den Bach;
Und leise rührt des toten Freundes Hand
Und glättet liebend Stirne und Gewand.
Ein Licht ruft Schatten in den Zimmern wach.

Ein Winterabend

Wenn der Schnee ans Fenster fällt,
Lang die Abendglocke läutet,
Vielen ist der Tisch bereitet
Und das Haus ist wohlbestellt.

Mancher auf der Wanderschaft
Kommt ans Tor auf dunklen Pfaden.
Golden blüht der Baum der Gnaden
Aus der Erde kühlem Saft.

Wanderer tritt still herein;
Schmerz versteinerte die Schwelle.
Da erglänzt in reiner Helle
Auf dem Tische Brot und Wein.

Verfall

Am Abend, wenn die Glocken Frieden läuten,
Folg ich der Vögel wundervollen Flügen,
Die lang geschart, gleich frommen Pilgerzügen,
Entschwinden in den herbstlich klaren Weiten.

Hinwandelnd durch den dämmervollen Garten
Träum ich nach ihren helleren Geschicken
Und fühl der Stunden Weiser kaum mehr rücken.
So folg ich über Wolken ihren Fahrten.

Da macht ein Hauch mich von Verfall erzittern.
Die Amsel klagt in den entlaubten Zweigen.
Es schwankt der rote Wein an rostigen Gittern,

Indes wie blasser Kinder Todesreigen
Um dunkle Brunnenränder, die verwittern,
Im Wind sich fröstelnd blaue Astern neigen.

Abendland
Else Lasker-Schüler in Verehrung

1.

Mond, als träte ein Totes
Aus blauer Höhle,
Und es fallen der Blüten
Viele über den Felsenpfad.
Silbern weint ein Krankes
Am Abendweiher,
Auf schwarzem Kahn
Hinüberstarben Liebende.

Oder es läuten die Schritte
Elis' durch den Hain
Den hyazinthenen
Wieder verhallend unter Eichen.
O des Knaben Gestalt
Geformt aus kristallenen Tränen,
Nächtigen Schatten.
Zackige Blitze erhellen die Schläfe
Die immerkühle,
Wenn am grünenden Hügel
Frühlingsgewitter ertönt.

2.

So leise sind die grünen Wälder
Unserer Heimat,
Die kristallne Woge
Hinsterbend an verfallner Mauer
Und wir haben im Schlaf geweint;
Wandern mit zögernden Schritten
An der dornigen Hecke hin
Singende im Abendsommer
In heiliger Ruh
Des fern verstrahlenden Weinbergs;

Schatten nun im kühlen Schoß
Der Nacht, trauernde Adler.
So leise schließt ein mondener Strahl
Die purpurnen Male der Schwermut.

3.

Ihr großen Städte
Steinern aufgebaut
In der Ebene!
So sprachlos folgt
Der Heimatlose
Mit dunkler Stirne dem Wind,
Kahlen Bäumen am Hügel.
Ihr weithin dämmernden Ströme!
Gewaltig ängstet
Schaurige Abendröte
Im Sturmgewölk.
Ihr sterbenden Völker!
Bleiche Woge
Zerschellend am Strande der Nacht.
Fallende Sterne.

Geistliche Dämmerung

Stille begegnet am Saum des Waldes
Ein dunkles Wild;
Am Hügel endet leise der Abendwind,

Verstummt die Klage der Amsel,
Und die sanften Flöten des Herbstes
Schweigen im Rohr.

Auf schwarzer Wolke
Befährst du trunken von Mohn
Den nächtigen Weiher,

Den Sternenhimmel.
Immer tönt der Schwester mondene Stimme
Durch die geistliche Nacht.

Verklärter Herbst

Gewaltig endet so das Jahr
Mit goldnem Wein und Frucht der Gärten.
Rund schweigen Wälder wunderbar
Und sind des Einsamen Gefährten.

Da sagt der Landmann: Es ist gut.
Ihr Abendglocken lang und leise
Gebt noch zum Ende frohen Mut.
Ein Vogelzug grüßt auf der Reise.

Es ist der Liebe milde Zeit.
Im Kahn den blauen Fluß hinunter
Wie schön sich Bild an Bildchen reiht –
Das geht in Ruh und Schweigen unter.

Kaspar Hauser Lied

Für Bessie Loos

Er wahrlich liebte die Sonne, die purpurn den Hügel
hinabstieg,
Die Wege des Walds, den singenden Schwarzvogel
Und die Freude des Grüns.

Ernsthaft war sein Wohnen im Schatten des Baums
Und rein sein Antlitz.
Gott sprach eine sanfte Flamme zu seinem Herzen:
O Mensch!

Stille fand sein Schritt die Stadt am Abend;
Die dunkle Klage seines Munds:
Ich will ein Reiter werden.

Ihm aber folgte Busch und Tier,
Haus und Dämmergarten weißer Menschen
Und sein Mörder suchte nach ihm.

Frühling und Sommer und schön der Herbst
Des Gerechten, sein leiser Schritt

An den dunklen Zimmern Träumender hin.
Nachts blieb er mit seinem Stern allein;

Sah, daß Schnee fiel in kahles Gezweig
Und im dämmernden Hausflur den Schatten des
Mörders.
Silbern sank des Ungebornen Haupt hin.

Klage

Schlaf und Tod, die düstern Adler
Umrauschen nachtlang dieses Haupt:
Des Menschen goldnes Bildnis
Verschlänge die eisige Woge
Der Ewigkeit. An schaurigen Riffen
Zerschellt der purpurne Leib.
Und es klagt die dunkle Stimme
Über dem Meer.
Schwester stürmischer Schwermut
Sieh ein ängstlicher Kahn versinkt
Unter Sternen,
Dem schweigenden Antlitz der Nacht.

Grodek

Am Abend tönen die herbstlichen Wälder
Von tödlichen Waffen, die goldnen Ebenen
Und blauen Seen, darüber die Sonne
Düstrer hinrollt; umfängt die Nacht
Sterbende Krieger, die wilde Klage
Ihrer zerbrochenen Münder.

Doch stille sammelt im Weidengrund
Rotes Gewölk, darin ein zürnender Gott wohnt,
Das vergoßne Blut sich, mondne Kühle;
Alle Straßen münden in schwarze Verwesung.
Unter goldnem Gezweig der Nacht und Sternen
Es schwankt der Schwester Schatten durch den
schweigenden Hain,

Zu grüßen die Geister der Helden, die blutenden Häupter.
Und leise tönen im Rohr die dunklen Flöten des Herbstes.
O stolzere Trauer! ihr ehernen Altäre,
Die heiße Flamme des Geistes nährt heute ein
 gewaltiger Schmerz,
Die ungebornen Enkel.

GEORG HEYM

Der Krieg

Aufgestanden ist er, welcher lange schlief,
Aufgestanden unten aus Gewölben tief.
In der Dämmrung steht er, groß und unbekannt,
Und den Mond zerdrückt er in der schwarzen Hand.

In den Abendlärm der Städte fällt es weit,
Frost und Schatten einer fremden Dunkelheit.
Und der Märkte runder Wirbel stockt zu Eis.
Es wird still. Sie sehn sich um. Und keiner weiß.

In den Gassen faßt es ihre Schulter leicht.
Eine Frage. Keine Antwort. Ein Gesicht erbleicht.
In der Ferne zittert ein Geläute dünn,
Und die Bärte zittern um ihr spitzes Kinn.

Auf den Bergen hebt er schon zu tanzen an,
Und er schreit: »Ihr Krieger alle, auf und an!«
Und es schallet, wenn das schwarze Haupt er schwenkt,
Drum von tausend Schädeln laute Kette hängt.

Einem Turm gleich tritt er aus die letzte Glut,
Wo der Tag flieht, sind die Ströme schon voll Blut.
Zahllos sind die Leichen schon im Schilf gestreckt,
Von des Todes starken Vögeln weiß bedeckt.

In die Nacht er jagt das Feuer querfeldein,
Einen roten Hund mit wilder Mäuler Schrein.
Aus dem Dunkel springt der Nächte schwarze Welt,
Von Vulkanen furchtbar ist ihr Rand erhellt.

Und mit tausend Zipfelmützen weit
Sind die finstren Ebnen flackend überstreut,
Und was unten auf den Straßen wimmelnd flieht,
Stößt er in die Feuerwälder, wo die Flamme brausend zieht.

Und die Flammen fressen brennend Wald um Wald,
Gelbe Fledermäuse, zackig in das Laub gekrallt,
Seine Stange haut er wie ein Köhlerknecht
In die Bäume, daß das Feuer brause recht.

Eine große Stadt versank in gelbem Rauch,
Warf sich lautlos in des Abgrunds Bauch.
Aber riesig über glühnden Trümmern steht,
Der in wilde Himmel dreimal seine Fackel dreht

Über sturmzerfetzter Wolken Widerschein,
In des toten Dunkels kalten Wüstenein,
Daß er mit dem Brande weit die Nacht verdorr,
Pech und Feuer träufet unten auf Gomorrh.

Der Gott der Stadt

Auf einem Häuserblocke sitzt er breit.
Die Winde lagern schwarz um seine Stirn.
Er schaut voll Wut, wo fern in Einsamkeit
Die letzten Häuser in das Land verirrn.

Vom Abend glänzt der rote Bauch dem Baal,
Die großen Städte knieen um ihn her.
Der Kirchenglocken ungeheure Zahl
Wogt auf zu ihm aus schwarzer Türme Meer.

Wie Korybanten-Tanz dröhnt die Musik
Der Millionen durch die Straßen laut.
Der Schlote Rauch, die Wolken der Fabrik
Ziehn auf zu ihm, wie Duft von Weihrauch blaut.

Das Wetter schwält in seinen Augenbrauen.
Der dunkle Abend wird in Nacht betäubt.

Die Stürme flattern, die wie Geier schauen
Von seinem Haupthaar, das im Zorne sträubt.

Er streckt ins Dunkel seine Fleischerfaust.
Er schüttelt sie. Ein Meer von Feuer jagt
Durch eine Straße. Und der Glutqualm braust
Und frißt sie auf, bis spät der Morgen tagt.

Der Abend

Versunken ist der Tag in Purpurrot,
Der Strom schwimmt weiß in ungeheurer Glätte.
Ein Segel kommt. Es hebt sich aus dem Boot
Am Steuer groß des Schiffers Silhouette.

Auf allen Inseln steigt des Herbstes Wald
Mit roten Häuptern in den Raum, den klaren.
Und aus der Schluchten dunkler Tiefe hallt
Der Waldung Ton, wie Rauschen der Kitharen.

Das Dunkel ist im Osten ausgegossen,
Wie blauer Wein kommt aus gestürzter Urne.
Und ferne steht, vom Mantel schwarz umflossen,
Die hohe Nacht auf schattigem Kothurne.

O weiter, weiter Abend

O weiter, weiter Abend. Da verglühen
Die langen Hügel an dem Horizont,
Wie klarer Träume Landschaft bunt besonnt.
O weiter Abend, wo die Saaten sprühen
Des Tages Licht zurück in goldnem Schein.
Hoch oben singen Schwalben, winzig klein.
Auf allen Feldern glitzert ihre Jagd,
Im Wald des Rohres und in hellen Buchten,
Wo hohe Masten stehn. Doch in den Schluchten
Der Hügel hinten nistet schon die Nacht.

Lichter gehen jetzt die Tage

Lichter gehen jetzt die Tage
In der sanften Abendröte,
Und die Hecken sind gelichtet,
Drin der Städte Türme stecken
Und die buntbedachten Häuser.

Und der Mond ist eingeschlafen
Mit dem großen weißen Kopfe
Hinter einer großen Wolke.
Und die Straßen gehen bleicher
Durch die Häuser und die Gärten.

Die Gehängten aber schwanken
Freundlich oben auf den Bergen
In der schwarzen Silhouette.
Drum die Henker liegen schlafend,
Unterm Arm die feuchten Beile.

HANS ARP

Kaspar ist tot

weh unser guter kaspar ist tot.
wer verbirgt nun die brennende fahne im
wolkenzopf und schlägt täglich ein schwarzes schnippchen.
wer dreht nun die kaffeemühle im urfass.
wer lockt nun das idyllische reh aus der ver-
steinerten tüte.
wer schneuzt nun die schiffe parapluies
windeuter bienenväter ozonspindeln und entgrätet
die pyramiden.
weh weh weh unser guter kaspar ist tot. hei-
liger bimbam kaspar ist tot.
die heufische klappern herzzerreissend vor
leid in den glockenscheunen wenn man seinen vor-
namen ausspricht. darum seufze ich weiter seinen
familiennamen kaspar kaspar kaspar.
warum hast du uns verlassen. in welche ge-
stalt ist nun deine schöne grosse seele gewandert. bist

du ein stern geworden oder eine kette aus wasser an
einem heissen wirbelwind oder ein euter aus schwar-
zem licht oder ein durchsichtiger ziegel an der stöh-
nenden trommel des felsigen wesens.
　jetzt vertrocknen unsere scheitel und sohlen
und die feen liegen halbverkohlt auf dem scheiter-
haufen.
　jetzt donnert hinter der sonne die schwarze
kegelbahn und keiner zieht mehr die kompasse und
die räder der schiebkarren auf.
　wer isst nun mit der phosphoreszierenden
ratte am einsamen barfüssigen tisch.
　wer verjagt nun den sirokkoko teufel wenn
er die pferde verführen will.
　wer erklärt uns nun die monogramme in
den sternen.
　seine büste wird die kamine aller wahrhaft
edlen menschen zieren doch das ist kein trost und
schnupftabak für einen totenkopf.

Franz Werfel

　　Veni Creator Spiritus

　　Komm heiliger Geist du, schöpferisch!
　　Den Marmor unsrer Form zerbrich,
　　Daß nicht mehr Mauer krank und hart
　　Den Brunnen dieser Welt umstarrt,
　　Daß wir gemeinsam und nach oben
　　Wie Flammen ineinander toben!

　　Tauch auf aus unsern Flächen wund,
　　Delphin von aller Wesen Grund,
　　Alt allgemein und heiliger Fisch!
　　Komm reiner Geist du, schöpferisch,
　　Nach dem wir ewig uns entfalten,
　　Kristallgesetz der Weltgestalten!

　　Wie sind wir alle Fremde doch!
　　Wie unterm letzten Hemde noch

Die Schattengreise im Spital
Sich hassen bis zum letzten Mal,
Und jeder, eh er ostwärts mündet,
Allein sein Abendlicht entzündet,

So sind wir eitel eingespannt
Und hocken bös an unserm Rand,
Und morden uns an jedem Tisch.
Komm heiliger Geist, du, schöpferisch
Aus uns empor mit tausend Flügen,
Zerbrich das Eis in unsern Zügen!

Daß tränenhaft und gut und gut
Aufsiede die entzückte Flut,
Daß nicht mehr fern und unerreicht
Ein Wesen um das andre schleicht,
Da jauchzend wir in Blick, Hand, Mund und Haaren,
Und in uns selbst dein Attribut erfahren!

Daß, wer dem Bruder in die Arme fällt,
Dein tiefes Schlagen fest am Herzen hält,
Daß, wer des armen Hundes Blick empfängt,
Von deinem weisen Blicke wird beschenkt,
Daß alle wir in Küssens Überflüssen
Nur deine reine heilige Lippe küssen!

Herbstlied

Es sinkt der Tag, es sinkt das Jahr, es sinkt der Mann.

 Dicht drängen sich die festen
 Äpfel auf muskelkrummen Ästen.
Die Straße abwärts schaukelt ein Gespann.
 Die Pferde nicken leicht umwolkt.
 Über des Hügels Hüfte kolkt
 Ein Volk windzechender Krähn.
Das saatgeheime Grillenheer,
Des Sommers Saite, schwirrt nicht mehr.
 Ein schwerer Ruf, den keiner kennt,
Waldher schwingt auf aus heiligem Instrument.

Durch mich auch geht, was ich nicht weiß,
Ein wortverborgenes Trostgeheiß:
Daß ich im Herbst begriffen in,
Wie Vogel, Baum, verschwankendes Gespann,
Atmend nicht ausgeschlossen bin.

Es sinkt der Tag, das Jahr, der Mann.

Elternlied

Kinder laufen fort.
Lang her kanns noch gar nicht sein,
Kamen sie zur Tür herein,
Saßen zwistiglich vereint
Alle um den Tisch.

Kinder laufen fort.
Und es ist schon lange her.
Schlechtes Zeugnis kommt nicht mehr.
Stunden Ärgers, Stunden schwer:
Scharlach, Diphtherie!

Kinder laufen fort.
Söhne hangen Weibern an.
Töchter haben ihren Mann.
Briefe kommen, dann und wann
Nur auf einen Sprung.

Kinder laufen fort.
Etwas nehmen sie doch mit.
Wir sind ärmer, sie sind quitt,
Und die Uhr geht Schritt für Schritt
Um den leeren Tisch.

Das Bleibende

Solang noch der Tatrawind leicht
Slowakische Blumen bestreicht,
Solang wirken Mädchen sie ein
In trauliche Buntstickerein.

Solang noch im bayrischen Wald
Die Axt im Morgengraun hallt,
Solang auch der Einsame sitzt,
Der Gott und die Heiligen schnitzt.

Solang auf ligurischer Fahrt
Das Meer seine Fischer gewahrt,
Solang wird am Strande es schaun
Die spitzenklöppelnden Fraun.

Ihr Völker der Erde, mich rührt
Das Bleibende, das ihr vollführt.
Ich selbst, ohne Volk, ohne Land,
Stütz nun meine Stirn in die Hand.

OSKAR LOERKE

Zwiegespräch im Dunkel

Ich will allein sein, geh! – ›Du bist beherzt.‹
Wir fallen. Sage mir, wohin wir fallen?
›Aus den Verzweiflungen.‹ – Aus allen?
›Aus allen. – Schmerzt es dich so sehr?‹ – Es schmerzt.
›Willst du allein sein?‹ – Gib mir das Geleit!
›Wie weit noch?‹ – Mich benäßt ein Strom –
›Gewiß. Hier führt kein Weg nach Rom.
Vorüber ist die gütige Zeit.

Sie brach wie ein verfolgtes Reh
Ins Knie und ist zu Gott zurückgeschwommen.
Und schmerzt es dich?‹ – Es tut nicht weh.
›Es schmerzt nicht mehr: dann bist du angekommen.‹

Blauer Abend in Berlin

Der Himmel fließt in steinernen Kanälen;
Denn zu Kanälen steilrecht ausgehauen
Sind alle Straßen, voll vom Himmelblauen;
Und Kuppeln gleichen Bojen, Schlote Pfählen

Im Wasser. Schwarze Essendämpfe schwelen
Und sind wie Wasserpflanzen anzuschauen.
Die Leben, die sich ganz am Grunde stauen,
Beginnen sacht vom Himmel zu erzählen,

Gemengt, entwirrt nach blauen Melodien.
Wie eines Wassers Bodensatz und Tand
Regt sie des Wassers Wille und Verstand

Im Dünen, Kommen, Gehen, Gleiten, Ziehen.
Die Menschen sind wie grober bunter Sand
Im linden Spiel der großen Wellenhand.

Gebetsfrage

Warum hast du uns zugedacht
Ein Geistesfeuer, Vater,
Um das dein böser Feind sich müht
Und Pfähle für das Fleisch uns glüht,
Eh wir uns strecken in die tiefe Nacht?

Von deinem Atem duftet warm
Die alte Tanne, Vater.
Und wenn an ihrem Fuß die Säge
Schon zischt, noch rauscht der Wipfel träge,
Eh er ins Nichtsein zuckt, – ein Rabenschwarm.

Um Kälber hab ich oft geweint,
Die wir dir stahlen, Vater.
Ihr Fuß hüpft heute aus der Hütte,
Ihr Blut hüpft morgen in die Bütte.
Du strafst uns nicht. Ist denn dein Herz versteint?

Dein Wohnsitz schweigt. Du hast genug gelehrt.
Wir konnten selten, Vater,
Die Schriften deines Griffels lesen,
Sind deine Kinder nie gewesen.
Dein Feuer hat uns Glück und Glied verzehrt.

WILHELM LEHMANN

Altjahrsabend

Aus der durchhöhlten Rübe springt die Maus.
Der steife Wind zwingt das Holunderblatt zu tagelangem
 Purzelbaum –
Die leere Rübenbacke klafft,
Die Tauben peitscht der Wind ans Haus.

Den Bauernpferden wächst das Haar wie Moos so dicht.
Das Jahr geht hin. Kein Anfang ist und Ende nicht.
Die Eichel fällt – die Einsamkeit erschrickt, und Öde schluckt
 den Ton.
Sie schluckt auch meiner Sohle Lärmen, sie vergaß mich
 schon.

An meinen ältesten Sohn

Die Winterlinde, die Sommerlinde
Blühen getrennt –
In der Zwischenzeit, mein lieber Sohn,
Geht der Gesang zu End.

Die Schwalbenwurz zieht den Kalk aus dem Hügel
Mit weißen Zehn,
Ich kann es unter der Erde
Im Dunkeln sehn.

Ein Regen fleckt die grauen Steine –
Der letzte Ton
Fehlt dem Goldammermännchen zum Liede.
Sing du ihn, Sohn.

Abgeblühter Löwenzahn

Verwandle dich und werde leicht,
Zerfasere zu Samenhaar!
Gemindert schwebt, ein dünnes Korn,
Was gestern Strahlenball noch war.

Verwandlungsträchtig, warst du kaum,
Und saugst dich frisch im Leben fest,
Das dich und mich, treuloser Staub,
An keiner Stelle weilen läßt.

Begleite Vers die Flüchtigkeit,
Gebiete er, gebiete zart;
Sei, wie von meinem Finger du,
Das Schwindende von ihm bewahrt.

Ein zweites Dasein überwächst
Das erste, das geopfert liegt.
Verweh es denn wie Löwenzahn,
Damit es traumgekräftigt fliegt.

Die Krähennester

Sie dunkeln oben in kahlen Wipfeln,
An steilen Masten, mit hölzernem Bug.
Sind es erloschene Schiffslaternen?
Sie schaukeln, vom Winde geschwenkt, genug.

Kümmern sich sonst die weisen Krähen,
Ob Menschensinn, wo sie hausen, entdeckt,
Beruft nun ein ewiges Schnarren die Nester,
Damit nichts den magnetischen Brüteschlaf weckt.

Die helle Beschwörung hütet die Dumpfheit
Des doppelten Bechers, den Dotter im Ei.
Daß selig der Anfang sei, bitter das Ende,
Fallen Himmel und Erde begeistert bei:

Die Wiese steigt mit brackiger Sode,
Die Schnecke schultert ihr altes Haus,
Das Labkraut baut seine grüne Pagode,
Die Weide hißt Wolken pelzigen Graus –

Wecke uns nicht! Sonst sind wir verloren,
Weinend zerbricht das magische Rund.
Ihr ermüdet nicht, Krähen. Auch ich bin beschworen,
Auch mich besorgt euer schnarrender Mund.

GOTTFRIED BENN

Astern

Astern – schwälende Tage,
alte Beschwörung, Bann,
die Götter halten die Waage
eine zögernde Stunde an.

Noch einmal die goldenen Herden
der Himmel, das Licht, der Flor,
was brütet das alte Werden
unter den sterbenden Flügeln vor?

Noch einmal das Ersehnte,
den Rausch, der Rosen Du –
der Sommer stand und lehnte
und sah den Schwalben zu,

noch einmal ein Vermuten,
wo längst Gewißheit wacht:
Die Schwalben streifen die Fluten
und trinken Fahrt und Nacht.

Einsamer nie –

Einsamer nie als im August:
Erfüllungsstunde – im Gelände
die roten und die goldenen Brände,
doch wo ist deiner Gärten Lust?

Die Seen hell, die Himmel weich,
die Äcker rein und glänzen leise,
doch wo sind Sieg und Siegsbeweise
aus dem von dir vertretenen Reich?

Wo alles sich durch Glück beweist
und tauscht den Blick und tauscht die Ringe
im Weingeruch, im Rausch der Dinge –:
dienst du dem Gegenglück, dem Geist.

Reisen

Meinen Sie Zürich zum Beispiel
sei eine tiefere Stadt,
wo man Wunder und Weihen
immer als Inhalt hat?

Meinen Sie, aus Habana,
weiß und hibiskusrot,
bräche ein ewiges Manna
für Ihre Wüstennot?

Bahnhofstraßen und Rueen,
Boulevards, Lidos, Laan –
selbst auf den Fifth Avenueen
fällt Sie die Leere an –

Ach, vergeblich das Fahren!
Spät erst erfahren Sie sich:
bleiben und stille bewahren
das sich umgrenzende Ich.

Abschied

Du füllst mich an wie Blut die frische Wunde
und rinnst hernieder seine dunkle Spur,
du dehnst dich aus wie Nacht in jener Stunde,
da sich die Matte färbt zur Schattenflur,
du blühst wie Rosen schwer in Gärten allen,
du Einsamkeit aus Alter und Verlust,
du Überleben, wenn die Träume fallen,
zuviel gelitten und zuviel gewußt.

Entfremdet früh dem Wahn der Wirklichkeiten,
versagend sich der schnell gegebenen Welt,
ermüdet von dem Trug der Einzelheiten,
da keine sich dem tiefen Ich gesellt;
nun aus der Tiefe selbst, durch nichts zu rühren,
und die kein Wort und Zeichen je verrät,
mußt du dein Schweigen nehmen, Abwärtsführen
zu Nacht und Trauer und den Rosen spät.

Manchmal noch denkst du dich –: die eigene Sage –:
Das warst du doch –? ach, wie du dich vergaßt!
war das dein Bild? war das nicht deine Frage,
dein Wort, dein Himmelslicht, das du besaßt?
Mein Wort, mein Himmelslicht, dereinst besessen,
mein Wort, mein Himmelslicht, zerstört, vertan –,
wem das geschah, der muß sich wohl vergessen
und rührt nicht mehr die alten Stunden an.

Ein letzter Tag –: spätglühend, weite Räume,
ein Wasser führt dich zu entrücktem Ziel,
ein hohes Licht umströmt die alten Bäume,
und schafft im Schatten sich ein Widerspiel,
von Früchten nichts, aus Ähren keine Krone
und auch nach Ernten hat er nicht gefragt –,
er spielt sein Spiel, und fühlt sein Licht und ohne
Erinnern nieder – alles ist gesagt.

Verlorenes Ich

Verlorenes Ich, zersprengt von Stratosphären,
Opfer des Ion –: Gamma-Strahlen-Lamm –
Teilchen und Feld –: Unendlichkeitschimären
auf deinem grauen Stein von Notre-Dame.

Die Tage gehn dir ohne Nacht und Morgen,
die Jahre halten ohne Schnee und Frucht
bedrohend das Unendliche verborgen –
die Welt als Flucht.

Wo endest du, wo lagerst du, wo breiten
sich deine Sphären an – Verlust, Gewinn –:
ein Spiel von Bestien: Ewigkeiten,
an ihren Gittern fliehst du hin.

Der Bestienblick: die Sterne als Kaldaunen,
der Dschungeltod als Seins- und Schöpfungsgrund,
Mensch, Völkerschlachten, Katalaunen
hinab den Bestienschlund.

Die Welt zerdacht. Und Raum und Zeiten
und was die Menschheit wob und wog,
Funktion nur von Unendlichkeiten –
die Mythe log.

Woher, wohin – nicht Nacht, nicht Morgen,
kein Evoë, kein Requiem,
du möchtest dir ein Stichwort borgen –
allein bei wem?

Ach, als sich alle einer Mitte neigten
und auch die Denker nur den Gott gedacht,
sie sich den Hirten und dem Lamm verzweigten,
wenn aus dem Kelch das Blut sie rein gemacht,

und alle rannen aus der einen Wunde,
brachen das Brot, das jeglicher genoß –
oh ferne zwingende erfüllte Stunde,
die einst auch das verlorne Ich umschloß.

Ein Wort

Ein Wort, ein Satz –: Aus Chiffren steigen
erkanntes Leben, jäher Sinn,
die Sonne steht, die Sphären schweigen
und alles ballt sich zu ihm hin.

Ein Wort – ein Glanz, ein Flug, ein Feuer,
ein Flammenwurf, ein Sternenstrich –
und wieder Dunkel, ungeheuer,
im leeren Raum um Welt und Ich.

Bitte wo –

Wenn du noch Sehnsucht hättest
(bitte wann, bitte wo),
dich noch mit Küssen kettest
(amour – bel oiseau),

wenn du noch flügelrauschend
über den Anden schwebst
dich in zwei Meere tauschend
ahnungslos, wen du lebst,

wenn noch die Qualen sprechen,
Tränen durch bel oiseau
dich stürzen und zerbrechen –
bitte wann – bitte wo? –

Die Gitter

Die Gitter sind verkettet,
ja mehr: Die Mauer ist zu –:
Du hast dich zwar gerettet,
doch *wen* rettetest du?

Drei Pappeln an einer Schleuse,
eine Möwe im Flug zum Meer,
das ist der Ebenen Weise,
da kamst du her,

dann streiftest du Haar und Häute
alljährlich windend ab
und zehrtest von Trank und Beute,
die dir ein anderer gab,

ein anderer – schweige – bitter
fängt diese Weise an –
du rettetest dich in Gitter,
die nichts mehr öffnen kann.

Chopin

Nicht sehr ergiebig im Gespräch,
Ansichten waren nicht seine Stärke,
Ansichten reden drum herum,
wenn Delacroix Theorien entwickelte,
wurde er unruhig, er seinerseits konnte
die Notturnos nicht begründen.

Schwacher Liebhaber;
Schatten in Nohant,
wo George Sands Kinder
keine erzieherischen Ratschläge
von ihm annahmen.

Brustkrank in jener Form
mit Blutungen und Narbenbildung,
die sich lange hinzieht;
stiller Tod
im Gegensatz zu einem
mit Schmerzparoxysmen
oder durch Gewehrsalven:
Man rückte den Flügel (Erard) an die Tür
und Delphine Potocka
sang ihm in der letzten Stunde
ein Veilchenlied.

Nach England reiste er mit drei Flügeln:
Pleyel, Erard, Broadwood,
spielte für zwanzig Guineen abends
eine Viertelstunde
bei Rothschilds, Wellingtons, im Strafford House
und vor zahllosen Hosenbändern;
verdunkelt von Müdigkeit und Todesnähe
kehrte er heim
auf den Square d'Orléans.

Dann verbrennt er seine Skizzen
und Manuskripte,
nur keine Restbestände, Fragmente, Notizen,
diese verräterischen Einblicke –
sagte zum Schluß:
»Meine Versuche sind nach Maßgabe dessen vollendet,
was mir zu erreichen möglich war.«

Spielen sollte jeder Finger
mit der seinem Bau entsprechenden Kraft,
der vierte ist der schwächste
(nur siamesisch zum Mittelfinger).

Wenn er begann, lagen sie
auf e, fis, gis, h, c.

Wer je bestimmte Präludien
von ihm hörte,
sei es in Landhäusern oder
in einem Höhengelände
oder aus offenen Terrassentüren
beispielsweise aus einem Sanatorium,
wird es schwer vergessen.

Nie eine Oper komponiert,
keine Symphonie,
nur diese tragischen Progressionen
aus artistischer Überzeugung
und mit einer kleinen Hand.

JOSEF WEINHEBER

Kammermusik
Eine Variation

Erste Geige:
Ich, in die Schönheit dieser Welt verliebt,
Beschenke sie mit meiner eignen Schöne.
Die Welt ist ohne Abgrund. Strömend gibt
Mein Herz sich aus. Ich bin nur Lied: Ich töne.

Zweite Geige:
Mir, neben lichterm Wesen, ist verwehrt,
Ein Ich zu haben. Nicht die Welt – doch fester
Und wirklicher: die *Erd* hat mich belehrt.
Dort dunkelt es. Laß dich begleiten, Schwester!

Bratsche:
Mein grauer Scheitel macht es mir zur Pflicht,
Den Abgrund euch zu nennen. Wie ihr beide
Verschwistert hingeht, Kindliche, besticht
Selbst noch der Streit um nichts. Ich aber leide.

Cello:

Ich weiß zutiefst, daß alles Schicksal ist,
Das schön Getane und das Unerlöste.
Ich bin dem Ganzen treu: Genießt und büßt!
Ich warne nicht. Ich weine mit. Ich tröste.

Still zu wissen ...

Still zu wissen, du gehst
Bald hinab zu den Vätern.
Oben im heiligen Blau
Fahren die Wolken im Wind.

Beug dich über die Strömung,
Höre die Wasser schweigen!
Hast du je vorher
Ähnlich wie diesmal geliebt?

Wer noch Zeit hat, der weiß nichts.
Tiefes Leben! O Abschied,
Bittre Schwäche des Herzens
Unter der Blumengewalt.

Nicht zu fassen und traurig.
Süße, süße Gestalten!
Ach, mit Blüten beschwert ihm
Nicht seine letzte Fahrt!

Dunklerer, brauner Herbst,
Laß dich noch einmal umarmen!
Fallen die Früchte, vielleicht
Bricht gelaßner das Herz.

Fortgehn im Frühling ist schwer.
Wachsam sind aber die Toten.
Schöne Blume, ich darf nicht.
Strenge Mutter, ich geh ...

GEORG BRITTING

Wetterwendischer Tag

Wolken sind herangeglitten
Und ein Regen ist gestürzt.
Wolken sind davon geritten
Und das Feld dampft frisch gewürzt.

Zwar, das dauert nur ein Weilchen,
Doch die Veilchen, naß und tropfend,
Drehn die Zartgesichter schon,
Und die Amsel probt den Ton.

Wieder kommt es her geritten,
Wolkenpferd an Wolkenpferd,
Schwarze Regenmähnen schwingend,
Schnee und weißen Hagel bringend,
Der jetzt stäubend niederfährt.

Ach, die Amsel hört man nimmer,
Schnell verscheuchtes Frauenzimmer,
Das der Schneehieb gleich vertrieb.
Doch ein süßer, blauer Schimmer

Noch das rauhe Weiß durchsprüht:
Der kommt von dem Veilchenvolke,
Das auf seinem Platze blieb
Und zu glänzen sich bemüht.

Oben eine rosa Wolke
Wie zerschmelzend glüht.

Sommergefühl

Kurzer Sommer, glühender, bleib! Dein Anhauch
Zwar verdrießt das ängstliche Gras. Das Korn doch
Liebt dich, der sich rötende Wein, die Grille
Singt dir ein Loblied.

Und die Lerche, die in das Blaue klettert,
Tut es trillernd, dir zu gefallen, und der
Wilde Klatschmohn hat eine Blüte wie ein
Feuriger Juhschrei.

In den kühlen, glänzenden Nächten richtet
Sich das grüne Gras wieder auf. Die Schnecke
Wandert durch das taunasse Land und sieht nicht
Oben die Sterne:

Ihren Fühlern sind sie entrückt. Sie kriecht, und
Fürchtet, wie die Kröte im schwarzen Hohlweg,
Wie der Salamander im Sumpf den süßen,
Rosigen Morgen.

Auf dem Tisch

Fliederstrauß und Rotweinflasche –
Weiß der Flieder, gliederfein,
Jungfräulein, noch nicht erschlossen,
Naht die Hummel, fett und bieder,
Daß sie nasche
Von dem Flieder, von dem Wein.

Unachtsam aufs blütenweiße
Tischtuch ward vom Wein vergossen.
Eine Blüte fiel vom Flieder
Weiß auf das Vergoßne nieder,
Trank davon.

Hummelmann brummt, schon betrunken
Einen groben, schwarzen Ton.
Bei der Blüte hingesunken
Ist er nicht allein beim Wein –

Oft so sieht mans in Spelunken:
Zarte Bräute mit Halunken
Liebevoll zusammen sein!

Der Tod und die Raben

Er sitzt am Feldrand. Und der Tag ist heiß.
Der blaue Himmel überfließt vom Licht.
Er spricht, und wischt den Schweiß sich vom Gesicht:
Der Wald ist schwarz. Hier ist es mir zu weiß.

So gar kein Schatten! flucht er laut und leis.
Doch eh er nun zum kühlen Tann aufbricht,
Kommen die Raben – aus dem Flußdickicht,
Vom Dorf, vom Moor, von weit her, und er weiß:

Sie, die von je als Henkervögel galten,
Sie sind ihm treu und sind ihm ganz ergeben,
Und zähln sich heut noch stolz zu *seinem* Volke.

Und wie sie still auf schwarzen Flügeln schweben,
Hoch ihm zu Häupten, und sich reglos halten,
Sitzt er im Schatten nun der Vogelwolke.

Die Ehebrecherin

Wie die ungetreue Frau
Durch die Felder rennt!
Und zu ihren Füßen brennt
Rot vom Klee die grüne Au,
Rot wie ihre Sünde!

Weiß stürzt durch die schwarze Schlucht
Der ungestüme Wasserfall.
Wo er um den Felsen sprüht,
Frech am Strauch die Beere glüht,
Fett und prall,
Rot wie ihre Sünde!

Wie sie aus der Waldschlucht flieht,
Geisterhaft vom Specht durchhämmert,
Liegt vor ihr der Wiesengrund,
Drauf der erste Nebel dämmert.
Will schon finster werden und

Am Himmel fährt des Mondes Boot
Silbern hin durchs fahle Rot,
Abendrot,
Rot wie ihre Sünde!

Auf dem Turm die Zwiebelhaube,
Droben dort, blühweiß am Hang,
Eine kleine Kirche hockt,
Die zur Reu die Sünder lockt.
Von der Türe eine Taube,
Ängstlich fliegt sie gleich davon
Vorm wilden Ton vom roten Rock
Der ungetreuen Frau.

Schrecklich durch das kühle Dunkel,
Rötlich überm Goldgefunkel
Glüht des ewigen Lichtes Schimmer
Wie ein lüstern Aug sie an.

Beten will sie, doch sie kann
Es nimmer:
Allzu zärtlich
Glänzen ihr die schönen Engel
Mit den weißen Knabenhüften,
Dran die Hemdlein unkeusch flattern.
Offen sind der Hölle Schlünde
Und wie ausgespien aus Klüften,
Züngelnd, eine Schar von Nattern,
Bricht wild über sie herein
Roter, roter Flammenschein,
Rot wie ihre Sünde!

ALBRECHT GOES

Nach schwerem Winter

Ob dir gleich in winterwährend
Dunkler Welt den Sinn versehrt
Schwermut, die der süßen Hoffnung
Flügelschlag und Flug verwehrt,

Ob der Hall vom Schrei der Krähen
Dir im Ohr noch, lang und bang,
Und aus Nächten, vieldurchwachten,
Klagender, des Windes Klang –

Ach das Herz, es mild zu trösten,
Ist das Kleine groß genug:
Eine gelbe Krokusblüte,
Einer Wolke Frühlingszug.

WERNER BERGENGRUEN

Alte Mordstelle

Nur der Wind umzäunt die Stelle,
Alles Wachstum wuchert frei,
Federnelke, Küchenschelle,
Wiesenschaum und Akelei.

Hügel nicht noch Fruchtgefilde
Grenzen, gliedern das Gebreit,
Und vom Himmel stürzt die wilde
Schwermut der Unendlichkeit.

Niemand weiß, wer hier begraben,
Niemand weiß, wer ihn erschlug,
Niemand, wer als Totengaben
Stein um Stein zusammentrug.

War's ein Knabe? War's ein Alter?
Eine bleiche Pilgerin?
Nur zwei knochenweiße Falter
Ziehn gelassen drüber hin.

Manchmal um die Mittagsstunde,
Wenn die Luft vor Hitze bebt,
Scheint's, daß eine dunkle Kunde
Unerfaßt vorüberschwebt.

Wer's auch sei, mit Summestimmen,
Jährig, wenn der Sommer flammt,
Halten ihm die wilden Immen
Treu ein spätes Totenamt.

Jeden schauert es verstohlen,
Den sein Gang des Weges führt,
So, als hätten seine Sohlen
Jäh das eigne Grab berührt.

Der Kobold

Das Haus hab ich erbaut
Vom Keller bis zum Dach.
Wer hat den Kobold eingesetzt,
Der unter der Treppe wohnt?

Er trinkt von meinem Wein,
Er nagt am Schinkenbein.
Er steckt sich Zucker in den Sack,
Er schmaust von meinem Rauchtabak,
Macht allen Vorrat klein.

Wo nur die Tinte bleibt?
Des Nachts, wenn keiner wach,
Da geht er an mein Markenfach.
Weiß niemand, wem er schreibt.

Was tut er zum Vergelt?
Er geigt um Mitternacht.
Er gibt auf meine Kinder acht,
Daß keins die Treppe fällt.

Was tut er noch zum Dank?
Er putzt das Mondhorn blank.
Damit es silberrein
In meine Fenster schein.

Die Unsichtbaren

Rüste abendlich die Schale,
Schütte Milch und brocke Brot
Dem geheimen Volk zum Mahle.
Geht es, ist die Hausung tot.

Wiege hütet es und Windel
Und im Keller Kohl und Wein.
Jeder Stein und jede Schindel
Will von ihm bezeichnet sein.

Horche nicht nach ihren Schritten,
Geh sie nicht mit Worten an.
Niemals sind sie zu erbitten,
Frei ist Gabe, Spruch und Bann.

Manchmal wie ein Mückenschatten
Streift es winzig dein Gesicht,
Manchmal zwischen Stroh und Latten
Blitzt und lischt ein schmales Licht..

Sie bewahren, sie bescheren
Deinem Salz die heilige Kraft,
Kochen in den Gartenbeeren
Prall den sonnensüßen Saft.

In der grünen Flut der Bäume
Zählen sie getreu das Laub,
Streun in deiner Kinder Träume
Mondenkräuter, Sternenstaub.

Segnen Lust und Tränenfließen,
Speise, Atem, Schlaf und Trank,
Auch das letzte Augenschließen,
– Ohne Bitte, ohne Dank.

Dem geheimen Volk zum Mahle
Schütte Milch und brocke Brot.
Rüste abendlich die Schale
Und verletze kein Gebot.

Und so wird dir alles werden,
Dessen wir bedürftig sind:
Tau des Himmels, Fett der Erden,
Bis auf Kind und Kindeskind.

Frage und Antwort

»Der die Welt erfuhr,
Faltig und ergraut,
Narb an Narbenspur
Auf gefurchter Haut,

Den die Not gehetzt,
Den der Dämon trieb –
Sage, was zuletzt
Dir verblieb.«

»Was aus Schmerzen kam,
War Vorübergang.
Und mein Ohr vernahm
Nichts als Lobgesang.«

Kaschubisches Weihnachtslied

Wärst du, Kindchen, im Kaschubenlande,
Wärst du, Kindchen, doch bei uns geboren!
Sieh, du hättest nicht auf Heu gelegen,
Wärst auf Daunen weich gebettet worden.

Nimmer wärst du in den Stall gekommen,
Dicht am Ofen stünde warm dein Bettchen,
Der Herr Pfarrer käme selbst gelaufen,
Dich und deine Mutter zu verehren.

Kindchen, wie wir dich gekleidet hätten!
Müßtest eine Schaffellmütze tragen,
Blauen Mantel von kaschubischem Tuche,
Pelzgefüttert und mit Bänderschleifen.

Hätten dir den eignen Gurt gegeben,
Rote Schuhchen für die kleinen Füße,
Fest und blank mit Nägelchen beschlagen!
Kindchen, wie wir dich gekleidet hätten!

Kindchen, wie wir dich gefüttert hätten!
Früh am Morgen weißes Brot mit Honig,
Frische Butter, wunderweiches Schmorfleisch,
Mittags Gerstengrütze, gelbe Tunke.

Gänsefleisch und Kuttelfleck mit Ingwer,
Fette Wurst und goldnen Eierkuchen,
Krug um Krug das starke Bier aus Putzig!
Kindchen, wie wir dich gefüttert hätten!

Und wie wir das Herz dir schenken wollten!
Sieh, wir wären alle fromm geworden,
Alle Kniee würden sich dir beugen,
Alle Füße Himmelswege gehen.

Niemals würde eine Scheune brennen,
Sonntags nie ein trunkner Schädel bluten, –
Wärst du, Kindchen, im Kaschubenlande,
Wärst du, Kindchen, doch bei uns geboren!

FRIEDRICH GEORG JÜNGER

Die Delphine

Sag, was ist's, das mich erheitert
Wie der Lorbeer, die Zitrone?
Warum muß ich lachen, ohne
Daß ein Widerspruch mich peinigt?

Wie das Erz auf einer Scheibe
Sanfter rundet sich im Gusse,
Spielend sich erhöht im Flusse,
Wallt es in dem nassen Reiche.

Aus den glatten Wassern steigen
Die Delphine; von den feuchten
Flanken trieft es, und ein Leuchten
Fährt gleich Blitzen in die Weite.

Hebung sind und Senkung eines,
Und im Steigen wie im Fallen
Spüre ich: ein Maß ist allen
Dingen dieser Welt verliehen.

Seliges Erstaunen zwingt mich,
Und ich sehe mit Entzücken:
Von den runden, schwarzen Rücken
Rollt ein Kamm von Silber nieder.

Mit den Wassern sind sie einig,
Doch genügt nicht, wie den Fischen,
Diese Flut, sie zu erfrischen,
Kosten müssen sie vom Lichte.

Siehe nun, wie sie es treiben.
Duft und Feuer fährt zusammen,
Wenn die Leiber in den Flammen
Zarten Äthers lustvoll kreisen.

Und sie wiegen sich gewichtlos
Wie die geistigsten Gedichte,
Prismen sind's aus blauem Lichte,
Keines ihrer Teilchen lichtlos.

Die Sonnenuhr

Alle Wege führten mich im Kreise.
Heiter ging ich fort, und wie ein Reigen
Zog der reiche Herbst um mich die Schleifen.
Wasser sah ich da, die immer schweigen.

Schwäne wie ein Bild des Schönen, Reinen,
Unberührt im herbstlichen Verwittern,
Und die Astern, die wie blaue Sterne
In dem Hauch des Morgenwindes zittern.

Aber wie ein Duft von Bittrem, Welken,
Den ich schon zu lang, zu lang vergessen,
Stieg es um mich auf, und wie durch Gitter
Ging ich durch das Grüne der Zypressen.

Zwischen Ranken, die zum Dache strebten,
In dem Laub des Weins, das spät sich rötet,
Las ich auf der Sonnenuhr die Worte:
Jede Stunde schmerzt, die letzte tötet.

MARIE-LUISE KASCHNITZ

Die Ewigkeit

Sie sagen, daß wir uns im Tode nicht vermissen
Und nicht begehren. Daß wir, hingegeben
Der Ewigkeit, mit andern Sinnen leben
Und also nicht mehr voneinander wissen.

Und Lust und Angst und Sehnsucht nicht verstehen,
Die zwischen uns ein Leben lang gebrannt,
Und so wie Fremde uns vorübergehen,
Gleichgültig Aug dem Auge, Hand der Hand.

Wie rührt mich schon das kleine Licht der Sphären,
Das wir ermessen können, eisig an,
Und treibt mich dir ans Herz in wilder Klage.

O halt uns Welt im süßen Licht der Tage,
Und laß solang ein Leben währen kann
Die Liebe währen.

Eines Tages

Es ist kein Garten so fernab gelegen,
Daß nächtens nicht der wilde Schrei der Welt
Gleich einem wunderbaren Feuerregen
Vernichtend auch auf seine Saaten fällt.

Und keinem ist der Kreis so fest gezogen,
Daß eines Tages nicht ein wilder Geist
Ihm mit der Urgewalt der Meereswogen
Furcht und Erbarmen aus dem Herzen reißt.

Ein wölfisch Wesen springt aus Lammesmienen,
Und keiner lebt, der nicht in sich entdeckte
Ein fremdes ungeheures Element.

Und weil er lebt, muß er dem Chaos dienen
Und einem Neuen, das die Zeit erweckte,
Und dessen Sinn und Ende niemand kennt.

Der Schritt um Mitternacht

Hörst du den Schritt um Mitternacht,
Der Toten, die sich aufgemacht?

Das Land, das ewig Frieden hat
Ist nicht mehr ihre Ruhestatt.

Die Liliengärten liegen brach,
Und als ein Kreuz und Ungemach

Ein Pfad, der in den Abgrund weist,
Ein Sog, der in die Tiefe reißt,

Ein Feueratem überm Moor,
Ein Schrei nach Blut, ein Schlag am Tor,

Ein Griff, der nach der Kehle drängt,
Ein Jammer, der das Herz zersprengt:

So sind sie uns gesendet.
Weh, wie das endet.

BERTOLT BRECHT

Erinnerung an die Marie A.

1

An jenem Tag im blauen Mond September
Still unter einem jungen Pflaumenbaum
Da hielt ich sie, die stille bleiche Liebe
In meinem Arm wie einen holden Traum.
Und über uns im schönen Sommerhimmel
War eine Wolke, die ich lange sah
Sie war sehr weiß und ungeheuer oben
Und als ich aufsah, war sie nimmer da.

2

Seit jenem Tag sind viele, viele Monde
Geschwommen still hinunter und vorbei
Die Pflaumenbäume sind wohl abgehauen
Und fragst du mich, was mit der Liebe sei?
So sag ich dir: Ich kann mich nicht erinnern.
Und doch, gewiß, ich weiß schon, was du meinst
Doch ihr Gesicht, das weiß ich wirklich nimmer
Ich weiß nur mehr: Ich küßte es dereinst.

3

Und auch den Kuß, ich hätt' ihn längst vergessen
Wenn nicht die Wolke da gewesen wär
Die weiß ich noch und werd ich immer wissen
Sie war sehr weiß und kam von oben her.
Die Pflaumenbäume blühn vielleicht noch immer
Und jene Frau hat jetzt vielleicht das siebte Kind
Doch jene Wolke blühte nur Minuten
Und als ich aufsah, schwand sie schon im Wind.

Die Liebenden

Seht jene Kraniche in großem Bogen!
Die Wolken, welche ihnen beigegeben
Zogen mit ihnen schon, als sie entflogen
Aus einem Leben in ein andres Leben.
In gleicher Höhe und mit gleicher Eile

Scheinen sie alle beide nur daneben.
Daß so der Kranich mit der Wolke teile
Den schönen Himmel, den sie kurz befliegen
Daß also keines länger hier verweile
Und keines andres sehe als das Wiegen
Des andern in dem Wind, den beide spüren
Die jetzt im Fluge beieinander liegen:
So mag der Wind sie in das Nichts entführen.
Wenn sie nur nicht vergehen und sich bleiben
So lange kann sie beide nichts berühren
So lange kann man sie von jedem Ort vertreiben
Wo Regen drohen oder Schüsse schallen.
So unter Sonn und Monds verschiedenen Scheiben
Fliegen sie hin, einander ganz verfallen.
Wohin, ihr? – Nirgend hin. – Von wem davon?
 – Von allen.

Legende von der Entstehung des Buches Taoteking auf dem Weg des Laotse in die Emigration

1

Als er Siebzig war und war gebrechlich
Drängte es den Lehrer doch nach Ruh.
Denn die Güte war im Lande wieder einmal schwächlich
Und die Bosheit nahm an Kräften wieder einmal zu.
Und er gürtete den Schuh.

2

Und er packte ein, was er so brauchte:
Wenig. Doch es wurde dies und das.
So die Pfeife, die er immer abends rauchte
Und das Büchlein, das er immer las.
Weißbrot nach dem Augenmaß.

3

Freute sich des Tals noch einmal und vergaß es
Als er ins Gebirg den Weg einschlug.
Und sein Ochse freute sich des frischen Grases
Kauend, während er den Alten trug.
Denn dem ging es schnell genug.

4

Doch am vierten Tag im Felsgesteine
Hat ein Zöllner ihm den Weg verwehrt:
»Kostbarkeiten zu verzollen?« – »Keine.«
Und der Knabe, der den Ochsen führte,
sprach: »Er hat gelehrt.«
Und so war auch das erklärt.

5

Doch der Mann in einer heitren Regung
Fragte noch: »Hat er was rausgekriegt?«
Sprach der Knabe: »Daß das weiche Wasser in Bewegung
Mit der Zeit den mächtigen Stein besiegt.
Du verstehst, das Harte unterliegt.«

6

Daß er nicht das letzte Tageslicht verlöre
Trieb der Knabe nun den Ochsen an.
Und die drei verschwanden schon um eine schwarze Föhre
Da kam plötzlich Fahrt in unsern Mann
Und er schrie: »He, du! Halt an!

7

Was ist das mit diesem Wasser, Alter?«
Hielt der Alte: »Interessiert es dich?«
Sprach der Mann: »Ich bin nur Zollverwalter
Doch wer wen besiegt, das interessiert auch mich.
Wenn du's weißt, dann sprich!

8

Schreib mir's auf! Diktier es diesem Kinde!
So was nimmt man doch nicht mit sich fort.
Da gibt's doch Papier bei uns und Tinte.
Und ein Nachtmahl gibt es auch: ich wohne dort.
Nun, ist das ein Wort?«

9

Über seine Schulter sah der Alte
Auf den Mann: Flickjoppe. Keine Schuh.
Und die Stirne eine einzige Falte.
Ach, kein Sieger trat da auf ihn zu.
Und er murmelte: »Auch du?«

10

Eine höfliche Bitte abzuschlagen
War der Alte, wie es schien, zu alt.
Denn er sagte laut:»Die etwas fragen
Die verdienen Antwort.« Sprach der Knabe:»Es wird
auch schon kalt.«
»Gut, ein kleiner Aufenthalt.«

11

Und von seinem Ochsen stieg der Weise.
Sieben Tage schrieben sie zu zweit.
Und der Zöllner brachte Essen (und er fluchte nur noch leise
Mit den Schmugglern in der ganzen Zeit).
Und dann war's soweit.

12

Und dem Zöllner händigte der Knabe
Eines Morgens einundachtzig Sprüche ein.
Und mit Dank für eine kleine Reisegabe
Bogen sie um jene Föhre ins Gestein.
Sagt jetzt: kann man höflicher sein?

13

Aber rühmen wir nicht nur den Weisen,
Dessen Name auf dem Buche prangt!
Denn man muß dem Weisen seine Weisheit erst entreißen.
Darum sei der Zöllner auch bedankt:
Er hat sie ihm abverlangt.

An die Nachgeborenen

1

Wirklich, ich lebe in finsteren Zeiten!
Das arglose Wort ist töricht. Eine glatte Stirn
Deutet auf Unempfindlichkeit hin. Der Lachende
Hat die furchtbare Nachricht
Nur noch nicht empfangen.

Was sind das für Zeiten, wo
Ein Gespräch über Bäume fast ein Verbrechen ist.

Weil es ein Schweigen über so viele Untaten einschließt!
Der dort ruhig über die Straße geht,
Ist wohl nicht mehr erreichbar für seine Freunde,
Die in Not sind?

Es ist wahr: ich verdiene noch meinen Unterhalt.
Aber glaubt mir: das ist nur ein Zufall. Nichts
Von dem, was ich tue, berechtigt mich dazu, mich sattzuessen.
Zufällig bin ich verschont. (Wenn mein Glück aussetzt
Bin ich verloren.)
Man sagt mir: Iß und trink du! Sei froh, daß du hast!

Aber wie kann ich essen und trinken, wenn
Ich dem Hungernden entreiße, was ich esse, und
Mein Glas Wasser einem Verdurstenden fehlt?
Und doch esse und trinke ich.

Ich wäre gerne auch weise.
In den alten Büchern steht, was weise ist:
Sich aus dem Streit der Welt halten und die kurze Zeit
Ohne Furcht verbringen.

Aber ohne Gewalt auskommen,
Böses mit Gutem vergelten
Seine Wünsche nicht erfüllen, sondern vergessen,
Gilt für weise.
Alles das kann ich nicht:
Wirklich, ich lebe in finsteren Zeiten!

2

In die Städte kam ich zur Zeit der Unordnung
Als da Hunger herrschte.
Unter die Menschen kam ich zur Zeit des Aufruhrs
Und ich empörte mich mit ihnen.
So verging meine Zeit,
Die auf Erden mir gegeben war.

Mein Essen aß ich zwischen den Schlachten.
Schlafen legte ich mich unter die Mörder.
Der Liebe pflegte ich achtlos
Und die Natur sah ich ohne Geduld.

So verging meine Zeit
Die auf Erden mir gegeben war.

Die Straßen führten in den Sumpf zu meiner Zeit.
Die Sprache verriet mich dem Schlächter.
Ich vermochte nur wenig. Aber die Herrschenden
Saßen ohne mich sicherer, das hoffte ich.
So verging meine Zeit
Die auf Erden mir gegeben war.

Die Kräfte waren gering. Das Ziel
Lag in großer Ferne.
Es war deutlich sichtbar, wenn auch für mich
Kaum zu erreichen.
So verging meine Zeit
Die auf Erden mir gegeben war.

3

Ihr, die ihr auftauchen werdet aus der Flut
In der wir untergegangen sind
Gedenkt
Wenn ihr von unseren Schwächen sprecht
Auch der finsteren Zeit
Der ihr entronnen seid.

Gingen wir doch, öfter als die Schuhe die Länder wechselnd
Durch die Kriege der Klassen, verzweifelt
Wenn da nur Unrecht war und keine Empörung.

Dabei wissen wir doch:
Auch der Haß gegen die Niedrigkeit
Verzerrt die Züge.
Auch der Zorn über das Unrecht
Macht die Stimme heiser. Ach, wir
Die wir den Boden bereiten wollten für Freundlichkeit
Konnten selber nicht freundlich sein.
Ihr aber, wenn es soweit sein wird
Daß der Mensch dem Menschen ein Helfer ist
Gedenkt unsrer
Mit Nachsicht.

Und was bekam des Soldaten Weib?

Und was bekam des Soldaten Weib
Aus der alten Hauptstadt Prag?
Aus Prag bekam sie die Stöckelschuh.
Einen Gruß und dazu die Stöckelschuh
Das bekam sie aus der Stadt Prag.

Und was bekam des Soldaten Weib
Aus Warschau am Weichselstrand?
Aus Warschau bekam sie das leinene Hemd
So bunt und so fremd, ein polnisches Hemd!
Das bekam sie vom Weichselstrand.

Und was bekam des Soldaten Weib
Aus Oslo über dem Sund?
Aus Oslo bekam sie das Kräglein aus Pelz.
Hoffentlich gefällt's, das Kräglein aus Pelz!
Das bekam sie aus Oslo am Sund.

Und was bekam des Soldaten Weib
Aus dem reichen Rotterdam?
Aus Rotterdam bekam sie den Hut.
Und er steht ihr gut, der holländische Hut.
Den bekam sie aus Rotterdam.

Und was bekam des Soldaten Weib
Aus Brüssel im belgischen Land?
Aus Brüssel bekam sie die seltenen Spitzen.
Ach, das zu besitzen, so seltene Spitzen!
Sie bekam sie aus belgischem Land.

Und was bekam des Soldaten Weib
Aus der Lichterstadt Paris?
Aus Paris bekam sie das seidene Kleid.
Zu der Nachbarin Neid das seidene Kleid
Das bekam sie aus Paris.

Und was bekam des Soldaten Weib
Aus dem libyschen Tripolis?
Aus Tripolis bekam sie das Kettchen.

Das Amulettchen am kupfernen Kettchen
Das bekam sie aus Tripolis.

Und was bekam des Soldaten Weib
Aus dem weiten Russenland?
Aus Rußland bekam sie den Witwenschleier.
Zu der Totenfeier den Witwenschleier
Das bekam sie aus Rußland.

Auf einen chinesischen Theewurzellöwen

Die Schlechten fürchten deine Klaue.
Die Guten freuen sich deiner Grazie.
Derlei
Hörte ich gern
Von meinem Vers.

Der Radwechsel

Ich sitze am Straßenhang.
Der Fahrer wechselt das Rad.
Ich bin nicht gern, wo ich herkomme.
Ich bin nicht gern, wo ich hinfahre.
Warum sehe ich den Radwechsel
Mit Ungeduld?

ERICH KÄSTNER

Sachliche Romanze

Als sie einander acht Jahre kannten
(Und man darf sagen: sie kannten sich gut),
Kam ihre Liebe plötzlich abhanden.
Wie andern Leuten ein Stock oder Hut.

Sie waren traurig, betrugen sich heiter,
Versuchten Küsse, als ob nichts sei,

Und sahen sich an und wußten nicht weiter.
Da weinte sie schließlich. Und er stand dabei.

Vom Fenster aus konnte man Schiffen winken.
Er sagte, es wäre schon Viertel nach vier
Und Zeit, irgendwo Kaffee zu trinken.
Nebenan übte ein Mensch Klavier.

Sie gingen ins kleinste Café am Ort
Und rührten in ihren Tassen.
Am Abend saßen sie immer noch dort.
Sie saßen allein, und sie sprachen kein Wort
Und konnten es einfach nicht fassen.

ELISABETH LANGGÄSSER

Daphne

Du siehst, wo sich der Waldhang weitet,
Die Espe zitternd niederwehn,
Dem Brand des Himmels hingebreitet,
Von Gras und Habichtskraut begleitet,
Die ärmlich in den Winter gehn.

Doch auch das Dunkel einer Mauer,
Wenn sie am Saum der Städte lebt,
Berührt oft ihrer Krone Schauer,
An dem du dieser Zeiten Trauer
Ermissest, da sie grundlos bebt.

Sie wurzelt mühsam im GeRölle,
Das sie verfolgt, indem es hält –
Und vor Begrenzung, Maß und Kelle
Flieht Daphne in das Laubgefälle
Und steht am Rande unsrer Welt.

EMIL BARTH

Mädchenbildnis der Mutter

So viele Jahre ... Und auf einmal fällt
Aus Händen, welche alles lassen mußten,
Aus fremdem Eigentum dies Bild mir zu.
Wie lange nun, daß m e i n e Hand es hält!
Dann sinkt auch sie zum tiefen Unbewußten,
Noch flüchtiger als dies lichtentzogne Nu.

Still-ernstes Mädchen: halb ein Hundertjahr
Floß ab von jener zaubrischen Sekunde;
Wer bist du? Als ich war, warst du nicht mehr.
Mein ist dies lose Blond von deinem Haar,
Mein dieses Kinn, ach und mit deinem Munde
Des Lebens Überfülle schmeck ich sehr.

Was gäb ich drum, vermöchte es mein Schaun,
Das deine, Liebliche, zu mir zu wenden
Aus jenen Fernen, wo sich's träumend stillt!
Und diese Winde unterwegs vom Zaun,
Wie bäuerlich enthängt sie deinen Händen
Und macht noch rührender das zarte Bild.

Nicht unverschmerzt – mein ältester Verlust.
Ahnst du, was naht? Ich sehs wie Weinens Schauer
Heraufziehn um den dunklen Mund von weit.
Mir ist, als hättest du schon viel gewußt;
Als schmiege sich der Jugend sanfte Trauer
Geschwisterlich an das zukünftige Leid.

Kreuzweg

Das eine Tor bewacht
Der goldne Mähnenlöwe,
Das andre hütet schwarz
Der nachtgeschuppte Drache
Mensch, Märchenheld,
Nach welchem Kleinod
Wurdest du ausgesandt?

Ein Tatzenhieb von Licht
Entriß dich seliger Blindheit,
Aus Raubtiernüstern schnob
Ein Odem schwer zu atmen.
Sohn ohne Arg,
Wohin du gehn magst,
Es wird ein Kreuzweg sein.

Die Welt ist Zaubers voll:
Lichtschnelle Hände wechseln
Vor einem Angesicht,
Das sich verbirgt, die Masken.
O Königskind,
Wo unterm Bildtrug
Springt dir der Wahrheitsquell?

RUDOLF HAGELSTANGE

Nächtliche Fahrt

Nun flieht mein Herz gleich einem Boot,
Das leise sich vom Ufer löst,
Und alle Last und Tagesnot,
Die über meinem Haupte droht,
Entschwindet sacht.

Es braucht nicht eines Sternes Schein,
Der mich nur auf die Erde stößt.
Und find ich nicht den Weg allein,
So mag der Wind mir Fährmann sein
In dieser Nacht.

Kein Tropfen fällt von Ruders Rand.
Nun bin ich weit im Strome drin
Und lege faltend Hand in Hand.
Ich bin so wunderlich entbrannt
Von dieser Fahrt.

Die Freuden, die ich Freunde pries,
Verlassen mich mit leichtem Sinn.

Die Schmerzen, die ich gern verstieß
Und immer meine Feinde hieß,
Sind brüderlicher Art.

Sie steigen ein und klagen nicht.
Wie viele trägt das Boot!
Und sieh, ein Stern durchs Dunkel bricht.
Ich neige Haupt und Angesicht
Vor seinem Bild.

Wie ist die Fahrt so wundersam,
Als ging es über Zeit und Tod...
Der Mond stieg auf, und Friede kam,
Indes ich still das Ruder nahm
Und landwärts hielt.

GÜNTER EICH

Tage mit Hähern

Der Häher wirft mir
die blaue Feder nicht zu.

In die Morgendämmerung kollern
die Eicheln seiner Schreie.
Ein bitteres Mehl, die Speise
des ganzen Tags.

Hinter dem roten Laub
hackt er mit hartem Schnabel
tagsüber die Nacht
Aus Ästen und Baumfrüchten,
ein Tuch, das er über mich zieht.

Sein Flug gleicht dem Herzschlag.
Wo schläft er aber
und wem gleicht sein Schlaf?
Ungesehen liegt in der Finsternis
die Feder vor meinem Schuh.

KARL KROLOW

Drei Orangen, zwei Zitronen

Drei Orangen, zwei Zitronen: –
Bald nicht mehr verborgne Gleichung,
Formeln, die die Luft bewohnen,
Algebra der reifen Früchte!

Licht umschwirrt im wespengelben
Mittag lautlos alle Wesen.
Trockne Blumen ruhn im selben
Augenblick auf trocknem Wind.

Drei Orangen, zwei Zitronen.
Und die Stille kommt mit Flügeln.
Grün schwebt sie durch Ulmenkronen,
Selges Schiff, matrosenheiter.

Und der Himmel ist ein blaues
Auge, das sich nicht mehr schließt
Über Herzen: ein genaues
Wunder, schwankend unter Blättern.

Drei Orangen, zwei Zitronen: –
Mathematisches Entzücken,
Mittagsschrift aus leichten Zonen!
Zunge schweigt bei Zunge. Doch
Alter Sinn gurrt wie ein Tauber.

Robinson I

Immer wieder strecke ich meine Hand
Nach einem Schiff aus.
Mit der bloßen Faust versuche ich,
Nach seinem Segel zu greifen.
Anfangs fing ich
Verschiedene Fahrzeuge, die sich
Am Horizont zeigten.

Ich fange Forellen so.
Doch der Monsun sah mir
Auf die Finger
Und ließ sie entweichen,
Oder Ruder und Kompaß
Brachen. Man muß
Mit Schiffen zart umgehen.
Darum rief ich ihnen Namen nach.
Sie lauteten immer
Wie meiner.

Jetzt lebe ich nur noch
In Gesellschaft mit dem Ungehorsam
Einiger Worte.

CHRISTA REINIG

Robinson

Manchmal weint er wenn die worte
still in seiner kehle stehn
doch er lernt an seinem orte
schweigend mit sich umzugehn

und erfindet alte dinge
halb aus not und halb im spiel
splittert stein zur messerklinge
schnürt die axt an einen stiel

kratzt mit einer muschelkante
seinen namen in die wand
und der allzu oft genannte
wird ihm langsam unbekannt

Paul Celan

Todesfuge

Schwarze Milch der Frühe wir trinken sie abends
wir trinken sie mittags und morgens wir trinken sie nachts
wir trinken und trinken
wir schaufeln ein Grab in den Lüften da liegt man nicht eng
Ein Mann wohnt im Haus der spielt mit den Schlangen der
 schreibt
der schreibt wenn es dunkelt nach Deutschland dein goldenes
 Haar Margarete
er schreibt es und tritt vor das Haus und es blitzen die Sterne
 er pfeift seine Rüden herbei
er pfeift seine Juden hervor läßt schaufeln ein Grab in der Erde
er befiehlt uns spielt auf nun zum Tanz

Schwarze Milch der Frühe wir trinken dich nachts
wir trinken dich morgens und mittags wir trinken dich abends
wir trinken und trinken
Ein Mann wohnt im Haus der spielt mit den Schlangen
 der schreibt
der schreibt wenn es dunkelt nach Deutschland dein goldenes
 Haar Margarete
Dein aschenes Haar Sulamith wir schaufeln ein Grab in den
 Lüften da liegt man nicht eng

Er ruft stecht tiefer ins Erdreich ihr einen ihr andern singet
 und spielt
er greift nach dem Eisen im Gurt er schwingts seine Augen
 sind blau
stecht tiefer die Spaten ihr einen ihr andern spielt weiter zum
 Tanz auf

Schwarze Milch der Frühe wir trinken dich nachts
wir trinken dich mittags und morgens wir trinken dich abends
wir trinken und trinken
ein Mann wohnt im Haus dein goldenes Haar Margarete
dein aschenes Haar Sulamith er spielt mit den Schlangen
Er ruft spielt süßer den Tod der Tod ist ein Meister aus
 Deutschland

er ruft streicht dunkler die Geigen dann steigt ihr als Rauch
in die Luft
dann habt ihr ein Grab in den Wolken da liegt man nicht eng

Schwarze Milch der Frühe wir trinken dich nachts
wir trinken dich mittags der Tod ist ein Meister aus
Deutschland
wir trinken dich abends und morgens wir trinken und trinken
der Tod ist ein Meister aus Deutschland sein Auge ist blau
er trifft dich mit bleierner Kugel er trifft dich genau
ein Mann wohnt im Haus dein goldenes Haar Margarete
er hetzt seine Rüden auf uns er schenkt uns ein Grab in der Luft
er spielt mit den Schlangen und träumet der Tod ist ein
Meister aus Deutschland
dein goldenes Haar Margarete
dein aschenes Haar Sulamith

Die Krüge

Für Klaus Demus

An den langen Tischen der Zeit
zechen die Krüge Gottes.
Sie trinken die Augen der Sehenden leer und die Augen der
Blinden,
die Herzen der waltenden Schatten,
die hohle Wange des Abends.
Sie sind die gewaltigsten Zecher:
sie führen das Leere zum Mund wie das Volle
und schäumen nicht über wie du oder ich.

Espenbaum, dein Laub blickt weiß ins Dunkel.
Meiner Mutter Haar wird nimmer weiß.

Löwenzahn, so grün ist die Ukraine.
Meine blonde Mutter kam nicht heim.

Regenwolke, säumst du an den Brunnen?
Meine leise Mutter weint für alle.

Runder Stern, du schlingst die goldne Schleife.
Meiner Mutter Herz ward wund von Blei.

Eichne Tür, wer hob dich aus den Angeln?
Meine sanfte Mutter kann nicht kommen.

Leuchten

Schweigenden Leibes
liegst du im Sand neben mir,
Übersternte.
.
Brach sich ein Strahl
herüber zu mir?
Oder war es der Stab,
den man brach über uns,
der so leuchtet?

INGEBORG BACHMANN

Nebelland

Im Winter ist meine Geliebte
unter den Tieren des Waldes.
Daß ich vor Morgen zurückmuß,
weiß die Füchsin und lacht.
Wie die Wolken erzittern! Und mir
auf den Schneekragen fällt
eine Lage von brüchigem Eis.

Im Winter ist meine Geliebte
ein Baum unter Bäumen und lädt
die glückverlassenen Krähen
ein in ihr schönes Geäst. Sie weiß,
daß der Wind, wenn es dämmert,
ihr starres, mit Reif besetztes
Abendkleid hebt und mich heimjagt.

Im Winter ist meine Geliebte
unter den Fischen und stumm.
Hörig den Wassern, die der Strich
ihrer Flossen von innen bewegt,
steh ich am Ufer und seh,
bis mich Schollen vertreiben,
wie sie taucht und sich wendet.

Und wieder vom Jagdruf des Vogels
getroffen, der seine Schwingen
über mir steift, stürz ich
auf offenem Feld: sie entfiedert
die Hühner und wirft mir ein weißes
Schlüsselbein zu. Ich nehm's um den Hals
und geh fort durch den bitteren Flaum.

Treulos ist meine Geliebte,
ich weiß, sie schwebt manchmal
auf hohen Schuh'n nach der Stadt,
sie küßt in den Bars mit dem Strohhalm
die Gläser tief auf den Mund,
und es kommen ihr Worte für alle.
Doch diese Sprache verstehe ich nicht.

Nebelland hab ich gesehen
Nebelherz hab ich gegessen.

Reklame

Wohin aber gehen wir
ohne sorge sei ohne sorge
wenn es dunkel und wenn es kalt wird
sei ohne sorge
aber
mit Musik
was sollen wir tun
heiter und mit musik
und denken
heiter
angesichts eines Endes

mit Musik
und wohin tragen wir
am besten
unsre Fragen und den Schauer aller Jahre
in die Traumwäscherei ohne sorge sei ohne sorge
was aber geschieht
am besten
wenn Totenstille
eintritt

Anrufung des Großen Bären

Großer Bär, komm herab, zottige Nacht,
Wolkenpelztier mit den alten Augen,
Sternenaugen,
durch das Dickicht brechen schimmernd
deine Pfoten mit den Krallen,
Sternenkrallen,
wachsam halten wir die Herden,
doch gebannt von dir, und mißtrauen
deinen müden Flanken und den scharfen
halbentblößten Zähnen,
alter Bär.
Ein Zapfen: eure Welt.
Ihr: die Schuppen dran.
Ich treib sie, roll sie
von den Tannen im Anfang
zu den Tannen am Ende,
schnaub sie an, prüf sie im Maul
und pack zu mit den Tatzen.

Fürchtet euch oder fürchtet euch nicht!
Zahlt in den Klingelbeutel und gebt
dem blinden Mann ein gutes Wort,
daß er den Bären an der Leine hält.
Und würzt die Lämmer gut.

's könnt sein, daß dieser Bär
sich losreißt, nicht mehr droht

und alle Zapfen jagt, die von den Tannen
gefallen sind, den großen, geflügelten,
die aus dem Paradiese stürzten.

NELLY SACHS

Wir üben heute schon den Tod von morgen
wo noch das alte Sterben in uns welkt –
O Angst der Menschheit nicht zu überstehn –

O Todgewöhnung bis hinein in Träume
wo Nachtgerüst in schwarze Scherben fällt
und beinern Mond in den Ruinen leuchtet –

O Angst der Menschheit nicht zu überstehn –

Wo sind die sanften Rutengänger
Ruhe-Engel, die den verborgnen Quell
uns angerührt, der von der Müdigkeit
zum Sterben rinnt?

PETER HUCHEL

Momtschil

Mond kam über die Kimme der Berge.
Im Felsen ging das Silber auf,
Das Auge der Nacht.
Gedröhn von Hufen,
Langtönend im Stein,
Erstickte der Staub.
Schneller trieb die Herde der Hirt,
Sein Schatten erklomm
Das Schweigen der Schlucht.

Bergoben,
Umgürtet von felsiger Mauer,
Doch ausgesetzt

Dem Anhauch großer Himmel,
Das Dorf der Tataren;
Die graue Moschee
Nicht höher als der Schober aus Stroh.
Neben dem Wasserrad die Hütte,
Der kühle, weiche Geruch von Mehl
Lag auf der Schwelle.
Und Nebel floß,
Weiße Schafsmilch,
Über den Rand des Dachs.

Soldatenfriedhof

Die Luft ist brüchig.
Fünftausend Kreuze
In Reih und Glied,
Streng ausgerichtet
Auf Vordermann.

Nach dem Abendappell
Gehen sie in die Stadt.
Sie bevölkern Ruinen
Und schwarze Brücken,
Werfen Laub in die Grachten.

Sie besuchen den Dom
Und verdunkeln den Heiland.
Aber es glimmen die silber-
Beschlagenen Ecken des Meßbuchs.
Und das Stigma der Abendröte
Brennt auf den Dächern.

Als Fensterschatten
Lehnen sie an der Wand der Bar.
Sie hauchen Eis in die Gläser.
Sie blicken aus Gitarren
den Frauen nach.

Kurz vor Mitternacht
Hallt gräberhin

Des Todes Clairon,
Das trostlose Trommeln,
Die große Retraite,
Der Zapfenstreich.

In erster Helle
Stehen sie wieder
Starr im Geviert.
Fünftausend Kreuze.
Streng ausgerichtet
Auf Vordermann.

JOHANNES BOBROWSKI

Immer zu benennen

Immer zu benennen:
den Baum, den Vogel im Flug,
den rötlichen Fels, wo der Strom
zieht, grün, und den Fisch
im weißen Rauch, wenn es dunkelt
über die Wälder herab.

Zeichen, Farben, es ist
ein Spiel, ich bin bedenklich,
es möchte nicht enden
gerecht.

Und wer lehrt mich,
was ich vergaß: der Steine
Schlaf, den Schlaf
der Vögel im Flug, der Bäume
Schlaf, im Dunkel
geht ihre Rede –?

Wär da ein Gott
und im Fleisch,
und könnte mich rufen, ich würd
umhergehn, ich würd
warten ein wenig.

Litauische Lieder

Nachts, tieräugig, ein Strauch
bin ich, ein Baum am Tag,
ein Wasser im Mittagsschatten,
unter der Sonne das Gras.

Oder um den Abend
eine Kirche am Berg, wo der Liebste
aus und ein geht, ein weißer
Priester, und Lieder singt.

Durch die Welt
lieb ich ihn, der Mondstrahl
muß ich sein um die Tür,
um das Haus im Fichtendunkel.

Einst flieg ich auf
mit der Laubvögel Sprüche im späten
Jahr, wenn ihr Herz,
ein Hagelkorn, weiß ist.

ERNST MEISTER

Fermate

Zwinkernd mit Dornengebüsch:
Augen
hin über Hagebutten und
atmendes Meer.
In den Äther speit Gold
ein raubender Fisch.

Fermate: Braue,
aufgerichteter Horizont.
Sonne als Perle am Grund
und die Wracks
der untersten Tiefe besonnt.
Früheste Zeit und die fernste
gleichen sich sehr.

Komm, was sich Tod heißt,
über den funkelnden Strand!
Komm, hagebuttenrot,
komm, dornenbraun,
zeige dich, komm!
Scherzend mit dir,
bin ich den ältesten
Engeln verwandt.

HILDE DOMIN

›Seids gewesen, seids gewesen!‹

Die letzte Erde
der Erde letzter Tag
die letzte Landschaft
die eines letzten Menschen Auge sieht
unerinnert
nicht weitergegeben
an nicht mehr Kommende
dieser Tag
ohne Namen ihn zu rufen
ohne Rufende

nicht grüner
nicht weißer
nicht blauer
als die Tage die wir sehn
oder schwarz
oder feuerfarben
er wird einen Abend haben
oder er wird keinen Abend haben
seine Helle sein Dunkel
unvergleichbar.

Die Sonne die leuchtet falls sie leuchtet
unbegrüßt
nach diesem Tag
wird es sich unter ihr öffnen?
Werden wir

als Staunende
wieder herausgegeben
unter einem währenden Licht?

Zünder der letzten Lunte
Maden der Ewigkeit?

HANS MAGNUS ENZENSBERGER

das ende der eulen

ich spreche von euerm nicht,
ich spreche vom ende der eulen.
ich spreche von butt und wal
in ihrem dunkeln haus,
dem siebenfältigen meer,
von den gletschern,
sie werden kalben zu früh,
rab und taube, gefiederten zeugen,
von allem was lebt in lüften
und wäldern, und den flechten im kies,
vom weglosen selbst, und vom grauen moor
und den leeren gebirgen:

auf radarschirmen leuchtend
zum letzten mal, ausgewertet
auf meldetischen, von antennen
tödlich befingert floridas sümpfe
und das sibirische eis, tier
und schilf und schiefer erwürgt
von warnketten, umzingelt
vom letzten manöver, arglos
unter schwebenden feuerglocken,
im ticken des ernstfalls.

wir sind schon vergessen.
sorgt euch nicht um die waisen,
aus dem sinn schlagt euch
die mündelsichern gefühle,
den ruhm, die rostfreien psalmen.

ich spreche nicht mehr von euch,
planern der spurlosen tat,
und von mir nicht, und keinem.
ich spreche von dem was nicht spricht,
von den sprachlosen zeugen,
von ottern und robben,
von den alten eulen der erde.

CHRISTOPH MECKEL

Ihr meine Schaukelpferde

Ihr meine Schaukelpferde
und Schatten meiner Schaukelpferde,
ihr Krücken, Hüte, Regenschirme,
ihr meine Pantoffelblumen,

ihr Puppen, Masken, Wunderkerzen,
ihr Geißeln meiner Langeweile,
ihr aller großen Sehnsucht kleine Verzehrer:
ich bin betrogen.

Ich wollte mir schwimmende Berge schenken
und wollte meine Wasserpfeife rauchen
und wollte Elefanten fliegen lassen
und auf meiner Flöte Gelächter machen.

Ihr, die ich verachte und verlache,
die ich verschleudre, die ich zerbreche,
ihr Masken, Krücken, Schaukelpferde,
ihr meine Pantoffelblumen:

Ich werde mir schwimmende Berge schenken
und meine Wasserpfeife rauchen
und werde Elefanten fliegen lassen –

Ich werde auf meiner Flöte Gelächter machen!

REGISTER

REGISTER DER STOFF- UND MOTIVKREISE

I. MENSCH

FREUNDSCHAFT

GLÜCK UND ERFÜLLUNG

661

GEWISSEN, SCHULD UND SÜHNE

II. WELT

669

III. KULTUR

SPRACHE

SAGE

GESCHICHTE

ZEITBETRACHTUNG UND ZEITKRITIK

IV. GOTT

VERZEICHNIS DER DICHTER

677

KLEINE BIBLIOGRAPHIE

Die nachfolgende Bibliographie verzeichnet die wichtigsten Werke zur
deutschen Literaturgeschichte und zur Lyrik, ferner die wesentlichen
Ausgaben, insbesondere Erstausgaben und historisch-kritische Ausgaben,
Biographien und wissenschaftliche Untersuchungen über die einzelnen
Dichter, vor allem über ihr lyrisches Werk. Besonderer Wert wurde auf
das wissenschaftliche Schrifttum der letzten Jahre gelegt. Vollständigkeit
ist in keinem Fall erstrebt worden. Zur Ergänzung diene der Hinweis
auf die besonderen wissenschaftlichen Forschungsberichte.

Abkürzungen

Annalen = Annalen der deutschen Literatur. Geschichte der deutschen
 Literatur von den Anfängen bis zur Gegenwart, hrsg. v. H. O. Bur-
 ger, Stuttgart 1951/52.
DL = Die deutsche Lyrik. Form u. Geschichte. Interpretationen, hrsg.
 v. B. v. Wiese, Bd. I: Vom Mittelalter bis zur Frühromantik, Bd. II:
 Von der Spätromantik bis zur Gegenwart, Düsseldorf 1956 u. ö.
Dt. Nat.-Lit. = Kürschners Deutsche Nationalliteratur.
Dt. Vjschr. = Deutsche Vierteljahrsschrift für Literaturwissenschaft u.
 Geistesgeschichte, Stuttgart.
E = Erstausgabe.
G. u. G. = Gedicht und Gedanke. Auslegungen deutscher Gedichte, hrsg.
 v. H. O. Burger, Halle 1942.
Germ.-Rom. Monschr. = Germanisch-Romanische Monatsschrift, Heidel-
 berg.
Hs. = Handschrift.
L = Literaturangaben.
RU. = Reclams Universalbibliothek, Leipzig bzw. Stuttgart.
WG = Wege zum Gedicht. Mit einer Einführung von E. Hederer, hrsg.
 v. R. Hirschenauer u. A. Weber, München 1956.
W. W. = Wirkendes Wort. Deutsches Sprachschaffen in Lehre u. Leben,
 Düsseldorf.
ZfdA. = Zeitschrift für deutsches Altertum u. deutsche Literatur, Wies-
 baden.

Bibliographische Nachschlagewerke

K. Goedeke, Grundriß zur Geschichte der dt. Dichtung, 14 Bde., 2. Aufl.
Dresden 1884–1959, neue Folge ab 1940.
W. Kosch, Dt. Literaturlexikon. Biographisches und bibliographisches

Handbuch, 4 Bde., 2. Aufl. Bern 1948–1958 (in 1 Bd. bearb. v. B. Berger, Bern–München 1963).

J. Körner, Bibliogr. Handbuch des dt. Schrifttums, 3. Aufl. Bern 1949.

H. W. Eppelsheimer, Bibliographie der dt. Literaturwissenschaft, 1. Bd. 1945–1953, bearb. v. H. W. Eppelsheimer, Frankfurt/M. 1957, 2. Bd. 1954–1956, bearb. v. Cl. Köttelwesch, Frankfurt/M. 1958, 3. Bd. 1957 bis 1958, bearb. v. Cl. Köttelwesch, Frankfurt/M. 1960, 4. Bd. 1959–1960, bearb. v. Cl. Köttelwesch, Frankfurt/M. 1961, 5. Bd. 1961–1962, bearb. v. Cl. Köttelwesch, Frankfurt/M. 1963, 6. Bd. 1963–1964, bearb. v. Cl. Köttelwesch, Frankfurt/M. 1965.

Germanistik. Internationales Referatenorgan mit bibliographischen Hinweisen, Tübingen 1960 ff.

Älteste deutsche und mittelhochdeutsche Dichtungen

Gesamtdarstellungen

G. Ehrismann, Geschichte der dt. Lit. bis z. Ausgang d. Mittelalters, 4 Bde., München 1918–1935, Neudruck München 1954–1959.

W. Stammler, Die dt. Lit. d. Mittelalters. Verfasserlexikon, Bd. 1–5 (Bde. 3–5 hrsg. v. K. Langosch), Berlin 1933–1955.

J. Schwietering, Die dt. Dichtung d. Mittelalters, Potsdam [1941], Neudruck Darmstadt 1957.

H. Schneider, Heldendichtung, Geistlichendichtung, Ritterdichtung, verm. Ausg. Heidelberg 1943.

H. de Boor, Die dt. Lit. v. Karl d. Gr. bis z. Beginn der höf. Dichtung (770–1170), 5. Aufl. München 1962; ders., Die höf. Lit. Vorbereitung, Blüte, Ausklang (1170–1250), 4. Aufl. München 1960; ders., Die dt. Lit. im späten Mittelalter. Zerfall u. Neubeginn (1250–1350), München 1962.

R. Kienast, Die deutschsprachige Lyrik d. Mittelalters, in: Dt. Philologie im Aufriß, Bd. 2, 2. Aufl. Berlin 1960, Sp. 1–132.

H. Moser, Minnesang u. Spruchdichtung? Über die Arten hochmittelalterlicher dt. Lyrik, in: Euphorion 50, 1956, S. 370–387.

H. Kuhn, Dichtung u. Welt im Mittelalter, Stuttgart 1959.

P. Wapnewski, Dt. Lit. d. Mittelalters, Göttingen 1960.

Der dt. Minnesang. Aufsätze zu seiner Erforschung, hrsg. v. H. Fromm, Bad Homburg 1961.

Fr. Neumann, Minnesang, in: Reallexikon d. dt. Lit. Geschichte, begr. v. P. Merker u. W. Stammler, 2. Aufl., hrsg. v. W. Kohlschmidt u. W. Mohr, Bd. 2, Berlin 1965, S. 303–314.

H. Schneider u. W. Mohr, Mittelhochdeutsche Dichtung, in: Reallexikon d. dt. Lit. Geschichte, begr. v. P. Merker u. W. Stammler, 2. Aufl., hrsg. v. W. Kohlschmidt u. W. Mohr, Bd. 2, Berlin 1965, S. 314–335.

M. v. Lieres und Wilkau, Sprachformeln in der mittelhochdt. Lyrik bis zu Walther von der Vogelweide, München 1965.

Forschungsberichte: B. Horacek, Zur Dichtung d. mittelhochdt. Blütezeit, in: Wissenschaft u. Weltbild 7, 1954, S. 153–158 u. 227–229.

F. R. Schröder, Neuere Minnesangarbeiten, in: Germ.-Rom. Monschr. 35, 1954, S. 69–70, u. Germ.-Rom. Monschr. 37, 1956, S. 404–410.
H. Thomas, Die jüngere dt. Minnesangforschung, in: W. W. 7, 1956/57, S. 269–286.
G. Jungbluth, Neue Forschungen zur mittelhochdt. Lyrik, in: Euphorion 51, 1957, S. 192–221.
H. Rupp, Neue Forschungen zu Form und Bau mittelalterl. Dichtung, in: Der Deutschunterricht 11, 1959, Heft 2, S. 117–124.
H. Rupp, Forschung zur althochdt. Literatur 1945–1962, Stuttgart 1965.

Älteste deutsche Dichtung

I. Textausgaben

K. Müllenhoff u. W. Scherer, Denkmäler dt. Poesie u. Prosa aus dem 8. bis 12. Jahrh., 2 Bde., Berlin 1864, 3. Aufl. 1892.
Gekürzte Ausg.: E. Steinmeyer, Die kleineren althochdt. Sprachdenkmäler, Berlin 1916, 2. Aufl. Berlin–Zürich 1963.
W. Braune, Althochdt. Lesebuch, Halle 1875, fortgef. v. K. Helm, 14. Aufl., bearb. v. E. A. Ebbinghaus, Tübingen 1962.
M. Enneccerus, Die ältesten dt. Sprach-Denkmäler in Lichtdrucken, Frankfurt/M. 1897.
Fr. Tschirch, Frühmittelalterliches Deutsch. Ein Lesebuch ausgew. Texte von den Anfängen des dt. Schrifttums bis zum Ausgang des 11. Jahrh., Halle 1955.

II. Übersetzungen

K. Wolfskehl u. Fr. v. d. Leyen, Älteste dt. Dichtungen, Leipzig 1909, 3. Aufl. 1924. Kl. Ausg.: Insel-Bücherei 1933.
H. Naumann, Frühgermanentum. Heldenlieder und Sprüche, München 1926.
Das Buch dt. Dichtung, Bd. 1: Frühes und hohes Mittelalter, hrsg. v. Fr. v. d. Leyen, Leipzig 1939 (Urtext mit Übersetzung).

III. Die einzelnen Denkmäler

Das Hildebrandlied: E. durch J. G. Eckhardt, Würzburg 1729. – Letzte Ausg.: Das Hildebrandlied. Eine geschichtl. Einleitung für Laien, mit Lichtbildern der Hs., alt- u. neuhochdt. Texten, hrsg. v. G. Baesecke, Halle 1945 (danach unser Text).
Die Merseburger Zaubersprüche: Hs. des 10. Jahrh. zu Merseburg. – E. durch J. Grimm, Abhandl. d. Berl. Akad. 1842 (= Kl. Schriften, Bd. 2, S. 1 ff.). – Braune/Ebbinghaus, Althochdt. Lesebuch XXXI, 1 (danach unser Text).
Lorscher Bienensegen: Hs. d. 9. Jahrh. aus Lorsch. – Braune/Ebbinghaus, Althochdt. Lesebuch XXXI, 3 (danach unser Text).

Mittelhochdeutsche Lyrik

I. Textausgaben

Die alte Heidelberger Liederhandschrift, hrsg. v. Fr. Pfeiffer, Stuttgart 1844, Neudruck Hildesheim 1962.
Carmina burana, E. durch J. A. Schmeller, Stuttgart 1847 (Bibl. d. Lit. Vereins 16), 4. Aufl. 1904; Faks. Neudruck 1927; 2 Bde., München 1965. – Hrsg. v. A. Hilka u. O. Schumann, Heidelberg 1930 ff. (Text u. Kommentar). – Die dt. Lieder der Carm. bur., hrsg. v. F. Lüers, Bonn 1922. – Carmina burana. Lieder d. Vaganten. Lat. u. dt. nach L. Laistner, hrsg. v. E. Brost, Heidelberg 1954.
Minnesänger vor Walther: Des Minnesangs Frühling, neubearb. v. C. v. Kraus, Leipzig 1940 (dazu: Untersuchungen v. C. v. Kraus, Leipzig 1939). Unsere Texte nach dieser Ausgabe (MF = Minnesangs Frühling), 33. Aufl. 1961, Nachdruck 1965.
F. H. v. d. Hagen, Minnesänger. Dt. Liederdichter d. 12., 13. u. 14. Jahrh., 4 Teile, Leipzig 1838, Neudruck 1923. – K. Bartsch, Dt. Liederdichter d. 12. bis 14. Jahrh., Leipzig 1864, 8. Aufl. 1928. – Dt. Liederdichter d. 13. Jahrh., hrsg. v. C. v. Kraus, 2 Bde., (Bd. 2 bes. v. H. Kuhn), Tübingen 1952–1958. – Liebeslyrik der dt. Frühe, in zeitl. Folge, hrsg. v. H. Brinkmann, Düsseldorf 1952. – C. v. Kraus u. H. Kuhn, Minnesang d. 13. Jahrh. Mit Übertragung d. Melodien v. G. Reichert, Tübingen 1953, 2. Aufl. 1962. – Ausgew. Melodien d. Minnesangs, Einf., Erläuterung u. Übertragung v. E. Jammers, Tübingen 1963.

II. Übersetzungen

(Die Übersetzungen sind nur mit Vorsicht zu gebrauchen): K. Simrock, Lieder der Minnesinger, Elberfeld 1857. – B. Obermann, Dt. Minnesang, Leipzig 1891 (RU. 2618–19), 3. Aufl. 1930. – F. Rückert, Lieder und Sprüche der Minnesinger, Darmstadt 1924. – R. Zoozmann, Dt. Minnesänger, München 1927. – W. Fischer, Liedsang aus dt. Frühe (mhdt. u. dt.), 2. Aufl. Stuttgart 1955. – Dt. Minnesang (1150–1300). Nachdichtg. v. K. E. Meurer, Einführung v. F. Neumann, Stuttgart (Reclam) 1954. – Dt. Lyrik d. Mittelalters. Ausw. u. Übers. v. M. Wehrli, Zürich 1955, 2. Aufl. 1962.

III. Die einzelnen Dichter und Gedichte

Dû bist mîn: Aus einem lateinischen Liebesbrief einer Dame an einen Geistlichen, abgedruckt in MF 3, 1.
Chume, chume: J. A. Schmeller, Charm. bur. Nr. 136a = Schumann Nr. 174 a.
Ich will trûren faren lân: J. A. Schmeller, Carm. bur. Nr. 141a = Schumann Nr. 180 a.
DER VON KÜRENBERG: Mit ihm beginnt die Reihe der ritterlichen Minnesänger. Um 1160. Die Strophe seiner Dichtungen ist die des Nibelungen-

liedes. 15 Strophen in MF. – *Ich zôch mir einen valken:* MF 8, 33.
DIETMAR VON EIST: Ein Freiherr Dietmar v. E. war ein Zeitgenosse des
Kürenbergers. Unter seinem Namen geht eine Reihe von Liedern ver-
schiedener Herkunft. – L: F. H. Bäuml, Notes on the »Wechsel« of Diet-
mar v. E., in: Journal of Engl. and Germ. Philology 55, 1956, S. 58–69. –
Uf der linden obene: MF 34, 3. – *Slâfst du, friedel ziere:* MF 39, 18.
Ältestes dt. Tagelied.

FRIEDRICH VON HAUSEN: Er gehörte zur nächsten Umgebung Barbarossas
und fand auf dem Kreuzzug 1190 den Tod. – Textausg. m. ausführl.
Kommentar: H. Brinkmann, Friedrich v. H., Minden 1948. – *Mîn herze
und mîn lîp:* MF 47, 9.

HEINRICH VON MORUNGEN: Um die Wende des 12./13. Jahrh. – Text m.
Übers.: C. v. Kraus, München 1925, 2. Aufl. 1950. – Übers.: K. Heß, Mün-
chen 1923. – L: J. Schwietering, Der Liederzyklus Heinrichs v. M., in:
ZfdA. 82, 1950, S. 77–104. – F. Maurer, Über das Verhältnis von rhyth-
mischer Gliederung und Gedankenführung in den Strophen Heinrichs
v. M., in: Festschrift für J. Trier, Meisenheim/Glan 1954, S. 163–172. –
H. Scheidt, Vollständiges Glossar zu den Liedern Heinrichs v. M., Diss.
Heidelberg 1955. – *Ich bin keiser âne krône:* MF 142, 19.

REINMAR DER ALTE: Er hat die Theorie der »hohen Minne«, die Leid ist,
weil sie unerhört bleiben muß, am reinsten vertreten. – Ausg. v. C. v.
Kraus, 3 Teile, München 1919. – L: K. Burdach, Reinmar d. A. und Wal-
ther v. d. V., Halle 1880, 2. Aufl. 1928. – H. Schneider, Die Lieder Rein-
mars d. A., in: Dt. Vjschr. 17, 1939, S. 312–342. – *Ich wil allez gâhen:*
MF 170, 1.

WOLFRAM VON ESCHENBACH: Ausg.: v. K. Lachmann, Berlin 1833, 7. Aufl.
v. E. Hartl, 1952; v. P. Piper, 4 Bde., Stuttgart 1890–1893 (Dt. Nat.-Lit. 5);
v. A. Leitzmann (5. Heft d. Werke m. d. Liedern), Halle 1906, 5. Aufl.
Tübingen 1963. – Übers. der Lieder in: San Marte, Leben u. Dichten
Wolframs v. E., 2 Bde., Magdeburg 1836–1841, 3. Aufl. 1887. – Die Lie-
beslieder Wolframs v. E., übertragen v. W. Willige, Zittau 1923. – L:
J. H. Scholte, Wolframs Lyrik, in: Paul/Braunes Beiträge 69, 1947,
S. 409–419. – F. Maurer, Das Grundanliegen Wolframs v. E., in: Der
Deutschunterricht 8, 1956, Heft 2, S. 46–61.

WALTHER VON DER VOGELWEIDE: Ausg.: v. K. Lachmann, Berlin 1827,
13. Aufl. nach der 10. Aufl. v. C. v. Kraus neu hrsg. v. H. Kuhn, 1965;
mit umfass. Einl. u. Kommentar v. W. Wilmanns, Halle 1869, 4. Aufl.
v. V. Michels, 2 Bde., 1924; Ausw. mit Erklärungen v. C. v. Kraus, Leipzig
(Insel) 1948. – Die Lieder Walthers v. d. V. Unter Beifügung erhaltener
u. erschlossener Melodien neu hrsg. v. F. Maurer, Bd. 1: Die religiösen u.
politischen Lieder, Tübingen 1955, Bd. 2: Die Liebeslieder, Tübingen
1956, 2. Aufl. 1962 (= Altdt. Textbibl. Nr. 43 u. 47). – Sprüche und Lie-
der. Gesamtausg., hrsg. v. Helmut Protze, Halle 1963. – Übers.: K. Sim-
rock, Berlin 1833, 8. Aufl. 1894. – W. Bulst, Berlin 1926 (mit Urtext). –
H. Böhm, Berlin 1944, 3. Aufl. 1964 (Urtext m. Prosaübertragung. Hier-
aus vorn die Übers. von: Owê war sint verswunden). – Lieder und Sprüche,

ausgew. aus dem Mittelhochdt. übertragen, m. Erläuterungen u. einer
Einl. versehen v. R. Schaeffer, Leipzig 1954. – P. Wapnewski (Mittel-
hochdt. Text u. Übertragungen), Frankfurt/M. 1962. – L: A. E. Schön-
bach, Walther v. d. V., Dresden 1890, 4. Aufl. v. H. Schneider, Berlin
1923. – C. v. Kraus, Walther v. d. V. Untersuchungen, Berlin 1935. –
H. Böhm, Walther v. d. V. Minne, Reich, Gott, Stuttgart 1949. –
F. Neumann, Der Minnesänger Walther v. d. V., in: Der Deutschunter-
richt 5, 1953, Heft 2, S. 43–61. – F. Maurer, Zu den religiösen Liedern
Walthers, in: Euphorion, 49, 1955, S. 29–49; ders., Walthers »Sprüche«,
in: W. W., 3. Sonderh., 1961, S. 51–67. – Forschungsberichte: F. R. Schrö-
der, in: Germ.-Rom. Monschr. 37, 1956, S. 404–407. – A. Kracher, Beiträge
zur Walther-Kritik, in: Paul/Braunes Beiträge 78, Tübingen 1956, S. 194
bis 225. – G. Jungbluth, in: Euphorion, 51, 1957, bes. S. 204 ff.

NEIDHART VON REUENTHAL: Der Begründer der sog. höfischen Dorfpoesie. –
Ausg.: M. Haupt, Leipzig 1858, neu bearb. v. E. Wiessner, 1923. –
E. Wiessner, Tübingen 1955, 2. Aufl. 1963. – Übers.: K. Ameln u. W.
Rößle, Jena 1927. – L: S. Singer, Neidhart-Studien, Tübingen 1920. –
E. Wiessner, Kommentar zu Neidharts Liedern, Leipzig 1954; ders.
vollst. Wörterbuch zu Neidharts Liedern, Leipzig 1954.

OSWALD VON WOLKENSTEIN: Ausg. d. Lieder v. K. K. Klein, Tübingen
1965. Unser Text nach: Lyrik des späten Mittelalters, hrsg. v. H. Maschek
(Dt. Lit. i. Entw. Reihen), Leipzig 1939, S. 91. – L: K. K. Klein, Oswald
v. W., ein Dichter, Komponist u. Sänger d. Spätmittelalters. Forschungs-
ergebnisse und Aufgaben, in: W. W. 13, 1963, S. 1–12.

Die Zeit der Reformation

MARTIN LUTHER: Gesamtausg. d. Werke v. J. Knaake, G. Kawerau u. a.,
57 Bde., Weimar 1883–1939; die Lieder im 35. Bd. (1923), hrsg. v.
W. Lucke. – Luthers Lieder u. Gedichte, mit Einl. u. Erläut. hrsg. v.
W. Stapel, Stuttgart 1950. – L: Ph. Dietz, Wörterbuch zu Dr. Martin Lu-
thers Schriften, 2 Bde., 2. Aufl. Hildesheim 1961 (1. Aufl. Leipzig 1870 bis
1872). – G. Ritter, Luther. Gestalt und Symbol, München 1925,, 6. Aufl.
(u. d. T.: L. Gestalt u. Tat) München 1959. – R. A. Schröder, Luther u.
sein Lied, Gütersloh 1942. – O. Schlisske, Handbuch d. Lutherlieder, Göt-
tingen 1948. – Luther-Bibliographie 1940 ff., in: Luther-Jahrb. 1957, 1959,
1961. –

ULRICH VON HUTTEN: Ausg.: v. E. Böcking, 7 Bde., Leipzig 1859–1870. –
Die dt. Dichtungen, hrsg. v. G. Balke, Stuttgart 1890 (Dt. Nat.-Lit. 17).

HANS SACHS: Hist.-krit. Gesamtausg. v. A. Keller u. E. Goetze, 26 Bde.,
Stuttgart 1870–1908. – Ausgew. poetische Werke, sprachl. erneuert u. m.
Einl. u. Anm. vers. v. K. Pannier, Leipzig 1879, 2. Aufl. 1899 (RU. 1283/84,
4004/5). – Hans Sachsens Ausgew. Werke, 2 Bde., Leipzig (Insel) 1923
(Gedichte im 1. Bd., danach unsere Texte). – Ausgew. Werke, hrsg. v.
P. Merker und R. Buchwald, 2 Bde., Frankfurt/M. 1961. – L: E. Geiger,
Der Meistergesang des H. Sachs. Literarhist. Untersuchungen, Bern 1956.

Das Volkslied

I. Sammlungen

Alte hoch- und niederdt. Volkslieder, hrsg. v. L. Uhland, 2 Bde., Stuttgart 1844–1845, 3. Aufl., 4 Bde., 1891–1894. – Die dt. Gesellschaftslieder des 16. u. 17. Jahrh. Aus gleichzeitigen Quellen gesammelt v. A. H. Hoffmann v. Fallersleben, 2 Bde., Leipzig 1844, 2. Aufl. 1860. – Die historischen Volkslieder der Deutschen vom 13.–16. Jahrh., ges. und erl. v. R. v. Liliencron, 4 Bde. u. Nachtr., Leipzig 1865–1869. – Dt. Liederhort, hrsg. v. L. Erk u. F. M. Böhme, 3 Bde., Leipzig 1893–1894, Neudruck Hildesheim 1963. – Das dt. Volkslied. Balladen, hrsg. v. J. Meier, 2 Bde., Leipzig 1935 (Dt. Lit. i. Entw. Reihen). – L. Erk und W. Irmer, Die dt. Volkslieder mit ihren Singweisen, Berlin 1838–1840, neu hrsg. v. Jhs. Koepp, 2 Bde., Potsdam 1939.

II. Die einzelnen Lieder

Es ist ein Ros entsprungen: Nach M. Prätorius, Mus. Sion. VI (1609), bei Uhland Nr. 340. – *Wir danken dir, Herr Jesu Christ:* Aus dem Dresdner Gesangbuch von 1597. In niederdt. Fassung bringt es bereits der 1589 erschienene Anhang zum Bremer Gesangbuch von 1583. – *Herzlich tut mich erfreuen:* Gedruckt Wittenberg 1545. – Flieg. Blätter, Nürnberg, Basel 1613. – Text nach Erk/Böhme Nr. 379, Strophen 1, 2, 6, 7. – *Weiß mir ein Blümlein blaue:* Nach einem flieg. Blatt um 1570. Hier nach Erk/Böhme Nr. 387, Strophen 1, 5, 6. – *Wie schön blüht uns der Maien:* Text um 5 Strophen auf einem flieg. Blatt um 1530. Text nach Erk/Böhme Nr. 390, Strophen 1, 3, 6. – *Mit Lieb bin ich umfangen:* Scandellus, Newe und lustige Weltliche Deudsche Liedlein, Dresden 1570 (nur 1. u. 3. Strophe). – Ambraser Liederbuch 1582. – *Es flog ein kleins Waldvögelein:* Text von 5 Strophen in: 68 Lieder, Nürnberg um 1550. – *Drei Laub auf einer Linden:* G. Forster, Der ander Theil, Kurtzweiliger guoter frischer Teutscher Liedlein zu singen vast lustig, Nürnberg 1540. – *Wach auf, meins Herzen Schöne:* Flieg. Blätter o. J. u. O. »Ein schone tageweyß. Wach auff meines hertzen ein schone zart aller liebste mein.« – Text nach Erk/Böhme Nr. 804, Strophen 1–3. – *Sie gleicht wohl einem Rosenstock:* Blumm und Außbund Allerhandt Außerlesener Weltlicher Züchtiger Lieder und Rheymen…, gesammelt v. Paul von der Aelst, 1602. – *Dort nieden in jenem Holze:* Ambraser Liederbuch 1582, Nr. 66. – *Ich hört ein Sichelein rauschen:* Strophe 1 aus den Grasliedlein um 1535, Strophen 2 und 3 aus Schmelzls Quodlibet 1544. – *Es ist ein Schnee gefallen:* Münchner Codex germ. 810, geschrieben 1467. – *Innsbruck, ich muß dich lassen:* G. Forster, Ein außzug guter alter und newer Teutscher liedlein…, Nürnberg 1539. – Gott gnad dem

großmechtigen keiser: Flieg. Blatt, Nürnberg um 1530. – *Unser liebe frawe:* G. Forster, 'l'eutsche Liedlein V, 1556. – *Schlacht vor Pavia:* Flieg. Blatt, Nürnberg 1609. – *Twe Künigeskinner:* Uhland Nr. 91 verzeichnet: Mündlich aus dem Münsterlande durch Fräulein Anna von Droste-Hülshoff. – Siehe auch G. Forsters Liedlein III, 1540.

Allgemeine Werke

Über die neuere deutsche Lyrik

Ph. Witkop, Die neuere dt. Lyrik, 2 Bde., Leipzig 1910–1913 (neue Aufl. unter d. Titel: Die dt. Lyriker von Luther bis Nietzsche, 2 Bde., Leipzig 1921–1925).

E. Ermatinger, Die dt. Lyrik in ihrer geschichtl. Entwicklung von Herder bis zur Gegenwart, 2 Bde., Leipzig 1921, 2. Aufl. 3 Bde., 1925.

A. Closs, Die neuere dt. Lyrik vom Barock bis zur Gegenwart, in: Dt. Philologie im Aufriß, hrsg. v. W. Stammler, Bd. 2, 2. Aufl. Berlin 1960, Sp. 133–348.

J. Klein, Geschichte d. dt. Lyrik von Luther bis zum Ausgang d. 2. Weltkrieges, Wiesbaden 1957.

W. Kayser, Geschichte d. dt. Ballade, Berlin 1936.

F. Beißner, Geschichte d. dt. Elegie, Berlin 1941, 3. Aufl. 1965.

G. Müller, Geschichte d. dt. Liedes vom Zeitalter des Barocks bis zur Gegenwart, München 1925, Neudruck Darmstadt 1959.

K. Viëtor, Geschichte d. dt. Ode, München 1923, Neudruck Hildesheim 1961.

W. Mönch, Das Sonett. Gestalt u. Geschichte, Heidelberg 1955.

A. Closs, The genius of the German lyric. An historical survea of its formal metaphysical values, London 1938, 2. Aufl. 1962.

R. Petsch, Die lyrische Dichtkunst. Ihr Wesen u. ihre Formen, Halle 1939.

E. Staiger, Grundbegriffe der Poetik, Zürich 1946, 4. Aufl. 1959.

W. Kayser, Das sprachliche Kunstwerk, Bern 1948, 8. Aufl. 1962.

E. Staiger, Die Zeit als Einbildungskraft des Dichters. Untersuchungen zu Gedichten von Brentano, Goethe und Keller, Zürich 1939, 2. Aufl. 1953.

W. Killy, Wandlungen des lyrischen Bildes, Göttingen 1956 (Kl. Vandenhoeck-Reihe 22/23).

A. Closs, Medusa's Mirror, London 1957 (u. a. m. Aufsätzen über Hölderlin, Novalis, Trakl, Rilke, George).

A. MacLeish, Elemente der Lyrik. Leitfaden für Leser, Göttingen 1963.

Interpretationen I. Dt. Lyrik von Weckherlin bis Benn, hrsg. v. J. Schillemeit, Frankfurt/M. 1965.

A. Langen, Dialogisches Spiel, Formen und Wandlungen des Wechselgesangs in der dt. Dichtung (1600–1900), Heidelberg 1966.

Deutsche Barockdichtung

I. Anthologien

Dt. Lyrik des 17. Jahrh. in Auswahl, hrsg. v. P. Merker, Bonn 1913.

Dt. Barocklyrik, hrsg. v. M. Sommerfeld, 2. Aufl. Berlin 1930 (Literarhist. Bibl. Bd. 1).

Dt. Barocklyrik, hrsg. v. C. v. Faber du Faur, Salzburg u. Leipzig 1936.

Barocklyrik, hrsg. v. H. Cysarz, 3 Bde., Leipzig 1937 (Dt. Lit. i. Entw. Reihen) = Cysarz.

Komm, güldner Friede. Ausgew. Lyrik d. 17. Jahrh., hrsg. v. E. Ginsberg, Zürich 1944.

Dt. Barocklyrik, hrsg. v. M. Wehrli, Basel 1945, 3. Aufl. 1962 (Sammlung Klosterberg, Europäische Reihe).

H. Cysarz, Dt. Barocklyrik, Stuttgart 1954.

Dt. Dichtung des Barock, hrsg. v. E. Hederer, München 1954.

Dt. Gedichte des 16. u. 17. Jahrh., hrsg. v. W. Milch, Heidelberg 1954.

A. Schöne, Das Zeitalter des Barock, München 1963 (= Die dt. Lit. Texte u. Zeugnisse. Bd. 3).

II. Gesamtdarstellungen

H. Cysarz, Dt. Barockdichtung, Leipzig 1924.

G. Müller, Dt. Dichtung von der Renaissance bis zum Ausgang des Barock, Potsdam 1927 (Handb. d. Literaturw.), 2. Aufl. Darmstadt 1957.

P. Hankamer, Dt. Gegenreformation und dt. Barock, Stuttgart 1935 (m. Bibliographie v. H. Pyritz), 3. Aufl. 1964.

R. Newald, Die dt. Literatur v. Späthumanismus zur Empfindsamkeit, München 1951, 2. Aufl. 1957 (Gesch. d. dt. Lit. v. H. de Boor u. R. Newald, Bd. 5).

W. Flemming, Das Jahrhundert d. Barock, in: Annalen, S. 339–404.

R. Alewyn, W. Boeck u. a., Aus der Welt d. Barock, Stuttgart 1957.

A. Beckmann, Motive u. Formen der dt. Lyrik d. 17. Jahrh. u. ihre Entsprechungen in der franz. Lyrik seit Ronsard, Tübingen 1960.

F. Beißner, Dt. Barocklyrik, in: Formkräfte d. dt. Dichtung, Göttingen 1963, S. 35–56.

Deutsche Barockforschung, Dokumentation einer Epoche, hrsg. v. R. Alewyn, Köln 1965.

Forschungsberichte: E. Lunding, Stand u. Aufgabe d. dt. Barockforschung in: Orbis litt. 8, 1950, S. 27–91; ders., Die dt. Barockforschung. Ergebnisse u. Probleme, in: W. W. 2, 1951/52, S. 298–306.

W. E. Peuckert, Die zweite Mystik, in: Dt. Vjschr. 32, 1958, S. 286–304.

III. Einzelne Dichter

GEORG RUDOLF WECKHERLIN: E. Amsterdam 1641, Neudruck: Gedichte, hrsg. v. H. Fischer, Tübingen 1894–1907, 3 Bde. (Bibl. d. Lit. Vereins

199, 200, 245). – L: F. G. Cohen, Barocke Stilzüge d. frühen Lyrik G. R. Weckherlins, in: The German Quart. 35, 1962, S. 482–491.

FRIEDRICH VON SPEE: E. Trutz-Nachtigall, Köln 1649; Neudruck v. G. Balke, Leipzig 1879 ; mit Einl. und krit. App., hrsg. v. G. O. Arlt, Halle 1936. – L: E. Jacobsen, die Metamorphosen der Liebe und Fr. Spees Trutznachtigall, Kopenhagen 1954 (Studien zum Fortleben der Antike, Bd. 1). – Forschungsbericht: E. Rosenfeld, Probleme der Spee-Forschung, in: Germ.-Rom. Monschr. 36, 1955, S. 115–128.

MARTIN OPITZ: E. Teutsche Poemata, Breslau 1624; krit. Abdruck, hrsg. v. G. Witkowski, Halle 1902; Weltl. u. geistl. Dichtungen, hrsg. v. H. Oesterley, Stuttgart 1889 (Dt. Nat.-Lit. 27). – L: F. Gundolf, M. Opitz, München 1923. – Forschungsbericht: I. Komor, Neue Ergebnisse der Opitz-Forschung, in: Acta litteraria 1, Budapest 1957, S. 267–270.

FRIEDRICH VON LOGAU: E. Erstes Hundert Teutscher Reimensprüche Salomons von Golaw, Breslau 1638; Neudruck Königsberg 1940; letzter Hand: Dt. Sinn-Getichte Drey Tausend, Breslau 1654; vollst. u. krit. hrsg. v. G. Eitner, Stuttgart 1872 (Bibl. d. Lit. Vereins 113).

SIMON DACH: E. H. Albert, Arien oder Melodeyen, 8 Hefte, Königsberg 1638–1650 (darin etwa 120 Gedichte Dachs); Gedichte, krit. hrsg. v. W. Ziesemer, 4 Bde., Halle 1936–1938.

MARTIN RINCKART: Geistliche Lieder, hrsg. v. J. Rinke, Gotha 1886; vgl. ferner: Das dt. evang. Kirchenlied des 17. Jahrh., hrsg. v. A. F. W. Fischer u. W. Tümpel, 6 Bde., Gütersloh 1904–1916 (für das Kirchenlied allgemein wichtig).

PAUL FLEMING: E. Teutsche Poemata, Darmstadt 1642; Neudrucke: Dt. Gedichte, hrsg. v. J. M. Lappenberg, Stuttgart 1863 (Bibl. d. Lit. Vereins 82/83); Gedichte, hrsg. v. J. Tittmann, Leipzig 1870. – L: H. Pyritz, P. Flemings Liebeslyrik, Leipzig 1932, 2. Aufl. Göttingen 1963; E. Dürrenfeld, P. Fleming u. J. Ch. Günther. Motive, Themen, Formen, Diss. Tüb. 1964.

JOHANN SCHEFFLER (Angelus Silesius): Sämtl. poetische Werke, hrsg. v. H. L. Held, 3 Bde., München 1922–1923, 3. erweit. Aufl. 1949–1952; Sämtl. poet. Werke, hrsg. v. G. Ellinger, 2 Bde., Berlin 1924; Der Cherubinische Wandersmann: E. Glatz 1674; letzter Hand: Glogau 1676; krit. hrsg. v. G. Ellinger, Halle 1895; hrsg., eingel. u. unter Berücksichtigung neuer Quellen erläut. v. W. E. Peuckert, Bremen 1956. – L: E. Spörri, Der cherubinische Wandersmann als Kunstwerk, Zürich 1947; W. Nigg, Angelus Silesius. Der Sänger d. mystischen Weisheit, Olten 1959.

ANTON ULRICH VON BRAUNSCHWEIG: Geistliche Lieder, hrsg. v. H. Wendebourg, Halle 1856.

PAUL GERHARDT: E. Geistliche Andachten, Berlin 1667; hist.-krit. Ausg. v. J. F. Bachmann, Berlin 1866; mit Einl. und Lebensabriß v. K. Gerok, 7. Aufl. Leipzig 1911; Gesamtausg. hrsg. v. E. v. Granach-Sichart, München 1957; vgl. ferner: Das dt. evang. Kirchenlied d. 17. Jahrh., hrsg. v. A. Fischer u. W. Tümpel, Bd. 3, Gütersloh 1903. – L: R. A. Schröder, P. Gerhardt, in: Ges. Werke, Bd. 3, Frankfurt/M. 1952, S. 561–597; K. Ihlenfeld, Huldigung f. P. Gerhardt, Berlin 1956.

JOHANN KLAJ: E. Pegnesisches Schäfergedicht, Nürnberg 1644, dann in: Pegnesis... Nürnberg 1673; das von uns aufgenommene Gedicht findet sich auch bei Cysarz, Bd. 2, S. 143 u. bei Wehrli, S. 141.

JOACHIM NEANDER: A. u. O. Joachimi Neandri Glaubens- und Liebes-Übung: Auffgemuntert Durch Einfältige Bundes-Lieder und Danck-Psalmen, Allendorff an der Werra 1710; Cysarz, Bd. 3, S. 230.

CHRISTIAN KNORR VON ROSENROTH: Neuer Helicon mit seinen Neun Musen, Nürnberg 1684; Cysarz, Bd. 3, S. 239.

CATHARINA REGINA VON GREIFFENBERG: E. Geistliche Sonnette..., Nürnberg 1662. – A. Schöne, Das Zeitalter des Barock, München 1963, S. 250. – L: P. M. Daly, Die Metaphorik in den Sonetten d. C. v. Greiffenberg, Zürich 1964.

ANDREAS GRYPHIUS: Sonn- und Feiertagssonette: E. Leiden 1639, letzter Hand 1663; krit. Abdruck durch H. Welti, Halle 1883; Lyr. Gedichte, hrsg. v. J. Tittmann, Leipzig 1880; hrsg. v. H. Palm, Tübingen 1884 (Bibl. d. Lit. Vereins 171), Neudruck Hildesheim 1961; Gedichte, ausgew. u. eingel. v. J. Pfeiffer, Hamburg 1948; Ges.-Ausg. d. deutschsprachigen Werke, hrsg. v. M. Szyrocki und H. Powell, Bde. 1–5, Tübingen 1963 bis 1965. – L: F. Gundolf, A. Gryphius, Heidelberg 1927; G. Fricke, Die Bildlichkeit i. d. Dichtung d. A. Gryphius, Berlin 1933; F. W. Wentzlaff-Eggebert, Dichtung u. Sprache d. jungen Gryphius, Berlin 1936; M. Szyrocki, Der junge Gryphius, Berlin 1959. – Forschungsbericht: H. Powell, Probleme der Gryphius-Forschung, in: Germ.-Rom. Monschr. 38 = NF 7, 1957, S. 328–343.

CHRISTIAN HOFMANN VON HOFMANNSWALDAU: E. Dt. Uebersetzungen und Getichte, Breslau 1673; Heldenbriefe und Gedichte (in Auswahl), hrsg. v. F. Bobertag, Stuttgart 1883 (Dt. Nat.-Lit. 36); Auserlesene Gedichte, hrsg. v. F. P. Greve, Leipzig (Insel) 1907; Benjamin Neukirchs Anthologie. Herr von Hofmannswaldau und anderer Deutschen auserlesener und bißher ungedruckter Gedichte anderer Theil. Nach dem Erstdruck v. Jahre 1697, hrsg. v. A. George de Capua u. E. A. Philippson, Tübingen 1965. – L: E. Rotermund, Ch. Hofmann v. Hofmannswaldau, Stuttgart 1963.

PHILIPP VON ZESEN: Filipp Zesens dichterische Jugend-Flammen in etlichen Lob-Lust- und Liebesliedern..., Hamburg 1651; Dichterisches Rosen- und Lilienthal, mit mancherlei Lob-Lust-Schertz-Schmerzt-Leid und Freudenliedern gezieret, Hamburg 1670.

HANS JACOB CHRISTOFFEL VON GRIMMELSHAUSEN: Ausg.: v. F. Bobertag, 3 Bde., Stuttgart 1882–1898 (Dt. Nat.-Lit. 33–35); v. H. H. Borcherdt, 4 Bde., Berlin (Bong) 1921. – L: G. Könnecke, Quellen u. Forschungen zur Lebensgeschichte Grimmelshausens, 2 Bde., Leipzig 1926–1928; W. Burkhard, Grimmelshausen. Erlösung und barocker Geist, Frankfurt/M. 1929; Komm Trost der Nacht, o Nachtigall: Gedicht aus dem »Simplizissimus«; Cysarz, Bd. 2, S. 197–199.

GOTTFRIED ARNOLD: E. Poetische Lob- und Liebes-Sprüche von der Ewigen Weißheit, nach Anleitung des Hohenlieds Salomonis, o. O. (Göttin-

gen) u. J.; Sämtl. geistlichen Lieder, hrsg. v. C. C. E. Ehmann, Stuttgart 1856; Auswahl, hrsg. v. E. Seeberg, München 1934.

BARTHOLD HEINRICH BROCKES: Auszug der vornehmsten Gedichte aus dem Irdischen Vergnügen in Gott, Hamburg 1738, Neudruck Stuttgart 1965; Werke, hrsg. v. J. J. Eschenburg, 5 Bde., 1800; Auswahl, in: Die Gegner der zweiten schlesischen Schule, 2. Teil, hrsg. v. L. Fulda, Stuttgart 1884 (Dt. Nat.-Lit. 39); Der Schöpfungsgarten, hrsg. v. R. von Delius, 1917. – L: H. W. Pfund, Studien zu Wort u. Stil bei Brockes, New York 1953.

GERHARD TERSTEEGEN: E. Geistliches Blumengärtlein, Duisburg 1729, Neudruck Stuttgart 1927; T. Klein, Auswahl aus den Ges. Schriften, München 1925.

JOHANN CHRISTIAN GÜNTHER: Hist.-krit. Gesamtausg., hrsg. v. W. Krämer, Leipzig 1930–1937 (Bibl. d. Lit. Vereins), (nur 6 der geplanten 7 Bde. erschienen), Neudruck Darmstadt 1964; Gedichte: E. Leipzig 1724; hrsg. v. Jul. Tittmann, Leipzig 1874; Entdeckung des Herzens (Gedichte), München 1956. – L: H. Dahlke, J. Ch. Günther. Seine dichterische Entwicklung, Berlin 1960.

Aufklärung, Empfindsamkeit und Sturm und Drang

I. Allgemeines

Ihr Saiten tönet fort. Lyrik des 18. Jahrh., ausgew. v. E. Ginsberg, Zürich 1946.

Dt. Dichtung im 18. Jahrh., hrsg. v. A. Elschenbroich, München 1960.

A. Köster, Die dt. Literatur der Aufklärungszeit, Heidelberg 1925.

E. Ermatinger, Barock und Rokoko in der dt. Dichtung, Leipzig 1926.

F. J. Schneider, Die dt. Dichtung vom Ausgang des Barock bis zum Beginn des Klassizismus. 1700–1785, Stuttgart 1924, 2. Aufl. 1948.

Karl Viëtor, Dt. Dichten und Denken von der Aufklärung bis zum Realismus, Berlin 1936, 3. Aufl. 1958.

F. Martini, Von der Aufklärung zum Sturm und Drang, in: Annalen, S. 405–464.

K. Berger, Barock und Aufklärung im geistlichen Lied, Marburg 1951.

H. Schöffler, Dt. Geistesleben zwischen Reformation u. Aufklärung. Von M. Opitz zu Chr. Wolff, 2. Aufl. Frankfurt/M. 1956.

A. Langen, Der Wortschatz des dt. Pietismus, Tübingen 1954.

R. Newald, Von Klopstock bis zu Goethes Tod (1750–1832), Teil 1, München 1957, 3. Aufl. 1961 (= de Boor/Newald, Geschichte d. dt. Lit. 6,1).

Forschungsbericht: W. Rasch, Die Literatur der Aufklärungszeit, in: Dt. Vjschr. 30, 1956, S. 533–560.

II. Einzelne Dichter

CHRISTIAN FÜRCHTEGOTT GELLERT: E. Sämtl. Schriften, 10 Bde., Leipzig 1769–1774; Fabeln und Erzählungen, 2 Teile, Leipzig 1746–1748. –

Werke, Auswahl in 2 Teilen mit Einl. u. Anm. v. F. Behrend, Berlin (Bong) 1910. – L: K. May, Das Weltbild in Gellerts Dichtung, Frankfurt/M. 1928.

JOHANN WILHELM LUDWIG GLEIM: Sämtl. Werke in 7 Bdn., hrsg. v. W. Körte, Halberstadt 1811–1813, Ergänzungsband 1841; Anakreontiker und preußisch-patriotischer Lyriker, 2 Teile in 1 Bd., hrsg. v. F. Muncker, Stuttgart 1894 (Dt. Nat.-Lit. 45, darin u. a.: Gleims »Versuch in scherzhaften Liedern« 1744–1745 und »Vermischte Gedichte«).

FRIEDRICH VON HAGEDORN: Vollständige Ausg. mit Briefen und Biographie v. J. J. Eschenburg, 5 Bde., Hamburg 1800; Ausw. in: Dt. Nat.-Lit., Bd. 45, hrsg. v. F. Muncker, Stuttgart 1894. – L: G. Stix, F. v. Hagedorns Menschenbild und Dichtungsauffassung, Rom 1961.

JOHANN GEORG JACOBI: Sämtl. Werke, 8 Bde., Zürich 1807–1822; im 8. Bd. das Leben Jacobis v. J. A. v. Ittner.

FRIEDRICH GOTTLIEB KLOPSTOCK: Eine krit. Gesamtausg. fehlt. E. der Werke, 7 Bde., Leipzig 1798–1810; vollständig: 10 Bde., Leipzig 1844 bis 1845. – Beste Ausw.: 4 Bde., hrsg. v. R. Hamel, Stuttgart 1884 (Dt. Nat.-Lit. 46–48); Werke in einem Band, hrsg. v. K. A. Schleiden, München 1954, 2. Aufl. 1962. – E. Oden (vollst.), Hamburg 1771, neu hrsg. v. K. Bulst, Heidelberg 1943; krit. Gesamtausg. der Oden v. F. Muncker u. J. Pawel, 2 Bde., Stuttgart 1889; hrsg. v. P. Merker, 2 Bde., Leipzig 1913. – L: F. Muncker, F. G. Klopstock. Geschichte seines Lebens und seiner Schriften, Stuttgart 1888, 2. Aufl. 1900; K. A. Schleiden, F. G. Klopstock, der Begründer d. neueren dt. Dichtung, in: Der Deutschunterricht 8, 1956, Heft 5, S. 23–46; E. Busch, Die Form von Klopstocks Ode, in: Germ.-Rom. Monschr. 28, 1940, S. 39–50; A. Langen, Klopstocks sprachgeschichtliche Bedeutung, in: W. W. 3, 1952/53, 6, S. 330–345; J. Murat, Klopstock, Paris 1959; K. L. Schneider, Klopstock u. d. Erneuerung der dt. Dichtersprache im 18. Jahrh., Heidelberg 1960; H. G. Müller, Odisches und Dithyrambisches in Klopstocks Werk, Diss. Tübingen 1961; G. Kaiser, Klopstock. Religion und Dichtung, Gütersloh 1963.

MATTHIAS CLAUDIUS: E. Asmus omnia sua secum portans oder Sämt. Werke des Wandsbecker Bothen, Wandsbeck, Teil 1–4: 1775–1783, Teil 5–8: 1790–1812; spätere Ausg.: 2 Bde., Dresden 1938; Sämtl. Werke, hrsg. v. U. Roedl, Stuttgart (Cotta) 1954; Werke i. 1 Bd., hrsg. v. U. Lassen, Hamburg 1960, 2. Aufl. 1962. – L: U. Roedl, M. Claudius. Sein Weg und seine Welt, Berlin 1934, neue Ausg. Hamburg 1950; W. Kraft, Matthias Claudius und die Existenz, in: Die Neue Rundschau 70, 1959, S. 687–721.

CHRISTIAN FRIEDRICH DANIEL SCHUBART: Ges. Schriften u. Schicksale, 8 Bde., Stuttgart 1839–1840; Ausw. der Gedichte, hrsg. v. A. Sauer, Stuttgart 1883 (Dt. Nat.-Lit. 81).

FRIEDRICH LEOPOLD VON STOLBERG: Ges. Werke der Brüder Christian und Leopold zu Stolberg, 20 Bde., Hamburg 1820–1825; Gedichte, hrsg. v. Gräfin Stolberg u. W. Kreiten, Paderborn 1889; Ausw. v. A. Sauer, Stuttgart 1895 (Dt. Nat.-Lit. 50) u. O. Hellinghaus, M.-Gladbach 1921. – L: E. Reinhard, Die Münsterische »Familia sacra«, Münster 1953.

LEOPOLD FRIEDRICH GÜNTHER VON GÖCKINGK: Ausw. der Gedichte, hrsg. v. J. Minor, Stuttgart 1884 (Dt. Nat.-Lit. 75).

LUDWIG HEINRICH CHRISTOPH HÖLTY: Sämtl. Werke, 2 Bde., krit. u. chronologisch hrsg. v. W. Michael, Weimar 1914–1918. – E. Gedichte, 2 Bde., Halle 1783–1784 (v. d. Hrsg. Voß »verbessert«); Gedichte. Nebst Briefen, hrsg. v. K. Halm, Leipzig 1869 (nach den Hss. wiederhergestellt).

GOTTFRIED AUGUST BÜRGER: E. Sämtl. Schriften, hrsg. v. K. Reinhard, 4 Bde., Göttingen 1796–1802; hrsg. v. W. v. Wurzbach, 4 Bde., Leipzig 1904. – Gedichte: E. Göttingen 1778; hrsg. v. A. Sauer, Stuttgart 1884 (Dt. Nat.-Lit. 78); vollständige u. gut kommentierte Ausg. v. E. Consentius, Berlin (Bong) 1914. – E. der Lenoren-Ballade im Göttinger Musenalmanach 1774. – L: W. v. Wurzbach, G. A. Bürger. Sein Leben u. seine Werke, Leipzig 1900; F. Kiesel, Bürger als Balladendichter, Leipzig 1907.

FRIEDRICH VON MATTHISSON: Schriften, Ausg. letzter Hand, 8 Bde., Zürich 1829–1835; Gedichte, krit. hrsg. v. G. Bölsing, 2 Bde., Tübingen 1912 bis 1913 (Lit. Verein, Bd. 257 u. 261).

JOHANN GAUDENZ VON SALIS-SEEWIS: Ausw. seiner Gedichte v. A. Frey, Stuttgart 1884 (Dt. Nat.-Lit. 41, 2); ferner hrsg. v. E. Korrodi, Zürich 1937 (auch in RU.).

JOHANN GOTTFRIED HERDER: Hist.-krit. Ausg. v. B. Suphan, 33 Bde., Berlin 1877–1913; Bd. 29 enthält die Gedichte, Bd. 25 die Stimmen der Völker in Liedern (E. Volkslieder, 2 Teile, Leipzig 1778–1779); Werke, zuletzt hrsg. v. K. G. Gerold, 2 Bde., München 1953, 2. Aufl. 1958; Der junge Herder, hrsg. v. W. Rasch, Tübingen 1955. – L: R. Haym, Herder nach seinem Leben u. seinen Werken dargestellt, 2 Bde., Berlin 1877–1885, 2. Aufl. 1954; E. Baur, J. G. Herders Leben u. Werk, Stuttgart 1960; Im Geiste Herders. Ges. Aufsätze, hrsg. v. E. Keyser, Kitzingen 1953 (darin: D. Berger, Herder-Schrifttum 1916–1953, Forts. d. Verzeichnisses in: Herderstudien, hrsg. v. W. Wiora, Würzburg 1960).

JAKOB MICHAEL REINHOLD LENZ: Ges. Schriften, hrsg. v. F. Blei, 5 Bde., München 1909–1913. – L: R. Pascal, Lenz as lyric poet, in: Willoughby Misc., Oxford 1952, S. 120–132.

Höhepunkte klassischer Dichtung

I. Allgemeines zu Klassik und Romantik

F. Strich, Dt. Klassik u. Romantik od. Vollendung u. Unendlichkeit, München 1922, 5. Aufl. 1965.

H. A. Korff, Geist d. Goethezeit, 4 Teile u. Reg. Bd., Leipzig 1923 bis 1957, 6. bzw. 5. Aufl. 1962.

F. Schultz, Klassik u. Romantik d. Deutschen, Stuttgart 1935–1940, 3. Aufl. 1959.

M. Kommerell, Geist u. Buchstabe d. Dichtung (Goethe, Schiller, Kleist u. Hölderlin), Frankfurt/M. 1940, 4. Aufl. 1956.

R. Benz, Die Zeit d. dt. Klassik, Stuttgart 1953.

W. Kohlschmidt, Form und Innerlichkeit. Beiträge z. Geschichte u. Wirkung d. dt. Klassik u. Romantik, Bern 1955.
W. Rasch, Die Zeit d. Klassik u. frühen Romantik, in: Annalen, 2. Aufl. 1962, S. 465–550.
W. Baumgart, Die Zeit des alten Goethe, ebd., S. 551–619.
Die dt. Literatur, Texte u. Zeugnisse, 5. Bd., 1 u. 2: Sturm u. Drang, Klassik, Romantik, hrsg. v. H.-E. Hass, München 1966.

II. Einzelne Dichter

JOHANN WOLFGANG VON GOETHE

1. Ausgaben

Vollständige Ausg. letzter Hand, Stuttgart-Tübingen, Bd. 1–40, 1827 bis 1830, dazu ergänzend: Goethes nachgelassene Werke, ebd., Bd. 41–60, 1832–1842, Gedichte in Bd. 1–4 (1827), 47 (1833) und 56 (1842); Weimarer Ausg., hrsg. im Auftrage der Großherzogin Sophie von Sachsen-Weimar, 143 Bde., Weimar 1887–1919, Gedichte in Bd. 1–7, 16, 37, 53; Jubiläums-Ausg. hrsg. von E. v. d. Hellen, 40 Bde., Stuttgart–Berlin 1902–1912, Gedichte in Bd. 1–4; Hamburger Ausg. in 14 Bdn., 1948 bis 1960, Gedichte in Bd. 1 (1948), West-östlicher Divan in Bd. 2 (1948). Die von E. Trunz hrsg. Hamburger Ausg. ist zur Zeit die am besten und reichsten kommentierte; Artemis-Ausg., hrsg. v. E. Beutler, 24 Bde., Zürich 1948–1960; Werke Goethes, hrsg. v. der Dt. Ak. d. Wiss. in Berlin, 1952 ff. (Leitung E. Grumach).
Goethes Gedichte. Mit Erläuterungen v. E. Staiger, 3 Bde., Zürich 1949; Der junge Goethe, hrsg. v. M. Morris, 6 Bde., Leipzig 1909–1912 (Abdruck der frühesten Fassungen mit Anmerkungen). – Goethe über seine Dichtungen, hrsg. v. H. G. Gräf, 9 Bde., Frankfurt/M. 1901–1914; davon: Teil 3: Die lyrischen Dichtungen.

2. Gesamtdarstellungen

A. Bielschowski, Goethe, 2 Bde., München 1896–1903, letzte Aufl. 1928; F. Gundolf, Goethe, Berlin 1916, 50. Aufl. 1930; E. Beutler, Essays um Goethe, 2 Bde., Wiesbaden 1939–1947, 6. Aufl. 1962; P. Hankamer, Spiel der Mächte, Tübingen 1943 (umfaßt die Jahre von 1805–1810); E. Spranger, Goethes Weltanschauung, Leipzig 1946; G. Müller, Kleine Goethebiographie, Bonn 1947, 3. Aufl. 1955; W. Flitner, Goethe im Spätwerk, Hamburg 1947; W. Stöcklein, Wege zum späten Goethe, Hamburg 1949; K. Viëtor, Goethe. Dichtung, Wissenschaft, Weltbild, Bern 1949; ders., Der junge Goethe. Neue Ausg., Bern 1950; E. Staiger, Goethe, 3 Bde., Zürich 1952–1959; H. J. Schrimpf, Das Weltbild des späten Goethe. Überlieferung und Bewahrung in Goethes Alterswerk, Stuttgart 1956; H. Pyritz, Goethe-Studien, Köln-Graz 1962; R. Friedenthal, Goethe. Sein Leben u. seine Zeit, München 1962; Goethe-Handbuch.

Goethe, seine Welt und Zeit in Werk und Wirkung, 2. Aufl., hrsg. v. A. Zastrau, Stuttgart 1955 ff. (1. Aufl. hrsg. v. J. Zeidler, 3 Bde., Stuttgart 1916–1918); Goethe-Taschenlexikon. Begr. v. H. Schmidt, neubearb. v. K. J. Obenauer, Stuttgart 1955.

3. Zur Lyrik

W. Dilthey, Das Erlebnis und die Dichtung, Leipzig 1906, S. 137–200; V. Hehn, Gedanken über Goethe, Berlin 1887; ders., Über Goethes Gedichte, Stuttgart 1911; H. A. Korff, Vom Wesen Goethescher Gedichte, in: Jahrb. d. Freien Dt. Hochstifts 1927, S. 3–27; M. Kommerell, Gedanken über Gedichte, Frankfurt/M. 1944, 3. Aufl. 1956 (behandelt in sehr sublimer Weise die Balladen, den West-östlichen Divan und freie Rhythmen); ders., Goethes Gedicht, in: Dichterische Welterfahrung, Frankfurt/M. 1952, S. 23–52; W. Rasch, Ganymed. Über das mythische Symbol in der Dichtung der Goethe-Zeit, in: W. W. 4, 1953/54, S. 34–44; K. Viëtor, Goethes Altersgedichte, in: Geist und Form, Bern 1952, S. 144–178, zuerst in: Euphorion 33, 1932; W. Preisendanz, Die Spruchform in der Lyrik des alten Goethe und ihre Vorgeschichte seit Opitz, Heidelberg 1952; W. Mohr, Zu Goethes Verskunst, in: W. W. 4, 1953/54, S. 151–163; E. Staiger, Goethes antike Versmaße, in: Die Kunst der Interpretation, Zürich 1955, S. 115–131; H. A. Korff, Goethe im Bildwandel seiner Lyrik, 2 Bde., Leipzig 1958. – E. Trunz, Goethes späte Lyrik, in: Dt. Vjschr. 23, 1943, S. 409–432; F. Strich, Goethes West-östlicher Divan, Olten 1954; K. Burdach, Zur Entstehungsgeschichte des West-östlichen Divans. Drei Akademievorträge, hrsg. v. E. Grumach, Berlin 1955 (= Veröffentl. d. Inst. f. dt. Sprache u. Lit. 6); W. Kayser, Beobachtungen zur Verskunst des West-östlichen Divans, in: Publ. Engl. Goethe Society, NS 23, 1954, S. 74–96, auch in: Die Vortragsreise, Bern 1958, S. 149–168; W. Müller-Seidel, Goethe u. d. Problem der Alterslyrik, in: Festschrift für H. Kunisch, Berlin 1961, S. 259–276; E. Bosshardt, Goethes späte Landschaftslyrik interpretiert, Zürich 1962; W. S. Seifert, Goethes Balladen des Jahres 1797 und ihr Verhältnis zum Faust, in: The German Quart. 34, 1961, S. 1–10; E. Trunz, Goethes lyrische Kurzgedichte 1771–1831, in: Goethe. N. F., 26. Bd., 1964, S. 1–37; U. Wertheim, Von Tasso zu Hafis. Probleme von Lyrik u. Prosa d. West-östlichen Divans, Berlin 1965; I. Hillmann, Dichtung als Gegenstand der Dichtung. Zum Problem der Einheit des West-östlichen Divans, Bonn 1965. – Letzte Forschungsberichte über Goethe-Literatur: G. Müller, in: Dt. Vjschr. 26, 1952, S. 119–148 u. 377 bis 410; L. A. Willoughby, Die Goetheforschung in England seit 1949, in: Euphorion 51, 1957, S. 61–67; W. E. Peuckert, Goethe. Ein Literaturbericht, in: Zeitschr. f. dt. Phil. 81, 1962, S. 241–252.

FRIEDRICH VON SCHILLER

Endgültige Ausg. d. Werke: Nat.-Ausg. in 43 Bdn., Weimar 1943 ff., hrsg. v. J. Petersen, G. Fricke und H. Schneider, seit 1958 v. L. Blumen-

thal u. B. v. Wiese (bisher erschienen Bd. 1: Gedichte i. d. Reihenfolge ihres Erscheinens 1776–1799, ferner Bde. 3, 5, 8, 9, 13, 14, 16, 20, 21, 22, 23, 27, 30, 35); von früheren Ausg. seien genannt: E. Sämtl. Werke, 12 Bde., Stuttgart 1812–1815; Säkular-Ausg., hrsg. v. E. v. d. Hellen, 16 Bde., Stuttgart 1904–1905; Sämtl. Werke, hrsg. v. G. Fricke u. H. G. Göpfert, 5 Bde., München 1958–1959. – Jugendlyrik: Anthologie auf das Jahr 1782 (Faks.-Druck, Stuttgart 1932); E. der Gedichte, 2 Bde., Leipzig 1800–1803 (Faks.-Druck, Berlin 1924). – L: Es sei verwiesen auf die Schillerbibliographie v. W. Vulpius, Weimar 1959. – Biographien: R. Buchwald, Schiller, 2 Bde., Leipzig 1937, neue Aufl. Wiesbaden 1953 bis 1954, Volksausg. i. einem Band 1959; B. v. Wiese, Schiller. Eine Einführung in Leben und Werk, Stuttgart 1955 ; G. v. Wilpert, Schillerchronik. Sein Leben u. Schaffen, Stuttgart 1958; B. v. Wiese, Fr. Schiller, 3. Aufl. Stuttgart 1963; G. Storz, Der Dichter Fr. Schiller, Stuttgart 1959; H. Koopmann, Fr. Schiller, 2 Bde., (Realienbücher f. Germanisten), Stuttgart 1966. – Erläuterungen zu den Gedichten: H. Viehoff, Schillers Gedichte, 5 Bde., Stuttgart 1839–1841, 6. Aufl. 3 Bde. 1887; H. Düntzer, Schillers lyrische Gedichte erläutert, 3 Bde., Jena 1865–1866, 4. Aufl. 10 Bde., Leipzig 1900; F. A. Lange, Einl. u. Kommentar zu Schillers philosophischen Gedichten, Bielefeld 1897, 2. Aufl. 1922; F. Jonas, Erläuterungen der Jugendgedichte Schillers, Berlin 1900. – Weiteres zur Lyrik: K. Berger, Die Balladen Schillers im Zusammenhang seiner lyrischen Dichtung, Berlin 1939; E. Spranger, Schillers Geistesart, gespiegelt in seinen philosophischen Schriften und Gedichten, Berlin 1941; R. A. Schröder, Schillers Gedichte, in: Ges. Werke Bd. 2, Frankfurt/M. 1952, S. 640–690; G. Storz, Der Lyriker Schiller, in: Der Deutschunterricht 12, 1960, Heft 2, S. 5–17; W. Keller, Das Pathos in Schillers Jugendlyrik, Berlin 1964; E. Lohner, Schiller und die moderne Lyrik, Göttingen 1964. – Letzte Forschungsberichte: B. v. Wiese, Schiller-Forschung u. Schiller-Deutung von 1937–1953, in: Dt. Vjschr. 27, 1953, S. 452–483; W. Paulsen, Friedrich Schiller 1955–1959, in: Jahrb. d. dt. Schillergesellsch. 6, 1962, S. 369–464.

FRIEDRICH HÖLDERLIN

Heute maßgebende hist.-krit. Ausgabe: hrsg. v. F. Beißner, Bd. 1–6, Stuttgart 1946–1961, in Bdn. 1 und 2: Gedichte; weitere wichtige Ausg.: hrsg. v. N. v. Hellingrath, L. v. Pigenot und F. Seebaß, 6 Bde., München–Berlin 1912–1923; hrsg. v. F. Zinkernagel, 5 Bde., Leipzig 1914 bis 1926. – E. der Gedichte, hrsg. v. L. Uhland u. G. Schwab, Stuttgart 1826; mit Einführung v. R. A. Schröder, Berlin 1914, neue Aufl. 1943; Die späten Hymnen, hrsg. u. eingel. v. L. v. Pigenot, Karlsruhe 1949; Gedichte. Ausgew. u. erläut. v. L. Foit u. M. Scherer, München 1954; Hölderlins Friedensfeier, hrsg. u. erläut. v. F. Beissner, Stuttgart 1954. – L: Bahnbrechende Studie bei W. Dilthey, Das Erlebnis und die Dichtung, Leipzig 1906, S. 283–392; W. Böhm, Hölderlin, 2 Bde., Halle 1918–1930; P. Böckmann, Hölderlin u. seine Götter, München 1935; R. Guardini,

Hölderlin. Weltbild und Frömmigkeit, Leipzig 1939, 2. Aufl. 1955;
W. Michel, Das Leben Fr. Hölderlins, Bremen 1940, Neudruck Darm-
stadt 1963; E. Müller, Hölderlin. Studien z. Geschichte seines Geistes,
Stuttgart 1944; W. Rehm, Orpheus. Der Dichter und die Toten, Düssel-
dorf 1950, S. 151–376; W. Hof, Hölderlins Stil als Ausdruck seiner geisti-
gen Welt, Meisenheim/Glan 1954; W. Binder, Dichtung und Zeit in
Hölderlins Werk, Tübingen 1955; W. F. Otto, Der griechische Götter-
mythos bei Goethe und Hölderlin, in: Die Gestalt und das Sein, Darm-
stadt 1955, S. 181–210; M. Heidegger, Erläuterung zu Hölderlins Dich-
tungen, Frankfurt/M. 1944, 2. Aufl. 1951; B. Allemann, Hölderlin und
Heidegger, Zürich 1954, 2. Aufl. 1956; W. Rehm, Tiefe und Abgrund in
Hölderlins Dichtung, in: Begegnungen und Probleme, Bern 1957, S. 89
bis 154 (zuerst in der Hölderlin-Gedenkschrift z. 100. Todestag, Tübin-
gen 1943); ders., Brentano und Hölderlin, ebd., S. 40–88; H.-H. Schott-
mann, Metapher u. Vergleich in der Sprache Fr. Hölderlins, Bonn 1960,
2. Aufl. 1962; F. Beißner, Hölderlin. Reden und Aufsätze, Weimar 1961;
Hölderlin. Beiträge zu seinem Verständnis in unserem Jahrhundert,
hrsg. v. A. Kelletat, Tübingen 1961; L. Ryan, Hölderlins »Hyperion«.
Exzentrische Bahn u. Dichterberuf, Stuttgart 1965. – Zur Lyrik: K. Viëtor,
Die Lyrik Hölderlins, Frankfurt 1921; U. Häußermann, Hölderlins spä-
teste Gedichte, in: Germ.-Rom. Monschr. 42, 1961, S. 99–117; P. Szondi,
Der andere Pfeil, Zur Entstehungsgeschichte von Hölderlins hymnischen
Spätstil, Frankfurt/M. 1963. – Forschungsberichte u. Bibliographie: Höl-
derlin-Jahrb., Tübingen 1944 ff., außerdem: W. Bröcker, Neue Hölderlin-
literatur, in: Philos. Rundschau 3, 1955, S. 1–14; H. O. Burger, Die Höl-
derlin-Forschung der Jahre 1940–1955, in: Festschrift für P. Kluckhohn,
Stuttgart 1956, S. 185–329; A. Schlagdenhauffen, Publications récentes
sur Hölderlin, in: Etudes Germ. 16, 1961, S. 254–259; A. Pellegrini,
Fr. Hölderlin. Sein Bild in der Forschung, Berlin 1965.

HEINRICH VON KLEIST

Sämtl. Werke, hrsg. v. L. Tieck, 3 Bde., Berlin 1826; krit. u. erl. Gesamt-
ausg. d. Schriften u. Briefe, hrsg. v. E. Schmidt, G. Minde-Pouet u. R.
Steig, 5 Bde., Leipzig–Wien 1904–05, umgearb. u. verm. v. G. Minde-
Pouet, 8 Bde., Leipzig 1936 ff.; Sämtl. Werke u. Briefe, 2 Bde., hrsg. v.
H. Sembdner, München (Hanser) 1952, 3. Aufl. 1964. – L: H. Meyer-
Benfey, Kleists Leben u. Werke, Göttingen 1911; Ph. Witkopp, H. v.
Kleist, Leipzig 1922, F. Gundolf, Berlin 1922, F. Braig, München 1925,
R. Ayrault, Paris 1934; H. M. Wolff, H. v. Kleist. Die Geschichte seines
Schaffens, Bern 1954; H. v. Kleists Lebensspuren. Dokumente u. Berichte
d. Zeitgenossen, hrsg. v. H. Sembdner, Bremen 1957; J. Maass, Kleist.
Die Fackel Preußens. Eine Lebensgeschichte, München 1958; G. Blöcker,
H. v. Kleist oder das absolute Ich, Berlin 1960; W. Müller-Seidel, Ver-
sehen und Erkennen. Eine Studie über H. v. Kleist, Köln–Graz 1961. –
Zur Lyrik: A. Müller, Kleist als Lyriker, Greifswald 1921.

Romantiker

I. Allgemeines

S. die Angaben unter Allgemeines zu Klassik und Romantik.
Außerdem: R. Haym, Die romantische Schule, Berlin 1870.
R. Huch, Die Romantik. Ausbreitung, Blütezeit und Verfall, 2 Bde.,
Leipzig 1899–1902, 1 Bd., Tübingen 1951.
J. Petersen, Die Wesensbestimmung der dt. Romantik, Leipzig 1926.
R. Benz, Die dt. Romantik. Geschichte einer geistigen Bewegung, Leipzig 1937, 5. Aufl. 1956.
P. Kluckhohn, Das Ideengut der dt. Romantik, Halle 1941, 4. Aufl. Tübingen 1961.
P. Böckmann, Klang und Bild in der Stimmungslyrik der Romantik, in: Festschrift f. R. Benz, Hamburg 1954, S. 103–125.
I. Strohschneider-Kohrs, Die romantische Ironie in Theorie u. Gestaltung, Tübingen 1960.
M. Brion, L'Allemagne romantique. Kleist, Brentano, Wackenroder, Tieck, Caroline v. Günderode, Paris 1962.
Sammlungen aus romantischem Schrifttum: Dt. Lit. in Entw. Reihen, Reihe Romantik, hrsg. v. P. Kluckhohn, 24 Bde., Leipzig 1930 ff.
Dichtung der Romantik, hrsg. v. K. Balser, R. Buchwald u. K. F. Reinking, 12 Bde. in 3 Serien, Wiesbaden–Berlin 1960–1961.

II. Einzelne Dichter

LUDWIG TIECK: Eine krit. Gesamtausg. fehlt; erste berechtigte Ausg. d.
Schriften: 28 Bde., Berlin 1828–1854 (nicht vollständig); Werke in 4 Bdn.,
hrsg. v. M. Thalmann, München 1963 ff. – E. Gedichte, 3 Bde., Dresden
1821–1823. – L: F. Gundolf, Romantiker, Neue Folge, Berlin 1931,
S. 5–139; E. H. Zeydel, L. Tieck. The German romanticist, Princeton
1935; R. Minder, Un poète romantique allemand, Paris 1936.
FRIEDRICH VON HARDENBERG (NOVALIS): Wichtigste krit. Ausg. der Werke
durch P. Kluckhohn u. R. Samuel, 4 Bde. Leipzig 1939 (Meyers Klassiker),
2. Aufl. Stuttgart 1960 ff.; Werke, Briefe, Dokumente, hrsg. v. E. Wasmuth, 4 Bde., Heidelberg 1953–1957. – E. Gedichte, Berlin 1857; E. Hymnen an die Nacht, in: Athenaeum, Bd. 3, 1800 (Neudrucke: u. a. Insel-Bücherei 1912, Stuttgart 1921). – L: Wichtige Studie bei W. Dilthey, Das
Erlebnis und die Dichtung, Leipzig 1906, S. 201–282; außerdem: W.
Rehm, in: Orpheus. Der Dichter u. d. Toten, Düsseldorf 1950, S. 15–150;
W. Kohlschmidt, Der Wortschatz der Innerlichkeit bei Novalis, in: Festschrift für P. Kluckhohn u. H. Schneider, Tübingen 1948, S. 396–426,
auch in: Form u. Innerlichkeit, München 1955, S. 120–156; F. Hiebel, Novalis, München 1951; H. Ritter, Die geistlichen Lieder des Novalis. Ihre
Datierung u. Entstehung, in: Jahrb. d. dt. Schillerges. 4, 1960, S. 308 bis
342; P. Garnier, Un tableau synoptique de la vie et des œuvres de Novalis et des événements artistiques, litt. et historiques de son époque, Paris

1962; W. Vordtriede, Novalis und die französischen Symbolisten. Zur Entstehungsgeschichte des dichterischen Symbols, Stuttgart 1963; L.-J. Mähl, Die Idee des goldenen Zeitalters im Werk des Novalis, Heidelberg 1965. – Forschungsbericht durch W. Müller-Seidel, Probleme neuerer Novalis-Forschung, in: Germ.-Rom. Monschr. 34, 1953, S. 274 bis 292.

CLEMENS BRENTANO: E. Gesammelte Schriften, hrsg. v. Chr. Brentano, 9 Bde., Frankfurt 1825–1855 (unvollständig); Sämtl. Werke, hrsg. v. Schüddekopf, 18 Bde., München 1909 ff. (unvollendete krit. Ausg., 8 Bde. erschienen, ohne die Lyrik); Auswahl der gesammelten Werke, hrsg. v. H. Amelung u. K. Viëtor, 4 Bde., Frankfurt 1923; Werke in 4 Bdn., hrsg. v. F. Kemp, München 1963 ff. – E. Gedichte, Frankfurt 1854; ausgew. Gedichte, neu hrsg. v. Sophie Brentano u. R. A. Schröder, Berlin (Suhrkamp) 1943. – L: F. Gundolf, in: Romantiker, Bd. 1, Berlin 1930; P. Böckmann, Die romantische Poesie Brentanos und ihre Grundlage bei Friedrich Schlegel u. Ludwig Tieck, in: Jahrb. d. Freien Dt. Hochstifts 1934/1935, S. 56–176; W. Rehm, Brentano und Hölderlin, in: Hölderlin-Jahrb., Tübingen 1947, S. 127–178; H. M. Enzensberger, Brentanos Poetik, München 1961; G. Schneider, in: Studien z. dt. Romantik, Leipzig 1962, S. 71–119. – Über die Lyrik: K. Schubert, C. Brentanos weltliche Lyrik, Breslau 1910; H. Jäger, C. Brentanos Frühlyrik. Chronologie und Entwicklung, Frankfurt/M. 1926.

KAROLINE VON GÜNDERODE(richtiger: Günderrode): E. Gesammelte Dichtungen, hrsg. v. F. Götz, Mannheim 1857; hrsg. v. L. Hirschberg, 3 Bde., Berlin 1920–1922; Dichtungen, hrsg. v. L. v. Pigenot, München 1922; Ausw. v. F. Kemp, Stuttgart 1947. – L: M. Mattheis, Die Günderode. Gestalt, Leben und Wirkung, Berlin 1934.

ACHIM VON ARNIM: E. hrsg. v. W. Grimm, 22 Bde., Berlin 1839–1856 (nicht vollständig, heute sehr selten); Werke, ausgew. u. hrsg. v. R. Steig, 3 Bde., Leipzig (Insel) 1911; Auswahl, hrsg. v. A. Schier, 3 Bde., Leipzig 1925 (Meyers Klassiker). – L: F. Gundolf, Romantiker, Bd. 1, Berlin 1930.

JOHANN PETER HEBEL: Werke, hrsg. v. A. Sütterlin, Berlin (Bong) 1911 (mit alemannischem Wörterbuch); Werke u. Briefe, hrsg. v. E. Meckel, Leipzig 1943; Werke in einem Bd., hrsg. v. P. Alverdes, München 1951; Werke, hrsg. v. O. Kleiber, 3 Bde., Basel–Stuttgart 1959; Poetische Werke, München 1961. – L: W. Altwegg, J. P. Hebel, Frauenfeld 1926; Th. Bohner, Berlin 1936; W. Zentner, Karlsruhe 1948, Neuaufl. 1965; J. P. Hebel u. seine Zeit, Festschrift, hrsg. v. W. Zentner, Karlsruhe 1960.

JOSEPH VON EICHENDORFF: E. der Werke, Berlin 1841; Hist.-krit. Ausg., hrsg. v. W. Kosch u. A. Sauer, Regensburg 1908 ff. (noch unvollst., bisher 10 Bde.); Werke in einem Bd., hrsg. v. W. Rasch, München 1955, 2. Aufl. 1959; Werke u. Schriften, neue Ges.-Ausg. in 4 Bdn., hrsg. v. G. Baumann, Stuttgart 1953–1958. – E. Gedichte, Berlin 1837; Novellen und Gedichte, ausgew. u. eingel. v. H. Hesse, München 1955. – L: H. Brandenburg, J. v. Eichendorff, München 1922, W. Köhler, Breslau 1937;

W. Höllerer, Schönheit und Erstarrung. Zur Problematik d. Dichtung Eichendorffs, in: Der Deutschunterricht 7, 1955, Heft 2, S. 93–103; Eichendorff heute. Stimmen der Forschung, hrsg. v. P. Stöcklein, München 1960; G. Schneider, in: Studien z. dt. Romantik, Leipzig 1962, S. 131 bis 159; O. Seidlin, Versuche über Eichendorff, Göttingen 1965. – Zur Lyrik: J. Nadler, Eichendorffs Lyrik. Ihre Technik u. Geschichte, Prag 1908; F. Faßbinder, Eichendorffs Lyrik. Studie zur Analyse ihrer Stoff- u. Motivkreise, Köln 1911; H. Schulhoff, Eichendorffs Jugendgedichte, Prag 1915; dies., Die Textgeschichte von Eichendorffs Gedichten, in: Zeitschr. f. dt. Phil. 47, 1918, S. 22–82; R. Haller, Eichendorffs Balladenwerk, Bern–München 1962.

ADELBERT VON CHAMISSO: E. der Werke, Leipzig 1836–1839; hrsg. v. H. Tardel, 3 Bde., Leipzig 1907 (Meyers Klassiker). – E. Gedichte, Leipzig 1831.

ERNST MORITZ ARNDT: Werke, erste Ausg. seiner Hauptschriften mit Anm. v. H. Meisner, 8 Bde., Leipzig 1892–1905; Werke in 12 Teilen, hrsg. v. A. Leffson u. W. Steffens, 4 Bde., Berlin (Bong) 1912.

JUSTINUS KERNER: Sämtl. Werke, hrsg. v. W. Heichen, 8 Teile, Berlin 1903; Werke, Auswahl in 6 Teilen, hrsg. v. R. Pissin, Berlin (Bong) 1914. – L: J. Richert, Geschichte der Lyrik J. Kerners, Berlin 1909.

LUDWIG UHLAND: E. Werke, hrsg. v. H. Fischer, 6 Bde., Stuttgart 1892; hrsg. v. L. Fränkel, 2 Bde., Leipzig–Wien 1893; Dichtungen, Briefe, Reden. Eine Ausw., hrsg. v. W. P. H. Scheffler, Stuttgart 1963. – E. Gedichte, Stuttgart 1815; vollständig krit. besorgt v. E. Schmidt u. J. Hartmann, 2 Bde., Stuttgart 1898; ausgew. u. eingel. v. H. Schneider, Stuttgart 1923; Gedichte, m. Einführung u. Anm. v. E. Seemann, Lahr 1949. – L: G. Funck, Erläuterungen zu Uhlands Gedichten, Leipzig 1910.

WILHELM MÜLLER: Vermischte Schriften, hrsg. v. G. Schwab, 5 Bde., Leipzig 1830; krit. Gesamtausg. d. Gedichte v. J. T. Hatfield, Berlin 1906 (Dt. Literaturdenkmäler des 18. u. 19. Jahrh., Bd. 137). – L: K. G. Just, Wilhelm Müllers Liederzyklen »Die schöne Müllerin« und »Die Winterreise«, in: Zeitschr. f. dt. Phil. 83, 1964, S. 452–471.

WILHELM HAUFF: E. Sämtl. Schriften, geordnet v. G. Schwab, 36 Bde., Stuttgart 1830; Werke, hrsg. v. M. Drescher, 6 Teile, Berlin 1908, neu hrsg. v. G. Spiekerkötter, 3 Bde., München 1961; hrsg. v. H. Engelhard, 2 Bde., Stuttgart 1961–1962.

EDUARD MÖRIKE: Krit. Ausg. v. H. Maync, 3 Bde., Leipzig 1909; in 4 Teilen, hrsg. v. A. Leffson, Berlin 1908; in 2 Bdn., Leipzig 1938; hrsg. v. H. G. Göpfert, mit einem Nachw. v. G. Britting, München 1954, 3. Aufl. 1964; Sämtl. Werke, hrsg. v. G. Baumann, 2 Bde., Stuttgart 1954, 2. Aufl. 1961, dazu 1 Briefband 1959. – E. Gedichte, Stuttgart 1838; Gedichte u. Erzählungen, Ausw. u. Nachw. v. W. Zemp, Zürich 1945. – L: H. Maync, E. Mörike. Sein Leben und Dichten, Stuttgart 1902; A. Goes, Mörike, Stuttgart 1938, neue durchges. Ausg. 1954; H. Meyer, E. Mörike, Stuttgart 1950; B. v. Wiese, E. Mörike, Tübingen 1950; H. Emmel, Mörikes Peregrina-Dichtung u. ihre Beziehung zum Nolten-Roman, Weimar

1952. – Zur Lyrik: H.-H. Krummacher, Zu Mörikes Gedichten. Ausgaben u. Überlieferung, in: Jahrb. d. dt. Schillergesellsch. 5, 1961, S. 267–344; ders., Mitteilungen zur Chronologie u. Textgeschichte v. Mörikes Gedichten, in: Jahrb. d. dt. Schillergesellsch. 6, 1962, S. 253–310; B. v. Wiese, Der Lyriker E. Mörike, in: Zwischen Utopie u. Wirklichkeit, Düsseldorf 1963, S. 177–192; H.-G. Werner, Zu frühen Gedichten E. Mörikes, in: Weimarer Beiträge 10, 1964, S. 571–598.

Von der Romantik zum Realismus

I. Allgemeines

H. Bieber, Der Kampf um die Tradition. Die dt. Dichtung im europäischen Geistesleben 1830–1880, Stuttgart 1928.

O. Walzel, Dt. Dichtung von Gottsched bis zur Gegenwart (Handbuch der Lit. Wiss.), Potsdam 1927–1930.

H. Cysarz, Von Schiller zu Nietzsche. Hauptfragen der Dichtungs- und Bildungsgeschichte des jüngsten Jahrh., Halle 1928.

E. Alker, Geschichte der dt. Literatur von Goethes Tod bis zur Gegenwart, 2 Bde., Stuttgart 1949 und 1950. 2. Aufl. u. d. Titel: Die dt. Lit. i. 19. Jahrh., 1962.

M. Greiner, Zwischen Biedermeier und Bourgeoisie, Leipzig 1954.

F. Koch, Idee und Wirklichkeit. Dt. Dichtung zwischen Romantik u. Naturalismus, 2 Bde., Düsseldorf 1956.

H. O. Burger, Der Realismus des neunzehnten Jahrh., in: Annalen, S. 621–718.

G. Lukács, Dt. Realisten des 19. Jahrh., Bern 1951.

W. Höllerer, Zwischen Klassik und Moderne, Stuttgart 1958.

F. Martini, Dt. Literatur i. bürgerl. Realismus 1848–1898, Stuttgart 1962.

Die dt. Literatur, Texte u. Zeugnisse, 6. Bd.: 19. Jahrh., hrsg. v. B. v. Wiese, München 1965.

Forschungsberichte: E. Hock, Ausgaben dt. Dichter, in: W. W. 6, 1955/56, S. 25–41 u. 92–105.

F. Martini, Forschungsbericht z. dt. Lit. d. Realismus, Stuttgart 1962 (zuerst in: Dt. Vjschr. 34, 1960, S. 581–666).

II. Einzelne Dichter

FRANZ GRILLPARZER: E. 16 Bde., Stuttgart 1872–1888; Hist.-krit. Ausg., hrsg. v. A. Sauer, fortgesetzt v. R. Backmann, 41 Bde., Wien–Leipzig 1909–1948; Ausg. in 24 Bdn., hrsg. v. A. Sauer u. R. Backmann, Wien 1941; Sämtl. Werke, hrsg. v. P. Frank u. K. Pörnbacher, 4 Bde., München 1960 ff. – L: J. Nadler, F. Grillparzer, Vaduz 1948, 2. Aufl. 1952; G. Baumann, F. Grillparzer. Sein Werk u. das österreichische Wesen, Freiburg/Br. 1954; W. Naumann, Grillparzer. Das dichterische Werk, Stuttgart 1956. – Forschungsberichte: E. Hock, Zur Grillparzer-Forschung

in: Germ.-Rom. Monschr. 35 = NF 4, 1954, S. 27–46; G. Rindauer, Neue Grillparzer-Literatur, in: Jahrb. d. Grillparzer-Ges. 3, 1960, S. 146–153. FRIEDRICH RÜCKERT: E. Gesammelte poetische Werke, hrsg. v. H. Rückert, 12 Bde., Frankfurt 1867–1869; hrsg. v. G. Ellinger, 2 Bde., Leipzig 1897. – Ges. Gedichte, 6 Bde., Erlangen 1834–1838; Ausw. v. O. Loerke, Berlin 1925; bisher beste Auswahl der Gedichte von J. Pfeiffer, Hamburg 1946; G. Schneider, F. Rückert, Gedächtnis und Vermächtnis, Schweinfurt 1955 (Auswahl m. wichtiger Einleitung); Orientalische Dichtung in der Übersetzung F. Rückerts, hrsg. v. A. Schimmel, Bremen 1963. – L: J. Pfeiffer, Der Lyriker F. Rückert, in: Über das Dichterische und den Dichter, Hamburg 1956, S. 80–90 (Einl. zu Pfeiffers Ausw. v. Rückerts Gedichten, 1946); H. Henel, Epigonenlyrik: Rückert und Platen, in: Euphorion 55, 1961, S. 260–278; H. Prang, Friedrich Rückert. Geist und Form der Sprache, Schweinfurt–Wiesbaden 1963.

HEINRICH HOFFMANN VON FALLERSLEBEN: Ges. Werke, hrsg. v. H. Gerstenberg, 8 Bde., 1890–1893; hrsg. v. H. Benzmann, Ausw. in 4 Teilen, Leipzig 1905. – L: W. Marquardt, H. H. v. Fallersleben, Hamburg 1941.

AUGUST VON PLATEN: E. Ges. Werke, Stuttgart 1839; Hist.-krit. Ausg., hrsg. v. M. Koch u. E. Petzet, 12 Teile in 4 Bdn., Leipzig 1910. – E. Gedichte, Stuttgart 1828, ergänzt 1839; mit Einl. v. R. Schlösser, 2 Bde., Leipzig (Insel) 1910; ausgew. u. eingel. v. A. H. Rausch, Frankfurt/M. 1910, 2. Aufl. 1921; Gedichte, Heidelberg 1958 (mit einem Nachw. v. H. Cysarz). – L: s. Platen-Bibliographie, hrsg. v. F. Redenbacher, Erlangen 1936; Th. Mann, in: Leiden und Größe der Meister, Berlin 1935, S. 163 bis 180; ferner die Aufsätze in der Platen-Gedächtnisschrift, hrsg. v. E. Stollreither, Erlangen 1936.

HEINRICH HEINE: E. Sämtl. Werke, 21 Bde., Hamburg 1861–1866, 2 Erg.-Bde. (Nachlaß) 1869–1884; krit. Ausg. v. E. Elster, 7 Bde., Leipzig 1887 bis 1890; hrsg. v. O. Walzel, 10 Bde., Leipzig 1910–1915 (m. reichem Kommentar), dazu Reg.-Bd. 1920; Werke u. Briefe, hrsg. v. H. Kaufmann, 10 Bde., Berlin 1961–1964, dass. in 14 Bdn., München 1964–1965 (Kindler-Taschenbücher). – E. Gedichte, Berlin 1822; Ges.-Ausg., hrsg. v. J. Fränkel, Leipzig 1925; Lyrik, ausgew. u. eingel. v. L. Marcuse, München 1922. – L: s. Heine-Bibliographie v. G. Wilhelm u. E. Galley, 2 Teile, Weimar 1960; bes. seien genannt: M. J. Wolff, H. Heine, München 1922; M. Brod, Amsterdam 1934, neue Aufl. Berlin 1956; A. Valentin, Paris 1934, neue Aufl. 1956 (dt. Ausg. Wien 1954); W. Wadepuhl, Heine-Studien, Weimar 1956; E. Galley, Stuttgart 1963; B. Fairley, Stuttgart 1965. – Zur Lyrik: J. Müller, H. Heines Weg als lyr. Dichter, in: Wirklichkeit u. Klassik, Berlin 1955, S. 398–442; F. Sieburg, Beschwörung u. Mitteilung. Zur Lyrik H. Heines, in: Jahresring 1956/57, Stuttgart 1956, S. 56–73; S. S. Prawer, Heine, the tragic satirist. The study of the later poetry 1827–56, London 1961; W. A. Berendsohn, Heines Buch der Lieder. Struktur u. Stilstudie, in: Heine-Jahrb. 2, Hamburg 1962, S. 26–38. – Forschungsberichte: E. Alker, Heine-Probleme, in: Orbis litt. 11, 1956, S. 138–149; W. Rose, Studies of Heine since the War, ebd. S. 166–174; L.

Hay, Heinrich Heine et ses critiques. Travaux de bibliographie internationale, in: Revue de littérature comparée 35, 1961, S. 258–261.
NIKOLAUS LENAU: E. Sämtl. Werke, hrsg. v. A. Grün, 4 Bde., Stuttgart 1855; Werke, hrsg. v. M. Koch, 2 Bde., Stuttgart 1888 (Dt. Nat.-Lit., 154 u. 155); krit. abschließende Ausg. der sämtl. Werke u. Briefe, hrsg. v. E. Castle, 6 Bde., Leipzig (Insel) 1910–1923; Sämtl. Werke u. Briefe, hrsg. v. H. Engelhard, Stuttgart 1959. – E. Gedichte, Stuttgart 1831; hrsg. v. H. Bischoff, Stuttgart 1924. – L: H. Bischoff, Lenaus Lyrik, 2 Bde., Berlin 1920–1921.
ANNETTE VON DROSTE-HÜLSHOFF: E. Ges. Schriften, hrsg. v. L. Schücking, 3 Bde., Stuttgart 1878–1879; Hist.-krit. Ausg. v. K. Schulte-Kemminghausen, 4 Bde., München 1925–1930; hrsg. v. W. Kayser in 1 Bd. (Dünndruckausg. des Insel-Verlages), Leipzig 1939; hrsg. v. Cl. Heselhaus, in 1 Bd. (Dünndruckausg., Hanser), München 1952, 4. Aufl. München 1963. – E. Gedichte, Münster 1838 und Stuttgart 1844; (Faks.-Ausg., Münster 1928). – Das geistliche Jahr in Liedern auf alle Sonn- und Festtage, E. Stuttgart 1851; hrsg. v. C. Schröder, Münster 1939. – L: F. Gundolf, 1943; G. Frühbrodt, Der Impressionismus in der Lyrik der A. v. Droste-Zürich 1933, 2. Aufl. Frauenfeld 1962; Cl. Heselhaus, A. v. Droste-Hülshoff. Die Entdeckung des Seins in der Dichtung des 19. Jahrh., Halle 1943; G. Frühbrodt. Der Impressionismus in der Lyrik der A. v. Droste-Hülshoff, Berlin 1930; Kl. Möllenbrock, Die religiöse Lyrik der Droste und die Theologie der Zeit, Berlin 1935; W. Kayser, Sprachform und Redeform in den »Heidebildern« der A. v. Droste-Hülshoff, in: Jahrb. d. Freien Dt. Hochstifts 1936–1940, S. 52–91; Jahrb. d. Droste-Ges. 1, Münster 1947, hrsg. v. Cl. Heselhaus (darin u. a.: Cl. Heselhaus, Die Droste als Lyrikerin; B. v. Wiese, Die Balladen der Droste; auch in B. v. Wiese, Der Mensch in der Dichtung, Düsseldorf 1958, S. 221–245); Jahrb. d. Droste-Ges., Münster 1948–1950 (darin u. a.: Cl. Heselhaus, Droste-Bibliographie 1932–1948; E. Staiger, Festrede am 24. Mai 1948); Cl. Heselhaus, Die späten Gedichte der Droste, in: Zeitschr. f. dt. Phil. 70, 1948 bis 1949, S. 83–96; M. Lavater-Sloman, Einsamkeit. Das Leben der A. v. Droste-Hülshoff, Zürich 1950, 4. Auf. 1961; E. Scheffer, Über die Sprache in den lyrischen Gedichten und den Balladen der A. v. Droste-Hülshoff, in: Der Deutschunterricht 2, 1950, Heft 3, S. 33–44; W. Kayser, Bild und Symbol bei der Droste, in: Zeitschr. »Westfalen«, Münster 1953, S. 208 bis 218; Jahrb. der Droste-Ges. 3, Münster 1959 (darin u. a.: R. Hagelstange, Das Moderne bei der Droste; G. Hasenkamp, Das Bild der Droste in unserer Zeit; Cl. Heselhaus, Die Heidebilder der Droste); Jahrb. der Droste-Ges. 4, Münster 1962 (darin u. a.: R. Rösener, Vom Rhythmus in Droste-Gedichten; Cl. Heselhaus, Die Zeitbilder der Droste). – Forschungsbericht: G. Konrad, A. v. Droste. Zur gegenwärtigen Forschungslage, in: W. W. 4, 1953/54, S. 291–298.
FRIEDRICH HEBBEL: E. Sämtl. Werke, hrsg. v. E. Kuh, 12 Bde., Hamburg 1865–1867; Hist.-krit. Ausg., hrsg. v. R. M. Werner, 24 Bde. in 3 Abt., Berlin 1901–1907, Gedichte in Bd. 7 mit Entwicklungsgang, krit. Appa-

rat u. Material; nach der Ausg. v. F. Zinkernagel neu hrsg. v. B. v. Wiese, 9 Bde., Leipzig (Bibliographisches Institut) 1941; hrsg. v. G. Fricke, W. Keller u. K. Pörnbacher, 3 Bde., München (Hanser) 1963 ff. – E. Gedichte, Hamburg 1842; Gesamtausg., Stuttgart 1857. – L: Geistesgeschichtlich wichtig: W. Liepe, Hebbel zwischen G. H. Schubert u. L. Feuerbach, in: Dt. Vjschr. 26, 1952, S. 437–477; J. Müller, Das Weltbild F. Hebbels, Halle 1955; W. Liepe, F. Hebbel, Weltbild u. Dichtung, in: Hebbel-Jahrb. 1960, Heide 1960, S. 7–26 (Liepes Hebbel-Aufsätze, zusammengefaßt in: Beiträge zur Literatur- u. Geistesgeschichte, Neumünster 1963); Hebbel in neuer Sicht, hrsg. v. H. Kreuzer, Stuttgart 1963. – Über Hebbel als Lyriker: K. Engelhardt, Hebbel als Lyriker, Leipzig 1907; J. M. Fischer, Studien zu Hebbels Jugendlyrik, Dortmund 1910; L. Brun, Hebbel, mit besonderer Berücksichtigung seiner Persönlichkeit und seiner Lyrik (aus dem Franz.), Leipzig 1922; H. Werner, Hebbels Änderungen an den Gedichten, Berlin 1929; I. Braak, Hebbel als Lyriker, in: Hebbel-Jahrb. 1954, Heide 1954, S. 68–92; J. Müller, Das Motiv des Todes in Hebbels Lyrik, in: Hebbel-Jahrb. 1963, Heide 1963, S. 95–123; F. Martini, Der Lyriker Hebbel, in: Hebbel in neuer Sicht, Stuttgart 1963, S. 123–149. – Forschungsbericht: A. Meetz, F. Hebbel, Stuttgart 1962.

THEODOR STORM: E. Sämtl. Schriften, 19 Bde., Braunschweig 1877–1889 (neue Aufl., 8 Bde., 1898 mit einem 9. Bd. Nachtrag 1913); Krit. Ausg., hrsg. v. A. Köster, 8 Bde., Leipzig (Insel) 1919–1920; Werke, Gesamtausg., in 3 Bdn., hrsg. u. eingel. v. H. Engelhardt, Stuttgart (Cotta) 1958. – E. Gedichte, Kiel 1852, erweit. 1856, 1864, 1885. – L: P. Schütze, Th. Storm. Sein Leben und seine Dichtung, Berlin 1887, 4. Aufl. 1925; Th. Mann, Leiden und Größe der Meister, Berlin 1935, S. 183–207; H. Heitmann, Th. Storm, Stuttgart 1940. – Über Storms Lyrik: W. Herrmann, Storms Lyrik, Leipzig 1911; H. Binder, Th. Storm. Ein dt. Lyriker, Leipzig 1914; M. Hausmann, Unendliches Gedicht. Bemerkungen anläßlich der Lyrik Th. Storms, in: Schriften der Th.-Storm-Ges. 9, Heide 1960, S. 9–25. – Forschungsbericht: C. A. Bernd, Die gegenwärtige Theodor-Storm-Forschung. Eine Bibliographie, in: Schriften der Th.-Storm-Ges. 3, Heide 1954, S. 60–79.

GOTTFRIED KELLER: E. (Vom Dichter selbst besorgt) 10 Bde., Berlin 1889 bis 1890; Große krit. Ausg., hrsg. v. J. Fränkel u. C. Helbling, 22 Bde., Erlenbach–Zürich–Bern 1926–1948; Sämtl. Werke u. ausgew. Briefe, hrsg. v. Cl. Heselhaus, 3 Bde., München 1956–1958. – E. Gedichte, Heidelberg 1846; Ausgew. Gedichte, hrsg. v. W. Muschg, Bern 1956; Ges. Gedichte, München 1961. – L: E. Ackerknecht, G. Keller. Geschichte seines Lebens, Leipzig 1939, 4. Aufl. Konstanz 1961; A. Hauser, G. Keller. Geburt u. Zerfall d. dichter. Welt, Zürich 1959. – Über die Lyrik: G. Müller-Gschwend, G. Keller als lyrischer Dichter, Berlin 1910; E. Korrodi, G. Keller als Lyriker, Leipzig 1911 u. in: Aufsätze zur Schweiz. Lit., Bern–Stuttgart 1962, S. 68–83; L. Gessler, Lebendig begraben. Studien zur Lyrik des jungen G. Keller, Bern 1964. – Forschungsbericht: J. Fränkel,

G. Keller-Philologie, in: Dichtung und Wissenschaft, Heidelberg 1954, S. 96–194.

FRITZ REUTER: E. Sämtl. Werke, 13 Bde., Wismar–Ludwigslust 1863 bis 1868, ergänzt durch: Nachgelassene Schriften, 2 Bde., Wismar 1874–1875; vollst. krit. durchges. Ausg. (mit Wörterbuch), hrsg. v. K. F. Müller, 18 Teile, Leipzig (Hesse) 1905, neu 1926; Krit. hrsg. v. W. Seelmann u. H. Brömse, 7 Bde., Leipzig 1905 (Meyers Klassiker), 3. Aufl. i. 12 Bdn., 1936–1937; hrsg. v. H. B. Grube, (mit Wörterbuch) 12 Teile, Berlin (Bong) 1908, 2. Aufl. 1927; K. F. Müller, Reuter-Lexikon, Leipzig 1922. – Übertragung der Meisterwerke ins Hochdeutsche durch H. Conrad, Stuttgart 1905. – L: Festschrift zum 150. Geb. v. F. Reuter, Rostock 1960.

KLAUS GROTH: Ges. Werke, 4 Bde., Kiel–Leipzig 1893; Sämtl. Werke, hrsg. v. J. Braake u. R. Mehlem, 6 Bde., Flensburg 1953–1961. – »Quickborn« (E. Hamburg 1853, Volksausg. 1961), eine Sammlung von Liedern, Balladen, Idyllen und poetischen Erzählungen, ist nach dem Reineke Vos das zweite klassische Werk d. niederdt. Literatur.

GEORG HERWEGH: Werke in 3 Teilen, hrsg. u. mit Einl. u. Anm. vers. v. H. Tardel, Berlin (Bong) 1909. – E. Gedichte eines Lebendigen, 2 Bde., Zürich–Winterthur 1841–1844; neu hrsg. v. M. Herwegh, Leipzig 1909. – L: E. Baldinger, Herwegh. Die Gedankenwelt der »Gedichte eines Lebendigen«, Bern 1917.

CONRAD FERDINAND MEYER: Sämtl. Werke, hrsg. v. H. Maync u. E. Ermatinger 14 Bde., Leipzig 1925 (Taschenausg.); m. Einführung v. R. Faesi, 4 Bde., Leipzig 1926, neue Aufl. 1940; maßgebende hist.-krit. Ausgabe hrsg. v. H. Zeller u. A. Zäch, Bern 1958 ff. (Bd. 1 m. d. Gedichten erschien 1963). – E. Gedichte, Leipzig 1882; Gedichte. Wege ihrer Vollendung, hrsg. v. H. Henel, Tübingen 1962. – L: A. Frey, C. F. Meyer, Stuttgart 1900, 3. Aufl. 1919; H. Maync, C. F. Meyer u. sein Werk, Frauenfeld 1925; R. Faesi, C. F. Meyer, Frauenfeld 1925, 2. Aufl. 1948. – Über die Lyrik: H. Moser, Wandlungen d. Gedichte C. F. Meyers, Leipzig 1900 (m. Jugendgedichten u. ersten Fassungen); W. Brecht, Meyer u. d. Kunstwerk seiner Gedichtsammlung, Wien 1918; L. Klages, Über C. F. Meyers Gedichte, in: Mensch und Erde, Jena 1925, Neuausg. Stuttgart 1956, S. 100 bis 110; H. Henel, The poetry of C. F. Meyer, Madison 1954; E. Staiger, Das Spätboot. Zu C. F. Meyers Lyrik, in: Die Kunst der Interpretation, Zürich 1955, S. 239–273; C. Enders, Der Tod als Erlebnis und Motiv in C. F. Meyers Dichtung, in: Neophilologus 40, 1956, S. 26–38. – Forschungsbericht: W. Oberle, C. F. Meyer, in: Germ.-Rom. Monschr., 37, 1956, S. 231–252.

THEODOR FONTANE: Ges. Werke, 22 Bde., Berlin 1905–1911; Sämtl. Werke, hrsg. v. E. Gross und K. Schreinert, 22 Bde., München 1959 ff. (Balladen und Gedichte in Bd. 20, 1962); Sämtl. Werke, hrsg. v. W. Keitel, 1. Abt. (Romane, Erzählungen, Gedichte), 6 Bde., München 1962 ff. – E. Gedichte, Berlin 1851. – L: Bibliographie: Lit. von u. üb. Fontane, Potsdam 1960; Th. Mann, Der alte Fontane, in: Die Zukunft 19, 1910, Heft 1, S. 2–21 (zuletzt in: Ges. Werke, Bd. 9, Frankfurt/M. 1960, S. 9–34); K.

Wandrey, Th. Fontane, München 1919 (mit Bibliographie); H. Spiero, Fontane, Wittenberg 1928; G. Radbruch, Th. Fontane, Skepsis und Glaube, Leipzig 1945, später in: Gestalten und Gedanken. 2. Aufl. Stuttgart 1954, S. 155–200. – Über die Lyrik: H. Rhyn, Die Balladendichtung Fontanes, Leipzig 1914. – Forschungsbericht: G. Herding, Die neuere Th.-Fontane-Lit., in: Universitas 4, 1949, S. 285–290.

MORITZ VON STRACHWITZ: Gedichte (mit Lebensbild), hrsg. v. K. Weinhold, Breslau 1877, 8. Aufl. 1891; Sämtl. Lieder u. Balladen m. Lebensbild u. Anm., hrsg. v. H. M. Elster, Berlin 1912; Ausgew. Gedichte, hrsg. v. W. Müller-Rüdersdorf, Breslau 1924, u. W. Brecht, Berlin 1925. – L: A. K. Tielo, Die Dichtung des Grafen M. v. Strachwitz, Berlin 1902.

WILHELM RAABE: Sämtl. Werke, 18 Bde., Berlin 1913–1916; Sämtl. Werke, 15 Bde., Berlin 1935; Werke in 4 Bdn., krit. durchges. Ausg. m. Anm. u. biograph. Nachw., hrsg. v. K. Hoppe, Freiburg 1955; Sämtl. Werke in 20 Bdn., hrsg. v. K. Hoppe, Göttingen 1951 ff. (Braunschweiger Ausg.). – Gedichte, hrsg. v. W. Brandes, Berlin 1912, 2. Aufl. 1931. – L: Raabe-Bibliographie, bearb. v. F. Meyen, Freiburg–Braunschweig 1955; W. Fehse, W. Raabe. Sein Leben u. seine Werke, Braunschweig 1937; H. Pongs, W. Raabe. Leben u. Werke, Heidelberg 1958; G. Mayer, Die geistige Entwicklung W. Raabes, Göttingen 1960.

WILHELM BUSCH: Beste Ausg.: Sämtl. Werke, hrsg. v. O. Nöldeke, 8 Bde., 4. Aufl. München 1958, Hist.-krit. Ausg., hrsg. v. F. Bohne, 4 Bde., Wiesbaden–Berlin 1960; Humoristischer Hausschatz, W.-Busch-Album, München 1887, 26. Aufl. 1964. – Gedichtsammlungen: Kritik des Herzens, Heidelberg 1874; Zu guter Letzt, München 1904; Hernach (Zeichnungen u. Verse), München 1908; Schein und Sein. Nachgelassene Gedichte, München 1909. – L: W. Lampe, W.-Busch-Literatur aus der Gegenwart, in: Jahrb. d. W.-Busch-Gesellsch. 21, Hannover 1955, S. 75–79; F. Bohne, Das Weltbild W. Buschs, in: Jahrb. d. W.-Busch-Gesellsch. 22, Hannover 1956, S. 18–25.

FRIEDRICH NIETZSCHE: Erste Gesamtausg., 16 Bde., Leipzig 1895–1904; Ges. Werke (Musarion-Ausg.), 23 Bde., München 1920–1929; Kröners Taschenausg., 12 Bde., Stuttgart 1941, neue Ausg. 1965; Werke, hrsg. v. K. Schlechta, 3 Bde., München 1954–1956, 2. Aufl. 1960. – Gedichte u. Sprüche, Leipzig 1898; Gedichte, Leipzig (Insel-Bücherei) 1923. – L: Bibliographie: H. W. Reichert u. K. Schlechta, Intern. Nietzsche-Bibliographie, Chapel Hill 1960; J. Klein, Die Dichtung Nietzsches, München 1936; H. Rehder, Leben und Geist in Nietzsches Lyrik, in: Dichtung und Volkstum 37, 1936, S. 187–219; O. H. Olzien, Nietzsche und das Problem d. dicht. Sprache, Berlin 1941; P. Böckmann, Die Bedeutung Nietzsches für die Situation der modernen Literatur, in: Dt. Vjschr. 27, 1953, S. 77–101; K. Schlechta, Nietzsches großer Mittag, Frankfurt/M. 1954; B. Allemann, F. Nietzsche, in: Ironie und Dichtung, Pfullingen 1956, S. 99–118; M. Heidegger. Nietzsche, 2 Bde., Pfullingen 1961; W. D. Williams, Nietzsche and lyric poetry, in: Reality and creative vision in German lyrical poetry, ed. by A. Closs, London 1963, S. 85–99.

DETLEV VON LILIENCRON: Sämtl. Werke, 9 Bde., Berlin 1898–1900; in 15 Bdn., Berlin 1904–1908; Ges. Werke, hrsg. v. R. Dehmel, 8 Bde., Berlin 1911–1913. – Gedichte, Leipzig 1889; Neue Gedichte, Leipzig 1893; Ausgew. Gedichte, Berlin 1902, Stuttgart 1923; Balladen, Stuttgart 1921; Liebeslieder, Stuttgart 1921. – L: H. Maync, D. v. Liliencron, Berlin 1920; H. Leip, Liliencron, Stuttgart 1938.

Deutsche Lyrik im 20. Jahrhundert

I. Allgemeines

a) Anthologien

Menschheitsdämmerung, Symphonie jüngster Dichtung, hrsg. v. K. Pinthus, Berlin 1920, neue Ausg. Reinbek 1960, (Rowohlts Klassiker), wichtige Quelle für den Expressionismus.

Kristall der Zeit, eine Auslese aus der dt. Lyrik der letzten fünfzig Jahre, hrsg. v. A. Soergel, Leipzig 1929.

De Profundis. Dt. Lyrik in dieser Zeit. Eine Anthologie aus zwölf Jahren, München (Desch) 1946.

Geliebte Verse, eine Ausw. dt. Lyrik von 1900–1950, Wiesbaden (Limes) o. J. [1952].

Ergriffenes Dasein, Dt. Lyrik 1900–1950, ausgew. v. H. E. Holthusen u. F. Kemp, Ebenhausen b. München 1953, 2. Aufl. 1955.

Dt. Lyrik der Gegenwart. Eine Anthologie, hrsg. v. W. Fehse, Stuttgart 1955.

Mein Gedicht ist mein Messer. Lyriker zu ihren Gedichten, hrsg. v. H. Bender, Heidelberg 1955.

Lyriker des Expressionistischen Jahrzehnts. Von den Wegbereitern bis zum Dada, eingel. v. G. Benn, hrsg. v. M. Niedermayer, Wiesbaden 1955.

Die Lyrik des Expressionismus. Voraussetzungen, Ergebnisse und Grenzen, Nachwirkungen, hrsg. v. Cl. Heselhaus, Tübingen 1956.

Flügel der Zeit. Dt. Gedichte 1900 bis 1950, hrsg. v. C. Hohoff, Frankfurt/M. 1956.

Transit: Lyrikbuch der Jahrhundertmitte, hrsg. m. Randnotizen v. W. Höllerer, Frankfurt/M. 1956.

An den Wind geschrieben. Lyrik der Freiheit. Gedichte der Jahre 1933 bis 1945, ausgew. v. M. Schlösser, Darmstadt 1960.

Lyrik unserer Jahrhundertmitte, ausgew. u. erl. v. W. R. Fuchs, München 1965.

Aussichten. Junge Lyriker des dt. Sprachraums, vorgest. v. P. Hamm, München–Berlin 1966.

Panorama moderner Lyrik deutschsprechender Länder. Von der Jahrhundertwende bis zur jüngsten Gegenwart, hrsg. v. W. Hädecke u. U. Miehe, Gütersloh 1966.

b) Darstellungen

H. Naumann, Die dt. Dichtung der Gegenwart (1885–1923), Stuttgart 1923.

A. Soergel, Dichtung und Dichter der Zeit. Eine Schilderung der Literatur der letzten Jahrzehnte, Leipzig 1912; Neue Folge: Im Banne des Expressionismus, Leipzig 1925, Neubearbeitung: A. Soergel u. C. Hohoff, Dichtung und Dichter der Zeit, 2 Bde., Düsseldorf 1961 u. 1962.

W. Mahrholz, Dt. Dichtung der Gegenwart, Berlin 1926.

F. J. Schneider, Der expressive Mensch und die dt. Lyrik der Gegenwart, Stuttgart 1927.

F. Martini, Was war Expressionismus? Deutung und Auswahl seiner Lyrik, Urach 1948.

P. Wanner, Das neue dt. Gedicht in der Oberstufe, in: Der Deutschunterricht 2, 1950, Heft 3, S. 45–73, u. 5, 1953, Heft 3, S. 5–27.

H. E. Holthusen, Der unbehauste Mensch. Motive und Probleme der modernen Literatur, München 1952, 3. erw. Aufl. 1955; ferner: Ja und Nein. Neue kritische Versuche, München 1954.

H. Schwerte, Der Weg ins zwanzigste Jahrhundert, in: Annalen, S. 719 bis 840.

W. Emrich, Die Struktur der modernen Dichtung, in: W. W. 3, 1952/53, S. 213–223.

P. Böckmann, Die Sageweisen der modernen Lyrik, in: Der Deutschunterricht 5, 1953, Heft 3, S. 28–56.

Dt. Literatur im 20. Jahrh. Gestalten und Strukturen, hrsg. v. H. Friedmann u. O. Mann, Heidelberg 1954; 2. veränd. Aufl. 1956.

R. Hagelstange, Dt. Lyrik nach Rilke, in: Dt. Akademie f. Sprache u. Dichtung, Darmstadt, Jahrb. 1954, S. 63–80.

W. Höllerer, Nach der Menschheitsdämmerung. Notizen zur zeitgenössischen Lyrik, in: Akzente 1, 1954, S. 423–435 (auch in: Das Gedicht 2, 1955/1956, S. 134–144).

Christliche Dichter der Gegenwart. Beiträge zur europäischen Literatur, hrsg. v. H. Friedmann u. O. Mann, Heidelberg 1955.

C. Hohoff, Wirklichkeit und Traum im dt. Gedicht, in: Merkur 10, 1956, S. 703–715 u. 808–817.

H. Stammler, Dt. Lyrik seit 1945, in: Germ. Quart. 29, 1956, S. 251–260.

H. Friedrich, Die Struktur der modernen Lyrik (Von Baudelaire bis zur Gegenwart), Hamburg 1956 (Rowohlts dt. Enzyklopädie).

E. Hannöver, Wege der Nachkriegslyrik, in: W. W. 7, 1956/57, Heft 4, S. 203–217.

Expressionismus. Gestalten einer literarischen Bewegung, hrsg. v. H. Friedmann u. O. Mann, Heidelberg 1956.

E. Schumacher, Lyrik des Expressionismus, in: Neue dt. Lit. 4, 1956, Heft 1, S. 89–102.

K. Mautz, Die Farbensprache der expressionistischen Lyrik, in: Dt. Vjschr. 31, 1957, Heft 4, S. 465–505.

G. Blöcker, Die neuen Wirklichkeiten. Linien und Profile der modernen Literatur, Berlin 1958.

B. v. Wiese, Die dt. Lyrik der Gegenwart, in: Dt. Lit. in unserer Zeit, Göttingen 1959, S. 32–57, auch in: Zwischen Utopie u. Wirklichkeit, Düsseldorf 1963, S. 276–303.

H. O. Burger, Von der Struktureinheit klassischer u. moderner dt. Lyrik, in: Festschrift f. F. R. Schröder, Heidelberg 1959, S. 229–240.

K. O. Conrady, Moderne Lyrik u. die Tradition, in: Germ.-Rom. Monschr., N. F. 10, 1960, S. 287–304.

K. G. Just, Die dt. Lyrik seit 1945, in: Universitas 15, 1960, S. 517–530.

H. St. Schulz, German expressionisme 1905–1925, in: Chicago Review 1960, S. 8–24.

J. Hösle, Volkslied, Märchen u. moderne Lyrik, in: Akzente 7, 1960, S. 570–577.

H. Wolffheim, Die Problematik der jungen dt. Lyrik, in: Der Deutschunterricht 12, 1960, Heft 3, S. 5–12.

J. Strelka, Rilke, Benn, Schönwiese u. die Entwicklung der modernen Lyrik, Wien–Hannover–Basel 1960.

Triffst du nur das Zauberwort. Stimmen von heute zur dt. Lyrik, hrsg. v. J. Petersen, Frankfurt/M.–Berlin 1961.

W. Muschg. Von Trakl zu Brecht. Dichter des Expressionismus, München 1961.

E. Lohner, Schillers Begriff des Scheins u. die moderne Lyrik, in: Dt. Beiträge 4, 1961, S. 131–181.

W. Falk, Leid u. Verwandlung. Rilke, Kafka, Trakl u. der Epochenstil des Impressionismus u. Expressionismus, Salzburg 1961.

H. O. Burger u. R. Grimm, Evokation u. Montage. Drei Beiträge zum Verständnis moderner dt. Lyrik, Göttingen 1961.

Cl. Heselhaus, Dt. Lyrik der Moderne von Nietzsche bis Yvan Goll, Düsseldorf 1961.

F. Usinger, Die expressionistische Lyrik, in: Imprimatur, N. F. 3, 1961/62, S. 115–125.

A. Wellek, Die Struktur der modernen Lyrik, in: Stud. Generale 16, 1963, S. 36–46.

K. Leonhard, Moderne Lyrik. Monolog u. Manifest, Bremen 1963.

W. Höck, »Vorüberlied u. Dennochlied«. Dt. Lyrik zwischen Heißenbüttel u. Benn, in: Hochland 56, 1963/64, S. 119–136.

O. Loerke, Die sieben jüngsten Jahre der dt. Lyrik (1921 geschrieben, üb. die Jahre 1914–1921), in: Jahrb. d. dt. Schiller-Gesellsch. 8, 1964, S. 33 bis 40.

Dt. Dichter der Moderne, Ihr Leben u. Werk, hrsg. v. B. v. Wiese, Berlin 1965 (dort: W. F. Taraba über Nietzsche, P. G. Klussmann über George, J. Steiner über Rilke, K. O. Conrady über Däubler, A. Wierzejewski über Borchardt, G. Erken über Hofmannsthal, K. L. Schneider über Heym, U. Jaspersen über Trakl, E. Lohner über Benn u. R. Grimm über Brecht).

c) Forschungsberichte

F. Martini, Dt. Literatur zwischen 1880 und 1950, in: Dt. Vjschr. 26, 1952, S. 478–535.

W. Höllerer, Dt. Lyrik 1900–1950, in: Der Deutschunterricht 5, 1953, Heft 4, S. 72–104.

G. Konrad, Expressionismus. Ein kritisches Referat, in: W. W. 7, 1956/57, Heft 6, S. 351–365.

R. Brinkmann, Expressionismus-Probleme. Die Forschung der Jahre 1952 bis 1958, in: Dt. Vjschr. 33, 1959, Heft 1, S. 38–62 (in Buchform: Stuttgart 1961).

W. Paulsen, Die dt. expressionistische Dichtung des 20. Jahrh. u. ihre Erfoschung, in: Universitas 17, 1962, S. 411–422.

d) Einzelne Dichter

ARNO HOLZ: Das Werk, 10 Bde., Berlin 1924–1925; Werke, hrsg. v. W. Emrich u. A. Holz, Neuwied 1961 ff.; A. Holz, Die Revolution der Lyrik. Eine Einführung in sein Werk u. eine Ausw. v. A. Döblin, Wiesbaden 1951. – L: R. Ress, A. Holz u. seine künstlerische, weltkulturelle Bedeutung, Dresden 1913; F. Kleitsch, Der Phantasus v. A. Holz, Diss. Berlin 1940; K. Geisendörfer, Motive u. Motivgeflecht im Phantasus von A. Holz, Diss. Würzburg 1962.

RICHARD DEHMEL: Ges. Werke, 10 Bde., Berlin 1906–1909; Auswahl, 3 Bde., Berlin 1913. – Ausgew. Gedichte, Berlin 1901; Hundert ausgew. Gedichte, Berlin 1908. – L: J. Bab, R. Dehmel. Die Geschichte seines Lebenswerkes, Leipzig 1926; H. Slochower, R. Dehmel. Der Mensch und der Denker, Dresden 1928; P. v. Hagen, R. Dehmel. Die dichterische Komposition seines lyrischen Gesamtwerkes, Berlin 1932.

RICHARD BEER-HOFMANN: Jaakobs Traum. Gedichte. Gedenkrede auf Mozart, Frankfurt/M. 1956; Ges. Werke, Frankfurt/M. 1963. – L: O. Oberholzer, R. Beer-Hofmann. Werk u. Weltbild des Dichters, Bern 1947 (mit Bibliographie).

ALFRED MOMBERT: Der himmlische Zecher, Leipzig (Insel) 1951 (Ausw.); Dichtungen, hrsg. v. E. Herberg, 3 Bde., München 1963. Eine Einführung in sein Werk u. eine Ausw. gab H. Hennecke, Wiesbaden (Steiner) 1952 (mit Bibliographie). – L: R. Benz, Der Dichter A. Mombert, Heidelberg 1952.

THEODOR DÄUBLER: Das Nordlicht (Florentiner Ausg.), 3 Bde., München–Leipzig 1910; Der sternhelle Weg, Dresden 1915; Hesperien, München–Berlin 1915; Die Treppe zum Nordlicht, Leipzig 1920; Attische Sonette, Leipzig 1924; Dichtungen und Schriften, hrsg. v. F. Kemp, München 1956. – L: R. Lohn, Der bildhafte Ausdruck in den Dichtungen Th. Däublers, Diss. Bonn 1957.

CHRISTIAN MORGENSTERN: Die Gedichte sind bei R. Piper in München erschienen (Ges. Werke in 1 Bd., hrsg. v. M. Morgenstern, München

1965). Einen Querschnitt erhält man durch die beiden Auswahlbände »Meine Liebe ist groß wie die weite Welt«, ausgew. Gedichte, hrsg. v. M. Morgenstern, mit einem Nachw. v. M. Bauer, München 1936, und »Quellen des Lebens hör ich in mir singen«, der ausgew. Gedichte 2. Teil, München 1951. Der Insel-Verlag hat in einer Neuausg. »Alle Galgenlieder« (auch Palmström, Gingganz) 1947 (zuletzt 1961) vereinigt; Ergänzungen dazu: Die Schallmühle, Grotesken und Parodien, München 1928; Chr. Morgenstern, Über die Galgenlieder, Berlin 1921. – L: M. Bauer, Chr. Morgensterns Leben und Werk, 4. Aufl. München 1948; A. Roy, Chr. Morgenstern, poet of the Galgenlieder, in: The American Germ. Rev. 27, 1960/61, S. 4–7; F. Neumann, Chr. Morgensterns »Galgenlieder«, in: W. W. 14, 1964, S. 332–350.

RICARDA HUCH: Ges. Gedichte, Leipzig (Insel) 1929. – L: M. Baum, Leuchtende Spur. Das Leben R. Huchs, Tübingen 1950, 4. Aufl. 1964; E. Hoppe, R. Huch. Weg. Persönlichkeit. Werk, Stuttgart 1950 (mit Bibliographie von H. Ruppert), 2. Aufl. 1951.

LULU VON STRAUSS UND TORNEY: Reif steht die Saat, Jena 1926 (Gesamtausg. der Gedichte u. Balladen, die um die Jahrhundertwende zuerst getrennt erschienen); Gedichtausw.: Erde der Väter, Jena 1936. – L: W. G. Oschilewski, L. v. Strauss und Torney. Mit einer Bibliographie, Frankfurt/M. 1944.

AGNES MIEGEL: Ges. Gedichte, Jena 1927 (Auslese aus früheren Gedichtbänden); Dt. Balladen, Jena 1939; Ges. Gedichte, Jena 1940; Du aber bleibst in mir, Flüchtlingsgedichte, Hameln (Seifert) 1949; Neue Gesamtausg., 6 Bde., Düsseldorf (Diederichs) 1952–1955; Gedichte, Erzählungen, Erinnerungen, ebd. 1965. – L: E. Sitte, Wasser und Erde. Versuch einer Symbolinterpretation von Balladen A. Miegels, in: Der Deutschunterricht 8, 1956, Heft 4, S. 61–69.

BÖRRIES VON MÜNCHHAUSEN: Die ges. Balladen erschienen in: Das Balladenbuch, Stuttgart 1924, die sonstige Lyrik in: Das Liederbuch, Stuttgart 1928; Das dichterische Werk, Ausg. letzter Hand, 2 Bde., Stuttgart 1950 bis 1953 (Bd. 1: Balladenbuch, Bd. 2: Liederbuch).

STEFAN GEORGE: Gedichtbände: Hymnen, Pilgerfahrten, Algabal, Berlin 1899 (zuerst getrennt 1890, 1891, 1892); Die Bücher der Hirten- und Preisgedichte, der Sagen und Sänge und der hängenden Gärten, Wien 1895, Berlin 1899; Das Jahr der Seele, Berlin 1897, Godesberg 1948; Der Teppich des Lebens und die Lieder von Traum und Tod, Berlin 1900; Die Fibel, Ausw. erster Verse, Berlin 1901; Der siebente Ring, Berlin 1907; Der Stern des Bundes, Berlin 1914; Der Krieg. Dichtung, Berlin 1917; Drei Gesänge. An die Toten. Der Dichter in Zeiten der Wirren. Einem jungen Führer im ersten Weltkrieg, Berlin 1921; Ges. Ausg. der Werke (endgültige Fassung), 18 Bde., Berlin (Bondi) 1927–1934 (George heute im Verlag Helmut Küpper, München u. Düsseldorf); Werke in 2 Bdn., hrsg. v. E. Boehringer, Düsseldorf 1958. – L: Bibliographie: G. P. Landmann, St. George u. sein Kreis. Eine Bibliographie, Hamburg 1960; F. Gundolf, George, Berlin 1920; E. Landmann, Georgika. Das Wesen

des Dichters St. George, Heidelberg 1924; J. Nohl, St. George und sein Kreis, in: Weltliteratur der Gegenwart, hrsg. v. L. Marcuse, Teil 1, Berlin 1924; F. Wolters, St. George und die Blätter für die Kunst, Berlin 1930; E. Morwitz, Die Dichtung St. Georges, Düsseldorf 1942; R. Boehringer, Mein Bild von St. George, Düsseldorf 1951; C. David, St. George. Son œuvre poetique, Lyon–Paris 1952; Kein ding sei wo das wort gebricht. St. George zum Gedenken, hrsg. v. M. Schlösser, Darmstadt 1958, 2. Aufl. 1961; E. Morwitz, Kommentar zu dem Werk St. Georges, München–Düsseldorf 1960; K. Hildebrandt, Das Werk St. Georges, Hamburg 1960; P. G. Klussmann, St. George, Bonn 1961; H. Arbogast, Die Erneuerung der dt. Dichtersprache in den Frühwerken St. Georges, Diss. Tübingen 1961; ders., Zwischen Alexandriner u. Hexameter. Eine Studie zur Verskunst St. Georges, in: Der Deutschunterricht 16, 1964, Heft 6, S. 109–123; K. Hildebrandt, Erinnerungen an St. George u. seinen Kreis, Bonn 1964; C. V. Bock, Wort-Konkordanz zur Dichtung St. Georges, Amsterdam 1964. – Forschungsbericht: C. David, Nouvelles Etudes sur St. George, in: Etudes Germ. 16, 1961, S. 261–269.

HUGO VON HOFMANNSTHAL: Ges. Werke, 6 Bde., Berlin 1923–1924; Ges. Werke in Einzelausg., hrsg. v. H. Steiner, 15 Bde., Stockholm–Frankfurt/M. 1945–1959. – Ausgew. Gedichte, Berlin 1903; Die gesammelten Gedichte, Leipzig 1907; Nachlese der Gedichte, Leipzig 1934. – L: W. Perl, Das lyrische Jugendwerk H. v. Hofmannsthals, Berlin 1936; K. J. Naef, H. v. Hofmannsthals Wesen und Werk, Zürich 1938; C. J. Burckhardt, Erinnerungen an H. v. Hofmannsthal und Briefe des Dichters, München (Rinn) 1948; R. Alewyn, Hofmannsthals Wandlung (Vortrag), Frankfurt/M. 1949; ders., Über H. v. Hofmannsthal, Göttingen 1958 (darin auch Hofmannsthals Wandlung); M. Kommerell, Nachlese der Gedichte, in: Neue Rundschau 65, 1954, S. 568–573 (zuerst 1934); R. Borchardt, Rede über Hofmannsthal, in: Reden, Stuttgart 1955, S. 45–103 (1902 in Göttingen geh., zuerst Leipzig 1905 erschienen); H. Broch, Hofmannsthal und seine Zeit, in: Essays, Bd. 1, Zürich 1955, S. 43–181; W. Naumann, Hofmannsthals Lyrik u. das moderne Gedicht, in: W. W. 9, 1959, S. 155 bis 160; P. G. Klussmann, H. v. Hofmannsthals Lebenslied, in: Zeitschr. f. dt. Phil. 82, 1963, S. 192–210; E. Krämer, Die Metaphorik in H. v. Hofmannsthals Lyrik u. ihr Verhältnis zum modernen Gedicht, Diss. Marburg 1963; R. Exner, H. v. Hofmannsthals »Lebenslied«. Eine Studie, Heidelberg 1964. – Forschungsbericht: H. Weischedel, Hofmannsthal-Forschung 1945 bis 1958, in: Dt. Vjschr. 33, 1959, S. 63–103.

RAINER MARIA RILKE: Sämtl. Werke, hrsg. v. Rilke-Archiv, bes. v. E. Zinn, 6 Bde., Wiesbaden 1955–1966. – Ges. Gedichte, 4 Bde., Leipzig 1930 bis 1933; Gedichtbände: Buch der Bilder, Berlin 1902; Das Stundenbuch, zuerst Leipzig 1905; Neue Gedichte, 2 Bde., Leipzig 1907–1908; Frühe Gedichte, ebd. 1909; Erste Gedichte, ebd. 1913; Das Marienleben (Insel-Bücherei), ebd. 1913; Die Duineser Elegien, ebd. 1923; Sonette an Orpheus (Insel-Bücherei), ebd. 1930; Gedichte 1906–1926, Wiesbaden 1953, zuletzt 1962. – L: Bibliographie von W. Ritzer, Wien 1951, Hamburg

1953; K. Kippenberg, R. M. Rilke, Leipzig 1935; F. Gundolf, Wien 1937; Ch. Osann, Zürich 1941, 2. Aufl. 1947; E. M. Butler, Cambridge 1946; D. Bassermann, Der späte Rilke, München 1947; W. Rehm, Orpheus. Der Dichter und die Toten (behandelt Novalis, Hölderlin und Rilke), Düsseldorf 1950; M. Heidegger, Wozu Dichter?, in: Holzwege, Frankfurt/M. 1950; O. F. Bollnow, R. M. Rilke, Stuttgart 1951; H. E. Holthusen, Die Überwindung des Nullpunkts, in: Der unbehauste Mensch, München 1952; P. Demetz, René Rilkes Prager Jahre, Düsseldorf 1953; M. Zermatten, Der Ruf der Stille, Zürich 1953; J. F. Angelloz, R. M. Rilke, München 1955; B. Halda, Paris 1961; E. C. Mason, Göttingen 1964. Über die Duineser Elegien schrieben u. a.: M. Kommerell, in: Gedanken über Gedichte, Frankfurt/M. 1943; R. Guardini, Bern 1946 und München 1953; K. Kippenberg, Leipzig 1946, 6. Aufl. 1948; E. Buddeberg, Karlsruhe 1948; F. J. Brecht, München 1949; H. Kreutz, München 1950 (mit Bibliographie); J. Steiner, Bern–München 1962; H. Berendt, R. M. Rilkes neue Gedichte, Bonn 1957; H. Mörchen, Rilkes Sonette an Orpheus, Stuttgart 1958. – Einzeluntersuchungen: E. Frey, Über Rilkes Gedichte, in: Der Deutschunterricht 1, 1949, Heft 2–3, S. 73–101; S. Duruman, Zur Form des Dinggedichts bei R. M. Rilke, in: Studien z. dt. Sprache u. Lit. 3, Istanbul 1956, S. 95–127; H. Meyer, Die Verwandlung des Sichtbaren. Die Bedeutung der modernen bildenden Kunst für Rilkes späte Dichtung, in: Dt. Vjschr. 31, 1957, S. 465–505; W. L. Graff, Rilkes lyrische Summen, Berlin 1960; L. Delfiner, Rilke cet Incompris, Paris 1960; H. F. Peters, R. M. Rilke. Masks and the man, Seattle 1960; B. Allemann, Zeit u. Figur beim späten Rilke. Ein Beitrag zur Poetik des modernen Gedichts, Pfullingen 1961; P. Böckmann, Der Strukturwandel der modernen Lyrik in Rilkes »Neuen Gedichten«, in: W. W. 12, 1962, S. 336–354; C. David, Rilke et l'expressionisme, in: Etudes Germ. 17, 1962, S. 144–157; H. Weigand, Zu Rilkes Verskunst, in: Neophilologus 48, 1964, Heft 1, S. 31–51. – Forschungsberichte durch H. Kuhn, in: Dt. Vjschr. 17, 1939, S. 90–136; J. W. Storck, Neue Rilke-Literatur, in: Dt. Univ. Zeitung 9, 1954, Nr. 10, S. 14–17 u. 11, S. 14–17; K. J. Hahn, Die jüngste Rilke-Deutung, in: Hochland 48, 1955/56, S. 69–78; L. Langenfeld, Nicht abreißende Rilke-Interpretationen, in: Bücherei u. Bildung 8, 1956, S. 6–11; P. Demetz, Epochen der Rilke-Deutung, in: Merkur 11, 1957, S. 989–991.

HANS CAROSSA: Gedichte, Leipzig (Insel) 1910; Ges. Gedichte, Wiesbaden (Insel) 1950; Stern über der Lichtung. Neue Gedichte, Hameln 1946; Abendländische Elegie, Zürich 1946; Sämtl. Werke, 2 Bde., Frankfurt/M. 1962. – L: Bibliographie: H. Carossa, Murnau 1948. – A. Langen, H. Carossa, Weltbild und Stil, Berlin 1955.

HERMANN HESSE: Ges. Dichtungen, 7 Bde., Frankfurt/M. (Suhrkamp) 1952 bis 1957, Gedichte in Bd. 5, S. 371–823, Neuausg. 1953, Nachdruck 1957; Die Gedichte, Zürich 1942 (1947 erweitert bei Suhrkamp, Berlin). – L: Bibliographie v. H. Waibler, Bern–München 1962; v. O. Bareiss, 2 Bde., Basel 1962–1964; H. Ball, H. Hesse. Sein Leben und sein Werk, Frank-

furt/M. 1947; P. Böckmann, Der Dichter und die Gefährdung des Menschen im Werk H. Hesses, in: W. W. 3, 1952/53, S. 150–162; E. Hilscher, Der Lyriker H. Hesse, in: Neue dt. Lit. 4, 1956, Heft 9, S. 109–118; G. Mayer, H. Hesse. Mystische Religiosität u. dichterische Form, in: Jahrb. d. Dt. Schiller-Gesellsch. 4, 1960, S. 434–462.

RUDOLF ALEXANDER SCHRÖDER: Gesamtausg. d. Gedichte als Bd. 1 der Ges. Werke, 7 Bde., Frankfurt/M. (Suhrkamp) 1952–1963; Achtzig ausgew. Gedichte, ebd. 1951; Hundert geistliche Gedichte, ebd. 1951. – L: J. Pfeiffer, Die Lyrik R. A. Schröders, in: Zwischen Dichtung und Philosophie, Bremen 1947, S. 120–133; ders., Über R. A. Schröders geistl. Gedichte, in: Imprimatur, N. F. 1, 1956/57, S. 13–17; R. Adolph, R. A. Schröder, Aschaffenburg 1958.

RUDOLF BORCHARDT: Ges. Werke in Einzelbänden, 8 Bde., Stuttgart 1955 bis 1962; Ausgew. Werke 1900–1918, Berlin (Rowohlt) 1925; Eine Einführung in sein Werk und eine Ausw. v. H. Hennecke, Wiesbaden (Steiner) 1954; Jugendgedichte, Berlin (Rowohlt) 1920; Vermischte Gedichte, ebd. 1924; Gedichte, Basel (Schwabe) 1948. – L: W. Kraft, R. Borchardt, Hamburg 1961.

GEORG KAISER: Gesamtausg. fehlt. Die 130 im Exil entstandenen Gedichte sind verstreut, eine kleine Auswahl von 5 Gedichten erschien in: Die Wandlung, Bd. 1, 1945–1946, Heft 11. – L: Bibliographie: A. Loewenberg, in: H. F. Koenigsgarten, G. Kaiser, Potsdam 1928. – E. A. Fivian, G. Kaiser und seine Stellung im Expressionismus, München 1947; W. Paulsen, G. Kaiser, Tübingen 1960.

KARL KRAUS: Worte in Versen, 9 Bde., Leipzig 1916; Ausgew. Gedichte, München 1920; Einführung in sein Werk u. Ausw. durch W. Kraft, Wiesbaden 1952; Werke, hrsg. v. H. Fischer, 12 Bde., München 1955–1964; Ausw. aus dem Werk v. H. Fischer, München 1957 (Bücher der Neunzehn). – L: Bibliographie in: Nachrichten aus dem Kösel-Verlag, Sonderheft z. 90. Geburtstag v. K. Kraus, 1964. – W. Benjamin, K. Kraus, in: Schriften, Bd. 2, Frankfurt/M. 1955, S. 159–195; C. Kohn, K. Kraus. Le polémiste et l'écrivain, défenseur des droits de l'individu, Paris 1962, dt. Stuttgart 1966; P. Schick, K. Kraus, Reinbek 1965 (Rowohlt-Monogr.).

KONRAD WEISS: Gedichte, 1. u. 2. Teil, München (Kösel) 1948–1949 (Bd. 1 enthält: Tantum dic verbo [1918], Die cumänische Sibylle [1921] und Das Herz des Wortes [1929]; Bd. 2: Das Sinnreich der Erde [1940] und nachgelassene Gedichte); Dichtungen u. Schriften, hrsg. v. F. Kemp, Bd. 1: Gedichte 1914–1939, München 1961.

ELSE LASKER-SCHÜLER: Ges. Gedichte, München 1920; Dichtungen u. Dokumente, München (Kösel) 1951; Ges. Werke, hrsg. v. F. Kemp, 3 Bde., München 1959–1962 (Bd. 1: Gedichte 1902–1943); Sämtl. Gedichte, hrsg. v. F. Kemp, ebd. 1966. – L: K. Schümann, E. Lasker-Schüler, in: Im Bannkreis von Gesicht u. Wirken, München 1959, S. 53–85.

JOACHIM RINGELNATZ: Und auf einmal steht es neben dir, Ges. Gedichte, Berlin 1950 (Zusammenfassung früherer Sammlungen von 1910–1935), Neuaufl. 1957; Auswahl: Es zwitschert eine Lerche im Kamin, 3. Aufl.

Berlin 1957. – Bibliographie v. W. Kayser u. H. P. des Coudres, Hamburg 1960.

YVAN GOLL: Der Panamakanal, Berlin 1912; Dithyramben, Leipzig 1918; Der Eiffelturm, Ges. Dichtungen, Berlin 1924; Die Siebente Rose, Paris 1928; Chansons malaises, Paris 1934; Fruit from Saturn, New York 1945; Pariser Georgika, übers. v. Cl. Goll, Darmstadt 1956; Dichtungen. Lyrik, Prosa, Drama, hrsg. v. Cl. Goll, Darmstadt–Berlin–Neuwied 1960. – L: E. Roditi, The Poetry of Yvan Goll, Cincinatti 1945; M. Raymond, La vie et l'œuvre d'Yvan Goll, Quebec 1948; R. Exner, Yvan Goll. Zu seiner dt. Lyrik, London 1955; J. Romains M. Brion, R. Exner, F. Carmody, in: Yvan Goll, Paris 1956; J. Müller, Yvan Goll im dt. Expressionismus, Berlin 1962.

ERNST STADLER: Der Aufbruch, Leipzig 1914, letzte Ausg. Hamburg–München 1964; Ausgew. Gedichte, Hamburg (Ellermann) 1947; Dichtungen, Gedichte u. Übertragungen. Mit einer Ausw. d. kleinen krit. Schriften u. Briefe, eingel., textkrit. durchges. u. erl. v. K. L. Schneider, 2 Bde., Hamburg 1954. – Bibliographie v. H. Ellermann, in: Imprimatur 5, 1934.

GEORG TRAKL: Die Dichtungen, 1. Gesamtausg., Leipzig 1919; Gesamtausg. m. einem Anhang: Zeugnisse u. Erinnerungen, hrsg. v. K. Horwitz, Zürich 1946; Ges. Werke, 3 Bde., hrsg. v. W. Schneditz, Salzburg (Müller) 1949–1951. – L: H. Ellermann, Trakl-Bibliographie, in: Imprimatur 5, 1934; E. Barth, G. Trakl, Mainz 1937; U. Jaspersen, G. Trakl, Hamburg 1947; I. Morris, G. Trakls Weltanschauung, in: Trivium 4, 1946, S. 123–144; M. Heidegger, G. Trakl, eine Erörterung seines Gedichtes, in: Merkur 7, 1953, S. 226–258; H. W. Nieschmidt, G. Trakl, Wesenszüge seiner Lyrik, in: W. W. 4, 1953/54, S. 83–91; A. Weber, Klang und Farbe bei Trakl, in: W. W. 5, 1954/1955, S. 215–224; K. Simon, Traum und Orpheus. Eine Studie zu G. Trakls Dichtungen, Salzburg 1955; L. Dietz, Die lyrische Form G. Trakls, Salzburg 1959; W. Killy, Über G. Trakl, Göttingen 1960; O. Basil, G. Trakl, Reinbek 1965 (Rowohlt-Monogr.).

GEORG HEYM: Dichtungen, München 1922; Ges. Gedichte. Mit einer Darstellung seines Lebens und Sterbens, hrsg. v. C. Seelig, Zürich 1947; Umbra vitae. Nachgel. Gedichte, Frankfurt/M. 1962; Dichtungen u. Schriften. Gesamtausg., hrsg. v. K. L. Schneider, 3 Bde., Hamburg–München 1960–1964. – L: H. Ellermann, Heym-Bibliographie, in: Imprimatur 5, 1934. – K. L. Schneider, Der bildhafte Ausdruck in den Dichtungen G. Heyms, G. Trakls u. E. Stadlers, Heidelberg 1954; K. Kohlschmidt, Der dt. Frühexpressionismus im Werke G. Heyms u. G. Trakls, in: Orbis litt. 9, 1954, S. 3–17; A. Regenberg, Die Dichtung G. Heyms u. ihr Verhältnis zur Lyrik Ch. Baudelaires u. A. Rimbauds, Diss. München 1961; K. Mautz, Mythologie u. Gesellschaft im Expressionismus. Die Dichtung G. Heyms, Frankfurt/M.–Bonn 1961; R. Recknagel, G. Heym – der den Weg nicht weiß, in: Neue dt. Lit. 10, 1962, Heft 9, S. 30–48.

HANS ARP: Arp veröffentlichte seine Gedichte in ca. 20 kl. Bdn. ab 1920.

Eine zweibändige Ges.-Ausg. d. Gedichte ist im Erscheinen begriffen, Bd. 1, Gedichte 1903–1939, hrsg. von M. Arp-Hagenbach u. P. Schifferli, Wiesbaden 1963; Auswahlband: Wortträume u. schwarze Sterne, ebd. 1953.

FRANZ WERFEL: Ges. Gedichte 1908–1945, hrsg. v. A. D. Klarmann, Frankfurt/M. (S. Fischer) 1953. – L: M. Arnold, Lyrisches Dasein u. Erfahrung im Frühwerk F. Werfels, Diss. Freiburg (Schweiz) 1961.

OSKAR LOERKE: Die heimliche Stadt, Berlin (S. Fischer) 1921; Der längste Tag, ebd. 1926; Pansmusik, ebd. 1929; Atem der Erde, ebd. 1930; Der Silberdistelwald, ebd. 1934; Der Wald der Welt, ebd. 1936; Magische Verse, ebd. 1938; Das alte Wagnis des Gedichts, Berlin (Rabenpresse) 1935, darin: Loerkes Akademie-Rede »Formprobleme der Lyrik«; Die Abschiedshand (enthält die nachgelassenen Gedichte), Berlin (Suhrkamp) 1949; Gedichte. Ausw. u. Nachw. v. H. Kasack, Berlin 1954; Gedichte u. Prosa, Ausg. in 2 Bdn., hrsg. v. P. Suhrkamp, Frankfurt/M. 1958. – L: H. Kasack, O. Loerke, Charakterbild eines Dichters, Wiesbaden (Steiner) 1951; Cl. Heselhaus, O. Loerke u. K. Weiss. Zum Problem des lit. Nachexpressionismus, in: Der Deutschunterricht 6, 1954, Heft 6, S. 28–55; H. Mehner, Die Verselbständigung der Metaphorik in der frühen Lyrik O. Loerkes, Diss. Köln 1964.

WILHELM LEHMANN: Entzückter Staub, Heidelberg (Lambert Schneider) 1946 (zuerst 1942); Der grüne Gott, ebd. 1948; Noch nicht genug, Tübingen (Heliopolis) 1950; Antwort des Schweigens, ebd. 1951 (zuerst 1935); Überlebender Tag, Gedichte aus den Jahren 1951–1954, Düsseldorf 1954; Meine Gedichtbücher, Frankfurt/M. 1957; Sämtl. Werke, 3 Bde. Gütersloh 1962. – L: H. Bruns, W. Lehmann. Sein Leben u. sein Dichten. Eine Chronik, Kiel 1962.

GOTTFRIED BENN: Doppelleben. Zwei Selbstdarstellungen. 1. Teil: Lebensweg eines Intellektuellen, Wiesbaden 1934, 2. Teil: Doppelleben, Wiesbaden 1950, 3. Aufl. 1958; Trunkene Flut, Wiesbaden (Limes) 1949, 5. Aufl. 1963; Statische Gedichte, ebd. 1948, 6. Aufl. Zürich o. J.; Fragmente, Neue Gedichte, ebd. 1951, 4. Aufl. 1961; Probleme der Lyrik, ebd. 1951, 8. Aufl. 1964; Destillation, ebd. 1953, 4. Aufl. 1960; Monologische Kunst?, ebd. 1953; Aprèslude, 5. Aufl. ebd. 1961; Ges. Gedichte, Wiesbaden 1956, 2. Aufl. 1957; Primäre Tage. Gedichte u. Fragmente aus dem Nachlaß, Wiesbaden 1958; Ges. Werke in 4 Bdn., hrsg. v. D. Wellershoff, Wiesbaden 1958–1960. – L: D. Wellershoff, G. Benn, Phänotyp dieser Stunde, Köln 1958; R. Grimm, G. Benn, Die farbige Chiffre in der Dichtung, Nürnberg 1958 (Erlanger Beiträge zur Kunstwissenschaft, Bd. 1), 2. Aufl. 1962; I. Seidler, Statische Montage. Zur poetischen Technik im Spätwerk G. Benns, in: Monatshefte 52, 1960, S. 321–330; G. Loose, Die Ästhetik G. Benns, Frankfurt/M. 1961; E. Buddeberg, G. Benn, Stuttgart 1961; D. Mehl, Mitteilung u. Monolog in der Lyrik G. Benns, Diss. München 1961; Die Kunst im Schatten des Gottes. Für u. wider G. Benn, hrsg. v. R. Grimm u. W.-D. Marsch, Göttingen 1962; J. Möller, Zur Thematik der Bennschen Lyrik, in: Der Deutschunterricht 14, 1962,

Heft 3, S. 60–75; W. Lennig, G. Benn, Reinbek 1962 (Rowohlt-Mono-gr.). – Forschungsbericht: E. Buddeberg, Probleme um Gottfried Benn. Die Benn-Forschung 1950–1960, Stuttgart 1962.

JOSEF WEINHEBER: Sämtl. Werke, hrsg. v. J. Nadler u. H. Weinheber, 5 Bde., Salzburg 1953–1956 (Gedichte in Bd. 1 u. 2). – Auswahl: J. Wein-heber, Selbstbildnis, Gedichte aus 20 Jahren, München (Langen-Müller) 1937. – Gedichtbände: Wien wörtlich, Wien 1935; Späte Krone, München 1936, neue Aufl. 1950; O Mensch, gib acht!, München 1937; Kammer-musik, München 1939; Zwischen Göttern und Dämonen, Hamburg (Hoffmann u. Campe) 1948; Adel und Untergang. 5.–9. Tausend, ebd. 1948; Über alle Maßen aber liebe ich die Kunst, München (Langen-Mül-ler) 1952, neue Aufl. 1958 (ausgew. Gedichte. Einführung u. Ausw. v. F. Sacher); Hier ist das Wort, Gedichte, Hamburg 1953; Dokumente des Herzens. Aus dem Gesamtwerk vom Dichter selbst ausgew. Gedichte, Hamburg 1953. – L: J. Nadler, J. Weinheber. Die Geschichte seines Le-bens und seiner Dichtung, Salzburg (Müller) o. J. [1952]; krit. F. Heer, J. Weinheber aus Wien, in: Frankfurter Hefte 1953, Heft 8, S. 590–602; J. Pfeiffer, Kunst und Existenz. Über den Lyriker Josef Weinheber, in: Die dichterische Wirklichkeit. Versuche über Wesen und Wahrheit der Dichtung, Hamburg 1962, S. 48–56. – Forschungsbericht: H. Bergholz, Weinheber-Schrifttum, in: Dt. Vjschr. 31, 1957, S. 557–579.

GEORG BRITTING: Gedichte, Dresden 1931; Der irdische Tag, München (Nymphenburg) 1948 (zuerst 1935); Rabe, Roß und Hahn, München 1939; Die Begegnung, München 1947; Lob des Weines, Hamburg (Dulk) 1947, München (Hanser) 1951; Unter hohen Bäumen, München 1951; Geschichten u. Gedichte. Mit einem Nachw. v. W. Lauterbach, München 1956; Gesamtausg. in Einzelbänden, 6 Bde., München 1957–1961 (Ge-dichte in Bd. 1, 2 u. 6). – L: C. Hohoff, Antike Strophen in der Dichtung G. Brittings, in: Merkur 8, 1954, S. 777–784; D. Bode, G. Britting, Stutt-gart 1962 (mit Bibliographie); D. Schug, Die Naturlyrik G. Brittings u. W. Lehmanns, Erlangen–Nürnberg 1963.

ALBRECHT GOES: Gedichte 1930–1950, Frankfurt/M. (S. Fischer) 1950; Ge-dichte, Frankfurt/M. 1958; Aber im Winde das Wort. Prosa u. Verse aus zwanzig Jahren, Frankfurt/M. 1963.

WERNER BERGENGRUEN: Die heile Welt, München (Nymphenburg) 1950; Mit tausend Ranken, Gedichte, Zürich 1956; Figur u. Schatten. Gedichte, München 1958. – L: G. Klemm, W. Bergengruen, Wuppertal-Barmen 1949, 5. Aufl. 1961; W. Bänziger, W. Bergengruen, Thal 1950, 2. Aufl. Bern–München 1961; L. Sandrock, Die heile Welt. Ein Beitrag zur Interpretation Bergengruenscher Lyrik auf der Prima, in: Der Deutsch-unterricht 5, 1953, Heft 3, S. 56–66; K. Freiburg-Rüter, Die geistige Welt der Lyrik W. Bergengruens, in: W. W. 7, 1956/57, S. 17–27.

FRIEDRICH GEORG JÜNGER: Gedichte, Frankfurt/M. (Klostermann) 1949 (enthält frühere Sammlungen); Die Silberdistelklause, Hamburg (Dulk) o. J.; Das Weinberghaus, ebd. o. J.; Iris im Wind, Frankfurt/M. (Klo-stermann) 1952; Ring der Jahre. Gedichte, ebd. 1954; Schwarzer Fluß u.

windweißer Wald, ebd. 1955. – Bibliographie v. A. Mohler, München–Frankfurt/M. 1958.

MARIE LUISE KASCHNITZ: Gedichte, Hamburg (Claassen) 1947; Totentanz und Gedichte zur Zeit, ebd. 1947; Zukunftsmusik, ebd. 1950; Die ewige Stadt, Krefeld (Scherpe) 1951; Neue Gedichte, Hamburg 1957; Dein Schweigen – meine Stimme, ebd. 1962; Ein Wort weiter, ebd. 1965.

BERTOLT BRECHT: Hauspostille, Frankfurt/M. (Suhrkamp) o. J.; Hundert Gedichte (1918–50), Berlin (Aufbau-Verlag) 1951; Gedichte u. Lieder, Ausw. v. P. Suhrkamp, Berlin 1956; Gedichte, 7 Bde., Frankfurt/M. 1960 bis 1964. – L: Bibliographie v. W. Nubel, in: Sinn u. Form 9, 1957, S. 481 bis 623. – W. Benjamin, Kommentare zu Gedichten von Brecht, in: Schriften, Bd. 2, Frankfurt/M. 1955, S. 351–372; J. Mühlberger, B. Brecht als Lyriker, in: Welt u. Wort 11, 1956, S. 308–310; R. Grimm, B. Brecht, Stuttgart 1961; M. Högel, München 1961.

ERICH KÄSTNER: Herz auf Taille, Stuttgart 1928; Lärm im Spiegel, ebd. 1929; Ein Mann gibt Auskunft, ebd. 1930; Gesang zwischen den Stühlen, ebd. 1932; Bei Durchsicht meiner Bücher, Stuttgart–Hamburg 1946; Doktor Erich Kästners lyrische Hausapotheke, Zürich 1946 (1935); Ges. Schriften, 7 Bde., Zürich–Berlin–Köln 1959 (Gedichte in Bd. 1).

ELISABETH LANGGÄSSER: Die Tierkreisgedichte, Leipzig 1935; Der Laubmann und die Rose, Hamburg 1947; Geist in den Sinnen behaust, Mainz (M. Grünewald-Verlag) 1951.

EMIL BARTH: Gedichte, Neue Ausg., Hamburg 1947; Tigermuschel, Hamburg 1956; Ges. Werke, hrsg. v. F. N. Mennemeier, 2 Bde., Wiesbaden 1960.

RUDOLF HAGELSTANGE: Venezianisches Credo, Leipzig (Insel) 1946; Es spannt sich der Bogen, Leipzig 1947; Strom der Zeit, Wiesbaden 1949; Ballade vom verschütteten Leben, ebd. 1952; Zwischen Stern und Staub, ebd. 1953; Das Lied der Muschel, München 1958; Lied der Jahre. Ges. Gedichte, Hamburg 1964.

GÜNTER EICH: Gedichte, Dresden 1930; Abgelegene Gehöfte, Frankfurt/M. 1948; Botschaften des Regens, ebd. 1955, 2. Aufl. 1961; Ausgew. Gedichte, ebd. 1960; Zu den Akten, ebd. 1964. – L: G. Bien, Einige Bemerkungen z. Bedeutung d. Sprache im Werk G. Eichs, in: Sprache im techn. Zeitalter 1, 1961/62, Heft 5, S. 401–410.

KARL KROLOW: Hochgelobtes, gutes Leben, Hamburg 1943; Gedichte, Konstanz 1948; Heimsuchung, Berlin 1948; Auf Erden, Hamburg 1949; Die Zeichen der Welt, Stuttgart 1952; Wind und Zeit, ebd. 1954; Tage und Nächte, Düsseldorf 1956; Fremde Körper, Frankfurt/M. 1959; Ges. Gedichte, ebd. 1965; Eine Landschaft für mich, ebd. 1966 (Ed. Suhrkamp). – L: H. E. Holthusen, Naturlyrik und Surrealismus. Die lyrischen Errungenschaften K. Krolows, in: Ja und Nein, München 1954, S. 86–123 (zuerst in: Merkur 7, 1953, S. 321–347); H. Friedrich, in: Karl Krolow, Ausgew. Gedichte, Frankfurt/M. 1962.

CHRISTA REINIG: Gedichte, Frankfurt/M. 1963.

PAUL CELAN: Mohn und Gedächtnis, Stuttgart 1952, 6. Aufl. 1963; Von

Schwelle zu Schwelle, ebd. 1955, 3. Aufl. 1961; Sprachgitter, ebd. 1959, 2. Aufl. 1961; Gedichte. Eine Auswahl, mit Anm. v. K. Wagenbach, Frankfurt/M. 1962.

INGEBORG BACHMANN: Die gestundete Zeit, Frankfurt/M. 1953, 3. Aufl. 1961; Anrufung des Großen Bären, München 1956, 5. Aufl. 1962; Gedichte, Erzählungen, Hörspiele, Essays, München 1964. – L: A. Doppler, Die Sprachauffassung I. Bachmanns, in: Neophilologus 47, 1963, S. 277 bis 285.

NELLY SACHS: Flucht und Verwandlung. Gedichte, Stuttgart 1959; Fahrt ins Staublose. Gedichte, Frankfurt/M. 1961; Ausgew. Gedichte, ebd. 1963; Späte Gedichte, ebd. 1965 (Bibl Suhrkamp). – L: Nelly Sachs zu Ehren, Frankfurt/M. 1961.

PETER HUCHEL: Chausseen Chausseen, Frankfurt/M. 1963. – L: P. Hamm, Vermächtnis des Schweigens. Der Lyriker P. Huchel, in: Merkur 18, 1964, S. 480–488; H. J. Heise, P. Huchels neue Wege, in: Neue dt. Hefte 11, 1964/65, S. 104–111.

JOHANNES BOBROWSKI: Sarmatische Zeit. Gedichte, Stuttgart 1961; Schattenland Ströme. Gedichte, ebd. 1962.

ERNST MEISTER: Gedichte 1932–1964, Neuwied 1964.

HILDE DOMIN: Nur eine Rose als Stütze, Frankfurt/M. 1959, 2. Aufl. 1962; Rückkehr der Schiffe, ebd. 1962; Hier. Gedichte, ebd. 1964.

HANS MAGNUS ENZENSBERGER: Verteidigung der Wölfe, Frankfurt/M. 1957; Landessprache, ebd. 1960; Blindenschrift, ebd. 1964.

CHRISTOPH MECKEL: Tarnkappe, München 1956; Hotel für Schlafwandler, Stierstadt 1958; Nebelhörner, Stuttgart 1959; Wildnisse, Frankfurt/M. 1962; Gedichtbilderbuch, Stierstadt 1964.

REGISTER DER INTERPRETATIONEN

Interpretationen und Interpretationsprobleme

J. Pfeiffer, Das lyrische Gedicht als ästhetisches Gebilde, Halle 1931.
R. Petsch, Die lyrische Dichtkunst. Ihr Wesen u. ihre Formen, Halle 1939.
Gedicht und Gedanke, hrsg. v. H. O. Burger, Halle 1942 (abgekürzt =
G. u. G.).
Die deutsche Lyrik. Form und Geschichte. Interpretationen, hrsg. v.
B. v. Wiese, Bd. 1: Vom Mittelalter bis zur Frühromantik, Bd. 2: Von der
Spätromantik bis zur Gegenwart, Düsseldorf, 5. Aufl. 1965, (abgekürzt =
DL).
Wege zum Gedicht, Bd. 1: Interpretationen dt. Lyrik, hrsg. v. R. Hir-
schenauer u. A. Weber, München 1956 (abgekürzt = WG 1), Bd. 2: In-
terpretationen dt. Balladen, München 1963 (abgekürzt = WG 2).
J. Pfeiffer, Umgang mit Dichtung, 5. Aufl., Leipzig 1947.
J. Pfeiffer, Zwischen Dichtung u. Philosophie, Ges. Aufsätze, Bremen
1947.
M. Rychner, Elemente des Gedichts, in: M. R., Welt im Wort, 1949,
S. 97–103.
K. Oppert, Deutsche Lyrik in Gegenstücken von Hölty bis Werfel, Wies-
baden 1949.
K. May, Zu Fragen der Interpretation. Mit einem Nachwort v. W. Hölle-
rer, in: Dt. Vjschr. 33, 1959, S. 608–644.
J. Pfeiffer, Über das Erschließen von Dichtungen, in: Der Deutsch-
unterricht 1950, H. 3, S. 3–23.
E. Kahler, Was ist ein Gedicht?, in: Neue Rundschau 61, 1950, S. 520
bis 544.
J. Klein, Wie legt man Gedichte aus?, in: W. W. 1950/51, H. 2, S. 79–91.
J. Wiegand, Abriß der lyrischen Technik, Fulda 1951.
J. Pfeiffer, Wege zur Dichtung, Hamburg 1952.
W. Schneider, Liebe zum deutschen Gedicht, Freiburg/Br. 1952.
E. Staiger, Lyrik und lyrisch, in: Der Deutschunterricht 1952, H. 2, S. 7
bis 12.
E. Sitte, Vergleichende Gedichtbetrachtung im Unterricht, in: Der
Deutschunterricht 1953, H. 3, S. 67–81.
A. Closs, Gedanken zur Auslegung von Gedichten, in: Dt. Vjschr. 27,
1953, S. 268–288.
W. Lehmann, Dichterische Grundsituation u. notwendige Besonderheit
des Gedichts, in: Akademie d. Wiss. u. Lit., Abhdlg. d. Klasse d. Lit.,
Mainz 1953, S. 197–207.

E. Wiechert, Von den treuen Begleitern, Hamburg 1953.

E. Hock, Motivgleiche Gedichte (v. Walther v. d. Vogelweide bis J. Weinheber), Bamberg 1953.

A. Goes, Freude am Gedicht, Frankfurt/M. 1954.

J. Pfeiffer, Was haben wir an einem Gedicht?, Hamburg 1955.

C. Heselhaus, Deutsche Lyrik der Moderne, Düsseldorf 1960.

E. Lohner, Wege zum modernen Gedicht. Strukturelle Analysen, in: Etudes Germ. 15, 1960, S. 321–337.

R. Zitzmann, Über die vergleichende Interpretation lyrischer Gedichte, in: W. W. 10, 1960, S. 355–362.

F. Kemp, Gedanken über das lyrische DU, in: Festgabe für K. Wagner, Gießen 1960, S. 79–106.

R. Grimm, Wege zum Verständnis moderner dt. Lyrik, in: Universitas 15, 1960, S. 1155–1166.

K. Krolow, Aspekte zeitgenössischer dt. Lyrik, Gütersloh 1961.

Triffst du nur das Zauberwort. Stimmen von heute zur dt. Lyrik, hrsg. v. J. Petersen, Frankfurt/M.–Berlin 1961.

Mein Gedicht ist mein Messer. Lyriker zu ihren Gedichten, hrsg. v. H. Bender, München 1961.

D. Wellershoff, Sprache u. Erlebnishintergrund gegenwärtiger dt. Lyrik, in: Universitas 17, 1962, S. 171–182.

Reality and creative vision in German lyrical poetry, ed. by A. Closs, London 1963 (darin u. a.: A. Closs, Concealment and revelation in modern German lyrical poetry, S. 211–234).

W. Ross, Zur Frage der Wertung von Gedichten, in: W. W., Sammelbd. 3, 1963, S. 92–104.

R. Grimm, Versuch über Lyrik u. Sprachbau, in: Strukturen. Essays zur dt. Lit., Göttingen 1963, S. 172–196.

E. Heller, Die abenteuerliche Geschichte der modernen Poesie, in: Studien zur modernen Lit., Frankfurt/M. 1963, S. 91–131.

K. Krolow, Kritische Analyse des zeitgenössischen dt. Gedichts, in: Sprache im technischen Zeitalter 3, 1963/64, S. 777–781.

H. Heißenbüttel, Kriterien für den Begriff des Gedichts im 20. Jahrh., ebd., S. 774–777.

Zur Kritik der Lyrik. Diskussion, ebd., S. 9–10 u. 785–794.

M. Hamburger, Zur Kritik der zeitgenössischen Lyrik, ebd. S. 770–774.

R. Ibel, Gestalt u. Wirklichkeit des Gedichts, München 1964.

W. Pielow, Das Gedicht im Unterricht. Wirkungen, Chancen, Zugänge, München 1965.

Dt. Lyrik von Weckherlin bis Benn, Interpretationen, hrsg. v. J. Schillemeit, Frankfurt/M. 1965 (Fischer-Bücherei).

W. Höllerer, Theorie der modernen Lyrik, Dokumente zur Poetik 1, Reinbek 1965 (Rowohlts Dt. Enzyklopädie).

Interpretationen zu den einzelnen Gedichten

werke dt. Sprache im 19. Jahrh., Zürich 1943, 2. Aufl. 1948; Ad. Beck, in: H.-Jahrb. 1947, S. 47 bis 61. – *Lebenslauf*, S. 318: DL I, S. 375–380 (Cl. Heselhaus). – *Brod und Wein*, S. 319: DL I, S. 394–413 (P. Böckmann). – *Hälfte des Lebens*, S. 324: Trivium 8, 1950, H. 2, S. 100–127 (L. Strauss); E. M. Wilkinson, Group-work in the interpretation of a poem of H., in: German Life and Letters, NS 4, 1950/51, S. 248–260; Neophilologus 35, 1951, S. 94–107, mit ausführl. Lit. (E. Kerkhoff); W. Blechmann, »Hälfte des Lebens« im Unterricht, in: W. W. 2, 1951/52, S. 103–106. – *Wie wenn am Feiertage*, S. 324: M. Heidegger, Hs. Hymne »Wie wenn am Feiertage«, Halle 1941; WG, S. 182 bis 190 (J. Lehmann). – *Andenken*, S. 326: M. Heidegger, Hs. Gedicht »Andenken«, 1943, auch in: Hölderlin-Gedenkschrift, S. 267–324.

NOVALIS, *Lied der Toten*, S. 333: DL I, S. 414–419 (H. J. Schrimpf).

CLEMENS BRENTANO, *Frühlingsschrei eines Knechtes aus der Tiefe*, S. 337: WG. S. 199–207 (A. de Haas). – *Abendständchen, S. 339:* DL II, S. 11–18 (A. Schöne). – *Lore Lay*, S. 339: WG 2, S. 240 bis 249 (E. Essen). – *Auf dem Rhein*, S. 342: E. Staiger, in: E. St., Die Zeit als Einbildungskraft des Dichters, 2. Aufl. Zürich 1953, S. 23–106. – *Wiegenlied*, S. 345: Modern Language Notes 75, 1960, S. 596–602 (B. Blume). – *Der Spinnerin Lied*, S. 347: W. W. 11, 1961, S. 45–47 (R. Alewyn). – *Schwanenlied*, S. 354: DL II, S. 39–49 (A. Lan-

gen). – *Nachklänge Beethovenscher Musik*, S. 355: DL II, S. 19 bis 38 (A. Langen).

JOSEPH VON EICHENDORFF, *Mondnacht*, S. 374: E. Staiger, in: E. St., Grundbegriffe der Poetik, 2. Aufl. 1952; J. Pfeiffer, in: J. Pf., Wege zur Dichtung, S. 80.

LUDWIG UHLAND, *Des Sängers Fluch*, S. 386: WG 2, S. 250–260 (A. Weber). – *Der gute Kamerad*, S. 390: DL II, S. 444–445 (F. Martini).

EDUARD MÖRIKE, *An einem Wintermorgen, vor Sonnenaufgang*, S. 394: Dt. Vjschr. 25, 1951, S. 82 bis 93 (J. Müller); Euphorion 46, 1952, S. 370–393 (A. Beck). – *Er ist's*, S. 395: J. Pfeiffer, in: Wege zur Dichtung, S. 76. – *Gesang zu zweien in der Nacht*, S. 395: G. u. G., S. 244–253 (W. Schneider); WG, S. 233–236 (W. Grenzmann). – *Um Mitternacht*, S. 396: W. W. 1951/52, H. 5 (E. Weißer); J. Pfeiffer, in: Wege zur Dichtung, S. 78. – *Auf eine Christblume*, S. 397: DL II, S. 79–90 (G. Storz); Euphorion 56, 1962, S. 345–364 (B. Böschenstein). – *Auf eine Lampe*, S. 398: E. Staiger, Zu einem Vers von M. Ein Briefwechsel mit M. Heidegger, in: Trivium 9, 1951, S. 1–16; L. Spitzer, ebd., S. 133–145; W. v. Nordheim, Die Dingdichtung E. Ms., erläutert am Beispiel des Gedichtes »Auf eine Lampe«, in: Euphorion F 3, 50, 1956, S. 71 bis 85. – *Die Geister am Mümmelsee*, S. 400: WG 2, S. 289 bis 298 (L. Girlinger). – *Der Feuerreiter*, S. 401: A. Mundhenk, Der umgesattelte Feuerreiter. Eine Studie zu Ms. Ballade u. ihren beiden Fassungen, in: W. W. 5,

CONRAD FERDINAND MEYER, *Der römische Brunnen*, S. 484: R. Hippe, Vier Brunnengedichte (C. F. M., R. M. Rilke, H. Carossa, H. Hesse), in: W. W. 1953/54, H. 5, S. 268–274; H. W. Belmore, Two Poems on a Fountain in Rome. C. F. M. and R. M. Rilke, in: German Life and Letters, NS 10, 1956/57, S. 49 bis 53. Monatshefte 52, 1960, S. 235–241 (f. G. Ryder). – *In Harmesnächten*, S. 486: M. C. Chrichton, in: Monatshefte f. d. dt. Unterricht 47, 1957, S. 129 bis 139. – *Unter den Sternen*, S. 487: F. Stähelin, in: W. W. 5 1954/55, S. 149–151. – *Im Spätboot*, S. 488: E. Staiger, in: Weltliteratur, Festschrift f. F. Strich, Bern 1952, S. 117–136; ders., in: E. St., Die Kunst der Interpretation, Zürich 1955, S. 239–273. – *Die Füße im Feuer*, S. 488: WG 2, S. 425–436 (H. Breier). – *Möwenflug*, S. 490: WG, S. 257–260 (R. Meier). – *Lethe*, S. 491: DL II, S. 217 bis 229 (H. Henel). – *Stapfen*, S. 492: DL II, S. 230–242 (H. Henel).

THEODOR FONTANE, *Archibald Douglas*, S. 498. WG 2, S. 367–376 (W. D. Williams). – *Die Brück am Tay*, S. 501. WG 2, S. 377 bis 392 (F. Martini). – *John Maynard*, S. 503: WG 2, S. 401 bis 407 (H. Vogeley). – *Herr von Ribbeck auf Ribbeck im Havelland*, S. 505: WG 2, S. 408–412 (A. Haas).

FRIEDRICH NIETZSCHE, *Vereinsamt*, S. 514: DL II, S. 245–254 (F. N. Mennemeier). – *Der geheimnisvolle Nachen*, S. 515: DL II, S. 255–276 (W. F. Taraba).

DETLEV VON LILIENCRON, *Der Handkuß*, S. 524: J. Pfeiffer, in: J. Pf., Über das Dichterische u. den Dichter, 1956, S. 102–107. – *Wer weiß wo*, S. 526: DL II, S. 446 bis 449 (F. Martini).

LULU VON STRAUSS UND TORNEY, *Die Tulipan*, S. 537: WG 2, S. 509 bis 516 (W. Reichert).

AGNES MIEGEL, *Die Nibelungen*, S. 541: WG 2, S. 491–499 (E. Sitte). – *Die Mär vom Ritter Manuel*, S. 544: DL II, S. 378–388 (W. F. Tabara); WG 2, S. 500–508 (U. Gollwitzer).

STEFAN GEORGE, *Wir schreiten auf und ab . . .* S. 554: DL II, S. 269 bis 276 (P. G. Klussmann). – *Es lacht in dem steigenden jahr dir . . .* S. 554: J. Pfeiffer, in: J. Pf., Über das Dichterische u. den Dichter, 1956, S. 108–112. – *Komm in den totgesagten park . . .* S. 555: J. Pfeiffer, ebd.; WG, S. 266–273 (W. Loock). – *Das wort*, S. 556: DL II, S. 284 bis 291 (P. G. Klussmann).

HUGO VON HOFMANNSTHAL, *Vor Tag*, S. 559: DL II, S. 292–302 (F. N. Mennemeier). – *Reiselied*, S. 562: A. Dornheim, in: Euphorion F 3, 49 1955, S. 50–69; R. Haller, in: Deutschunterricht f. Ausländer, 6, 1956, S. 12–16. – *Ballade des äußeren Lebens*, S. 562: DL II, S. 303–317 (F. N. Mennemeier); WG, S. 273–278 (W. Franke).

RAINER MARIA RILKE, *Römische Fontäne*, S. 568: H. W. Belmore, Two Poems on a Fountain in Rome: C. F. Meyer and R. M. R., in: German Life and Letters, NS 10, 1956/57, S. 49–53. – *Orpheus. Eurydike. Hermes*, S. 570: DL II, S. 318–335 (E. Bud-

QUELLENNACHWEISE DER NEUEREN AUTOREN

HANS ARP, Kaspar ist tot aus »wortträume und schwarze sterne, auswahl aus den gedichten der jahre 1911–1952«, 1953, Limes Verlag, Wiesbaden.

INGEBORG BACHMANN, Nebelland, Reklame, Anrufung des Großen Bären aus »Anrufung des Großen Bären«, 1957, R. Piper & Co. Verlag, München.

EMIL BARTH, Mädchenbildnis der Mutter, Kreuzweg aus »Gedichte«, 1942, Claassen Verlag, Hamburg.

RICHARD BEER-HOFMANN, Schlaflied für Mirjam aus »Jaákobs Traum«, 1956, S. Fischer Verlag, Frankfurt/M.

GOTTFRIED BENN, Astern, Einsamer nie –, Abschied, Verlorenes Ich, Ein Wort, Chopin aus »Statische Gedichte«, 1956, Verlag Der Arche, Zürich; Reisen, Bitte wo, Die Gitter aus »Ges. Gedichte«, 1956, Limes Verlag, Wiesbaden.

WERNER BERGENGRUEN, Alte Mordstelle, Frage und Antwort, Kaschubisches Weihnachtslied aus »Die heile Welt«, 1950, Nymphenburger Verlagshandlung, München.

JOHANNES BOBROWSKI, Litauische Lieder aus »Sarmatische Zeit, Gedichte«, 1964, Deutsche Verlags-Anstalt, Stuttgart; Immer zu benennen aus »Schattenland Ströme, Gedichte«, 1963, ebd.

RUDOLF BORCHARDT, Autumnus I, Mit den Schuhen aus »Gedichte«, 1957, Ernst Klett Verlag, Stuttgart.

BERTOLT BRECHT, Und was bekam des Soldaten Weib?, Auf einen chinesischen Theewurzellöwen, Der Radwechsel, Erinnerung an die Marie A., Die Liebenden, Legende von der Entstehung des Buches Taoteking auf dem Wege des Laotse in die Emigration, An die Nachgeborenen aus »Gedichte«, 2 Bde., 1960 ff., Suhrkamp Verlag, Frankfurt/M.

GEORG BRITTING, Wetterwendischer Tag, Sommergefühl, Der Tod und die Raben, Die Ehebrecherin aus »Gedichte«, 2 Bde., 1957, Nymphenburger Verlagshandlung, München; Auf dem Tisch aus »Der Unverstörte Kalender. Nachgelassene Gedichte«, 1965, ebd.

HANS CAROSSA, Alter Baum im Sonnenaufgang, Der alte Brunnen, Warum geben wir uns hin aus »Sämtliche Werke«, 1962, Insel-Verlag, Frankfurt/M.

PAUL CELAN, Todesfuge, Die Krüge, Leuchten, Espenbaum aus »Mohn und Gedächtnis«, »Von Schwelle zu Schwelle«, 1954, 1955, Deutsche Verlags-Anstalt, Stuttgart.

THEODOR DÄUBLER, Berauschter Abend aus »Dichtungen und Schriften«, 1956, Kösel-Verlag, München.

RICHARD DEHMEL, Manche Nacht, Die stille Stadt, Der Arbeitsmann aus

»Dichtungen, Briefe, Dokumente«, Ausgewählt und hrsg. von Paul Johannes Schindler, 1963, Hoffmann und Campe Verlag, Hamburg.

HILDE DOMIN, Seids gewesen, seids gewesen! aus »Hier. Gedichte«, 1964, S. Fischer Verlag, Frankfurt/M.

GÜNTER EICH, Tage mit Hähern aus »Botschaften des Regens, Gedichte«, 1955, Suhrkamp Verlag, Frankfurt/M.

HANS MAGNUS ENZENSBERGER, das ende der eulen aus »landessprache«, 1960, Suhrkamp Verlag, Frankfurt/M.

STEFAN GEORGE, Von welchen wundern, Mühle laß die arme still, Der herr der insel, Die blume die ich mir am fenster hege, Wir schreiten auf und ab im reichen flitter, Es lacht in dem steigenden jahr dir aus »Werke«, 1958, Helmut Küpper Verlag, München–Düsseldorf.

ALBRECHT GOES, Nach schwerem Winter aus »Aber im Winde das Wort«, 1963, S. Fischer Verlag, Frankfurt/M.

YVAN GOLL, Stunden aus »Traumkraut«, 1951, Limes Verlag, Wiesbaden.

RUDOLF HAGELSTANGE, Nächtliche Fahrt aus »Lied der Jahre«, Gesammelte Gedichte, 1964, Hoffmann und Campe Verlag, Hamburg.

HERMANN HESSE, In Sand geschrieben, Höhe des Sommers aus »Die Gedichte«, 1957, Suhrkamp Verlag, Frankfurt/M.

JAKOB VAN HODDIS, Weltende aus »Weltende«, Gesamm. Dichtungen, hrsg. v. Paul Pörtner, 1958, Verlag Der Arche, Zürich.

HUGO VON HOFMANNSTHAL, Die Beiden, Terzinen I., Vor Tag, Weltgeheimnis, Manche freilich . . ., Reiselied, Ballade des äußeren Lebens, Vorfrühling, Lebenslied aus »Gedichte«, Insel-Bücherei; Was ist die Welt aus »Ges. Werke«, 1945 ff., S. Fischer Verlag, Frankfurt/M.

ARNO HOLZ, Aus Phantasus (An einem ersten, blauen Frühlingstag aus dem Zyklus »Geburt und Taufe«), aus »Werke«, 7 Bde., 1962, Hermann Luchterhand Verlag, Neuwied–Berlin.

RICARDA HUCH, Mein Herz, mein Löwe aus »Herbstfeuer, Gedichte«, 1948, Insel-Verlag, Frankfurt/M.

PETER HUCHEL, Momtschil aus »Chausseen Chausseen. Gedichte«, 1963, S. Fischer Verlag, Frankfurt/M.

FRIEDRICH GEORG JÜNGER, Die Delphine, Die Sonnenuhr aus »Gedichte«, 1949, Vittorio Klostermann Verlag, Frankfurt/M.

ERICH KÄSTNER, Sachliche Romanze aus »Doktor Erich Kästners Lyrische Hausapotheke«, Dressler Verlag, Berlin / Atrium Verlag, Zürich.

MARIE-LUISE KASCHNITZ, Die Ewigkeit, Eines Tages, Der Schritt um Mitternacht aus »Gedichte«, 1947, Claassen Verlag, Hamburg.

KARL KRAUS, Nächtliche Stunde aus »Worte und Verse«, 1959, Kösel-Verlag, München.

KARL KROLOW, Drei Orangen, zwei Zitronen, Robinson I aus »Ges. Gedichte«, 1965, Suhrkamp Verlag, Frankfurt/M.

ELISABETH LANGGÄSSER, Daphne aus »Gedichte«, 1959, Claassen Verlag, Hamburg.

ELSE LASKER-SCHÜLER, Weltende, Weltschmerz, Mein blaues Klavier aus »Gedichte 1902–1943«, 1959, Kösel-Verlag, München.

734

WILHELM LEHMANN, Altjahrsabend, An meinen ältesten Sohn, Abgeblühter Löwenzahn, Die Krähennester aus »Sämtl. Werke«, 1962, S. Mohn Verlag, Gütersloh.

OSKAR LOERKE, Blauer Abend in Berlin, Zwiegespräch im Dunkel, Gebetsfrage aus »Gedichte und Prosa«, 1958, Suhrkamp Verlag, Frankfurt/M.

CHRISTOPH MECKEL, Ihr meine Schaukelpferde aus »Nebelhörner. Gedichte«, 1959, Deutsche Verlags-Anstalt, Stuttgart.

ERNST MEISTER, Fermate, aus »Gedichte 1932–64«, 1964, Hermann Luchterhand Verlag, Neuwied–Berlin.

AGNES MIEGEL, Die Nibelungen, Schöne Agnete, Die Mär vom Ritter Manuel, Wagen an Wagen aus »Gedichte. Erzählungen. Erinnerung«, 1965, Eugen Diederichs Verlag, Düsseldorf–Köln.

ALFRED MOMBERT, Einsames Land! Einsamer Baum darinnen! aus »Dichtungen«, 1963, Kösel-Verlag, München.

BÖRRIES FREIHERR VON MÜNCHHAUSEN, Lederhosen-Saga aus »Das dichterische Werk«, 1953, Deutsche Verlags-Anstalt, Stuttgart; Der Nobis-Krug, aus »Das Balladenbuch des Freiherrn Börries von Münchhausen«, 1924, ebd.

CHRISTA REINIG, Robinson aus »Gedichte«, 1963, S. Fischer Verlag, Frankfurt/M.

RAINER MARIA RILKE, Orpheus. Eurydike. Hermes, Winterliche Stanzen, Der Geist Ariel, Ausgesetzt auf den Bergen des Herzens, Der Panther (Im Jardin des Plantes, Paris), Herbsttag, Das Karussell (Jardin du Luxembourg), Römische Fontäne (Borghese), Abend, Abschied, Schon kehrt der Saft aus jener Allgemeinheit aus »Sämtl. Werke«, 1955 ff., Insel-Verlag, Frankfurt/M.

JOACHIM RINGELNATZ, Im Park, Die Rakete und der Kater aus »Und auf einmal steht es neben dir«, Neuaufl. 1966, Henssel Verlag, Berlin.

NELLY SACHS, Wir üben heute schon den Tod von morgen aus »Fahrt ins Staublose«, 1961, Suhrkamp Verlag, Frankfurt/M.

RUDOLF ALEXANDER SCHRÖDER, Mühlenthal, Vom alten Mann, Aus der Ballade vom Wandersmann, Fragilem truci commisit aus »Ges. Werke«, 1952 ff., Suhrkamp Verlag, Frankfurt/M.

LULU VON STRAUSS UND TORNEY, Die Tulipan, Einst aus »Neue Balladen und Lieder«, 1917, Eugen Diederichs Verlag, Düsseldorf–Köln.

JOSEF WEINHEBER, Still zu wissen, aus »Späte Krone«, Gedichte, 1953, Hoffmann und Campe Verlag, Hamburg; Kammermusik aus »Kammermusik«, Gedichte, 1963, ebd.

KONRAD WEISS, Abendwacht, Mann aus Erde, Die eine Rose aus »Gedichte 1914–1939«, 1961, Kösel-Verlag, München.

FRANZ WERFEL, Veni Creator Spiritus, Herbstlied, Elternlied, Das Bleibende aus »Gedichte«, 1953, S. Fischer Verlag, Frankfurt/M.

745